《中国城市通史》

推 荐 语

中国城市化率已超过百分之六十，人们对城市史的关注超过以往任何时期。《中国城市通史》视野宏阔，体大思精，既从总体史角度对中国城市发展变迁的全过程加以探讨，又对不同时期的城市空间形态、城市经济、城市人口、城市管理、城市社会生活等多层面进行细致研究，揭示了不同时期中国城市发展特点，再现了中国城市的发展轨迹。此书在手，读者可对中国城市历史有较为全面、系统、立体的认识。

《中国城市通史》的出版，必将有力推动具有中国特色的中国城市史研究学科体系、学术体系和话语体系的构建。

——熊月之（中国城市史研究会会长，上海社会科学院原副院长，研究员）

《中国城市通史》系统阐述了中国城市的发展脉络和特点，分析了不同时期城市的兴衰流变，揭示了中国城市的本质和特点，阐释了其历史地位和贡献，是对中国城市发展进行总体史研究较为系统的巨著。全书视野宏大，整体史观鲜明，富有时代气息。全球史的视野更加凸显了城市发展的中国特色；文明史和中华民族命运体的高度，展现出各个时期中国城市的绚丽多彩，勾勒出中原城市与边疆城市"一体多元"的历史进程。

——张利民（中国城市史研究会副会长，《城市史研究》主编，研究员）

《中国城市通史》从人类文明史的高度，分时间与空间两个维度全面考察中国城市文明的兴起和发展，探寻中国城市发展的规律，凸显中国城市发展的特点，展现中国城市文明的亮点，是中国城市史研究的集大成之作，具有极高的创新性与学术价值。

——倪玉平（清华大学人文学院副院长，历史系教授）

四川大学基地培育项目

中国城市通史

《 宋辽夏金卷 》

何一民◎主编

何一民　陆雨思　王立华
韩　英　黄　灵　田　玥 ◎著

四川大学出版社

项目策划：熊　瑜
责任编辑：高庆梅
责任校对：李施余
封面设计：墨创文化
责任印制：王　炜

图书在版编目（CIP）数据

中国城市通史. 宋辽夏金卷 / 何一民等著. — 成都：四川大学出版社，2020.8
　　ISBN 978-7-5690-3809-5

Ⅰ．①中… Ⅱ．①何… Ⅲ．①城市史—中国—辽宋金元时代 Ⅳ．① K928.5

中国版本图书馆 CIP 数据核字（2020）第 129544 号

书名	中国城市通史·宋辽夏金卷
	ZHONGGUO CHENGSHI TONGSHI·SONG LIAO XIA JIN JUAN
著　者	何一民　陆雨思　王立华　韩　英　黄　灵　田　玥
出　版	四川大学出版社
地　址	成都市一环路南一段24号（610065）
发　行	四川大学出版社
书　号	ISBN 978-7-5690-3809-5
印前制作	四川胜翔数码印务设计有限公司
印　刷	成都东江印务有限公司
成品尺寸	185mm×260mm
插　页	1
印　张	27
字　数	634千字
版　次	2020年12月第1版
印　次	2020年12月第1次印刷
定　价	220.00元

◆ 版权所有 ◆ 侵权必究

◆ 读者邮购本书，请与本社发行科联系。
　电话：(028)85408408/(028)85401670/(028)86408023　邮政编码：610065
◆ 本社图书如有印装质量问题，请寄回出版社调换。
◆ 网址：http://press.scu.edu.cn

四川大学出版社
微信公众号

《中国城市通史》编委会

编委会主任：何一民

副主任：熊月之　张利民　高中伟

编　委（以姓氏笔画为序）：

　　王立华　王明德　田　凯　付志刚　冯　兵　冯　剑　何一民

　　何永之　张利民　吴朝彦　陆雨思　范　瑛　赵淑亮　侯宣杰

　　高中伟　黄达远　黄沛骊　韩　英　鲍成志　熊月之　谯　珊

主　编：何一民

序

何一民

　　城市是人类社会发展到一定阶段的产物，城市的产生是人类社会从野蛮时代演进到文明时代的重要标志之一，因而城市研究理所当然地成为社会发展与人类文明研究中的一项重要课题，成为探究历史奥秘与当代问题的一个窗口、一把钥匙。中国是世界城市发源地之一，中国古代城市之多、规模之大，世所罕见。中国古代典籍中不乏有关城市的记载，蕴藏着丰富的城市史资料，著名的如《洛阳伽蓝记》《东京梦华录》《都城纪胜》《长安志》《宋东京考》等史籍和《两都赋》《两京赋》《蜀都赋》等文学名篇，另外，浩如烟海的地方志书也保存了丰富的城市史资料，但古代中国一直未形成独立的城市史学，国人对中国城市历史的研究起步甚晚。1925—1926年，梁启超相继发表《中国都市小史》《中国之都市》等文，表明中国学者不仅注意到了城市的重要性，而且开始了对中国城市历史的初步研究。20世纪30年代，部分学者发表了一些有关中国城市史的文章，如陶希圣、全汉昇、侯仁之等对长安、北京等城市的研究。此外，上海等城市为了编纂城市志，也对相关城市史资料进行了整理，在一定程度上推动了中国城市史的研究。但从整体上看，当时有关中国城市历史的研究还未受到学界广泛的重视，相关研究成果较少。改革开放以来，城市现代化建设和历史学学科建设的需要成为中国城市史研究的重要推力，从国家"七五"规划开始，中国城市史研究受到学术界高度关注，参与研究者日益增多，研究成果日益丰硕。四川大学城市研究所作为国内高校中最早成立的城市研究机构之一，自1988年成立以来，先后承担了十余项与中国城市史相关的国家社科基金重点课题和年度课题，而我有幸成为改革开放以来最早开始从事中国城市史研究的学人之一。从单体城市研究到区域城市研究，从断代城市研究到城市通史研究，从城市发展与社会变迁研究到城市衰落研究，从内地城市研究到边疆城市研究，我始终认为中国城市史研究学术生命常青，需要不断地迎接挑战，不断地开拓创新。

　　20世纪80年代中期，当我因教学和研究的需要开始涉足中国城市史研究时，深感对中国城市史的认识不能只局限于某一历史时段，特别是初涉中国城市史领域的硕士、博士研究生，要对中国城市史有整体的认识，才能更好地开展断代的或专题的城市史研究。中国城市历史悠久、内容丰富，要研究中国城市历史，就必须从整体上把握中国城市的发展脉络，这样，城市史研究才能做到宏观与微观相结合，才能从大处着眼、小处着手。因而，中国城市史研究者不能只对某一时段的城市有所了解，而必须对中国城市历史的全貌有所认识，对世界城市历史有所了解，将自己所要研究的对象置于历史的长河中加以考察，才能很好地把握自己所要研究的对象，从而得出创新性的研究成果。由于当时还没有一本关于中国城市的通史性著作，为了适应教学的需要，我冒昧地仅凭一己之力编写了一本《中国城市史纲》。该书虽然仅有三十万字，却耗费了我数年的时间，直到1993年才得以完成，1994年由四川大学出版社出版。该书为国内较早对中国城市史进行长时段研究的著作之一，在此之前，没有任何可资借鉴的资料。该书主要是对先秦至20世纪中叶数千年间中国城市发展脉络进行较为系统的梳理，对城市的发展变迁和特点加以概述和总结，在一定程度上弥补了中国城市史研究的不足，具有一定的学术价值。该书出版后，得到学术界的肯定，获得中国图书奖，并成为历史学、建筑学、规划学等相关学科的硕士、博士研究生了解中国城市历史的一本入门参考书。

但是，由于该书成于20世纪90年代初，缺少相关资料，因而详今略古，仅能以"史纲"的形式对"中国城市史"做一探究，成为中国城市通史研究的探路之作。20世纪90年代以来，关于中国城市的通史性著作相继问世，受到学术界的高度重视。这些通史性著作各有所长，以不同的方式对中国城市的历史变迁进行了研究，具有重要的学术价值，但也有若干不足，因而在讲授中国城市史课程和开展新的课题研究时，我深感有必要对《中国城市史纲》进行修订。由于多种原因，我始终未能下定决心重写。2008年，冯天瑜教授在全国范围内约请相关学科知名专家学者撰写中国专门史丛书，由何晓明教授出面约我撰写《中国城市史》。其时我虽应允，但因正在主持《清史·城市志》项目的研究工作，不能全身心地投入中国城市史的研究工作，只能选择在《中国城市史纲》的基础上进行改写，保留了《中国城市史纲》的框架，按时间顺序对先秦、秦汉、三国两晋南北朝、隋唐、宋辽金夏元、明清（中前期）、晚清（鸦片战争后）、民国等时段的城市情况分章进行概述，力图将不同时代中国城市的风貌、经济、社会、建设规划等特点展示出来，凸显中国城市的发展轨迹及特点。《中国城市史》较《中国城市史纲》增加了三十余万字，内容更加丰富，观点更加明确，条理也更加清晰。该书的一个特点在于尽量对中国漫长的城市历史进行全方位把握和科学分期，简明扼要地阐述中国城市的缘起及数千年间的发展演变，为漫长而复杂的中国城市历史梳理出一条较为清晰的脉络，同时尽可能地展现各个时期中国城市的不同特点。但是，当《中国城市史》出版后，再回头来看，深感不足之处甚多，故而希望整合国内学术界的力量，重新撰写一部大型多卷本《中国城市通史》。

2012年，国家社科规划办公室向全国征求重大招标课题的选题，我将编纂大型多卷本《中国城市通史》的设想加以梳理、论证，并经由四川大学向国家社科规划办推荐，经相关专家评议，该课题被列入重大招标课题指南。于是，我在全国范围内联络了多名中国城市史领域的著名专家学者，准备共同申报该项目。经过两个多月的准备，撰写了十万余字的申报书。当我们满怀信心地等待评审结果时，却得到了一个令人沮丧的消息，在专家评审时，有个别专家并不是对申报书有不同意见，而是认为编纂多卷本《中国城市通史》够不上重大项目，因此功亏一篑，该课题由重大项目降为重点项目立项。由于重点项目与重大项目的经费相差较大，故而难以再请国内其他著名专家参与该课题，只能依托四川大学城市研究所自身的力量进行相关研究。

虽然《中国城市通史》的编纂从重大项目降为重点项目，但我们仍然按照重大项目的相关要求进行研究，其总体框架是基于对中国城市历史基本脉络及总体特点的梳理，按历史变迁将中国城市发展历史分为七个时期，每一时期编纂一卷，分别为先秦卷、秦汉魏晋南北朝卷、隋唐五代卷、宋辽夏金卷、元明卷、清代卷、民国卷，加上总领全套书的绪论卷，凡八卷七册、450余万字。

多卷本《中国城市通史》的编纂充分吸取了学术界目前有关中国城市史研究的相关成果，通过不同学科的对话和不同研究方法的碰撞，对中国城市发展规律和重大理论进行了探讨、提炼和升华，在一定程度上进行了学术开拓和创新。多卷本《中国城市通史》从时间与空间两个维度较为系统地梳理了史前时期至中华人民共和国成立以前数千年间中国城市孕育、发展与变迁的历史过程；重点探讨了中国城市发展与演进的内在规律和阶段性特点；揭示了各个历史发展阶段中国城市的兴衰及其原因，以总体史的方法论对中国城市发展变迁的全过程加以探讨和论述，对不同朝代、不同阶段中国城市的空间形态、经济发展、人口数量、管理制度、社会生活等多个方面的内容进行细致、深入的考察，勾勒出中国城市发展的总进程与不同时期城市发展的全貌。每一卷都涵盖了不同时期中国城市发展变迁的方方面面，体现出中国城市发展的历史逻辑延续性。另外，每一卷又在不同章节根据不同时代的实际情况对中国城市的特殊性加以重点研究，如唐宋时期城市的"市坊"、元明港口城市的兴起与变迁、清代水系城市、民国时期城市的现代化转型等。

多卷本《中国城市通史》较前人著作有一个重要的创新，就是一改过去只重视中国内地城市历史的研究范式，而以中华民族命运共同体的视角对中国城市进行多维度的审视，将今天内陆边疆地区的城市发展变迁纳入中国城市史研究之中，突破了以汉族、中原政权为中心的历史书写模式。这既是本项目研究的一个突出特征，也是以往城市史研究中的薄弱环节。无论是中国城市的起源，还是不同时期中国城市的发展，都将民族地区的城市发展演变纳入整体研究之中，如秦汉魏晋南北朝卷、宋辽夏金卷、元明卷、清代卷等都设置了专篇或专章，强化对民族地区、边疆地区城市发展的研究，尤其是对辽、夏、金三个少数民族政权城市史设置专篇进行研究，着重对与宋朝并立的辽、夏、金等少数民族政权统治区域内的城市进行系统考察，其研究文本多达三十余万字，弥补了过去对辽、夏、金等城市史研究的不足。另外，本套书还专门设置章节对西藏、新疆、内蒙古等民族地区城市的发展进行深入研究。这些都是之前中国城市史相关著作较少涉及的领域，故而具有开拓性和创新性，突破了以往中国城市史研究中狭隘的地域界限，有助于增进人们对中华文明发展全貌的认识，在一定程度上，可以说是填补了学界有关中国古代农牧交接带地区城市史研究的空白。

多卷本《中国城市通史》的编纂遵循"搜采欲博，考评欲精，职任欲分，义例欲一"的基本原则，一方面充分吸收前人的研究成果，另一方面尽可能地深入发掘历史资料，大量地运用新的历史资料和统计数据，参考文献上千种，引用史料数千种。

总体上看，多卷本《中国城市通史》作为一部通史性城市史专著，具有较高的学术价值，但是由于时间跨度太大，涉及的内容繁多，研究难度极大，难免存在不足之处：首先，作为中国城市通史，尚缺少中国当代城市史的内容。多卷本《中国城市通史》之所以不包括中华人民共和国时期城市发展的历史，一是因为中华人民共和国的成立距今不远，相关研究才刚起步，很多问题都没有进行深入研究，学术准备尚不充分；二是有关此一时期城市发展的资料虽然丰富，但有不少重要资料尚未公开，因而会影响研究的学术性和客观性。有鉴于此，按现在一般通史体例，《中国城市通史》的时间下限为1949年，中华人民共和国城市史的编纂可待条件成熟后另行启动。其次，本课题组的研究者虽然运用了大量的历史文献、图表数据，但地图较少，除了元、明、清等几个时期，其他各朝代都缺乏城市地域分布图、城市空间结构图，需要在其后增补，以便对历代城市的地域分布、城市空间结构有更直观的认识。另外，中国城市发展在不同历史阶段的相关问题很多，见仁见智，挂一漏万，难以周全；加之这是一个多人合作的集体项目，研究者水平参差不齐，风格也略异，作为项目负责人，我有时也深感学识不够，力不从心，虽然尽力统稿，但仍然存在不少问题，文字叙述和分析还有若干不足。

多卷本《中国城市通史》的编纂历时六年多，远超最初的计划，相继还有一些专家学者参与相关的研讨和写作，课题组主要成员除项目负责人外，还有冯剑、黄沛骊、赵淑亮、王立华、冯兵、吴朝彦、韩英、陆雨思、何永之、念新洪、王伟、王超、黄灵、田玥、王肇磊等，他们中有的参与了部分专题研究，有的撰写了分卷文稿，主要分工如下：

全书由何一民拟定框架并对各卷进行全面修改；

绪论卷主要撰稿人何一民、何永之；

先秦卷主要撰稿人王立华、何一民；

秦汉魏晋南北朝卷主要撰稿人冯剑、何一民；

隋唐五代卷主要撰稿人冯兵、何一民；

宋辽夏金卷主要撰稿人何一民、陆雨思、王立华、韩英、黄灵、田玥；

元明卷主要撰稿人何一民、赵淑亮、吴朝彦；

清代卷主要撰稿人何一民、念新洪、何永之、王伟、王超、范瑛；

民国卷主要撰稿人黄沛骊、何一民。

此外，四川大学城市研究所还有多名研究人员参与了本课题，他们或收集资料，或撰写与之相关的论著，皆为本课题最终成果的完成做出了贡献。总之，本项目为集体成果，没有大家的努力，很难在几年内完成。

在本项目研究过程中，中国城市史研究会成立，本项目的研究得到了中国城市史研究会会长熊月之教授、副会长张利民教授、周勇教授、李长莉教授、涂文学教授、高中伟教授等人的关心和支持，在此表示诚挚的谢意。时任四川大学出版社社长熊瑜教授对本项目高度关注，并力邀完稿后在四川大学出版社出版。其后，在熊瑜社长和邱小平总编辑的大力支持和推荐下，本项目得到国家出版基金资助，新一届领导班子高度重视本项目的编辑出版工作，王军社长、邱小平总编辑、李天燕副社长多次召集工作会议布置相关工作，为此安排了精兵强将，对本项目的出版予以重点支持，在此深表谢意。

本套书的责任编辑何静、袁捷、舒星、高庆梅、刘慧敏、李施余等以高度的职业责任感投入书稿的编辑，认真地核对文献资料，校对文稿，并与主编和撰稿者反复交流磋商，使书稿的质量得以提升，并避免了一些错误。他们认真工作的态度值得学习，精益求精的精神令人感动，在此深表感谢。

中国城市历经五千多年的发展，到 20 世纪中叶进入了一个新的历史时期。随着中华人民共和国的成立，工业化、城市化、现代化成为不可逆转的趋势。20 世纪末，全球进入城市的世纪，世界上 50% 的人口居住在城市中。中国也在这一时期加速了城市化进程，农村人口以每年 1% 以上的比例向城市转移。城市以其巨大的磁力吸引着越来越多的农村人口，大城市、超大城市成为人们向往的地方。工业时代的城市与农业时代的城市相比，有一个明显的差异，就是城市的三维空间越来越大，在部分地区，单体城市向城市群、城市带、城市巨型连绵带演变。城市的发展一方面给人类带来进步，带来福祉和发展的机遇。另一方面，城市存在的问题越来越多，环境问题、交通问题、住房问题、就业问题、安全问题等层出不穷，越来越多的人想对城市说"爱你"却不容易。如何发展城市，同时又避免城市给人们带来的烦恼，已经成为时代的新课题。在提倡新的发展理念，走新型城市化道路的同时，如何向古人学习生存的智慧，以人为本，人与自然和谐相处，也是值得思考的一个重要课题。因而中国城市史研究者需要有一种时代的责任感和使命感，不仅要研究历史，还要关注现实和未来的发展，要站在历史与未来的交汇点去探究中国城市的发展规律，寻找一条适合中国国情的城市发展道路，这样才能在中华民族伟大复兴的进程中，将中国城市建设成为可持续发展的现代化生态城市、智慧城市。

前　言

城市是人类文明的产物和物质载体，城市的演进呈现了人类从草莽未辟的蒙昧状态到繁衍扩展的历程。每个历史时期都在城市中留下了自己的印迹，"从传说中的商周时期开始，中国的城市主义就自觉不自觉地与国家的演进联系在一起，其原因难以洞察。在中国历史上的大部分时间，其城市的建设服务于国家的管理"[①]。由于古代中国具有同时期其他文明古国所没有的历史延续性，其城市文明作为古代中国文明的载体延续了数千年，在世界城市文明发展史中占据着极为重要的地位，有着深远的历史意义。

宋代是继唐代之后中国历史上的又一个统一时期，宋朝的建立结束了唐末五代时期的分裂状态。与唐代不同的是，宋朝的建立和发展始终受到北方游牧民族的挑战，其版图较唐代要小。但是宋代的经济和文化却在唐代的基础上有了很大发展，城市更是出现了发展高峰。

在中华民族命运共同体形成和发展过程中，数量众多的少数民族发挥了重要的作用，少数民族建立的政权和建设的城市是中华文明的重要组成部分，同时对多民族统一国家的建设发展也起了重要的推动作用。从唐末五代至宋朝，西北和北方的契丹、党项和女真等游牧民族相继建立了辽、夏、金三个独立的少数民族国家，与宋朝形成对峙。在民族冲突与融合过程中，这些少数民族从原来的游牧状态向定居发展，其管辖范围内的城市数量不断增加，城市规模也逐渐扩大，城市形制和功能也多受中原城市文明的影响，分别形成了独具特色的辽、夏、金城市文明。

辽、夏、金时期是中国古代北方少数民族发展的重要历史时期，也是中国城市发展史上的重要时期。辽、夏、金时期城市的发展是农耕文明与游牧文明相互碰撞的产物，促进了北方少数民族与汉族的交流与融合，促进了中华民族多元一体的发展。与魏晋南北朝时期的大分裂不同，辽、夏、金三个少数民族政权与中原王朝宋朝处于长期对峙的状态，虽然宋朝是历代中原王朝中"积贫积弱"的政权，但其农

[①] [美] 乔尔·科特金著，王旭等译：《全球城市史》，社会科学文献出版社，2014年，《中文版序言》第1页。

耕文明的生产力和城市化水平都远远高于以游牧文明为主导的契丹、党项与女真政权。两宋时期是中华文明快速发展的重要历史阶段，也是中国城市发展的重要变革时期，与两宋处于同一历史时期的辽、夏、金少数民族政权的历史和城市发展不可避免地受到处于变革时期的中原文明的影响，因而辽、夏、金的城市发展与社会变迁也有着与历史上其他少数民族政权相区别的时代特征。

目 录

第一篇 宋代城市发展与社会变迁

第一章 宋代城市的曲折发展 (004)
第一节 城市的发展变迁 (005)
第二节 都城建设与变迁 (012)
第三节 港口城市的崛起 (025)
第四节 工商业市镇的蓬勃兴起 (034)

第二章 宋代地方行政建置与城市体系的变化 (041)
第一节 地方行政建置变化与城市体系构成 (041)
第二节 南北方城市空间分布与城市发展变迁 (049)
第三节 坊市制的解体与城市功能的演变 (060)

第三章 宋代城市经济发展变迁 (068)
第一节 农业的发展为城市发展奠定了重要的基础 (068)
第二节 手工业与城镇发展 (072)
第三节 商业繁盛与城市发展 (083)
第四节 市镇经济的兴起与发展 (092)

第四章 宋代城市管理变迁 (096)
第一节 城市管理系统的变迁 (096)
第二节 城市社会管理 (101)

第五章 宋代城市社会生活的演变 (118)
第一节 城市人口与阶层的变化 (118)
第二节 城市居民物质生活的变化 (127)
第三节 城市文化生活的变迁 (134)

第二篇 辽朝城市发展与社会变迁

第一章 辽朝城市的发展 (147)
第一节 城市发展的自然地理环境和社会经济条件 (147)

第二节　城市的发展……………………………………………………（153）
  第三节　五京都城的建立与发展………………………………………（161）
  第四节　州县城的建立与发展…………………………………………（172）

第二章　辽朝城市数量与规模和空间分布的演变………………………（179）
  第一节　城市数量与规模的变化………………………………………（179）
  第二节　城市空间分布的演变…………………………………………（186）
  第三节　城市内部结构的变化和城市规划与建设……………………（189）

第三章　辽朝城市经济的发展……………………………………………（195）
  第一节　城市手工业的兴盛与分化……………………………………（195）
  第二节　城市商业的繁荣………………………………………………（198）
  第三节　城市市场结构与体系的变化…………………………………（201）

第四章　辽朝城市人口与社会生活的变迁………………………………（206）
  第一节　人口变动与分布………………………………………………（206）
  第二节　城市居民结构与社会关系……………………………………（211）
  第三节　城市社会生活变迁……………………………………………（218）

第三篇　西夏城市发展与社会变迁

第一章　西夏自然地理环境、社会经济环境与早期城市的发展………（231）
  第一节　自然地理环境、社会经济环境的变化与城市的兴起………（231）
  第二节　早期城市的发展………………………………………………（237）

第二章　西夏城市的发展…………………………………………………（240）
  第一节　城市行政体系的演变…………………………………………（240）
  第二节　城市的数量和规模变化………………………………………（243）
  第三节　都城的发展……………………………………………………（248）
  第四节　地方重要城市的发展…………………………………………（252）

第三章　西夏城市空间分布和规划、建设………………………………（257）
  第一节　城市空间分布…………………………………………………（257）
  第二节　城市规划与建设的特点………………………………………（264）

第四章　西夏城市管理……………………………………………………（269）
  第一节　城市户籍管理…………………………………………………（269）
  第二节　城市赋役管理…………………………………………………（273）
  第三节　城市医疗卫生和治安管理……………………………………（275）

第五章　西夏经济贸易与城市发展………………………………………（280）
  第一节　城市商业的兴盛与发展………………………………………（280）

第二节　城市新兴产业的出现…………………………………………（285）
　　第三节　城市贸易的发展和特点………………………………………（288）

第六章　西夏城市人口构成与社会演变……………………………………（291）
　　第一节　城市人口的变迁与构成………………………………………（291）
　　第二节　城市普通居民…………………………………………………（296）

第七章　西夏城市社会生活变迁……………………………………………（299）
　　第一节　物质生活的变迁………………………………………………（299）
　　第二节　精神文化生活的变迁…………………………………………（303）

第四篇　金国城市发展与社会变迁

第一章　金国自然地理环境、人文社会环境与城市的发展………………（315）
　　第一节　自然地理环境与早期城市的形成……………………………（315）
　　第二节　人文社会环境变迁与早期城市的形成和发展………………（319）

第二章　金国城市的发展……………………………………………………（326）
　　第一节　城市的破坏与发展……………………………………………（326）
　　第二节　重要城市——六京……………………………………………（333）

第三章　金国城市数量、规模与结构的变化………………………………（342）
　　第一节　城市数量与空间分布的变化…………………………………（342）
　　第二节　城市规模、内部结构、形制与建筑的变化…………………（348）

第四章　金国城市管理………………………………………………………（359）
　　第一节　城市户籍和赋役管理…………………………………………（359）
　　第二节　城市消防与医疗卫生…………………………………………（364）
　　第三节　城市治安管理…………………………………………………（367）

第五章　金国城市经济与城市发展…………………………………………（370）
　　第一节　城市手工业的发展变化………………………………………（370）
　　第二节　城市商业的发展………………………………………………（373）
　　第三节　城市市场结构与体系…………………………………………（375）

第六章　金国城市人口结构与社会生活变迁………………………………（383）
　　第一节　城市人口结构与社会关系……………………………………（383）
　　第二节　物质生活变迁…………………………………………………（390）
　　第三节　精神文化生活变迁……………………………………………（397）

结　语…………………………………………………………………………（407）

宋辽夏金卷

第一篇 宋代城市发展与社会变迁

宋代是中国古代城市发展史上的重要转折期，分为北宋和南宋两个阶段。10世纪60年代初，宋朝的开国君主赵匡胤通过不流血的政变方式建立了宋王朝，其后又通过战争逐渐建立了一个相对统一的国家，结束了五代十国的分裂局面，开启了一个新的朝代。北宋建立后相继进行了一系列政治、军事、经济、文化等多领域的改革，推动了城市的发展，城市的管理发生了巨大的变化，实行了上千年的坊市制解体，从而引发了"城市革命"和工商业的变革，推动了宋代城市的繁荣，使传统的城市形态发生了重大变化，城市的经济功能得到增强，城市人口也有较大幅度增加。各种商业市镇大量兴起，这在很大程度上改变了城市的发展格局和等级体系。南宋虽然偏安一隅，疆域较北宋缩小了很多，但城市却出现了较大发展，并出现了新的发展特点，特别是商品经济的发展推动了县域城市的发展。

本篇将综合运用历史学、历史地理学、城市学等多学科的研究方法和基本理论，整合学术界已有的相关成果，对两宋时期的城市发展历史脉络做系统的梳理，论述两宋城市发展的社会经济环境及两宋城市发展的特点。在分别考察北宋、南宋城市发展的基础上，以开封与临安为城市研究的个案，以凸显该时期城市发展的时代特点。此外，还拟重点研究此时期城市分布、规模与内部结构的演变，城市行政与管理，城市经济与城市发展，城市人口构成与社会结构的演变，城市的社会生活变迁，城市问题的显现与应对，城市教育的发展与市民文化的繁荣，等等。

第一章　宋代城市的曲折发展

公元960年，后周大将赵匡胤于陈桥驿发动兵变，黄袍加身，取代后周恭帝称帝，建立宋朝，以开封为都城。宋朝上承五代十国，结束了分裂动乱的政治局面，从而使中国归于一统。

宋朝分为北宋和南宋两个历史阶段。北宋王朝自960年陈桥兵变始，至1127年金兵攻陷东京城，国祚168年。1127年，康王赵构在南京应天府继承大宋皇位，仍定国号为宋，史称南宋，国祚153年。南宋王朝建立后不久迁都临安府，偏安于秦岭淮河一线以南，长期与金国对峙，在此期间南方社会相对安宁，城市也有较大发展。1279年，崖山海战宋军失败，南宋灭亡。

赵匡胤建立北宋后，实施重文轻武政策，抑制军事将领的权力，从而使中央集权得到强化。北宋王朝统一中国后，历代君主相继在政治、军事、文化等方面进行了一系列改革，从而使宋朝的经济和文化都得到很大发展，北宋经济的繁荣和民间的富庶超过了唐代，文化、教育和科技创新也达到了一个新的水平。北宋时期，农业、手工业都有较大的进步，商业的繁荣程度也超过唐代，中国的一些重大科技发明都是在这个时期出现的，这些发明推动了城市的发展。开封是北宋的政治中心，都城的聚集效应使开封发展成为继长安、洛阳之后的又一个拥有百万人口的特大城市。由于经济的发展，宋代的城市社会生活和城市面貌都发生了新的变化。经济的发展也促进了人口的快速增加，从太平兴国五年（980）的3710万人增至宣和六年（1124）的12600万人。由于商品经济的发展，秦汉以来长期实行的封闭式城市管理模式——坊市制到宋代开始全面解体，城市内部结构发生了巨大变化。金灭北宋后，南方经济继续繁荣，南方城市也得到较大发展，并出现了特大城市临安，东南港口城市也随之崛起。

第一节 城市的发展变迁

一、北宋的建立与城市的发展变迁

北宋建立后，赵匡胤先后消灭了南平、后蜀、南汉、南唐以及北汉等政权，结束了五代十国的割据局面，使中国重新归于统一，但北宋的统治范围远小于汉唐，在长城内外还有辽、夏、金等国先后与之对峙。宋太祖为了建立一个长期的、稳固的赵氏王朝，采取了一系列措施，对唐以来的政治、经济、军事和文化制度等进行了改革，加强了君主专制中央集权统治。例如，"收乡长镇将之权悉归于县，收县之权悉归于州，收州之权悉归于监司，收监司之权悉归于朝廷"；"以大系小，丝牵绳联，总合于上"，集行政权、财权、司法权、军权于皇帝一身。宋朝较汉唐五代更加集权，君主更加专制。宋朝君主专制中央集权的强化，消除了五代时期的分裂割据因素，促进了社会经济的恢复和发展。宋朝建立的头一百年，其比以前任何一个王朝都要繁荣，是中国经济、文化大发展的时期。费正清认为：宋代这一迅速的发展使中国的经济发展水平显然高于以前并产生出许多沿用至19世纪的经济和社会模式。

北宋建立后，一直面临着北方游牧民族的威胁，尤其是燕云之地长期为游牧民族占领，故而北宋统治者多次发动大规模北伐战争，但均以失败告终。燕云十六州，即今天的北京、天津以及河北和山西的北部，是传统的汉族居住地。该地区地势险要，易守难攻，"幽燕诸州，盖天造地设以分蕃汉之限，诚一夫当关，万夫莫前也"，该地区长期以来都是中原王朝用以抵御北部游牧民族南下的天然屏障。后唐清泰三年（936），河东节度使石敬瑭反后唐独立，为求得契丹支持而将燕云十六州献于辽朝，是为燕云地区丢失之肇始，从而使北方游牧民族可以长驱直入、南下中原，成为中原政权的心腹大患。后周世宗柴荣发兵北伐，但仅收复了燕云十六州的莫州和易州等。北宋初期，宋太宗也一直谋求收复燕云十六州全境，并为此发动了两次大规模的伐辽战争，辽朝则乘机对北宋进行了9次大规模的反击。宋辽两国双方在燕云地区进行了长达26年的大规模战争，但无论是宋还是辽都不能战胜对方，在燕云地区形成对峙的局面。北宋景德元年（1004），宋辽两国缔结"澶渊之盟"，宋辽"沿边州军，各守疆界"。"澶渊之盟"订立后，北宋基本放弃了主动收复北方的愿望，辽朝也打消了南下中原的想法。此后，宋辽两国进入相对和平的状态，北方边境的百姓得以安居，生产得以恢复，城市也因之而发展。

宋王朝建立后，除与辽争夺燕云十六州外，与西夏政权也有大规模战事。太平兴国七年（982），西夏党项人李继迁叛宋，后依附辽朝，得到辽帝册封，辽"遣使封继迁为夏国王"。其后，北宋对李继迁势力施行羁縻政策。咸平五年（1002），李继迁乘宋辽激战之机，攻占西北军事重镇灵州，改为西平府，并迁都于此，获得"陇山内外接仪州界及灵州以北，河北蕃部数十万帐"。北宋虽然采取"以蛮夷攻蛮夷"的制夏政策，鼓励西北诸部落反李继迁，并取得了一定胜利，但最终被其各个击破。其后，李明德和李元昊向西陆续攻占了河西走廊地区，至此西夏版图"东尽黄河，西界玉门，南接萧关，北控大漠，地方万余里，依贺兰山为固"。1038年元昊正式建国称帝，史称西夏。西夏长期与北宋处于战争和敌对状态。宋神宗即位以前，北宋的军事实力较弱，宋朝以防御为主，西夏则以进攻为主，北宋只好联合沿边诸蕃进行防御。[①] 宋夏战争主要在北宋西北三路边境地区进行，元昊发动战争的主要目的在于对北宋城乡进行经济掠夺，因此战争对北宋西北三路城市造成巨大破坏。宋神宗即位后励精图治，任用王安石为相主持变法，使国力有所增强，边备实力大增，故宋朝意图收复河陇地区，对西夏采取主动进攻的态势，但终因军队深入夏境、粮草不济而失败。宋徽宗时期，以童贯为陕西经略使，步步紧逼，西夏形势日益危险，最终在辽的干预下，双方议和，宋夏战争基本结束。

总体而言，北宋时期，周边少数民族政权林立，北有辽，西北有西夏、回鹘、吐蕃，西南有大理等。虽然北宋政府向北不能收复幽燕故地，向西北无法战胜西夏，但总算完成了以中原为中心的局部统一，结束了五代以来的分裂割据状态，使国家长期处于较为稳定的政治、军事环境中，有利于社会经济的恢复和发展，为北宋城市的发展创造了良好条件。

北宋国家的统一和社会经济的恢复，为城市发展提供了强大的推动力。唐末五代，各地城市虽然有废有建，但总的说来是破坏多于建设，尤其北方的两大都城长安和洛阳均遭到毁灭性的破坏，日渐衰落，这两个城市以后再也没有成为国家的政治中心和经济中心。此外，北方其他城市受到的破坏也相当严重，部分城市甚至就此完全衰落。北宋建立后，随着国家的统一、政治的稳定和社会经济的恢复发展，作为文明主要载体的城市也出现新的变化和发展。

首先，北宋的城市数量与体系出现较大变化。其一，北宋王朝在统一全国的过程中不断进行行政区划建设，使州县数量不断增加。其二，北宋与周边少数民族政权战和不定，边境地区行政区划变动较大。

根据《宋史·地理志》记载，北宋建立之初，"有州百一十一，县六百三十八"。建隆四年（963），取荆南，"得州、府三，县一十七"；平湖南，"得州一十五，监一，县六十六"。乾德三年（965），消灭后蜀，"得州、府四十六，县一百九十八"。开宝四年（971），平南汉，"得州六十，县二百一十四"。开宝八年，平定南唐，"得州一十九，军三，县一百八"。[②] 此后，南唐清源节度使陈洪进、吴越国等称臣献地，北宋又于太平兴国四年（979）消灭北汉，至太宗雍熙元年（984），

---

① 李华瑞认为在宋夏爆发全面战争之后，北宋由主要经营"族盛兵强"的大蕃部转向经营缘边诸蕃，而北宋政府建立招抚蕃落司和遣范仲淹等人经略山西，标志着其正式确立了以经营沿边诸蕃为主要内容的连蕃制夏政策。

② 脱脱等：《宋史》卷八十五《地理志一》，中华书局，1985年，第2094页。

除燕云十六州在辽朝控制下，北宋实现了国家的统一。

北宋初年，在地方行政建置方面实行路、府（州、军、监）、县三级行政区划制度，南宋也沿用其制。真宗咸平四年（1001）王均之乱后，以"西蜀辽隔，事有缓急，难于应援"之故，遂分"川峡转运使为益、梓、利、夔四路"，后又因江南路辖境辽阔，不便巡按，分为东、西二路，至天圣年间，全国已细分为十八路。至熙宁末年全国进一步划分为二十三路，熙宁后，又陆续将京东、京西、河北、陕西、淮南各分为两路。① 元丰元年（1078），五路转运司合并，全国仍为十八路。

北宋时期，国家的统一结束了五代十国时社会动荡和混战的局面，有利于社会经济的恢复和发展。农业工具得到发明和改进，踏犁、秧马、水车以及农用化肥的使用与推广使农业生产力有了较大的提高，圩田、葑田、山田、沙田技术得到使用和推广，耕地面积进一步增长。据统计，开宝九年（976），全国垦田面积为2953300多顷，至道二年（996）耕地面积为3125200多顷，到天禧五年（1021）耕地面积增加到5247500多顷。北宋农作物的引进和耕种方法有了进一步发展。宋初福建引进了早熟、耐旱、高产的占城稻，真宗时期占城稻被推广到淮河、长江及江浙一带，促进了东南地区的开发。太宗时期，南方地区逐渐实行了稻麦两熟的耕作制度，并在农闲时耕种芝麻、大豆等经济作物，"种无虚日，收无虚月，一岁所资，绵绵相继，尚何匮乏之足患，冻馁之足忧哉"②。

农业是中国古代社会的基石，农业的恢复和发展推动了手工业的兴盛。北宋时期，纺织、制瓷、印刷、造船、造纸等行业进步显著，其中以纺织业为甚，开封、洛阳以及成都等地官办纺织作坊规模巨大，南方的真州、润州、湖州等都是民间纺织业兴盛之地，东南地区"茧簿山立，缫车之声，连甍相闻"，神宗时期，两浙路上供锦多达98万匹。③ 汉唐之际传入中国的棉花，在北宋时期已经得到普遍种植，并成为纺织衣服的主要原料。制瓷业在隋唐时期有较大发展，而到宋时更是进入一个繁荣发展阶段，无论产品数量还是制作技术都达到一个新的高度，其中定窑、磁州窑、钧窑、龙泉窑、耀州窑和景德镇窑久负盛名，被后人合称"宋代六大窑系"，景德镇更是因"景德"年间为宋朝廷制作瓷器而得镇名，其白瓷享誉海内外，奠定了其千余年来的城市品牌和产业基础。宋代的造船业在唐代基础上有较大发展，朝廷在开封设有造船务，专门制造和修理船只。荆、江、淮、浙等沿河、沿海一带城镇的造船业也得到较大发展。南宋以后随着海上贸易的兴盛，造船业发展更快。造纸业在宋代也有很大发展，竹、藤、麻等原料被广泛应用于造纸业，四川、安徽、两浙地区的制纸业十分发达。毕昇发明了活字印刷术，极大地促进了文化知识的传播。印刷业发展成为当时的一个新兴行业，当时所印之书，"以杭州为上，蜀本次

---

① 谭其骧主编，郭黎安编著：《宋史地理志汇释》，安徽教育出版社，2002年，第6—8页。
② 陈旉：《农书》，清知不足斋丛刊本。
③ 漆侠：《漆侠全集》第十一卷，河北大学出版社，2009年，第55页。

之，福建最下。京师比岁印板，殆不减杭州，但纸不佳"[1]。印刷业的发展不仅推动了知识的传播，也促进了造纸业的发展，由于社会对各种印刷品的需求不断增加，因而纸张供不应求，造纸遂成为重要的产业。

宋代手工业的兴盛为商业与城市的发展奠定了基础，北宋建立后，消除了五代时期各政权之间的边界，国家的统一促使各大区域之间交通顺畅、便捷；统一的货币制度以及纸币的出现与发行促进了境内商业的发展；而与辽、金、夏等周边少数民族政权榷场贸易的兴盛，也促进了内地与北方游牧民族之间贸易的发展；宋代空前繁荣的海外贸易则推动了沿海城市商业的发展和繁荣。北宋时期，商业与城市的繁荣有诸多表现。其一，城市商业突破坊市制度限制，出现坊中有市、坊市混杂的局面。开封、洛阳等大城市的商业区逐渐突破市场的范围，在居住之坊中到处有临街商铺。其二，城市宵禁逐渐被取消，夜市走向兴盛。北宋开封城内"大抵诸酒肆瓦市[2]，不以风雨寒暑，白昼通夜"。其三，城市服务业兴盛。开封城是北宋服务业最兴盛的城市，供市民娱乐的勾栏瓦舍遍布城内外，酒楼饭店鳞次栉比，"州东宋门外仁和店、姜店，州西宜城楼、药张四店、班楼"，"在京正店七十二户"。其四，城市数量增加，城市规模有所扩大。据统计，唐时10万人以上的大城市仅有13个，至北宋中期，10万人以上的城市增加到46个，其中以南方城市居多。其五，城市管理制度出现新的变化。一是，坊制代替里制，成为北宋城市基层管理制度。二是，厢作为介于坊与城市主管部门之间的管理层级，首先在都城开封得到确立，进而逐渐成为宋代城市管理的定制，很多大城市均实行厢制。

二、南宋的建立与城市的发展变迁

靖康二年（1127），金灭北宋。宋徽宗之子康王赵构在南京应天府继位，改元建炎，建立南宋政权。南宋王朝建立后，从建炎元年（1127）到绍兴十年（1140），金军前后发动了3次全面攻宋战争，战场步步南扩：从两河地区、永兴军路、京东路，向南扩展到两淮路、江南东路、两浙路等地。在南宋军民的顽强抵抗下，金军3次攻宋战争均以失败告终。其后，金国调整战略部署，以川陕为目标进行重点进攻。此时，宋军已从"恐金"的阴影中走出，加之有多年对抗金军的作战经验，形成了以张俊、韩世忠、岳飞、吴玠、刘光世为首的5支实力雄厚的大军，在各地义军的配合下逐渐转守为攻，岳飞发动了以收复襄阳六郡为目标的"北伐"，岳家军取得节节胜利，极大地鼓励了其他各路抗金队伍，宋军取得了前所未有的战果。绍兴十一年（1141），宋金双方再次议和，各以淮水、大散关为界，史称"绍兴和议"。"绍兴和议"后，宋金双方虽摩擦不断，但始终未爆发大规模的全面战争。

---

[1] 叶梦得撰，宇文绍奕考异，侯忠义点校：《石林燕语》，中华书局，1984年，第116页。
[2] 瓦市：即瓦舍，下同。

第一篇 宋代城市发展与社会变迁

宋金交战期间，金军铁蹄横扫黄河南北，一度深入江淮地区，不仅使南宋收复开封等北方城市和北宋旧地的愿望成为泡影，更使南宋政府经历了几次南迁都城的过程：从应天府南京迁至江宁府建康，再迁至临安府临安。都城不断南迁意味着统治中心南移，"绍兴和议"的签订意味着北方大片领土彻底脱离南宋的管辖范围，南宋王朝只能管辖南方地区。宋金双方进入相持阶段，为南、北地区城市的恢复和发展提供了相对稳定的社会政治环境。由于宋王朝丢失了北方大片领土，南方成为南宋王朝立足根本，因而南宋王朝高度重视对南方城乡的开发和建设。

宋承隋唐五代，是中国古代经济发展的转折时期。随着北方游牧民族的崛起和其对北方的滋扰以及南方经济的发展，中国经济重心南移在南宋时期基本完成。南宋既是经济重心南移的转折时期，又是人口南移的关键时期。南宋空前自由繁荣的经济和不断增长的人口推动了中国城市出现新的变化。

（1）南方城市数量显著增加，改变了中国城市空间分布的格局。长期以来，中国城市空间分布呈现出北多南少的局面。北方是中国传统的政治中心和经济中心，黄河流域的经济自先秦至隋唐都较为发达，人口远超南方，是中国城市分布最集中的地带。南方很多地区则是未开发的"蛮荒之地"，经济落后，城市数量少且发展迟缓。中唐以后，经济重心南移开始加速，宋代南方土地开垦速度加快，人口大量增加，市镇经济和港口经济都有很大发展，南方城市数量有了明显变化。北宋灭亡，南宋建立，新王朝失去北方大片领土，人口大量南迁，经济重心也随之南移，南方经济日益发展，远远超过北方，南方人口也快速增加，人口总量逐渐超过北方人口总量；南方城市因经济的发展而得到较大发展，特别是南宋海外贸易的兴盛，港口城市崛起，逐渐改变了中国与外部世界的地理联系，南北城市的地位发生了变化，中国对外的门户也逐渐从西北向东南转移。北宋徽宗宣和五年（1123）南方的建置县数量为677个，南宋高宗绍兴十二年（1142）南方建置县的数量增至685个，理宗端平元年（1234）南方建置县的数量更增加到704个。南宋时期，东南地区的苏州、建康、扬州、真州、楚州、庐州，巴蜀地区的成都、梓州、绵州、兴元、遂州、汉州、利州，闽广地区的福州、泉州、广州等，都已发展成规模较大、人口众多、工商业繁荣的城市。

（2）以经济为主导的工商业城市兴起，丰富了中国古代城市体系。宋以前的城市基本上是以政治功能为主，城乡之间的经济联系相对较弱，城市多因政治因素而兴起。北宋建立后，城市经济得到较大发展，城乡经济的联系增强，城市对区域的经济聚集力和辐射力都有所加大，各路路治几乎无一例外地均为本路的经济中心城市，这些城市的经济都相对发达，并对区域有一定的聚集和辐射作用，这表明当时的区域行政城市等级架构与各地城市的经济地位是基本吻合的。[①] 南宋时期，经济的发展逐渐成为越来越多城市兴起与发展的新动力，特别是海外贸易成为推动东南沿海城市兴起和发展的重要动力，如广州、扬州、泉州、明州、钦州、廉州、密

---

① 包伟民：《宋代城市研究》，中华书局，2014年，第69页。

州、秀州、温州等港口城市均在南宋时期崛起。

（3）南宋是传统城市变革并进一步发展的时期，城市功能较前代有所增强。越来越多的城市突破原有的政治和军事功能，经济、社会和文化功能显著增强。这些变革始于唐末五代，在北宋时期得到全面开展，至南宋时期基本完成。南宋时期，城市经济功能增强，经济交易突破坊市限制，遍布城市各个角落，商业区、手工业区和居住区逐渐突破城墙的限制，在城墙之外形成新的交易区、生产区和居住区，推动了城市规模的扩大。有学者估计，南宋中后期，临安城内从事工商业的人口多达20万7千余人。① 而城市外的人口更是不断增多，并沿水道和陆路建立了若干工商业区和居住区。

其时，城市规模的发展主要表现为人口规模的扩大。下面以东南地区重要城市建康与苏州以及西南地区的成都为例进行考察。建康在唐末五代更迭中多次遭到严重破坏，但经过北宋的恢复与发展，到北宋后期其已成经济繁荣的大城市，然而在金军南下攻南宋的过程中，建康于建炎三年（1129）被攻破，金军以屠城的方式来报复城内军民的顽强抵抗，"始料其强壮与官吏，以兵围于州之正觉寺，散取老弱之遗者悉杀之。纵火大掠，越三日……死于锋镝敲搒者盖十之四"②。建康城在战火中再次衰败。绍兴二年（1132），宋高宗将建康的府治改建为行宫，"绍兴和议"后，宋金进入对峙阶段，为建康的重建带来新机遇。绍兴十二年（1142），建康宫由江东安抚使留守，"每岁四季月，准令入宫点视，留守司属官一员从之"③。建康被确定为南宋王朝的留都后，其政治地位有较大的提高，同时社会环境也相对稳定，政府的财力也有所增强，加之军费减少和用于城市建设的经费增多，建康在较短的时间内得到重建和发展，残破的城池被修缮，宫殿、官署以及各种大型公共建筑也相继得以重建，由此促进了经济的发展和劳动力的需求，城市人口不断增加。至景定二年（1261），建康府上元、江宁两附郭县共有136533户，其中大约有9万户分布在府城内外，如果按每户4人计算，则有30余万人。此外，建康作为南宋对抗北方金国的长江下游的重要据点，还驻有大约12万人的军队，加上各地流民等不在籍的人口，有研究者认为南宋中后期建康城内外有80万~90万人④，比北宋时期增加了1倍左右。

苏州是一个历史悠久的城市，到唐代已是江南雄州。五代时期，苏州"井邑之富，过于唐世"。北宋时，苏州经济更为发达。1130年，金兵南侵，苏州遭到严重破坏，几乎被焚掠殆尽，但苏州具有很强的恢复能力，数十年后又崛起于东南。刻绘于绍定二年（1229）的平江府图是我国现存最完整的城市平面图，反映了南宋苏州的城市规划。该图所绘南宋苏州城市平面呈长方形，南北长4公里多，东西长3公里多，面积逾12平方公里；四面城墙共开有5个城门，城门两旁都有水城门，

---

① 林正秋：《南宋都城临安》，西泠印社，1986年，第190页。
② 周应合：《景定建康志》卷四十三《风土志二》，文渊阁《四库全书》本。
③ 周应合：《景定建康志》卷一《留都录》，文渊阁《四库全书》本。
④ 王国平主编，陈国灿著：《南宋城镇史》，人民出版社，2009年，第223页。

可以通船，城门外有宽阔的护城河与城市内河道相连。南宋苏州城为双重城结构，府治所在的子城居全城中央略偏东南处，周围建有城墙，这种在城市中心地区修建衙署的现象在当时较为普遍，是不少州、府城所具有的共同特点，如宋代成都城中也建有子城。① 苏州城市的道路呈方格形或十字相交，这与其河道纵横的地形有关；正对城门的几条道路为主要干道，大街之间有若干小街巷，以东西向街巷为主。苏州城市中的河道纵横交错，由于多是人工开凿的，故较为规范整齐，主要有东西向 3 条、南北向 4 条，构成了苏州城市的基本骨架。主要河流分出的许多支河则与街道平行，河两岸是市肆与住房，形成前街后河的格局。河流沿岸还建有水埠码头、仓库；服务业、手工业及其他专业市场也大都集中在水道交汇之处。全城河流总长 52 公里，形成一个纵横交错的水上交通网和排水系统。河流是苏州经济繁荣和市民生活的生命线，也是苏州城市不断得以恢复的重要条件，历史上苏州曾多次遭到战争的严重破坏，但是再建后其城址都未变，这与城市内的河流分布有着密切的关系。

巴蜀地区的城市在南宋时期延续了唐、五代和北宋时期的繁荣，成都作为该地区最大的城市，在唐代时已有"扬一益二"的美誉。南宋时期成都成为南宋各路中人口最为稠密的地区，嘉定十六年（1223），成都在籍户约 114 万。成都的人口数量多、密度大，城内外街道纵横，百商云集，时人形容为"万井云错，百货川委"，其繁荣景象可与临安相媲美。史载，崇宁元年（1102），成都有 182090 户，约三分之一的人为府城户口，由此估算成都府城户数应有 6 万余。至乾道九年（1173），约有 8 万户，加上大量籍外人口，在南宋中后期成都城市人口 50 万左右。

南宋时期，由于经济重心进一步向南方转移，南方经济得到蓬勃发展。到南宋后期，南方经济超过了北方经济的发展水平，南方人口也快速增加，南方人口总量逐渐超过北方人口总量。南宋海外贸易的兴盛逐渐改变了中国与外部世界的地理联系，南北城市的地位也相应地发生了一定的变化。② 汉唐以来，北方陆上丝绸之路是中国与外部世界进行经济交流的主要渠道，因而北方地区的长安、洛阳以及一些丝绸之路沿线的城市是对外贸易和外来文明传播的中心，而广大的南方、东南沿海地区则是远离经济文化交流中心的"南蛮"之地。宋代，随着航海技术和造船技术的进步，海上贸易有了较大发展，中国与东南亚、东北亚地区各国的经济、文化联系加强。北方丝绸之路在五代时已经衰落，随着宋王朝失去对河西走廊的控制，北方丝绸之路沿线城市脱离中原政权的管辖，失去东西方经济文化交流中心的地位，逐渐衰落；西北地区的对外门户地位下降，东南沿海地区的对外门户地位上升，东南沿海地区的扬州、泉州、明州、钦州、廉州、秀州、温州、密州，华南地区的广州等城市相继兴起，成为中国对外贸易与文化交流的重要门户城市。如泉州位于中

---

① 何一民：《中国城市史》，武汉大学出版社，2012 年，第 314 页。
② 何一民：《中国城市史》，武汉大学出版社，2012 年，第 288 页。

国东南沿海地区，地理位置虽然优越，但在中国海运不发达的时代，其发展一直缓慢，直到唐末五代，在海上航运有一定发展之后，泉州地理的优越性才显现出来，开始成为对外贸易港口。北宋时期，随着中国与东南亚诸国海上贸易的较大发展，泉州成为对外贸易的重要中心之一，其优良的港口条件使大量中外船只在此处聚集。南宋建立以后，随着政治中心的南移，中国的对外贸易和航海业得到更大发展，在多种力量的推动下，泉州的外贸量逐渐超越浙东其他港口。泉州对外贸易的发展也推动了本地造船业等相关行业的发展，其在南宋中期成为仅次于广州的第二大商贸港口城市，中外商人云集于此，不少外国商人定居于此，在城外出现了当地人所称的"蕃坊"。泉州对外商贸的繁荣，增加了政府的税收，南宋在泉州所设的船舶司年税收达200万缗，约占南宋政府全年财政收入的1/20。

第二节 都城建设与变迁

宋代在中国城市史上是一个非常重要的时期，一个重要的标志就是从秦汉至唐实行了上千年的坊市制度解体，城市内部出现开放的发展格局。宋代城市经济的高度繁荣导致坊市制度彻底解体，从而使城市规划布局和建设出现新的局面，不少城市在前代城市布局的基础上，因地制宜，不拘一格地进行革新改造，使城市空间布局和结构发生较大变化，城市中形成了若干开放式的商业街区和文化娱乐中心，店铺、酒楼、作坊等遍布全城，城市的经济功能不断叠加，文化功能也有所加强。宋代城市发展的成就主要体现为北宋都城开封和南宋都城临安两大城市的发展。

一、北宋都城开封的发展变迁

北宋的都城开封是中国古代最重要的城市之一，其规划布局和城市建设具有相当的典型性。

开封位于今河南省中部，地处黄河中下游南岸，坐落在黄河冲积扇豫东平原上，土地肥沃，地势平坦，水路交通便利，早在七八千年前的新石器时代，这里就已有聚落和早期人类的活动。春秋战国时期，开封曾多次被作为诸侯国的国都，秦统一全国过程中，引鸿沟水灌大梁城（开封），使其城市的基础设施和构筑物遭到严重破坏，开封经济由此凋敝，人口大幅度减少。在其后的700余年间，随着经济的逐渐发展，开封城市才有所恢复并缓慢发展。隋唐时期，汴州（开封）的发展迎来了一个巨大机遇，即大运河的开通。从黄河至淮河段的汴渠是大运河中最重要的河段，西通洛阳，南达江淮，是南方的物资、税粮、银钱水运至长安、洛阳的必经之地，开封成为汴渠沿岸的重要节点城市。凭借有利的交通地理位置，开封一跃成为隋唐都城的东部门户，同时在较短的时间内成为南北物资集聚和人才汇集之地，其行政地位也随之而提高。唐延和元年（712），宣武军节度使治所移至汴州，开封成为区域性的政治、军事中心，城市地位进一步提升，推动了城市的重筑和扩建。唐代宗大历十四年（779），永平节度使李勉加任汴宋节度使，将治所迁至汴州，并在原城市的基础上进一步扩建。

五代十国是开封城市发展的转折时期，开封在此时期成为国都，由地方性城市向都城转型。五代诸国，除后唐外，后梁、后晋、后汉、后周都将开封作为都城。因此，五代时期虽然中原地区朝代更迭频繁，但开封却一直保持着政治中心的地位和优势，以皇宫为核心的城市不断得到建设，城市人口不断增加，城市空间规模也不断扩大，工商业更是进一步发展。周世宗显德五年（958），后周先后从后蜀、南唐政权中夺取秦、凤、阶、成、瀛、漠及淮南14州。新夺取的淮南14州经济发达，民富物盛，使后周王朝的财政支配能力增强，调控、分配国内资源的力量也有所加强。其时开封人口甚多，而城市规模却较小，"屋宇交连，衢街狭隘"，周世宗为满足开封日益增长的人口与经济发展需求，发动了10万民夫在汴州城修筑外罗城，从而奠定了北宋开封城的基础。

960年，后周殿前都检点赵匡胤称帝，改国号为宋，定都开封，史称北宋。北宋初年，在京畿地区设置开封府，下辖浚仪、开封、陈留、封丘、尉氏、中牟、阳武、襄邑、雍丘、考城、扶沟、鄢陵、太康、酸枣、长垣、东明、咸平17县。大中祥符二年（1009）改浚仪县为祥符县。皇祐五年（1053），以开封府辖区设京畿路。至和二年（1055）废京畿路。崇宁四年（1105）又于开封府辖区设京畿路，治陈留。[①] 北宋定都开封后，宋朝统治者对开封城进行了多次修缮和扩建，开封城市形制逐渐完善，城市空间向外扩张，规模不断扩大。

后周只是一个割据政权，而北宋则是一个相对统一的政权，因而开封在北宋时期的规划和建设远超后周时期，在中国城市发展史上具有重要的影响和相当的典型性。北宋开封不像隋唐都城长安那样是按照一个完善的总体规划重新建造的，而是在唐、五代汴州城的基础上逐步改造发展而成的，因此受到旧城布局规划的较大影响，也就不可能像隋唐长安那样规划整齐、布局严谨，却因此而成为旧城改造的典范。北宋开封城市平面呈不方正的形状，城市居民区也未严格划分坊里，商业网点遍布城内。作为都城，北宋开封形成了以宫城为中心的宫城、里城、外城三重城结构。

（一）北宋开封城的城市特点

宫城又称大内，位于开封城的中心，这与隋唐长安城的布局有很大区别。宫城原为唐代宣武节度使署，五代初后梁建都于此，将之改建成建昌宫，后晋时称大宁宫，后周世宗加以扩建。北宋建立，宋太祖诏令依照洛阳宫殿形制对之进行扩建。经数朝建设，其宫城规模宏大，周围达9里18步，城墙外有护城壕沟。因宫城居

---

① 开封市地方史志编纂委员会：《开封市志 1986~2004 综合卷》，北京燕山出版社，2012，第196页。

城中心，故四面开有城门，东西北三面各开一门，南面开3扇城门，南正门为宣德门，宣德门又称宣德楼，楼列5门，门皆金钉朱漆，雕梁画栋，峻桷层榱，覆以琉璃瓦，曲尺朵楼，朱栏彩槛，华丽异常，巍峨壮观。宫城内的建筑华丽精巧、规整对应，"端直如引绳"。南北中轴线的南面依次排列着大庆殿、常朝紫宸殿等外朝宫殿，大庆殿庭宇广阔，台基东西宽80米，周围连环有千米廊庑，与之配套相连的还有皇帝起居、处理朝政的文德殿、崇政殿、垂拱殿、集英殿等建筑。从迎阳门北到拱宸门南为后苑区，主体建筑是由7殿15阁组成的宏伟的延福宫。后苑修有人工山水和栽有各种奇花异草，环境极为精致优美。开封宫城既是皇帝处理政务之处，又是皇帝、妃嫔生活起居之所，宫城内大小殿堂楼阁近百座，主要有太极殿、天兴殿、文明殿、明德殿、天和殿、崇徽殿、庆寿殿、天福殿、延春殿、寿昌殿等供皇帝处理政务及生活起居的宫殿，也有鼓楼、钟楼、东上阁、西上阁、斑园、装戏院、待漏院、学士院等负责皇家事务的职能机构。这些建筑大都坐北朝南，高低相间，沿中轴线排开，井然有序，错落有致。宫城外即皇城，城周4921步[1]，约13里。[2] 皇城是中央衙署和祭祀场所所在地，有太庙、尚书省、郊社、御史台、内侍班、玄武神寺祠、洛阳监等建筑。宫城与皇城共同构成了北宋的权力中枢，这里执掌着全国的军政大权，关系着大宋的兴亡。

里城又称内城、旧城，为唐代汴州城旧址。里城在五代、北宋时经多次修葺，其形状为不规则的长方形，南北略长于东西，四面共有10个门，各城门皆有瓮城。里城城墙外也有护城河，城内的主要建筑有衙署、寺观、官僚贵族及平民的住宅、商店作坊等。

外城又称新城或罗城，宋初曾称围城，为周世宗时所筑，宋真宗、神宗时扩建。宋神宗熙宁八年（1075），宋廷重修外城，用工数百万，"以三岁之绩易数百年因循之陋，崇墉迄然，周五十里一百六十五步"[3]。开封城墙高4丈，上有女墙7尺，宽5.9丈，每百步均设马面、战棚、团敌，较过去的城墙更加宏伟、坚实。外城的壕称护龙河，"阔十余丈，壕之内外，皆植杨柳，粉墙、朱户，禁人往来"。开封城因地处平原，无险可凭，故城市建设突出其军事防御功能，先后修有三重城和三条护城河。随着人口的增加和经济的发展，开封城市规模逐渐向外扩张，居民住宅、店肆、手工业作坊一一在城墙外得到修建。城外酒食店舍、勾栏瓦舍生意兴隆，与内城的经济联系日益紧密。为加强管理，宋真宗大中祥符元年（1008），"置京新城外八厢……特置厢吏，命京府统之"[4]，外城被纳入东京城的统一管理。

开封城内的道路系统以宫城为中心，干道正对各城门，形成"井"字形方格

---

[1] 欧阳修等：《新唐书》卷三十八《地理志二》，中华书局，1975年，第982页。
[2] 中国社会科学院考古研究所：《隋唐洛阳城1959～2001年考古发掘报告》第一册，文物出版社，2014年，第154页。
[3] 宋继郊编，王晟等点校：《东京志略》，河南大学出版社，1999年，第112页。
[4] 徐松：《宋会要辑稿》兵三，稿本。

网，其他道路及巷道也多成方格形，也有丁字相交的，另有数条斜街。开封的中心街道为御街，从宫城南门宣德门起，经里城南面朱雀门，直达外城正南门南熏门，宽阔、笔直，为全城的南北中轴线，与唐长安布局有一些相似。御街东西两旁建有廊，称千步廊，"各安立黑漆杈子，路心又安朱漆杈子两行，中心御道，不得人马行往，行人皆在廊下朱杈子之外。杈子里有砖石甃砌御沟水两道，宣和间尽植莲荷，近岸植桃李梨杏，杂花相间，春夏之间，望之如绣"①。

开封城内河道较多，有"四水贯都"之称。流经开封城内的4条河为汴河、蔡河（惠民河）、广济河（五丈河）、金水河，4条河通过护城河相互连通。汴河横贯开封城东西，连接南北大运河，通江淮之漕，每年经汴河运往东京的粮食达600万石，成为宋王朝和开封城的生命交通线。蔡河流经外城南部，广济河从外城西北角入城，向东经安远门前御道，至外城东壁善利水门出城。蔡河和广济河也是漕运的主要交通线。金水河由北部入城，通往宫城，为皇宫及沿河居民的主要生活水源。4条河及3条护城河纵横交错，对开封的城市布局、发展有相当大的影响，河沿岸逐渐发展成为繁华的街市，尤其是以数十个河道码头和30座跨越河流的桥梁两侧为空间节点形成了热闹的商业街区。由于城市的扩大和商业的兴盛，北宋中后期开封的商业街市甚至延伸至城门外汴河两岸七八里的地带，著名的《清明上河图》生动描绘了开封商业街市的繁荣盛况。

由于坊市制的解体和城市经济、文化的空前繁荣，开封的城市规划布局出现重大的进步，开封城市打破传统的坊市制封闭空间格局，城市中形成若干繁华的商业街区，里城的马行街、潘楼大街、土市子、汴河大街、州桥，以及外城东部、东南部和西部都是繁华的商业区，城市的布局得以改变，城市的面貌出现前所未有的变化，基本上和后来保留下来的城市面貌相接近。开封城市的一些规划布局特点，如三重城、三条护城河、宫城居中、"井"字形干道系统等对以后的金中都、元大都、明北京都有不同程度的影响。

开封作为北宋的都城，受到政治中心优先发展规律的影响，其城市空间规模居全国之首，城市人口规模也远超其他城市，"都城百万家，漠漠浮云生"。有学者估计，在开封城发展的顶峰时期，城市人口多达150万人。如果说皇城是开封城的权力核心，那么里城与外城则共同构成了开封城的灵魂。这里既是开封市民的生活地带，也是北宋最富市井气息的地方。两宋时期是中国古代经济发展的高峰，也是中国城市发展的转折点。北宋开封不仅是东亚也是同一时代世界首屈一指的大都会，有其自身的发展特点：

（1）城市经济空前繁荣。东京开封的经济繁荣首先得益于北宋建立之初即消灭了后蜀、南汉、南唐、吴越等南方政权，将南方纳入中央王朝统治范畴，这在很大程度上破除了中国各经济区之间的壁垒，保障了经济区之间商业经济往来的畅通。东京开封是北宋水陆交通中心，外城设城门13扇和水门7扇，以保证开封城与郊

---

① 孟元老：《东京梦华录》，中国商业出版社，1982年，第12页。

区之间、开封与外部地区之间的经济文化交流的畅通。由于开封人口众多，每天都有大量的物资被运输进城区，因而其水陆交通特别发达，其中水上运输因其运量大、成本低，得到优先发展。"出戴楼门外曰四里桥。中曰汴河，自西京洛口分水入京城，东去至泗州，入淮，运东南之粮，凡东南方物，自此入京城"[1]，可见开封交通之发达，来自全国各地的商品在开封荟萃，"冬月即黄河诸远处客鱼来，谓之'车鱼'"[2]。众多的城市人口和巨大的消费需求刺激了商业贸易的发展，故而北宋开封商业异常发达。政府在商税上实行恤商政策，也是北宋城市经济发达的重要原因。北宋政府对商品买卖交易的限制步步放宽，最后连御街两旁也曾"许市人买卖于其间"[3]。宵禁的解除促进了夜市的兴盛，每当夜幕降临，人们的消费欲望逐渐高涨，故而夜市十分兴旺，成为开封城市经济繁荣的重要表现。朱雀门外街巷"街心市井，至夜尤盛"[4]，"冬月盘兔、旋炙猪皮肉、野鸭肉、滴酥水晶脍、煎夹子、猪脏之类，直至龙津桥须脑子肉止，谓之杂嚼，直至三更"[5]，潘楼东街巷"高阳正店，夜市尤盛"[6]，"夜市北州桥又盛百倍"[7]，马行街铺席"九曲子周家，最为屈指。夜市直至三更尽，才五更又复开张，如要闹去处，通晓不绝"[8]，"北山子茶坊，内有仙洞、仙桥，仕女往往夜游，吃茶于彼"[9]。城市东南部和西北部是熙熙攘攘、商贸繁荣的商业区。东南部以宣德楼为起点形成两个商业区：一是御街权子两侧区域。御街是开封最大的街道，长10余里，宽约200步，起自宣德楼，南向至州桥、朱雀门，直抵南熏门。御街曾是百姓交易之地，但在政和年间仅供帝王出行。御街两侧有御廊，廊下权子之外店铺鳞次栉比，尤以州桥段为盛。州桥至西大街有果子行、珠子铺，过州桥有车家炭、张家酒店、李家香铺、曹婆婆肉饼，等等。朱雀门出龙津桥一带是开封美食荟萃之地，肉食、素食、各色小吃、凉水数十种，一应俱全。二是宣德楼东南部的潘楼街至旧宋门和大相国寺之间的区域。"东去乃潘楼街……并是金银彩帛交易之所，屋宇雄壮，门面广阔，望之森然，每一交易，动即千万，骇人闻见。"[10]"冰雪惟旧宋门外两家最盛，悉用银器。"[11]"宣德楼前……南门大街以东，南则唐家金银铺、温州漆器什物铺、大相国寺，直至十三间楼、旧宋门。"[12]大相国寺虽为佛门净地，但由于是城市公共空间，人流汇聚，自然吸引了大量的商贩和百货汇集于此。"相国寺每月五次开放万姓交易……无所

---

[1] 孟元老：《东京梦华录》，中国商业出版社，1982年，第7—8页。
[2] 孟元老：《东京梦华录》，中国商业出版社，1982年，第30页。
[3] 孟元老：《东京梦华录》，中国商业出版社，1982年，第12页。
[4] 孟元老：《东京梦华录》，中国商业出版社，1982年，第13页。
[5] 孟元老：《东京梦华录》，中国商业出版社，1982年，第14页。
[6] 孟元老：《东京梦华录》，中国商业出版社，1982年，第16页。
[7] 孟元老：《东京梦华录》，中国商业出版社，1982年，第19页。
[8] 孟元老：《东京梦华录》，中国商业出版社，1982年，第22页。
[9] 孟元老：《东京梦华录》，中国商业出版社，1982年，第15页。
[10] 孟元老：《东京梦华录》，中国商业出版社，1982年，第15页。
[11] 孟元老：《东京梦华录》，中国商业出版社，1982年，第53页。
[12] 孟元老：《东京梦华录》，中国商业出版社，1982年，第12页。

不有。"① 开封城区西北部的商业区要数东华门外的马行街、土市子最为繁荣。"东华门外,市井最盛,盖禁中买卖在此,凡饮食、时新花果、鱼虾鳖蟹、鹑兔脯腊、金玉珍玩衣着,无非天下之奇。"② "土市北去,乃马行街也,人烟浩闹。"③ 除城市东南部紧凑的商业区外,从朱雀门往西至旧郑门直至新郑门的商业地带是开封城的水产品交易区,"卖生鱼则用浅抱桶,以柳叶间串清水中浸,或循街出卖,每日早惟新郑门、西水门、万胜门,如此生鱼有数千檐入门"④。

(2) 城市空间格局转型。北宋城市经济繁荣,其经济之于城市最大的影响就是突破了秦汉以来实行了千余年的坊市制度,居民居住之坊与交易之市不再被坊门隔离,坊墙、市墙与坊门、市门逐渐消失,出现了城市之中坊内有市,市中有坊,坊市交错,人口混杂的景象。秦汉以来,中央政府在各级城市中实行严格的坊市制度,城市中的市场交易被限制在政府划定的市内,居民居住的里坊内不允许开展商业活动。坊市分离限制了城市经济的发展,也不便于满足居民的物质生活和精神文化生活的需求。唐后期,中央集权弱化,商品经济大发展,坊市制度逐渐解体。五代时期,不少城市在商业利益的驱动下渐废坊市制。至北宋初年,开封等大都市率先突破坊市的束缚,同时在商品经济蓬勃发展的影响下,草市、夜市兴起,市场交易日益频繁,因而在北宋前期,坊市限制最终被完全打破,里坊内出现临街商铺和摊位等。这种现象最终为政府所认可,城市空间格局完成了从封闭式向开放式的转型。

(3) 城市中出现以"市"命名的街道。由于秦汉以来的坊市制解体、宵禁政策被废除,城市中商业街道逐渐兴起,许多街道遂以"市"为名,如《东京梦华录》记载开封城内"潘楼东去十字街,谓之土市子,又谓之竹竿市。又东十字大街,曰从行裹角,茶坊每五更点灯,博易买卖衣服图画花环领抹之类,至晓即散,谓之'鬼市子'"⑤。

(4) 城市街道被赋予新的职能,成为新的公共空间。街道与城市相伴而生,街道是随城市出现的产物,城市被街道划分成不同的功能区域。中国城市街道历史悠久,但长期以来在坊市制度的束缚下,坊市内的街道仅有交通功能,只是车马行人的通道。唐以前,全国各级城市实行封闭式的坊市制,坊中居民和市中商店都不准向街开门,因此街道两边全是坊墙或市墙,街道仅有通行功能。至唐宋时期,城市逐渐突破坊市限制,街道两侧出现了临街设店的情况,后周时期,政府对这一情况予以默许。显德三年(956)六月,"近者开广都邑,展引街坊,虽然暂劳……其京城内街道阔五十步者,许两边人户各于五步内取便,种树掘井,修盖凉棚。其三十

---

① 孟元老:《东京梦华录》,中国商业出版社,1982年,第20页。
② 孟元老:《东京梦华录》,中国商业出版社,1982年,第10页。
③ 孟元老:《东京梦华录》,中国商业出版社,1982年,第16页。
④ 孟元老:《东京梦华录》,中国商业出版社,1982年,第30页。
⑤ 孟元老:《东京梦华录》,中国商业出版社,1982年,第15页。

步以下至二十五步者，各与三步，其次有差"①。北宋建立后，城市经济的发展促使城市空间出现自由发展的趋势，使秦汉以来实行的坊市制和宵禁政策逐渐被废除，居住区向开放式空间发展，坊墙和市墙被逐渐拆除，商业街道也随之而兴起，居住区也开始"许市人买卖于其间"②。开封城内形成开放式的商业空间和文化空间，各类店肆开始在大街小巷临街开设起来。开封城内主要街道宽50步者，沿街住户被允许在各自房前5步内，掘井种树，搭盖凉棚。这样既能绿化、美化街道及房屋，也扩大了营业场地。大量的住宅转化为商铺，街道成为一种新式的公共空间，被赋予了经济和文化功能。

开封是北宋的政治中心和经济中心，故北宋统治者非常重视开封城的安防措施，因此开封城有着非常严密的防御设施，不仅有3道城墙拱卫着宫城，外城还有护城河（曰"护龙河"），宽10余丈，有城门13扇和水门7扇，"新城每百步设马面、战棚，密置女头，且暮修整，望之耸然。城里牙道，各植榆柳成荫。每二百步置一防城库，贮守御之器，有广固兵士二十，指挥每日修造泥饰，专有京城所提总其事"③。

（二）宋金战争和蒙金战争对开封的破坏及开封城市的衰落

开封在北宋时期一直处于上升的发展状态，到北宋末发展至顶峰，人口逾百万，甚至有研究者认为，此一时期开封的城市人口达到150万人。④ 盛极而衰是中国古代很多大城市发展的共同现象，开封也难逃这种命运。北宋中后期，金军3次南下围攻开封城，开封城周围的城镇和乡村遭到金军的大肆破坏，人口也多被掳掠，开封城市工商业受到严重破坏。金天会四年（1126），金军发动"灭宋之战"，次年，占领开封，北宋亡国，北宋都城开封由此遭到毁灭性的打击和破坏。不仅宋朝的徽、钦二帝及皇室成员和大批官员成为俘虏，大量的工商业者和艺人及普通居民也被掳往北方，开封城经此打击开始由盛而衰。

（1）金军攻打开封城期间，开封城市建筑和基础设施等遭到严重的破坏。如攻打城池时，金军大量使用旋风炮，将磨盘、石虎、石碑等向城墙和城区抛放，"矢石飞注如雨"，并发射密集的弓箭甚至带火的弓箭，由此破坏了开封的城市防御工事、城区公共建筑和民用建筑。金军攻占城市之初又对城区的很多建筑进行了焚烧、破坏，因而战后的开封一片狼藉，宏伟建筑多成废墟。

（2）战争导致人口大量减少。一是战争直接造成大量人口死亡，金军在攻打城市的过程中以残暴的手段对开封军民进行屠杀。二是由于金军对开封进行了长期围攻，城内粮食匮乏，饥民遍地，饥饿和天气变冷也导致金军围城期间"冻馁死者十五六，遗骸所在枕地"。由于药物短缺，居民生病得不到治疗，疫病大肆传播，"城

---

① 王钦若等：《册府元龟》卷十四，明刻初印本。
② 孟元老：《东京梦华录》，中国商业出版社，1982年，第12页。
③ 孟元老：《东京梦华录》，中国商业出版社，1982年，第6—7页。
④ 程子良、李清银：《开封城市史》，社会科学文献出版社，1993年，第89页。

内疫死者几半"。三是金军攻占开封城之后，对开封城内的军民进行血腥屠杀，一些在战争中幸免于难的普通民众在此过程中也难逃毒手。四是金军将幸存的城市人口大量俘虏到北方，包括皇室成员、官员、技艺百工和普通百姓等共计10余万人。特别是在开封城从事文化艺术表演的数千勾栏瓦舍艺人全部都被金军掳至北方，致使开封城文化艺术衰落。开封城被掳走的10余万人在北上途中，饥寒交迫，受尽侮辱，死伤过半，残存之人来到燕京等地，除少量皇室官员被软禁外，大部分原开封居民包括部分官员的家属都沦为金国贵族的家奴。

（3）开封经济遭到前所未有的破坏，城市经济出现严重衰退。金军攻破开封城后，纵容官兵抢劫搜刮官民财富，所到之处，"凡人间所须之物"均被抢夺。北宋王朝投降后，宋廷在金军的胁迫下，被迫向金人献上犒军金100万锭（每锭50两）、银1000万锭、绢1000万匹、缎1000万匹。北宋政府无力负担如此巨额的捐献，只好将其分摊到百姓头上，强行征收赋税。然而民众在金军攻城期间早已是贫病交加，无力承担如此重负，不少人在胥吏的强征下，因害怕只好"刎缢相寻"。其时正值隆冬，天寒地冻，因饥饿生病而死之人"日以万计"。金军进入开封城后，肆无忌惮地掳掠抢夺，导致开封城区大部分手工业作坊和商业店铺遭到破坏而关门闭户，大量业主或死或逃，物价飞涨，粮食奇缺，甚至连老鼠、水藻都在市场中出售。[①]

城市的兴衰受到多种因素的影响，其中战争是最为重要的因素之一。有的城市的衰落可能是暂时的，因此是相对衰落；而有的城市的衰落可能是长期的，故成为绝对衰落。北宋开封城的衰落则是绝对衰落。开封的兴起并成为当时举世无双的繁华大都市，与其都城地位有着密切的关系，因此一旦开封失去其都城地位，衰落的命运也随之而至。

开封城的衰落一方面是因金军对开封城的破坏，造成了城市经济、社会和文化发展的中断；另一方面，南宋王朝建立后，开封处于金国管辖之下，失去了都城地位，政治中心的聚集效应也随之而消失。原来的中央政府机构和大量官员与军队南迁，依附于都城的富商大贾、普通手工业者、商贩及平民苦力等都失去了生存的依托，不得不离开。开封人口大量减少，城市的衰落已成定局。尽管其后海陵王完颜亮为了进攻南宋而将政治中心南移至开封，使开封暂时成为金国的政治中心，在一定程度上再度提升了开封的政治地位，并促进了开封的重建（如金国对北宋王朝的部分宫殿进行了修复，并新建了少量的宫闱，金国的中央官员和贵族也对开封的相关衙署和住宅进行了修葺），但海陵王完颜亮以开封为都城仅为时3个月，开封民众还未从战乱中喘过气来，就因开封再次失去都城地位而陷入痛苦的深渊，城市也持续衰败。13世纪初，锐气方刚的蒙古族在北方草原兴起，处于没落状态的金国统治者完全不是蒙古人的对手，蒙古大军多次击败金军，金国的大量城市失守。金宣宗继位后，不得不将政治中心南移至开封，仅留太子驻守中都。金国迁都开封

---

① 程子良、李清银：《开封城市史》，社会科学文献出版社，1993年，第140页。

后，为开封的发展创造了一定条件：一是对开封城市进行了若干建设，除对皇室所居的宫城进行修缮外，还对城市街道和公共建筑进行了修葺；二是颁布了一些缓和民族矛盾的政令，鼓励发展农业生产，给城乡居民更多的经济自主权，使开封工商业在一定程度上有所复苏，但距离北宋时期的繁华程度还相差甚远。正当金国有一定发展转机时，蒙古人和南宋王朝联手对金国发动进攻，金国在蒙、宋的夹攻下灭亡。蒙古大军兵分三路进攻开封，开封城被围期间，"时汴京内外不通，米升银二两，百姓粮尽，殍者相望，缙绅士女多行乞于市，至有自食其妻子者，至于诸皮器物皆煮食之，贵家第宅、市楼肆馆皆撤以爨"①。与蒙古军经过拉锯战后，金军精锐尽灭，开封城破，蒙古军"悉烧京城"，在开封城内大肆杀戮。其时，河南饥馑。蒙古军围开封，加以大疫，开封城之民死者百余万。蒙古军占领开封后，将金国宫廷人口以及开封城内的技艺百工等人大量俘掠北上。在金国后期刚开始恢复元气的开封城再次陷入衰落状态。从此以后，开封与国家政治中心再也无缘，政治地位的下降改变了开封城的发展轨迹和命运。从时段来看，北宋灭亡以后，开封就进入持续衰落的下行通道，但仍然保持了一定区域范围内的中心城市地位。

二、南宋都城临安的发展变迁

宋室南渡江南之初，以临安为行在，取临时安顿之意。宋室匆忙南渡，国库损失巨大，加上与金征战连年，百姓深受其苦，为安抚百姓，宋室初至杭州时，仅以杭州府治为皇城，"宫室。汴宋之制，侈而不可以训。中兴，服御惟务简省，宫殿尤朴。皇帝之居曰殿，总曰大内，又曰南内，本杭州治也"②。虽然杭州经过多年发展，在北宋时期就被誉为东南第一州，但要作为皇城，则"州治屋宇不多，六宫居必隘窄，且东南春夏之交，多雨蒸润，非京师比"，而高宗训曰："亦不觉窄，但卑湿尔。然自过江，百官六军皆失所，朕何敢独求安？"③ 于是高宗下旨："仅蔽风雨足矣"，要求"务要简省，更不得华饰"④。当时修内司乞造 300 间，高宗诏"减二百"。因此宋高宗时期皇城的营造规模不大，仅包括皇城大门、临时性理政建筑、部分寝宫的建造，后来为迎接即将从金回宋的高宗之母，增设了皇太后起居殿宇。绍兴十一年（1141），宋金议和，双方大规模的战事停止，南宋进入相对稳定发展的时期。宫城营建至此被提上日程，大内主要建筑都是在这一时期被逐步修建的，如文德殿、垂拱殿、敷文阁、中神御殿、天章阁、纯福殿、福宁殿、复古殿、延和殿、慈明殿等宫殿，以及丽正门（南门）、和宁门（北门）、东华门（东苑门）、西华门（西门），等等。

南宋都城临安的规划布局也有一定的特色。其城西邻西湖，东南临钱塘江，北

---

① 脱脱等：《金史》卷一百十五《完颜奴申传》，中华书局，1975年，第2524页。
② 脱脱等：《宋史》卷一百五十四《舆服六》，中华书局，1985年，第3598页。
③ 王明清撰：《挥麈录》，上海古籍出版社，2012年，第177页。
④ 徐松：《宋会要辑稿》方域二，稿本。

接大运河，南部为丘陵地带，地势南高北低。杭州在宋以前已是一个颇有影响力的大城市，北宋时期，杭州经济发展很快，城市异常繁荣，城市建设也有所进步。南宋定都临安后，即在原杭州的基础上改建城市，因地制宜地修筑宫城，增辟道路，浚疏西湖和运河，增设街市等。临安的城市布局受自然山川形势影响，又要兼顾过去的城市布局，故城市平面呈不规则的长条形，南北长约14里，东西宽约5里。全城南跨吴山，北到武林门，东靠钱塘，西近西湖，四周筑有城墙，有13门，城外有宽约10丈的护城河，气象雄伟，戒备森严。城南是政治中心，皇宫、官署均集中于此。

将宫城设置在城南，这种现象在中国古代都城中比较少见，汉以后皇宫一般皆"坐北朝南"，或在城中心。临安之所以如此布局是受多种因素的影响，南宋王朝仓促成立，又处于战争环境中，故在宫城选址上只能采取权宜之计。由于中国都城营建一般遵循"居高临下"的礼制传统，因此临安的皇城一反"坐北朝南"的范式，被规划在城市南部的凤凰山余脉上，"自平陆至山岗，随其上下，以为宫殿"，形成"坐南朝北"的特殊格局。皇城所处之地地势高低起伏，因此宫殿不如开封城那般四方规整，而是因地制宜，呈现出非棋盘式的山水城布局形式。皇宫位于城南凤凰山东侧，原为吴越时府台所在的子城，1127年被改为宫城，四周筑有城墙，周长9里，外形不规整。临安的宫殿数量较东京宫殿数量少，规模也小，但更为精巧秀丽、非常奢华。宫城内的正殿大庆殿富丽堂皇、巍峨壮丽，其他宫殿楼阁也光辉溢目。宫城内宫殿布局基本上承袭了"前朝后寝"的传统格局。宫城之北是中央的三省六部等官署。从望仙桥到万仙岭一带分布着达官贵人的豪华住宅和园林。

临安城有两道城墙，其一围绕大内皇城，其二则是罗城城墙。南宋皇城又称大内，皇城周回9里，由外朝、内朝、东宫、学士院、宫后苑5个部分构成，大体维持"前朝后寝"的格局，有南宫门、北宫门，外朝殿堂居于南部和西部，内朝偏于北部和东北。东宫门在丽正门与南宫门之间东侧，学士院在和宁门内，宫后苑在北部偏西。罗城于南宋绍兴二十八年（1158）增筑。临安外城城周约70里，包山据河，故南北长峙，东南部有7门：北水门、南水门、便门、候潮门、保安水门、保安门（小堰门）、新开门；东部有3门：崇新门（荐桥门）、东青门（菜市）、艮山门；北部有3门：天宗水门、余杭水门、余杭门；西面临西湖有4门：钱塘门、丰豫门（涌金）、清波门、钱湖门；南部1门：嘉会门。[①] 因嘉会门外是御道，因此营建精良，其"城楼绚彩，为诸门冠"[②]。

日本学者斯波义信在《宋都杭州的城市生态》一文中称临安城的规划布局为"城市生态区划"，即依照职能分区，城市在空间上可划分为经济区、官绅区和文化宗教区。经济区位于矩形城市的中央，在中线西侧的娱乐场所之一大袜子一带，是交引铺、金银铺一类的金融店铺的集中区。官绅区包括位于凤凰山一带的宫城等中

[①] 吴自牧：《梦粱录》，中国商业出版社，1982年，第47页。
[②] 吴自牧：《梦粱录》，中国商业出版社，1982年，第47页。

央衙署。临安城市的中部是工商业集中的地区，店铺林立，也有一些勾栏瓦舍，商业贸易十分兴旺。城市北部设有国子监、太学、武学、贡院，同时也是一般市民集中居住的地方。南宋建都临安，使临安城市的官吏骤然增多，因此临安城打破了官民分居的规制，官府衙门、官员府第与市民住宅混杂而置。城市中的坊制已不存在，只存坊名，而无围墙，市民都是沿街而居。临安城中心有一条御街，又称"天街"，北自斜桥起，南到正阳门（即凤山门）止，把临安分成东西两部分。御街两侧各式店铺鳞次栉比，店门前建有欢楼，挂有彩画和花架，商业十分繁荣，白天人们熙攘往来交易，夜市尤甚。临安城的街道多不规则，杂乱无章，受地形及河道的影响较大。临安城内的河流很多，有茅山河、盐桥运河、市河、清湖河、清山河、菜市河、下湖河等，河上的桥梁也很多。城外河流纵横，南为钱塘江，北为京杭大运河，江河相交，支流密布，水运十分方便，同时也对城市的布局和建设产生了极大影响。水运码头所在地一般都是商业节点，如水运最发达的城北地区，也是临安商业最繁华之区，北郭一带运河边新城镇不断涌现，北宋时的江涨桥镇市，分为江涨桥东市和西市，后又新增北郭市和湖州市等。

临安城内外的寺庙较多，城内有57处，近郊有300多处。另外，城内的道观还有20余处，这些宗教建筑各具特色，对城市面貌产生了一定的影响。

由于人口增多，经济发展，而原城市范围太小，因此，临安的城市建成区也突破了城郭的限制，不断向城外延伸，城郭外形成新的居住区和商业区。因此，政府将城外又编为城南左、城北右、城西、城东4厢。这样，临安城的实际面积远远超出了城郭的范围。

临安濒临西湖，清波涟漪，群山拥翠，湖光山色，交相辉映，自然环境十分优美。南宋皇室、官僚、贵族、富商、地主纷纷在西湖沿岸修建皇家园林和私家园林，使城市建成区进一步向外延伸。

临安在北宋末年战火中受到严重破坏，时人曹勋曾说："临安在东南，自昔号一都会。建炎及绍兴间三经兵燹，城之内外所向墟落，不复井邑。"但随着"绍兴议和"后南宋政局的逐步稳定，尤其是高宗建都临安后，其城市人口大幅度增长，城市经济迅速繁荣，"继大驾巡幸，驻跸吴会，以临浙江之潮，于是士民稍稍来归，商旅复业，通衢舍屋渐就伦序。至天子建翠凤之旗，萃虎貔之旅，观阙崇峻，官舍相望，日闻将相之传呼，法从之朝会，贡输相属，梯航踵至，翼翼为帝所神都矣"[①]。临安成为都城后，凭借其独特的政治地位迅速走出战乱阴影，跃升为特大城市。主要表现有三：

其一，人口规模迅速扩大。宋室南渡，大量宫廷人口随宗室迁入临安，随迁的还有为这个庞大的消费人群提供服务的富商地主、技艺百工等，临安一跃成为当时人口规模最大的城市。陆游称："大驾初驻跸临安，故都及四方士民商贾辐辏。"南宋时期，对都城临安人口的记载各不相同，大多属于文人的臆测，如《梦粱录》记

---

① 曹勋：《松隐集》卷三十一《仙林寺记》，民国嘉业堂丛书本。

载"城内外不下数十万户,百十万口"①,《都城纪胜》称:"今中兴行都已百余年,其户口蕃息,仅百万余家者,城之南西北三处,各数十里,人烟生聚,市井坊陌,数日经行不尽,各可比外路一小小州郡,足见行都繁盛。而城中北关水门内,有水数十里,曰白洋湖,其富家于水次起迭塌坊十数所,每所为屋千余间,小者亦数百间,以寄藏都城店铺及客旅物货,四维皆水,亦可防避风烛,又免盗贼,甚为都城富室之便,其他州郡无此,虽荆南沙市太平州黄池,皆客商所聚,亦无此等坊院。"②陈国灿教授整理了关于临安人口的记载,在综合各家之言的基础上,认为到南宋中后期,临安城内外有 150 万~160 万人③,是当时世界上唯一的人口过百万的特大城市。

其二,城市经济繁荣。城市人口众多,意味着消费市场广阔。当时临安城内外店铺林立,楼肆密布,商业十分活跃,"自大街及诸坊巷,大小铺席,连门俱是,即无虚空之屋""客贩往来,旁午于道"④。临安城市经济的繁荣有以下表现:

(1) 以御街为中心形成繁荣的商业街区。御街贯穿城市南北,是临安城的交通主干道,毗邻皇宫和中央官署,是皇亲国戚、达官显宦聚集之地,消费群体巨大、消费能力极强,对高档消费需求旺盛。因此,御街是临安综合性商业中心,所售商品包罗万象,行业最为集中,也是奢侈品消费集中之地,"自大内和宁门外,新路南北,早间珠玉珍异及花果时新海鲜野味奇器天下所无者,悉集于此;以至朝天门、清河坊、中瓦前、灞头、官巷口、棚心、众安桥,食物店铺,人烟浩穰。其夜市除大内前外,诸处亦然,惟中瓦前最胜,扑卖奇巧器皿百色物件,与日间无异"⑤。《梦粱录》也说:"自和宁门权子外至观桥下,无一家不买卖者,行分最多,且言其一二,最是官巷花作,所聚奇异飞鸾走凤,七宝珠翠,首饰花朵,冠梳及锦绣罗帛,销金衣裙,描画领抹,极其工巧,前所罕有者悉皆有之。"城北商业中心在棚桥至众安桥、观桥一带,邻近城内的最大娱乐中心北瓦子和主管科举的礼部贡院,以文化和餐饮业为主。⑥ 还有一些在固定地点针对某类商品定期举行的集市,如"炭桥药市、官巷花市、融和市南坊珠子市、修义坊肉市、城北米市"⑦。

(2) 拥有发达的水运交通和快捷的物流。同中国古代历史上大多数都城一样,临安属于消费性城市,既是皇亲国戚居住之地,又是官僚机构聚集之地。《梦粱录》说临安风俗"侈靡相尚","四时奢侈,赏玩殆无虚日",上自统治阶级,下至普通市民,其奢侈程度与消费能力是其他城市难以相比的。而临安城本身的产出远远不能满足其所需,只能依靠来自全国各地的商品,其商品流通则仰仗于便捷的水运交

---

① 吴自牧:《梦粱录》,中国商业出版社,1982 年,第 137 页。
② 耐得翁:《都城纪胜》,中国商业出版社,1982 年,第 15 页。
③ 王国平主编,陈国灿著:《南宋城镇史》,人民出版社,2009 年,第 221 页。
④ 吴自牧:《梦粱录》,中国商业出版社,1982 年,第 107 页。
⑤ 耐得翁:《都城纪胜》,中国商业出版社,1982 年,第 3 页。
⑥ 王国平主编,陈国灿著:《南宋城镇史》,人民出版社,2009 年,第 82 页。
⑦ 吴自牧:《梦粱录》,中国商业出版社,1982 年,第 105 页。

通。《宋史》称:"国家驻跸钱塘,纲运粮饷,仰给诸道,所系不轻。水运之程,自大江而下至镇江则入闸,经行运河,如履平地,川、广巨舰,直抵都城,盖甚便也。"[1] 江南水乡特殊的地理位置和对外地物资的大量需求造就了临安发达的水运,"引江为河支流,于城之内外,交错而相通,舟楫往来,为利甚溥"[2]。耐得翁说,"行都左江右湖,河运通流,舟船最便"。临安"下塘、官塘、中塘三处船只,及航船鱼舟钓艇之类,每日往返,曾无虚日。缘此是行都士贵官员往来,商贾买卖骈集"[3]。人口逾百万的临安城所需米粮数量是惊人的,"每日街市食米,除府第、官舍、宅舍、富室,及诸司有该俸人外,细民所食,每日城内外不下一二千余石"[4]。其所需米"赖苏、湖、常、秀、淮、广等处客米到来",因此"杭城常愿米船纷纷而来"。"严、婺、衢、徽等船,多尝通津买卖往来。"城内消费的炭、植物、柑橘、干果子等物,"多产于数州耳",明、越、温、台海鲜鱼蟹鲞腊等货都依靠江河海运进入临安,"城南浑水闸,有团招客旅,鲞鱼聚集于此"[5],"业海人每以潮汛竞往采之,曰洋山鱼。舟人连七郡出洋取之者,多至百万艘"[6],"临安荐桥门外太平桥北细民张四者,世以鬻海蛳为业。每浙东舟到,必买而置于家"[7]。临安消费的芦席来自嘉兴府华亭县,也经水运入城,"华亭客商贩芦席万领往临安,巍然满船"[8]。

其三,城市文化娱乐功能突出。南宋经济富庶,崇文抑武,临安城市文化娱乐功能十分突出。以城内最大的娱乐中心北瓦子和主管科举的礼部贡院为核心,形成了包括棚桥、众安桥、观桥、洪桥一带的临安文化娱乐地带。书籍是文化的载体,发达的图书业是临安文化昌盛的表现。太庙前"尹家文字铺","保佑坊前……张官人诸史子文籍铺","住大树下橘园亭文籍书房",中瓦子的"荣六郎家""张家",猫儿桥的"钟家",众安桥的"贾官人",以及纪家桥的"国子监",车桥的"郭宅",都是当时城内有名的刻书和书籍销售铺。其中以棚北大街陈起经营的"陈道人书籍铺""陈宅经籍铺"最为著名,影响最大,其刊行的书籍被后世称为"书棚本"[9]。据近人王国维《两浙古刊本考》考证,临安城内在当时尚能找到有铺名的大书铺共16家,可窥见当时的盛况。南宋临安城的勾栏瓦舍比北宋开封城的更发达,城内出现数处娱乐中心。南瓦(清冷桥熙春楼)、中瓦(三元楼)、大瓦(三桥街,又称上瓦)、北瓦(众安桥,又称下瓦)、东瓦(又称浦桥瓦)规模较大,其中

---

[1] 脱脱等:《宋史》卷九十七《河渠七》,中华书局,1985年,第2406页。
[2] 李心传:《建炎以来系年要录》卷一百二十三,中华书局,1988年,第1986页。
[3] 吴自牧:《梦粱录》,中国商业出版社,1982年,第103页。
[4] 吴自牧:《梦粱录》,中国商业出版社,1982年,第137—138页。
[5] 吴自牧:《梦粱录》,中国商业出版社,1982年,第139页。
[6] 罗濬:《宝庆四明志》卷四《叙产·石首鱼》,宋刻本。
[7] 洪迈:《夷坚志·张四海蛳》,中华书局,2006年,第991页。
[8] 洪迈:《夷坚志·华亭道人》,中华书局,2006年,第1655页。
[9] [日]井上进著,李俄宪译:《中国出版文化史》,华中师范大学出版社,2015年,第98页。

"北瓦内勾栏十三座最盛"①。此外，还有一些规模较小的勾栏瓦舍散布在城市的各个地方，并根据其所处的位置命名，如便门外有便门瓦，候潮门外有候潮瓦。至于那些不成规模、表演无定所的民间艺人，"不入勾栏，只在耍闹宽阔之处做场者，谓之'打野呵'"②。

第三节 港口城市的崛起

汉唐时期，中国的对外门户主要在西北地区，从张骞出使西域，建立起中原王朝与中亚、西亚诸国的联系以后，千余年间，北方陆上丝绸之路一直是中国与外部世界进行经济、文化交流的主要通道。北方地区的长安、洛阳以及河西走廊、丝绸之路沿线城市成为中国对外贸易的中心和外来文明传播的中心，而东部、东南沿海地区则远离对外经济与文化交流的中心。虽然海上贸易也在汉代兴起，但是受到生产力发展水平的制约，海洋仍然是不可逾越和令人畏惧之地。有研究者认为，宋代以前的历代王朝，都是"头枕三河、面向西北"的内陆国家。③ 唐代，北方丝绸之路发展到鼎盛阶段，但到宋代，丝绸之路开始衰落，横跨亚欧大陆的奥斯曼帝国的崛起导致东西方商路中断，而东亚北方游牧民族的崛起也使中原地区与西域之间的交通受阻。随着生产力发展水平和航海技术的提高，海上贸易得到较大发展，尤其是南宋王朝迁都临安后，高度重视发展海上贸易，不仅广州、泉州、临安等大型海港城市相继兴起，成为中国的对外门户，而且一大批港口城市也相继出现，中国"开始表现出向海洋发展的倾向"④。唐代，中国的海港城市以广州、泉州、扬州为主，其余港口城市呈零星分布状态。两宋时期，中国经济自由繁荣，造船航海技术在世界上处于领先地位，加之政府一直持积极的对外政策，推动了中国海外贸易空前繁荣。不仅两宋政府因为"所得动以百万计"的财政收入大增而极为重视海外贸易，商人、官僚、地主以及豪家巨族等也看到了海外贸易的巨额利润，这些拥有大量社会财富的人群也都积极参与其中，海外贸易成为朝阳产业。两宋政府沿袭唐朝设市舶使的做法，在沿海重要港口城市置市舶司或市舶务，专司海外贸易，从而使宋代海上贸易在政府的支持下出现繁荣发展的局面，海外贸易的发展促进了港口城市的普遍兴起与发展。与唐代相比，宋代港口城市的数量大增，改变了零星分布的格局，从南海沿岸向北沿东南海岸线较为密集地分布了若干新兴港口城市。这些港口城市主要集中在两浙、福建以及广东地区，形成了两浙、广南、福建三大区域港口城市体系，各区域中港口大小并存，主次分明，相互补充，形成多层次结构。此外，京东路的登州、密州港的贸易一度也有所发展。但其存在的时间较短，规模也

---

① 周密：《武林旧事》，中国商业出版社，1982年，第118页。
② 周密：《武林旧事》，中国商业出版社，1982年，第118页。
③ 葛金芳：《南宋全史》五《社会经济与对外贸易卷上》，上海古籍出版社，2012年，第18页。
④ 葛金芳：《南宋全史》五《社会经济与对外贸易卷上》，上海古籍出版社，2012年，第18页。

远逊于闽浙等路。①

宋代海上贸易兴起的原因是多方面的，主要有以下几方面：一是全球经济发展的需要。11世纪至13世纪，印度洋和太平洋海上贸易体系初步形成，印度洋东部和太平洋东部、东南部地区的国家兴起，积极寻求对外发展，而东亚的经济大国宋朝的经济正处于上升阶段，能满足这些国家对外贸易的需求，因此这些国家多到中国来进行商业贸易。二是宋代南方经济蓬勃发展，经济重心进一步南移，且两宋朝廷都高度重视发展海外贸易，给予大量的政策支持。三是中国造船技术居于世界领先地位，配有帆和桨并有横向水密船舱体系的大型海船的建造和投入使用，为海上贸易创造了重要的条件。四是航海技术有较大提高，特别是指南针开始被广泛用于航海，海道图也开始出现，为世界各国大规模进行海上贸易创造了条件，越来越多的中国商人在海外寻求更广阔的市场，开始逐渐成为海外贸易的主角。中国商船开始远航朝鲜、日本等国。宋代经济的高度繁荣也吸引了东亚、南亚、西亚和非洲许多国家的商人来中国购买其所需要的产品。据不完全统计，宋代外贸最兴盛时，与之有外贸往来的国家达50多个，其中不少国家与宋的商贸往来十分频繁。宋代进口的商品种类较多，最多时达300余种；出口的商品以丝织品和瓷器为主，受到世界各地的欢迎，甚至今人在遥远的非洲坦桑尼亚的桑给巴尔都发现了宋瓷。海上贸易的繁荣推动了沿海港口城市的崛起。

一、两浙港口城市的繁荣

两浙地区港口经济的发展始于唐朝。五代时期，钱镠据两浙之地建立吴越国，推行"扬帆越海"之政，发展海外贸易，并在"滨海诸州皆置博易务"②进行近海贸易，两浙地区港口经济得到进一步发展。宋代海外贸易受到政府的高度重视，两浙路港口城市因此进入发展的黄金时期。宋神宗曾对薛向说："东南利国之大，舶商亦居其一焉。昔钱、刘窃据浙、广，内足自富，外足抗中国者，亦由笼海商得术也。卿宜创法讲求，不惟岁获厚利，兼使外藩辐辏中国。"③ 由此，宋代政府大力发展东南地区海外贸易。两宋时期，广州、泉州先后成为中国较大的港口城市，但宋代设置市舶机构最多的地区是两浙，因此两浙地区的港口城市是最多的。宋代先后在两浙地区的杭州、明州、秀州华亭、秀州澉浦、江阴军、温州设置了市舶机构。两浙路市舶司的管理中心在杭州，杭州市舶司在宋初是仅次于广州市舶司的海外贸易管理机构。④ 但宋代两浙路市舶机构的设置不如广州、泉州市舶司那样稳定，而是经过了数次罢废与恢复。如南宋绍熙元年（1190），光宗从国防角度考虑，认为临安为都城，应禁止外国船舶进入，故罢废了临安市舶务。庆元元年（1195）

---

① 黄纯艳：《论宋代贸易港的布局与管理》，《中州学刊》，2000年第6期。
② 欧阳修：《新五代史》卷三十《汉臣传第十八·刘铢》，中华书局，1974年，第335页。
③ 李焘：《续资治通鉴长编拾补》卷五，清光绪浙江书局刻本。
④ 郑有国：《中国市舶制度研究》，福建教育出版社，2004年，第55页。

后，温州、秀州、江阴市舶务也先后被废除，直到南宋末年政府才重置临安市舶务。尽管如此，宋代依然是两浙地区海外贸易和港口城市大发展的时期。

明州在宋代又称庆元府，今为浙江宁波。北宋时，杭州钱塘江潮猛流急，"海商船舶，畏避沙潬"。而明州境内余姚江北接大运河，"惟泛余姚小江，易舟而浮运河，达于杭越"①。宋高宗南逃时，也是由杭经越，至明州港乘船出海的。因此，"闽广蕃舶亦多来明州港驻泊"，明州发展成为北宋对外贸易的重要港口之一。宋太宗淳化三年（992），政府于明州设市舶司，来自日本与南洋各国的使者和商人多经明州改乘内河船舶北上东京，明州很快发展为仅次于广州、泉州的第三大港口城市。与两浙路其他港口被罢废过不同，明州港从北宋初到南宋覆灭始终是两浙地区最重要的港口。南宋时，港口贸易收入成为南宋政府的重要财源，东南沿海港口迎来了发展的新时期，明州毗邻都城临安，其重要地位更加凸显。绍兴三年（1133），政府设沿海制置司于明州，以加强东南沿海海上防卫力量；绍熙五年（1194）升明州为庆元府，治鄞县。②南宋宁宗时，其余市舶务皆撤销，仅余明州一处。《宝庆四明志》记载："光宗皇帝嗣服之初，禁贾舶至澉浦，则杭务废。宁宗皇帝更化之后，禁贾舶泊江阴军及温秀州，则三郡之务又废。凡中国之贾，高丽与日本诸蕃之至中国者，惟庆元得受而遣焉。"③

明州濒于海，波吐吞，渺无津涯，商舶之往来于日本、高丽，房船之出没于山东、淮北，撑表拓里，为一重镇。④ 明州地理位置便于与高丽、日本进行贸易。正如《乾道四明图经》卷一记载，"南则闽、广，东则倭夷，北则高句丽，商舶往来，物货丰衍"。高丽和日本与宋廷的贸易往来，十有八九是通过明州港进行的。特别是宁宗初年陆续停废4个市舶务后，明州成为两国海舶进出中国的唯一港口。宋代明州不仅与高丽、日本有贸易往来，而且还有很多商船从明州起航往南洋。《宝庆四明志》卷六记载，明州港从海内外进口的货物有160余种，有来自日本的砂金、珠子、药珠、水银、鹿茸、茯苓、硫黄及木产品，从高丽输入的人参、麝香、红花等中药，由占城西、海南、平泉、广州转运来的麝香、笺香、沉香等香料，由"化外蕃船"所载的珊瑚、琥珀、玳瑁、象牙等珍奇宝物。⑤

明州城始于春秋勾践所筑句章古城，在唐代海外贸易推动下，明州城不断发展，先后兴建了子城与罗城。唐明州刺史韩察将州治与县治互易，以堆土夯筑明州城，周长420丈，修护城河，于东南西北四面设门，是为明州子城。唐乾宁五年（898），明州刺史黄晟兴工构筑罗城，周长2527丈，设城门10座，是为明州罗城。至此，明州城形制基本确定。至宋代，明州港发展成为中国三大港口之一，城市也

---

① 姚宽：《海潮说》，《咸淳临安志》，文渊阁《四库全书》本。
② 《宁波市鄞州区地名志》编辑委员会：《宁波市鄞州区地名志》，西安地图出版社，2006年，第11页。
③ 罗濬：《宝庆四明志》卷六《市舶》，宋刻本。
④ 顾祖禹：《读史方舆纪要》卷九十二，中华书局，2005年，第4237页。
⑤ 赵成国：《中国海洋文化史长编·宋元卷》，中国海洋大学出版社，2013年，第193-194页。

在唐代城建的基础上得到扩大与完善。北宋元丰初年（1078）、南宋宝庆二年（1226）以及宝祐年间（1253—1258），明州城先后经历了3次扩建与完善。[①] 子城与护城河沿袭唐制，在唐代基础上进行了城墙和房屋建筑的加固工程。南宋宝庆年间，城内四厢桥梁多达120座，坊巷50余，镇明、迎风、大梁等街巷的名称、格局与分布被沿用至今。[②] 经过3次大规模的城市建设，明州城发展成为城市功能完善的港口城市。奉化江的灵桥城门至东渡门、姚江南岸的渔浦门至盐仓门一带是码头区，乃海舶商船聚集之地，南宋时设有引桥式的海运码头。明州城内多外国使者、商人和高僧，这些人乘船至明州后大多被安置在固定的区域聚居。在东渡城门内有明州官府建造的波斯馆，以接待前来明州经商的阿拉伯商人。阿拉伯商人人数颇为可观，且不少长期定居下来，在城市东南隅逐渐形成波斯巷。月湖东岸有高丽使馆，城内的开元寺和城东天童禅寺以及阿育王寺则是安置日本高僧之所。

华亭县，于唐玄宗天宝十年（751）置，北宋属秀州，南宋改秀州为嘉兴府，华亭县又隶属嘉兴府。宋代"华亭据江瞰海，富室大家，蛮商泊贾，交错于水陆之道，为东南一大县"[③]。鉴于华亭海外贸易活动的频繁，北宋政府于徽宗政和三年（1113）在此设置市舶务，"圣旨于秀州华亭县兴置市舶务，抽解博买，专置监官一员"。其后，因"青龙江浦堙塞"，海舶难以通行，华亭海外贸易量锐减。后北宋政府"开修青龙"，华亭港重新出现繁荣的局面。宋人周密记载华亭县市场商品中有一种能使海水变淡的宝器，被称为"海井"。海井到底为何物，还有待考证。但此条记载说明华亭海外交易繁荣，售有来自海外的珍奇之物。至南宋中期，为防止金兵逼近都城临安，南宋政府禁止海外商船抵达秀州，华亭港的海外贸易随之衰落。

宋代江阴军，古称澄江，即今江苏江阴市。江阴军地处大江之阴，位于长江入海口南岸，北与长江相通，南与运河相连，历代为江防要塞，是一个外海与内河汇合的天然良港。江阴城始建于南朝梁敬帝时期，"自梁置江阴军，江阴县始筑"，其后数百年，江阴城发展缓慢，又称"梁古城"。南唐时期改江阴县为江阴军，对江阴军城进行了扩建，周围13里，建有城门4座：延庆、钦明、通津、朝宗。北宋中期，江阴港口优势逐渐被开发，已有海外商船停靠。黄田港、杨舍港、蔡港逐渐发展成为江阴繁忙的港口。北宋末年，这里已见"居民富饶，井邑繁盛"。港口的繁荣使江阴税收颇多，据记载，江阴一县的税收竟能超过其所隶之常州，"本县为临江海，商旅船贩浩大，所收税钱过迭常州之数"[④]。南宋高宗绍兴十五年（1145），"诏江阴军依温州例，置市舶务"，确立了江阴外贸港口城市的地位。市舶务的设立使江阴海外贸易走向繁荣，"绍熙间，商船倭舶，岁尝辐辏，故市大于城阓"，即言江阴海外贸易繁荣，交易市场已突破江阴城范围，在澄江门外形成"江

[①] 傅崇兰等：《中国城市发展史》，社会科学文献出版社，2009年，第114页。
[②] 中共浙江省委党史研究室等：《当代浙江城市发展》（上），当代中国出版社，2012年，第111页。
[③] 孙觌：《鸿庆居士集》卷三十四《朱公墓志铭》，文渊阁《四库全书》本。
[④] （民国）《江阴县续志》卷二十一《石刻记一》，民国九年刊本。

下市"①。正如王安石诗云："黄田港北水如天，万里风樯看贾船。海外珠犀常入市，人间鱼蟹不论钱。"②鼎盛时期，从高丽至江阴军的海舶有六七艘之多。③宁宗后，江阴市舶务被废止，海外贸易逐渐衰落，但近海贸易依然繁荣。南宋末曾对江阴子城进行了修整，增建4座城门：东曰新津，南曰观风，西曰望京，北曰澄江。外城门5座：春晖、天庆、朝宗、爱日、建寅。④

温州城始建于晋太宁初年，其时郭璞筑白鹿城。北宋时期，时人谦称温州还是一个僻远下州。但事实上，当时温州城已逐渐步入繁荣阶段。"晋立郡城，生齿日繁。自颜延之、王右军导以文教，谢康乐继之……比宋遂称小邹鲁云。"⑤北宋末徽宗崇宁年间，温州地区人口已有16万2千多人，虽比扬州、杭州、广州等东南城市规模小，但已是沿海一重镇。北宋哲宗绍圣年间，温州知州杨蟠整顿温州城，"定为三十六坊，排置均齐，架缔坚密，名立义从，各有攸趣"⑥。杨蟠的整顿说明北宋时期温州城已有一定的发展，城市经济的发展和城市人口的增长导致居民不经政府规划随意建房造屋，使市容杂乱无章，城市用地有所扩张。宋室南渡，北方人口向南大迁徙，东南沿海一带人口剧增，江南城市普遍发展，温州亦然。南宋绍兴十五年（1145），政府设温州市舶司，温州迎来了发展新时期，港口经济的发展与人口的增长使城市规模逐渐产生变化。至南宋前期孝宗淳熙年间，温州地区人口激增至91万多，温州城内"十万人家城里住，少闻人有对门山"⑦。"十万人家"虽是文学性描写，也可知温州城市人口规模的扩大。人口激增导致城市面貌发生了很大改变。温州仍然为子城与罗城双重城结构，两宋以前，温州"引会昌湖水入城，出海坦山下，以通南北"，城中河道纵横，"环外内城皆为河，分画坊巷，横贯旁午，升高望之，如画奕局"⑧，这些大小河道是分划坊巷的天然街道。杨蟠诗中也有"水如棋局分街陌"的描写。南宋初年，温州人丁兴旺，原有坊市无法容纳大量增长的人口，政府允许百姓在街旁租地建造房屋。另外，一些河道逐渐淤塞成为街道，"下岸街许民告佃，自是稍架浮屋，岁久，居民侵塞"⑨。叶适在《东嘉开河记》中也说道："承国家生养之盛，市里充满，至于桥水堤岸而为屋，其故河亦狭矣。"⑩城市面积逐渐扩大，在城市周围兴起4个厢：望京厢、城南厢、集云厢、广化厢。宋室南渡后，南方社会风气普遍转向奢靡，温州"一片繁华海上头，从来唤作小杭州"，其风俗"习于燕安，以浮侈相高，靡衣鲜食，崇饰室庐，嫁娶丧葬，

---

① 赵锦修，张衮纂，刘徐昌点校：《嘉靖江阴县志》，上海古籍出版社，2011年，第34页。
② 王安石：《临川先生文集》卷二十三，《四部丛刊》影明嘉靖本。
③ 杨文新：《宋代市舶司研究》，厦门大学出版社，2013年，第260页。
④ 赵锦修，张衮纂，刘徐昌点校：《嘉靖江阴县志》，上海古籍出版社，2011年，第2页。
⑤ 汤日昭、王光蕴：（万历）《温州府志》，明万历刻本。
⑥ 戴栩：《浣川集》卷五《永嘉重建三十六坊记》，民国敬乡楼丛书本。
⑦ 吴之振、吕留良、吴自牧选：《宋诗钞·题赵明叔新居》，中华书局，1986年，第2478页。
⑧ 汤日昭、王光蕴：（万历）《温州府志》卷十六，明万历刻本。
⑨ 汤日昭、王光蕴：（万历）《温州府志》卷二，明万历刻本。
⑩ 汤日昭、王光蕴：（万历）《温州府志》卷十六，明万历刻本。

大抵无度，坐是至贫窭不悔"①。

除上述重要港口城市设有市舶机构外，江苏的南通、淮安、连云港，浙江的绍兴、临海，福建的福州、漳州，广东的潮州、雷州市以及海南的海口等十余个城市也存在外贸活动。海南省民以盐铁鱼米，转博与商贾，贸易泉舶，琼山、澄迈、临高、文昌、乐会，皆有市舶。②两宋时期，北起东海，南到琼州海峡，中国与海外有贸易往来的港口城市至少有20来个。

二、以广州为中心的广南港口城市崛起

自古以来，广州就是中国与东南亚、非洲、欧洲等地区交往的窗口，为海上丝绸之路的重要起点，无论是外交往来还是朝贡贸易，广州都是东南亚国家使节登陆中国大陆的第一站。因此，广州成为中国最早设立市舶机构的城市之一，唐代政府即在此设市舶使，"开元中，（柳泽）转殿中侍御史，监岭南选。时市舶使、右威卫中郎将周庆立造奇器以进"③。北宋建立后，岭南南汉政权随即被灭，宋太祖即在广州设立市舶司，乃北宋建立以后所设立的第一个市舶管理机构，从而进一步加强了北宋对海上贸易的管理。提举市舶司的职责是"掌番货、海舶、征榷、贸易之事，以来远人，通远物"。北宋初年，政府在广州、福建和两浙3地设置了市舶司，"三方惟广最盛"④。由于宋王朝高度重视发展海上贸易，并制定了若干优惠政策，为海岸港口城市的发展提供了新的契机，广州在宋代不仅成为岭南地区的政治、经济中心，也发展成为中国最大的港口城市。

两宋时期，随着海上贸易的繁荣，广南沿海港口城市兴起，广南沿海主要有广州、潮州、钦州、琼州等港，其中广州占主导地位。广州是全国最早设立市舶司的港口。宋在收复南汉的当年——开宝四年（971）即在广州设市舶司，命同知广州潘美、尹崇珂并兼市舶使，通判谢处玭兼市舶判官。在北宋及南宋的很长一段时期内，广州港一直执海外贸易之牛耳，岁入曾居全国市舶总收入的十分之八九，是广南唯一可以办理贸易公凭的港口。钦州等港口地位低于广州。钦州港与交趾接近，有特殊的地理优势，贸易有较大发展。⑤

两宋时期，随着海上贸易的发展，广州城市规模也有较大的扩展，成为华南地区和珠江流域最重要的城市。广州城市兴起于秦代，其时秦王朝将岭南纳入自己的直接管辖范围之下，设置了南海郡，修筑了番禺县城。汉武帝时期，在赵佗王城的残基上重筑番禺城。在此后的千余年间，广州城市的空间发展相对缓慢，至唐末城

---

① 曾枣庄、刘琳点校：《全宋文》卷三千九百二十一，上海辞书出版社、安徽教育出版社，2006年，第127页。
② 赵汝适：《诸蕃志》卷下《海南》，商务印书馆，1937年，第41页。
③ 欧阳修等：《新唐书》卷一百一十二《柳泽传》，中华书局，1975年，第4176页。
④ 朱彧：《萍州可谈》卷二，上海古籍出版社，2012年，第28页。
⑤ 黄纯艳：《论宋代贸易港的布局与管理》，《中州学刊》，2000年第6期。

市基本保持了汉代规模，并无大的变化。南汉以番禺城为兴王府，扩建新南城，广州城市规模有所扩展。北宋开宝四年（971），赵匡胤灭南汉，毁南汉宫城，"兵火四焚，天地黯惨，六十余年基业，一旦煨烬"，广州城遭到严重破坏。北宋王朝统一岭南后，在此地区除设置各类政治和军事机构外，还加强了对其经济的管理，尤其鉴于广州业已发展起来的外贸经济，设置了广州市舶司。随着市舶机构的建立与完善，以及社会秩序和经济的恢复，广州商贸业迅速复苏，前来贸易的船舶日益增加。北宋时期先后有50多个国家和地区的商人前来广州从事商业贸易活动，包括日本、朝鲜诸国和东南亚、南亚、波斯湾、东非甚至欧洲等地区的国家。南宋时期，广州依然维持着中国最大贸易港口的地位。南宋绍兴十年（1140）的相关文献记载，广州一年的税收额高达110万贯。南宋绍兴十一年（1141），朝廷颁布了进出口海船的专项监管法规《讥察海舶条法》。绍兴十三年（1143），洋舶倍常而至。[1]

广州兴旺的商贸业吸引着周边地区的商人入广州经商，这些商人大多来自东南沿海以及海南，《宋会要》称城内"多蕃汉大商"，"外国香货及海南旅客所聚"，"万国衣冠，络绎不绝"。来自国内外从事商贸活动的商人集聚广州，其中许多商人"带妻儿过广州居住"[2]，狭小的番禺城已不能满足发展的需要。北宋庆历四年（1044），宋朝开始修复曾被战火毁坏的广州城墙。"经略使魏瓘知广州，筑州城凡五里，疏东江门，凿东、西澳为水闸，以时启闭焉。"仁宗皇祐四年（1052）十月，鉴于广州日益繁荣的商贸经济和不断增加的人口，朝廷命魏瓘"复知广州，瓘又环城浚池筑东、西、南三门瓮城"。"其广州城池，当募蕃汉豪户及丁壮并力修完之。"[3] 此次修筑是广州建城以来第一次大规模的扩建活动，所筑之城被后世称为宋代子城。子城规模比南汉时期兴建的城规模更大，番、禺二山已被纳入城中。[4] 宋代子城由3部分构成：衙署区位于城市中部偏北位置，是城市的政治中心。城市南部为商业区和码头区。城市西部沿袭唐制，形成"蕃坊"。在唐代由于有大量的外国人来广州经商，因而当地政府指定城西的南濠东岸"蕃船"码头区为外国人集中居住地，称"蕃坊"。[5] 宋代广州城已突破坊市制，居住区分散在城市的各个角落。

北宋中期以后，广州贸易发展迅速，城市商业空间很快突破子城的范围，大量商业人口在东城外聚集，自然形成商业街市。北宋熙宁三年（1070），政府在子城东部增建东城，由于东城西与子城行春门相接，因此东城与子城合二为一，并无隔阂。东城乃是子城扩展的结果。由于外贸经济十分发达，宋政府及官僚、商人获利

---

[1] 广州市越秀区人民政府地方志办公室：《越秀史稿》第二卷《宋元明》，广东经济出版社，2015年，第24页。
[2] 徐松：《宋会要辑稿》刑法二，稿本。
[3] 徐松：《宋会要辑稿》方域九，稿本。
[4] 陈代光：《广州城市发展史》，暨南大学出版社，1996年，第96页。
[5] 傅崇兰等：《中国城市发展史》，社会科学文献出版社，2009年，第114-115页。

颇丰，因此宋代十分重视广州的商贸活动。为方便交易，政府在广州西城专门为外商设置了贸易市场，称"蕃市"。由于蕃市发展迅速，北宋政府在蕃商与蕃市集中的城西部修建了城市，史称"宋西城"。北宋熙宁四年（1071）增筑西城，"其周十有三里，城广一百八十步，高二丈四尺，为门七：东南曰航海；南曰朝宗、曰善利、曰阜财；西曰金肃、曰和丰；北曰就日。后方大琮改就日为朝天"[1]。修筑西城的一大原因就是这里蕃市的贸易繁荣。西城以蕃坊为中心，街道呈方格状，道路呈辐射状，四通八达。[2] 西城的城门和道路的设置无法像东城那样与子城衔接，为了方便贸易往来，西城道路自成系统。西城处处透出外贸经济气息，如城门名"善利""阜财"；街道以商品命名，如"象牙巷""米市街""玛瑙巷""玳瑁巷"等。熙宁五年（1072），广州"城外蕃汉数万家"[3]，"广州波斯妇，绕耳皆穿穴带环，有二十余枚者。家家以篾为门，人食槟榔，唾地如血"[4]。著名的蒲姓巨商，原是占城贵人，其在广州的居地，"有楼高百余尺……楼上雕镂金碧，莫可名状"[5]。西城先后出现过外来宗教建筑，如光塔、花塔等。南宋时，城南珠江边已因淤塞而出现不少土地，加上珠江水运的开发，这里逐渐成为商业区。南宋高宗绍兴六年（1136），政府在珠江江岸建海山楼，用于管理海舶和宴请客商，商贸经济逐渐向城市南部扩张。嘉定三年（1210），经略使陈岘见城南圜阓稠密，无所捍蔽，乃增两翅，以捍居民，谓之雁翅城。城"长九十丈，故楼共有三十三间"[6]。其中"东城长九十丈，为门一，西城长五十丈"。他还在城东西建亭，东曰"番禺都会"，西曰"南海胜观"。开庆元年（1259），为增强南城防御能力，政府从城根到江边修筑了羊马墙，以备不虞。

三、东方大港泉州的兴起

两宋时期，福建路也相继兴起了多个港口，其中福州、泉州、漳州是规模较大的港口，此外还有规模较小的石井港、后渚港、钟门港、海口港等。在福建路诸港中，泉州具有独特的地位。

泉州东临台湾海峡，位于福州和厦门之间，是古代海上丝绸之路的重要起点之一。泉州很早就得到了开发，秦代属闽中郡，汉代属会稽郡，三国时置东安县，隋唐改置南安县，后改置丰州、武荣州，唐景云二年（711）改武荣州为泉州。泉州港口条件优良，地理位置优越，近接三吴，远连两广，在唐代就已是国内最发达的

---

[1] 李国豪：《建苑拾英——中国古代土木建筑科技史料选编》第二辑下，同济大学出版社，1997年，第452页。
[2] 陈代光：《广州城市发展史》，暨南大学出版社，1996年，第103页。
[3] 李焘：《续资治通鉴长编》卷二百三十七"熙宁五年八月戊子"条，文渊阁《四库全书》本。
[4] 庄绰撰，萧鲁阳点校：《鸡肋编》卷中《泉福妇人轿子与广州波斯妇》，中华书局，1983年，第53页。
[5] 岳珂：《桯史》卷十一《番禺海獠》，《四部丛刊》续编影元本。
[6] 王象之：《舆地纪胜》卷八十九《景物下》，清影宋钞本。

港口之一。由于"泉州人稠山谷瘠，虽欲就耕无地辟，而州南有海浩无穷，每岁造舟通异域"，故泉州人多以海为田，发展海洋经济。北宋哲宗元祐二年（1087），"诏福建路于泉州置司"[1]，统管福建路诸港的海外，由此促进了泉州海上贸易的发展。南宋时期，中国市场进一步对外开放[2]，特别是宋室南渡后，与北方的经济联系中断，因而更加依赖海外贸易，泉州因邻近都城临安，占据有利位置，故迅速发展起来，《梦粱录》载："欲船泛外国买卖，则自泉州便可出洋。……若有出洋，即从泉州港口至岱屿门，便可放洋过海，泛往外国也。"南宋后期，部分朝中重臣亦参与海外贸易，对泉州的海外贸易多加扶植，因而南宋末年泉州的对外贸易量超越广州，成为中国第一大港口。"泉州为世界最大港之一，实则可云惟一之最大港。"[3]

两宋时期，与泉州有商贸往来的国家众多，"东南有海道，所以扞隔诸蕃，如三佛齐、大食、占城、阇婆等数国，每听其往来，相互为市"。泉州市舶司设置后，确立了泉州对外贸易港口的重要地位，"诸蕃通货，举积于此"，"蕃舶之饶，杂货山积"。两湖、两淮商人贩货至此，甚至四川等地的商人也将西南的丝绸等特产运至泉州，再由海舶运输出海，"百货所处，有无易此，亦生人大利也"[4]。南宋政府为扩大海外贸易范围，令市舶司以朝廷的名义招徕海外国家来朝贡贸易。政和五年（1115）七月，北宋在泉州置"来远驿，与应用家事什物等"[5]。早在北宋时期，泉州就已经成为宋王朝接待海外朝贡使者的重要口岸，市舶官以朝廷名义犒赏、接待各国使者和商人也已成为定制。乾道三年（1167），占城国向宋进奉，朝廷下诏让使臣免赴京城，令泉州官员代表朝廷热情款待之。淳熙五年（1178），三佛齐使者前来贡方物，宋王朝同样委泉州市舶司和地方官员负责相关接待事宜。[6]

两宋时期，泉州的海外贸易十分兴盛，开辟了数条通往南洋、西洋、东洋诸国的航线，时人称之为"出门七州洋，飞樯舞帆朔风吼"[7]。至南宋末年，泉州已是"蕃货远物、异宝奇玩之所渊薮，殊方别域、富商巨贾之所窟宅，号为天下最"[8]。繁荣的海外贸易使泉州百姓富足，"泉州之地并海，蛮胡贾人，舶交其中，故货通而民富"。从已发现的史籍和考古发现可知，宋时泉州城有子城与罗城。庄景辉根据二重证据法研究后认为："子城筑于唐贞元以前，年月莫考。""子城在罗城内……州三里百六十步，为四门：东曰行春，西曰肃清，南曰崇阳，北曰泉山。……子城外壕，环绕子城，广深丈余，壕皆有桥。"泉州罗城，广37306尺，

---

[1] 脱脱等：《宋史》卷一百六十七《职官七》，中华书局，1985年，第3971页。
[2] 葛金芳：《南宋：走向开放型市场的重大转折》，《杭州研究2005》，中央文献出版社，2006年，第363页。
[3] 中国海外交通史研究会等：《泉州海外交通史料汇编》，晋江地区印刷厂，1983年，第14页。
[4] 徐晓望：《宋代福建史新编》，线装书局，2013年，第215页。
[5] 徐松：《宋会要辑稿》职官四四，稿本。
[6] 脱脱等：《宋史》卷四百八十九《外国传·三佛齐》，中华书局，1985年，第14090页。
[7] 方回：《桐江续集》卷二十六《为张都目益题爪哇王后将相图》，文渊阁《四库全书》本。
[8] 吴澄：《吴文正集》卷二十八《送姜曼卿赴泉州路录事序》，文渊阁《四库全书》本。

有7门：东曰仁风，西曰义成，南曰德济，北曰朝天，东南曰通淮（涂门），西南曰临漳（新门）、通津（水门），门皆有楼，除通津门外，各门还筑有瓮城。

泉州作为因港而兴的城市，以蕃舶为名。南宋泉州城市经两次扩建，先筑翼城；后因西南部发展起来，又筑城墙将西南部纳入城中。至南宋时期，泉州城市规模有很大的扩展，人口达数十万，街市数十条，"泉距京师五十有四驿，连海外之国三十有六岛，城内画坊八十，生齿无虑五十万"①。由于海外巨商不断来闽，泉州渐有许多外国商人举家在此定居，唐时外国人在泉州长期定居者以贡使、传教士、旅行家为主，且人数有限，居住时间相对较短。然而到了宋代，定居泉州的外国人以商人为主，数量渐多，且居住时间较长，多居住在泉州城东南一带，并多带有家属。宋代旅居泉州的外国商人："有黑白二种，皆居泉州，号蕃人巷。每岁以大舶浮海往来，致象、犀、玳瑁、珠玑、玻璃、玛瑙、异香、胡椒之属。"② 泉州城内外国人聚居的"蕃坊"大多是自然形成的，修建的时间也先后不一，故街坊缺乏规划，极不整齐。③ 有些"蕃商"长期在泉州经商，泉州已成为其第二故乡，他们中有一些人终老在此城，城东南隅当时有外国人公墓。

第四节　工商业市镇的蓬勃兴起

市镇是中国古代城市发展过程中出现的较为特殊的城市类型。一般而言，对中国古代城市的定义多从政治角度出发，即被政府确定为具有一定行政等级的聚落才被认为是城市，中国古代城市中最低一级的行政建置为县，其县域中心所在地则被称为"县城"。县以下为乡，其基本特征为分散，产业分散、居住分散，因而农村的聚落不能被称为城市。"筑城以卫君"，强调的是城市的政治功能，也就是说政治功能是城市形成和发展的第一动力，但在城市发展过程中，经济是起关键作用的，因而很多重要的城市在发展过程中不断叠加经济功能。随着城市化的推进，一种不同于传统政治型城市的新型聚落开始出现，这就是市镇，市镇形成和发展的首要因素是工商业经济的推动，市镇萌芽于南北朝时期的军镇和草市，经过隋唐五代的发展，至宋代不少市镇已经从功能单一的专业性经济聚落演变为集政治、经济、文化等功能于一体的城市，故而宋代是工商业市镇发展演变的关键时期。

---

① 王象之：《舆地纪胜》卷一百三十《风俗形胜》，清影宋钞本。
② 祝穆撰，祝洙增订，施和金点校：《方舆胜览》卷十二《泉州》，中华书局，2003年，第208页。
③ 傅崇兰等：《中国城市发展史》，社会科学文献出版社，2009年，第113页。

一、军镇、草市向市镇的转化

(一) 军镇向市镇的转化

军镇的设置始于南北朝时期,其时,中国处于分裂状态,各地方政权在其统治范围内或者沿边军事冲要之地设立镇戍,作为战守基地,这些军镇大多以军事功能为主,但为了满足军需而兼有经济功能。唐、五代时期,政府不仅在边地设置军镇,也在内地军队驻地普遍设立军镇。在军镇,军政大权掌握在军事将领手中,军政凌驾于民政,"县官虽掌民事,束手委听而已"[①]。北宋重建君主专制的中央集权统一国家后,具有军事割据性质的军镇逐渐成为统治者的心头之患。

宋初,为防止军事割据局面的出现,宋廷对军镇进行了一系列改革,客观上为军镇转化为市镇奠定了基础。宋代军镇将领沿袭唐末五代遗制,对所镇守州、县及乡村负有维持治安之责。建隆三年(962)十二月,太祖下令将原来由镇将负责的捕盗、听决干涉县政的权力归还县尉,"贼盗斗讼,其狱实繁……顷因兵革,遂委镇员。时渐理平,合还旧制""其镇将、都虞候只许依旧勾当镇郭烟火贼盗争竞公事"[②],从此镇将不能干涉州、县政务。开宝三年(970),太宗"诏诸州长吏,毋得遣仆从及亲属掌厢镇局务"[③],改变了镇将与州、县长官相互勾结、割据地方的局面。太宗太平兴国二年(977),宋廷又因节镇领支郡"多俾亲吏掌其关市,颇不便于商贾,滞天下之货",以阻碍商品流通为由,诏令各地节镇所领支郡直属朝廷,"邠、宁、泾、原、鄜、坊、延、丹、陕、虢、襄、均、房、复、邓、唐、澶、濮、宋、亳、郓、济、沧、德、曹、单、青、淄、兖、沂、贝、冀、滑、卫、镇、深、赵、定、祁等州,并直属京"[④],正式废除了节镇领支郡制度。宋廷改革军镇的一系列举措规范了镇将的选拔制度和职权范围,消除了军事割据基础,客观上强化了军镇的经济功能,拓宽了军镇商品流通的渠道和市场,推动了军镇向市镇转化。

一般而言,镇在乡野,与乡平级,不是城市。建隆三年(962),太祖在将州、县治安职责还于县尉的时候提到,镇将"多在于乡间"[⑤]。真宗、仁宗时期,军镇开始被纳入地方行政建置,正式成为市镇。大中祥符四年(1011),宋廷开始在军镇设置镇官,镇官分为文、武官。[⑥] 武官仍为镇将,负责本镇烟火治安等事务,文官为一镇的行政长官,负责本镇的日常事务管理及税收,"差经任文官一员,管勾镇事"。天圣四年(1026),仁宗根据部分转运司的建议,准许利州路与夔州路所辖

---

① 俞樾:《俞樾函札辑证》,凤凰出版社,2014年,第198页。
② 徐松:《宋会要辑稿》职官四八,稿本。
③ 李焘:《续资治通鉴长编》卷十一"开宝三年五月戊申"条,文渊阁《四库全书》本。
④ 李焘:《续资治通鉴长编》卷十八"太平兴国二年八月戊辰"条,文渊阁《四库全书》本。
⑤ 徐松:《宋会要辑稿》职官四八,稿本。
⑥ 李焘:《续资治通鉴长编》卷七十六"大中祥符四年九月癸酉"条,文渊阁《四库全书》本。

镇务、道店的商税，以年额500至1000贯为界限，以上差官监管，以下则"许人认定年额买扑"①。傅宗文认为，大约就在这一二十年中，军镇基本完成了向市镇的转化，正式被纳入地方行政建置。②增设文官，并征收赋税，是军镇向市镇转化的关键一步，意味着军镇被纳入地方行政体系。时人已能对市镇进行准确定义："民聚不成县，而有税课者，则为镇，或以官监之。"③突出镇的行政特点在于课税和税监。至徽宗时，一些镇已辖乡，如河北路乾宁军的范桥镇，于"熙宁六年省为镇"，下辖二乡。随着市镇人口的增加和经济功能的强化，部分市镇也相继叠加了文化和社会功能。如长江下游经济比较发达的青龙镇和上海镇相继在咸淳年间建立学堂，发展教育文化事业。青龙镇监镇赵彦吾在镇东北建立镇学，上海镇监镇董楷则修建古修堂为诸生肄习所，称之为镇学。另外，部分市镇也增置了居养院、安济坊、漏泽园等。这些市镇初步具备了城市的功能，逐步向城市转化，如上海镇在元代开始设县，并为其以后发展为大城市奠定了基础。

但并非所有军镇都具备向市镇转化的条件，特别是那些单纯因为战争需求而设在山野险阻、荒无人烟之地的军镇。北宋建立后，这类军镇逐渐被"省罢"。有的则是在其发展过程中因不适应经济发展趋势而逐渐被淘汰。据傅宗文统计，真宗时两浙路湖州原有24个市镇，景德初年经过"省罢"剩下16个，至神宗元丰初年，仅剩下6个。④

（二）草市向市镇的转化

草市是乡村小商品交易市场的总称，该称谓最初出现在江淮一带，荆南、岭南一带称之为墟市，其又有道店、村市、集市之称。草市萌芽于南北朝，发展于唐、五代，宋代是草市转化为市镇的关键时期。

史料记载，真宗至道三年（997），有官员提议限制岭南乡间墟市发展，建议"请降条约，令于城邑交易，冀增市算"。但宋王朝以为此举"徒扰民尔，可仍其旧"⑤。宋真宗初年，草市还未被直接征收商税，官府应是采用买扑的方式进行课税。关于买扑商税额，据史料记载，元丰时期，"诏诸路应发坊场钱百万缗，令司农寺分定逐路年额立限，于内藏库寄纳"⑥。政府从全国各路乡村草市征收的商税有百万贯之多，可见神宗时期乡村草市交易范围之广、贸易之盛，草市赋税已成为北宋政府重要的财政来源。草市经济日益繁荣，政府必然会直接委派官员进行课税。征收草市商税最早可能出现在真宗朝末年。⑦根据仁宗天圣二年（1024）的诏

---

① 徐松：《宋会要辑稿》食货五四，稿本。
② 傅宗文：《宋代草市镇研究》，福建人民出版社，1989年，第83页。
③ 高承：《事物纪原》卷七《州郡方域部·镇》，明弘治十八年魏氏仁宝堂重刻正统本。
④ 傅宗文：《宋代草市镇研究》，福建人民出版社，1989年，第83页。
⑤ 徐松：《宋会要辑稿》食货六七，稿本。
⑥ 李焘：《续资治通鉴长编》卷三百零一"元丰二年十二月丁巳"条，文渊阁《四库全书》本。
⑦ 傅宗文：《宋代草市镇研究》，福建人民出版社，1989年，第87页。

书,"有利州、夔州路转运司相度到:辖下州军管界镇务、道店商税场务课利,年额不及千贯至五百贯已下处,许人认定年额买扑,更不差官监管"①。征草市税大约与派官赴镇征税的时间和界限相同,达到条件的草市于同一时期被升格为市镇,成为具有行政级别的城市。仁宗时期,草市设置税监等主管课税的官吏已成常态,草市转化为市镇已非常普遍。据傅宗文统计,开封府、沂州、河南府、滨州、沧州、濮州、襄州、汝州、泰州、黔州、岷州等地均有草市、庄市、道店、村市、水市、马务等升格为市镇的情况。北宋时期,共有226处新置市镇,其中仁宗和神宗二朝共置镇137处,占60%。②据研究,"北宋时草市规模尚不甚大,有的城市草市规模较小,而且并非四周都有草市,如'秦州东、西草市,居民、军营仅万余家,皆附城而居'。但也有的规模已较大,环城四周都是草市,如明州'四郭皆有市'……还有的城市,因草市居民甚多,官府又增修城墙,试图将其纳入城区,如'徐城溢,廛肆列城外,公(李宗永)筑而广之,民以安居'"③。南宋时期,随着南方城市商品经济的发展,城市生活变得丰富多彩,城市对农村人口的吸引力增强,但城市的容纳空间有限,因而不少人汇聚在大中城市周围,由此在城郊自然形成了街市,这些街市也被称为草市。但与那些远离城市的草市不同的是,这些草市规模呈扩大化趋势。如鄂州的旧城区因山附险,止开二门,周环不过二三里,而位于城外的南草市则规模庞大,沿江数万家,廛闬甚盛,列肆如栉,盖川、广、荆、襄、淮、浙贸迁之会,货物之至者无不售,且不问多少,一日可尽。由于南宋时草市规模不断扩大,扩展城墙的办法也难以奏效,官府只得听任草市自由发展,并不另筑新城,如汀州"依山为城,境地狭隘,民居市肆,多在城外,以户口计,城外多于城内十倍"④。城市近郊的草市很快就与城市发展融为一体,成为城市的重要组成部分,统治者为了加强对这些区域的管辖,将其纳入直接管理之下,故而设置厢坊等机构,实行分厢管辖。

二、工商业市镇的勃兴

唐、五代时期,越来越多的工商业市镇出现,到宋代达到了一个高潮。交通运输条件是市镇出现并发展的重要条件,大多数新兴市镇的地理位置都处于交通要道、水陆码头、沿海口岸、大城市四周,如大运河沿岸、长江下游、汴河沿岸、淮河沿岸都分布着许多小城镇,在建康、临安、成都、汴京、泉州等重要城市周围也出现了若干市镇。如杭州附近有15个市镇,建康附近有14个镇、20余个市。北宋神宗时全国有近1800个镇,约1300多个镇分布在南方,尤以梓州路的镇最多,达351个,占全国总数的19.5%。一般的市镇都经历了从集市向小城镇转变的过程。

---

① 徐松:《宋会要辑稿》食货五四,稿本。
② 傅宗文:《宋代草市镇研究》,福建人民出版社,1989年,第91页。
③ 余小满:《试论宋代城市发展及其管理制度变革》,《天中学刊》,2009年第6期。
④ 余小满:《试论宋代城市发展及其管理制度变革》,《天中学刊》,2009年第6期。

商业及服务业是小城镇主要的行业,一般的小城镇都具备商品交换的功能,与之相适应的是商业人口在小城镇人口中所占的比重较大,不少的镇市商业十分繁荣。由于镇市商业的繁荣,一些较大的镇市商业税收甚至超过县城,如密州板桥镇、秀州华亭县青龙镇、秀州海盐县澉浦镇等在当时都是颇具影响力的商业市镇。此外,也出现了一些以手工业著称的名镇,如以烧瓷而闻名的江西景德镇,以产纸而著称的福建麻沙镇。这些经济繁荣的工商业市镇成为连接经济中心城市和农村地区的农产品集散地和商业交换中心。由于这些市镇的经济地位的提升,宋王朝加强了对市镇的管理,将其纳入行政等级体系之中,实行统一管理。宋建隆三年(962),宋廷取消镇将,设置镇监,其不仅掌巡逻、盗窃及火警等事,还负责征税。宋廷规定:"民聚不成县而有税者,则为镇。"由此可见宋代设镇的标准主要有两条:一是有相当数量的人口;二是工商业较繁盛,能够征收商税。由于经济的发展,宋代的小城镇相当多,在元丰年间达18771个,市镇户口数约66万,如果以每户4~5人计算,则有264万~330万人。小城镇的兴起和发展是商品经济繁荣的结果,也有利于商品经济的进一步发展,它成为沟通城乡商品经济的纽带,使大城市向纵深处辐射。此外,部分市镇还发展成为大中城市,如唐代白沙镇在宋以后,因"当江淮之要会,大漕建台,江湖米运,转输京师,岁以千万计",因此被升为真州,"维扬楚泗,俱称繁盛,而以真为首",其经济地位超过扬州。

南宋初年的战乱和动荡一度打断了北宋以来市镇发展的进程,但随着社会政治环境的稳定和江南的开发,市镇发展很快重新走上正轨,呈现出空前的活跃,市镇数量较北宋时期大幅度增加。进展最大的东南地区,依托都城临安,在杭州湾和太湖平原形成了规模较大的市镇网络。据估计,至宋神宗熙宁九年(1076)前后,市镇数量最多的两浙路有市镇400余处,平均300多平方公里才有1处市镇。[1] 进入南宋后,市镇蓬勃发展,两浙路共有市镇703处,另外江南西有86处,江南东有40处,荆湖北有181处,荆湖南有18处,成都府有50处,潼川府有67处,福建有68处,广南东有139处,广南西有17处。[2]

随着市镇数量的不断增加,沿海和内地均形成了地区性市镇网络。镜湖流域位于绍兴府会稽、山阴两附郭县境内,该流域呈狭长形,东西约百里,南北不到50里。其以府城为中心,分为东西两个部分。据记载,会稽县境内流域东部分布着16处市镇,山阴县境内流域西部分布着19处市镇,镜湖流域共计35处市镇。《嘉泰会稽志》记载,会稽、山阴两县共有28乡,其中有17个地处镜湖流域,平均1个乡拥有2个市镇。据陈桥驿计算,早期镜湖流域湖面总面积约206平方公里,其中107平方公里位于会稽县境内,99平方公里位于山阴县境内。[3] 陈国灿则以原湖面的3倍面积来计算流域面积,并得出会稽县境内平均每20平方

---

[1] 陈国灿:《江南农村城市化历史研究》,中国社会科学出版社,2004年,第70页。
[2] 王国平主编,陈国灿著:《南宋城镇史》,人民出版社,2009年,第93、94页。
[3] 陈桥驿:《古代鉴湖兴废与山会平原农田水利》,《地理学报》,1962年第3期。

公里即有1处市镇，山阴县境内每15平方公里即有1处市镇，整个流域平均不到18平方公里就有1处市镇的结论。① 由此可见，江南地区的市镇数量在宋代有较大幅度的增加。

长江上游地区的商品经济在宋代也有较大发展，因此市镇也随之兴起。如位于长江上游蕃汉杂居区的泸州在宋代成为内陆边远地区市镇的一个典型。嘉定末年，泸州所辖3个县共计有308个村落、49736户居民，其间有市镇67处，平均每4.6个村落、742户就有1处市镇，市镇成为连接城乡经济的重要桥梁。泸州所辖泸县自然条件最好，人口较多，交通便利，该县衣锦乡"有溪通大江，地产荔枝最富"，清流乡"有溪连大江，地产牛乳、蔗、柑橘、盐"。泸县正是凭借便利的交通和丰富的农业产品成为全州市镇分布最密集的地区。泸县共有8乡，平均每不到2个村落、600余家居民就有1处市镇，市镇密度已堪比江南沿海地区。

北宋时期是市镇形成发展的重要时期，市镇工商业虽然呈现出日益发展的势头，但整体上还处于初兴阶段，有的市场还只有零散的城乡商品交易活动。进入南宋后，市镇经济更加繁荣，商业水平明显提高，部分市场开始出现固定的手工业小作坊，城乡商品生产和流通规模不断扩大，市场活动日益频繁并逐渐成熟起来，市镇经济呈现出欣欣向荣的景象。如临安仁和、钱塘两附郭县内有15个市镇，皆为商品经济较为发达的市镇。《梦粱录》载："今诸镇市，盖因南渡以来，杭为行都二百余年，户口蕃盛，商贾买卖者十倍于昔，往来辐辏，非它郡比也。"② 奉化县鲒埼镇，"商舶往来，聚而成市，十余年来，日益繁盛，邑人比之临安"③。嘉兴府青龙镇，"瞰松江上，据沪渎之口……风樯浪舶，朝夕上下，富商巨贾、豪宗右姓之所会"④。有些市镇因为有繁盛的工商业，其赋税额甚至超过了所隶属的州、县城。如湖州乌墩镇与新市镇，"虽曰镇务，然其井邑之盛，赋人之多，县道所不及也"⑤。太平州黄池镇也是商业发达，市场交易频繁，民间谚语称："太平州不如芜湖，芜湖不如黄池。"

南宋市镇的兴盛和商业的繁荣，还可以通过市镇商税在国家财政中所占比重的增大来考察。虽然现存资料十分有限，难以全面统计当时各市镇的税收，但从零星的资料也可见当时市镇税收的激增。北宋时期，单个市镇上税额都未能超过3万贯。而到南宋时期，许多市镇的商税已大大超过这个额度。如北宋熙宁十年（1077），蕲口镇税额为26540贯，池口镇为13386贯。南宋孝宗乾道六年（1170），陆游赴夔州任职，途径蕲州蕲口镇，监税官告诉他，蕲口镇岁课已达15万缗。南宋时期岁课在3万贯以上的市镇还有泉州南安县石井镇、庆远府奉化县鲒埼镇、嘉

---

① 王国平主编，陈国灿著：《南宋城镇史》，人民出版社，2009年，第95页。
② 吴自牧：《梦粱录》，中国商业出版社，1982年版，第104页。
③ 罗濬：《宝庆四明志》卷十四《奉化县志》，宋刻本。
④ 杨潜修等：《云间志》卷下，嘉庆十九年古倪园刊本。
⑤ 薛季宣：《浪语集》卷十八，文渊阁《四库全书》本补配文津阁《四库全书》本

兴府海盐县澉浦镇和华亭县魏塘镇、太平州当涂县采石镇、随州随县唐城镇、潭州长沙县桥口镇、德庆府端溪县悦城镇、汉州什邡县杨村镇、彭州九龙县朋口镇、永康军导江县蒲村镇等。

第二章 宋代地方行政建置与城市体系的变化

第一节 地方行政建置变化与城市体系构成

宋代在城市体系中占主导地位的是各级行政区划治所城市，因此地方行政区划系统直接反映了城市体系结构。宋代地方行政建置在唐、五代的基础上有所改变，实行路、州（府）、县三级制度。路是地方最高一级行政建置，下领州（府）、县。州是第二级行政区划，又以各地政治地位、地理位置、经济等因素而另设有府、军、监等区划，府的地位略高于州，军、监与州大致平级。县是第三级行政区划，又因政治、军事、经济等因素影响而另设有军、镇、堡、寨、关等，其地位大致与县相似。路、州（府）、县三级行政区划的治所城市构成了宋代城市体系的主体。

一、北宋地方行政建置变化与城市体系构成

《宋史》卷八十五记载，北宋建立之初，"有州百一十一，县六百三十八"。建隆四年（963），取荆南，"得州、府三，县一十七"；平湖南，"得州一十五，监一，县六十六"。乾德三年（965），消灭后蜀，"得州、府四十六，县一百九十八"。开宝四年（971），平广南，"得州六十，县二百一十四"。开宝八年（975），平定南唐，"得州一十九，军三，县一百八"。[①] 此后，南唐清源节度使陈洪进、吴越国等相继称臣献地。太平兴国四年（979），宋军灭北汉。至太宗雍熙元年（984），除燕云十六州在辽朝控制下，北宋基本实现了国家的统一。

北宋在统一全国的过程中灭掉了数个五代时期建立的政权，获得其土地和户口，在行政区划方面的首要举措是降低各政权都城的级别，将之划为地方行政建置，如将南平国都城江陵划归荆湖北路，为江陵府，领8县；将后蜀国都城成都改为西川路益州，领10县；将南汉国都城兴王府改为广州，领8县；将南唐国都城江宁府改为江南路昇州，领5县；将吴越国都城杭州划归两浙路，领10县；将北

[①] 脱脱等：《宋史》卷八十五《地理志一》，中华书局，1985年。

汉国都城太原府改为河东路并州，领9县。五代时期，各割据政权以都城为中心，构建起本辖区内的区域城市行政等级体系。由于各国相互对立，"画地为牢"，将隋唐时期统一的国内市场人为地隔为数个区域市场，使各国之间的经济交往受到很大影响，也使城市之间的经济、文化联系减弱，甚至中断。北宋剪灭各个政权，消除了各个经济区之间的政治壁垒和交通障碍，将各经济区置于北宋政权统一的管理下，保障了经济区之间的交通畅通，促进了物资、货币、商品等经济要素的自由流通，从而推动了城市的发展。

宋太祖赵匡胤乾德年间，分全国为13道，设置诸道转运使，以总财赋。宋太宗太平兴国二年（977）以后，"边防、盗贼、刑讼、金谷、按廉之任，皆委于转运使"①。转运使遂成为北宋中央政府派遣至各路掌管财赋和监察之官。宋太宗至道三年（997），开始实行路制，路乃府、州、军、监之上的中央派出监察辖区，开始定为15路，分别为京东、京西、河北、河东、陕西、淮南、江南、荆湖南、荆湖北、两浙、福建、西川、峡西、广南东、广南西路。其后，路建置的数量不断增加，至宋徽宗崇宁四年（1105），增置京畿路，时全国共有24路。南宋建立后也沿用路制，但由于南宋的疆域已经大为缩小，因而路的数量也不断减少。路的机构主要有转运（漕）、提点刑狱（宪）、安抚使（帅）、提举常平（仓）四司，分掌财赋、刑狱、兵政、常平新法等，权任不同，但往往兼理他务，随时而变，具有互补互代的功能。转运司是诸路最重要的机构，其治所多为区域内最重要的城市，而其他三司的治所既有与转运司同城的，也有单独在一城的。

由于路制的实行，宋代城市行政等级也发生了变化，分为路—府（州）—县三级。可见，路转运司治所均为各区域内最重要的城市，这些城市不仅是政治中心城市，而且也多是工商业较为发达的城市，其经济功能在区域内相对较强，有部分城市在元明清时期发展成为省会城市。

北宋在地方行政方面实行三级行政管理体制，路是地方最高一级行政建置，下领州、县。另外，北宋还对唐代的州制进行了改革，增加了府。唐代也设有府，但府的数量较少，一在京、都所在地设府，二在重要地区设置都督府，三在边疆地区设立都护府。府的行政地位高于一般的州，因而北宋建立后也沿用其制，相继将一些重要的城市升格为府，使府的数量有所增加。另外，因部分地方城市的政治、军事地位特别重要，政府又在这些城市设置了军、监等行政区划，其与州平级，因此北宋的第二级行政区划实际上包括州、府、军、监等多种类型。

北宋时期，国家行政区划变动较大，尤其王安石变法以后，北宋国力增强，统治者致力于开拓疆土，行政区划屡经调整，各路所辖州县数量有所损益，城市行政等级体系也相应发生较大变化。（见表2-1、2-2）

---

① 马端临：《文献通考》卷六十一《职官十五》，中华书局，2011年，第1848页。

表 2-1　咸平二年（999）北宋行政区划

一级	二级				三级
路	府	州	军	监	县
东京开封府	1				16
京东路		16	2		80
京西路	1	16	2		98
河北路	2	23	13		142
河东路		17	6	1	89
陕西路	3	27	5		134
两浙路		14	1		80
淮南路		17	4		69
江南路		14	6		93
荆湖北路	1	9	2		51
荆湖南路		7		1	31
福建路		6	2		44
西川路	1	25	1		118①
峡路		20	4	2	92
广南东路		16			39
广南西路		29			76

表 2-2　宣和五年（1123）北宋行政区划

一级	二级				三级
路	府	州	军	监	县
京畿路	1				15
京东路	5	12	2		82
京西路	5	12	2		94
河北路	7	20	7		122
河东路	3	14	8		81
陕西路	5	33	8		133
两浙路	2	12			79
淮南路	1	17	3		72
江南东路	1	7	2		48

---

① 包括直属京县一。

续表2-2

一级	二级				三级
路	府	州	军	监	县
江南西路		6	4		48
荆湖北路	2	11	2		54
荆湖南路		7	1	1	37
福建路		6	2		47
成都府路	1	12	2	1	59
利州路	1	9			41①
潼川府路	2		3	1	51
夔州路		10	3	1	31
广南东路	1	13			40
广南西路		26	3		71
燕山府路	1	9			30
云中府路		4			12

以上两表根据《宋史·地理志》以及今人所著《中国行政区划通史·宋西夏卷》对北宋各路及下辖州县等数量进行了整理。

北宋中期，咸平四年（1001）王均之乱后，真宗以"西蜀辽隔，事有缓急，难于应援"之故，遂"诏分川峡转运使为益、梓、利、夔四路"②，将西川路分为东西二路，东路治梓州，西路治成都；峡西路则被分为利州路与夔州路，利州路治兴元府，夔州路治夔州。益州路于嘉祐四年（1059）被改为成都府路，此建置一直存在至北宋灭亡。梓州于神宗元丰三年（1080）被改为剑南东川节度使治所，徽宗重和元年（1118）升梓州为潼川府，属潼川府路。利州路与夔州路自真宗咸平初分置后至宣和末年不改。③ 后又因江南路辖境辽阔，不便巡按，分其为东、西二路。至天圣年间，全国已细分为18路。熙宁后，又陆续将京东、京西、河北、陕西、淮南各路分为两路，至熙宁末年全国已进一步划分为23路。④ 元丰元年（1078），五路转运司复合，仍为18路制。徽宗宣和四年（1122），北宋收复部分燕云故地，置燕山府路与云中府路，但旋即复失，故此处不计算入北宋行政区划内。

在中国古代城市体系的构建过程中，行政因素占主导地位，即行政等级制度与城市等级体系一般有对应关系，也就是说，行政区划等级越高，则其治所城市在全国城市等级体系中的地位越高。宋代的地方行政区划中，路的行政地位最高，因而

---

① 包括关一、直属京一。
② 李焘：《续资治通鉴长编》卷四十八"咸平四年三月辛巳"条，文渊阁《四库全书》本。
③ 谭其骧主编，郭黎安编著：《宋史地理志汇释》，安徽教育出版社，2003年，第212、221页。
④ 谭其骧主编，郭黎安编著：《宋史地理志汇释》，安徽教育出版社，2003年，第6—8页。

路的治所城市一般为该路辖域内最重要的政治中心城市。但是由于宋代路的治所经常发生变化，而且路有多个行政主官，不同时期各主官的地位又有所不同，这也影响其治所的地位。宋初设转运使管理一路之财政，并监察地方官吏，至太宗时，转运使职权范围逐渐扩大，"边防、盗贼、刑讼、金谷、按廉之任，皆委于转运使"①。为节制转运使（漕司）过大的权力，宋代陆续设置提点刑狱使（宪司）、提举常平使（仓司）以及安抚使（帅司），各司分别主管本路刑狱、常平新法、兵政等各种事务以及下辖州县官员的活动。因此，宋代地方行政体系的特殊之处在于一路有4个长官，也就出现了一路有多个路长官治所城市的现象。尽管宋代出现了四司局面，但因漕司实际地位最高，一般认为漕司治所城市为一路之中心城市，这类城市有"永兴军路、河东路、秦凤路、两浙路、淮南东路、淮南西路、江南东路、江南西路、荆湖北路、福建路、成都府路以及潼川府路"②。

宋代在路之下置府州以统领县，府州治城市为宋代城市体系中承上启下的第二级区划。在府州一级的城市中，以府治城市地位稍高。宋承唐、五代之制，置府，府与州同级，分为两类，一类为京府，是首都或陪都所在之地，如宋初的东京开封府和西京河南府，以及大中祥符七年（1014）"建应天府为南京"，庆历二年（1042）"建大名府为北京"③；另一类是次府，一般为皇帝之潜邸，或驻跸之州，或行在所系，或军事重镇，如北宋前期的京兆、太原、凤翔、河中、江陵、兴元、真定府等。北宋中期以后设府逐渐增多，尤其是徽宗喜好升府，从而兴改州为府之风气，至徽宗宣和五年（1123），全国的建置府已有46个。北宋后期州升府更成为常态，除统治者自身喜好外，更重要的是部分地区的经济与人口有较大发展，一些城市从一般州级城市中脱颖而出，成为地区性中心城市，故而地位提高，其行政级别也随之被提升。

县是宋代地方行政建置中的基层行政区划，县级行政建置沿袭了秦以来的制度，宋时县的划分基本上变化不大。另外，除了县之外，宋代地方行政体系中还有部分与县平级的地方行政建置，如领有县的军、监，以及领有乡的关、津、堡、寨等，它们多因特殊原因而设置，其行政地位与县平级而归县管辖。县级城市构成北宋城市体系中数量最多、最稳定的第三级城市体系。北宋时期，县级城市长期保持在1250个左右，不同时期因社会环境变化而略有增减。

从北宋真宗咸平二年（999）到徽宗宣和五年（1123）的百余年间，北宋地方行政建置的数量和空间分布有一定的发展与变化。

一是北宋行政区划屡经调整，尤其是路级区划变动较大，各路所辖州县数量也有多次变化，但就全国州县的总数而言，变化并不大，即北宋时期县级城市数量长期维持在1250个左右，但若去除宣和四年（1122）收复而宣和六年（1124）又失

---

① 马端临：《文献通考》卷六十一《职官十五》，中华书局，2011年，第1848页。
② 包伟民：《宋代城市研究》，中华书局，2014年，第65页。
③ 脱脱等：《宋史》卷八十五《地理志一》，中华书局，1985年，第2105页。

去的云中府路各县以及宣和七年（1125）再失去的燕山府路各县，则北宋后期仅有县级城市1202个，比北宋前中期少了50个。

二是北宋后期与前中期行政区划变化最显著的一点是府级建置明显增多。宋承唐、五代之制，在部分地方置府，府与州同级而地位略高，北宋前期京府有两个，次府则有数个。中期以后，所设的府数量逐渐增多，至徽宗宣和五年（1123），府已有46个。

三是北宋为中国经济重心南移加快的时期，随着经济重心南移，南方城市的数量也有较大幅度的增加，这在城市区划上有所体现。其一，南方经济的发展促使南方行政区划更为完善合理。北宋后期南方路级区划明显增多，如北宋前期的江南路被拆分为江南东路与江南西路，川峡路经过多次拆分，被划分为成都府路、利州路、潼川府路及夔州路。其二，就县级城市而言，北宋前期，北方县级城市数量为559个，南方县级城市数量为693个，经过北宋百余年发展，中国经济重心南移进一步加快，至北宋后期，北方县级城市数量为527个，南方县级城市数量为677个。

二、南宋地方行政建置变化与城市体系构成

靖康之变，宋境陷入战火，至南宋高宗绍兴十一年（1141）宋金达成和议，大规模战乱方止，但金人已经占领了北宋一半的领土。《宋史·地理志》称："中原、陕右尽入于金，东画长淮，西割商、秦之半，以散关为界，其所存者，两浙、两淮、江东西、湖南北、西蜀、福建、广东、广西十五路而已。"南宋初年痛失半壁江山，原京畿路、京东路、京西路、河北路、河东路、陕西路等大多落入金人之手，加之战乱中人口数量变化极大，故而南宋朝廷建立后不久即对路制进行了一些调整，省并了若干州县。南宋宁宗嘉泰开禧年间以前，宋金双方尚能遵守和议，故社会环境相对稳定，南宋城市与人口逐渐得到恢复并有所发展，一些被废并的州县又得以复置。理宗绍定末年，南宋联蒙灭金，宋、蒙军队相约以陈、蔡为界[①]，其后，宋理宗意欲收复河南故地，命赵葵等将率领5万主力军队北上收复"三京"。但南宋军队于洛阳惨败。"端平入洛"反而成为蒙古南下侵宋之借口，蒙古大军很快发动全面侵宋战争，凤州、沔州、利州、成都府、鄂州、真州等地先后沦为战场，归属不定，度宗咸淳九年（1273）襄阳城被破后，南宋很快灭亡。"端平入洛"后，宋、蒙双方在荆湖、淮南及西南地区展开了长达半个世纪之久的攻守战争，战争使交战地区归属不一，地方行政区划形同虚设，因此笔者选取绍兴十二年（1142）和端平元年（1234）作为节点，考察南宋前期与后期地方行政建置的变迁（见表2-3、2-4）。

---

① 何忠礼：《南宋全史》二《政治、军事和民族关系卷下》，上海古籍出版社，2016年，第106页。

表 2-3　绍兴十二年（1142）南宋行政区划

路	府	州	军	监	县
两浙西路	3	4	1		38
两浙东路	1	6			41
淮南东路		6	1		19
淮南西路		7	2		31
江南东路	1	6	2		43
江南西路		7	4		55
荆湖北路	2	10	2		53
荆湖南路		7	2		37
京西南路	1	4	2		15
福建路		6	2		48
成都府路	1	12	2	1	59
利州路	1	14	1		60[①]
潼川府路	2	9	3	1	51
夔州路		11	2	1	34
广南东路	2	11			36
广南西路	1	21			66

周振鹤主编，李昌宪著：《中国行政区划通史·宋西夏卷》，复旦大学出版社，2007年，第244—259页。

表 2-4　端平元年（1234）南宋行政区划

路	府	州	军	监	县
两浙西路	4	3	1		39
两浙东路	2	5			42
淮南东路		11	3		41
淮南西路	2	6	2		33
江南东路	2	5	2		43
江南西路	1	6	4		56
荆湖北路	3	9	3		55
荆湖南路	1	6	2		41
京西南路	1	7	2		25

---

① 包括关一。

续表2—4

路	府	州	军	监	县
福建路	1	5	2		47
成都府路	3	11	2		61
利州东路	2	6	1		41
利州西路	1	6	1		16
潼川府路	4	7	3	1	57
夔州路	2	9	2	1	37
广南东路	3	11			40
广南西路	1	21	3		73

周振鹤主编，李昌宪著：《中国行政区划通史·宋西夏卷》，复旦大学出版社，2007年，第270—280页。

"绍兴和议"后，宋金双方在长达近百年的时间里基本能够恪守约定，故南宋统治区域较稳定，行政建置并未出现大变动。蒙古崛起南下攻金后，金先后失去西京、东京和中京，金宣宗于贞祐二年（1214）迁都汴京，积极实行弃北图南战略，后宋、蒙联合灭金，南宋自此又陷入战火之中，位于宋金边境的淮南路与京西南路行政建置变化最大。

淮南路旧为一路，自北宋熙宁五年（1072）起被分为东、西两路。南宋初年淮南东路领7州、军及19县，宁宗即位后，开始谋求改变宋金不平等关系，开禧年间的北伐中，失地一度收复，但很快被金军重新占领。金国灭亡后，部分淮南旧地复归南宋，至南宋后期淮南东路领有14州、军及41县。南宋时期其建置变化主要有以下原因：一是区划调整，省并或增设州县。如楚州之山阳县原为望县，宋室南渡后其为金占领，绍定元年（1228），该地区为宋军所收复，后被升格为淮安军，其治所易名为淮安县，原楚州之淮阴、宝应、盐城来属，楚州则因之而被撤销。高邮军、涟水军及招信军均类此。二是南宋初年部分州县被金国占领，但其后又陆续被收复，故南宋朝廷一般都恢复其在北宋时期的行政建置。如亳州，原为防御州，北宋大中祥符七年（1014）为集庆军节度使治所，宋室南渡后被金国占领，宋、蒙灭金后，复入南宋版图，宋廷复其建置。海州在北宋时为团练州，南宋初年也被金军占领，直至嘉定十二年（1219）被收复，后为李全父子所占领，景定二年（1261）南宋收复其地后，在此置西海州。另外，宿州、泗州、真州、通州等均是这种情况。

南宋初年，中原地区仅有京西路之襄阳府、随州、枣阳、信阳军尚为宋土，王象之《舆地纪胜》称："绍兴四年，改襄阳府路，以襄阳府、随、郢、唐、邓州，信阳军六郡隶。六年，废襄阳府路，复置京西南路。"[①] "绍兴和议"后，宋割让唐

---

① 王象之：《舆地纪胜》卷八十三，清影宋钞本。

州、邓州为界，同年升光化县为光化军。至绍兴十二年（1142），京西南路实领襄阳府、均、房、随、郢州、信阳、光化军等7州、军。绍兴十九年（1149），"诏信阳军拨隶淮西"。宋蒙战争爆发后，宋率先取得唐、邓、息3州11县，则端平元年（1234）京西南路实领邓、随、房、均、郢、唐、息、光化军、枣阳军9州、军及25县，州县数量与规模较南宋前期有所增加与扩大。次年，蒙古大军南下进攻南宋，南宋不仅失去了唐、邓、息等新复州县，还丢失了襄阳等重要城市。此后，宋、蒙军队以此地带为边境地区展开了拉锯战，京西南路各州县常常归属不定。利州路与广南路地方建置变化明显。利州路原为一路，自绍兴十四年（1144）始拆分为东西两路，乾道四年（1168）复合为一路，此后分合数次，至南宋末年仍为东西二路之制，所辖境域变化不大，建制府数量增加，南宋初循北宋旧制，仅设兴元府，后增设隆庆府与同庆府。隆庆府原为剑州，因是孝宗潜邸，孝宗即位后升之为普安军，绍熙元年（1190），升格为府。同庆府原为成州，为军事州，隶属于秦凤路，绍兴十四年（1144）将之划归利州路，因是理宗潜邸，宝庆元年（1225）被升格为府。

南宋时期，南方部分地区的城市发展较快，如广南东、西两路。南宋百余年间，广南东路建置由2府11州36县增长为3府11州40县。广南西路建置由1府21州66县增长为2府24州73县。英德府原为英州，因是宁宗潜邸，被升格为府。广南东、西两路县级建置增加主要发生在南宋相对平稳的发展时期，由于经济的发展和人口的增加，一些曾经在南宋初年被撤销的县恢复了其在北宋时期的建置地位，如广南东路梅州原为潮州程乡县，北宋开宝四年（971）被擢升为梅州，南宋初年被撤销，后又恢复，南宋时期基本稳定。广南东路连州之连山县于绍兴六年（1136）被降格为镇，绍兴十八年（1148）又被恢复为县。诸如此类先降后升的还有广南西路雷州之遂溪县、徐闻县等。另一类是随着经济与人口的发展与增长，城市规模不断拓展，行政建置等级也随之提升。如绍兴二十二年（1152），将广南东路之东莞香山镇升为香山县；乾道二年（1166），将曲江县的崇信乡、乐昌县依化乡分割出来，在洲头津设置乳源县；广南西路之容州怀远县、化州石城县等亦是如此。总体而言，南宋的地方城市总量虽然没有北宋多，但仅就南方而言，从纵向角度进行比较，其城市的数量仍然有一定的增加。

第二节 南北方城市空间分布与城市发展变迁

自魏晋南北朝以后，中国出现了经济和人口南移的现象，南方地区得到较大开发，城市也出现较大发展。唐代建立了大一统的国家，经济要素实现了自由流动，南方经济和城市继续发展。北宋初期，南北人口比例基本持平，但随着北方游牧民族不断南侵，北方人口和经济向南移的趋势逐渐加剧，北宋灭亡后，北方在金国统治之下，经济出现持续下滑，人口也大量向南方迁移，南方的发展超过北方已经成为一种不可逆转的趋势，城市空间分布也随之发生变化。

一、城市数量与空间分布的变化

（一）黄河中下游城市数量与空间分布的变化

黄河中下游诸路包括京畿、京东、京西、河北、河东、陕西路。该区域向为历代中央王朝的京辅重地，城市历史悠久，城市数量与规模都远超其他地区。唐末五代后，北方陷入长期战乱，经济受损严重，长安、洛阳等大城市相继衰落，开封取代以上两城市成为全国政治中心，由此而成为北方规模最大的城市。宋室南渡后，北方落入金人之手，北方城市日益衰落，开封也随之衰落。

京畿路在北宋时期是最重要的地区，系北宋政治中心所在地，除都城开封外，大小城市密布。京畿路地处中原腹地，地势平坦，土壤肥沃，水系丰富，汴河、蔡河、五丈河、金水河四大水系穿流而过。京畿路辖开封府，领开封、浚仪、尉氏等17县，府界多有变动。北宋皇祐年间，宋廷以颍昌府、郑州、澶州、拱州为辅郡，设京畿42县为京畿路，此后几度罢废辅郡，路界多有变动。宣和六年（1124），京畿路领有1府16县。北宋时期，京畿路以开封为核心，形成东京城市带，城市数量变化不大。

北宋时期，除京畿路外，北方黄河流域其他重要城市主要集中分布在黄河中下游，尤其是京东路、京西路、河北路、河东路、陕西路的城市相对集中。

京东路位于黄河下游，地势中间高、四周低，北部为黄河冲积平原，中部有沂蒙山，东部为山东丘陵，水系众多，土地肥沃，城市多沿河流分布，呈现出东多西少、北多南少的分布格局。

京西路地势西高东低，西部毗邻黄土高原地带，北部有太行山，西南部有豫西山地，其城市分布同样呈现出北多南少、东多西少的特征。东北部紧靠京畿路，城市密集，有西京河南府、颍昌府等城市；东部有汝州，南部有信阳军、襄州等城市；西部城市较为稀少，在汉水谷地有金州、房州等城市。

河北路地势西高东低，位于太行山以东，渤海湾以西，有黄河、沂河、沭河、滹沱河等水系，地处黄河冲积平原，土地肥沃，城市集中且分布相对均匀。北部与辽南京道接壤，有广信军、安肃军、保定军等军事重镇；西部有真定府、赵州、邢州等城市；南部有怀州、卫州、大名府等城市；东部有沧州、滨州、德州等城市。

河东路位于陕北高原与太行山之间，地处黄土高原，有黄河、汾河、滹沱河等水系，城市大多沿中部汾河谷地分布，有太原府、汾州、晋州等城市；北部有忻州、宪州等军事重镇。

陕西路行政区划经历过多次调整，城市数量变动较大。太平兴国二年（977），宋廷分陕西路为陕西河北、陕西河南二路，又为陕府西北路，后并焉。熙宁五年（1072），分为永兴军与秦凤二路。陕西路辖区较大，区内地形复杂，位于祁连山与太行山之间，西部毗邻青藏高原，中部为黄土高原，大部分地区土地贫瘠，城市东多西少、北多南少，多分布在黑河、黄河及渭河平原。西部有西宁州、兰州、廓州；中部黄河沿岸城市较多，有德顺军、西安州、渭州等城市；南部仅有成州、凤州等城市。

（二）中部地区城市数量与空间分布的变化

中部地区包括淮南路、江南东路、江南西路、荆湖北路、荆湖南路等。

淮南路又被分为淮南东路与淮南西路，北宋时分合3次，南宋时分合2次。淮南路地处长江中下游冲积平原，地势平坦，土地肥沃，经济富庶。区内河网密布，有洞庭湖、洪泽湖及长江、淮河、汝河等水系。辖区内城市分布东多西少，西部有光州、寿州等城市，东部有泗州、滁州、庐州、濠州、楚州、海州、通州等城市。

江南路于太平兴国元年（976）被分为东、西二路，后合并为一路，天禧四年（1020）后再次被分为东西二路。江南东路位于长江中下游冲积平原，地势北低南高，北部地势平坦，西部毗邻大别山，南部有天目山等山地。该路城市大多集中在北部黄河沿岸，又以东北部最为集中，形成以江宁府为中心，包括润州、太平州的江宁府城市带，以及无为军、池州、江州等城市，西南部城市稀疏，有德安、饶州、信州等城市，东部有钦州、广德军等。

江南西路地势较高，北部有九岭山，南部有罗霄山，城市集中在两山之间的平原地带，北部有洪州、兴国军、筠州，中部有建昌军、临江军、抚州，南部有虔州、南安军等城市。

荆湖北路三面环山，北部有大洪山，西部毗邻鄂西高地，南部有越城岭等山脉，东部有九岭山，中部有江汉平原、洞庭湖平原，域内有洞庭湖、洪湖、汨罗江、醴水等水系。该路地处平原，平原面积辽阔，城市多分布于此，形成江陵府至常德府城市带。此外该路北部有归州、宜都，东部有鄂州、应城，南部有黔阳、靖州等城市。

荆湖南路位于洞庭湖平原以南，东南西三面环山，有汨罗江、湘江、洞庭湖等水系。该路大部分地区在平原地带，城市分布均匀，北部有湘阴、潭州，中部有衡州、邵州，南部有全州、永州、郴州等城市。

（三）东南地区城市数量与空间分布的变化

东南地区包括两浙、福建、广南东、广南西路。

两浙路位于长江入海口，河网密布，有长江、富春江、太湖、巢湖等水系，地势低平，土地肥沃。

福建路位于东南沿海地区，区域内多山地，西部有武夷山，北部有鹫峰山，中部有戴云山，南部有莲花山，有富屯溪、闽江、九龙江、汀江等水系。城市东多西少，大多沿河流分布，西部有邵武军、建州、宁化、汀州、上杭等城市，东部有宁德、连江、福州、兴化军、惠安、泉州、晋江、漳州等城市。

广南路向为一路，至端平元年（1234）始分为东西二路。广南东路地势北高南低，北部有九连山、莲花山，西部有云开大山，有东江、韩江、连江、西江等水系。城市集中分布在北部与南部，中部城市稀少。北部有雄州、韶州、贺州、连州、英州等城市，南部形成以港口城市广州为中心的城市群。

广南西路地势北高南低，三面环山，南部为今海南岛，城市多分布在融江、柳江、浔江、左江沿岸，有安化、金城州、番州、宜州、柳州、融州城市群，西北部城市较为稀少。其西南部左江与邕江河谷地带城市分布集中，有奉议州、都康州、邕州、太平寨、迁隆寨、归化州。海南岛上城市较少，北部仅有琼州，西北部有昌化军，东南部有万安军，环岛有部分小城市。

（四）西南地区城市数量与空间分布的变化

西南地区包括成都府路、梓州路、利州路、夔州路。

成都府路位于成都平原，地势西高东低，西部有邛崃山、夹金山，有大渡河、岷江两大水系，土地肥沃，区域富庶，形成以成都府为中心的城市带，包括彭州、永康军、梅州、蜀州、绵州、邛州、简州，西北部山地地区有茂州、威州，西南山地地区有嘉州、雅州。

梓州路大部位于四川盆地，南北地势较高，北部有大巴山，南部有乌蒙山地，有嘉陵江、涪江、长江等水系。城市相对均匀且多沿河流分布，中部有梓州、资州、遂州、普州、昌州等城市，北部山地有剑州、果州，南部有泸州、富顺监、戎州等城市。

利州路位于秦巴山地，区内多高山，有嘉陵江、汉江两大水系。城市分布在山间河谷地带，中北部汉江沿岸城市相对较多，有兴元府、兴州、洋州等城市；大巴山以南有巴州、阆州、蓬州；西部城市较少，有文州、龙州。

夔州路位于四川盆地东部边缘，三面环山，北部有大巴山脉，南部有大娄山，西部地势相对平坦，有长江、渠江、乌江等水系，城市多分布在西部丘陵地带。

二、北方城市的衰落与南方城市的发展

宋代是继南北朝后又一个中国南北方城市发生分化的重要转折时期，尤其是南宋时期，大量北方人口的南迁和经济要素的南移，推动了南方城市的发展，南方城市开始超过北方城市，政治中心也在南宋时期转移到江南地区。

北方不少著名的城市在南北朝时期受长期战乱的影响而出现衰落。隋唐时，北方城市出现复兴，但是唐末五代时期北方又开始出现较长时间的战乱，因而不少北方城市也在战乱的影响下相继衰落。北宋建立，完成国家的局部统一，北方城市经济有所恢复，人口有所增加，城市数量和规模也有所增加与扩大。北宋后期，金国崛起，并一举灭辽，然后以迅雷不及掩耳之势挥军南下，发动攻宋战争，此后北方陷入长期战乱之中，很多城市再次遭到灭顶之灾。北宋灭亡后，北方大部分地区为金国所控制，有部分地区仍然在南宋王朝的管辖之下，但北方大部分城市元气大

伤，城市数量与规模都远不及北宋时期。南方城市自唐以后就出现较大发展，北宋建立后，南方城市仍然延续了唐、五代时期的发展态势。北宋灭亡，南宋建立，政治中心的南移以及大量人口和经济要素的南迁为南方城市的发展创造了条件，南方城市的数量、规模相比过去有明显的增加和扩大。

（一）北方城市在战争中普遍衰落

宋代，北方城市普遍的衰落与战争频繁发生有直接关系。太平兴国四年（979）六月，宋太宗灭北汉，结束了五代十国以来的分裂割据局面，完成了北宋的统一。但是宋太宗不顾群臣之劝，执意伐辽，试图收复燕云十六州。然而宋军出师不利，惨败于辽，从而将北方置于长达26年的战乱之中。此次北伐失败导致辽军连续3次攻宋，在北宋境内的满城、遂城、瓦桥关、雁门关等处发动了大规模战争。其后，太宗雍熙三年（986），宋朝组织第二次北伐，20万宋军分四路出击，然因孤军深入，被辽军聚而歼之。雍熙北伐失败后，辽朝相继发动了6次攻打北宋的战争，辽军铁骑挥师南下，其主战场仍是北方，宋朝河北防线遭到重创。真宗景德元年（1004），辽最后一次大规模攻宋朝，辽军一路攻破北宋固安、顺安军、祁州，直指河北重镇天雄军。在寇准的极力敦促下，宋真宗北上亲征，宋辽双方在澶州城对峙，最后缔结"澶渊之盟"，至此结束了宋辽之间长达26年的大规模战争。在此26年间，北方城市多遭战争的破坏，人口也在战乱中大量减少，农业和手工业、商业也因此萧条。

北宋末期，女真族在今东北地区崛起，并起兵反辽，于1115年建立金国，随即大举伐辽，北宋与金国签订"海上之盟"，试图借金人之手来除掉辽朝这个北方的威胁。但在这个过程中宋朝充分暴露出综合国力的虚弱。金太宗灭辽后，其野心膨胀，乘势派大军南下灭了北宋，宋金战争的重要战场几乎都在北方。金太宗天会三年（1125），金军西路大军攻占朔州、武州、代州、忻州。东路军占领澶州、蓟州，进入燕京，接连攻克中山府、真定府、信德府等北方中心城市。金太宗天会四年（1126），金军进入北宋统治腹地河南，攻占相州、濬州、黎阳、滑州，兵临开封城下，因见攻城无望，遂与宋谈判，在宋王朝基本满足其要求后，撤军到黄河以北。同年八月，金军再次南下，西路大军从大同出发，于九月攻克太原，河东路全为金军所占，金军以河东地区为前哨，于同年十一月攻克西京洛阳，然后挥师至宋朝都城开封城下。金军东路军从保州出发，占领雄州、真定、魏县、临河县、大名县、德清军、开德府，亦到达开封。闰十一月，金军东、西两路军于开封城下会师。十二月初，宋钦宗投降，徽宗、钦宗被俘，北宋灭亡。金国灭宋战争的战场主要在北方，战争对北方城市的破坏不言而喻。

南宋建立后，金军立即发动了3次全面攻宋战争，这3次战争的主要战场也多在北方，战火渐燃烧至南方地区。南宋建炎元年（1127）秋，金太宗发动了第一次全面攻宋战争，金军"分兵据两河州县，惟中山庆源府、保莫邢洺冀磁绛相州久之乃陷"[①]。两河地区的重要城市莫州、祁州、雄州、永宁军、保州、顺安军等相继被金军占领，金军随即又分兵三路攻掠河南、陕西、山西3地，一路所向披靡，京兆府、韩城、洛阳、偃师、均州、临淄、青州等城市皆遭金军铁骑蹂躏。金军在对这些城市进行劫掠之后，因战线太长，遂退回两河地区。

南宋军队为了抵抗金军南下，放弃了无险可守的河南地区，将防线南移至江淮一带，以寿州、镇江、扬州、建康、武昌、池州、润州、鄂州、贵池、九江、荆州、襄阳、徐州、青州、淮州等城市为重要军事据点。但是宋军的军事防线在金军第二次南下时很快被突破，徐州、青州等城市相继失陷。与此同时，金军又在北方分兵两路发动新的攻势，相继攻打山东和陕西，山东同陕西的大多数城市再次遭到战争的荼毒。金军发动的第二次攻南宋战争的中路大军也取得了很大的突破，相继攻占单州城、兴仁府城、归德府城、寿春城、蕲州城、黄州城、南昌城、潭州城、庐州城、和州城、真州城和乌江城，这些城市也在战争中遭到较大破坏，但由于金军很快就北撤，故而这些城市又逐渐恢复元气，在南宋中后期得到新的发展。但是北方城市却没有这样幸运，在金军发动的两次攻打南宋的战争中，北方城市多次惨遭战争破坏，而战争结束后这些北方城市并未得到较好的修复，因而大多数城市皆处于衰落状态，尤其是北宋时期的四大名城——东京开封府、西京河南府、北京大名府、南京应天府都因在战争中受到极大的破坏而失去了发展的动力，开封、洛阳、长安等北方著名大城市在北宋以后彻底失去了重新成为国家政治中心的可能，降而为地方行政中心，从此再也没能以都城的身份出现在中国的城市体系之中。

（二）南方城市的普遍发展

南宋以后，中国城市空间分布发生了显著变化，南方城市的发展逐渐赶超北方城市，临安、苏州、泉州、广州等大城市崛起，改变了北方大城市数多于南方大城市数的格局。以黄河流域为主的北方地区是中国历史上最早被开发的地区之一，由于农耕经济发达、人口众多，因而该地区也是城市的重要发源地。据统计，"秦汉时期黄河中下游地区（包括今河南、河北、山东、山西、陕西5省），城市数占全国城市总数的40%，其次为淮河流域，约占14%"。西南地区与东南沿海的人口与城市分布较少。同时，北方城市规模也远远大于南方城市，《史记·货殖列传》共列出36个大中城市名称，其中位于黄河流域者有19个之多，位于淮河流域者为10，位于长江流域者为5，位于珠江、海河流域者各1。[②] 东汉以后，由于北方地区长期处于战乱和分裂状态，导致北方人口大量南移，由此促进了南方地区经济和文化的发展，南方城市数量不断增多，城市规模也持续扩大。不过直到唐代，不仅中国的政治中心在北方，经济重心也仍然在北方，北方的城市数量仍然多于南方城

---

① 脱脱等：《宋史》卷二十四《本纪·高宗一》，中华书局，1985年，第449页。
② 庄德林：《中国城市发展与建设史》，东南大学出版社，2002年，第30页。

市数量，大城市也主要集中分布在北方。

北宋时期，南方社会经济出现显著的进步，从而为人口的增加和城市的发展创造了条件。其时南方各地均大规模兴修了水利工程，改进了农业生产工具，引进了新的物种，农业因此出现较大发展，手工业和商业也在农业发展的基础上有所发展。南宋建立后，由于政治中心南移，朝廷对于发展江浙、福建的农业高度重视，为了防止海潮对江浙等地沿海农田的破坏，政府相继修筑了若干护海堤，使沿海地区农田得到保护。随着北方农业技术的南传，南方农业生产技术和生产工具也有了相当的进步，一些能适应南方各种田地的生产工具相继被发明并得以推广。北宋时期，新型插秧工具秧马被发明，并得到推广和普遍使用。苏轼《秧马歌序》记载：湖北一带的农夫"皆骑秧马，以榆枣为腹，欲其滑；以楸桐为背，欲其轻。腹如小舟，昂其首尾。背如覆瓦，以便两髀雀跃于泥中，系束藁其首以缚秧。日行千畦，较之伛偻而作者，劳佚相绝矣"[1]。从东南亚各国引进的占城稻等多种优良稻种，先后在长江、淮河流域及两浙地区被推广，人们通过选种等方法培育出一些适合中国江南土地的优良稻种。在宋代，由于南方农业经济的发展，出现了"苏湖熟，天下足"等谚语。农业的发展推动了城市手工业的发展，宋代南方城市的手工业生产在数量和质量方面逐渐超过了北方城市。纺织业以四川和江浙为首，四川仅官办的成都锦院就拥有117间房子、154台织机和580名工人，所生产的蜀锦达数十种，产量占到全国总量的20%左右。江浙一带丝织业也很兴旺，神宗时年贡帛达98万匹。造船业以南方为首，福建所造的大海船装有罗盘针，大大提高了海上航行的准确性。南方的雕版印刷业在北宋时也有了很大的发展，其中以杭州、成都、建阳最为出名，"今天下印书，以杭州为上，蜀本次之，福建最下。京师比岁印板，殆不减杭州，但纸不佳"[2]。农业与手工业的发展推动了商业的繁荣，"朝廷经费之源，实本于此"，"两浙之富，国用所恃，岁漕都下米百五十万石，其他财赋供馈不可悉数"[3]。据统计，熙宗年间，南方商税的比重超过北方，占全国商税总额一半以上，由此可见南方商业贸易的发展状况。此一时期，南方商业贸易发展的另一个重要标志就是纸币的发明和使用，四川率先发明世界最早的纸币交子，其后宋廷设立交子务，将交子的发行和管理权由民间收归官方。而纸币的使用和推广是商品经济发展的重要结果，纸币的使用有利于商业贸易的发展。

农业、手工业、商业的兴盛推动了南方城市的发展。北宋时，两浙路发展迅速，人口日益增多。吴松弟通过对《太平寰宇记》《元丰九域志》《宋史·地理志》所载北宋人口的整理，对北宋南方各路人口变化做了估计。(见表2-5)

---

[1] 吴之振、吕留良、吴自牧选：《宋诗钞·东坡诗钞·秧马歌》，中华书局，1986年，第714页。
[2] 叶梦得：《石林燕语》卷八，中华书局，1984年，第116页。
[3] 苏轼：《苏轼文集》卷三十二《进单锷吴中水利书状》，中华书局，1986年，第916—917页。

表2—5 北宋时期南方各路人口分布变化表（单位：人）

路	太平兴国元年（976）	元丰元年（1078）	崇宁元年（1102）
两浙西路	276353	928952	952657
两浙东路	230344	850011	1022384
淮南东路	158073	295233	336430
淮南西路	190740	713915	744642
江南东路	329757	1056815	1026122
江南西路	571442	1357642	1650791
荆湖北路	177364	657533	804768
荆湖南路	126434	871214	952398
京西南路	57292	210923	251498
福建路	467815	1043839	1256656
成都府路	517285	864403	917023
梓州路	299408	478171	561898
利州路	160702	372429	335465
秦凤路	40832	148396	124166
夔州路	110103	254361	298626
广南东路	92559	579253	672334
广南西路	66084	238390	278495

葛剑雄主编，吴松弟著：《中国人口史》第三卷《辽宋金元时期》，复旦大学出版社，2000年，第127—135页。

根据上表统计数据可知，北宋时期南方各路人口均有很大幅度的增加，总体上看，北宋后期南方各路人口是宋初的3.1倍，部分地区的增量更大，如两浙东路是4.4倍，广南路是4.2倍。人口的大量增加，一方面反映了社会经济的增长，另一方面又反过来促进社会经济的发展。由于南方人口总量大幅增加，城市人口也增加得很快。

南宋时期，随着经济重心的继续南移，南方城市发展更加迅速，南北方城市发展出现较大差距，南方城市除都城临安以外，不同区域相继出现了一些规模较大、影响力也较大的城市，如建康、成都、泉州、广州等。

建康在三国至南朝时期为六朝之都，系南方的政治、经济和文化中心，经济发达，文化兴盛，与同时期的罗马并称"古典文明的两大中心"。然而正因为其长期作为都城，故而在朝代更迭中多遭严重破坏，如梁武帝后期侯景叛乱，导致江南生灵涂炭，建康城也多被毁坏。隋灭陈朝后，隋文帝下令除保留石头城外，将以皇宫为主的建康城夷为平地。唐代建立后，建康因其地理位置特殊，濒江近海，为水陆枢纽，交通便利，腹地广阔，因而城乡经济都很快得到恢复与发展，人口也逐渐增加。北宋建立后,改置江宁府,其成为繁华的都市,为东南经济、文化重镇。南宋建立后,改江宁府为建康府,并将其升格为行都。建炎三年(1129),金军南下,攻破建康城,以屠城方式来报复城中军民的抵抗,"始料其强壮与官吏,以兵围守于州之正觉寺,散取老弱之遗者悉杀之。纵火大掠,越三日……死于锋镝敲搒者盖十之四"①。建康城在战火中再次衰败。绍兴二年(1132),宋高宗下诏将建康府治改建为行宫,并对建康城进行修复。"绍兴和议"后,宋金进入对峙阶段。绍兴十二年(1142),南宋朝廷定建康府为留都,为东南各路首府,诏命"建康宫宇令有司照管"②,由江东安抚使例兼留守,"每岁四季月,准令入宫点视,留守司属官一员从之"③。建康作为南宋王朝的留都,其城市的政治地位有大幅度提高,当局用于城市建设的费用也有所增加,残破的城池得到修缮,衙署等建筑也渐修复,城市人口也不断增加,经济逐渐恢复。景定二年(1261),建康府上元、江宁两附郭县共有136533户,大约有9万户分布在府城内外。此外,建康府城作为长江下游防线的重镇,还驻有12余万人的军队,加上各地流民等不在籍人口,有研究者认为此一时期建康城内外有80万~90万人④,比北宋时期增加了1倍左右。

宋代大都市中发展引人注目的还有位于西南地区的成都。成都在汉唐时期就是全国最重要的大都市之一,汉代"位列五都",唐代被时人誉为"扬一益二",即扬州在全国排名第一,成都第二。宋代成都延续了晚唐五代的发展态势,并出现了新的发展,即城市空间格局发生了革命性变化,从里坊制封闭式街区向开放式街区转型。宋代成都的商品经济出现前所未有的发展,"万井云错,百货川委。高车大马,决骤乎通达;层楼复阁,荡摩乎半空。绮容画容,弦索夜声。倡优歌舞,娥媌靡曼,裙联袂属,奇物异产,瑰琦错落,列肆而班市。黄尘涨天,东西冥冥。穷朝极夕,颠迷醉昏"⑤。商业的繁荣不仅对成都的城市空间格局和社会文化发展产生了重要的影响,而且对中国经济、社会的发展也产生了直接的影响,一个突出的标志就是成都发明了世界上第一种纸币——交子。纸币的发明和由政府正式发行使用对于经济发展的影响是巨大的,促进了区域商品经济的发展,也推动了长距离贸易的发展。宋代成都文化也进入了一个新的繁荣期,成都成为全国印刷中心之一,时人称"蜀刻雕版甲天下"。在宋代,成都文化名人辈出,易学和史学在全国占有重要地位。宋代成都经济不仅在全国居于前列,而且城市人口规模也位列全国前十。

南宋时期,南方城市经济日益蓬勃发展,开始超过北方城市,城市人口也快速增加。另外,海外贸易的兴盛逐渐改变了中国与外部世界的经济与文化的交流通道,南北城市的地位也相应地发生了变化。汉唐时期,中国与外部世界的联系通道

---

① 周应合:《景定建康志》卷四十三《风土志二》,文渊阁《四库全书》本。
② 王晓波、李勇先、张保见等:《宋元珍稀地方志丛刊甲编(一)》,四川大学出版社,2007年,第5页。
③ 周应合:《景定建康志》卷一《留都录一》,文渊阁《四库全书》本。
④ 王国平主编,陈国灿著:《南宋城镇史》,人民出版社,2009年,第223页。
⑤ 袁悦友等编,赵晓兰整理:《成都文类》卷二十八,中华书局,2011年,第557页。

以北方陆上丝绸之路为主，这条万里丝绸之路连接着亚欧若干国家和地区，成为中国与外部世界进行经济、文化交流的主要渠道，因而北方的长安、洛阳成为对外贸易和文化交流的中心，而河西走廊沿线城市则成为对外开放的门户；但江南和东南沿海地区由于远离陆上丝绸之路，则处于中外交流边缘。10世纪至12世纪，随着造船业的发展和航海技术的进步，中国东南沿海地区城市通过海洋与外部世界间的经济和文化的交流越来越频繁。在宋代，由于河西走廊少数民族的崛起，中原地区与西亚的经济、文化交流受到严重影响，陆上丝绸之路逐渐衰落，沿线城市因逐渐失去经济、文化交流功能而停止发展。南宋以后，随着政治中心南移，这些地区和城市为游牧民族所掌控，发展更加困难。南宋建立后，东南沿海地区的地位上升，沿海城市成为对外门户，尤其是南宋时期海上贸易成为中国对外贸易的主要方式。海上贸易的发展促进沿海地区和城市人口的增加，从而推动了以泉州、明州为代表的一批海港城市的兴起。尤其是泉州，因地理位置优越、港口条件优良，发展成为仅次于广州的第二大外贸港口城市，中外商人云集，对外贸易繁荣，造船业等手工业也十分发达。泉州因距都城临安较近，其海上贸易受到朝廷的重视，朝廷在泉州专设市舶官吏，赋予其较多的特殊政策和权力，从而使泉州快速发展，外贸发展迅速，关税和相关商税达两百万缗，约占南宋政府全年财政收入的1/20。

南方城市在宋代特别是南宋时期出现较大发展，其原因是多方面的。

首先，北方大规模的长期战乱使大量北方人口为躲避战乱而被迫南迁，大量人口的南迁给南方带来了劳动力和技术，由此成为推动南方城市发展的重要动力。特别是"绍兴和议"以后，南宋朝廷明确宣布放弃北方大片领土，因而让北方的许多汉人心生失望，不得不随之南迁，"东北流移之人，相率渡江"。许多流民跟随军队南移，"（张）俊以海州在淮北，恐为金人所得，因命毁其城，迁其民于镇江府"[1]。皇室宗族、官僚地主、士大夫，"奉元祐太后如东南，六宫及卫士家属从行"[2]，"士大夫皆避地……衣冠奔踏于道者相继"[3]。这些南迁的人口多进入城市之中，使南方不少城市在短期内人口膨胀，都城临安更是畸形发展。与北方不少地方州县皆空的景象相比，南方城市则呈现出欣欣向荣的发展势头，"江、浙、湖、湘、闽、广，西北流寓之人遍满"[4]。人口是生产力的第一要素，大量人口的南迁使南方的生产力有很大提高，在带来劳动力的同时，也带来了财富、技术、知识和各种文化要素，从而对南方经济的开发和城市发展起到了重要的推动作用。

其次，政治中心的南移也对南方城市的发展起到了重要的推动作用。先秦以来，在中国所形成的政治中心城市优先发展的规律，一直决定着中国农业时代城市

---

[1] 毕沅：《续资治通鉴》卷一百二十四，中华书局，1957年，第3285页。
[2] 脱脱等：《宋史》卷二十四，中华书局，1985年，第497页。
[3] 脱脱等：《宋史》卷四百五十三《列传·忠义八》，中华书局，1985年，第13331页。
[4] 庄绰撰，萧鲁阳点校：《鸡肋编》，中华书局，1983年，第36页。

的发展。① 在中国城市发展过程中，以王权为核心的国家政治力量起着十分重要的作用。以王权为核心的政治力量可以凭借各种特殊的权力来聚集社会的财富、人力、物力，并将之投入城市的建设之中。无论是城市的修建，还是宫室衙署的修建都不是以市场的经济方式来推进的，而是在王权和行政制度的强制性力量下进行的。因而城市的建设、发展水平和发展速度往往与王权和行政力量有着直接的关系。② 南宋以前，大一统国家的政治中心一直都在北方黄河流域，因而北方城市的发展快于南方，大城市和特大城市也主要在北方。每一个政权的都城都是同时代城市中发展最快的城市，在三国魏晋南北朝时期和五代时期，由于出现了若干个割据政权，因而这些割据政权的都城也相应地在"政治中心优先发展规律"的作用下得到快速发展。北宋亡国后，宋皇室南渡，政治中心转移到江南，由此为南方发展带来了大量的资源和契机，并进一步推动了北方的人口和经济要素向南方转移，由此促进了南方城市和乡村的普遍发展。另外，由于政治中心南移，以王权为核心的国家行政力量更多地关注南方经济和城市的发展，如建康和泉州等城市都在以王权为核心的国家行政力量的推动下出现了较大的发展。

另外，"绍兴和议"后，南方大部分地区相对安宁，加之北方人口大量南移，使南方的生产力发生了根本性的改变，大片荒地得到开垦，耕地面积扩大，从而促进了南方农业经济的发展。由于丧失了北方领土，南宋朝廷所在的临安及附近城市的粮食供给只能仰仗南方各地，因此南宋政府对发展南方经济十分重视，特设招纳司，"招纳京东、西、河北流移之民……拨田土，给牛具，贷种粮，使之耕凿"③。"绍兴初，麦一斛至万二千钱，农获其利，倍于种稻。而佃户输租，只有秋课。而种麦之利，独归客户。于是竞种春稼，极目不减淮北。"④ "听两淮避兵民耕种所在闲田"，"募民佃荒田"，收到良好效果，"开耕荒田七十八万余亩"⑤。由于国家政策的推动，宋代南方的耕地面积有较大的增加，同时由于农业技术的发展和生产工具的改进，粮食亩产量也有提高，为人口的增加创造了条件。

大量北方人口的南移也给南方城市经济的发展带来了新的动力：一是大量官营手工业南迁直接带动了南方城市经济的发展，特别是临安成为都城后聚集了大量的官营手工业作坊。二是大量北方民间工匠也随南迁的人流来到南方城市之中，他们将北方的丝织业、印刷业、酿酒业、制陶业等生产技术和相关知识带到了南方，推动了南方城市手工业的发展。三是为数众多的北方商人、地主和官员在南下之时带来了他们的巨额财富和多样化的经营手段，也进一步推动了南方城

---

① 何一民：《从政治中心优先发展到经济中心优先发展——农业时代到工业时代中国城市发展动力机制的研究》，《西南大学学报》，2004年第1期。
② 王立华、何一民：《王权——国家力量与中国古代城市的形成与变迁》，《江汉论坛》，2016年第1期。
③ 毕沅：《续资治通鉴》卷一百二十四，中华书局，1957年，第3090页。
④ 庄绰撰，萧鲁阳点校：《鸡肋编》，中华书局，1983年，第36页。
⑤ 李心传：《建炎以来系年要录》卷一百八十五，中华书局，1988年，第3092页。

市工商业的发展，促进了江南、闽广等地区城市工商业的繁荣。如临安的著名商业经纪人皆"京师流寓经纪人"①。另外，开封等城市的店铺广告等营销方式也随着人口南迁而传入临安："汴京熟食店，张挂名画，所以勾引观者，留连食客。今杭城茶肆亦如之，插四时花，挂名人画，装点店面。"②另外，南迁人口中有不少人为了生存，成为小商小贩或街头巷尾的货郎，他们对南方城市的商业发展也起了重要作用。

南方城市发展的原因是多方面的，既有外部的因素，也有内部的因素，既有政治的、经济的因素，也有文化的、地理的因素。总体而言，南方城市的发展在南宋以后出现了一个转折，逐渐形成了引领中国城市发展的新态势。

第三节 坊市制的解体与城市功能的演变

一、坊市制的解体与开放式城市空间的形成

宋代城市内部空间结构和管理模式发生了历史性的改变，最主要的表现就是坊市制的解体和开放式城市空间的形成。

战国时代，各国统治者逐渐将城市划分为若干具有封闭性的居住小区，实行早启晚闭的管理措施，严格控制城市居民的出行。这些居住小区在汉代被称为"里"，汉以后有的称"里"，有的称"坊"。无论是里还是坊，都是指城市居民的居住区，四周修筑围墙，开设有多个里坊门，里坊内整齐规划有若干纵横街道，居民沿街修筑住宅，"室居栉比，门巷修直"。里坊内严禁商品交易，官府在里坊之外另设专门的市，即市场，城市居民的一切经济活动和娱乐活动都被严格规定在市内进行。市以外的地方不能开店设铺。隋唐时期坊市制度更加完善和规范，管理也更加严格。坊区四周筑围墙、设坊门，坊门天明击鼓而开，日落击鼓而闭。③唐代各大小城市的交易活动不仅有空间上的限制，还有时间上的限制，所有的商品交易活动被严格限制在白天进行，"其市当以午时击鼓二百下。而众大会。日入前七刻。击钲三百下。散"④。如有擅自在市以外区域进行商品交易者，一经发现就会被杖七十。唐初，随着君主专制中央集权的强化，城市坊市制在全国被强制性地推行，"坊市者，谓京城及诸州、县等坊市"⑤。然而到了唐后期至五代，中央集权式微，各地方势力膨胀，中央政府缺乏威信。与此同时，城市人口大幅增长，经济得到较大发展，

---

① 耐得翁：《都城纪胜》，中国商业出版社，1982年，第3页。
② 吴自牧：《梦粱录》，中国商业出版社，1982年，第130页。
③ 何一民：《中国城市史》，武汉大学出版社，2012年，第290页。
④ 王溥：《唐会要》卷八十六《市》，中华书局，1960年，第1581页。
⑤ 刘俊文：《唐律疏议笺解》卷八，中华书局，1996年，第633页。

第一篇 宋代城市发展与社会变迁

市场交换的需求扩大，坊市制越来越不适应经济发展的需求，一些工商业发达的城市坊市制逐渐解体。如润州上元县有王氏沽酒店，置于"县廨之后"①，该酒肆的位置显然不在市之中。楚州龙兴寺同样成为公共经济空间和文化空间，"寺前素为郡之戏场，每日中……寺前负贩戏弄，观看人数万众"②。

宋朝建立之初，曾沿袭唐代的坊市制，在城市中强制推广。至道元年（995），开封府曾改京城内外坊名80余处，北京应天府设有4厢23坊。乾道年间，建康府有4厢20坊，兴国军"为坊五于此郭"③。宋代设坊冠名可能已不具有汉唐时期的严格的管理意义，更倾向于"识道里"，尤其是随着城市人口的增加，城市居住用地扩张，城市需要坊名等详细的标识系统，以标明地理位置。

北宋前期，开封城的人口随着北宋都城的建设而迅速增加，商业也快速发展，商铺空间分布逐渐突破了东、西两市的界限，在部分居住之坊内出现了商业活动。真宗咸平五年（1002），朝廷曾下令拆毁开封城内侵街而建的邸店，要求各坊"皆复长安旧制"，并在街道两旁"置籍立表，令民自今无复侵占"④。但宋代商品经济发展迅速，东京开封府城的人口迅速增加，发展成为逾百万人的特大城市，"添十数万众不加多，减之不觉少"⑤。开封城内聚集了大批皇亲国戚、官员、贵族、禁军、富商巨贾、僧尼道士等，他们不仅直接从事物质生产，而且还是高消费人群，其消费量十分巨大，由此促进了开封城市商品经济的高度繁荣。经济与人口的发展所形成的需求成为一种不可抗拒的力量，迅速地突破政府禁令，使破墙开店成为一种趋势，虽禁不止。而且早市和夜市的出现也使城市经济活动在时间限制上有所突破。仁宗天圣二年（1024）前后，宋廷多次下令禁止开封及各地城市侵街修建店铺。尽管北宋朝廷为了强化对城市的管控与统治，仍然对坊市制持支持态度，但是政府的一纸禁令已经不能改变坊市制的命运。宋仁宗景祐年间，北宋政府终于认识到自己已经无法禁止商民破墙开店了，于是开始允许商民临街开设邸店。禁令一旦被废除，阻碍市场交换和居民生活自由的坊墙很快就被拆除，取而代之的则是鳞次栉比的店铺。至北宋中晚期，开封府相关机构正式向沿街店铺征收"侵街房廊钱"⑥。宋朝政府承认临街设店现象的合法性，标志着封闭式的坊市制彻底解体，居民可以临街设店、临街开门，商业不再受原来的空间和时间方面的限制，城市的大街小巷均可以成为商品交易之地，开放型的城市新格局逐渐形成。因此，在若干城市出现了一些新的商业街区，城市中的主要大街两边均设有各种商店。但是，北宋时期，只有在以开封为代表的个别大城市中才出现了较为自由的开放空间布局，其他普通城市的商业仍受坊市制的束缚。南宋时期，随着南宋王朝迁都临安，中央

---

① 李昉：《太平广记》卷三百一十四，民国影明嘉靖谈恺刻本。
② 李昉：《太平广记》卷三百九十四，民国影明嘉靖谈恺刻本。
③ 包伟民：《宋代城市研究》，中华书局，2014年，第111页。
④ 李焘：《续资治通鉴长编》卷五十一"咸平五年二月戊辰"条，文渊阁《四库全书》本。
⑤ 孟元老：《东京梦华录》，中国商业出版社，1982年，第31页。
⑥ 马端临：《文献通考》卷十九《征榷考六》，中华书局，2011年，第545页。

集权减弱，传统的坊市制在全国各地普遍解体，无论大城市还是中小城市，政府都对开店设市不再做过多的时空限制，商业与市场已经遍及城市的每个角落，连供皇族出行的御街两侧也出现了各种店铺，"御街如绒线、蜜煎、香铺，皆铺设货物，夸多竞好"①。

与此同时，与坊市制相适应的宵禁制也经历了从松弛到彻底被废除的过程。宵禁制度起源比坊市制更早，《周礼·秋官·司寇》记有"司寤氏"一职，"掌夜时，以星分夜，以诏夜士夜禁，御晨行者，禁宵行者、夜行者"。宵禁制与坊市制相辅相成，成为历代王朝管理城市的基本手段。一直到唐时，宵禁制仍十分严格，"日暮，鼓八百声而门闭……五更二点，鼓自内发，诸街鼓承振，坊市门皆启，鼓三千挝，辨色而止"②。上至长安、洛阳二京，下至府州县治所城市，唐时城市普遍实行宵禁。宵禁的松弛始于上元节赏灯，此夜"金吾不禁夜，玉漏莫相催"。唐玄宗时，"每载依旧取正月十四日、十五日、十六日开坊市门燃灯，永以为常式"③。中唐前后，均田制逐渐瓦解，土地兼并现象日益增多，破产贫民数量渐多，两税法加速了货币经济的发展，大量脱离家业生产的贫民进入城市从事工商业，开始冲击坊市制与宵禁制。④唐武宗时期，"王式初为京兆少尹……长安坊中有夜拦街铺设祠乐者"⑤，说明宵禁制度在民间已逐渐松弛。至唐末，苏州渐成不夜城，"夜市卖菱藕，春船载绮罗"。成都商业活动同样是夜以继日，"锦江夜市连三鼓"⑥。但中唐以后宵禁制仍然普遍存在，夜市大多出现在农村墟市、草市以及少数的商业繁盛区中，并没有真正进入普通城市居民的生活，政府对夜市也一直持否定态度。唐文宗就曾于开成五年（840）下诏禁止在京城发展夜市，"京夜市宜令禁断"⑦。宋初，为了加强对京师的管理，也实行宵禁制，"京师街衢置小鼓于小楼之上，以警昏晓"。宋太宗时期，宵禁制开始有所松弛，政府于上元节、中元节、下元节解除宵禁，"三元俱然灯放夜，自此为始，著于格令焉"⑧，又令"京城夜漏未三鼓不得禁止行人"⑨。北宋仁宗庆历年间，随着勾栏瓦舍的兴盛和市民文化的兴起，原来只在特定区域服务上层官僚的文娱活动开始向普通民众普及，以适应大众对娱乐消遣的需求。在夜生活日益频繁的背景下，特别是上层社会对夜生活的需求不断增加的情况下，宵禁制面临挑战，最终让位于日益丰富的城市夜生活，北宋中期，宵禁制被彻底废除。《北窗炙輠录》一书记述了宋仁宗在听到宫墙外传来的市民欢笑声与

---

① 周密：《武林旧事》，中国商业出版社，1982年，第49页。
② 欧阳修等：《新唐书》卷四十九《百官志四》，中华书局，1975年，第1286页。
③ 刘昫等：《旧唐书》卷九《玄宗纪》，中华书局，1975年，第218页。
④ 翁俊雄：《唐后期民户大迁徙与两税法》，《历史研究》，1994年第3期。
⑤ 王谠撰，周勋初校证：《唐语林校证》，中华书局，2008年，第104页。
⑥ 白寿彝总主编，史念海主编：《中国通史》第六卷《中古时代·隋唐时期（上）》，上海人民出版社，2015年，第599页。
⑦ 王溥：《唐会要》卷八十六《市》，中华书局，1960年，第1583页。
⑧ 赞宁撰，富世平校注：《大宋僧史略校注》，中华书局，2015年，第225页。
⑨ 李焘：《续资治通鉴长编》卷六"乾德三年四月壬子"条，文渊阁《四库全书》本。

丝竹管弦之调时不禁羡慕起高墙外的夜市生活一事，说明夜市已经深入城市居民的生活之中。东京有专门于夜间开设的市场，"潘楼东去十字街，谓之土市子，又谓之竹竿市。又东十字大街，曰从行裹角，茶坊每五更点灯，博易买卖衣服图画花环领抹之类，至晓即散，谓之'鬼市子'"①。

南宋以后，除非常时期，宵禁制已被彻底废除，夜市与早市已经成为城市经济生活的常态，而且十分兴盛。由于临安的经度比开封更偏东，故而早市比开封提前了一个时辰，四更时分大量铺席已经开张，等待着本城市民以及外地顾客前来购买，而坝北修义坊的肉市则在三更就已开张。《梦粱录》记载："御街铺店，闻钟而起，卖早市点心……有卖烧饼、蒸饼、糍糕、雪糕等点心者。以赶早市，直至饭前方罢。"② 早市内既有做小买卖的，如早点铺、早茶铺，也有大规模的行市交易，如批发型的肉市、菜市、花市、珠子市，"如遇买卖，动以万数"③。南宋时，早市无论是数量、规模，还是交易量都远远超过北宋时期。临安城内的大街小巷都流行夜市买卖，"最是大街一两处面食店及市西坊西食面店，通宵买卖，交晓不绝。缘金吾不禁，公私营干，夜食于此故也……其余桥道坊巷，亦有夜市扑卖果子糖等物，亦有卖卦人盘街叫卖，如顶盘担架卖市食，至三更不绝"④。临安城的市民们已经习惯了热闹的夜生活，即便是寒冷的雪夜，夜市也没有停止，"冬月虽大雨雪，亦有夜市盘卖。至三更后，方有提瓶卖茶。冬闲，担架子卖茶，馓子慈茶始过。盖都人公私营干，深夜方归故也"⑤。在一些面向达官贵人的茶肆酒楼中出现了灯火辉煌的灯市，"而天街茶肆，渐已罗列灯球等求售，谓之'灯市'。自此以后，每夕皆然。三桥等处，客邸最盛，舞者往来最多。每夕楼灯初上，则箫鼓已纷然自献于下。酒边一笑，所费殊不多。往往至四鼓乃还"⑥。一些富家贵族则在热闹的河边公开设舞台、放烟火，往往吸引大量市民前去观看、嬉戏，"邸第好事者，如清河张府、蒋御药家，闲设雅戏烟火，花边水际，灯烛灿然，游人士女纵观，则迎门酌酒而去"⑦。大量人口的聚集吸引了众多小贩前来售卖，耍猴的、卖茶的、沽酒的，应有尽有。交易市场通宵达旦，整日不绝，"杭城大街，买卖昼夜不绝，夜交三四鼓，游人始稀；五鼓钟鸣，卖早市者又开店矣"。丰富多彩的夜市与市民夜生活为城市商业经济增添了活力。

坊市制的解体推动了开放式城市结构的形成。宋之前，政府力行坊市制，用限制城市居民行动的方法来管理城市，并限制城市商品经济的发展。至宋代，随着城市的发展、人口的增多和商品经济的发展，传统的坊市制与宵禁制彻底被废除，这

---

① 孟元老：《东京梦华录》，中国商业出版社，1982年，第15页。
② 吴自牧：《梦粱录》，中国商业出版社，1982年，第108页。
③ 吴自牧：《梦粱录》，中国商业出版社，1982年，第106页。
④ 吴自牧：《梦粱录》，中国商业出版社，1982年，第107—110页。
⑤ 吴自牧：《梦粱录》，中国商业出版社，1982年，第110页。
⑥ 周密：《武林旧事》，中国商业出版社，1982年，第35页。
⑦ 周密：《武林旧事》，中国商业出版社，1982年，第36页。

是千余年来城市与商业发展的必然结果。宋代，坊墙倒塌、宵禁解除，改变了汉唐以来"百千家似围棋局，十二街如种菜畦""六街鼓歇人绝灭，九衢茫茫空有月"的城市面貌，开放式的城市格局形成，一直延续到近现代。

坊市制的解体促使城市商业更加活跃，为明清资本主义萌芽的产生创造了条件。唐宋以前，"自有正铺者。不得于铺前更造偏铺"①，商人被禁止随意扩充店面。而到了宋代，行商坐贾可根据事业的发展扩大自己的经营规模，既可以在政府规定范围内搭建"侵街"店面，亦可根据自己需求更换规模更大的铺面。如东京城南通一巷就有一处楼宇"屋宇雄壮，门前广阔，望之森然"，"每一交易，动即千万"。此外，城市中还出现于街道、居住区等地流动经商的商贩，活跃了城市经济。

街道职能转变是宋代从封闭式城市空间结构向开放式城市空间结构转变的重要表现。唐以前，各大小城市皆实行封闭式的坊制和市制，坊中居民和市中商店都不准向坊外的街道开门，因此坊与坊之间的街道两边全是坊墙或市墙，这些主要街道仅有通行功能。至唐宋时期，经济的发展使街道两侧出现了临街设店的情况，后周时期，政府对这一情况予以默许。显德三年（956）六月，"近者开广都邑。展引街坊。虽然暂劳……其京城内街道阔五十步者，许两边人户各于五步内取便，种树掘井，修盖凉棚。其三十步以下至二十五步者，各与三步，其次有差"②。东京城内，街道宽50步者，沿街住户被允许在各自房前5步内掘井种树、搭盖凉棚，这样既能绿化、美化街道及房屋，且搭盖凉棚就可能允许沿街设店，尤其是沿街房屋在城市经济发展的刺激下很有可能被附加经济功能，由住宅转化为商铺。至宋朝，商品经济迅速发展，突破坊市制和宵禁制限制，商品交易不再受时间与地点的限制，街道的经济功能日益凸显，东京城内就有以"市"命名的街道。《东京梦华录》记载开封城内"潘楼东去十字街，谓之土市子，又谓之竹竿市"③。许多城市逐渐出现了以专卖商品命名的新型商业街市，称为团、行或者市，如临安城有城西花团、泥路青果团、南坊珠子市、城北米市、丝帛市、海鲜行、鸡鹅行、果子行等；建康城有罗帛市、鸡行、箩行等；湖州城有钉行、鹅行、竹木巷、花巷、油车巷等；昆山县城有冠行、鱼行、菜行等。这些习惯性称谓充分说明商业街道在城市社会生活中占据着越来越重要的地位。

二、城市功能的演变

自秦朝以来，历代中央政府都将城市作为各级政权的治所，通过不同等级的城市实现对国家的层级管理，因此政治功能是城市的首要功能。其后，在国家经济与

---

① 王溥：《唐会要》卷八十六，中华书局，1960年，第1581页。
② 王钦若等：《册府元龟》卷十四，明刻初印本。
③ 孟元老：《东京梦华录》，中国商业出版社，1982年，第15页。

人口的不断发展中，城市逐渐叠加了经济、文教等功能。至宋代，路、州、县治所城市构成了城市等级体系，政治功能仍是大部分城市的首要功能。随着人口的繁衍，大量荒地被开辟耕种，新农具的使用、占城稻等优良稻种和经济作物的推广，为城市提供了丰富的粮食和手工业原料，促进了手工业和商业贸易的大发展，城市经济总体进入繁荣时期。经济的发展推动了人民生产生活水平的提高，加之学校教育与文化的普及和重文轻武社会风气的作用，市民对精神文化生活的需求不断增加，城市的经济、娱乐休闲及文化教育功能不断增强，甚至发展成城市的一大功能。

宋代，坊市制的解体使市场交易不再受时间和地点的限制，由此促进了城市商业的进一步繁荣和城市经济功能的强化，在一些大中城市，经济功能成为其重要的功能。先秦以至唐代，城市的主要功能为政治、军事功能。"筑城以卫君"，在王权的管控之下，经济功能虽然在叠加，但王权对城市经济的管控手段一直十分强硬。其中一个重要的方法就是将进行交易之市加以固定化和封闭化，使之成为政治与军事功能的附庸。但坊市制解体后，经济活动突破限制，扩散到城市的每个角落，商业交易量扩大，商税激增。北宋时期，政府征收的商业税已超过农业税收，至南宋，商业税收成为政府的重要财政来源。伴随着商业税在宋廷财政中地位越来越重要，市的地位逐渐提升，城市的商业功能和文化娱乐功能增强。

在宋代两大都城及部分大城市用地中，商业、文化娱乐用地规模不断扩大，开封和临安的商业、文化用地规模已经超越宫城用地规模，表明城市经济、娱乐与文化功能增强。开封在战国时期即为魏国都城，隋唐大运河开通后，成为北方水陆交通枢纽和商品集散中心，其工商业用地规模不断扩大。五代时期，长安、洛阳两大城市逐渐衰败，开封相继成为后梁、后晋、后汉、后周等多个政权的都城。北宋开国以后，统治者再次选择开封作为都城。此后百余年间，开封取代长安、洛阳，成为北方也是中国最大的城市。开封作为国都，政治职能是其首要职能，皇帝宫城、中央衙署、太庙等权力象征机构在城市功能分区中占据核心地位，其建筑用地是开封城市用地的主体，涉及市民生活的商业区、居住区以及文教区，是以王权为核心的统治集团功能区的附属部分。但是，随着开封城市人口的不断增多，城市经济空前繁荣，开封的居住用地、商业用地和文化用地所占比例越来越大，并在里城之外形成了外城，其规模超越了宫城，成为开封城市用地的主体。里城与外城中城市商业用地规模最大，以宣德楼为起点南向经州桥、朱雀门，至南熏门、潘楼街至旧宋门、大相国寺广场、东华门外马行街、土市子等，是城市商业中心，商品交易繁荣。由于坊市制的解体，大量商业店铺错落分布在城市的居住区，致使开封城市的商业用地规模已经无法被准确统计，但从张驭寰的东京复原图及《东京梦华录》等文献来看，其用地规模已超越宫城。开封城市经济功能逐渐凸显，"越商海贾，朝盈夕充，乃有犀象贝玉之珍，刀布泉货之通，冠带衣履之巧，鱼盐果蔬之丰。懋迁化居，射利无穷"①。开封还建立了便利的驿传系统和人工河网，使其在北宋中后期成为京畿路与京东、京西、河北等北方诸路的中心市场，带动了北方诸路城市经济的发展。

杭州的城市功能在南宋以后也开始发生了很大的变化，即在政治功能的基础上不断叠加了经济、文化功能。杭州在五代时即为吴越国都城，其政治功能增强。钱弘俶纳土归宋后，杭州仍然为两浙路治所，即区域性的政治中心。北宋时期，杭州的城市经济和文化功能增强，已享有"东南第一州"的美誉，既是一路之首府，又是余杭地区的经济中心和文化中心。南宋王朝建都临安以后，临安城的各种功能都进一步提升。首先是政治功能迅速强化。作为南宋的统治中心，其政治功能强化的一个外在表现就是皇宫在城市中的所占空间扩大。南宋所建皇城周回9里，其统治机构的占地面积和建筑数量远超历史上任何时期。在政治功能增强的同时，由于南宋初年大量北方人口都随宋皇室南迁临安，因而临安的人口剧增，商业和文化也快速发展，城市居住空间、经济空间和文化空间迅速扩大。临安外城在南宋时期几经扩大，最终形成城周70里的规模，城市建成区突破了城墙的限制，在城郊形成"南、西、东、北各数十里，人烟生聚，民物阜蕃"的居民聚居区；官私手工业作坊布满都城内外；城市工商业的行业门类增多，从隋唐时期的112行发展到414行。② 各类手工业作坊、商业行铺等占据着城市的重要空间，城内外店铺林立，楼肆密布，商业极为活跃。"自大街及诸坊巷，大小铺席，连门俱是，即无虚空之屋。"③ 城市商业场所专门化，形成天街、城南和城北三大专业性商业区，形成了以临安主城区为中心，包括11个镇市、25个市的市场体系，由此带动了两浙路工商业的兴盛。④

工商业市镇的兴起与繁荣是城市功能演变的重要表现之一。中国自东晋、南朝以来，在南北各地相继发展出草市、墟市等介于城乡之间的经济空间。唐代，这些新兴的经济空间在全国各地普遍发展，至宋代，一些经济基础较好的草市发展成为人口较为密集、经济较为繁荣的小市镇。北宋神宗时期，西南地区和东南地区的草市集镇有较大发展，至熙丰年间，西南诸路中成都府路有草市镇158个，梓州路有378个，利州路有147个，夔州路有96个。东南地区的淮南东路有草市镇77个，淮南西路有127个，江南东路有58个，江南西路有64个，两浙路有103处。南宋，几乎南方各地州县相继都有草市集镇兴起，部分市集镇发展成为具有一定规模的工商业市镇，从而在一定区域内形成了以路、府、州、县城市为载体以及含草市集镇在内的多层级市场体系。随着商业经济的繁荣，商业税收逐渐成为政府税收的重要来源。北宋时期，政府商业税收已超过农业税收，其中有部分商业税收就来自城市以下的基层市场。至南宋，商业税收成为政府主要的财政来源。其中，草市镇

---

① 王明清：《玉照新志》卷三，明沈士龙等刻本。
② 漆侠：《辽宋西夏金代通史·社会经济卷》，人民出版社，2011年，第326页。
③ 吴自牧：《梦粱录》，中国商业出版社，1982年，第107页。
④ 漆侠：《宋代经济史》，中华书局，2009年，第956页。

的税收是商业税收的重要部分。高宗绍兴元年（1131），两浙路扑买坊场 134 处，得净利钱约 84 万缗，较神宗熙宁九年（1076）坊场、河渡数增加了 48.14%，净利钱增加了 216.89%。①

---

① 傅宗文：《宋代草市镇研究》，福建人民出版社，1989 年，第 149 页。

第三章　宋代城市经济发展变迁

宋代的建立结束了五代十国分裂的混乱局面，社会秩序重归稳定，为经济的恢复与社会生产力的发展创造了条件，而农业生产的恢复与发展为城市工商业的发展奠定了物质基础。手工业与商业门类增多，内部分工日益细化，生产与贸易规模不断扩大，私营经济发展，市镇经济兴起，城乡市场体系日益完善，这些因素推动了宋代城市的发展，造就了中国古代城市经济发展的又一高峰。

第一节　农业的发展为城市发展奠定了重要的基础

农业是社会经济发展的重要前提，也是城市发展的重要基础，宋代农业"无论是劳动人手、垦田面积、单位产量、耕作技术、水利设施以致手工业生产的分工和规模，都已达到古代经济新的高峰"[①]。农业的发展为城市提供了大量的粮食，养活了更多的非农业人口，经济作物的种植更是为手工业生产和商业发展提供了原料与商品。手工业与商业的发展又极大丰富了城乡居民的日常消费，进而促进了宋代城镇的发展。

一、耕地面积扩大与粮食生产

北宋时期，由于国家的统一，社会相对稳定，农民的生产积极性得到提高。他们开辟了大量的新农田，如圩田、沙田、淤田、山田、涂田、架田等，从而使耕地面积大幅度增加。关于宋代耕田的数量，历史资料虽有记载，但多不确切。《宋史》记载：

> 天下垦田：景德中，丁谓著《会计录》云，总得一百八十六万余顷。以是岁七百二十二万余户计之，是四户耕田一顷，由是而知天下隐田多矣。又川峡、广南之田，顷亩不备，第以五赋约之。至天圣中，国史则云：开宝末，垦田二百九十五万二千三百二十顷六十亩；至道二年，三百一十二万五千二百五

[①] 王棣：《宋代经济史稿》，长春出版社，2001年，第2页。

十一顷二十五亩；天禧五年，五百二十四万七千五百八十四顷三十二亩。而开宝之数乃倍于景德，则谓之所录，固未得其实。皇祐、治平三司皆有《会计录》，而皇祐中垦田二百二十八万余顷，治平中四百四十万余顷，其间相去不及二十年，而垦田之数增倍。以治平数视天禧则犹不及。而叙治平录者以谓此特计其赋租以知顷亩之数，而赋租所不加者十居其七。率而计之，则天下垦田无虑三千余万顷。是时，累朝相承，重于扰民，未尝穷按，故莫得其实，而废田见于籍者犹四十八万顷。①

从以上资料来看，北宋时期耕地面积确有较大幅度增加，但是不同资料的记载有所差异。如宋太祖开宝年间已有耕地 295.232 万顷，而宋真宗景德年间才得田 186 万顷，较前反而减少了不少；到宋真宗天禧五年（1021）却突然增至 524.758 万顷；皇祐中期的耕地面积又下降为 228 万顷；治平年间的耕地面积又增至 440 万顷。上述资料对北宋不同的年代耕地面积的记载有所不同，变化太大，因此，《宋史》的作者也对相关记载和统计表示怀疑。北宋年间，耕地数量是根据田赋进行统计的，由于不缴纳税赋的田亩大量存在，因而不同年代的记载有很大差别。当代中国学者对此进行了深入研究，其研究结果表明：宋真宗年间全国的耕地面积达 524 万余顷，但还有大量隐瞒的田产未计算在内。到宋英宗治平年间，全国的实际耕地面积达 1470 万顷。② 另外，漆侠先生认为宋代的田亩数量大约有 800 万顷。尽管对宋代农田的准确数量的统计还有争议，但有一点可以肯定，即宋代耕地数量已经远远超过唐代。

随着耕地面积的扩大和农业技术的进步，宋代的粮食产量也在不断增加。据当代学者研究和统计，尽管不同的地区因生产条件与气候等因素不同，粮食产量也有所不同，但大致而言，宋代亩产谷四石或米二石是可以成立的。耕地面积的扩大，农业生产技术的提高，新的粮食作物的引进，促进了宋代粮食生产规模的扩大以及粮食单位产量和总产量的提高，农民的剩余粮食增多，进入流通领域的粮食也随之增加，城乡之间的粮食贸易也逐渐增加，从而为城镇人口的增加创造了条件。宋代城市人口的增加以及物质生活水平的提高，使城市对粮食的消费量也大幅度提高。由于宋代城市的发展，尤其是坊市制度解体之后，工商业出现大发展，城市对人口的容纳能力加强，越来越多的农村人口向城市集中，因而对粮食的消耗也较前加大。南宋临安米铺日粜三四千石，商品粮供应量巨大："闻吏魁云：'杭城除有米之家，仰籴而食凡十六七万人，人以二升计之，非三四千石不可以支一日之用，而南北外二厢不与焉。'"③ 地区之间的粮食贸易往往以城市为中心，以一定距离的半径展开。临安成为南宋的都城后，人口在短时间内剧增，因而粮食供应成为重要的问题。故以临安为中心的粮食运销区域不断扩大，向北向南延伸，基本包括太湖流域

---

① 脱脱等：《宋史》卷一百七十三《食货志上一》，中华书局，1985 年，第 4165—4166 页。
② 朱瑞熙：《宋代社会研究》，中州书画社，1983 年，第 2 页。
③ 周密撰，吴企明点校：《癸辛杂识》，中华书局，1988 年，第 135 页。

的苏、秀、湖、常诸州。严州"官兵月廪率取米于邻郡以给,而百姓日籴则取给于衢、婺、苏、秀之客舟"①。徽州"民以茗、漆、纸、木行江西,仰其米自给"②。城市人口的增加,城市社会的稳定对于国家的影响十分大,因而在宋代一旦发生灾荒,朝廷重点考虑保障城市粮食供给。宋高宗赵构也承认:"近世拯济,止及城郭市井之内,而乡村之远者未尝及之。"③推动粮食生产,也成为当时官方的一项重要政策。

二、粮食和经济作物的推广

北宋政府建立后,为了发展农业,在南方地区大力推广粟、麦、黍、豆等旱地作物,在北方也普遍推广水稻等粮食作物,并从越南引进了成熟快、耐干旱的占城稻,使南方一些地区实现了一年两熟或两年三熟。宋代南方部分地区农村还培育出一些新的优良稻种,据统计,宋代的水稻品种共有260多种。从宋代起,水稻代替粟成为在中国占首要地位的粮食作物。宋代南、北方的农作物品种较唐代更加丰富,总产量和单位产量都较前代有大幅度提高。北方粮食常年亩产1石,江浙等地区常年每亩可收粮2至3石,上等田可达5至6石,川西平原的好田更达5至7石。

宋代的经济作物种植也有了很大的发展,经济作物种植的发展与推广主要得益于商品经济的发展。城市商业贸易的发展促进了城乡手工业的发展,而手工业的发展则对农业经济作物产生了较大的需求量,由此推动了农村经济作物种植的发展。如两浙路及江南东路的丝织业有很大发展,从而推动了农村养蚕业的发展。江浙一带农村,"工女机杼,交臂营作,争为纤巧,以渔倍息"④。商品经济的发展,促使农民不得去种植经济作物。如湖州农民,"十口之家,养蚕十箔,然后取丝织绢,买米度日,用力少而见功多,较之种植粮食优越"。江淮农民"桑根植深,苎根植浅,并不相妨,而利倍差……即一岁三收"⑤。

宋代的各种经济作物种植规模也较前扩大。宋代,饮茶成为一种城乡居民共同的生活方式。宋时,茶树的种植普遍,年产量较高,仅成都府路和利州路年产茶就达2100万斤,茶叶的质量也大大提高。

由于纺织业的发展,棉花种植也得到普及,棉花在闽广一带被大面积种植,并向东南和西北地区迅速传播。北宋至南宋初,"植棉地区局限于气候较热的广南和福建路。棉花当时称吉贝或木棉。海南岛的黎族人民和云南大理地区人民,在宋朝以前已种植木棉……南宋初,宋廷所需的木棉布是从福建路收买。到南宋后期,棉

---

① 张金吾撰,冯惠民整理:《爱日精庐藏书志》,中华书局,2012年,第216—217页。
② 祝穆撰,祝洙增订,施和金点校:《方舆胜览》卷十六《江东路》,中华书局,2003年,第282页。
③ 李文海、夏明方:《中国荒政全书》(第一辑),北京出版社,2003年,第184页。
④ 李觏:《李觏集》卷十六《富国策第三》,中华书局,2011年,第137页。
⑤ 陈旉:《农书》,卷下,清知不足斋丛书本。

花种植区已向北推进到江淮和川蜀一带"①。此外,甘蔗、果树、桑树、药材等经济作物的生产都有了较大的发展。甘蔗产于长江流域,早在北宋初年,太湖流域一带即以盛产甘蔗著称,杭州"仁和临平、小林地多种之",用土窖贮藏,"经年其味不变"②。北宋经济发展以后,甘蔗种植十分普遍,今江、浙、闽、广、湖南、四川都是产甘蔗的地方,甘蔗最为著名的产地是福唐、四明、番禺、广汉和遂宁,据王灼的说法,遂宁所产甘蔗最为著名。甘蔗有很多的品种,从质量看,有"昆仑蔗、夹苗蔗、青灰蔗,皆可炼糖,桄榔蔗乃次品"③,王灼将甘蔗区分为杜蔗、西蔗、芳蔗和红蔗四种。④

三、农业工具改进与水利事业发展

宋代的农业生产工具有了较大的进步,其类型和形制渐趋成熟,种类多达百余种,能适应于多种田地的耕作,不少农具已配套定型,一直被沿用至 20 世纪中后期。

唐宋之际,冶炼工艺出现重大进步,"炒钢""灌钢"法的成熟为钢刃熟铁农具的创制及推广创造了条件,因而农具在宋代出现了继战国之后的又一次重大变革,一些新农具相继被发明,对于提高农业生产劳动效率有着重大的意义。如用人力推动的踏犁,效率相当于五六个劳动力;耧锄一天可锄地 20 亩,为手锄效率的两三倍;秧马既可提高工作效率,又能减小劳动强度;犁刀与现代新式步犁相似,被用于开垦荒地,可省人畜之力;推镰、麦钐、麦绰和麦笼等农具都能提高生产效率,减小劳动强度。此外,龙骨翻车和大型筒车等灌溉工具也被进一步改进和普及。曲辕犁创制于唐代,与过去的直辕犁相比,有较大改进,主要是将直辕、长辕改为曲辕、短辕,并在辕头安装可以自由转动的犁盘,结构合理,短小轻巧,便于调头和转弯,操作方便,节省人力和畜力。宋代,曲辕犁从北方传入江南地区,因特别适合江南水田耕作,得到普遍推广,大大提高了劳动生产率。

传统农业的发展依赖于水利,水利是农业发展的命脉。宋代农田水利较唐代有所发展,其成就主要体现在以下几方面:一是大举兴修水利工程,宋代南、北各地都先后兴修了若干重要的水利工程,尤其是南宋建立后,南方各地相继兴建了若干大中型水利工程,仅今江苏、浙江、福建 3 地的各类水利工程就达 817 项,是唐代 3 个地区水利工程总数 91 项的约 9 倍。二是兴建淮南、两浙、福建等地河堤,有效地保护了这些地区的沿海农田,使之不受海潮的侵蚀。三是在东南地区低洼地带大规模地修筑围堤和圩岸,建造圩田,对沼泽洼地和水岸滩涂进行开发,大大地扩大了水田耕种区域,保证了农业生产的发展。四是灌溉机具的普及,如新式水车龙

---

① 邓广铭:《邓广铭全集》第六卷,河北教育出版社,2005 年,第 629 页。
② 潜说友:《咸淳临安志》卷五十八,文渊阁《四库全书》本。
③ 陶谷:《清异录》卷二,民国影明宝颜堂秘笈本。
④ 洪迈:《容斋随笔精华》,开明出版社,2018 年,第 294 页。

骨翻车和筒车得以普及。龙骨翻车发明于汉代，唐宋时期在南方普遍推广，并得到改进。宋代龙骨翻车开始被普遍使用，特别是南宋时期龙骨翻车在南方得到普及。陆游《春晚即景》描述道："龙骨车鸣水入塘，雨来犹可望丰穰。"梅尧臣《和孙端叟寺丞农具十三首·水车》也写道："既如车轮转，又若川虹饮。能移霖雨功，自致禾苗稔。"筒车亦称"水转筒车"，是一种以水流作动力的取水灌田的工具，发明于隋唐时期，完善于两宋时期。

宋代由于农业生产工具的改进和农田水利的发展，有力地推动了农业的发展，使粮食作物及经济作物产量和质量有了较大提高，从而为不断增加的城市人口提供了充足的粮食和丰富的食品，并促进了手工业的发展，而手工业的发展则为商业贸易的发展奠定了基础。宋代城市经济的发展成为城市发展的重要动力。

第二节　手工业与城镇发展

宋朝建立后，社会趋于稳定，人口出现较大规模的增长，为农业的发展提供了充足的劳动力。农业的发展又为手工业与商业的发展提供了物质条件，促进了宋代城镇手工业的快速发展。

一、官营与私营手工业的同步发展

宋代的城市经济相比较隋唐时期有了进一步的发展，生产力有了较大提升，生产关系发生较大变化，手工业与商业有了比较明显的进步。在此背景下，宋代城市中的官营与私营手工业获得了快速的发展，手工业行业规模较前扩大，分工更加细密，产品的数量和质量也都有所提高。随着生产技术的提高与社会分工的扩大，还出现了新的手工业。

（一）官营手工业的发展

宋代的手工业同隋唐时期一样，仍然分为官营手工业与私营手工业两种，宋代手工业的生产规模、生产技术、行业分工与协作都较以前有较大的发展。

宋代的官营手工业主要为皇室和官府服务，规模庞大，有着完善的管理机构，社会分工较细。其领导机构有少府监、将作监、军器监，3个领导机构各负责不同的手工业作坊。其中，少府监下属机构有文思院、绫锦院、染院、裁造院、文绣院；将作监管理的有修内司、东西八作司、竹木务、事材场、窑务、丹粉所、作坊物料库、退材场、帘箔场等；军器监负责监辖东西作坊、作坊物料库、皮角场。

官营手工业作坊内部分工非常细致，一般根据生产对象来分。以东西作坊为例，东西作坊有木作、杖鼓作、藤席作、锁子作、竹作、漆作、马甲作、大弩作、绦作、棕作、胡鞍作、油衣作、马甲生叶作、打绳作、漆衣甲作、剑作、糊粘作、戎具作、掐素作、雕木作、蜡烛作、地衣作、铁甲作、钉钗作、铁身作、马甲造熟作、镴摆作、磨剑作、皮甲作、钉头牟作、铜作、弩撺作、钉弩撺红破皮作、针作、漆器作、画作、纲甲作、柔甲作、大炉作、小炉作、器械作、错磨作、樧作、鳞子作、银作、打线作、打麻线作、枪作、角作、锅炮作、磨头牟作等51作。① 另外，东京军器监的军火工场分工也很细，其"作凡11目，有火药、青窑、猛火油、金水、大小木、大小炉、皮作、麻作、窑子作等11种。湖北蕲春铁钱监，有连续性工序分工，先是沙模作，次为磨钱作，末为排整作。四川绫锦院，设机154，用挽综之工160，用杼之工54，练染之工10，纺绎之工110"②。这些官营手工业规模较大，分工较细。

宋代时期的官营手工业工匠多被官府采用强制性的手段如"征发""追集""括"等征集而来，这些手工业者在官府的户籍上注册登记，其籍称为"匠籍"，其人称为"匠户"。匠户与官府存在着隶属关系，"名籍既定，有役按籍而雇"③。但这种雇是与役连在一起的，并非市场经济条件下的自由雇佣关系。官府可以随时"征发"，其一旦进入官府作坊就要受到严密的控制。真宗大中祥符二年（1009），官府修建豪华的玉清昭应宫，便"尽括东南巧匠"④。仁宗时修葺皇宫，也下令全国各地"并发工匠赴京师"⑤。

宋时，有的手工业具有官营垄断性质，例如酿酒业便由官府垄断，政府严禁商民进行酒的生产和销售。建隆二年（961），皇帝曾下诏："应百姓私造曲十五斤者死，酝酒入城市者三斗死，不及者，等第罪之。"⑥ 次年三月，又下诏："凡私造差定其罪：城郭二十斤、乡间三十斤，弃市；民持私酒入京城五十里、西京及诸州城二十里者，至五斗处死。"⑦ 不过，在宋代中期之后，私营酿酒业也逐渐兴盛起来，官府控制放松，但酿酒业仍然以官营为主。

宋代的官营手工业一般规模都较大，特别是纺织、冶炼等行业，以冶铁为例，北宋时徐州东北利国监"有铁冶36，冶各百余人，河北磁州的铁冶规模亦大，广东韶州盛产五金，四方之人，弃农亩慕利而至者不下十万"⑧。

---

① 徐松：《宋会要辑稿》方域三，稿本。
② 朱伯康、施正康：《中国经济史》上卷，复旦大学出版社，2005年，第561页。
③ 佚名：《州县提纲》卷二《籍定工匠》，中华书局，2019年，第125页。
④ 李焘：《续资治通鉴长编》卷七十八"大中祥符二年八月乙巳"条，文渊阁《四库全书》本。
⑤ 李焘：《续资治通鉴长编》卷一百一十一"明道元年八月甲子"条，文渊阁《四库全书》本。
⑥ 徐松：《宋会要辑稿》食货二〇，稿本。
⑦ 脱脱等：《宋史》卷一百八十五《食货下七》，中华书局，1985年，第4515页。
⑧ 朱伯康、施正康：《中国经济史》上卷，复旦大学出版社，2005年，第562页。

(二) 私营手工业的发展

除了官营手工业，宋代的私营手工业也得到了很大的发展。在矿冶、纺织印染、金属器具制造、造纸、印刷、木器制造、瓷器制造、制糖、制茶、酿酒及其他手工业中，出现了为数不少的私营手工业作坊。如徐州的私营冶铁业便较为发达，"商贾所聚，其民富乐，凡三十六冶，冶户皆大家，藏镪巨万"[①]。成都织锦业、玉石业和造纸业中的私营者也不少。为市民提供日常生活用品的城市私营手工业更为繁盛，临安城内有众多私营作坊，诸如木作、砖瓦作、泥水作、石作、竹作、漆作、钉铰作、油作、裁缝作、腰带作、箍桶作、篦刀作、刻书铺、钻卷作、裱褙作、裹贴作、修香江烛作、打纸作、冥器作、碾玉作、散儿行、铺翠作、官巷花作等。另外，其他多种手工艺品制作的行业，如剪字、剪花样、糊刷、做篮、做香袋、符袋、做风筝、象棋、做蟋蟀笼、盆、做卖烟火、剪影戏人物、做花篮、泥人、面人、面具、轮盘等各色玩具以及丰富多彩的元宵节灯具、年历、门神画像、年画、桃符等行业的工匠也多为小规模的私营作坊或个体工匠。[②]

宋代由于人口大量增加，政府不得不放宽对民间手工业的若干限制，使私营手工业得到较大发展。仅北宋的民间纺织机户就已达10万户左右，南宋时期纺织机户更是遍及四川和长江中下游地区。据陆游亲眼所见，南宋初年成都城内"锦机玉工不知数"[③]。越州的"寺绫"由当地寺观尼姑所织，名满天下。

宋代的私营手工业作坊分工日益细化。东京城内的饼店"每案用三五人捍剂卓花入炉。自五更卓案之声远近相闻。唯武成王庙前海州张家、皇建院前郑家最盛，每家有五十余炉"[④]。一个副食店的分工都如此之细，更何况其他更为发达的手工业作坊。

综上所述，宋代的官营手工业尽管是城市的基本经济部门，但其产品并不参与流通，主要服务于统治者、上层社会和军队，因而这些经济部门对于城市发展的推动作用非常有限。而大部分私营手工业则主要是非基本经济部门，是为本城市的居民提供生产、生活所需的产品，用于自用以及市场买卖，不仅与官营手工业在服务对象、生产对象以及经济功能上有所差别，而且对城市的推动作用以及提升城市的聚集和辐射功能的作用也相对有限。

[①] 孔凡礼：《苏轼年谱》卷十七，中华书局，1998年，第409页。
[②] 沈冬梅、范立舟：《浙江通史·宋代卷》，人民出版社，2005年，第202页。
[③] 陆游：《剑南诗稿》卷九《晚登子城》，文渊阁《四库全书》本。
[④] 孟元老：《东京梦华录》，中国商业出版社，1982年，第30页。

二、不同行业手工业的发展

宋代城市的纺织业、冶金业、印刷业、制瓷业等传统手工业在生产规模、生产技术、生产关系方面都有较大的发展。

（一）纺织业的发展

传统的纺织业在北宋时有较大的发展，无论是在产地还是在纺织业的规模上，都有所突破。

四川与江浙是宋代主要的丝织业中心。四川在唐代仅有 22 个州向朝廷进贡丝织品，到了宋代，向朝廷进贡丝织品的产地增加了嘉州、怀安军、广安军、涪州、渝州、云安军、梁山军、南平军 8 个州、军。四川向朝廷捐贡的丝绸数量相当大，成都府路每年向朝廷上交的绢为 337357 匹，梓州路为 381552 匹，其他各路也为数甚多。在各路租税收入的匹帛中，绢的数量如下：梓州路 213396 匹，成都府路 63760 匹；绸的数量如下：梓州路 19840 匹，成都府路 11730 匹。① 这些绢绸多为民间生产。此外，四川的官营丝织业也很发达，仅官办成都锦院就拥有工作房 117 间、154 台织机、580 名工人，生产的蜀锦达数十种，蜀锦质量高、产量大，占全国织锦总量的 20% 左右。②

开封也是宋代纺织业的中心。乾德五年（967），汴京建立了绫锦院，规模很大，有织机 400 张，从事纺织的大都是女工，每个女工能操作三四张织机，"掌织红锦绣"，专门供皇家乘舆、服饰之用。绫锦院最初由"蜀工高手 600 人组成"。绫锦院的主要产品是锦、罗、绢、縠、绫等高级产品，其中锦绣是大宗，最费工料，"每锦绣一端可织绢数匹"③。

江浙的丝织业在宋代得到较大发展，"茧簿山立，缫车之声，连甍相闻"，宋神宗时年贡帛达 98 万匹。北宋政府每年在杭州等地收购小绫。至道元年（995），"诏杭州置织室，岁市诸郡丝给其用"④。崇宁元年（1102），徽宗命童贯在苏州、杭州设置织布局，制造器用，"诸牙、角、犀、玉、金、银、竹、藤、装画、糊抹、雕刻、织绣之工，曲尽其巧。诸色匠日役数千"⑤。宋代越州的越罗与寺绫更是全国丝织品中的名品，"越州尼皆善织，谓之寺绫者，乃北方隔织耳，名著天下"⑥。

此外，洛阳、定州、青州、单州、真州的丝织业也较发达。单州的薄缣，每匹只重百铢（四两），望之如雾；定州的缂丝可用于仿制唐宋名画家的书画、形象生

---

① 贾大泉、陈世松：《四川通史》卷四《五代两宋》，四川人民出版社，2010 年，第 214—215 页。
② 何一民：《中国城市史》，武汉大学出版社，2012 年，第 279 页。
③ 徐松：《宋会要辑稿》食货六四，稿本。
④ 徐松：《宋会要辑稿》食货六四，稿本。
⑤ 陈邦瞻：《宋史纪事本末》卷五十《花石纲之役》，中华书局，2015 年，第 505 页。
⑥ 沈冬梅、范立舟：《浙江通史·宋代卷》，人民出版社，2005 年，第 46 页。

动,色彩美丽。丝织业的发展,推动了独立的丝织业作坊——机房在一些城市中出现。

(二) 冶金业的发展

现已发现的宋代煤矿遗址颇多,特别是在北方,煤已成为许多城市居民的生活燃料,从而对其日常生活的方式产生了较大影响。宋时煤也被大量用于冶铁,促进了铸造技术的改进,提高了铁的质量。苏东坡称:"以冶铁作兵,犀利胜常云。"

宋代的冶炼铸造业规模与产量相当大。宋皇祐年间,全国铁产量达724万余斤,是唐代元和年间的3.5倍。一些地区的炼铁工场规模庞大,如徐州利国监有铁冶36所,每所冶炼工人有百余人,年产量达百万余斤,最大年产量曾达154万余斤。[①] 有的冶金业从业人数可达几千人,如徐州利国监,"自古为铁官,商贾所聚,其民富乐,凡三十六冶,冶户皆大家,藏镪巨万,常为盗贼所窥……地既产精铁,而民皆善锻……今三十六冶,冶各百余人,探矿伐炭"[②]。由此得知,该矿的矿工在3600人以上。南宋时期的御前军器所"匠工四千五百余人,内二千九百余人"[③],而其"在京日旧额,万全兵匠三千七百人,东西作坊工匠五千人"[④]。规模比徐州利国监大得多,可见冶金业之发达。苏轼也描绘了当时冶金业的盛况:"根苗一发浩无际,万人鼓舞千人看。投泥泼水愈光明,烁玉流金见精悍。南山栗林渐可息,北山顽矿何劳锻。为君铸作百炼刀,要斩长鲸为万段。"[⑤]

宋代的铸造技术也较前代有所进步,大型铸件更多,如夏县的大铁钟、义马的大小铁塔等。磁州的工匠还能使用"灌钢法",炼出纯钢,制成很细的钢针。梧州工匠能用生铁制成"薄几略纸"的器物。信州铅山场使用胆水浸铜法:"自兴置信州铅山场胆铜已来,收及八十九万八千八十九斤八两,每斤用本钱四十四文省,若制扑胆铜铸钱,每一贯省六百余文,其利厚重。……古坑有水处为胆水,无水处为胆土。胆水浸铜,工少利多,其水有限;胆土煎铜,工多利少,其土无穷。措置之初,宜增本减息,庶使后来可继。胆水浸铜,斤以钱五十为本,胆土煎铜,斤以钱八十为本,比之矿铜,其利已厚。"[⑥] 冶金技术的进步促进了生产力的发展,并为其他手工业的发展奠定了基础。

---

① 何一民:《中国城市史纲》,四川大学出版社,1994年,第131页。
② 苏轼:《苏轼文集》卷二十六《徐州上皇帝书》,中华书局,1986年,第759页。
③ 李心传:《建炎以来系年要录》卷一百四十,中华书局,1988年,第2245页。
④ 徐松:《宋会要辑稿》职官一六,稿本。
⑤ 苏轼撰,王文浩辑注:《苏轼诗集》卷十七《石炭》,中华书局,1982年,第903页。
⑥ 徐松:《宋会要辑稿》食货三四,稿本。

（三）造纸业与印刷业的发展

宋代的造纸业与印刷业较为发达。在宋代，造纸的原料很多，竹、藤、麻、桑、麦秆、稻秆等均是造纸原料，既丰富又价廉。由于需求量大，宋代纸的产量不仅增大，质量也有较大提高。四川的布头笺、冷金笺，歙州的凝霜纸，宣州的栗纸，浙江的藤纸，均是名品，质地细腻坚滑，均匀光洁。时人所称"有钱莫买金，多买江东纸，江东纸白如春云"，反映了宋代造纸术的高水平。

在宋代，浙江、四川、福建是三大造纸中心，其中又以浙江、四川的造纸业最为发达。据统计，浙江造的纸就有二十余种，如：越州的藤纸、竹纸（姚黄、学士、邵公、常使、展手、越陶竹）、敲冰纸、剡藤、剡搥、剡溪玉叶纸、澄心堂纸、玉版纸、罗笺、越薄纸，杭州的藤纸（小井纸、赤亭纸、油拳纸）、官令纸，温州的蠲纸、蠲糨纸，台州的天台玉版、黄檀、东陈、大澹、黄了，婺州与衢州的藤纸，明州的皮纸与竹纸，等等。①

四川是当时的造纸中心之一，以生产麻纸为主，作坊主要集中在浣花溪一带和眉山境内。南宋文献《蜀笺谱》记载：

> 府城之南五里，有百花潭支流为一，皆有桥焉。其一玉溪，其一薛涛，以纸为业者家其旁。锦江水濯锦，益鲜明，故谓之锦江。以浣花潭水造纸，故佳。其亦水之宜矣。江旁凿白为碓，上下相接。凡造纸之物，必杵之使烂，涤之使洁，然后随其广狭、长短之制以造研。②

从上段文字可以看出，成都早期的造纸业作坊在锦江与玉溪旁边。由于浣花溪的水质适宜造纸，成为造纸的首选之地。成都地区发达的造纸业为印刷业打下了基础，宋代雕版印刷已经普及，技术趋于成熟，刻印的书籍也十分讲究。开封、杭州、成都、建阳、衢县、婺州、吉安、建安等城市都是宋代著名的印刷中心。其中尤以开封、杭州、成都、建阳为盛。开封与杭州是宋代的两大印刷业中心，其中又以杭州为最大，"今天下印书，以杭州为上，蜀本次之，福建最下。京师比岁印板，殆不减杭州，但纸不佳"③。可见，开封的印刷业因纸的质量不好反而不如杭州发达，故而北宋监本大多在杭州刻印，如：太宗淳化五年（994），在杭州雕印《史记》《汉书》《后汉书》；真宗咸平四年（1001），在杭州雕印《周礼疏》《仪礼疏》《公羊传疏》《孝经正义》《论语正义》《尔雅疏》；景德二年（1005），在杭州雕印《公羊传正义》《谷梁传正义》《周礼正义》《仪礼正义》；仁宗嘉祐五年（1060），杭州奉旨雕印《新唐书》；英宗治平二年（1065），在杭州雕印《宋书》等七史；神宗熙宁二年（1069），在杭州雕印《外台秘要方》；熙宁八年七月庚辰，诏以新修《经义》付杭州、成都府路转运司镂板。

---

① 葛金芳：《南宋手工业史》，上海古籍出版社，2008年，第230页。
② 费著：《蜀笺谱》，清嘉庆墨海金壶本。
③ 叶梦得：《石林燕语》卷八，中华书局，1984年，第116页。

在雕版印刷术的基础上，北宋毕昇又发明了活字印刷术，这是对人类历史影响很大的伟大发明之一。与欧洲相比，中国发明活字印刷术要早得多。对此，德国学者维莱姆曾说：在宋朝又有毕昇发明活字印刷，由于通商的结果，这些发明也像以前纸与罗盘针的发明一样，传到西方，并为其他欧洲印工所采用，从而在人类历史上创立了新纪元。

（四）制瓷业的发展

制瓷业是宋代的传统手工业，此一时期是中国制瓷业史上的重要转折点。宋代瓷器在胎质、釉料和制作技术等方面有了新的发展，烧瓷技术也趋于成熟。

宋代涌现了大量的名窑，汝窑、哥窑、官窑、钧窑、定窑被称为宋代五大名窑，耀州窑、景德镇窑、磁州窑、越窑、龙泉窑、建窑等亦为当时的名窑。泉州是著名的制瓷业中心，在泉州各县中以德化、安溪、南安、晋江的窑址最多。根据陶瓷史家对宋代不同地区瓷业特点的分析，当时的制瓷业大致分为6系（见表3－1）：

表3－1　宋代窑系概况

窑系名称	中心	窑的名称	瓷器特征
定窑系	定州	河东之平定、孟县、阳城、介休窑和成都府路彭城窑	白、红、黑、土四种，白定、红定皆是绝品
耀州窑系	耀州	京西临汝窑、宜阳窑、宝丰窑、新安城关窑、内乡大窑店窑、广州西村窑、广西永福窑	以民用器皿为主
钧窑系	南禹	京西阳翟烧制	以青瓷为主
磁窑系	磁州	怀州当阳峪窑、相州鹤壁集窑、京西扒村窑、登封曲河窑、河东介休窑、江西吉州窑	采用绘、剔的方式绘制花纹图案，瓷画最为生动真切
景德镇窑系	景德镇	景德镇窑	青白瓷
龙泉窑系	丽水	浙东诸窑	烧制青瓷

程民生：《宋代地域经济》，河南大学出版社，1992年，第195－197页。

从上表可以看出，宋代的地方制瓷业较为发达，北方的瓷窑数量要比南方多，而南、北方的瓷器风格差异较大。这也反映了北宋时期各地不同的瓷器文化。

宋代瓷器种类繁多，有碗、碟、盘、罐、瓶、杯、盏、粉盒等，还有各种雕塑装饰品和其他用品；有青白釉、青釉、白釉，还有黑釉，皆色泽晶莹，花纹彩绘，造型美观。浙江龙泉窑烧制的青瓷，俗称"土龙泉"，越州的陶瓷也较为著名。

宋代的制瓷技术有了较大进步，制作过程中的分工日益细化。瓷器烧造工序比较复杂，从采掘原料、制作瓷坯、上釉、刻印各种图案花纹，到制作匣钵、垫饼等等，都必须由专业化工人来操作，所谓"陶工、匣工、土工之有其局，利坯、车坯、釉坯之有其法，印花、画花、雕花之有其技，秩然规制，名不相紊"，具体而言,"作者,一户所作器也,各户或有兼作,统名曰作";而各户之作,"凡精粗分画,各有家数,曰家"。① 瓷器的制作是由许多"坯户"协同完成的,每个坯户负责不同的部分,分工明确、细致,协同度较高。

(五)造船业的发展

宋代的造船业也较为发达,一方面漕运需船量较大,另一方面海上贸易兴盛,推动了造船业的进步。如宋真宗时年造船量为2900余艘,江西虔州、吉安,浙江温州、明州,湖南长沙、衡阳均为盛极一时的造船业中心。造船业较为发达的地方大都在沿海港口处,如泉州的港道深阔,海湾曲折,具备发展造船业的条件,故而泉州的造船业较为发达。南宋谢履在《泉南歌》中描述了泉州造船业的盛状:"州南有海浩天穷,每岁造舟通异域。"1974年,福建省文物考古工作者在泉州湾后诸港的海滩里发掘了一艘宋代海船,这艘宋船只有一个残存的底部,但它的残长24.2米,残宽9.15米,可以推测原船很大。据推算,这艘宋船的载重量约为200吨。从结构看,船身扁阔,底部尖,船舷侧板为三重木板,船底板为二重木板,船内分13个水密隔舱。从保存完好的头桅和中桅的底座看,船上有两根以上的大桅杆,证明它是远航海船。在船的主龙骨两端接合处的断面,挖有1个大圆孔和7个小圆孔,俗称"保寿孔"。经初步鉴定,此船是南宋后期福建制造的,这些孔是用以象征吉祥的孔,它也可能是"福船"的前身。② 湖州也有便利的水运条件,故而发展水上运输成为当时人的首选,造船业也因之而盛。"郡为泽国,动须舟楫之利。大者至数百千斛,轻槛华丽,率用撑驾;小者仅进三五人,用一楫出没波涛,最为轻快。"③

(六)粮食加工业的发展

宋代,城市化进程加速,城市人口快速增长,特别是工商业从业人数大为增加,这批人中的大多数需要从市场上购买粮食以及粮食加工品。粮食产量的增加与粮食加工工具的改进,对粮食加工业的发展起了相当大的推动作用。宋代政府设置了专门管理粮食加工业的机构。北宋初年,官置水磨务,"掌水硙磨麦以供尚食及内外之用",东务在永顺坊,西务在嘉庆坊。开宝三年(970),置监官各二员,由三班内侍充任,匠兵205人。淳化元年(990),置监官一员,后改隶西内染院兼领,有匠29人。④ 粮食加工业日益规范化。

粮食加工作坊普遍设置在城市中,东京汴梁水磨林立。《夷坚支志》记载:"许大郎者,京师人。世以鬻面为业,然仅能自赡。至此老颇留意营理,增磨坊三处,

---

① 魏明孔:《中国手工业经济通史·宋元卷》,福建人民出版社,2004年,第531、534页。
② 泉州湾宋代海船发掘报告编写组:《泉州湾宋代海船发掘简报》,《文物》,1975年第10期。
③ 沈冬梅、范立舟:《浙江通史·宋代卷》,人民出版社,2005年,第49页。
④ 徐松:《宋会要辑稿》食货五五,稿本。

买驴三四十头,市麦于外邑,贪多务得,无时少缓。如是十数年,家道日以昌盛。"①

在宋代,随着城乡市场体系的形成,城乡经济联系日益紧密。乡村成为城市粮食等日用品的供给地,许多乡村地区的粮食经加工后,售卖至城市。洪迈《夷坚乙志》载:"董国庆……宣和六年登进士第,调莱州胶水县主簿……中原陷,不得归,弃官走村落。……性慧解,有姿色,见董贫,则以治生为己任。罄家所有,买磨驴七八头,麦数十斛,每得面,自骑驴入城鬻之,至晚负钱以归,率数日一出。如是三年,获利愈益多,有田宅矣。"②

可以说,宋代城镇化进程的加快是宋代粮食加工业发展的主要动力,同时,粮食加工业的发展也为城镇发展提供了必要的物质基础。

(七) 酿酒业的发展

酿酒的原料较常见,受地理条件制约较小,因而酿酒业发展较易。《宋史》载:"凡酝用秔、糯、粟、黍、麦等及曲法、酒式,皆从水土所宜。"③ 酿酒业在北宋前期为官营,禁止民间私营,但由于社会需求量巨大,官营限制逐渐被冲破,民间也开始大量酿酒,一些达官贵人和富商大贾获得一定的特权后也自行酿造。但开封酿酒业仍然以官营为主,其官营酿酒机构主要为法酒库,所酿造的酒"以待供进及祭祀";另一个机构"内酒坊惟造酒,以待余用"④。宋代中期,东京开封府城除官府酿酒外,贵族之家所酿造之酒的数量也巨大,有72家正店,所造名酒极多。据统计,北宋时期,官府在开封用于酿酒的粮食数量呈递增态势,宋初时原料——糯米为800石,宋真宗时为3000石,宋仁宗时猛增至8万石。

北宋时期,杭州就是重要的酿酒中心,苏轼曾说:"天下酒税之盛,未有如杭者也。"⑤ 真宗乾兴元年(1022)四月丙寅,"置杭州清酒务指挥四百人,以隶酒官。酒官旧增取卖酒息钱二十缗,雇民充役,于是改募兵士。其后,江宁府请如杭州例置百五十人,亦许之"⑥。从酒课的数量以及作坊人数便知酿酒规模较大。

宋时地方酿酒业也较为发达。京西名酒"滑州冰堂酒为天下第一"⑦。襄州宜城美酒:"酒饮宜城美,歌闻白雪高。"⑧ 陕西凤州"故世言凤州有三出,谓手、柳、酒也"⑨。

整体而言,在宋代,北方的酿酒业要比南方发达。从数量看,"名酒以京师开

---

① 洪迈:《夷坚支志》戊集卷七《许大郎》,清影宋钞本。
② 洪迈:《夷坚乙志》卷一《侠妇人》,清影宋钞本。
③ 脱脱等:《宋史》卷一百八十五《食货志》,中华书局,1985年,第4514页。
④ 脱脱等:《宋史》卷一百六十四《职官四》,中华书局,1985年,第3891页。
⑤ 苏轼:《苏轼文集》卷三十《杭州乞度牒开西湖状》,中华书局,1986年,第864页。
⑥ 李焘:《续资治通鉴长编》卷九十八"真宗乾兴元年四月丙寅"条,文渊阁《四库全书》本。
⑦ 陆游:《老学庵笔记》卷二,中华书局,1979年,第26页。
⑧ 司马光著,李之亮笺注:《司马温公集编年笺注》第一册,巴蜀书社,2009年,第453页。
⑨ 彭乘:《墨客挥犀》卷六,明稗海本。

封最多，合计 55 种……其次为河北、京西、京东，越往南越少。北方各地总数 155 种，南方各地只有 48 种，尚不及京师的数量多"[1]。宋代酿酒业的发达反映了粮食供应充足，并促进了宋代粮食的商品化。另外，饮酒逐渐成为城市居民的生活习俗，在一定程度上改变了市民的生活方式。

（八）印染业的发展

纺织业的发展为印染业的发展提供了重要条件。宋代由于生活水平的提高，不仅上层社会对于服饰有了更高的要求，即使普通城市居民也对服饰的色彩有了一定的追求，因而与纺织生产关系最密切的印染业出现了较大的发展。东京开封有两个官营染院，其中西染院规模较大，专掌染丝、帛、条、线、绳、革、纸、藤等类物品，门类很多，分工相应也较细。除了京城的为皇室服务的染院，其他地方城市的印染业也有较大发展，染坊在地方城市中十分常见。汴京大相国寺附近便有民间染坊。洛阳贤相坊李姓染工，"能打装花襦，众谓之李装花。微有家活"[2]。饶州鄱阳县城内，"染坊余四与吴廿二者，铺肆相望而余之力薄，遣一子投募染工，役作中夜始息"[3]。相州"东南二十五里朝歌城，纣所都也，中出茜草最多，故相缬名天下"[4]。

宋代印染业的发展表现在以下几个方面：一是印染的花色品种甚多。"靖康初，京师织帛及妇人首饰衣服，皆备四时。如节物则春幡、灯毬、竞渡、艾虎、云月之类，花则桃、杏、荷花、菊花、梅花皆并为一景，谓之一年景。"[5] 二是技术极为精熟。《筠清轩秘录》曾说："宋人之绣，针线细密，用绒止一二丝，用针如发细者为之。设色精妙，光彩射目。山水分远近之趣，楼阁得深邃之体，人物具瞻眺生动之情，花鸟极绰约嚵唼之态，佳者较画更胜。望之生趣悉备，十指春风盖至此乎……元人则用绒稍粗，落针不密，间有用墨描眉目，不复宋人之精工矣！"[6] 三是新技术的发明，特别是雕版印染的出现是宋代印染技术进步的又一标志。《宋会要》记载了这一技术："后苑作制造御前生活所翻样打造缬帛，盖自元丰初置，以为行军之号，又为卫士之衣。以辨其奸诈，遂禁止民间打造。"[7]

---

[1] 程民生：《宋代地域经济》，河南大学出版社，1992 年，第 192 页。
[2] 李剑国：《宋代传奇集》，中华书局，2001 年，第 88 页。
[3] 洪迈：《夷坚支志》辛卷七《毛家巷鬼》，清影宋钞本。
[4] 楼钥：《攻媿集》第一百一十一，清武英殿聚珍版丛书本。
[5] 陆游：《老学庵笔记》卷二，中华书局，1979 年，第 27 页。
[6] 张应文：《清秘藏》卷上，光绪翠琅玕馆丛书本。
[7] 徐松：《宋会要辑稿》刑法二，稿本。

（九）制茶业的发展

两宋时期，茶叶是重要的经济作物，制茶业迅速地发展起来。茶叶种植面积较前代大大增加，与陆羽《茶经》所记载的唐代茶叶种植面积相比，宋代茶叶种植面积扩大了两三倍。茶叶产地以南方最为普遍和集中，据统计，南宋绍兴末年，东南10路产茶地计有66个州、242个县。南方诸路，如江南东西、两浙、福建、荆湖南北等产茶最多。

由于皇室成员和达官贵人普遍饮茶，宋代官府专门设有官营茶厂。官府的茶厂规模较大，北宋时"采茶工匠几千人，日支钱七十足"，"岁费常万缗"①。南宋"费钱四五万缗，役夫一千余人"②。民间茶叶制造业也较为发达。传有人以植茶为业，"夫南国土疆，山泽连接，远民习俗，多事茶园。上则供亿赋租，下则存活妻子，营生取给，更绝他门"③。茶园户经营的茶园规模大小不一，"多者岁出三五万斤，少者只及一二百斤"④。

唐代建立了榷茶制度，即对茶叶买卖实行专买专卖，政府抽收茶税。北宋王朝建立后，也承唐制，在茶叶主要生产区设立管理机构，对茶叶买卖进行管控，征收茶税。据《宋史·食货志》记载："宋榷茶之制，择要会之地，曰江陵府，曰真州，曰海州，曰汉阳军，曰无为军，曰蕲州之蕲口，为榷货务六……在淮南，则蕲、黄、庐、舒、光、寿六州，官自为场，置吏总之。""在江南则宣、歙、江、池、饶、信、洪、抚、筠、袁十州，广德、兴国、临江、建昌、南康五军……荆湖则江陵府，潭沣鼎鄂岳归峡七州，荆门军；福建则建、剑二州……茶有二类：曰片茶，曰散茶。片茶蒸造，实棬模中串之，唯建、剑则既蒸而研，编竹为格，置焙室中，最为精洁，他处不能造。"⑤由此可见宋时茶业之发达。由于官府对茶叶买卖实行垄断，引发官、商、民之间的利益冲突，引起社会动荡，反对呼声日高，宋仁宗时，朝廷不得不废除榷茶法，改行商法，实行种茶者交租、贩茶者交税的自由贸易法。新的商法促进了茶叶产业的大发展，民间获利较多，而官府所收税则较少，故而引起官方的不满，宋徽宗时又恢复榷茶法，并对原有的榷茶法进行改进，称之为"政和新政"。新政一方面将商人的买卖纳入官府的管理之中，另一方面也在一定程度上照顾了商人和园户的利益，由此推进了茶叶的生产和流通，而官府的税收也有了大幅度的提高。《宋史·食货志》载："自茶法更张，至政和六年，收息一千万缗，茶增一千二百八十一万五千六百余斤。"⑥

---

① 庄绰撰，萧鲁阳点校：《鸡肋编》，中华书局，1983年，第100页。
② 徐松：《宋会要辑稿》食货三一，稿本。
③ 曾枣庄、刘琳点校：《全宋文》卷五十七，上海辞书出版社、安徽教育出版社，2006年，第350页。
④ 曾枣庄、刘琳点校：《全宋文》卷一千五百九十一，上海辞书出版社、安徽教育出版社，2006年，第123页。
⑤ 脱脱等：《宋史》卷一百八十三《食货下五》，中华书局，1985年，第4477页。
⑥ 脱脱等：《宋史》卷一百八十四《食货下六》，中华书局，1985年，第4505页。

宋代手工业的发展对于城市的发展起了重要的推动作用。一是手工业的发展为进入城市的农村人口提供了大量的就业岗位，手工业多属于劳动密集型产业，因而每个手工业行业的发展都意味着城市劳动力的增加及城市容纳能力的提高。二是手工业的发展在一定程度上改变了城市的空间结构和布局。手工业作坊在北宋中后期开始分布在城市内除官府政治空间之外的不同区域，进一步促进了坊市制的解体和自由式城市空间的发展，并推动了城市向城墙外发展。三是一方面，手工业的发展特别是一些城市的特产和高附加值的产品推动了商业的发展，商业跨城市和跨区域的发展促进了区域市场体系的构建；另一方面，商业和手工业出现融合的趋势，前店后坊的发展模式在城市中逐渐出现，并形成一种趋势，一直延续到清代，由此推动了城市经济的发展，并改变了城市的空间结构和形态。

第三节　商业繁盛与城市发展

宋朝建立后，社会生产力获得飞速发展，社会分工日益细化，人们的日常生活水平进一步提高，为商品经济的繁荣发展奠定了基础。此时，城市商业尤为繁荣，城市商品市场扩大，商业活动类型增多，商人数量增多，商业行会出现。11世纪以后，欧洲城市出现复兴，涌现了一大批的商人，并以商人为核心形成了城市市民群体。随着商业的发展和市民群体的崛起，在地中海沿岸及与之相连接的河流两岸兴起了一大批城市，这些拥有自治机构的新兴城市开始摆脱封建领主的控制，成为封建统治体系之外独立的自治城市，从而改变了中世纪欧洲的经济与社会生活，开启了一个新的以商人为主体的城市自治时代。与此同时，东亚的宋朝建立后，城市商业也出现了巨大的发展，出现了坊市制的解体，由此推动了城市空间的变革和管理体制的变革，也给社会生活方式带来了变化。但是宋代的商人并未形成一个独立的群体，更不可能成为主导城市社会发展的力量，中国城市仍然在君主专制中央集权的严密控制之下。

一、坊市制度的解体与城市商业的繁荣

隋唐时期，坊市制度较为严格，并不利于城市商业的发展。隋朝政府规定："下车禁游食，抑工商，民有向街开门者杜之。"[1] 唐朝政府规定："越官府廨垣及坊市垣篱者，杖七十。侵坏者，亦如之。"[2] 坊市制度限制了从商者的活动范围与活动时间，不利于城市中的商品流动。

到了宋代，社会商品经济的发展促使隋唐时期旧的坊市分离制度逐渐被打破，

---

[1]　魏徵等：《隋书》卷五十六《令狐熙传》，中华书局，1973年，第1386页。
[2]　刘俊文：《唐律疏议笺解》卷八《越州镇戍城垣》，中华书局，1996年，第633页。

市坊合二为一。坊市制度被打破产生了多方面的影响,首先是推动了商业的发展,使商品交易突破了原有的时空束缚,一是"在地域上,市场的空间得到了广泛的延伸,即从面积有限的官方管理的狭隘市场逐渐向直接面对普通民众的广义市场延伸"①,破墙开店成为不可遏制的趋势;二是"市场交易的时间得到充分的延长",早市和夜市出现,一般商业店铺的交易也不再受坊市制下市场交易时间的制约,商业进入自由发展的新阶段——城市的经济功能得以强化。其次,坊市制解体带来的城市空间格局的变革也具有"革命"意义。开放式道路空间的形成,对之后千余年城市空间的发展产生了深远的影响。另外,坊市制解体带来了城市居民生活方式的变革,从前,天黑以后,在坊市制下生活的城市居民不能自由行动,没有娱乐活动,只能在坊内过着单调枯燥的生活。随着坊市制的解体,城市居民的生活方式得到改变,其具有了夜间生活的自由选择权,人性得到一定程度的解放。城市夜生活改变了城市的文化,也改变了城市的空间结构和城市景象,让以往一到夜幕降临就死气沉沉的城市变得富有生气。城市居民生活方式的改变也促进了商业的发展,延长了店铺的营业时间,促进了消费,推动了城市经济的发展。宋代的城市工商业普遍得到发展,除分布在水陆交通要道、沿海港口的一些城市商业十分繁荣外,许多内地中小城镇的商业也相当兴盛,如钱塘仁和镇"户口蕃盛,商贾买卖者十倍于昔"。鄂州城外南市"沿江数万家,廛闬甚盛,列肆如栉,酒垆楼栏尤壮丽"。商业的繁荣使宋朝政府的商业税较唐代大大增加,北宋中后期,政府征收的商业税已超过农业税收,到南宋时,商业收入成为政府主要的财政收入来源。

开封是宋朝的商业中心,坊市制对开封的影响较最大。坊市制度解体之后,开封变成了一个巨大的市场,不仅原来的东、西两市仍然繁荣,商业活动遍布开封城市各个街道。据今人对开封商铺分布的研究,开封的商业活动以州桥为中心,皇城正南门南去的大道叫御街,也称天街,街旁有御廊。州桥以南的御街两旁,分布有酒楼、饭店、香药铺、茶馆和其他店铺。自州桥东转为东大街,经相国寺前门至新宋门,有鱼市、肉市和金银、漆器诸铺。自州桥西转为西大街,直至新郑门,两边珠玉铺、鲜果行等店铺比较集中。皇城东华门外,"市井最盛",城中买卖物品之人大多来这一带做买卖,此处汇集了天下之金玉珍玩、花果、时装以及山珍海味。其附近的潘楼一带,是大商人云集的地方,珠玉、彩帛等店铺,"屋宇雄壮,门面广阔,望之森然,每一交易,动即千万,骇人闻见"②。马行街的大小货行和相国寺东的街巷,都是生意兴隆之地。甚至各河的桥头上下也是摊贩拥挤,惠民河各桥上下,"多尺开铺贩鬻"③,汴河各桥附近,更是百货阗拥,人马不可驻足。

临安城是南宋的政治中心和商业贸易中心,"杭为行都二百余年,户口蕃盛,

---

① 杨海军:《中国古代商业广告史》,河南大学出版社,2005年,第57页。
② 孟元老:《东京梦华录》,中国商业出版社,1982年,第15页。
③ 徐松:《宋会要辑稿》方域一三,稿本。

商贾买卖者十倍于昔，往来辐辏，非他郡比也"①。"柳永《咏钱塘》词曰：'参差十万人家。'此元丰前语也。自高庙车驾由建康幸杭，驻跸几近二百余年，户口蕃息，近百万余家。杭城之外城，南西东北各数十里，人烟生聚，民物阜蕃，市井坊陌，铺席骈盛，数日经行不尽，各可比外路一州郡，足见杭城繁盛矣。"②从《梦粱录》的叙述来看，南宋临安的人口增长了不止十倍，而且城南方圆十里，人口鼎盛，商业活动生生不息，其城市经济功能非常突出。

位于长江之滨的建康也是宋代重要的商业中心，欧阳修曾赞美说："若乃四方之所聚，百货之所交，物盛人众，为一都会，而又能兼有山水之美，以资富贵之娱者，惟金陵、钱塘。"③淳熙年间，"开解库、店业之人，家计有数十万缗者，营运本钱动是万数"。时人有诗云："城中那有大川行，惟有秦淮入帝城。十里牙樯并锦缆，万家碧瓦与朱甍。船多直使水无路，人闹不容波作声。流到石头方好去，望中渺渺与云平。"④诗中描绘了金陵人流不息、船多声闹的繁荣景象。唐代扬州商业发达堪称天下第一，宋代扬州更是"万商落日船交尾，一市春风酒并垆"⑤。

西南的大都会成都在宋代延续了唐、五代的发展态势，仍然保持着西南地区商业中心的地位。城市中的市场类型多样，且发展成熟，出现了不同季节和不同类型的十二月市——"正月灯市、二月花市、三月蚕市、四月锦市、五月扇市、六月香市、七月七宝市、八月桂市、九月药市、十月酒市、十一月梅市、十二月桃符市"⑥。

夜市的出现是宋代城市商业发达的重要表现。宋代以前，历朝历代政府都推行坊市制度，禁止城市居民在夜间进行各种活动，包括商业活动。宋代中期以后，随着坊市制度的解体，宵禁法令也渐失去效力，非常时期外，一般情况下政府都允许城市居民在天黑后继续从事各种活动，由此促进了夜市的繁盛。东京开封是夜市发展最盛的城市，《东京梦华录》载，马行街一带，"夜市直至三更尽，才五更又复开张。如要闹去处，通晓不绝"；北州桥"又盛百倍，车马阗拥"；"酒肆瓦市，不以风雨寒暑，白昼通夜，骈阗如此"；潘楼街"每五更点灯，博易买卖衣服图画花环领抹之类，至晓即散，谓之'鬼市子'"⑦。

---

① 吴自牧：《梦粱录》，中国商业出版社，1982年，第104页。
② 吴自牧：《梦粱录》，中国商业出版社，1982年，第167页。
③ 欧阳修：《欧阳修全集》卷四十《有美堂记》，中华书局，2001年，第585页。
④ 周应合：《景定建康志》卷十八《山川志二》，文渊阁《四库全书》本。
⑤ 司马光著，李之亮笺注：《司马温公集编年笺注》第二册，巴蜀书社，2009年，第1页。
⑥ 贾大泉：《宋代四川经济述论》，四川省社会科学院出版社，1985年，第192页。
⑦ 孟元老：《东京梦华录》，中国商业出版社，1982年，第15页。

南宋临安夜市的繁华较北宋东京有过之而无不及,《梦粱录》卷十三《夜市》载:

> 杭城大街,买卖昼夜不绝,夜交三四鼓,游人始稀;五鼓钟鸣,卖早市者又开店矣。大街关扑,如糖蜜糕、灌藕、时新果子、像生花果、鱼鲜猪羊蹄肉,及细画绢扇、细色纸扇、漏尘扇柄、异色影花扇、销金裙、段背心、段小儿、销金帽儿、逍遥巾、四时玩具、沙戏儿。春冬扑卖玉栅小球灯、奇巧玉栅屏风、捧灯球、快行胡女儿沙戏、走马灯、闹蛾儿、玉梅花、元子槌拍、金桔数珠、糖水、鱼龙船儿、梭球、香鼓儿等物。夏秋多扑青纱、黄草帐子、挑金纱、异巧香袋儿、木犀香数珠、梧桐数珠、藏香、细扇、茉莉盛盆儿、带朵茉莉花朵、挑纱荷花、满池娇、背心儿、细巧笼仗、促织笼儿、金桃、陈公梨、炒栗子、诸般果子及四时景物,预行扑卖,以为赏心乐事之需耳。……其余桥道坊巷,亦有夜市扑卖果子糖等物,亦有卖卦人盘街叫卖,如顶盘担架卖市食,至三更不绝。冬月虽大雨雪,亦有夜市盘卖。至三更后,方有提瓶卖茶。冬闲,担架子卖茶,馓子慈茶始过。盖都人公私营干,深夜方归故也。①

除了娱乐性活动之外,临安夜市还有小吃、水果、蔬菜等买卖。据《东京梦华录》记载:"出朱雀门,直至龙津桥。自州桥南去,当街水饭、熬肉、干脯。王楼前獾儿、野狐、肉脯、鸡。梅家鹿家鹅鸭鸡兔肚肺鳝鱼包子、鸡皮、腰肾、鸡碎,每个不过十五文。曹家从食。至朱雀门,旋煎羊、白肠、鲊脯、燋冻鱼头、姜豉䴔子、抹脏、红丝、批切羊头、辣脚子、姜辣萝葡。夏月麻腐鸡皮、麻饮细粉、素签沙糖、冰雪冷元子、水晶皂儿、生淹水木瓜、药木瓜、鸡头穰沙糖、绿豆、甘草冰雪凉水、荔枝膏、广芥瓜儿、咸菜、杏片、梅子姜、莴苣笋、芥辣瓜旋儿、细料馉饳儿、香糖果子、间道糖荔枝、越梅、锟刀紫苏膏、金丝党梅、香枨元,皆用梅红匣儿盛贮。冬月盘兔、旋炙猪皮肉、野鸭肉、滴酥水晶鲙、煎夹子、猪脏之类,直至龙津桥须脑子肉止,谓之杂嚼,直至三更。"②

除了夜市,宋代大多数城市还兴起了早市。早市主要是为达官贵人及富人提供当天新鲜的蔬菜、水果,普通民众也成为早市的受益者,消费者的需要推动了各地城市早市的发展。南宋临安的早市较北宋开封早市更为繁盛,而且由于其地经度靠东,日出更早,故早市也较开封提前了一个时辰。四更时分,数以万计的铺席便已开张,肉市甚至在三更即开行上市。临安早市经营的商品种类很多,常见铺席有海鲜铺、熬肉铺、馒头铺、蜜煎铺、头巾铺、白衣铺、幞头铺、腰带铺、彩帛铺、生帛铺、布铺、枕冠铺、绒线铺、裱褙铺、文字铺、药铺、茶铺、刷牙铺、针铺、颜色铺、牙梳铺等。此外,大规模的行市有肉市、菜市、鱼市、花市、珠子市等,交易资金动辄千万。早市既有做小买卖的"卖了丝帐,讨些钱",也有批发性的大买

---

① 吴自牧:《梦粱录》,中国商业出版社,1982年,第108—110页。
② 孟元老:《东京梦华录》,中国商业出版社,1982年,第14页。

卖。至于常见的小吃饮食更是遍及全城。除了食品行业，早市上其他的店铺也都开门营业，服饰铺席有保佑坊前孔家头巾铺、市南坊沈家白衣铺、徐官人幞头铺、钮家腰带铺、市西坊北钮家彩帛铺、沿桥下生帛铺、平津桥沿河布铺、沈家枕冠铺、徐家绒线铺，文化铺席有朝天门里大石版朱家裱褙铺、太庙前尹家文字铺，还有服务性铺席如傅官人刷牙铺、凌家刷牙铺，等等。①

早市和夜市的出现与发展，改变了城市居民的生活方式，也改变了城市商业交易的时空范围，使城市生活变得更加丰富多彩，因而此后千余年来一直得以延续。

二、以饮食和娱乐业为主的城市服务行业的兴起与发展

宋代"城市革命"和"商业革命"的兴起，改变了城市居民的生活，原来在封闭的坊市制下受到很大限制的餐饮业出现了井喷式的发展，酒肆等在城市中普遍出现。酒肆主要卖酒和下酒的食品，食品的种类很多，因而对一般食客而言也具有很强的吸引力。同一酒肆分为高档消费区和一般消费区，高档消费区则为楼上雅座，卖酒较多，而一般消费区则卖酒较少，只可在楼下散座，谓之"门床马道"。因此普通消费者进入酒肆不可轻易登楼。其时，不少酒肆不仅对酒和食品十分讲究，而且对餐饮用具也十分讲究，"杭都如康、沈、施厨等酒楼店，及荐桥丰禾坊王家酒店，暗门外郑厨分茶酒肆，俱用全桌银器皿沽卖"②。除了酒肆，城里还有很多面食店，"向者汴京开南食面店，川饭分茶，以备江南往来士夫，谓其不便北食故耳"。宋室南渡以后，大量北方人定居南方，因而南宋城市餐饮文化出现南北相互影响的特点。北方人的饮食口味对南方人产生了重要的影响，同时北方人也逐渐受到南方餐饮文化的影响，因而不少酒肆的餐饮已经无南北之分。南宋临安酒肆分布在全城各处，通宵达旦营业，从而使临安成为一个不夜城。《东京梦华录》对此有着详细的记载：

> 每一瓦陇中皆置莲灯一盏。内西楼后来禁人登眺，以第一层下视禁中。大抵诸酒肆瓦市，不以风雨寒暑，白昼通夜，骈阗如此。州东宋门外仁和店、姜店，州西宜城楼、药张四店、班楼，金梁桥下刘楼，曹门蛮王家、乳酪张家，州北八仙楼，戴楼门张八家园宅正店，郑门河王家、李七家正店，景灵宫东墙长庆楼。在京正店七十二户，此外不能遍数，其余皆谓之"脚店"。卖贵细下酒，迎接中贵饮食，则第一白厨，州西安州巷张秀，以次保康门李庆家，东鸡儿巷郭厨，郑皇后宅后宋厨，曹门砖筒李家，寺东骰子李家，黄胖家。九桥门街市酒店，彩楼相对，绣旆相招，掩翳天日。政和后来，景灵宫东墙下长庆楼尤盛。③

---

① 伊永文：《宋代城市风情》，黑龙江人民出版社，1987年，第44页。
② 吴自牧：《梦粱录》，中国商业出版社，1982年，第132页。
③ 孟元老：《东京梦华录》，中国商业出版社，1982年，第16—17页。

由于坊市制的解体，城市居民的天性得到一定程度的释放，在物质文化需求在一定程度上得到满足的同时，对精神文化的需求变得越来越强，原来只能少数人享受的文化娱乐活动开始在城市中普及。一些被称为瓦舍、勾栏等的娱乐场所在城市中逐渐发展起来。瓦舍、勾栏就是在城市中建立的固定的表演场所。瓦舍是一种城市文化综合体，一般规模较大，而勾栏则是用栏杆围起来的表演场地，因而一个瓦舍内有多个甚至十几个勾栏。勾栏既有表演台，也有观众观看表演的看台，并根据不同价格而分为多种层次的座席。在瓦舍、勾栏进行表演的艺人有多种类型，如说书、歌舞、杂耍、演艺等。其时，有以茶饭店等为名的酒肆兼营色情业，这些酒肆在酒阁中暗藏卧床，并在店门前悬挂红灯笼为标志，从而出现餐饮娱乐与歌舞表演及色情业相结合的新业态。据载，临安城市内一些酒肆，"每楼各分小阁十余，酒器悉用银，以竞华侈。每处各有私名妓数十辈，皆时妆袨服，巧笑争妍。……凡下酒羹汤，任意索唤，虽十客各欲一味，亦自不妨。过卖铛头，记忆数十百品，不劳再四传喝。如流便即制造供应，不许少有违误。酒末至，则先设看菜数碟，及举杯则又换细菜，如此屡易，愈出愈奇，极意奉承。……歌管欢笑之声，每夕达旦，往往与朝天车马相接。虽风雨暑雪，不少减也"①。由此可见南宋都城临安已经成为一个纸醉金迷的花花世界，也从另一个角度反映出南宋城市商业文化的发展。

　　宋代也是中国文化发展的一个高峰期，茶文化也得到很大的发展。宋时，茶文化渗透到城市居民的生活之中，饮茶成为一种生活方式。城市居民不仅在家中饮茶，还在城市中的公共场所饮茶。茶肆在宋代各级城市中普遍出现，不仅白天有茶肆，在开封、临安、成都等大城市还出现了早晨和夜晚也营业的茶肆。在天色未明、行人稀少之时，不少茶肆即已开张，饮茶者也颇多。

　　宋人茶饮分为两种：一种是单纯茶饮，即以茶叶点泡而成；另一种则是与其他物品混合而成的多味饮料，从而出现"煎点汤茶药"等新的茶饮，即在茶汤中放入甘香、草药、花卉、瓜果等，其茶饮名目有240余种。不同的茶配不同的草药、花卉、瓜果，不同的顾客则根据自己不同的需求来点茶，因而饮茶不仅是为了满足人饮水的需要，也成为一种精神享受，发展成为一种特殊的文化形态。特别是皇室贵族、达官贵人和文人墨客等对茶文化加以升华，形成了多种饮茶的规则，甚至将其上升到茶道、茶德、茶品等形而上的文化层面，使茶文化在宋代出现升华。而普通的城市居民饮茶主要是将饮茶与社会生活相联系，把饮茶变成了一种生活方式。

　　随着商品经济的发展，宋代各地以不同层级城市为载体的商品市场形成了多层级的市场体系，部分城市还形成了买卖某种商品的专业化市场，这种专业市场大都依赖地方特色资源，如扬州主要以布匹闻名，时人赵公豫曾诗云："丝竹管弦成往事，空余梭布市扬州。"②再如成都的麻市，陆游诗曰："乐事新年入锦城，城南麻

---

① 周密：《武林旧事》，中国商业出版社，1982年，第119页。
② 赵公豫：《燕堂诗稿》之《隋堤布市》，文渊阁《四库全书》本。

市试春行。"①

为了方便市民生活，宋代城市中出现多种服务行业，如临安城出现了被称为"四司六局"的器物租赁行业。古代人吉庆丧葬都要排办筵席，但很多事情数年难遇一次，或一生只有一次，对于普通的市民阶层而言，这些器物与人力平常一般都不需要，因而器物租赁业与四司六局的宴会服务业等应运而生。它们为城市居民提供了极大的便利，适应了坊市制解体后的城市生活方式，从而得到了很大发展。其时普通的城市居民可以租赁的器物大致有花檐、酒檐、首饰、衣服、被卧、轿子、布囊、酒器、帏设、盘合、丧具等，"凡合用之物，一切赁至，不劳余力。虽广席盛设，亦可咄嗟办也"。而设办筵席的每一个细节，都可由四司六局或茶酒厨子全部代劳。此外，由于北人南迁，对居住的房屋有很大的需求，因而房屋租赁业也随之出现很大发展。临安城专门有人从事房屋租赁业，"自梅家桥至白洋湖、方家桥直到法物库市舶前，有慈元殿及富豪内侍诸司等人家于水次起造塌房数十所，为屋数千间，专以假赁与市郭间铺席宅舍及客旅寄藏货物，并动具等物，四面皆水，不惟可避风烛，亦可免偷盗，极为利便。盖置塌房家，月月取索假赁者管巡廊钱会，顾养人力，遇夜巡警，不致疏虞。其他州郡，如荆南、沙市、太平州、黄池皆客商所聚，虽云浩繁，亦恐无此等稳当房屋矣"②。

宋代城市商业与服务业的发展，是社会变革的产物，同时也促进了城市社会的进一步发展和变革，改变了城市居民的生活方式，推动了城市的繁荣，使城市生活更加具有吸引力，促进了农村人口向城市的转移。

三、行会的发展

宋代商业的发展还表现在行业内部分工的更细，以及行会的建立。由于城市商业的发展，不少行业内部出现了更细致的分工，如饮食行业分为饭店（川饭店、南市店等）、酒肆（宅子酒肆、花园酒肆、散酒肆、直卖肆）、食品店等；租赁业则分为出租马匹车辆、出租宴会桌椅器皿以及出租葬礼用品店等。一些服务行业也得到发展，并出现内部分工，如邸店业更加兴盛，在临安等大城市出现了供储存货物的大型仓库——"塌房"和"堆垛场"。又如临安洋湖一带的塌房有十多家，大的塌房有房1000多间，小的有房几百间。除工商业繁盛的大中城市外，一些规模较小的城市中也出现了多种行业的分工。

随着行业分工的细化，宋代的行会制度较唐代也有所发展。唐代即已出现作为工商业者同业组织的行会，从业者通过行业组织展开经济活动和社会活动。行会一般都有行头或行首，其主要职责是协助官府相关部门管理行业内部的各商家店铺，

---

① 陆游：《剑南诗稿》卷十四《昔在成都正月七日圣寿寺麻子市初春行乐处也偶晨兴闻邻村守麻有感》，文渊阁《四库全书》本。

② 吴自牧：《梦粱录》，中国商业出版社，1982年，第167页。

管理商品交易和市场，并负责催讨赋税、差派徭役、平抑物价、对行业内部的商业作坊的经营规模及产品质量进行监督；对本行业的生产技术或交易规则进行规定；另外还负责组织同行的商家作坊举行相关的祭祀和娱乐活动等。宋代由于工商业出现较大发展，行会的数量较前有所增加，有文献记载宋代的行会达到414行，也有人统计为300余行。在同一城市中，行会的地位和作用也有所不同，一般而言，运送和收售粮食、茶叶、盐、丝绸的商业行会以及邸店、柜坊等金融机构行会在城市各行会中有很大的话语权。这些行会多由大商人组成，如开封某一粮食行会就是由百余个大粮商组成，这些商人每年的营业额达1000万贯，可见其商业活动规模之庞大。①

　　北宋前期，一般城市的工商业者都按经营物品的种类组成自己的同业行会，如开封在宋初有160多行。宋神宗时期，开封的商业出现较大发展，行会的数量增多，各行的商业作坊也大增，其时仅大中型的工商店铺就达6400多家，遍布全城各大街小巷。小商小贩及小手工业者那就更多了。元丰三年（1080）时，计每月纳免行钱一百文以下的小商小贩共8654人。行会除受官府控制外，其内部的权力主要掌握在富商大贾手里，如开封茶行主要由十几个大商户所掌控，他们被称为"兼并之家"。从外地运来的茶，先由他们定价后垄断起来，再分给行内其他小户零售，小户和外地商人都不敢与他们计较长短。再如酒行也是由开有正店的大商人所掌控，其时酒户分成正店和脚店，正店拥有特权，不仅可以自行酿酒，还可以开店直接从事酒的买卖，而且还管理小脚店的批发业务。北宋开封著名的白矾楼（即后来的樊楼正店）自宋真宗以来即是一家大型酿酒作坊兼酒店，每年出售官曲五万斤。仁宗于天圣五年（1027）下诏给三司："白矾楼酒店，如有情愿买扑，出办课利，令于在京脚店酒户内拨定三千户，每日于本店取酒沽卖。"② 由此可以想见此店不仅规模大，还享有官方赋予的专买权，控制了东京开封数量众多的酒户。宋神宗时，东京开封城的酒户正店增至70家，到北宋末增至72家，这些正店资本雄厚，酿酒规模巨大，还控制着酒行脚店。

　　在宋代，政府为了加强对某一行业的管控并对其收税和派差役等，强制把同一行业的工商商铺或作坊以及个体经营者集中在某一指定街区，习称"团行"。对于同行业的商家店铺和作坊而言，团行在一定程度上有利于管理和形成商业聚集效应，因而他们对于团行也并不是特别反对。从北宋到南宋，团行一直在各城市推行，但前后有一定的变化。南宋杭州的团行与北宋开封的团行有所不同，更多的是一种市场行为。《梦粱录》记载，临安城"市肆谓之团行者，盖因官府回买而立此名，不以物之大小，皆置为团行，虽医卜工役，亦有差使，则与当行同也。然虽差役，如官司和雇支给钱米，反胜于民间雇倩工钱，而工役之辈，则欢乐而往也。其中亦有不当行者，如酒行、食饭行，而借此名"。除了以"行"为名，还有名为

---

① ［美］费正清、赖肖尔：《中国：传统与变革》，江苏人民出版社，1992年，第143页。
② 徐松：《宋会要辑稿》食货二〇，稿本。

"团"（城西花团、泥路青果团、后市街柑子团、浑水闸鲞团）、"市"（炭桥药市、官巷花市、修义坊肉市、城北米市）者。

根据斯波义信的考察，南宋杭州的行、市、团、作，主要集中在城内盐桥运河和市河沿线的南北狭长地区，尤其是市中心附近。所谓团，就是这种相对集中的商业组织。这种组织类似于拥有海滨捕鱼权的日本散所那样的自成体系的生产贩卖组织、市场及其指定所在地，同样也适用于盐灶、盐户村、水利单位等。在杭州这类大城市的情况下则指批发、小批发市场及其同业组织。[①]

总之，随着社会分工的细化与商品经济的发展，宋代的工商业者无论大小都莫不在行，其行会组织较唐代更加严密，规定更细，活动更加频繁。行会既保护同行业工商业者的利益不受外人侵犯，又阻止外来者的竞争和限制本地同行业的工商业者之间的恶性竞争，是商业发展的一种标志。

四、私营商业与货币经济的发展

宋代私人的商业贸易有了很大的发展，使官营商业相形见绌。特别是地区间大宗贸易网建立后，取消了五代分裂时期各地间的关卡壁垒，水陆交通条件也得到改善，地区之间货物互通有无成为常态，跨区域的大宗商品交易出现。在这些跨区域的商品中不仅有奢侈商品及生活用品，农产品也占了相当的比例，这与剩余农产品增多和水上交通运输的发展以及运输成本下降有着直接的关系。如北宋年间每年被运到开封的米超过 700 万石，除官运的漕米外，还有相当部分是私人贩运，从而形成了大米的购销运输网络系统。被称为"米客"的米商在南方从地主或农民以及批发商手中购到米谷后，用河船或海船运到北方的城市，又批发给这些城市的米铺和商贩。一般河船的运输量为 1000 石，海船的运输量为 2000 石，由此可见其贩运规模相当巨大。此外，长途贩运盐、茶、药材、甘蔗、水果、丝绸的私商规模也很大，这些货物成为市场的基本商品。随着瓷器制造业的兴起，瓷器销售和运输也发展起来。由于私营商业的发展，各地城市都出现了不少富商大贾，如缙云商人潘某家资超过"数十百万"[②]，泉州富商"致资二万万"[③]。

纸币的发明与货币经济的发展是中国经济在宋代出现突破性发展的重要标志之一。由于宋代商业的大发展，商业税成为政府的财政支柱之一，无论政府还是大商人都面临长距离运送大批钱币的问题。尚书省曾言："近分拨神武右军往婺州屯驻，合用钱理须桩办。缘行至婺州，不通水路，难以津搬。契勘便钱之法，自祖宗以来行于诸路，公私为便。比年有司奉行，不务经久，致失信于民。今来军兴调度与寻常事体不同，理当别行措置。"朝廷诏户部印押见钱关子，降付婺州，召人入中，

---

① ［日］斯波义信著，方健、何忠礼译：《宋代江南经济史研究》，江苏人民出版社，2012 年，第 343 页。
② 洪迈：《夷坚甲志》卷十一《潘君龙异》，清十万卷楼丛书本。
③ 洪迈：《夷坚丁志》卷六《泉州杨客》，清十万卷楼丛书本。

执关子赴杭、越榷货务请钱。每千搭十钱为优润，有伪造者依川钱引抵罪。可见这是一种类似现代汇票的支付手段。其后不久，见钱关子的流通区域扩及浙西。绍兴五年（1135）二月，殿中侍御史张绚指出，浙西州县"以等第科俵"关子，但等到百姓"执关子赴临安府榷货务请领，则官司却无见钱"①。

在商品经济大发展的背景下，成都的商人发明了最早的纸币——交子。宋真宗时，巴蜀地区通行铁钱，但用铁钱进行大宗商品交易非常不便，因而成都的商人为了便于商品流通，决定用纸币来代替铁钱。初由成都 16 家富户主持印造一种有价票据，称"交子"，代替铜钱和铁钱进行流通，这就是中国也是世界上最早的纸币。成都最初发行的纸币面值被限制在 125.6 万贯以内，并以 36 万贯现钱为本钱，信誉较好。宋仁宗时，交子为政府所接受，被收归官办，由政府设立本钱，定期限量发行，仍然主要在四川地区使用。由于纸币易破损，故其有效期被限制为 3 年。其后交子使用范围超出四川地区，印量增大，出现贬值。宋徽宗时，政府改交子名称为"钱引"，并在财政困难时超出其兑现能力而大量印造，结果引起通货膨胀，钱引被迫停用。南宋时期，政府也曾发行过名叫"会子"的纸币，但也同样出现超额发行的情况，最终导致会子的信用下降，以至于停止使用。

"交子"作为一种货币，代替金属货币流通，其优点非常突出，故而受到欢迎。它是商品经济发展到一定程度的产物，对于商品经济的发展起着十分重要的作用，反映了宋代商品经济的发展，尤其是西南地区以成都为中心的城市经济的发展。但是，纸币和其他金属货币一样是以诚信为基础的，必须遵守货币金融的规律，如果不加节制地发行就会失去信用而造成通货膨胀。宋代虽然出现了纸币，但由于管理和发行纸币的政府官员不懂相关的金融知识，最终造成纸币因发行泛滥而失去信用，导致民众不再愿意使用纸币，最终被废弃。宋以后的数百年间，中国在货币领域再也没能出现突破性的发展。

第四节　市镇经济的兴起与发展

市镇是宋代以城市为中心所形成的市场层级网络体系的重要一环，承担着连接县城与乡村两级市场的作用。宋代南北各地市镇经济都有较大发展，特别是江南市镇发展较快，市镇经济的发展对于促进城乡商品经济发展及构建区域市场网络体系的意义甚为重大。

---

① 李心传：《建炎以来系年要录》卷八十五，中华书局，1988 年，第 1391 页。

一、市镇经济的兴起

宋代的不少市镇是由草市发展而来的,一些乡村草市因地处交通要道,或处城市、县城附近,商品经济较为发达,逐渐发展为市镇。

宋代商品经济的发展是推动市镇经济发展的重要动力,市镇数量增加较为明显。据不完全统计,北宋市镇的数量至少在 1900 个以上,南宋的市镇在 1300 个以上。① 另有研究表明:"两宋时期见于史载的市镇多达 3600 个以上,其中一部分市镇,不论是人口数量,还是经济水平,都超过了一般州县。"② 就类型而言,宋代市镇大致分为 5 种类型:集市所在地发展而为墟市、集镇;城市附郭草市与卫星市镇;地处交通要道因商业发展来的商道市镇;因地方特产的商品生产的扩大而成为专业市镇;因军事、战略需要设置的镇,多位于沿边地区。③

南宋时期,南宋王朝的疆域较北宋大为缩小,市镇总量虽然不及北宋,但仅就地区而言,仍然出现较大发展,尤其是江南市镇发展甚速。江南地区的市镇以江浙地区的市镇为最多,空间分布最为集中,《咸淳临安志》记载,全府有镇 15 个;嘉兴府在元丰初年有 4 镇;湖州有 6 个镇;绍兴府在元丰初年有 9 个镇,到南宋时,仅著名诗人陆游在其《剑南诗稿》中所提及的镜湖流域(在绍兴府山阴、会稽两县境内)的草市就有二三十处之多,全府的各种市镇更有 50 处以上;庆元府在北宋时仅有 3 个镇,而到了南宋中后期,不仅镇数增至 7 个,且草市也达到四十多处,此外还有近 100 处规模相对较小的村坊;台州的情况与庆元府相似,北宋时共有 9 镇,到南宋中期,据《嘉定赤城志》记载,全州的镇、市和村坊多达 80 余处。④

有研究者认为,不论镇在唐代是何种性质,到了宋代基本上都成为经济性质的市镇,其中不少市镇被纳入中央集权统治的基层行政体系之内。由于市镇经济的发展,这些市镇已经成为重要的税收来源,因而出于税收与治安管理的需要,朝廷一般都会在市镇所在地增设税使来具体负责征收税赋。向市镇派出收税官始于宋以前,如后周显德四年(957)定州曲阳县《五子山院和尚舍利塔记碑》记载:"使押衙银青光禄大夫检校太子宾客兼殿中侍御史充龙、泉镇使钤辖瓷窑商税务使冯翱。"⑤ 从碑刻记载来看,官府已经设置镇使负责征收本镇商税、酒税等。另外,《元丰九域志》记载:"地要不成州,而当津会者,则为军,以县兼军使;民聚不成县,而有税课者,则为镇,或以官监之。"⑥ 可以说,基于征税与管理的需要,政

---

① 张熙惟:《学思录》,山东大学出版社,2016 年,第 37 页。
② 吴钩:《宋:现代的拂晓时辰》,广西师范大学出版社,2015 年,第 133 页。
③ 吴晓亮:《宋代经济史研究》,云南大学出版社,1994 年,第 372 页。
④ 陈国灿、奚建华:《浙江古代城镇史》,安徽大学出版社,2003 年,第 175 页。
⑤ 周斯亿修、董涛纂:(光绪)《曲阳县志》,光绪三十年刻本。
⑥ 高承:《事物纪原》卷七,明弘治十八年魏氏仁宝堂重刻正统本。

府不得不设税使，这从一个侧面反映了市镇经济体量增加。就税收而言，宋代有的市镇税收总额甚至比县城的税收总额还要多，说明市镇在地方市场层级体系和商业活动中扮演了越来越重要的角色。以北宋中期绍兴府的税收为例，"嘉泰元年，在全府共计 105314 贯的商税额中，市镇税额占了 20.6%，较熙宁十年提高了 2.3 个百分点。而更值得注意的是，熙宁十年，全地区市镇总额只占县城总额的 50.8%；到嘉泰元年，市镇总额超过了县城总额"[1]。因而，这些市镇往往会在经济功能基础上叠加政治功能以及文化功能。

二、市镇经济的发展

无论从地理位置还是商品经济角度来看，市镇都是介于城乡之间，其功能以经济功能为主。市镇的居民主要是从事商品贸易或手工业制作，市镇成为连接城市与乡村的纽带。市镇具有固定的市场和建筑，但是从事商品经济活动的人口却具有很强的流动性，大量的城乡人口汇集是市镇发展的前提与基础，定期举办的集市会引发人口和商品的潮汐现象。其中部分市镇在人口和商品的潮汐过程中逐渐得到发展，其功能也由此而增强，并在经济功能基础上叠加政治功能和文化功能。宋代濮院镇本是一个草市，"南宋时农桑、机杼之利，日生万金，四方商贾云集，遂置镇。元大德间，濮氏在市中构屋开街，立四大牙行，收购四乡机户产品，招徕远近商贾从事丝绸贸易，远方商贾旋至旋行，无羁泊之苦，因有永乐市之名"。

市镇往往以大都市为中心，并依附于大都市，成为卫星城镇，故亦可以称之为"环城市镇"。临安附近县市发展尤盛，《梦粱录》记载：

> 独钱塘、仁和附郭，名曰赤县，而赤县所管镇市者一十有五，且如嘉会门外名浙江市，北关门外名北郭市、江涨东市、湖州市、江涨西市、半道红市，西溪谓之西溪市，惠因寺北教场南曰赤山市，江儿头名龙山市，安溪镇前曰安溪市，艮山门外名范浦镇市，汤村曰汤村镇市，临平镇名临平市，城东崇新门外名南土门市，东门外北土门市。今诸镇市，盖因南渡以来，杭为行都二百余年，户口蕃盛，商贾买卖者十倍于昔，往来辐辏，非他郡比也。[2]

除了临安这类大城市之外，不少地区性大城市也多因人口众多，出现了郊区的商贸中心，推动了部分市镇兴起。宋仁宗宝元年间，"秦州……东西居民及军营仅万余家，皆附城而居"。哲宗元祐七年（1092），苏轼在《乞罢宿州修城状》中说："兼诸处似此城小人多，散在城外，谓之草市者甚众。"[3]

除了依附于大城市，许多市镇还充当县城市场与乡村市场的中间市场，市镇与

---

[1] 李永鑫：《绍兴通史》第三卷，浙江人民出版社，2012 年，第 424 页。
[2] 吴自牧：《梦粱录》，中国商业出版社，1982 年，第 104 页。
[3] 苏轼：《苏轼文集》卷三十五《乞罢宿州修城状》，中华书局，1986 年，第 987 页。

乡村往往形成两级市场。市镇大都是乡村市场的中心，都有活动半径，如江浙地区的王江泾镇"左右二三十里内，各乡悉统于泾镇"；塘栖镇所属四乡"东西相距六十里，南北相距二十五里"；金泽镇四乡周围28里；晟舍镇四乡东西广11里，南北袤12里。绍兴府城周围10多里范围内，"有清道桥市、大云桥东市、大云桥西市、龙兴寺前市、驿地市、江桥市、斜桥市、禹庙东市、东跨湖桥市、西跨湖桥市、虹桥市、三山市、湖桑堰市、亭山市"[①]。这些市镇有其自身的经济辐射区域，经济规模较大，充当着地区性的经济中心角色。

---

① 李永鑫：《绍兴通史》第三卷，浙江人民出版社，2012年，第424页。

第四章 宋代城市管理变迁

宋初结束了五代的分裂局面，国家相对统一，人民生活安定，社会生产力获得快速的发展，城市比以往任何朝代都要繁荣。宋代城市开封、西安、临安、福州、泉州、成都、建康等城市的人口都在20万以上，是全国性的大都市。除了城市人口数量增加之外，宋代城市手工业、商业更为繁盛，导致坊市制解体，城市空间结构和社会管理发生根本的变化，而社会经济的发展与社会分工的日益细化又促使城市的社会结构发生变化。如何对日益发展的城市进行有效管理，这是统治者面临的重要问题。对此，宋代统治者建立了有效的城市管理制度，包括城市行政制度、巡查制度、厢房制度等，以加强对城市的管理。

第一节 城市管理系统的变迁

一、城市行政管理系统

宋代建立后，统治者建立了路、州（军、监、府）、县三级自上而下的行政管理系统，城市系统则以行政等级系统为依据，形成了都城——州（府）城——县城的城市等级系统。州、县的最高行政长官成为各级城市的管理者。州、府、军、监为直隶中央的同级行政机构，长官由中央派遣京官担任，称作"知某州军州事"，简称"知州"，朝廷另设有通判与其共掌州政。一州的赋税、钱谷、狱讼之事及兵民之政，皆由知州总理，通判亦参与裁决，共同签署文件，督促施行。各县长官亦由中央直接委派。京官出任的，则称"知县"；由资历相对浅的幕职州县官担任的，即称"县令"。知县、县令职任繁重，"催税效率，民讼刑禁，凡朝廷所行之政多在焉"。县内设有县丞、主簿、县尉及其他佐职吏人。[1] 县丞为"知县佐贰之官，主管常平、坑冶、农田、市易、山泽等事。如果一个县户数少，并且无山泽坑冶，则不设县丞，其职掌由主簿兼任。主簿主要掌管钱物出纳和文书。县尉掌管训练弓手、缉奸禁暴之事，并负责巡禁私盐、私茶等事务。除此之外，县衙还有押司、录

---

[1] 赵沛：《中国古代行政制度》，南开大学出版社，2008年，第42页。

事、手分、贴司、狱卒等一大批胥吏"①。

宋代都城开封人口众多，城市人口的构成较为复杂，管理难度比一般府、县城市大。为此，宋朝统治者建立了庞大的城市行政管理系统来保证都城社会秩序的稳定。开封府行政组织系统如《宋史》所载："开封府牧、尹不常置，权知府一人，以待制以上充。掌尹正畿甸之事，以教法导民而劝课之。中都之狱讼皆受而听焉，小事则专决，大事则禀奏，若承旨已断者，刑部、御史台……屏除寇盗，有奸伏则戒所隶官捕治。凡户口、赋役、道释之占京邑者，颁其禁令，会其帐籍……其属有判官、推官四人，日视推鞫，分事以治，而佐其长。领南司者一人，督察使院，非刑狱诉讼则主行之。司录参军一人，折户婚之讼，而通书六曹之案牒。功曹、仓曹、户曹、兵曹、法曹、士曹参军各一人，视其官曹分职莅事。"② 开封府尹负责总体工作，下属官员分别负责人口管理、征收赋役、诉讼等工作，分工较为明确。除上述官员以外，还有吏员600人，为主管官员服务，"掌察畿内县镇刑狱、盗贼、场务、河渠之事"③。其他各府州县也基本仿照开封府建立城市管理系统。

宋代的县制与隋唐时期差别不大。宋代的县，按照人口多寡以及政治地位的高低可以分为"赤县、畿县、望县、紧县、上县、中县、下县等。京都所属县称赤县，京都附近各县称畿县，四千户以上为望县，三千户以上为紧县，二千户以上为上县，一千户以上为中县，不满一千户为下县"④。

由于坊市制的解体，宋代城市人口不仅有较大幅度的增加，且城市的流动人口也增加，这些都对城市的治安工作带来了很大的挑战。为此，北宋朝廷采取了建立厢坊制和保甲制等若干措施，进一步加强城市治安管理。

二、基层管理系统——厢坊制和保甲制

宋代厢坊制是对唐代城坊制的继承与发展。唐后期，河南府城开始推行坊和厢制，厢由多个坊组成。《五代会要》载，"诸厢界内，多有人户侵占官街及坊曲内田地"，天成三年（928）的"金吾每奏左右厢内并平安"⑤。说明洛阳城内已经出现厢坊。王应麟《玉海》记载，洛阳"左右厢起于唐，本用李靖兵法，诸军各左右厢统之"。又说："朱梁以方镇建国，遂以镇兵之制用之京师，京师兵有四厢，而诸军两厢，其厢使掌城郭烟火之事，而军旅渐有厢军之名。"⑥

五代末至北宋初期，坊市制度的解体已经从大城市蔓延至中小城市，形成不可逆转的趋势。坊市制的全面解体有利于城市的发展，但是也为统治者对城市进行管理

---

① 鹿谞慧、曲万法、孔令纪：《中国历代官制》（增订本），齐鲁出版社，2013年，第285页。
② 脱脱等：《宋史》卷一百六十六《职官志六》，中华书局，1985年，第3941—3942页。
③ 沈家本：《历代刑法考·历代刑官考下·宋》，中华书局，1985年，第1995页。
④ 林英男：《中国行政体制简史》，云南教育出版社，1988年，第84页。
⑤ 王溥：《五代会要》，中华书局，1998年，第156页。
⑥ 王应麟：《玉海》卷一百三十九《兵制》，清光绪九年浙江书局刊本。

和控制带来一些负面的影响,基层城市管理制度缺失,越来越多的坊吏失去职务,原由坊吏主管的事务皆转移到主管城市的州县衙署,致使人员较少的州县官员以及胥吏等不堪重负,特别是一些人口规模较大的州县,公事十分浩繁,"文移簿籍,十倍于初"。因此加强城市的基层管理,进行管理体制改革成为北宋政府的当务之急。天禧四年(1020),开封城内率先在坊之上设立厢,以厢辖坊,将开封全城划分为左、右军厢两个区。后又将"新城内的城南厢划分为'城南左军厢'和'城南右军厢',城北厢也划分为'城北左军厢'和'城北右军厢',分属左、右二军厢,左右二军厢各统五个基层厢"①。至此,开封城的厢护格局已经形成,城内分为旧城内左第一、第二,右第一、第二等4厢,新城内分为城东、城西、城南、城北等4厢,共8厢。每厢设厢典、书手、都所由各一人,称为厢吏,下设所由、街子各数人,行官数人至十多人。北宋开封厢坊的具体名称见表4-1:

表4-1 北宋开封厢坊的数量与名称

厢名	坊数	坊名称
左第一厢	20	太平、义和、安业、广利、宝积、宣平、兴宁、观德、明德、嘉善、延德、景宁、惠政、兴礼、龙华、信陵、昭德、福善、兴道、崇济
左第二厢	16	光德、宜春、乐游、甘泉、崇仁、保和、靖安、昭庆、嘉德、广福、嘉平、延康、惠和、建初、太和、景明
右第一厢	8	兴国、宣化、新昌、常乐、光化、利仁、岳台、敦义
右第二厢	2	全顺、寿昌
城东厢	9	溢德、永济、清和、显仁、春明、汴阳、崇善、宣阳、安仁
城西厢	25	建隆、延秋、咸宁、惠宁、福昌、隆安、庆城、兴化、徽安、延禧、永丰、丰安、义康、顺成、善利、安远、宣义、景福、保义、顺政、崇节、崇义、普宁、奉化、归德
城南厢	20	大宁、崇礼、广济、敦教、建宁、昭化、永和、景平、普惠、敦化、武成、景耀、永泰、建平、长庆、清化、光庆、永昌、敦信、永安
城北厢	20	宁远、昌乐、永宁、永平、丰义、崇庆、安兴、延庆、瑞应、咸宜、安定、崇化、保安、泰宁、嘉庆、保宁、永顺、延福、昭善、安化

周宝珠:《宋代东京开封府》,河南师范大学学报编辑部,1984年,第13—14页。

厢坊制与坊市制有着根本的区别,坊市制是一种封闭式的城市管理制度,无论是城市空间还是管理都是封闭的,而厢坊制则是一种在开放的城市空间基础上所实行的层级社区管理制度,既是政府管理权力的延伸,也有一定的自治性质,从而将城市居民的管理纳入中央集权的统一管辖之下。

南宋临安仿照北宋开封的厢坊系统也建立了城市层级管理系统,但与之不同的

---

① 白寿彝总主编,陈振主编:《中国通史》第七卷《五代辽宋夏金时期》,上海人民出版社,2015年,第559页。

是，临安推行的是"都厢——厢——坊"三级管理系统。南宋厢坊制度的推行同北宋一样，也是基于城市治安管理的需要，《宋会要辑稿》记载："钱塘州城内相去稍远，数有盗贼。又缘兵火之后，流寓士民往往茅屋以居，则火政尤当加严。虽有左右厢巡检二人，法制阔略，名存而已。乞下枢密院委马步军司措置，略傚京城内外微巡之法，就钱塘城内分为四厢。"① 之后，临安于乾道七年（1171）增为8厢，淳熙十年（1183）又增为9厢。南宋临安各厢的官吏设置见表4-2：

表4-2 南宋临安各厢官吏职位及数量

厢名	厢典	书手	都所由	所由	街子	行宫	合计
宫城厢	1	1	1	9	2	18	32
左一南厢	1	1	1	9	4	18	34
左一北厢	1	1	1	4	2	11	20
左二厢	1	1	1	8	4	14	29
左三厢	1	1	1	7	4	12	26
右一厢	1	1	1	6	3	11	23
右二厢	1	1	1	4	2	3	12
右三厢	1	1	1	4	7	10	24
右四厢	1	1	1	5	6	17	31

徐松：《宋会要辑稿》兵三，稿本。

厢官吏的任务十分明确，即"止令分地巡警"[②]，治烟火、盗贼公事。厢有专门的办事机构，时称"厢公事所"。每厢设巡检使一名，为该厢最高的行政长官。吏员有厢典、书手、都所由、所由、街子、行官，各厢吏员的人数多少不一，少则10余人，多则30余人。城外9厢15坊的厢官吏更多：每500户以上者设12名厢吏，每500户以下者设10名厢吏；平均42至50户就有一名厢吏。[③] 但是在管理体制上，各行政部门分工似乎并不是十分明确，由于责权不明确，故而互相推诿的事情时常发生。御史周方崇称："本府每日词讼十有七八并判送二厢，逐厢公吏徇情曲法，非理追人，并不系公行遣送下。词讼既多，有非厢官所能行者，一切不决。州府既不与决，两厢又不行遣，人户怨嗟。缘临安府与昔日开封府繁简不同，本府长官置吏不少。见今城南北厢官全阙，欲乞将在城左右厢废罢，其厢官二员却移往城北厢所。有城内词诉，令本府依前自行理决。"[④] 有的官司被交给厢公所处理，但是厢官又难以处理，不得已又需要交由府县级官员进行处理。南宋建立后，临安

---

① 徐松：《宋会要辑稿》兵三，稿本。
② 潜说友：《咸淳临安志》卷十九，文渊阁《四库全书》本。
③ 徐松：《宋会要辑稿》兵三，稿本。
④ 马端临：《文献通考》卷六十三《职官考十七》，中华书局，2011年，第1893页。

等城市也设置厢官,分别由吏部派大小使臣作厢官,"分治烟火、贼盗公事"①。另外,南方的楚州、饶州等城市也设有厢官。

厢坊制度初在京城建立,其后则逐渐被推广至各州、县城。宋初"州县郭内,旧置坊正,主科税","有典以主文案,所由以役使,皆无定数"。②坊正下面,还有户长、甲头之类。其后在南宋时期坊正之制也传入南方城市,江浙一带城市的坊正称"坊长"。

宋代厢坊制度建立后,以皇权为核心的君主专制中央集权朝廷加强了对城市的管理,但是对基层社会的管理还是不足。所谓"皇权不下县",主要是指行政机构设置在县一级,但实际上厢坊制就是皇权下县的一种具体措施,为了进一步加强对基层社会的控制,北宋朝廷还在厢坊制下建立了保甲制度。该制度实为传统的乡里制度的延续,同样是一种连坐制度。厢坊制和保甲制的建立,将以皇权为核心的君主专制中央集权统治延伸至社会的最基层。与同一时期的地中海沿岸以商人为主体的自治城市相比,中国的城市尽管商业出现了巨大发展,但是商人以及城市所有的居民都无法摆脱以皇权为核心的君主专制中央集权朝廷所构织的密如蛛网的城市管理系统的掌控。

三、城市管理系统的创新——巡防制度

宋代巡防制沿袭了始创于唐朝的巡防制。唐代建立的巡防制存在诸多弊端,极不完善,北宋建立后,对唐朝的巡防制加以改革,使之逐渐成熟。宋代的巡防制亦被称为"巡铺法""核巡法""厢巡制"。与唐代相比,宋代的城市巡防制最大的改革之处在于它与厢坊制相结合,使单纯的军事巡防变成了"厢巡"。据相关资料记载,厢巡的组织体系与职能如下:"在全城各厢中,分设若干铺屋,每铺派数名兵士充当'铺兵',也叫巡卒或逻卒。"③当值的铺兵夜间须在管界内严督巡逻,检查各户熄灯情况,并要按漏刻击鼓或击锣。各铺略备防火器物。在城市中高处,用砖砌筑有望火楼。"登楼'卓望'者称'望火兵士',亦曰'探火军人',遇火与'水行人'赴救。铺兵通过各级指挥,'逐日'向上司申报平安与否"④。可见,巡防制度既有加强城市治安管理的功能,也有预防火灾和救火的功能。

厢巡一般由军人组成,从驻兵与本城士兵中调拨,其编制各城不一。北宋汴京每坊巷300步许,有军巡捕屋一所,铺兵5人。南宋临安与北宋开封类似,每两铺设置一名节级军官;每十名节级设一名军员,军员之上,置本厢巡检。北宋厢巡检由虞候充任,南宋由能干的次军都指挥使担任,统率该厢巡检员僚,并与厢吏协作。厢巡检之上有都巡检指挥全局,并受殿前侍尉司约束。都巡检是全城治安的总

---

① 周淙:(乾道)《临安志》卷二《在城八厢》,清钞本。
② 徐松:《宋会要辑稿》职官四八,稿本。
③ 郭正忠:《两宋城乡商品货币经济考略》,经济管理出版社,1997年,第117页。
④ 郭正忠:《两宋城乡商品货币经济考略》,经济管理出版社,1997年,第118页。

负责人,北宋称其为"厢主"或"都厢"。其职权仅在于管制烟火、盗贼事务,处理"笞"以下较轻的"讼事"。北宋中期,都厢职权可处理杖六十以下的公案。但都厢一般仍不准"妄理词诉""擅置刑禁"。临安的巡防军人,南宋初为 102 铺 673 人,后来递增为 115 铺、150 铺、232 铺以上,军巡达 1000 余人。

巡防制度是宋代的治安制度,是宋代城市管理的另外一套城市管理制度。与各级地方政府相平行的"巡检"系统由都巡检、巡检组成,并成为覆盖全国的专职治安网络体系,负责大都会、关津要塞、河道海防边防及广大乡村的社会治安。[①] 宋代地方设路、州(军、监、府)、县三级政府,各级政府除长官外,特设与之平级的巡检官,每路设一名都巡检或都巡检使,负责全路治安工作。每州(府、军、监)设一名巡检或巡检使,负责本州(府、军、监)治安工作。在人烟稀少、治安任务不重的州(府、军、监),则是两三个州合设一名巡检或巡检使。在县一级,一般是数县合设一名巡检,而京畿县则每县设一名巡检,专门负责本地治安。[②]

都城所在的京畿地区范围较大,人口众多,事务较多,为了完善京畿地区的巡检制度,北宋朝廷建立了较为完善的京畿地区巡检系统。其具体的设置为:"十八个京县,每县设一名巡检;两三个相邻京县再设一名'驻泊巡检';汴京城内,设'京城四面巡检',分头负责左、右、南、北四大片治安。开封府又一分为二,成东西两路,各设都巡检使一员,统率开封地区所有巡检……各级巡检,均统率一定数量的士兵……巡检所统的兵士主要是禁军,有些地方也掺杂部分厢军或乡兵。兵士的人数,每位巡检带领的兵士,有数十名至二三百名者。有这样一支武装队伍,专司各路各州各县治安,专司水上、边防、海防、要塞、关津、都会的治安。"[③]

第二节　城市社会管理

一、城市户籍与税收管理

宋代的户籍管理制度与百姓的财产密切相关,统治者对户口进行划分是为了便于税收管理,户口的等级划分也是以财产为依据的。无论城市还是乡村,宋代居民大致被分为主户与客户两类。乡村中的主户是被纳入户口版籍且占有土地并向官府缴纳"两税"的人户,其划分标准为占有土地和资产的多寡,乡里"将'主户'划为五等。一等户约占有土地三顷以上;二等户一至三顷;三等户百亩左右,四等户数十亩,五等户只占有小块土地,多者不过一二十亩,少者一二亩不等。一二等户

---

① 陈鸿彝:《中国古代治安简史》,群众出版社,1998 年,第 198—199 页。
② 陈鸿彝:《中国古代治安简史》,群众出版社,1998 年,第 199 页。
③ 陈鸿彝:《中国古代治安简史》,群众出版社,1998 年,第 199—200 页。

称为上户,三等户称为中户,四五等称为下户"①。

宋代城市的人口构成与乡村的人口构成有较大差别,城市人口分为两大类:一是有特权的阶层,包括文武官员、州县官吏等,被称为"形势户"。二是城市平民,包括各类商人、手工业者等,被称为"坊郭户"。为了加强对以坊郭户为主的城市人口的管理,宋政府建立了城市户籍制度,该制度创始于天禧年间,并于庆历年间趋于成熟。宋代统治者"将天下州县城郭人户分为十等差科"②。划分的依据主要是房产或财产的多少,在十等坊郭户中,大体上又可分为上五等(坊郭上户)和下五等(坊郭下户)两大阶层。坊郭上户中有富有的商人、放高利贷者、手工业主等,坊郭下户中有小商小贩、手工业者、贫苦秀才等。宋朝法律规定,坊郭户须承担劳役,缴纳屋税、地税等赋税。

宋代城市中户籍的划分标准并不清晰,且在不同地方的城市中差异较大,甚至比较混乱。如欧阳修所说:"有只将堪任差配人户定为十等者,有将城邑之民不问贫穷孤老尽充十等者,有只将主户为十等者,有并客户亦定十等者。州县大小贫富既各不同,而等第差科之间又由官吏临时均配,就中僻小州县,官吏多非其人,是小处贫民,常苦重敛。"③可见,有的州县将城市中的无财产者也归入坊郭户之中,贫贱之人因等级被划分过高反而要缴纳过重的赋税。

对城市中坊郭户的等级划分是为了便于政府收税,无论哪个等级,都要依据财产交纳较重的税赋。有的商户还要承担为国家养马的任务或交纳相应的赋税。元丰三年(1080),政府下诏:"以国马未备,令开封府界、京东西、河北、陕西、河东路州县物力户,自买马牧养。坊郭户家产及三千缗,乡村及五千缗,养一匹。各及一倍,增一匹,至三匹止。"④

宋代城市工商业有了很大的发展,因而商税成为政府财政收入的重要来源。为了征收商税,政府还特意制定了"商税征收则例",该制度始于宋太宗淳化五年(994)。《宋会要》记载:"五年五月,诏曰:古者市廛而不税,关讥而不征。盖所察奇邪而禁浮惰也。国家算及商贾,以抑末游。……自今除商旅货币外,其贩夫贩妇细碎交易,并不得收其算。当算之物,令有司件析,颁行天下。揭于板榜,置官宇之屋壁,以遵守焉。"⑤被征收商税的货物种类较多,收税标准也不统一,《文献通考》记载:"关市之税,凡布帛、什器、香药、宝货、羊彘,民间典卖庄田、店宅、马牛、驴骡、橐驼及商人贩茶盐,皆算……行者赍货,谓之过税,每千钱算二十;居者市鬻,谓之住税,每千钱算三十。大约如此。然无定制,其名物各从地宜

---

① 杨子慧、张庆五:《中国历代的人口与户籍》,天津教育出版社,1991年,第73—74页。
② 欧阳修著,李逸安点校:《欧阳修全集》卷一百一十六《乞免浮客及下等人户差科劄子》,中华书局,2001年,第1771页。
③ 欧阳修著,李逸安点校:《欧阳修全集》卷一百一十六《乞免浮客及下等人户差科劄子》,中华书局,2001年,第1771页。
④ 李焘:《续资治通鉴长编》卷三百零二"元丰三年二月壬戌"条,文渊阁《四库全书》本。
⑤ 徐松:《宋会要辑稿》食货一七,稿本。

而不一焉。"① 可见，城市中的商业活动大多都要被征税。《宋会要辑稿》对此也记载："诸处鱼池旧皆有省司管系，与民争利，非朕素怀。自今应池塘、湖、河鱼鸭之类，任民采取，如经市货卖即准旧例收税。"② 可见，鸡、鸭、鱼只要进入市场售卖便要被收税，城市中的商铺及夜市中的食品、杂货等买卖自然也要被收税，由此可见，宋代税收很繁重。

总之，宋代的城镇与乡村分别推行不同的户籍管理制度，但都以职业与财产为划分的依据。乡村中有主户与客户之分，而城市坊郭户中的主户与客户的身份区分并不明显，只有财富等级的分别。这也反映了宋代商品经济的发展与各个阶层内部的社会身份差异。

二、城市盗窃、抢劫的整治与管理

作为人口聚集地，城市人口密度大，人口构成复杂，社会问题多，诸如盗窃、抢劫、赌博、交通混乱等问题频频发生。每一个城市都存在基本相同的社会问题，其中盗窃最为常见。临安城的偷窃现象十分常见，因而官府对治理盗窃十分重视。如：

> 窃盗极多，踪迹诡秘，未易跟缉。赵师弄尚书尹临安日，有贼每于人家作窃，必以粉书"我来也"三字于门壁，虽缉捕甚严，久而不获。"我来也"之名哄传京邑，不曰捉贼，但云捉"我来也"。一日，所属解一贼至，谓此即"我来也"。亟送狱鞫勘，乃略不承服，且无赃物可证，未能竟此狱。其人在京禁，忽密谓守卒曰："我固尝为贼，却不是'我来也'。今亦自知无脱理，但乞好好相看，我有白金若干，藏于宝叔塔上某层某处，可往取之。"卒思塔上乃无人迹往来之冲，意其相侮。贼曰："毋疑，但往此寺作少缘事，点塔灯一夕，盘旋终夜，便可得矣。"卒从其计，得金大喜。次早入狱，密以酒肉与贼。越数日，又谓卒曰："我有器物一瓮，置侍郎桥某处水内，可复取之。"卒曰："彼处人闹，何以取？"贼曰："令汝家人以箩贮衣裳，桥下洗濯，潜掇瓮入箩，覆以衣，舁归可也。"卒从其言，所得愈丰，次日复劳以酒食。卒虽甚喜，而莫知贼意。③

由于盗窃行为十分常见，在个别城市甚至非常猖獗，引起城市居民的极大不安，因而，宋代相关部门专门对各级行政单位就缉捕盗贼的分工做了详细的规定，明确规定缉捕盗贼归州府县主官所管。太祖建隆三年（962），因"贼盗斗讼，其狱实繁，逮捕多在于乡间，听决合行于令佐"。后又因为兵制改革，"合还旧制，宜令诸州府，今后应乡村贼盗斗讼公事，仍旧却隶县司，委命尉勾当……

---

① 马端临：《文献通考》卷十四《政权考一》，中华书局，2011年，第402页。
② 徐松：《宋会要辑稿》食货七〇，稿本。
③ 李剑国：《宋代传奇集》，中华书局，2001年，第881页。

合要节级,郎以四镇司节级充。其余人,并停归。县司色役,其弓手亦以四人充。如有贼盗,仰县尉躬亲部领收捉,送本州"①。针对这些偷窃行为,政府制定相关法律,试图用高压手段来杜绝盗窃行为。高宗在绍兴二十三年(1162)下诏:"近令临安府收捕破落户编置外州,本为民间除害。而所谓小火下者,乃为人诉其恐吓取钱,妄有供具,甚非为民除害之本意。可令有司子细根治,务得其实。"②

除了盗窃之外,城市中的抢劫现象也较为常见。《宋会要辑稿》记载:"近者都城内外,有白昼攫人饮食者,有掠去妇女钗环者,又有暮夜于衢巷剥人衣裳,劫夺财物至殴伤者,听闻骇异,动摇人心。"③许多抢劫之人,"辄于委巷之中僦客邸为关留之所,名曰窠里,得钱则听其责保而去,无钱则执缚拘系,鱼贯蚁聚,臭秽薰蒸,隆暑严寒,备极其苦"④。拐卖人口的现象也较为常见。人口贩子"恐赫以言,或雇卖与人为奴婢,或折勒为娼者甚众"⑤。甚至还有宗教人士逼良为娼的情况,《西湖游览志余》还记载了寺僧因逼良为娼而受到处罚之事:

绍兴间,崇新门外鹿苑寺,殿帅杨存中郡王所建,以处北地流僧。一岁元宵,妇女阗隘,有将官妻携其女入寺观灯,乃为数僧邀入密室,盛酒馔奉款,沈醉,杀其母而留其女,女亦不敢举声。及半年,二僧皆以事出,女独留室中,倚窗见圃外一卒治地,女因呼卒至窗语以前事,托令往报其父。卒如言而往,将官密以告杨帅,遂遣人报寺,约来日修斋。至日,杨帅到寺,僧行俱候见,王命每一僧以二卒擒之,搜出其女,认二僧斩之。毁其寺,尽逐诸髡。⑥

城市中的盗窃与抢劫事件多是游手好闲之人所为,他们还进行诈骗活动。《武林旧事》记载:"浩穰之区,人物盛伙,游手奸黠,实繁有徒。有所谓美人局,又……以伪易真,至以纸为衣,铜铅为金银,土木为香药,变换如神,谓之'白日贼'……以至顽徒如拦街虎、九条龙之徒,尤为市井之害。"为此,都城执政者"先弹压,必得精悍钩距、长于才术者乃可。都辖一房,有都辖使臣总辖供申院长,以至厢巡地分头项下凡数千人,专以缉捕为职"⑦,这些人"皆出群盗"。以盗治盗的方式收效不错,也是宋代城市管理的创新之举,但在一定程度上也有负面作用。

除了偷窃行为,城市中的诈骗行为也相当多。史称临安"游手数万,以骗局为业"。时人周淙说道:"辇毂之下,云云,豪强轻于犯法,奸伏易以乘间,巧伪充

---

① 郑寿彭:《宋代开封府研究》,台北编译馆中华丛书编审委员会,1980年,第345页。
② 潜说友:《咸淳临安志》卷八十九,文渊阁《四库全书》本。
③ 徐松:《宋会要辑稿》兵三,稿本。
④ 徐松:《宋会要辑稿》刑法二,稿本。
⑤ 徐松:《宋会要辑稿》刑法一,稿本。
⑥ 田汝成:《西湖游览志余》卷二十五《委巷丛谈》,浙江人民出版社,1980年,第408页。
⑦ 周密:《武林旧事》,中国商业出版社,第121—122页。

斥，狂狱繁兴，非得材臣，罔克弹治。"① 又如《随隐漫录》记载："钱塘游手数万，以骗局为业。初愿纳交，或称契家，言乡里族属吻合……好饮者，与之沉酗，同席或王府，或朝士亲属，或太学生，狎戏喧呼。或诈失钱物，诬之赔偿。好游者，与之放恣衢陌，或入豪家，与有势者共骗之。好货者，或使之旁观，以金玉质镪，遂易瓦砾，访之则封门矣。或诈败以诱之，少则合谋倾其囊，或窃彼物为证，索镪其家，变化如神。"② 可见，钱塘地区从事诈骗活动的人数较多，且诈骗手段多样。

由于宋代城市发展较快，城市人口异质化突出，无业者较多，因而城市中的盗窃、抢劫以及各种违法活动甚为普遍，对政府治安管理构成了很大的挑战，加强社会管理成为地方政府的重要职责之一。

三、城市火灾与消防管理

古代城市的建筑材料多以木材为主，木质建筑极易燃烧，易成为火灾之源。城市是人口居住的集中之地，木质建筑排列密集，日常生活用火较多，如果用火不当，极易引起火灾。城市越大，火灾所造成的破坏也就越大，给城市居民的生命和财产带来的危害和损失就越大。据统计，两宋 320 余年间，全国共发生 200 多次大规模的火灾，以北宋东京开封和南宋都城临安的火灾次数为最，东京的火灾超过 40 次，临安的火灾也有数十次。建隆二年（961）二月，东京开封内酒坊发生大火灾，焚毁坊内住宅 182 套，酒工死亡达 30 余人。建隆三年（962）五月，京师相国寺发生火灾，焚毁住宅数百套。雍熙元年（960）九月，楚王佐宫大火，焚毁房屋数百间。元祐六年（1091）十二月，开封府署发生大火，被焚毁一空，知府李之纯"仅以身免"。南宋建立后，临安成为都城，上百万的人口集中在一个城市之中，临安多次发生火灾。史料记载："临安城郭广阔，户口繁伙，民居屋宇高森，接栋连檐，寸尺无空，巷陌壅塞，街道狭小，不堪其行，多为风烛之患。"③ 田汝成从 5 个方面分析了临安极易发生火灾的原因："杭城多火，宋时已然。其一，居民稠比，灶突连绵。其二，板壁居多，砖垣特少。其三，奉佛太盛，家作佛堂，彻夜烧灯，幡幢飘引。其四，夜饮无禁，童婢酣倦，烛烬乱抛。其五，妇女娇惰，箦笼失检。"④ 上文所分析的街道狭窄、人口密度较大、木建筑易燃、奉佛之风盛行，以及夜生活用火较多等，不仅是临安一城易发生火灾的原因，也是宋代全国各地城市火灾多发的共同原因。只是都城的人口很多，更易发生火灾。一旦发生火灾则对城市造成巨大破坏，导致人员伤亡、财产损失。南宋临安城多火灾，已经成为一个社会问题。嘉泰四年（1204）三月四日，"粮料院后刘庆家起火，延烧粮料院、右丞

---

① 祝穆撰，祝洙增订，施和金点校：《方舆胜览》卷一《浙西路》，中华书局，2003 年，第 2 页。
② 陈世崇：《随隐漫录》卷五，上海书店，1990 年。
③ 吴自牧：《梦粱录》，中国商业出版社，1982 年，第 81 页。
④ 田汝成：《西湖游览志余》卷二十五《委巷丛谈》，浙江人民出版社，1980 年，第 391 页。

相府、尚书省、中书省、枢密院、左右司谏院、尚书六部，南至清平山、万松岭、和宁门西，及太庙、三茅观下，及军民七千家，二昼夜乃灭"①。嘉定四年（1211）三月丁卯："行都大火，燔尚书中书省、枢密院、六部、右丞相府、制敕粮科院、亲兵营、修内司，延及学士院、内酒库、内宫门庑，夜召禁旅救扑。太室撤庙庑，迁神主并册、宝于寿慈宫……火及和宁门鸱吻，禁卒张隆飞梯斧之，门以不焚。火作时，分数道，燔二千七十余家……时省部皆寓治驿、寺。"②火灾不但烧毁了大量财物，而且导致官府机构要搬迁至驿站、寓所办公，可见受灾程度之严重。除了都城外，其他大中小城市也多有大型火灾发生，所造成的损失也不可低估，危害甚大。孝宗淳熙十四年（1187），成都府城失火，"府有棋盘市，俗言孔明八阵营也，居民栉比，一燎无遗"③。城市一旦发生火灾，很难在短时间内被扑灭，造成的损失巨大，因而宋王朝从中央到地方各级政府都十分重视对城市火灾的预防与救助，为此制定了专门的消防制度，建立了相关的消防组织。

宋朝对消防管理工作十分重视，其指导思想为"防患于未然"，同时对火灾发生后如何应对也有相关规定。《宋刑统》明文禁止非时、非地、非法用火，规定对失火、纵火、当救不救者要依法严厉惩治。为加强城市消防管理，政府先后制定并采取了若干措施。

（一）官府设有专门的消防机构

为了应对随时可能出现的火灾，宋朝规定都城及各大城市要成立专业化的灭火机构——潜火队。潜火队除拥有得力军士，还配备有当时最好的消防器材。据记载，各城市"所在官府有潜火队"。潜火队多由军队组成，以开封为例，"每坊巷三百步许，有军巡铺屋一所，铺兵五人，夜间巡警收领公事。又于高处砖砌望火楼，楼上有人卓望。下有官屋数间，屯驻军兵百余人，及有救火家事，谓如大小桶、洒子、麻搭、斧锯、梯子、火叉、大索、铁猫儿之类。每遇有遗火去处，则有马军奔报。军厢主马步军、殿前三衙、开封府各领军级扑灭，不劳百姓"④。对于如何救火，宋朝有相关的规定：一旦发生火灾，负责消防的军巡要立即赶赴现场，首先将居民清出，再由潜火队军士携带救火器具入场扑救。地方政府负责火灾的善后工作，奖赏有功者，惩处失职者。为了加强救火的能力，宋朝廷还赋予潜火队在消防灭火时较大的处置权力。虽然宋代相关法律对于城市居民房产私有权予以保护，但是一旦发生火灾，潜火队有权临时根据火灾的现场情况做出决断，"遇火，小则扑灭，大则观烟焰所向，必迎前拆屋以止之"。

---

① 田汝成：《西湖游览志余》卷二十五《委巷丛谈》，浙江人民出版社，1980年，第391页。
② 脱脱等：《宋史》卷六十三《五行志·火》，中华书局，1985年，第1383页。
③ 李心传：《建炎以来朝野杂记》乙集卷八，中华书局，2000年，第639—640页。
④ 孟元老：《东京梦华录》，中国商业出版社，1982年，第24页。

(二) 建立四时巡防的防火制度，强化各部门的职责

一是在各城区设置若干个军巡铺，覆盖城区每一街坊和郊外各处，除维护治安外，还有巡查火灾的任务，由巡兵日夜轮流巡视，观察所管辖区域是否有火灾发生。二是各街巷设立固定的"防隅官屋"，或称"卓望楼"，主要任务是防火报警，实行"分隅责任制"，如发现烟火延烧处，白天以旗帜为标识，指示灭火方向，夜间则换成红灯。《梦粱录》卷十记载，每隅配 102 名兵丁，备有常用救火器械，发生火灾时配合专责灭火队参加本隅救火或支援其他隅处灭火工作，使防火与灭火有机结合。三是城郊四隅同样如上述安排，"城外居民繁盛，防虞之事，亦岂容略"？淳祐四年（1244）八月，宋朝廷选出军兵 1200 人，组建城外四隅，每隅 300 人，分别主管城郊四壁防火之事。为了统一全城的扑救工作，京城设有帅司和节制兵马，并对救火等进行统一指挥。《梦粱录》载："遇有救扑，有司官吏，听行调遣，不劳百姓余力，便可扑灭。"避免了救火时各自为政的弊病。淳祐年间，临安府又建立了多支专业化的救火队，设在知府较场前。开禧二年（1206），又在知府大门里增设"帐前四队"，专门从事救火工作，有兵卒 350 人，如遇火灾，"听号令扑救"。通过建立多项制度，使东京的消防和救火工作效率有了明显的提高。

南宋时期临安的消防制度比北宋开封更为完善。临安"在城九厢界，各厢一员小使臣注授，任其烟火盗贼，收解所属。其职至微，所统者军巡火下地分，以警其夜分不测耳。曰宫、城、厢、庑、坊、巷，东至嘉会门禁城角，西至中军壁小塞门，南至八盘岭，北至便门巡铺城角矣"①。巡铺是临安负责灭火的军士的驻防点，"临安的防、灭火军兵布置为东、西、南、北、上、中、下、府、新、新南、新北、新上，12 个隅，每隅 102 人，共 1224 人。更为专门的防火、消火队为七个，他们是 206 人的水军队，118 人的搭材队，202 人的亲兵队，350 人的帐前四队，计 876 人。此外，钱塘、仁和两县管辖的四方，即东壁 500 人，西壁 500 人，南壁 500 人，北壁 300 人，共 1800 人"②。与北宋开封的消防制度和消防机构相比，临安的消防制度更合理，消防机构更完备，消防士兵的人数及布局也更为合理，预防和救火能力更强。

（三）加强灯火管制，建立相关的消防责任制度

除了建立庞大的消防队伍之外，在火灾预防上，宋朝的城市管理者也采取了诸多措施。北宋东京开封、南宋都城临安等重要城市为预防火灾，还实行灯火管制。东京火禁甚严，夜分即灭烛，如家中有醮祭等活动，必报厢官备案，如果未报，一旦被发现则必受到处罚。

统治者将厢坊作为基层的组织单位，厢主要负责夜火的管理。《东轩笔录》记

---

① 吴自牧：《梦粱录》，中国商业出版社，1982 年，第 53 页。
② 伊永文：《宋代市民生活》，中国社会出版社，1999 年，第 109 页。

载:"京师火禁甚严,将夜分,即灭烛,故士庶家凡有醮祭者,必自先关白厢使,以其焚楮币在中夕之后也。至和、嘉祐之间,狄武襄为枢密使,一夕夜醮,而勾当人偶失告报厢使,中夕骤有火光,探子驰白厢主,又报开封知府。"①

宋朝廷高度重视对存放易燃物资的仓库等地的灯火管制,颁布了相关法令,其规定甚严。宋真宗大中祥符八年(1015)明文规定:"皇城内诸司、在京百司库务、仓草场,无留火烛。如致延燔,所犯人泊官吏悉处斩,番休者减一等。"②由此可见,相关管理机构的官吏一旦渎职造成火灾,其后果是相当严重的,因此各管理机构的官员都非常谨慎。

宋代城市消防工作注重就近原则,《宋会要辑稿》载:"居民或遇遗火,差拨马军司潜火官兵,缘地步遥远去处人力奔趁迟误。自今如众安桥以北就便令殿前司策选锋军、后军,各差二百五十人逐急先次前去救扑,仍委统制官部押。"③

(四)完善救火制度,实行官民联防

北宋时期,消防等城市应急工作皆由官府和军队负责,百姓不准参与,其目的之一在于"防范奸猾之徒趁火打劫,也为了防范无赖之辈借机自残以敲诈屋主,法律规定只有官办灭火队伍以及屋主可以实施救火,其他无关人员不得擅自行动。由于在救火时片面依赖官办救火队,未能充分动员附近居民的力量,凡失火地方,'须候都巡检到,方始救泼,致枉烧屋'"④。由于火灾发生后要等待潜火队的到来,火势往往变大,造成较大的损失。另外,火势一旦变大,潜火队人员较少,往往顾此失彼,难以应对。因此,不少官员对此进行反思,建议允许民众参与救火事务。大中祥符二年(1009),宋朝在对以往救火工作得失进行反思的基础上决定:"今后如有遗火,仰探火军人走报巡检,画时赴救。都巡检未到,即本厢巡检先救。如去巡检地分遥远,左右军巡使或本地分厢界巡检员僚指挥使先到,即指挥兵士、水行人等与本主同共救泼,不得枉拆远火屋舍。"⑤天圣九年(1031),由于"都輦闾巷,有延燔者,火始起,虽邻伍不敢救,第俟巡警者至,以故焚燔滋多",因而宋仁宗下诏规定:"京城救火,若巡检军校未至前,听集邻众赴救。"⑥南宋时期,各大城市火灾频繁发生,因而南宋政府进一步强化城市居民参与救火的责任,并最终形成了以保甲为基础的民众防火救火体系。宋宁宗时法典《庆元条法事类》规定:"诸州县镇寨城内,每拾家为一甲,选壹家为甲头,置牌,具录户名,印押,付甲头掌之。遇火发,甲头每家集一名救扑。讫,当官以牌点数。仍以官钱量置防火器

---

① 魏泰撰,李裕点校:《东轩笔录》卷十,中华书局,1983年,第117页。
② 徐松:《宋会要辑稿》刑法二,稿本。
③ 徐松:《宋会要辑稿》瑞异二,稿本。
④ 余小满:《试论宋代城市发展及其管理制度变革》,《天中学刊》,2009年第6期。
⑤ 徐松:《宋会要辑稿》兵三,稿本。
⑥ 徐松:《宋会要辑稿》刑法二,稿本。

具,官为收掌,有损阙,即时增修。"①

综上所述,宋代的城市消防制度较前代有所完善,并多有创新,对城市火灾的预防与救助也较为有效。

四、城市人口与流民管理

汉唐时期,各地城市皆实行严格的坊市制,由于坊为封闭式的居住空间,以坊为单位进行人口管理十分有效。但是北宋时坊市制解体、封闭的坊墙被拆除后,传统的按坊进行管理的方法就不能再继续。于是宋代政府在原来的人口管理制度基础上加以变通,按照街巷将居民编列起来,进而对人口按户管理。宋代政府发明了户牌制,即在"每户门前置一个粉牌,牌上写明户主、妻子、子女、奴仆、寄居亲友等人的姓名、年龄、相貌特征等。家庭成员如有死亡,将姓名抹去;如果添人,将姓名加入;家里来了客人,必须将客人姓名及来去年月登记上牌。每月朔望,厢巡检派出值巡官员挨户查核,每家每户的人口变化都要在户牌上注明,同时将这些变化登录在簿,作为日后查询之用。除了每户设置户牌,居住区还设立街楼,街楼上列有本坊巷名称、居住人户等诸多条目,便于查找、控制"②。除了对常住人口进行有效管理外,北宋政府对流动人口也加强了管理,并形成了一些新的制度,如"禁止私度僧道,禁止无证住宿、勾留;禁止外地人冒用京师户籍参加科举考试;旅店设'店历',登记客人往来住宿情况,不得容留逃军、逃犯等等"③。宋代所推行的城市人口管理制度比前代的人口管理制度更加有效,因而得以推广。

此外,北宋政府还对流民加强了管理。北宋时期,战争、灾荒较多,致使大量流民无处可去,很多人流入城市之中,特别是都城的流民很多。宋代对流入城市的流民大致采取三种方式安置。

(一)针对流民设置相应的安置场所

对于乞丐,宋代统治者设立了专门的收容机构——安济坊,后又改为居养院。由政府提供住宿的场所,并提供粮食,将那些流散在街市的无家可归之人统一安置进安济坊(居养院),以减少社会不稳定因素。不过,宋代对流民的收容是有限制条件的,一是"无依者",即没有依靠、无任何财产及收入来源的人,他们大多是因灾荒流落到城市当中的。二是流民的收容有时间限制,仅限于每年"冬、春天寒之际"。熙宁二年(1069),皇帝下诏,"京城内外值此寒雪,应老疾孤幼无依乞丐者,令开封府并拘收,分擘于四福田院注泊";熙宁三年(1070)皇帝诏开封府,"收京城内外贫寒老疾孤幼无依乞丐者,分送四福田院,额内人日给钱,候春暖中

---

① 谢深甫:《庆元条法事类》卷八十,清钞本。
② 柳雨春、杨瑞军:《试论宋代城市的治安管理》,《许昌学院学报》,2007年第3期。
③ 柳雨春、杨瑞军:《试论宋代城市的治安管理》,《许昌学院学报》,2007年第3期。

书罢"①。不难看出,政府对流民的安置也只是抱着"救急"的心态。下文是元祐三年(1088)冬政府的救济措施:

> 频雪,民苦寒,多有冻死者,吕公著为相,日与同列议所以救御之术,乃发官米、炭,遣官数十,分置场于京师,贱鬻以惠贫民。又出内库钱十万缗,委开封府官吏走遍闾阎,周视而赈之。又遣官按视四福田院,存抚丐者,给以日廪,须春暮而止。农民贷种粮。流移在道者,所过州县存恤,寓以官舍,续其食。流配罪人,随所在寄禁,亦委官吏安存之。或为饘粥汤药以救疾,或为毡笠绵衣以御寒。民有弃老稚于路者,皆设法救养之,凡待赈而活者,一路或数十万口,赖贷以济者又倍焉。②

除了京城外,地方流民的安置亦仿此制。宣和四年(1122),德州张拜荣、王景温也在本州安置京东路流民600余户,正如十二月十三日徽宗所言:德州有京东路西来流民不少,本州知通张拜荣、王景温等见行赈济,于在城并安德、平原县三处措置宿泊计631户。

(二) 以工代赈

以工代赈是宋统治者安置流民的又一种措施,即发生灾害或战乱之时,出现数量较多的游民,官府将这些人组织起来,令他们进行一些工程建设,临时解决这些人的生存问题。但是不少流民往往满意于这种临时安置措施,故即使灾害结束且农耕的时间到了,也不想返乡,仍然滞留于城市。神宗熙宁六年(1073)冬至七年(1074)二、三月有数个月的旱灾,"乃自冬迄今,旱叹为虐,四海之内,被灾者广,间诏有司,损常膳、避正殿,冀以塞责,消变历月,滋久未蒙休应……其时各路饥民,有流往京西者,有滞留京师者,经开封府调查,留于辖内者,达九百三十六"。鉴于此,熙宁七年(1074)六月丁丑,皇帝下诏:"在京饥民,令开封府籍大小口数,并乡土以闻。开封籍上,九百三十六人。诏:委官审问,给券遣还本乡。"但流民因为返乡赋税过重或自己没有土地,且在京城能够免税,故不肯返乡。与此同时,熙宁七年(1074),官府还注意到"民既失业,流移道过京师,苟给以粮食,远近相传,来者不已,则难以周给,而近畿又未有兴工用众之役以募之。臣等以为莫若诏流民所往州郡,募其少壮者充役,疾病老幼者,则计口给食。遂诏京西路监司官,分定州军,速检计随处当兴大小工役,募流民给钱粮兴修"③。朝廷通过募工的方式,组织流民到各县去建设各个政府工程,既解决了流民的生存问题,又可以为政府提供劳动力,可谓一举两得。

除了募工外,遣返流民回乡耕种也是政府安置流民较为常用的做法。流民大都因灾害所致,没有房屋、土地与粮种。鉴于此,政府会给流民提供居所、粮食,甚

---

① 李焘:《续资治通鉴长编》卷二百十八"神宗熙宁三年十二月甲子"条,文渊阁《四库全书》本。
② 董煟:《救荒活民书》卷三,清嘉庆墨海金壶本。
③ 李焘:《续资治通鉴长编》卷二百五十一"神宗熙宁七年三月乙丑"条,文渊阁《四库全书》本。

至以免赋役的方式鼓励流民返乡。宋朝统治者对流民采取较好的安置措施，对已往的税收进行减免，甚至不予追缴，并且对返乡的期限也有所放宽。总之，宋代统治者对流民采取了救济、安置、遣返等多种措施，对当时的城市管理与社会稳定起到了积极的作用。

（三）对于失去父母的流浪儿童采取多种安置措施

如建立慈幼局，专门收养流浪儿童或被遗弃小儿，由当局雇佣贫穷妇女入局为养育人员。如果居民有能力且愿抱养这些儿童，官府还可按月支给一定数量的钱米。

南宋建立之初，大批北方的人口逃难至南方，其中不少人随着南宋朝廷到了临安，"他们衣食无着，露宿街头，造成临安社会秩序的混乱。为了消除这种混乱局面，尽快建立良性治安秩序，南宋政府设法安置流民，发给他们建屋材料和必要的生活用品；对无法生活的贫民，按月支给粮米，使其勉强度日；对被遗弃的流离儿童，允许人家收养并可改姓。这种接待处，临安府城内外共有20余处，据《湖墅小志》卷一载，共计接待'三百余万'人。接待处设立以后，众多流民的基本生活问题得到解决，滋扰事件大为减少"[①]。经过南宋初年对流民的安置，南宋政府积累了较多管理流民的经验，从而使城市管理较为规范有序。

五、城市营建与管理

（一）加强城墙等基础设施的营建

北宋建立后，北方游牧民族经常武装侵扰宋地，城市更是其攻掠的主要目标，因而北宋统治者十分重视城墙等城防基础设施的建设。城墙的坚固与否，关乎居住在都城中的统治者与居民的人身安全，甚至关乎天下的兴亡。对此，范仲淹有着深刻的认识：

> 臣闻天有九关，帝居九重，是王者法天，设险以安万国也……臣请陛下速修东京高城深池。军民百万，足以为九重之备，乘舆不出，则圣人坐镇四海，而无顺动之劳；銮舆或出，则大臣居守九重，而无回顾之忧矣。彼或谋曰：边城坚牢，不可卒攻。京师坦平而可深犯，我若修完京师，使不可犯，则是伐彼之谋，而沮南牧之志矣。寇入之浅，则边垒已坚，寇入之深，则都城已固，彼请割地，我可弗许也；彼请决战，我可勿出也。进不能为患，退不能急归，然后困而挠之，返则追之，纵有抄掠，可邀可夺，彼衰我振，未必不大胜也，此陛下保社稷、安四海之全策矣。或曰：京师，王者之居，高城深池，恐失其

[①] 柳雨春、杨瑞军：《试论宋代城市的治安管理》，《许昌学院学报》，2007年第3期。

体。臣闻后唐末,契丹以四十万众,送石高祖入朝,而京城无备,闵宗遂亡。石晋时,叛臣张彦泽,引契丹犯阙,而京城无备,少主乃陷。此皆无备而亡,何言其体哉!①

从上文可知,范仲淹特别强调加固都城城墙等设施的重要性,认为城墙既可以御外,又可以安内,并举后唐时期因城墙不坚固导致外敌入侵的例子,以此向皇帝证明加固城墙的重要性。

鉴于城池等基础设施对于国防和加强统治具有十分重要的意义,北宋朝廷多次对东京开封城进行维修。熙宁八年(1075),宋神宗称:"都城久失修治,熙宁之初,虽尝设官缮完,费工以数十万计,今遣人视之,乃颓圮如故,若非选官总领,旷日持久,不能就绪。"② 为此,官府动用厢军对城墙进行修复。熙宁八年(1075)四月,"沙苑监隶群牧司,余八监及河南北两监牧司并废",同时决定"马监兵五千,以为广固,保忠指挥,修完京城焉"③。

宋元丰年间,东京已经由专门修治城市的兵士修整完毕,变得井然有序。"新城每百步设马面、战棚,密置女头,旦暮修整,望之耸然。城里牙道,各植榆柳成荫。每二百步置一防城库,贮守御之器,有广固兵士二十,指挥每日修造泥饰,专有京城所提总其事。"④

一般而言,一个新的王朝建立后,会对新的都城进行整治和修建,以加强城市防御能力与改变城市空间布局。南宋建立后,更是对都城临安进行了大规模的修建,宋高宗在旧城基础上营建都城,将其原有规模扩大。与此同时,修建皇城,"周回九里"。此外,还对东南城墙做了扩展,在"旱门"外建立半月形的瓮城,以加强防御。在建筑材料上,将"先前土夯的城墙逐步改建为砖墙,经过维修与加固后的城墙,高达3丈,厚约丈余,严禁闲杂人等攀登。城墙外周有十多丈宽的护城河,护城河两岸种植杨柳,禁止行人往来"⑤。

除了京城,进行大规模城墙建设的地方城市也较多,如北方重要城市洛阳也经过多次修治。元丰年间,洛阳因水灾而遭到破坏:"近被水灾,自大内天津桥堤堰、河道、城壁、军营、库务等皆倾坏。闻转运司财用匮乏,必难出办;役兵累经划刷,府官职事繁多。欲望许臣总领,赐钱十万缗,选京朝官选人使臣各三五人,与本府官分头补治。乞发诸路役兵三四千人。"⑥ 庆历七年(1047),有官员上书"勘会瀛州昨展州关城,已填塞大濠,空歇不便,缘诸处紧占兵士,无应副功役,欲乞且令开壖,放水通流,候今秋河上诸处休闲兵士,即并手修筑",后"修展保州关

---

① 范仲淹:《范文正公集》卷十九,《四部丛刊》影明翻元刊本。
② 李焘:《续资治通鉴长编》卷二百六十七"熙宁八年八月庚戌"条,文渊阁《四库全书》本。
③ 李焘:《续资治通鉴长编》卷二百六十二"熙宁八年四月己丑"条,文渊阁《四库全书》本。
④ 孟元老:《东京梦华录》,中国商业出版社,1982年,第6—7页。
⑤ 沈冬梅、范立舟:《浙江通史·宋代卷》,人民出版社,2005年,第143页。
⑥ 徐松:《宋会要辑稿》方域一,稿本。

城"①。景祐四年（1037），广州官员上书说："城壁摧塌，乞差人夫添修。"随后，朝廷命令广州修城，"先从摧塌及紧要处修整"②。

从以上宋代的城市修建活动看，宋朝历代统治者对城市的修筑极为重视，并多使用军队（厢军）对城市进行修建，反而极少使用民力，这在历朝修建大型工程的案例中是较少见的。

（二）加强街道的建设与管理

坊市制的解体，带来了宋代城市管理的新变化。同时，由于失去了坊墙的限制，民众临街设铺开店成为常态。开封作为帝都，人口众多，工商业十分繁荣，因而店铺越开越多，不少店铺因原有面积太小，不断向外扩建，由此普遍出现侵街现象，影响道路交通和社会治安。"侵据官道，檐庑相逼，故火数为害。"在侵街现象发生初期，不少城市的政府并未重视，即使天子脚下的开封也在所难免。因此，宋太祖建隆四年（963），宋廷颁行《宋刑统》，明确规定："诸侵巷街阡陌者杖七十。"但是，不少城市居民为了满足生存和发展的需要，甘冒杖刑等处罚，因而仅靠法律手段并不能阻止侵街现象发生。开宝九年（976），宋太祖"宴从臣于会节园，还经通利坊，以道狭，撤侵街民舍益之"③。但侵街现象仍然不时发生，经常是拆了又建。因而宋仁宗天圣二年（1024）规定："京师民居侵占衢街者，令开封府榜示，限一岁依元立表木毁拆。"④即政府在主要干道两旁竖立木柱，作为道路标记，禁止民众在道路两侧侵街修房。随着开封人口的增加和经济的繁荣，原有的街道越变越窄，严重影响道路交通。咸平五年（1002），谢德权奉旨对主要街道进行扩建，但面对众多的侵街者，工作的开展困难重重，特别是招致了权要抵触，很难推行，朝野"群议纷纷"。他顶住压力，"先撤贵要邸舍"，从而使"因条上衢巷广袤及禁鼓昏晓，皆复长安旧制"。此后，宋朝廷规定："开封府、街司约远近置籍立表，令民自今无复侵占。"⑤

但是直到北宋灭亡，开封等城市的侵街问题都未得到根本解决。临安成为南宋都城后，侵街的现象仍然时有发生。淳熙三年（1176），宋孝宗下诏："临安府都亭驿至嘉会门里一带居民，旧来侵占官路，接造浮屋。近缘郊祀大礼拆去，旋复搭盖。如应日前界至，且听依旧。其今次侵展及官路大……日下拆截。其余似此侵占去处，令本府相度开具以闻。"⑥为了杜绝侵街现象，各城市政府除了动用行政权力进行强制拆除外，还制定了经济措施。元丰二年（1079），宋廷议定征收"侵街钱"。宋徽宗时期，宋廷进一步议定征收"侵街房廊钱"。

---

① 徐松：《宋会要辑稿》方域八，稿本。
② 徐松：《宋会要辑稿》方域九，稿本。
③ 李焘：《续资治通鉴长编》卷十七"开宝九年二月乙巳"条，文渊阁《四库全书》本。
④ 李焘：《续资治通鉴长编》卷一百零二"天圣二年六月已未"条，文渊阁《四库全书》本。
⑤ 李焘《续资治通鉴长编》卷五十一"咸平五年二月戊辰"条，文渊阁《四库全书》本。
⑥ 徐松：《宋会要辑稿》方域一，稿本。

在整治侵街现象的同时，宋政府也通过拓宽城市道路和修建廊道等方式来改善城市人居环境。如开封府在拆除侵街民房的同时对道路进行了加宽，并沿街修建人行走廊。如汴京"坊巷御街，自宣德楼一直南去，约阔二百余步。两边乃御廊，旧许市人买卖于其间，自政和间官司禁止。各安立黑漆杈子，路心又安朱漆杈子两行。中心御道，不得人马行往，行人皆在廊下朱杈子之外"[①]。南宋时期，临安多雨，为了方便行人避雨，绍兴三年（1133）宋高宗允准"梁汝嘉同修内司官就东廊旧基营盖"，建行人过廊，以便城市居民出行。

六、城市日常社会秩序管理

（一）城市交通秩序的整治与管理

城市门禁制度也是宋代城市管理的主要内容之一。北宋城市仍然沿用传统的门禁制度，居民"未明前不得搭关龙（拢）锁，恣纵开闭，透漏奸诈及商税物色。违者并科违制之罪"[②]。南宋临安府城设有 18 道城门，皆有相关官员对各门进行管理，"令监门官吏严紧守钥"，非到"日休时"不许"降付"诸门，更"不得搭关拢锁，徇私出入"[③]。

另外，为了加强对城市道路的管理，特别是对京城道路的管理，朝廷特别制定了一系列条例，如京城之中皇帝及高级官员有道路使用的优先权，皇帝外出时，"先期禁卫所阁门牒临安府约束居民，不许登高及袒裼观看。男子并令衫带，妇人裙背。仍先一日封闭楼门，取责知委，不许容著来历不明之人"[④]。城市中居民外出行走，一旦遇到皇帝出行，要为其让道。

宋代政府对城市居民行路并未设置严苛的管理制度，因而导致无序的情况时常发生，如街道人流如潮，行人拥挤，秩序较为混乱，"九衢之中，不问尊卑贵贱，务相排轧，两不逊避。甚或给使技胥及白身之舆马，下至担夫荷卒，皆与朝臣争道，莫之谁何"。皇帝的"乘舆才过，驾后围子每重只四五人，不能呵卫禁严法物及供奉班联，乃与行路人混为一区；虽袒裼负载者，亦得并行禁围之中"[⑤]。

随着对礼制的规范，宋廷也对"避路"做了相关规定，即官长出行，下级官员及普通民众都应该主动让路，否则要受到处罚。但同时也制定了相关特殊规定，即在特殊情况下，如遇救火等"急切事"，允许救火民众可不避路，"许横绝驰过"。

---

① 孟元老：《东京梦华录》，中国商业出版社，1982年，第12页。
② 徐松：《宋会要辑稿》方域一二，稿本。
③ 徐松：《宋会要辑稿》刑法二，稿本。
④ 周密：《武林旧事》，中国商业出版社，1982年，第2页。
⑤ 曾枣庄、刘琳点校：《全宋文》卷四千九百八十，上海辞书出版社、安徽教育出版社，2006年，第325页。

由于大多数城市皆临江河而建，临河之处多发生安全事故，因而宋廷开始注意并重视在临河重要节点之处增置安全标记或防范设施。如开封府临汴河，"汴水湍急，失足者随流而下，不可复活。旧有短垣，以限往来，久而倾圮，民佃以为浮屋"①。元祐年间，御史方达源建议朝廷重修沿河短垣，得允准，此后再无失足落河者。南宋都城临安也是河道纵横，故而临河落水事故也时常发生。

此外，宋代政府还十分重视城市桥梁等基础设施建设，如东京开封府先后在汴河建有 13 座桥，在蔡河建有 11 座桥，在五丈河建有 5 座桥，在金水河建有 3 座桥，由于桥梁附近多为人流、物流、车流和船流密集之地，因而宋政府要求每座桥梁的设计和修建不仅要考虑车马和行人的通行以及负荷载重，而且还要考虑通航和泄洪等因素，尤其是大型船只的通行。由于有相关的规定和制度，宋代所建桥梁对于城市人居环境的改善起了重要的推动作用，不仅有利于交通的畅通，而且也减少了交通事故。

（二）城市人居环境的整治与管理

宋代城市有了较大发展，城市人口大幅度增加，城市空间变得相对拥挤，城市人口的增加所产生的垃圾和粪便等废弃物也随之增多，城市人居环境也随之发生变化。由于缺乏对垃圾和粪便等废弃物进行处理的场所和制度，不少城市居民将垃圾、粪便、瓦砾等"抛飏河内"。致使城市人居环境恶化，不仅易引发疾病，还会导致河流污染，生活用水、生产用水、牲畜饮水等都大成问题。另外，河道淤塞也极易引发水害。泉州等城市，"民家傍壕沟而居者，多填委粪壤，以致湮阏，而跨沟为屋者尤甚"。夔州"地卑巷隘，混以民居，污渠粪壤，混乎其间，臭朽之所蒸，蜗螟之所家，非所以妥灵而崇祀也"②。庆元府城"两岸居民节次跨河造棚，汙秽窒塞如沟渠然，水无所泄，气息蒸薰，过者掩鼻"③。吉州州城"沟渠不通，处处秽恶，家家湿润。人之血气触此，则雍气不行，病于是乎生。今通逵广路，犹无洁净之所，而偏街曲巷，使人掩鼻疾趋如此，则安得不病"④?

城市人居环境的恶化，引起了宋朝政府的高度重视，很多官员对此提出整治建议，为此，从中央到地方政府相继采取了若干措施。一是颁布相关禁令，依法治理。北宋时期，《刑统》规定："其穿垣出秽污者杖六十，出水者勿论。"另外，若主管的官员无作为，则同样问责，即"主司不禁，与同罪"。南宋时期，都城临安的人居环境再次恶化，乱倒垃圾的现象更加常见，因而南宋大理寺于绍兴四年（1134）颁布禁令，规定"辄将粪土瓦砾等抛入新开运河者，杖八十"。相比北宋时期增加了 20 杖，由此可见法令更加严厉。此外，各地城市政府也多颁布相关地方法令，对此等行为加以禁止。由此也收到一定的成效。二是通过对

---

① 王明清：《挥麈后录》卷七，北京图书馆出版社，2003 年，第 529—530 页。
② 王十朋：《梅溪先生后集》卷第二十六，《四部丛刊》影明正统刻本。
③ 罗濬：《宝庆四明志》卷十二《渠堰碶闸》，宋刻本。
④ 欧阳守道：《巽斋文集》，文渊阁《四库全书》本。

部分典型案例的处理,达到以儆效尤的目的。如宋仁宗时期,"中官势族筑园榭,侵惠民河,以故河塞不通。适京师大水,(包)拯乃悉毁去。或持地券自言有伪增步数者,皆审验劾奏之"。南宋咸淳年间,有宦官陈敏贤、刘公正污染了临安城的饮用水源,遭官员弹劾而受处罚。由于达官贵人违法也受到严厉处罚,故而一般平民多不敢以身试法,此法从而对人居环境的整治起到了一定作用。三是在京城等重要城市,由政府出资雇人专门对街市、河渠的垃圾等进行清理,然后将这些垃圾运至城外堆放。另外,还鼓励民间收纳、清理垃圾和粪便,实现废物利用,尤其是将粪便运至农村作为肥料,既有利于城市环境整治,也有利于农业生产。此外,宋政府还通过连坐等方式加强对污染环境行为的监控,即将沿河渠两岸的居民编为甲户,"令五家结为一甲,互相纠察",如有人家乱倾倒垃圾、粪便等,可举报。另每三甲推举一人为甲首,甲首之上有渠长,他们负责组织所辖各户居民进行巡查,如发现乱倾倒垃圾、粪便或河渠颓圮等事,即刻层层上报。

虽然以上措施的实施在一定时间内起到了一定作用,但是往往过一段时间这些环境问题又会出现,因而直到南宋灭亡,不少城市的环境问题仍然存在。

(三) 对城市结社的管理与扰乱城市秩序者的治理

宋代政府严禁民众结社,并对扰乱社会秩序者进行严惩。宋统治者制定法令:不准结集练习武艺,违者,教师、为首之人徒2年,其余各杖100;僧、道以外的人不准结集,不准聚众布道,违者杖100。

其时,社会舆论的传播较前更为多样化,尤其是一些政治谣言、经济谣言和社会谣言经常在城市中传播,往往引起民众恐慌。为此,宋廷制定法令:"凡传习妖教,夜聚晓散,与夫杀人祭祀之类,皆著于法,诃察甚严。故奸轨不逞之民,无以动摇愚俗。间有为之,随辄报败,其余不足纪也。"[1] 可见,宋代对妖言惑众者会进行严厉打击。

政府高度重视对混迹于城市街市的占卜之人的管理,并采取多种措施加以管控。宋真宗时,颁布《禁习天文星算相术图谶诏》,规定:"象纬之书,典法所禁。戒其私习,抑有旧章。近闻士庶之间,显行星算之术……用惩薄俗。宜令所在告示管内,除先准敕有口阴阳卜筮书外,应元象气物、天文星算、相术图谶、七曜太乙雷公式、六壬遁甲、并先停废诸算历,私家并不得停留。及衷私传习,有者限一月陈首纳官,逐处官吏焚毁讫奏。敢违犯隐藏者,许诸色人论告,其本犯人处死,论告人给赏钱十万。逐处星算技术人,并送赴阙,当议安排,瞽者不在此限。"[2]

总之,宋代社会经济的发展以及城市人口数量的增多,导致宋代城市社会发生

---

[1] 脱脱等:《宋史》卷一百九十九《刑法志一》,中华书局,1985年,第4981–4982页。
[2] 《中国皇帝全书》编委会:《中国皇帝全书》第五卷,大众文艺出版社,2010年。

了许多变化,同时产生了人口管理混乱、消防安全、流民以及盗贼、结社等问题。针对这些问题,宋代统治者因地制宜,创设了厢房制、巡防制等新制度,为后世城市的治理提供了经验。

第五章 宋代城市社会生活的演变

宋代经济的发展为人口的发展奠定了物质基础，城市人口比隋唐时期有所增长，出现了一些人口规模较大的城市。城市居民的社会生活也因手工业与商业的发展而变得丰富多彩。

第一节 城市人口与阶层的变化

一、城市人口的变化

北宋建立后，国家统一，社会安定，经济发达，为人口的增长创造了良好的条件。根据梁方仲先生考察，宋朝初期至宋朝中期，宋境内的人口总数呈不断增长的趋势。宋太祖时期，全国的户口数为 967353。开宝九年（976），全国有户 3090504。太平兴国四年（978）至端拱二年（989），全国有户 6499145。宋徽宗大观四年（1110），全国户口数为 20882258。南宋时期，由于所管辖的范围缩小，总人口数量有所减少，但人口总的发展趋势也是稳中有升。高宋绍兴二十九年（1159），南宋全国户口数为 16842401；宋宁宗嘉定十六年（1223），南宋全国人口增至 28320085 人。[①]

由此可见，宋代人口呈持续增长趋势，高峰期时（北宋徽宗大观四年）全国总人口达 2080 多万户，以平均每户 5 人计算，则全国总人口有 1 亿人左右。城市工商业的发展和坊市制的解体为农村人口进入城市创造了条件，北宋的城市人口大幅度增加。南宋时期，由于北方持续出现战乱与灾荒，北方人口大量南迁，促进了南方人口的增长，特别是两浙地区的人口快速增长。虽然南宋的总人口仅为北宋人口的 60% 左右，但南宋管辖的地方也较北宋小得多，随着北方移民大量南迁，南方的人口也呈增长趋势。南宋人口的增长大致可分为靖康之乱前后、南宋与金对峙、南宋与蒙古对峙 3 个时期，每一个时期都出现了北方人口南移的移民潮。每次移民浪潮中，都有一定数量的人口迁入两浙，并进入城市之中，其中又以高宗南奔至

[①] 杨子慧、张庆五：《中国历代的人口与户籍》，天津教育出版社，1991 年，第 68—69 页。

"绍兴和议"期间所出现的移民潮为最,其时迁入两浙各地城市的人口最多。① "平江、常、润、湖、杭、明、越,号为士大夫渊薮。天下贤俊,多避地于此。"② 南宋时期,两浙地区的人口增长较快,绍兴末年,两浙共有 2243548 户、4327322 口,较之绍兴初年有了较大的增长。南方地区人口的增加为南宋城市的发展提供了人口条件。北宋中期,东南地区经济发展已经远超北方地区,北方地区总面积占全国总面积的 35.55%,居住人口 5676606 户,占全国人口总数的 34.26%;东南地区面积占全国总面积的 36.12%,居住人口占全国人口总数的 49.02%,达 8123050 户。东南地区的户口数是北方的 1.43 倍,北方户口数只占东南户口数的 69.88%,东南地区的人力资源已经明显优于北方。③ 宋代城市人口与全国人口增加同步,尤其是部分大城市的人口增长很快,其中以都城的人口增长为最。北宋建立后,东京开封府城作为全国的政治、经济、文化中心,人口数量增长迅速。太宗雍熙元年(984),开封府城人口为 18 万户;神宗元丰年间,城市人口增至 23 万户;徽宗崇宁年间,开封府城有"户二十六万一千一百一十七,口四十四万二千九百四十"。④ 宋代人口统计中,"口"是指男丁数,男 20~59 岁为丁,因此,上述资料所述的"口"并不包括妇女、少年儿童及老人。一般说来男丁仅占全部人口的 1/3,所以按口计算,平均每户不到 2 人,而按实际人口计算,平均每户约为 4~5 人。这样,开封府城的实际人口在太宗太平兴国年间应为 72 万~90 万人,神宗元丰年间应为 92 万~115 万人,徽宗崇宁年间应为 104 万~130 万人。以上人口统计还未包括皇室成员及侍从、各地贡生举人、官办工场的工匠、流动商贩、游民、僧道、倡优、仆役、外国商人、侨民以及常驻军队等,如果将这些人口计算进去,开封城市人口可达 150 万~170 万人,是中国历史上继建康、长安、洛阳之后第四个人口逾百万的特大城市。

南宋都城临安的人口因宋室的南迁和大批北方人口的聚集而有了大幅度的增长。如陆游所言:"大驾初驻跸临安,故都及四方士民商贾辐辏。"⑤ 吴自牧也说:"城内外不下数十万户,百十万口。"⑥《都城纪胜》也曾记载:"今中兴行都已百余年,其户口蕃息,仅百万余家者,城之南西北三处,各数十里,人烟生聚,市井坊陌,数日经行不尽,各可比外路一小小州郡,足见行都繁盛。而城中北关水门内,有水数十里,曰白洋湖,其富家于水次起迭塌坊十数所,每所为屋千余间,小者亦数百间,以寄藏都城店铺及客旅物货,四维皆水,亦可防避风烛,又免盗贼,甚为都城富室之便,其他州郡无此,虽荆南沙市太平州黄池,皆客商所聚,亦无此等坊

---

① 沈冬梅、范立舟:《浙江通史·宋代卷》,人民出版社,2005 年,第 222—223 页。
② 李心传:《建炎以来系年要录》,中华书局,1988 年,第 405 页。
③ 沈冬梅、范立舟:《浙江通史·宋代卷》,人民出版社,2005 年,第 63 页。
④ 脱脱等:《宋史》卷八十五《地理志一》,中华书局,1985 年,第 2106 页。
⑤ 陆游:《老学庵笔记》卷八,中华书局,1979 年,第 104 页。
⑥ 吴自牧:《梦粱录》,中国商业出版社,1982 年,第 137 页。

院。"① 据载，南宋道乾年间，杭州有 261692 户，552507 口。② 据相关研究者推算，此一时期临安城区人口实际应为 62 万余人。但是此分析所据的统计资料实际未包括皇室宫廷成员、官僚、贵族、流寓临安的商贾、工匠、游民及庞大的军队。另外，城墙外的人口也未被统计，而居住在城墙外的人有相当部分是非农业人口，因此如果加上这几类人，那么南宋临安城人口实际应超过百万人，是中国历史上第五个人口逾百万的特大城市。

由于人口的增加，临安城的规模与城市建设也得到了快速的发展。当时的诗人也对临安的繁盛景象做了详尽的描述。曹勋曾说："临安在东南，自昔号一都会。建炎及绍兴间三经兵燹，城之内外所向墟落，不复井邑。继大驾巡幸，驻跸吴、会，以临浙江之潮，于是士民稍稍来归，商旅复业，通衢舍屋渐就伦序。至天子建翠凤之旗，萃虎貔之旅，观阙崇峻，官舍相望，日闻将相之传呼，法从之朝会，贡输相属，梯航踵至，翼翼为帝所神都矣。"③ 词人柳永赞美临安："东南形胜，三吴都会，钱塘自古繁华。烟柳画桥，风帘翠幕，参差十万人家。云树绕堤沙，怒涛卷霜雪。天堑无涯。市列珠玑，户盈罗绮竞豪奢。"④

除以上两大城市外，宋代其他的大城市发展也很快。北方的太原、洛阳、秦州、真定、京兆、晋州、大名、密州，长江中游的南昌、长沙，东南的平江、襄州、江宁、扬州、真州、楚州、庐州，川蜀地区的成都、梓州、遂州、绵州、兴元、利州、汉州，闽广地区的福州、泉州、广州等，都是规模较大、人口众多、工商业繁荣的大城市。⑤

从已有的对南宋部分城市人口的统计中不难看出，宋代江南城市基本上仍然遵循中国古代政治中心城市优先发展的规律，城市人口规模形成了从都城向府城、县城依次递减的态势。根据龙登高分析，乾道年间，临安城区人口占全府人口的 40%，至咸淳年间占 47.6%，短短百年内，城市户数所占比例增加了 7.6%。南宋城市人口的状态表明行政等级越高的城市，城市化程度就越高。"南宋都城占临安府总户数的 40% 以上……镇江城及所属的江口镇，占所在丹徒县总人口的 37% 以上，庆元府城在鄞县的比例超过 10%……抚州州治占全境户口的 12.4%；嘉定年间镇江府治在全府的户数比例接近 15%，人口比例则不足 10%……嵊县为 3.6%，淳安县为 7.1%。作为州治的徽州城在歙县的比例仅达 6.9%，它在全州的比例更低至 2.9%。"⑥

两宋时期，全国政治、军事格局变化非常大，特别是北方游牧民族经常南下入侵中原，造成了地区性人口大规模流动，进而造成不同地区城市人口的消长，由此

---

① 耐得翁：《都城纪胜》，中国商业出版社，1983 年，第 15 页。
② 林正秋：《南宋都城临安》，西泠印社，1986 年，第 182—183 页。
③ 曹勋：《松隐集》卷三十一，民国嘉业堂丛书本。
④ 柳永：《柳永词集》，上海古籍出版社，2017 年，第 119 页。
⑤ 邹逸麟：《中国历史地理概述》，上海教育出版社，2005 年，第 340—341 页。
⑥ 龙登高：《宋代东南市场研究》，云南大学出版社，1994 年，第 81—82 页。

导致城市人口的构成发生很大变化。

北宋建立，结束了五代十国的分裂局面，社会的安定和经济的发展促进了人口的增长。据统计，北宋建立后的百余年间，南北人口户数增长不平衡，年平均增长率，"南方为 10.24‰，北方为 8.08‰。由于增长速度大大快于北方，南方在全国户数中所占比重由 60.9% 上升至 65.8%，而北方则由 39.1% 下降至 34.2%，人口密度较高的路基本都集中在东南和四川"[1]。靖康之难以后，宋与金的战争促使北方人口大量南迁，南北地区人口平衡被打破。北方的城市人口逐渐减少，以开封为例，金兵围城期间，"城内疫死者几半"，由于金兵的勒索、搜刮，"凡人间所须之物"[2] 统统席卷一空。此时，南方人口逐渐增多，超过北方。据统计，嘉定十六年（1223），南宋全境户数达 1267 万，如以每户 5 人计，有 63000000～64000000 人。[3]

宋代，北方汉族人口除了向南迁移之外，还有不少人向北方游牧民族地区迁移，其中相当部分的人是因战争而被迫迁移的。辽穆宗应历二年（952）十月，"辽瀛、莫、幽州大水，流民入塞者数十万口"[4]。统和七年（989），辽朝房鸡壁寨人民 200 户迁到檀、顺、蓟 3 州。[5] 类此因战争而导致人口北迁的记载较多，河间、任丘等地的居民民族构成发生了变化，汉族居民的人数增加。此外，北方游牧民族人口向内地迁移也是当时移民潮的重要组成部分。辽、金、夏 3 个游牧民族政权统辖地区的人口也多次因战争或者灾荒向内地迁移。据今人研究，辽朝人口向内地大规模迁移先后有 5 次，分别是在辽太宗、辽穆宗、辽圣宗（2 次）时以及辽朝末年，这些移民大都流入朔州、大同、邓州、襄樊、唐河县、开封、洛阳等地。这些城市的少数民族人口持续增长，并逐渐融入内地城市文化中，如这些迁来的不少契丹人的日常生活几乎与汉人无异。同时他们的生活习俗和文化也对这些城市的居民产生了重要的影响。南宋时期，茶褐、黑绿等色的燕云居民服饰在开封等城市广为流行，原流传于燕云地区的一些音乐、舞蹈等也传入开封。其时，唱契丹歌曲的汉人很多，不仅"街巷鄙人多歌蕃曲"，甚至"士大夫亦皆歌之"[6]。

总之，两宋时期，中原政权与周边游牧民族政权互动频繁，除战争以外，经济和文化的交流也十分密切，从而带来了人口的大流动与南北经济文化新格局的形成。

---

[1] 吴松弟：《中国移民史》第四卷《辽宋金元时期》，福建人民出版社，1997 年，第 6 页。
[2] 李心传：《建炎以来系年要录》卷四，中华书局，1988 年，第 92—93 页。
[3] 吴松弟：《中国移民史》第四卷《辽宋金元时期》，福建人民出版社，1997 年，第 8 页。
[4] 叶隆礼：《契丹国志》卷五《穆宗天顺皇帝》，中华书局，2014 年，第 58 页。
[5] 脱脱等：《辽史》卷十二《圣宗记》，中华书局，1974 年，第 133 页。
[6] 吴松弟：《中国移民史》第四卷《辽宋金元时期》，福建人民出版社，1997 年，第 27 页。

二、城市阶层以及人群的变化

北宋建立以后,社会结构发生变化,其中一个重要的特征就是门阀士族逐渐退出政治历史舞台。土地制度与科举制度的改革,促使大批地主、小生产者、平民、商人等通过科举考试进入官员的行列,参与国家管理,有资产者也可以通过资本捐献进入仕途。在此背景下,宋代社会阶层的流动较前朝更为频繁,城市中等阶层的社会地位也有所提高。

(一) 城市士大夫阶层的变化

隋唐时期的官僚集团和门阀士族因农民起义而遭受巨大打击,"衣冠旧族,多流落闾阎间,没而不振"[①]。而宋以后,随着政治制度的变化,尤其是科举制度的改革与"重文轻武"政策的实施,士大夫阶层开始兴起。

科举制度是兴于隋朝的选拔官员的制度,即普通士人或官员可通过自愿报名方式参加考试,朝廷分科取士,并根据成绩授予他们一定的官职。由于科举考试不需要特别推荐,只要符合相关条件即可"投牒自进",从而使寒门学子有了进入官场的机会,由此打破了长期以来贵族对仕途的垄断。但是在隋唐时期,科举制还处于初步发展阶段,通过科举入仕的人很少,一般的中下层士人也难以进入统治阶层。"到了宋代,科举制度则采取了一系列限制世家大族垄断科举的措施,实行公平竞争,平等取士,有利于寒士的上升,加之科举取士数额扩大,由此不难看出,由唐入宋时期,参与科举考试的人员在出身门第方面出现的变化是很大的。宋朝科举应试的多为出身贫寒之士,这使得士人阶层的阶级来源不断扩大,所囊括的社会阶层也有所增多。"[②] "宋代的科举考试制度,废除了唐代公荐制和公卷制的弊端,并逐步建立了三级考试制度,使得科举考试更加专业化。"[③] 宋代政府增加了科举考试的取士名额,也扩大了科举考试的生源,并对参与科举考试的士人给予若干政策优惠,从而鼓励更多的人通过读书考试进入仕途,成为国家的管理者。因而宋代士人阶层人数远多于唐代,而且人员构成较前更复杂,有更多下层社会的人士通过读书和科举考试加入士人行列,从而改变了城市士大阶层的构成。

与之前历代有所不同的是,士大夫阶层在宋代地位较高,这是宋代"重文轻武"统治政策的结果。宋代建立初期,宋太祖对读书人极为重视:"太祖勒石,锁置殿中,使嗣君即位,入而跪读……呜呼!若此三者,不谓之盛德也不能……自太祖勒不杀士大夫之誓以诏子孙,终宋之世,文臣无欧刀之辟……语曰'周之士贵',

---

① 祖无择:《龙学文集》卷九《书并神道碑铭墓表》,文渊阁《四库全书》本。
② 崔思朋、贺向艳:《唐宋易代时期科举制度变化对士人的影响》,《边疆经济与文化》,2014 年第 11 期。
③ 邱炜耀:《论宋代官员的选拔和管理制度》,《中国高新区》,2018 年第 4 期。

士自贵也。"① 统治者对文人的重视造就了宽松的文化环境，促进了士大夫阶层的发展。而且，在官员任命上，各种职务大都由文官充任，如蔡襄所说："今世用人，大率以文词进。大臣，文士也；近侍之臣，文士也；钱谷之司，文士也；边防大帅，文士也；天下转运使，文士也；知州郡，文士也。"②

有关宋代士大夫的社会地位之高，《儒林公议》记载道："自崇政殿出东华门，传呼甚宠，观者拥塞通衢，人摩肩不可过，锦鞯绣毂，角逐争先，至有登屋而下瞰者，士庶倾羡，欢动都邑。洛阳人尹洙，意气横跞……尝曰：'状元登第，虽将兵数十万，恢复幽蓟，逐强虏于穷漠，凯歌劳还，献捷太庙，其荣亦不可及也。'"③ 由此可知，士大夫比获得军功的将军还受世人的羡慕与爱戴，可见宋代民间崇文之风极盛。

宋代的士大夫多由科举选拔而来，具备较高的文化水平与较好的服务意识，正如陈来先生所说：

> 唐宋以来的知识阶层的主要社会服务方式是通过科举制度进入中央集权的官僚体制，知识阶层是中级以上官吏的主要来源。这样一种社会的存在要求知识阶层首先需要具备的是能够执行公务与刑法的基本思想素质，而不是各种专业化的技能。历史、典章等方面的知识的重要性对于任中央官吏的士大夫更为突出。④

宋代的士大夫阶层较前代清正自律，有着较强的"忧患"与"变革"意识。例如，范仲淹的"先天下之忧而忧，后天下之乐而乐"常为后人传唱。其在《上执政书》中也说：

> 朝廷久无忧矣，天下久太平矣，兵久弗用矣，士曾未教矣，中外方奢侈矣，百姓反困穷矣。朝廷无忧，则苦言难入；天下久平，则倚伏可畏；兵久弗用，则武备不坚；士未曾教，则贤材不充；中外奢侈，则国用无度；百姓困穷，则天下无恩。苦言难入，则国听不聪矣；倚伏可畏，则奸雄或伺其时矣；武备不坚，则戎狄或乘其隙矣；贤才不充，则名器或假于人矣；国用无度，则民力已竭矣；天下无恩，则邦本不固矣。⑤

宋代士大夫具有较为强烈的忧患意识，在宋代政治、经济、文化变革方面都有着较大的贡献，对宋词、理学等中国文化的发展有着较深刻的影响。

值得注意的是，北宋时期，"在特定的时刻，对后妃、皇族和高品级官员的子

---

① 王夫之：《宋论》，中华书局，1964年，第4—6页。
② 曾枣庄、刘琳点校：《全宋文》卷一千零三，上海辞书出版社、安徽教育出版社，2006年，第378页。
③ 田况：《儒林公议》卷上《太宗临轩放榜》，中华书局，2017年，第8页。
④ 陈来：《宋明理学》，华东师范大学出版社，2004年，第89—90页。
⑤ 曾枣庄、刘琳点校：《全宋文》卷三百八十，上海辞书出版社、安徽教育出版社，2006年，第275页。

弟、亲属以至门客等，授以一定的官职，这称为荫补；在没有正任官员的边远地区，可以让吏员成为官员，称为摄官；其他地区吏员按一定的程序成为官员，称为出职……富人向官府捐献粮食、物料、钱财以至人工，都可按规定入仕……宋朝的官户大概在1万至4万户之间，占总数的1‰至3‰"[1]。由此可知，宋代的下层人士不仅可以通过读书的方式入仕，也可以通过捐献等方式进入仕途。

此外，宋朝廷对于官员赋予了恩荫特权。宋真宗年间，文官从知杂御史以上，每年奏荫1人，从带职员外郎以上，每3年奏荫1人；武臣从横行以上，每年奏荫1人；从诸司副使以上，每3年奏荫1人。[2]

宋代通过恩荫得官的人数较多。皇祐二年（1050），每3年以荫得官者不下2000人。宋高宗绍兴七年（1137），每遇亲祠之岁，任子约4000人，比北宋时增加了两倍多。宋代的州县官、财务官、巡检使等低、中级官员，大部分由恩荫出身者担任。随着官员家庭人数的自然增长，凭借恩荫得官者日益增多，恩荫制度便成为宋代冗官的主要原因之一。[3]

（二）城市商人群体的变化

宋代城乡经济有较大发展，商品经济较前更加发展，而商业的发展又推动了商人群体的发展。商人作为推动宋代经济发展的重要主体，不仅人数有所增多，其社会地位也有所提高。

宋代商人群体较为庞大，是宋代城市社会结构的重要组成部分。宋代文学中对商人与商业活动多有记载，相关诗有1万余首，这些作品中的相关词汇包括商人、商贾、商客、贾客、贾人、商贩、贾贩、贩夫、贩妇、行商、坐贾、南商、北贾、富商、巨贾、巨商、估客、牙人、牙侩、驵侩、胡贾、蛮贾、蛮商、贾胡、商胡、海商、海贾等，有近400个；又有包括坊市、河市、水市、山市、村市、草市、墟市、早市、晚市、夜市、鱼市、酒市、药市、蚕市、花市、灯市等在内的集市类词400余个；包括酒家、酒楼、酒店、酒旗、酒帘等在内的酒家类词近600个；包括市声、商舶、商帆、贾舶、善贾、商旅、贾区、百货、买卖、贸易、铁钱、楮币、榷场、互市、津吏、关征、征榷等在内的词语300余个。此外，宋诗中商、市、卖、买、典、钱、征等字词出现频率很高，多至数千次；鬻、贩、货、店、楮、币、赊等数百次；贸、榷、税、赁等数十次。[4]

宋代商人群体的发展，一个重要的表现就是出现了一些巨商富贾。这些商界巨头大都聚居在京城或各大区域的中心城市之中。如南宋临安府是富商汇聚之地，"杭城富室多是外郡寄寓之人，盖此郡凤凰山谓之客山，其山高木秀皆荫及寄寓者。其寄寓人，多为江商海贾，穿桅巨舶，安行于烟涛渺莽之中，四方百货，不趾而

---

[1] 包伟民、吴铮强：《宋朝简史》，福建人民出版社，2006年，第144页。
[2] 朱瑞熙：《宋代社会研究》，中州书画社，1983年，第31页。
[3] 朱瑞熙：《宋代社会研究》，中州书画社，1983年，第33页。
[4] 张金花：《宋诗与宋代商业》，河北教育出版社，2006年，第7页。

集，自此成家立业者众矣"①。鄂州作为重要商埠，也是富商较多的城市，时人称："平时十万户，鸳瓦百贾区。"②襄阳在宋代是重要的水陆交通枢纽，"日暮津头闻打鼓，越商巴贾卸船来"③，可知襄阳的富商也为数甚多。

宋代商品经济的发展改变了商人的地位，不少商人与官员形成相互依赖的关系，商人依附于官员，不仅增强了获取财富的能力，而且也以此来提高自己的社会地位。而官员也因对财富的渴望而对商人有一定依赖。《宋史》载："初，鉴在南海，李夷庚为通判，谢德权为巡检，皆与之不协。二人密言鉴以资付海贾，往来贸市，故徙小郡。至是，鉴自陈有亲故谪琼州，每以奉米附商舶寄赠之。"④官商之间进行钱权交易的事例在宋代也是常见："吴蜀万里，关征相望，富商大贾先期遣人怀金钱以赂津吏，大舸重载通行无苦。"⑤

宋代商人阶层社会地位的提高，在穿着、出行等方面也有所体现。宋太祖时期，官府已经允许商人"服紫"，同时，"富商大贾乘马，漆素鞍者勿禁"。按宋制，平民是只能穿黑、白色的服饰，而商人可以穿紫色。而且，"工商杂类人内有奇才异行，卓然不群者亦许解送"。另外，商人可以通过捐献等变相买官的方式进入仕途，商人的地位进一步得到提高。总之，宋代城市的商人群体较前朝壮大，轻商的传统观念有所削弱，商人的社会地位较高。

尽管商人阶层的社会地位有所提高，但是在士大夫阶层眼中，商人仍然是重利而忽视传统道德之人。对此，南宋陈亮曾说："昔有一士，邻于富家，贫而屡空，每羡其邻之乐。旦日，衣冠谒而请焉。富翁告之曰：'致富不易也……大凡致富之道，当先去其五贼。五贼不除，富不可致。'请问其目，曰：'即世之所谓仁、义、礼、智、信是也。'士卢胡而退。同父（陈亮字）每言及此，辄掀髯曰：'吾儒不为五贼所制，当成何等人耶！'"⑥

如上文所述，宋代商人社会地位的提高与其财力是紧密相关的。但是，城市商人群体的内部差异也十分明显。城市中的大商人具有较为雄厚的经济实力，也是贵族、士大夫阶层乐意结交的对象，因而他们的社会地位得到提高。但是，城市中数量更多的小商小贩，他们的社会地位并未提升，仍然属于下等阶层。

（三）城市工匠、机户、奴婢的变化

宋代手工业较为发达，城市手工业的发展需要较多的劳动力。在唐代，城市中的工匠主要是官府奴婢、官户、杂户等贱民。到了宋代，手工业者的来源有所变化，"官奴婢"之类的贱民已经消失，官府手工业代之以从民间招募来的工匠，民

---

① 吴自牧：《梦粱录》，中国商业出版社，1982年，第162页。
② 胡寅：《斐然集》卷一，文渊阁《四库全书》本。
③ 元好问：《中州集》中州庚集第七，《四部丛刊》影元刻本。
④ 脱脱等：《宋史》卷二百七十七《张鉴传》，中华书局，1985年，第9417页。
⑤ 陆游：《渭南文集》卷四，《四部丛刊》影明活字本。
⑥ 岳珂：《桯史》卷二《富翁五贼》，《四部丛刊》续编本。

间工匠则多是自由民。此外，宋朝军队拥有大量的兵匠，由于战争的需要，各军队都要招募大量的士兵在采造、装卸、窑务、造船、水磨、运锡、酒务、秤斗务等手工业作坊中进行各种劳作。兵匠的数量较多，但地位不高，甚至要低于民间工匠。

宋代雇佣制度发生变化，出现了"差雇"与"和雇"两种形式。差雇指的是政府强制雇佣手工业者，但会支付工钱。"今世郡县官府，营缮创缔……凡木工，率计在市之朴斫规矩者……平日皆籍其姓名，鳞差以俟命，谓之'当行'。间有幸而脱，则其侪相与讼挽之不置，盖不出不止也，谓之'纠差'。"① 与差雇不同的是，和雇需要雇主与工匠双方自愿，很显然，这种工匠的地位要相对高一些。

宋代的城市手工业群体十分庞大。宋徽宗时，开封武成王庙前张家、皇建院前郑家油饼店和胡饼店，每家各有50多个炉，"每案用三五人捍剂卓花入炉"②，以每炉用匠3人计，则每家雇佣工匠150人。宋孝宗时，饶州鄱阳城内染坊"余四与吴廿二者，铺肆相望……中夜始息"③。宋代纺织业的发展促使了另外一个手工业主体的形成——机户。机户主要出现在棉纺织业较为发达的地区，诸如成都、徽州、温州、嘉兴、常州、镇江等地。这些机户往往为官府服务，宋神宗时，成都府有许多机户，官府预支丝、红花、工直给他们"雇织"。④ 汉州有许多"绫户"，长期替官府织绫，领取"工钱"。不难看出，机户依附于官府，地位不高。

宋代，奴婢的地位也有所提高。隋唐时期，蓄奴风气较盛。到了宋代，官府制定了法律，不准将大批罪犯以及罪犯子女籍没入官为奴，即"近代无从坐没入官为奴婢之法，北方以兵掳则有之。近代法之不善者，宦官进子，宫无罪之人，良人女犯奸三人以上，理为杂户，断脊杖，送妓乐司收管"⑤。即使有的家庭雇佣奴婢，其来源与之前也有所不同，大都是受雇而来，被称为"人力"与"女使"。他们受宋代法律的保护，家主不得随意处置，且要支付工钱，在地位上有了较大的提高。

总之，在宋代城市社会阶层结构中，官僚、士大夫群体代替了前代的门阀士族，佃客代替了部曲、奴客，人力、女使代替了大部分奴婢，这是中国社会结构发生的一次重大的变革。宋代社会有着严格的等级制度，但是从社会阶层的形成与地位来看，宋代的等级制度在执行过程中大打折扣，社会阶层之间的人口流动也较为频繁。商人、手工业者甚至奴婢的社会地位都较前代有了较大提高。

---

① 岳珂：《愧郯录》卷十三《京师木工》，《四部丛刊》续编影宋本。
② 孟元老：《东京梦华录》，中国商业出版社，1982年，第30页。
③ 洪迈：《夷坚支志》辛卷七《毛家巷鬼》，清影宋钞本。
④ 李焘：《续资治通鉴长编》卷三百三十八"元丰六年八月己亥"条，文渊阁《四库全书》本。
⑤ 魏了翁撰，方回续：《古今考》卷三十六，文渊阁《四库全书》本。

第二节　城市居民物质生活的变化

宋代的农业、手工业和商业与唐、五代相比有很大的发展，商品经济出现高度的繁荣，城市的发展也出现前所未有的变化。坊市制的解体使城市居民的生活发生了根本的变化，而经济的发展为人们的日常生活提供了丰富的物质条件，城市居民的衣、食、住、行都发生了较大的改变。

一、城市居民服饰的变化

宋初，官制、军制承袭唐代，服饰制度也不例外。不过，宋仁宗景祐年间，官府对服饰制度做了相关修改，包括冕冠的尺寸、原料、颜色及衮服的纹章等。

宋代服饰大致分为官服与民服两类。宋代服饰制度打上了极深的阶级和等级烙印，不同阶级、阶层的人服饰穿着都有着明确的相关制度规定。由于宋代百官有"官卑品高"或"官高品卑"（即官职与品级不相符合）的现象，官员的朝服制度由此作了适当的调整。宋制规定，贵族与官员的衣服主要分为公服、章服、时服3类：

> 公服分不同颜色，以区别官品高低。公服的样式为曲领大袖，下裾加一横襕。腰间束以标示官职高下的革带，头上戴的是幞头，脚上穿的是乌皮靴。袋上用金、银饰为鱼形而佩在公服上，系挂在革带间而垂之于后，用来分别贵贱。亲王有赐玉鱼者。凡是赐金、银鱼袋的服饰又称之为"章服"。除公服外，又有时服，是每岁按节令赐给诸臣的衣装，开始只赐将相、学士、禁军大校。建隆三年（962年），乃遍赐百官，每年端午、十月一日两次赐服。这种赐服，大多是以各式有鸟兽纹样的锦纹衣料做成的袍、袄、衫等，皆甚华贵。①

宋代对平民的穿着有着更严格的规定："凡百所卖饮食之人，装鲜净盘合器皿，车檐动使奇巧，可爱食味和羹，不敢草略。其卖药卖卦，皆具冠带。至于乞丐者，亦有规格。稍似懈怠，众所不容。其士农工商诸行百户衣装，各有本色，不敢越外。谓如香铺里香人，即顶帽披背；质库掌事，即着皂衫角带不顶帽之类。"②

就衣服颜色而言，宋制规定庶民只能穿白色。宋太宗太平兴国七年（982），官府开始允许被流放的官员、贡举人、庶人等穿皂（黑）色，但仍然不准其穿其他颜色的衣服。

值得注意的是，尽管宋代政府对文武百官与普通百姓的服装做了严格的规定，

---

① 童一秋：《千古王朝——宋祖建隆王朝》，中国盲文出版社，2002年，第276页。
② 孟元老：《东京梦华录》，中国商业出版社，1982年，第31页。

但服饰禁令在实际生活中并未能严格执行,商人与百姓并不满足于官府规定的颜色与款式。"民庶妻妾冠帔珠翠"①,有的富户也是"女髻银钗满,童袍氍毹鲜"②。宋真宗时,"京师士庶,迩来渐事奢侈,衣服器玩,多镕金为饰,虽累加条约,终未禁止"③。特别是随着商品经济的发展,有钱人增多,奢靡之风盛行,城市中的有钱人"屋室、服用,以壮丽相夸","富民墙屋得被文绣,倡优下贱得为后饰"。妇女在服饰方面更加讲究,她们时常模仿宫廷后妃的服饰和发型。

与官员服饰和男子服饰不同,宋代妇女服饰承周制,后妃、命妇所着之服,有袆衣、褕翟、鞠衣、朱衣、礼衣及常服数种,各种服饰样式与功能如下:

袆衣是皇后在受册、朝谒景灵宫及朝会等重要场合穿着的礼服,其色多用深青,上有织成五彩雉纹;雉纹的排列一般为两雉并列,计十二行。穿袆衣时内衬素纱中单,蔽膝、大带等一应俱全。腰间则系以白玉双佩及大小组绶,足穿青袜青舄。褕翟是皇帝之妃及皇太后受册、朝会之服,以青罗为主,上绣翟纹,列为九行,其余服饰大抵与皇后袆衣相类。鞠衣是后妃参加亲蚕礼时所着之服。以罗为之,颜色用黄,象征桑叶初生。蔽膝、大带及袜舄等俱同袆衣。朱衣是后妃朝谒圣容、皇帝时所着之服,以绯罗为之。礼衣为后宫宴见宾客所着之服,通用杂色。常服的用途比较广泛,内外命妇常朝礼见均可穿着。④

宋代普通妇女衣物主要有襦、袄、衫子及半臂背心等。其中,襦多为下层妇女所穿,半臂背心多为普通妇女与奴婢所穿。宋代妇女的一般装束是"上穿衣衫,下穿裙裳,头梳高髻"。到了北宋末年,社会上流行小脚,妇女缠脚之风盛行,主要原因是出于表演舞蹈的需要。"道山新闻云:李后主宫嫔窘娘,纤丽善舞,后主作金莲,高六尺,饰以宝物细带璎珞,莲中作品色瑞莲,令窘娘以帛绕脚,令纤小,屈上作新月状,素袜舞云中,回旋有凌虚之态……由是人皆效之,以纤弓为妙。以此知扎脚自五代以来方为之。"⑤

总之,宋代的服饰制度在继承前代制度的基础上有所变化,体现了等级差异。与此同时,宋代的服饰经过了几次变革,有了自身的特点。而从宋代开始的缠足风俗一直延续到20世纪初,对中国文化产生了深刻的影响。

二、城市居民饮食的变化

北宋建立后,结束了五代十国分裂的局面,南北之间的饮食文化得以交流,区域之间饮食文化的交流也较为明显。正如欧阳修所说:"累累盘中蛤,来自海之涯。

---

① 徐松:《宋会要辑稿》刑法二,稿本。
② 吴之振、吕留良、吴自牧:《宋诗钞·宛陵诗钞·村豪》,中华书局,1986年,第268页。
③ 李焘:《续资治通鉴长编》卷六十八"大中祥符元年二月乙巳"条,文渊阁《四库全书》本。
④ 周汛等:《中国古代服饰风俗》,陕西人民出版社,2002年,第167页。
⑤ 徐树丕:《识小录》卷二,涵芬楼秘笈影稿本。

坐客初未识，食之先叹嗟。五代昔乖隔，九州如剖瓜。东南限淮海，邈不通夷华。于时北州人，饮食陋莫加。鸡豚为异味，贵贱无等差。自从圣人出，天下为一家。南产错交广，西珍富邛巴。水载每连轴，陆输动盈车。溪潜细毛发，海怪雄须牙。岂惟贵公侯，间巷饱鱼虾。"[1]

宋代商品经济的发展和社会生活水平的提高也推动了饮食业的发展。从烹饪技术看，北宋时期，已初步形成北馔、南食、川饭等几大类别。到南宋时，南北饮食文化进一步交流融合，烹饪技术大大提高，基本形成烹、烧、烤、炒、爆、溜、煮、炖、卤、蒸、腊、葱拔、酒、冻、鲜、签、腌、糟、托、兜等数十种技法。从食品种类看，宋代食品种类多样，且饮食店的规模较大。《东京梦华录》记载："大凡食店，大者谓之'分茶'，则有头羹、石髓羹、白肉、胡饼、软羊、大小骨角、炙鹁腰子、石肚羹、入炉羊罨、生软羊面、桐皮面、姜泼刀、回刀、冷淘、棋子、寄炉面饭之类。吃全茶，饶齑头羹。更有川饭店，则有插肉面、大燠面、大小抹肉淘……杂煎事件、生熟烧饭。更有南食店，鱼兜子、桐皮熟脍面、煎鱼饭。又有瓠羹店，门前以枋木及花样启结缚如山棚，上挂成边猪羊，相间三二十边。"[2] 临安城内的饮食店的规模较大，城内的饼店如《东京梦华录》所载："凡饼店有油饼店，有胡饼店。若油饼店，即卖蒸饼、糖饼、装合、引盘之类。胡饼店即卖门油、菊花、宽焦、侧厚……髓饼、新样满麻。每案用三五人捍剂卓花入炉。自五更卓案之声远近相闻。唯武成王庙前海州张家、皇建院前郑家最盛，每家有五十余炉。"[3]

由于坊市制度的解体，开放式的城市空间格局形成，临街设店成为常态，气势宏伟的酒楼成为宋代城市的一道靓丽风景线。东京与临安两大都城先后都修建有数量较多的酒楼，著名者有忻乐楼、和乐楼、遇仙楼、铁屑楼、仁和楼、清风楼、会仙楼、八仙楼、时楼、班楼、潘楼、千春楼、明时楼、长庆楼、红翠楼、玉楼、状元楼、登云楼、得胜楼、从十楼、玉川楼、宜城楼、集贤楼、晏宾楼、莲花楼、和丰楼、中和楼、春风楼、太和楼、西楼、太平楼、熙春楼、二元楼、五闲楼、赏心楼、花月楼、日新楼、蜘蛛楼、看牛楼等。比较出名的白矾楼的建筑高度甚至超过了皇宫的高度，可见当时酒楼发展之盛。宋代的酒类生产进入一个重要的发展阶段，各种名酒应运而生，大凡好的酒楼必然有好酒。张能臣《酒名记》记载，北宋的名酒已经有近100种，还不包括各地方的特色酒。南宋时期，达官贵人的奢靡生活和普通百姓对生活品质的追求进一步推动了酒类生产的发展，从而促进了各地名酒的产生，尤其是宋代都城临安更是名酒云集。据记载，临安城内名酒有玉练槌、思堂春、皇都春、中和堂、真珠泉、有美堂、雪醅、常酒、和酒、夹和、步司小槽、宣赐碧香、流香、凤泉、琼花露、蓬莱春、皇华堂、六客堂、第一江山、兰陵、龙游、庆远堂、清白堂、蓝桥风月、蔷薇露、爱咨堂、齐云清露、双瑞、爱山

---

[1] 吴之振、吕留良、吴自牧：《宋诗钞·欧阳文忠诗钞·初食车螯》，中华书局，1986年，第343页。
[2] 孟元老：《东京梦华录》，中国商业出版社，1982年，第29页。
[3] 孟元老：《东京梦华录》，中国商业出版社，1982年，第30页。

堂、得江、留都春、静治堂、十洲春、玉醅、海岳春、筹思堂、清若空、北府兵厨、锦波春、浮玉春、秦淮春、银光、清心堂、丰和春、蒙泉、萧洒泉、金斗泉、思政堂、龟峰、错认水、谷溪春、紫金泉、庆华堂、元勋堂、眉寿堂、万象皆春、济美堂、胜茶等50余种。① 其中流香、凤泉等为宋皇室御用酒，紫金泉、蓝桥风月、万象皆春等则为官员内府精酿。其时南方各名城皆产名酒，如扬州的琼花露、苏州的双瑞、绍兴的蓬莱春、湖州的六客堂酒、温州的蒙泉、嘉兴的清若空、兰溪的谷溪春、梅城的萧洒泉等。南宋各地所产名酒的共同特点是酿制精细考究，以糯米为主要原料，用麦曲发酵制成，甘美味甜，清洌润喉，酒精度数一般较低，老少皆宜，故而受到上到皇室下至平民百姓的喜爱。

由于经济的发展，百姓生活水平相对提高，故而城市中禽类与鱼肉消费也较多。北宋东京有专门以杀鸡为业的人，"庆历年，都下马吉以杀鸡为业。每杀一鸡，得佣钱十文，日有数百钱"②。据此推算，这个杀鸡专业户马吉每天要杀几十只鸡。东京城内的鱼类需求量很大，水产品供应很充足，东京的鱼产品"冬月即黄河诸远处客鱼来，谓之'车鱼'，每斤不上一百文"③。临安城临海，海产较为丰富，各种水产种类共计有40种之多，有来自温、台、四明等地的鱼鲞，来自湖州的鱼，来自昆山县的鳖，等等。

就饮食习惯而言，宋代官僚贵族、富贾巨商对饮食十分讲究，相关从业者为适应他们的需要而建了各种大型高档酒楼饭店。这些酒楼饭店里，酒、菜、饭等各种精美食品一应俱全，宴饮时还有歌女、舞女助兴。宋代皇室极为奢侈，光羊肉一项的消耗量就甚巨。真宗咸平五年（1002），"御厨岁费羊数万口"④。到仁宗嘉祐时，"日宰二百八十羊，以后，日宰四十羊尔"⑤。到神宗时时，皇室的消费量又增加，御厨一年消耗"羊肉四十三万四千四百六十三斤四两，常支羊羔儿一十九口，猪肉四千一百三十一斤"⑥。

皇室的高消费带动了贵族官员和富商大贾的消费。都城是大官僚与天下富商大贾聚集之处，他们以侈靡相尚，大肆挥霍。著名的杨楼、樊楼、八仙楼皆规模很大，饮客常至千人。不少达官贵人在家中也十分讲究饮食和餐具。如北宋权臣童贯请将作监贾明仲到府上吃包子，令厨子于银镣灶点火蒸包子，吃包子时佐以美酒、水果，分三道而上，其食具分别为银、金、玉器。丞相韩玉如"每食必殚极精侈"，十分奢侈。著名文学家苏东坡、欧阳修、梅圣俞等都堪称美食家，在饮食方面花了不少工夫。苏东坡所创制的"东坡肉"至今仍是一道受人欢迎的名菜。至于一般百姓在饮食方面也较讲究，城市中形成好美食的风气，推动了宋代饮食业的发展。

---

① 周密：《武林旧事》，中国商业出版社，1982年，第126—127页。
② 刘斧：《青琐高议》后集卷三《杀鸡报》，清红叶山房钞本。
③ 孟元老：《东京梦华录》，中国商业出版社，1982年，第30页。
④ 徐松：《宋会要辑稿》职官二一，稿本。
⑤ 李焘：《续资治通鉴长编》卷一百八十七"嘉祐三年三月癸酉"条，文渊阁《四库全书》本。
⑥ 徐松：《宋会要辑稿》方域四，稿本。

三、城市居住环境的变化

宋代城市的居住环境也有明确的阶级和等级之分，不同阶级及等级的人，因社会地位和经济实力的差异，居住条件自然有所不同。

皇家的居住条件最为奢华，在建筑标准、建筑用料以及建筑面积上，其他阶层根本无法与之相论。临安城的德寿宫，不但有许多大殿，而且宫内有水池，花草树木更是不计其数。正如《宋史》所载："北内苑中，则有大池，引西湖水注之，其上叠石为山，象飞来峰。有楼曰聚远、禁籞周回，四分之。东则香远、清深、月台、梅坡、松菊三径、清妍、清新、芙蓉冈，南则载忻、欣欣、射厅、临赋、灿锦、至乐、半丈红、清旷、泻碧，西则冷泉、文杏馆、静乐、浣溪，北则绛华、旱船、俯翠、春桃、盘松。"①

除了寝宫之外，皇城还有休闲之所——后苑。《武林旧事》记载，宫城内分为宫廷区和苑林区、行宫御苑3个部分，这些御苑包括德寿宫、樱桃园，湖北岸的集芳园、玉壶园，湖东岸的聚景园，湖南岸的屏山园、南园，湖中小孤山上的延祥园、琼华园，三天竺的下天竺御园，北山的梅冈园、桐木园，城南郊钱塘江畔和东郊的玉津园、富景园等。这些御苑内有水池、花草树木，为皇族纳凉休闲之地：

> 禁中避暑多御复古、选德等殿，及翠寒堂纳凉。长松修竹，浓翠蔽日，层峦奇草，静窈萦深。寒瀑飞空，下注大池可十亩。池中红白菡萏万柄，盖园丁以瓦盎别种，分列水底，时易新者，庶几美观。置茉莉、素馨、建兰、麝香藤、朱槿、玉桂、红蕉、阇婆、薝葡等南花数百盆于广庭，鼓以风轮，清芬满殿……初不知人间有尘暑也。②

在诸多皇家园林中，金明池最为著名。金明池于宋徽宗时期建成，"池在顺天门街北，周围约九里三十步，池东西径七里许。入池门内南岸西去百余步，有西北临水殿。……又西去数百步乃仙桥，南北约数百步；桥面三虹……下排雁柱，中央隆起，谓之骆驼虹，若飞虹之状。桥尽处五殿正在池之中心，四岸石磴向背大殿，中坐各设御幄。……殿上下回廊。……桥之南立棂星门，门里对立彩楼。……上有楼，观骑射百戏于此"③。

南宋时期临安皇宫的御苑与北宋京城皇宫的御苑有所不同，南宋临安的御苑大都借助江南的湖山构景，其间花草树木多样，争相生长。梁思成先生对此评价说："继艮岳风格之后，着意林石幽韵，多独创之雅致，加以临安花卉妍丽，松竹自然。若梅花、白莲、芙蓉、芍药、翠竹、古松，皆御苑之主体点缀，建筑成分，反成衬托。所谓堂与亭者最多，皆为赏玩花木，就近营建，如为古梅题匾曰冷香，石曰芙

---

① 脱脱等：《宋史》卷一百五十四《舆服六》，中华书局，1985年，第3599页。
② 郭黛姮：《南宋建筑史》，上海古籍出版社，2014年，第283页。
③ 梁思成：《中国建筑史》（修订本），百花文艺出版社，2005年，第161页。

蓉，又为蟠松作清华官，荼蘼作清研亭，皆此之类也。"①

皇亲国戚的住宅居室在豪华程度上仅次于皇室。由于坊市制度的解体，贵族也多于坊间居住，并非如前朝贵族那样集中居住，因而他们可以根据需要而自由修建居室。《梦粱录》记载："昭慈圣献孟太后宅，在后市街。显仁韦太后宅，在荐桥东。宪节邢皇后宅，在荐桥南。宪圣慈烈吴太后宅，在州桥东。成穆郭皇后宅，在佑圣观后。成恭夏皇后宅，在丰乐桥北。成肃谢皇后宅，在丰禾坊南。慈懿李皇后宅，在后市街。恭淑韩皇后宅，在军将桥。恭圣仁烈杨太后宅，在漾沙坑。寿和圣福谢太后宅，在龙翔宫侧。全皇后宅，在丰禾坊南。"②

贵族官僚或富商等的宅第多修建有琼楼庭院，有独立的门屋，厅堂与门屋间形成中轴线，建筑物使用斗栱、月梁、瓦屋面，住宅后部带有园林。贵族官僚家庭的居室主要包括正厅、中庭、堂室、寝室、中门、二门及附属的庖厨、浴室、水井、厕所等。厅堂（正厅）又称中堂，一般被用于会见宾客及举行重要仪式；卧室位于正厅之后；士大夫之家往往建有读书用的书室。③ 关于贵族住宅的面积，《夷坚乙志》记载："宣和初，陕西大将刘法与西夏战死，朝廷厚恤其家，赐宅于京师。其子正彦既终丧，自河中徙家居之。宅屋百间。"④ 刘彦的房屋有百余间，数量较多，非一般平民百姓可比。达官贵人和有地位、财富的士大夫的住宅在布局上也较为考究奢华，宰相王黼的竹林巷宅第，"穷极华侈，累奇石为山，高十余丈，便坐二十余处，种种不同，如螺钿阁子，即梁柱门窗什器皆螺钿也"⑤。

普通官员的住宅相对简单，少有合院，多为"三间小屋"式的独立院落。陆游在都城临安任职时的居所则如《烟艇记》所载："陆子寓居，得屋两楹，甚隘而深，若小舟然，名之曰烟艇。客曰：'异哉！屋之非舟，犹舟之非屋也。以为似欤？舟固有高明奥丽逾于官室者矣，遂谓之屋，可不可耶？'"⑥ 可见，陆游作为普通官员，其居所较简陋。

宋代商人家庭的居住条件各不相同，一般商人因拥有较多财富，居住条件比一般居民要好，其中部分商人因积累了数量众多的财富，则广修庭室，"自虽蛮夷湖海山谷之聚，大农富工豪贾之家，往往能广其宫室，高其楼观，以与通邑大都之有力者争无穷之侈。夫民之富溢矣"⑦。由于坊市制度的解体，商人在城市中居住的范围扩大，具体表现在住宅多为商铺与住宅合二为一，或者店铺与住宅分离。东京张俊卿，"家中有赤金白银，斑点玳瑁，鹘轮珍珠，犀牛头上角，大象口中牙。门

---

① 梁思成：《中国建筑史》（修订本），百花文艺出版社，2005年，第177页。
② 吴自牧：《梦粱录》，中国商业出版社，1982年，第77页。
③ 谭刚毅：《两宋时期的中国民居与居住形态》，东南大学出版社，2008年，第37页。
④ 洪迈：《夷坚乙志》卷九《刘正彦》，清十万卷楼丛书本。
⑤ 徐梦莘：《三朝北盟会编》卷三十，清许涵度校刻本。
⑥ 曾枣庄、刘琳点校：《全宋文》卷四千九百四十一，上海辞书出版社、安徽教育出版社，2006年，第84页。
⑦ 曾枣庄、刘琳点校：《全宋文》卷一千四百零八，上海辞书出版社、安徽教育出版社，2006年，第57页。

第一篇 宋代城市发展与社会变迁

首一壁开一个金银铺,一壁开所质库"①。临安富户吴防御,"门首开个丝绵铺,家中放债积谷,果然是金银满箧,米谷成仓。去新桥五里,地名灰桥市上,新造一所房屋,令子吴山,再拨主管帮扶,也好开一个铺。家中收下的丝绵,发到铺中,卖与在城机户"②。

宋代城市平民百姓的住宅则很难与贵族、士大夫阶层的住宅相比。一般百姓根本无力购买地皮或者建造房屋。南宋都城临安,"有钱米可以盖屋者,千万之家不过一二;至盖屋之后,而能有生事者又可数也"③。平民居住的房屋都很拥挤,如《东京梦华录》记载:"其后街或闲空处团转盖屋,向背聚居,谓之'院子',皆小民居止。"④"沈居武雄营门,无厅事,只直头屋一间,逼街狭小,室仅容膝。"⑤

总之,通过对宋代城市居民服饰、饮食、居住条件等物质生活的考察,我们可以得知宋代居民物质生活有以下两个特点:

一是宋代城市居民的衣、食、住体现了较为明显的等级制度。与此同时,随着社会经济的发展和商人社会地位的提高,商人或者士大夫阶层的日常生活突破了制度约束,反映了社会结构的变化。

二是宋代城市中上层人士的生活极尽奢华,这是宋代经济较为繁盛的重要体现之一。统治阶级中的大部分人以及新的士绅阶层、富商大贾聚集在大中城市里,他们占有社会主要的财富,生活十分奢靡:"衣不肯着布缕绸绢、衲絮缊敝、浣濯补绽之服,必要绮罗绫縠,绞绡靡丽,新鲜华粲,绨缯绘画,时样奇巧,珍贵殊异,务以夸俗而胜人。"⑥"饭以玉粒粳,调之甘露浆,一馔费千金,百品罗成行。"⑦"食不肯疏食菜羹,粗粝豆麦黍稷,菲薄清淡,必欲精凿稻粱,三蒸九折,鲜白软媚。肉必要珍羞嘉旨、脍炙蒸炮,爽口快意。水陆之品,人为之巧,镂篡雕盘,方丈罗列。"⑧ 司马光称:"宗戚贵臣之家,第宅园圃,服食器用,穷天下之珍怪,极一时之鲜明。惟意所欲,无复分限。以豪华相尚,以俭陋相訾。厌常而好新。"除了达官贵人、富商大贾外,城市平民也竞相追逐和享受城市的繁华。"庶民之家,必衣重锦……名状百出,弗可胜穷。"⑨

---

① 欧阳健、萧相恺:《宋元小说话本集》,中州古籍出版社,1987年,第46页。
② 欧阳健、萧相恺:《宋元小说话本集》,中州古籍出版社,1987年,第320页。
③ 曹彦约:《昌谷集》卷十二,文渊阁《四库全书》本。
④ 孟元老:《东京梦华录》,中国商业出版社,1982年,第25页。
⑤ 洪迈:《夷坚支志》壬卷三《沈承务紫姑》,清影宋钞本。
⑥ 曾枣庄、刘琳点校:《全宋文》卷七千四百八十五,上海辞书出版社、安徽教育出版社,2006年,第456—457页。
⑦ 吴自牧:《梦粱录》,中国商业出版社,1982年,第147页。
⑧ 曾枣庄、刘琳点校:《全宋文》卷七千四百八十五,上海辞书出版社、安徽教育出版社,2006年,第456页。
⑨ 李觏:《李觏集》卷十六《富国策第三》,中华书局,2011年,第137页。

第三节　城市文化生活的变迁

宋代社会较为安定，农业和工商业的发展超过了唐代，物质极大丰富，文化也出现了大发展，从而为城市居民生活方式的改变提供了重要的物质和文化条件。坊市制的解体又为城市居民生活方式的改变提供了空间与时间条件，使得城市生活变得丰富多彩。

一、城市夜生活的兴起

宋代城市生活的变化与夜市的兴起有着密切的联系。夜市在北宋之前就已经存在，但是仅出现在个别城市。随着宋代坊市制度的解体，夜市普遍兴起，从而改变了城市居民的生活习惯和作息时间。劳动了一天的城市居民，在天黑后不必待在家中，可以自由地在城市内继续进行各种经济活动和娱乐活动，由此也进一步推动了城市夜生活的发展。

宋代大城市的夜市十分兴盛，商店和小贩为了满足城市居民夜生活的需要，不辞辛劳，与白天一样营业。大城市的夜市主要分布在城内酒楼、妓馆、瓦舍附近的街道上，以经营饮食业、服务业者居多。北宋都城东京开封城的夜市主要分布在朱雀门至龙津桥一带与州桥南北，《东京梦华录》记载："出朱雀门东壁，亦人家。东去大街、麦秸巷、状元楼，余皆妓馆，至保康门街。其御街东朱雀门外，西通新门瓦子以南杀猪巷，亦妓馆。以南东西两教坊，余皆居民或茶坊。街心市井，至夜尤盛。过龙津桥南去，路心又设朱漆杈子，如内前。"[①] 龙津桥在朱雀门外不远处，夜市的饮食品种多样，十分丰富，一年四季各不相同，口味多样。

东京开封城内马行街、东大街、潘楼大街等街区是夜市很盛的地方，灯火辉煌，如同白昼。潘楼大街集中"卖何娄头面、冠梳领抹珍玩动使之类"。如遇节日则物逾百种，"烂漫侵数坊"，人群蜂拥而至，"壅遏不复得出"，人群闹腾到深夜才渐渐散去。许多店铺和娱乐场所早已取消了宵禁，皆是昼夜营业，"大抵诸酒肆瓦市，不以风雨寒暑，白昼通夜，骈阗如此"[②]。一些街坊的"夜市直至三更尽，才五更又复开张……通晓不绝"[③]。关于东京开封城夜市的情况，《东京梦华录》有如下记载：

> 街市行人，便认得是何色目。……或有从外新来，邻左居住，则相借措动使，献遗汤茶，指引买卖之类。更有提茶瓶之人，每日邻里互相支茶，相问动

[①] 孟元老：《东京梦华录》，中国商业出版社，1982年，第13页。
[②] 孟元老：《东京梦华录》，中国商业出版社，1982年，第16页。
[③] 孟元老：《东京梦华录》，中国商业出版社，1982年，第22页。

静。凡百吉凶之家，人皆盈门。其正酒店户，见脚店三两次打酒，便敢借与三五百两银器。以至贫下人家，就店呼酒，亦用银器供送。有连夜饮者，次日取之。诸妓馆只就店呼酒而已，银器供送，亦复如是。其阔略大量，天下无之也。以其人烟浩穰，添十数万众不加多，减之不觉少。所谓花阵酒池，香山药海。别有幽坊小巷，燕馆歌楼，举之万数，不欲繁碎。"①

除了酒肆、瓦舍勾栏和妓院等外，"卖文""相字"或"画山水扇子"等从业者遍街皆是，给市民的夜生活增添了几分文化色彩。南宋时，不仅有钱人在晚上挟姬携妓，登楼纵饮，边饮边让歌童舞女伴唱伴舞，一般居民也往往结伴夜游，在瓦舍勾栏消磨时光。《都城纪胜》生动地记载了南宋临安城的夜市和市民的夜生活："自大内和宁门外，新路南北，早间珠玉珍异及花果时新海鲜野味奇器天下所无者，悉集于此；以至朝天门、清河坊、中瓦前、灞头、官巷口、棚心、众安桥，食物店铺，人烟浩穰。其夜市除大内前外，诸处亦然，惟中瓦前最胜，扑卖奇巧器皿百色物件，与日间无异。其余坊巷市井，买卖关扑，酒楼歌馆，直至四鼓后方静；而五鼓朝马将动，其有趁卖早市者，复起开张。无论四时皆然。"②

西南地区的大都市成都的市民生活在宋代也发生了重要的变化。《岁华纪丽谱》载："成都自唐代号为繁庶、甲于西南。其时为之帅者，大抵以宰臣出镇。富贵优闲，岁时燕集，浸相沿习……其侈丽繁华，虽不可训，而民物殷阜，歌咏风流，亦往往为佳话。"宋代成都城市居民的生活丰富多彩，并与各种集市、佳节相结合。如花朝节百卉陈列青羊宫，花农设圃卖花，游人争赏竞购，故青羊宫庙会又成为花市的集中地。③ 逛花会已成为成都城内最著名的游乐活动之一。④ 张仲舒在《蚕市词》中把成都的蚕市渲染得颇有诗情画意："成都好，蚕市趁遨游。夜放笙歌喧紫陌，春邀灯火上红楼。车马溢瀛洲。"南宋淳熙时，成都太守田况撰《成都遨乐诗》称："游人炫识赏，善价求珍奇。子真徇俗者，行观亦忘疲。"⑤ 成都蚕市不仅是经济集市，也是大众的游艺娱乐中心，各种戏曲节目亦于此演出。

宋代城市居民的生活变得丰富多彩，与生产力的发展，以及农业、手工业和商业的进步有着直接的关系，同时更是与"城市革命"有着直接的关系。正是城市的变革改变了城市居民的生活方式，解放了他们的天性，让他们能够自由地享受生活。

---

① 孟元老：《东京梦华录》，中国商业出版社，1982年，第31页。
② 耐得翁：《都城纪胜》，中国商业出版社，1982年，第3页。
③ 魏叔吾：《成都的古花市——物资交流会》，《四川日报》，1980年10月30日。
④ 四川省地方志编纂委员会：《四川省志·旅游志》，四川人民出版社，1996年，第3页。
⑤ 袁说友等编，赵晓兰整理：《成都文类》卷九《五日州南门蚕市》，中华书局，2011年，第178页。

二、城市商业与娱乐公共空间的变化

瓦舍是宋代出现的一种集商业与娱乐功能于一体的文化娱乐场所,大都位于大城市中的妓院、酒楼、茶楼汇集之地,主要满足居住在城市里的人们的文化娱乐需要。瓦舍在北宋中期之后开始大量出现。北宋末年,汴京的瓦舍已经具有相当的规模和数量,皇城东角楼街巷集中了桑家瓦子、中瓦、里瓦等,里面有勾栏50余座。① 东京瓦舍之中,规模宏大、内容最为丰富的是众安桥南、宗学附近的北瓦,拥有勾栏13座。南宋临安的瓦舍也较多,《武林旧事》中记录了23座,其中以北瓦的羊棚楼最为著名,"谓之邀棚,外又有勾栏甚多,北瓦内勾栏最胜"②。

南宋临安城的瓦舍最初是用来安抚兵士的。"绍兴和议后,杨和王为殿前都指挥使,以军士多西北人,故于诸军寨左右,营创瓦舍,搜集伎乐,以为暇日娱戏之地。其后修内司又于城中建五瓦……今其屋在城外者,多隶殿前司;城中者,隶修内司。"③ 随着商品经济的发展,瓦舍遍设于坊市。临安城内有南、中、大、北、浦桥瓦等,城外的便门、候潮、小堰、新开、崇新、东青、钱湖、嘉会、良山、余杭门外,西湖的后军寨、行春桥,北郊的羊坊桥、米市桥、石牌头,南郊的龙山市、朱市,城东的王家桥等地,遍设瓦舍。这些瓦舍几乎全在市街的繁华之处和市镇、门、桥所在之处。就数量而言,《武林旧事》记载,临安城内有名可案的瓦舍有10座,桑家瓦舍在潘楼街南,附近还有中瓦、里瓦,三瓦并立,共有大小勾栏50余座。中瓦舍的莲花棚、牡丹棚,里瓦舍的夜叉棚、象棚,可以容纳数千游客。其他还有旧曹门外的朱家瓦舍、新门瓦舍、保康门瓦舍,梁门外的州西瓦舍,旧封丘门外的州北瓦舍,开封城北陈桥驿的瓦舍,等等。

瓦舍既是城市文化娱乐的公共空间,又是城市文化的综合体。作为公共空间,瓦舍允许城市居民自由进出,作为文化综合体,瓦舍集中了当时社会的各种文化艺术表演活动,多种多样的文艺形式都在这里集中展现,诸如散曲、小说、讲史、民众戏剧、曲艺等,无所不有。据《西湖老人繁胜录》记载,清乐社有好几个社,每社有100多个艺人。在福建,光鲍老剧一社就有300多个艺人。他们不仅在瓦舍中表演,而且也参与庙会活动,城市商业与手工业的行、市举行活动,这些艺人也多应邀献艺;当红的艺人不仅在临安演出,甚至还被邀请赴全国各大城市巡回公演。④

南宋时期,临安的瓦舍中还有弓箭、相扑、击丸、蹴鞠等多种体育活动,从业

---

① 戴扬本:《两宋繁华》,上海古籍出版社,1998年,第74页。
② [日]斯波义信著,方健、何忠礼译:《宋代江南经济史研究》,江苏人民出版社,2012年,第345页。
③ 潜说友:《咸淳临安志》卷十九,文渊阁《四库全书》本。
④ [日]斯波义信著,方健、何忠礼译:《宋代江南经济史研究》,江苏人民出版社,2012年,第345页。

者人数众多。据《武林旧事》记载，筑球（蹴鞠）32人：左军16人；球头张俊，跷球王怜，正挟朱选……右军16人：球头李正，跷球朱珍，正挟朱选，副挟张宁，左竿网徐宾，右竿网王用，散立陈俊等。① 其中，相扑是瓦舍的重要体育项目。东京每年举行两次相扑活动，相扑选手主要来自各州县，取胜的人有奖杯，有的女子也参加了比赛，足见相扑活动之盛。有关相扑比赛情况，《梦粱录》曾记载："瓦市相扑者，乃路岐人聚集一等伴侣，以图摽手之资。先以女飐数对打套子，令人观睹，然后以膂力者争交。若论护国寺南高峰露台争交，须择诸道州郡膂力高强、天下无对者，方可夺其赏。如头赏者，旗帐、银杯、彩段、锦袄、官会、马匹而已。顷于景定年间，贾秋壑秉政时，曾有温州子韩福者，胜得头赏，曾补军佐之职。杭城有周急快、董急快、王急快、赛关索、赤毛朱超、周忙憧、郑伯大、铁稍工韩通住、杨长脚等。"② 总之，瓦舍是城市文化空间的重要组成部分，也是宋代民间艺术与体育项目的诞生地，为宋代城市文化的发展提供了土壤。

宋代城市文化发展的另一个重要特征就是出现了勾栏。勾栏是瓦舍中的演出场所，主要是说书、演戏、演杂技的场地，因四周被栏杆围起而得名。勾栏是中国戏曲发展成熟并进入商业市场后的必然要求。③《水浒传》有描写燕青与李逵在东京城内游瓦舍勾栏的情景：

> 两个手厮挽着，正投桑家瓦来。来到瓦子前，听的勾栏内锣响。李逵定要入去，燕青只得和他挨在人丛里，听的上面说评话，正说《三国志》。说到关云长刮骨疗毒……李逵在人丛中高叫道："这个正是好男子！"众人失惊，都看李逵。燕青慌忙拦道："李大哥，你怎地好村！勾栏瓦舍，如何使的大惊小怪这等叫？"李逵道："说到这里，不由人不喝采。"燕青拖了李逵便走，两个离了桑家瓦。④

作为娱乐场所，瓦舍、勾栏汇集了各种娱乐形式，是宋代民间艺术的集中展示地。据《东京梦华录》记载，东京伎艺有小唱、手伎、踢弄、散乐、舞旋、讲五代史等多种艺术形式，几乎每天都有表演：

> 崇、观以来，在京瓦肆伎艺：张廷叟，《孟子书》。主张小唱：李师师、徐婆惜、封宜奴、孙三四等，诚其角者。嘌唱弟子：张七七、王京奴、左小四、安娘、毛团等。教坊减罢并温习：张翠盖、张成弟子、薛子大、薛子小、俏枝儿、杨总惜、周寿奴、称心等。般杂剧：杖头傀儡任小三，每日五更头回小杂剧，差晚看不及矣。悬丝傀儡，张金线。李外宁……浑身眼、李宗正、张哥，球杖踢弄。孙宽、孙十五、曾无党、高恕、李孝详，讲史。李慥、杨中立、张十一、徐明、赵世亨、贾九，小说。王颜喜、盖中宝、刘名广，散乐。张真

---

① 周密：《武林旧事》，中国商业出版社，1982年，第73页。
② 吴自牧：《梦粱录》，中国商业出版社，1982年，第180页。
③ 宋旸：《宋代勾栏形制复原》，上海书店出版社，2011年，第27页。
④ 施耐庵撰，罗本纂修，李贽评：《忠义水浒传》卷九十，明容与堂刻本。

奴，舞旋。杨望京，小儿相扑、杂剧、掉刀、蛮牌。董十五、赵七、曹保义、朱婆儿、没困驼、风僧哥、俎六姐，影戏。丁仪，瘦吉等，弄乔影戏。刘百禽，弄虫蚁……霍四究，说《三分》。尹常卖，《五代史》。文八娘，叫果子。其余不可胜数。不以风雨寒暑。诸棚看人，日日如是。"[1]

除了瓦舍与勾栏外，临安城内还出现了有艺妓的歌舞娱乐场所，称"歌馆"，"平康诸坊，如上下抱剑营、漆器墙、沙皮巷、清河坊、融和坊、新街、太平坊、巾子巷、狮子巷、后市街、荐桥，皆群花所聚之地。外此诸处茶肆，清乐茶坊、八仙茶坊、珠子茶坊、潘家茶坊、连三茶坊、连二茶坊，及金波桥等两河以至瓦市，各有等差，莫不靓妆迎门，争妍卖笑"[2]。这些"歌馆"各有当家歌妓，"皆以色艺冠一时"[3]。

三、城市居民的节日与宗教生活

传统节日是北宋市民日常生活的重要组成部分，这些传统节日包括除夕、正月节、元宵节、中元节、七夕节、重阳节等。每逢节日时，城市居民汇集于街市与寺庙等地庆祝，此时城市中的娱乐活动较平常要多。

除夕、元宵节是宋代较为隆重的节日，节日气氛较为浓厚。除夕夜，"士庶家不论大小家，俱洒扫门间，去尘秽，净庭户，换门神，挂钟馗，钉桃符，贴春牌，祭祀祖宗"[4]，"士庶之家，围炉团坐，达旦不寐，谓之'守岁'"。正月初一那天，"士庶自早互相庆贺，坊巷以食物动使果实柴炭之类，歌叫关扑。如马行、潘楼街，州东宋门外，州西梁门外踊路，州北封丘门外，及州南一带，皆结彩棚，铺陈冠梳、珠翠、头面、衣着、花朵、领抹、靴鞋、玩好之类，间列舞场歌馆，车马交驰"。到了傍晚，富贵人家的妇女也会"纵赏关赌，入场观看，入市店饮宴，惯习成风，不相笑讶"[5]。由此可见，宋代的妇女可以到酒店饮食，且被社会认同，足见宋代社会风气之开放。

宋时，元宵节比正月节还要热闹，宣德楼前的广场是皇帝庆祝节日、"宣施仁政""与民同乐"的场所。从冬至日开始，人们就开始在宣德楼扎彩棚，广场上有各种艺术表演，一直延续到元宵节，甚是热闹：

奇术异能，歌舞百戏，鳞鳞相切，乐声嘈杂十余里，击丸蹴鞠，踏索上竿。赵野人，倒吃冷淘。张九哥，吞铁剑。李外宁，药法傀儡。小健儿，吐五色水、旋浇泥瓦子。大特落，灰药。榾柮儿，杂剧。温大头、小曹，嵇琴。党

---

[1] 孟元老：《东京梦华录》，中国商业出版社，1982年，第31—32页。
[2] 周密：《武林旧事》，中国商业出版社，1982年，第120页。
[3] 周密：《武林旧事》，中国商业出版社，1982年，第120页。
[4] 吴自牧：《梦粱录》，中国商业出版社，1982年，第45—46页。
[5] 孟元老：《东京梦华录》，中国商业出版社，1982年，第36页。

千，箫管。孙四，烧炼药方。王十二，作剧术。邹遇、田地广，杂扮。苏十、孟宣，筑球。尹常卖，《五代史》。刘百禽，虫蚁。杨文秀，鼓笛。更有猴呈百戏，鱼跳刀门，使唤蜂蝶，追呼蟋蟀。其余卖药，卖卦、沙书地谜，奇巧百端，日新耳目。……面北悉以彩结，山棚上皆画神仙故事。或坊市卖药卖卦之人，横列三门，各有彩结金书大牌。[①]

到了元宵节，扎好的彩棚非常华丽，宣德楼的中间是皇帝的御座，军士排列在帘外，负责皇帝安全。当晚，"宫嫔嬉笑之声，下闻于外。……教坊钧容直、露台弟子……近门亦有内等子班直排立。万姓皆在露台下观看，乐人时引万姓山呼"[②]。南宋临安城在元宵节亦是一片繁华景象：

> 诸酒库亦点燃灯球，喧天鼓吹，设法大赏，妓女群坐喧哗，勾引风流子弟买笑追欢……又有深坊小巷，绣额珠帘，巧制新装，竞夸华丽。公子王孙，五陵年少，更以纱笼喝道，将带佳人美女，遍地游赏。人都道玉漏频催，金鸡屡唱，兴犹未已。甚至饮酒熏熏，倩人扶著，堕翠遗簪，难以枚举。至十六夜收灯，舞队方散。[③]

正月十六日有灯会，东京城内居民的庆祝活动更多。《东京梦华录》记载："宝骑骏骏，香轮辘辘，五陵年少，满路行歌，万户千门，笙簧未彻，市人卖玉梅、夜蛾、蜂儿、雪柳、菩提叶、科头圆子、拍头焦䭔。唯焦䭔以竹架子出青伞上，装缀梅红缕金小灯笼子，架子前后亦设灯笼，敲鼓应拍，团团转走，谓之'打旋罗'，街巷处处有之。"[④] 除东京、临安两城外，其他城市的节日活动也十分热闹。如苏州在腊月就开始准备灯会，各式各样的灯也上市出售，市民竞买各种珍奇价贵的灯。苏州的彩灯精妙绝伦，有龙灯、鹿灯、月灯、葡萄灯、栀子灯、马骑灯、莲花灯等。灯节时，"自非贫人，家家设灯，有极精丽者。浙西大率以琉璃灯为主，苏州卖药朱家灯烛之盛，号天下第一"[⑤]。成都元夕，每夜用油 5000 斤，"过于阙前"，扎有灯山，上设飞桥亭榭，崇高森罗；万炬层出，明耀璀璨。又于灯山前"缉木为垣"，其中旋植花草，满放捕捉来的山禽杂兽。北方的大名府也在留守司州桥边搭起一座鳌山，上盘红黄纸龙两条；在铜佛寺前扎起一座鳌山，周围有千百盏花灯。不少中小城市的上元节也十分热闹，如温州仅太守堂内张挂的绢灯就达千盏。甚至偏远的甘肃宁州城，每逢上元节，市民们都要去南山顶上，将盛着薪火的瓦罐贯以环索，用绳维系，从上堕下，很是好看。

清明节"士庶阗塞诸门，纸马铺皆于当街用纸衮叠成楼阁之状。四野如市，往往就芳树之下，或园囿之间，罗列杯盏，互相劝酬。都城之歌儿舞女，遍满园亭，

[①] 孟元老：《东京梦华录》，中国商业出版社，1982年，第37—38页。
[②] 孟元老：《东京梦华录》，中国商业出版社，1982年，第38页。
[③] 吴自牧：《梦粱录》，中国商业出版社，1982年，第3页。
[④] 孟元老：《东京梦华录》，中国商业出版社，1982年，第41页。
[⑤] 陈元靓：《岁时广记》卷十，清十万卷楼丛书本。

抵暮而归"。端午节"卖桃、柳、葵花、蒲叶、佛道艾，次日家家铺陈于门首，与粽子、五色水团、茶酒供养，又钉艾人于门上，士庶递相宴赏"。重阳节"都人多出郊外登高……如仓王庙、四里桥、愁台、梁王城、砚台、毛驼冈、独乐冈等处宴聚"①。临安城内也是如此，甚至比东京更盛："都人不论贫富，倾城而出，笙歌鼎沸，鼓吹喧天，虽东京金明池未必如此之佳。殢酒贪欢，不觉日晚。红霞映水，月挂柳梢，歌韵清圆，乐声嘹亮，此时尚犹未绝。男跨雕鞍，女乘花轿，次第入城。又使童仆挑著木鱼、龙船、花篮、闹竿等物归家，以馈亲朋邻里。杭城风俗，侈靡相尚，大抵如此。"②

每年七月七日是七夕节，当晚，"倾城儿童女子，不论贫富，皆著新衣。富贵之家，于高楼危榭，安排筵会，以赏节序，又于广庭中设香案及酒果，遂令女郎望月，瞻斗列拜，次乞巧于女、牛"③。

到了中秋节，富家子弟"莫不登危楼，临轩玩月，或开广榭，玳筵罗列，琴瑟铿锵，酌酒高歌，以卜竟夕之欢"，平民阶层则"解衣市酒，勉强迎欢，不肯虚度"，整个临安城"天街买卖，直至五鼓，玩月游人，婆娑于市，至晓不绝"④。

除了这些传统节日外，浙江地区的居民还有观潮盛宴。每个月的十六日至十八日，是观海潮的最佳时间，此时居民汇集在海边观潮。关于观潮的热闹景象，《武林旧事》中有着详细的记载：

> 浙江之潮，天下之伟观也，自既望以至十八日为最盛。方其远出海门，仅如银线，既而渐近，则玉城雪岭，际天而来，大声如雷霆，震撼激射，吞天沃日，势极雄豪……每岁京尹出浙江亭教阅水军，艨艟数百，分列两岸，既而尽奔腾分合五阵之势，并有乘骑弄旗标枪舞刀于水面者，如履平地……吴儿善泅者数百，皆披发文身，手持十幅大彩旗，争先鼓勇，溯迎而上，出没于鲸波万仞中，腾身百变，而旗尾略不沾湿，以此夸能。而豪民贵宦，争赏银彩。江干上下十余里间，珠翠罗绮溢目，车马塞途，饮食百物皆倍穹常时，而僦赁看幕，虽席地而不容闲也。⑤

除了上述节日外，宋代城市还有许多活动与寺庙有关，从而形成了庙会，这些庙会一般具有经济与娱乐双重功能。

宋朝统治者为了维护王朝的统治，从思想上加强对广大劳动人民的统治，对佛教采取扶植、利用的政策。⑥宋代从统治者到下层平民都对佛教极为推崇。宋代皇帝大兴土木，兴建寺庙，下面的史料可说明这一点：

---

① 孟元老：《东京梦华录》，中国商业出版社，1982年，第43、52、56页。
② 吴自牧：《梦粱录》，中国商业出版社，1982年，第10—11页。
③ 吴自牧：《梦粱录》，中国商业出版社，1982年，第23页。
④ 吴自牧：《梦粱录》，中国商业出版社，1982年，第24页。
⑤ 周密：《武林旧事》，中国商业出版社，1982年，第49—50页。
⑥ 顾吉辰：《宋代佛教史稿》，中州古籍出版社，1993年，第1页。

先是，上遣使取杭州释迦佛舍利塔置阙下，度开宝寺西北隅地，造浮图十一级以藏之，上下三百六十尺，所费亿万计，前后逾八年。癸亥，工毕，巨丽精巧，近代所无。知制诰田锡尝上疏谏，其言有切直者，则曰"众以为金碧荧煌，臣以为涂膏衅血"，上亦不怒。①

针对宋代普遍信佛的情形，孙复曾说："佛老之徒，横乎中国。彼以死生祸福、虚无报应为事，千万其端，绐我生民。绝灭仁义，以塞天下之耳；屏弃礼乐，以涂天下之目。天下之人，愚众贤寡，惧其死生祸福报应。人之若彼也，莫不争举而竞趋之。观其相与为群，纷纷扰扰，周乎天下，于是其教与儒齐驱并驾，峙而为三。吁，可怪也！"②

宋代信仰佛教的人数众多，统治者也曾广修寺庙，寺庙成为城市空间的重要组成部分，僧尼人数众多。据记载，截至天禧五年（1021），全国有僧尼397615人，其中仅东京开封就有僧尼22941人，京东路有僧尼18159人，京西路有僧尼18219人，河北路有僧尼39037人，河东路有僧尼16832人，陕西路有僧尼16134人，淮南路有僧尼15859人，江南路有僧尼14316人，两浙路有僧尼2220人，荆湖路有僧尼22539人，福建路有僧尼71080人，川峡路有僧尼56221人，广南路有僧尼24899人。南宋建立后，都城临安也成为佛寺集中之地，"城内寺院，如自七宝山开宝仁王寺以下，大小寺院五十有七。倚郭尼寺，自妙净福全慈光地藏寺以下，三十有一。又两赤县大小梵宫，自景德灵隐禅寺、三天竺、演福上下、圆觉、净慈、光孝、报恩禅寺以下，寺院凡三百八十有五。更七县寺院，自余杭县径山能仁禅寺以下，一百八十有五。都城内外庵舍，自保宁庵之次，共一十有三。诸录官下僧庵，及白衣社会道场奉佛，不可胜纪"③。

作为佛教场所，寺庙成为人们的汇集之地，贵族、商人、平民汇集在一起，烧香拜佛，并举行放生活动。《夷坚志》曾记载："信州盐商范信之说，同辈孙十郎者，家世京师人，南徙信州。奉佛喜舍，日课诵观世音名万遍。每入市，逢人携飞禽走兽，及生鱼鳖虾蛤，必买而放之。惟大风雨则不出，采捕者利于速售，且可复取，纷纷集其门，或一日费钱二三万。"④

城市中的寺庙不但是人们烧香、拜佛的重要场所，还是商人进行商品贸易的场所。以相国寺为例，《燕翼诒谋录》曾记："东京相国寺乃瓦市也，僧房散处，而中庭两庑可容万人，凡商旅交易，皆萃其中，四方趋京师以货物求售转售他物者，必由于此。"《麈史》卷下记："都城相国寺最据冲会，每月朔望三八日即开，技巧百工列肆，罔有不集，四方珍异之物，悉萃其间，因号相国寺为破赃所。"⑤

除了佛教，道教也是宋代居民信仰体系中的重要组成部分，上至贵族，下至平

---

① 李焘：《续资治通鉴长编》卷三十"端拱二年八月丁巳"条，文渊阁《四库全书》本。
② 孙复：《孙明复小集》，文渊阁《四库全书》本。
③ 吴自牧：《梦粱录》，中国商业出版社，1982年，第126页。
④ 洪迈：《夷坚志·孙十郎放生》，中华书局，2006年，第1526页。
⑤ 王得臣：《麈史》卷下，清知不足斋丛书本。

民百姓，信仰道教的人不在少数。《梦粱录》载："六月初六日，敕封护国显应兴福普佑真君诞辰，乃磁州崔府君，系东汉人也。朝廷建观在暗门外聚景园前灵芝寺侧，赐观额名曰显应。其神于靖康时高庙为亲王日出使到磁州界，神显灵卫驾，因建此宫观，崇奉香火，以褒其功。此日内庭差天使降香设醮，贵戚士庶，多有献香化纸。"[1]

综上，宋代佛教文化在城市中大盛，社会各阶层都普遍信佛，特别是士大夫群体更是以修佛学禅为一种时尚，文人佛社成为士大夫寻求精神慰藉的场所，可以说宋代佛教的盛行与士大夫的倡导有着密切的关系。此外，道教在宋代也有很大发展，并出现了儒、释、道相融合的趋势。

---

[1] 吴自牧：《梦粱录》，中国商业出版社，1982年，第22页。

第二篇 辽朝城市发展与社会变迁

宋辽夏金卷

辽朝是在契丹势力不断发展壮大的基础之上建立起来的，从公元916年耶律阿保机称帝时起到公元1125年辽为金所灭，契丹在中国北方地区实现了长达二百余年的集权统治。在统一政权建立之前，活动于中原王朝北方边陲之地的契丹族长期以游牧为生，脆弱的自然生态环境和畜牧渔猎的生产方式使得其农业基础极为薄弱，没有产生城市定居生活的需要。916年耶律阿保机建立起统一的契丹政权，并于926年成功征服渤海国。938年，耶律德光并入幽云之地，并于947年倾师南征，改国号"契丹"为"辽"。契丹族在建立辽朝的过程中，完成了由畜牧渔猎的生产和生活方式向半农半牧的生产和生活方式转型，契丹游牧文明在与中原文明的碰撞、交流之中得到发展，辽朝在不断壮大的过程中也大力发展城市。

辽朝作为契丹少数民族政权，实现了北方地区的局部统一，成为当时唯一能与北宋王朝相抗衡的政治、军事力量。随着契丹政权的南下扩张和与中原地区的频繁交流，辽朝社会的各个层面都不可避免地开始汉化，游牧文明与中原文明的碰撞、交流和融合赋予辽朝城市多元文化的时代特性。

辽朝建立，成为中国北方草原地区游牧民族普遍接受中原经济与文化的开端，在多元文化的影响下，北方草原地区出现了城市发展的高峰期，极大地改变了草原人民的生产和生活方式。辽朝城市在中国古代城市发展史上有着重要的历史地位。辽朝建立以后中国北方草原地区首次出现都城和林立的州县城镇。草原城市的修建，不仅给广大北方草原地区带来了勃勃生机，促进了中国北方和东北边疆地区的开发与城市发展，也打破了长久以来以长城为分界线的格局与将北部中国在政治、经济、文化上割裂的局面，长城南北不同的经济类型、不同的文化体系被纳入同一个政治体制之下，加强了长城内外的交流、联系，促进了北方各民族的融合和中华民族命运共同体的构建。

在契丹政权统治范围内所建的城市，有着与传统中原城市不一样的特色，这些城市不仅保留有契丹民族自身的民族特性，还广泛吸收和借鉴了传统中原城市的诸多制度，既维持了北方游牧民族的风俗习尚，又满足了汉族人从事工农业生产的需要，从而为中国古代城市的多样化做出了巨大贡献。

传统中原城市被纳入少数民族统治之下，不仅为习惯于游牧生活的契丹少数民族提供了城市建设的范式，又在一定程度上丰富了辽朝城市的类型，充实了以契丹为主体的少数民族的生产和生活方式。随着城市数量增多，城市规模扩大，城市商品经济兴起与发展，辽朝的城市人口有明显增长，推动了北方草原地区人口的大发展。由于在辽朝管辖的范围内，存在社会经济发展水平的差异性和民族构成的复杂性，使得辽朝城市的行政和市政管理在广阔的地域空间分布基础之上，呈现出因俗而治的时代特征。

在城市社会生活方面，包括契丹统治者在内的多个少数民族人民主动接受汉文化，学习和吸收中原先进文化，部分在辽地居住的汉族人也逐渐接受和习惯了游牧民族的生活习俗。在辽朝较为平等的民族政策之下，不同民族的居民在城市社会生活中能够和谐共处与交流，在多民族的共同努力下，辽朝城市的社会物质生活和精神生活也越来越丰富多彩。辽朝统治者在城市中所实施的各项管理政策取得较好效果。

第一章　辽朝城市的发展

中国历史上曾出现过很多由少数民族建立的政权，他们有的立足地方，有的入主中原，进而实现局部统一或全国统一，由北方民族契丹族建立的辽朝就是中国历史上少数民族建立的北方政权的典型代表。"契丹的历史实际上是鲜卑、匈奴等古代北方民族历史的延续。契丹一出现在历史上，就已经越过了最原始的发展阶段，而处在部落联盟时期了。"[①] 尤其是在契丹统一北方后，随着统一国家的建立，辽朝的社会经济在中原先进文明与契丹奴隶制文明的相互斗争相互包容中得到了相当程度的发展，开始出现在中国古代北方草原地区[②]大规模创建城市的高峰期。在契丹少数民族政权下建立的城市与原有的传统中原城市共同构成了辽朝城市的主体，基本确立起统一国家较为成熟的城市体系。辽朝的这些城市在保持自身民族特性的基础之上又受到中原城市建置的影响，在城市类型和建筑上表现出极强的独特性，并对以后金元两代的城市建设产生了重要影响。

第一节　城市发展的自然地理环境和社会经济条件

自然地理环境与社会经济条件是影响区域城市兴起与发展的两大基本要素。根据 1933 年胡焕庸先生提出的"黑龙江瑷珲（后改爱辉）—云南腾冲"人口地理分界线理论，中国人口分布的差异性和不平衡性主要受到不同自然环境、经济发展水平和社会历史条件的影响[③]，因而"胡焕庸线"既是自然地理条件的分界线，也是人文地理差异的分界线，该理论在研究影响城市发展的因素上同样适用，可以说地理环境与社会经济条件在一定程度上决定了辽朝城市发展的起点和基础。辽朝疆域主要位于"胡焕庸线"的西北方向，自古为游牧民族的发家之地，城镇发展水平较

[①] 李锡厚、白滨：《中国断代史系列：辽金西夏史》，上海人民出版社，2003 年，第 3 页。
[②] 据何天明先生的研究，中国古代北方草原地区是指"以中国正北方为主，包括大兴安岭以东、以西、以南地区，西北部可达昆仑山、阿尔金山以北，南部与以农业生产方式为主的各个民族活动区接壤。其在地域上相当于今内蒙古自治区全部、东北三省、新疆、西北某些省区的局部地区……历史上曾有数十个民族在其中生息繁衍。他们中多数都是以游牧方式从事畜牧业生产的民族，也有一些居住在山区或平原上的民族以渔猎、农耕为业"。见何天明：《北方草原——中国古代草原文化的集成区》，《内蒙古社会科学》，2006 年第 27 卷第 2 期。
[③] 胡焕庸：《中国人口之分布》，《地理学报》，1935 年第 2 期。

低，且不及该线东南方向的地区；同时，辽朝统治范围包含了中国古代广大的北方草原地区和部分中原农耕地区，不仅域内各区域的自然地理环境有很大差异，社会经济发展水平也因地区差异呈现出多样性和不平衡性，成为影响辽朝城市形成和发展的历史因素。

一、自然地理环境对辽朝城市发展的影响

从公元4世纪契丹兴起到辽朝建立之前，中原地区的城市历经魏晋南北朝和隋唐时期的历史延续已经进入到高度发展的历史阶段，而契丹族长期生活的松漠地区，直到公元9世纪左右才出现契丹人自己修筑的城镇，其城市发展起步晚、水平低，这与自然地理环境有着直接的关联。横跨整个北方的辽朝疆域，疆长域广，境内各地区的自然环境差异较大，我们根据辽朝疆域的形成过程，将其版图分为燕山与长城以北、渤海以西地区，以及渤海地区，燕山与长城以南地区（即幽云地区）三大块。由于三个区域内的自然地理条件不同，城市发展的历史起点也有所不同。

（一）燕山与长城以北、渤海以西地区的自然地理环境对城市的影响

辽辖燕山与长城以北、渤海以西地区为中国古代北方草原地区，主要包括契丹族兴起之地，以及被其征服的奚族、室韦、吐浑、女真等北方部族的活动区域，地跨今蒙古国全境、内蒙古东四盟、新疆东部以及河北省北部等地，囊括了辽上京道与中京道两部分。该区域西部、北部和西南部以及中东部多有高山环绕，阿尔泰山、太行山、阴山等山脉分布其间，地形主要以山地为主，山区间分布着许多良好的牧场，草场辽阔，水草丰茂，形成天然牧场；东南部以山地、平原为主，其中辽河平原是契丹族兴起时的主要活动区域，以西辽河流域一带的自然环境最为优良，时有"高原多榆柳，下隰饶蒲苇"[①]之誉，辽代诗人刘经也描述此地为"野韭长犹嫩，沙泉浅更清"[②]；南部则地势较为平坦，但是由于气候干旱，沙碛和碎石形成的戈壁广泛分布于此，其地植被稀疏，属于历史上分隔内、外蒙古的"大漠"地区。

虽然辽辖以上地区草场分布较广，但地形主要以高山、丘陵为主，草原、沙漠广布其间，再加上典型的北方中高纬度区域地貌致使这里气候严寒，冬季寒冷多雪而漫长，夏季温暖湿润而短促，春季又多风扬沙，恶劣的地形与气候条件成为制约这一地区农业发展的主要原因之一，契丹牧民多以天然牧场为中心，长期从事游牧渔猎生产，从而进一步制约了与定居农业息息相关的城市的兴起与发展。除此之外，由气候环境与地理位置所引发的自然灾害也频频发生。据统计，上京道是旱灾、风灾、雪灾的重灾区，历史上共有21次旱灾记录，占五道旱灾总数的70%，

[①] 脱脱等：《辽史》卷三十七《地理志一》，中华书局，1974年，第437页。
[②] 蒋祖怡、张涤云：《全辽诗话》，岳麓书社，1992年，第39页。

风灾次数占五道风灾总数的88.9%，雪灾次数占五道雪灾总数的75%。[1] 因而当中原地区城市体系与建置进入发展与成熟的历史时期时，契丹故地的居民仍过着居无定所的游牧生活，直到契丹建立起统一的国家政权、结束对外扩张战争后，在中原先进生产力和文明的影响下，草原地区才出现了大规模的城市建设。

(二) 渤海地区的自然地理环境对城市的影响

渤海地区因公元926年耶律阿保机成功征服渤海国之地而来，主要包括今东北三省与俄罗斯西伯利亚地区南部等地带，为辽东京道地区。该区域以原渤海国疆域为雏形，后又向东北、东南有所扩张，其地地势错综复杂，高山、丘陵、平原多有分布，东部环海，西北部与契丹故地相接，西南为东辽河平原，并与上京道地区同处于中纬度地带，以季风气候为主，冬季寒冷漫长，夏季温暖湿润。但与上京道地区不同的是，渤海地区的城市兴起较早，尤其是在唐朝时期得到了相当程度的发展，这主要是由于渤海拥有面积广阔而肥沃的平原，尤其是东辽河流域自然环境优越，地势平坦，降水丰富，其民自古以农业生产为主，"编户数十万，耕垦千余里"[2]，是重要的农耕区，为城市的兴起提供了必要的农耕经济基础。且渤海东部拥有漫长的海岸线，江河纵横，兼有鱼盐之利，自然资源丰富，再加上作为中原王朝唐朝册封的一个重要地方政权，中原地区的先进制度和文明对渤海国产生了积极影响，其城市的规划与建设也广泛地吸收和继承了唐朝成熟的城市规划体系。渤海国并入辽朝后，辽朝统治者基本沿用了原渤海国的城市建置，因而使得中国东北地区的城市能够得到继续发展。

(三) 燕山与长城以南地区的自然地理环境对城市的影响

燕山与长城以南的地区为辽朝疆域的南半部，即幽云地区，为公元938年后晋高祖石敬瑭割献之地，其中太行山脉以东为辽南京道辖区，以西为辽西京道辖区。辽南京道基本上由幽云十六州中的"山前七州"[3] 所组成，拥有良好的自然地理环境，地形以平原为主，土壤肥沃，水源丰富，植被繁茂，是南京道地区以及整个辽朝疆域中的农业分布区，也是辽朝城市和人口分布的主要地区。辽西京道基本上由幽云十六州中的"山后九州"[4] 所组成，其境东南部地形以山地为主，既是辽朝的重要游牧地区，也是军事力量集中的重要关隘；西南部为蒙古高原向河套平原的过渡带，宜农宜牧，自古以来都是南北民族争夺的重要地区之一；北部以低山丘陵与沙地为主，土质粗糙且沙漠化较为严重，为游牧之地。总的来说，西京道地区地势

---

[1] 蒋金玲：《辽代自然灾害的时空分布特征与基本规律》，《东北师大学报》，2012年第3期。
[2] 脱脱等：《宋史》卷二百六十四《宋琪传》，中华书局，1985年，第9125页。
[3] "山前七州"即幽、蓟、檀、顺、涿、瀛、莫七州。顾祖禹《读史方舆纪要》卷十载："太行首起河内，北至幽州。今由广平、顺德、真定、保定之西，回环至京都之北，引而东直抵海岸，延袤二千余里，皆太行也。从镇、泽、定、潞诸州而言，则曰山东西，自燕云诸州而言则曰山前后。"
[4] "山后九州"即武、儒、妫、新、云、应、蔚、朔、寰九州。

平坦，水源较为充足，也是辽朝重要的农业区和城市分布区。相较于以上两大地区，燕山与长城以南地区的自然地理环境更为优越，地势平坦，气候宜人，并且一直为中原王朝所统辖，城市发展总体上起步早、发展快，农业发展与城市化水平高且成熟。但即使是生态环境相对良好的燕云地区，也多受自然灾害的困扰，尤其南京道是水灾、蝗灾与地震的高发区，水灾发生次数占辽朝水灾总数的 46.5%，蝗灾、地震分别占 83.3% 和 44.4%[①]，城市的发展在一定程度上仍受到自然灾害的影响，城市发展水平与北宋统治政权下的中原城市存在着巨大差距。

综上所述，辽朝统治范围内的广大地区自然地理环境并不优越，这是造成辽辖北方草原地区城市兴起晚、发展慢的主要原因；同时，自然条件相对优越的幽云地区的城市仍属典型的中原城市，是契丹统治者从汉族人手中直接掠夺而来沿用增筑的，并不是由其一手经营的。因此从总体上看，辽朝的自然地理环境并不具备孕育城市的充分条件，只有在外力的推动和影响下，即在中原先进文明的冲击与契丹自身社会经济的转型和发展的共同作用下，广袤的北方草原地区才会出现城市兴起的可能性。

二、社会经济条件对辽朝城市发展的推动

辽朝城市的发展起步晚，这与契丹族长期从事游牧渔猎的生产、生活方式有关，居无定所和逐水草而居是游牧文化的特征，不具备满足定居生活需要的社会经济条件。然而辽朝不仅占领了契丹故地外的土地和城池，还将生活于渤海地区和中原地区从事农耕的渤海人和部分汉人纳入自己的统治范围内，故以契丹游牧文化为基础的辽朝便不可避免地受到来自中原的政治经济制度与农业文化的冲击和影响，落后的契丹奴隶制文明逐渐被汉族的先进文明所征服，这种游牧文化与中原文化的相互碰撞推动了契丹社会经济的转型和快速发展，从而为城市的兴起与发展提供了直接动力。

（一）从游牧向农牧并举转型为城市的兴起奠定了基础

契丹族兴起于松漠地区，以游牧渔猎为主，"绩毛饮湩，以为衣食"[②]。"契丹旧俗，其富以马，其强以兵。纵马于野，弛兵于民。有事而战，骁骑介夫，卯命辰集。马逐水草，人仰湩酪，挽强射生，以给日用，糗粮刍荛，道在是矣"[③]。"羊马之富"[④]，"羊以千百为群，纵其自就水草，无复栏栅，而生息极繁"[⑤]。辽朝建立后，辽太祖阿保机创设群牧组织，将牧场收归国有，设置官员进行统一管理。辽太

[①] 蒋金玲：《辽代自然灾害的时空分布特征与基本规律》，《东北师大学报》，2012 年第 3 期。
[②] 脱脱等：《辽史》卷三十二《营卫志中》，中华书局，1974 年，第 377 页。
[③] 脱脱等：《辽史》卷五十九《食货志上》，中华书局，1974 年，第 923 页。
[④] 司马光：《资治通鉴》卷二百七十一《后梁纪六》，中华书局，1956 年，第 8870 页。
[⑤] 苏颂：《苏魏公文集》卷十三《北人牧羊》，中华书局，1988 年，第 173 页。

宗耶律德光执政时期，在北面官中置群牧使司，设群牧使、副使等，至此，群牧组织得到完善。辽朝除了加大对牲畜的养殖外，还通过对周边民族发动战争俘获了不少牲畜。如统和四年（986）正月，"枢密使耶律斜轸、林牙勤德等上讨女直所获生口十余万、马二十余万及诸物"①。周边部族向辽朝进贡的牲畜数量也多，如开泰八年（1019）七月，阻卜"贡马千七百，驼四百四十，貂鼠皮万，青鼠皮二万五千"②。重熙十七年（1048）六月，阻卜"献马、驼二万"③。因而畜牧业在辽前期十分发达。如《契丹马》曰："边城养马逐莱蒿，栈阜都无出入劳。用力已过东野稷，相形不待九方皋。人知良御乡评贵，家有才驹事力豪。略问滋繁有何术，风寒霜雪任蹄毛。"《北人牧羊》曰："牧羊山下动成群，啮草眠沙浅水滨。自免触藩羸角困，应无挟策读书人。毡裘冬猎千皮富，湩酪朝中百品珍。生计不赢衣食足，土风犹似茹毛纯。"④畜牧业作为辽朝社会经济的基础日渐发达，在社会生产中始终占据着主导地位，为契丹社会的发展提供了必要的物质基础。

与畜牧业相较，渔猎业在契丹社会生产和生活中一直处于从属地位，但在辽朝统治时期，渔猎业仍是契丹牧民经济生活中不可或缺的部分，并得到辽朝历代统治者的重视。皇室贵族不但把狩猎视为一种娱乐活动，还将狩猎作为一种习武的手段，普通百姓在社会生活中也将捕鱼狩猎作为解决生计的方式之一。特别是进入冬季以后，由于辽朝广大的北方地区气候严寒，畜牧业也进入闲暇时段，渔猎更是成为契丹人一项经常性的活动。渔猎所用的工具，除了弓箭与网罟等基本工具外，还有练锤用于狩兔打狼，鹿哨用于射鹿，扁鼓和锥用于捕鹅，鱼叉和鱼钩用于捕鱼，冬季凿冰钓鱼还有专用的冰穿。程大昌在《演繁露》中就生动具体地描绘了辽圣宗与萧太后钓鱼的场景⑤，可见作为辽朝畜牧业经济的必要补充，渔猎业有着重要地位。

随着契丹的发展，以游牧为主的经济开始向农牧并举转型。耶律匀德为部落首领时"始教民稼穑"⑥。辽朝建立后，历朝统治者都十分重视农业生产的发展，采取了若干鼓励保护政策。如辽太祖耶律阿保机修筑汉城，将俘获的汉人集中起来居住，令其从事农业生产。这些被俘获来的中原汉族农民有力地推动了契丹草原地区农业生产的发展：一是提供了丰富的劳动力，二是带来了成熟的生产经验，三是将

---

① 脱脱等：《辽史》卷十一《圣宗纪二》，中华书局，1974年，第119页。
② 脱脱等：《辽史》卷十六《圣宗纪七》，中华书局，1974年，第186页。
③ 脱脱等：《辽史》卷二十《兴宗纪三》，中华书局，1974年，第239页。
④ 苏颂：《苏魏公文集》卷十三《北人牧羊》，中华书局，1988年，第173页。
⑤ 程大昌《演繁露》载："北主与其母皆设次冰上，先使人于河上下十里间以毛网截鱼，令不得散逸，又从而驱之使集冰帐。其床前预开冰窍四，名为冰眼。中眼透水，旁三眼环之不透，第斲减令薄而已。薄者所以候鱼，而透者将以施钩也。鱼虽息水中之物，若久闭于冰，遇可出水之处，亦必伸首吐气，故透水一眼，必可以致鱼。而薄不透水者将以伺视也。鱼之将至，伺者以告北主，即遂于斲透眼中，用绳钩掷之，无不中者。即中，遂纵绳令去，久，鱼倦即曳绳出之，谓之得头鱼。头鱼既得，遂相与出冰帐，于别帐作乐上寿。"这里所描述的虽然是皇族捕鱼的情况，但普通百姓凿冰捕鱼的活动也是如此，只是场面不及皇帝捕鱼之盛。直至近代，北方沿江沿湖地区的民众仍沿袭这一捕鱼方式。
⑥ 脱脱等：《辽史》卷二《太祖纪下》，中华书局，1974年，第24页。

中原地区农业生产工具引入契丹地区，故而辽朝农业出现较大发展。占领渤海故地和幽云十六州之后，辽朝农业开始进入前所未有的大发展时期，人烟辐辏、物产丰饶、高度发达的幽云地区，代表中原文明先进的社会经济形态，推动了辽朝社会经济向半牧半农转化。辽太宗继位，进一步促进农牧业生产的融合，于会同初期"诏有司劝农桑，教纺绩。以乌古之地水草丰美，命瓯昆石烈居之，益以海勒水之善地为农田"①。会同三年（940）下诏："以谐里河、胪朐河近地，赐南院欧堇突吕、乙斯勃、北院温纳河剌三石烈人，以事耕种。"会同八年（945）诏令各道征兵，并申令有敢伤害庄稼的按军法论处。② 1004年，辽与宋订立"澶渊之盟"，辽宋两国进入相对和平的发展时期，为辽朝社会经济持续发展营造了良好的外部环境，农耕面积进一步扩大，农业发展日益突出，辽朝新设置的兴仁县、长春州、易县等州县之民基本上是以从事农业生产为主。辽圣宗、兴宗和道宗当政时期，也多采取劝课农桑、薄赋息民等扶植农业生产的政策。"道宗初年，西北雨谷三十里，春州斗粟六钱。……以马人望前为南京度支判官，公私兼裕，检括户口，用法平恕，乃迁中京度支使。视事半岁，积粟十五万斛，擢左散骑常侍。辽之农谷至是为盛。而东京如咸、信、苏、复、辰、海、同、银、乌、遂、春、泰等五十余城内，沿边诸州，各有和籴仓，依祖宗法，出陈易新，许民自愿假贷，收息二分。所在无虑二三十万硕，虽累兵兴，未尝用乏。"③辽朝农牧业经济的并存与发展，起到了互补互利、相得益彰的作用。契丹族以畜牧业起家，对畜牧业尤为重视，发达的畜牧业既为游牧民族提供了生活必需品，又为辽朝统治者提供了维持军事力量所需的大量优质马匹，而丰富多样的农副产品则弥补了畜牧业产品比较单调的不足，为辽朝创造了大量的社会财富，并推动了部分契丹游牧民由游牧生活向定居生活转型。辽朝农业的发展也为北方草原地区城市的兴起创造了条件。

（二）工商业的发展为城市的兴起创造了条件

辽朝建立以前，其手工业主要服务于畜牧业与渔猎业，没有形成独立的生产部门。辽朝建立以后，随着城市的兴起与发展，以及辽朝疆域的扩大，传统手工业如冶铸业、制陶业、酿酒业、皮革加工业等在中原地区手工业技术的影响下出现新的发展；同时，一些新的生产部门如造车业、造船业、纺织业、制盐业等相继兴起。当辽朝拥有幽云十六州之后，统治者也高度重视对这些城市手工业的保护与发展。另外，辽军每次南下攻打中原的城市时，都要掳掠各城市的手工业者来充实辽朝的手工业部门。由于辽朝所在地区农业和手工业仍然落后于中原地区，为满足辽朝各阶级和民众对物质生活的需求，需要大力发展与中原地区的商业贸易。随着辽宋之间大规模战事的结束，辽朝的对内对外商业活动日益活跃，从而给辽朝的城市发展

---

① 脱脱等：《辽史》卷五十九《食货志上》，中华书局，1974年，第924页。
② 脱脱等：《辽史》卷五十九《食货志上》，中华书局，1974年，第924页。
③ 脱脱等：《辽史》卷五十九《食货志上》，中华书局，1974年，第925页。

带来前所未有的机遇，辽五京以及所属的重要州县城市成为国内贸易的中心市场。随着辽与北宋边境榷场的开设与建立，辽朝境内沿边城市在对外贸易的推动下得到了相应的发展。

辽朝各族人民在契丹统治者"因俗而治"国策的指导下，努力发展畜牧业、农业、渔猎业、手工业和商贸业等，使得其社会生产力得到了大幅度的提高。这不仅为辽创造了大量的社会财富，还大大增强了契丹的民族自信心，提升了辽朝的综合国力，为辽朝城市的发展和人口的增加提供了良好的社会经济条件。

值得注意的是，辽朝境内自然地理环境的差异与社会经济发展程度的差异，也导致了辽朝城市发展的不平衡性。自然地理环境既奠定了城市建立和发展的基础，也在一定程度上影响着城市与人口的分布，更是城市建置区域划分的一个重要考量因素。辽朝所辖地区的自然地理环境差异很大，既有平原也有山地，还有草原、农耕地区，因而人口的分布和经济发展水平很不平衡。无论从农业、手工业还是商业的角度看，幽云地区的社会经济始终处于领先地位，并对辽全境以及契丹本土地区产生着重要的影响，推动着契丹本部经济和社会形态的转型。但契丹本土草原地区的城市发展始终落后于幽云地区，使得辽朝城市的发展呈现出明显的不平衡性。

第二节　城市的发展

从契丹时期[①]城市的兴起到辽朝统一北方后大批城市的建立，辽朝统治范围内城市的发展呈现出一个质的飞跃，北方草原地区由契丹族新建的城镇数量逐渐增多，它们与在原有基础上增筑的中原城市一起构成了辽朝城市的主体，并形成了以都城为中心、下设州县的三级地方建制城市体系。

一、契丹时期城市的形成与兴起

辽朝建立之前，契丹族主要活动于老哈河与西拉木伦河汇合的西辽河流域一带（古称松漠地区），这里是中国牧业区与农业区的分界地带，以狩猎放牧为主的游牧民与以农业生产为主的汉人错居杂处于此。金在满先生经过1992年秋对辽西、河北北部、内蒙古自治区东北部即长城以北的契丹故地的实地考察后，也认为当时的老哈河与西拉木伦河之间具有农耕的可能："然而我在当地所见，西喇木伦虽然水量不多，却幅宽而水流不断，老哈河实乃干燥的河床。……窃想，因于九月中旬为非降雨期，因此虽见了老哈河几处，水量仍贫弱不堪。可是，现今的老哈河流域，是丰饶的农耕地带，然则按照'传说'而言，往年应为更理想且适合农耕条件的地

[①] 本书所述契丹时期主要是指从契丹族出现至辽朝建立之前的这一段时期，即从北魏时期契丹族从库莫奚中分化出来（公元4世纪左右）到阿保机建国（916）之前的历史时期。

域罢！"① 这进一步证实了老哈河确为历史上"通舟楫，鱼米之利"的农业经济地域。② 实际上在契丹族出现之前，这片区域就已出现了规模相当的城镇聚落。据现有的考古资料表明，早在距今8000年前的兴隆洼文化时期，该区域就已出现了围濠圈护、街区分明的大型聚落居址。③ 进入青铜时代之后，这一地区又相继崛起了数量较多的城堡，形成一条由众多城堡组成的城堡带。④ 战国到汉魏时期，这一地区虽然先后经历了东胡、乌桓和鲜卑统治的时代，但燕国和西汉都曾经于此建立过相当数量的汉式城（堡），如汉代所设的右北平郡，其治所平刚县故址即在今赤峰市宁城县内的黑城古城址一带。⑤ 大概在公元4世纪左右，契丹族从库莫奚中分化出来，与匈奴、鲜卑等北方游牧民族一样过着逐水草而居的游牧生活，放牧渔猎的生产方式决定了在没有形成定居农业之前，他们不可能也不需要建立城市。虽然李孝聪先生认为契丹游牧民族原本逐水草而居，基本上没有什么城市的概念。⑥ 但这并不代表城市生活对于契丹族来说是陌生的，"早在唐朝时期，在契丹人生活的中心区域，就已出现了汉式的城郭"⑦。契丹人在自己营建城郭之前对城市生活已有了一定的了解和认知，大多数契丹人也已普遍接受了中原城市文明的生活方式，为以后契丹自己建立城市、融入城市生活奠定了一定的基础。据两《唐书》之《契丹传》《奚传》记载，贞观二年（628），大贺氏君长摩会率契丹各部依附唐朝，贞观二十二年（648），唐朝在契丹驻地设立了松漠都督府，契丹八部被分设为九州，加上松漠都督府，合为十州，并隶松漠都督府。同时，唐朝还在奚族境内设立了饶乐都督府来管理奚族事务。开元五年（717），唐玄宗在接见契丹君长松漠都督李失活时曾提到当时的契丹地区已是"城池郡邑，冠盖相望"，因为此话属于礼节性的公关用语，难免有夸大溢美之处，但也应该有一定的现实基础。⑧

公元9世纪之后，中原进入五代十国时期，中原的分裂和战乱给契丹族的崛起创造了条件，耶律阿保机称可汗后，统一了契丹各部落，建立辽朝，并进行了一系列政治、经济和文化改革，发展农业和商业，建立与中原相同的州县制度，"始兴板筑，置城邑，教民种桑麻，习织组"⑨，在契丹本土的松漠草原上陆续出现了契丹人自己营建的城市。这不仅是中原农耕文化与游牧文化不断碰撞与融合的表现，也是契丹本土社会经济发展和私有制滋生的表现。

关于契丹时期契丹贵族在松漠地区所建的城郭，史书和相关文史资料中记载与

---

① 金在满：《契丹始祖传说与西喇木伦河老哈河及木叶山》，宋德金、景爱、穆连木、史金波：《纪念陈述先生逝世三周年论文集》，天津古籍出版社，1997年，第27页。
② 徐世明：《昭乌达风情》，中国文史出版社，1991年，第58页。
③ 中国社会科学院考古研究所内蒙古工作队：《内蒙古敖汉旗兴隆洼遗址发掘简报》，《考古》，1985年第10期。
④ 王惠德：《夏家店下层文化石城研究》，国际华文出版社，2001年，第8页。
⑤ 冯永谦、姜念思：《宁城县黑城古城址调查》，《考古》，1982年第2期。
⑥ 李孝聪：《历史城市地理》，山东教育出版社，2007年，第276—277页。
⑦ 李月新：《辽代早期汉城的社会影响》，《内蒙古民族大学学报》，2012年7月第18卷第4期。
⑧ 李月新：《辽代早期汉城的社会影响》，《内蒙古民族大学学报》，2012年7月第18卷第4期。
⑨ 脱脱等：《辽史》卷二《太祖纪下》，中华书局，1974年，第24页。

提及最多的莫过于越王城、龙化州城、羊城、杏埚新城等。越王城是耶律阿保机的伯父述鲁所修筑的一座城郭，史载："越王城。太祖伯父于越王述鲁西伐党项、吐浑，俘其民放牧于此，因建城。在州东南二十里。户一千。"① 其城址位于"今赤峰市西拉木伦以北、祖州城东南约10公里今查干哈达苏木伊斯营子东侧。面积不过1.8万平方米"②，四面城墙及城内建筑遗迹尚存，无马面、敌橹之设，城址周围土地较为肥沃，是良好的冬季牧场，也是契丹时期最耀眼的一座城郭。虽然在耶律阿保机父辈时代只有越王城被载入了史册，但这并不代表它是契丹最早的城郭，不排除在这一时期还有其他契丹贵族首领所建的为数不多的城郭。龙化州城是太祖耶律阿保机为迭剌部夷离堇时，于唐天复二年（902）攻破代北，将那里的百姓迁来安置而筑成的。③ 但其城址的具体位置至今仍尚未考定④，据《辽史》载"城龙化州于潢河之南，始建开教寺"，904年"广龙化州之东城"，909年"诏左仆射韩知古建碑龙化州大广寺以纪功德"⑤。由此可判定龙化州城应是一座具有相当规模的城郭，分东西两城，城中建有寺庙，其扩充东城之举表明城内人口众多。耶律阿保机称契丹可汗之后，又扩充新建了一批私城，909年建羊城于炭山之北，用于商贸，其故址位于今河北省滦河上游沽源以南；又"俘汉民于木叶山下"建杏埚新城，后改为新州，城址位于今敖汉旗丰收乡白塔子村，两城皆在契丹时期新建的城市中占有重要地位。此外，据吕昕娱、杨福瑞的研究，有线索可考的契丹时期的城市还有霸州城、西楼、南楼、北楼、祖州城、锦州城、建州城、川州城、惠州城、卫州等城，同时还置有一些有关铁冶、银冶的手工业城寨。⑥

以上这些城市都属于契丹军事首领所建的私城，其中绝大部分为耶律阿保机的私城，它们主要集中分布于两个地区：一为西拉木伦河中下游与老哈河下游一带，即后来的辽上京道地区，这一地区的城镇都是在汉人的帮助下建筑而成；一为奚族发源地，即后来的辽中京道地区，除部分沿袭唐朝旧城建置外，多数都是新建的城镇。⑦ 这些早期城市都比较简陋，规模也较小，如规模较大的龙化州城面积也不过才5.3万平方米左右。⑧ 由于没有形成中心城市等级体系，辽朝各城市之间的联系并不密切，几乎所有大城周围都没有小的城郭作为支撑，虽西楼附近曾出现过一批

---

① 脱脱等：《辽史》卷三十七《地理志一》，中华书局，1974年，第443页。
② 项春松：《辽代历史与考古》，内蒙古人民出版社，1996年，第24页。
③ 脱脱等：《辽史》卷三十七《地理志一》，中华书局，1974年，第447页。
④ 据《武经总要》"北蕃地理"所载，龙化州城位于新州（武安州）东北40里，降圣州东50里处，城址在今敖汉旗东部境内。而新（武安）州城址在今敖汉旗丰收乡白塔子村，降圣州城址在今敖汉旗五十家子村，依《武经总要》"北蕃地理"所载的方位求之，敖汉旗境内未发现有相当于龙化州规模的城址。在今奈曼旗西北部与敖汉旗接壤地带的西拉木伦河南面的平原上有一座辽代古城，一些学者认为它应为龙化州城址，但也尚无资料确证。
⑤ 脱脱等：《辽史》卷一《太祖纪上》，中华书局，1974年，第2、4页。
⑥ 吕昕娱、杨福瑞：《契丹建国前城邑建置考论》，《北方文物》，2011年第4期。该文对以上城市的建置状况进行了详细的论述，并根据9世纪末10世纪初的移民情况指出契丹建国前的城邑建置还不止这些。
⑦ 吕昕娱、杨福瑞：《契丹建国前城邑建置考论》，《北方文物》，2011年第4期。
⑧ 吕昕娱、杨福瑞：《契丹建国前城邑建置考论》，《北方文物》，2011年第4期。

城郭，但相互之间并无统属关系。城市的常住人口少，居住人口主要以军队和汉族农民以及手工业者为主，城市功能单一，基本上都是以军事防御功能为主。

综上所述，可以说契丹时期分布在松漠草原上的聚落还处于城市的萌芽期与形成期。但是，这些分散在契丹本土内为数不多的新建城市不仅对契丹族的转型，而且对辽朝的建立和发展有着重要的影响。这些城市的设置虽然主要是为了安置汉人，但大量汉人来到草原，将中原地区先进的生产和生活方式以及制度文化也一同带来，改变了契丹游牧民族的经济格局和生活方式。中原的制度文化为契丹的统治者耶律阿保机等人所接受，并对辽朝建立后的治国理政产生了直接的影响。因而这些早期城市的建立和汉人北上，反映了契丹游牧文明与中原农耕文明的交流、交融。这种交流、交融推动契丹人从居无定所的生活方式向定居生活方式的转变，对于以后契丹社会经济与政治文化的发展具有开创意义，也对辽朝建立后在辽阔疆域上筑城置邑起了示范作用。

二、地方城市行政等级的形成与发展

耶律阿保机在平定了契丹守旧派贵族的反抗以后，统一了契丹各部，之后又相继征服了奚、室韦、女真等周边部族，并连年掠夺汉地，俘获大批汉人，契丹境内的早期城市也开始兴起，建立统一国家的条件已基本成熟。公元916年，耶律阿保机即帝位，是为辽太祖，国号"契丹"（太宗时期改称"辽"），建元"神册"，确立起世袭皇权的集权统治，辽朝二百余年的历史由此拉开序幕。辽朝建立以后，耶律阿保机为发展势力、开拓境土，于天赞三年（924）六月开始西征，轻而易举地将蒙古高原纳入辽朝版图，又于天显元年（926）吞并渤海国并改其为东丹，将蒙古高原和东北地区与契丹本土地区连接起来，辽朝疆域由此得以扩大。耶律阿保机死后，耶律德光继位，他继续向南扩充辽境版图，剑指中原，最终于会同元年（938）从后晋高祖石敬瑭手中获得了幽云十六州。这样，经过几代人的开疆扩土，契丹完成了西自阿尔泰山、东至大海的对中国北方广大地区的统一大业，其疆域"迨于五代，辟地东西三千里"①，所辖疆土是汉时的匈奴与唐时的突厥、回鹘等北方少数民族所不能比拟的。随着辽朝版图的最终形成和稳定，中国北方地区与中原地区、草原牧业区与中原农业区由此得以连接起来，为辽朝城市的建立和发展奠定了广阔的空间基础。

辽朝城市的建设始于辽太祖时期。耶律阿保机在南征北略的统一战争中多次南下幽燕之地，为幽州这座中原大都市的雄伟壮丽所震撼，先进的中原文明刺激了他在契丹本地仿汉式兴建城市的念头。随着统一国家的建立，"逐水草而居"的游牧生活方式已经不能满足以契丹贵族为主，以汉族官僚阶层为辅，吸收渤海、奚等少数民族上层力量的统治阶层管理奴隶制国家的需要。沿袭汉唐中原之制，确立以五

---

① 脱脱等：《辽史》卷三十七《地理志一》，中华书局，1974年，第438页。

第二篇 辽朝城市发展与社会变迁

京城市为中心、下置州县的全国划一的建制城市体系成为巩固契丹政权的最佳方式，也是辽朝社会由奴隶制文明向中原文明转型的必然结果。由此，辽朝统治者在辖境按照"因俗而治"的政策先后设置了五京都城和上百座大小不一的州县城，在契丹时期城市的发展基础上，辽朝城市的建设开始进入飞速发展的阶段，并呈现出一派繁荣景象，给中国北方和边远地区带来了前所未有的生机。

关于辽朝地方行政等级制度的问题，学术界一直存在着很大的争议，传统的以《辽史》为依据的五京道行政区划之说，即五京道是辽朝的一级地方行政区的观点在近年来受到了质疑，有些学者对此提出了不同看法。周振鹤先生认可辽朝存在五京道划分，并认可道为辽朝的一级地方行政等级，但对五京道的行政长官提出了质疑，认为道作为一级地方行政区并未设置明确的地方政府和行政长官来行使一级地方行政权力[1]；李逸友先生则不同意五京道为辽朝的一级地方行政区的传统观点，认为辽朝虽然存在京道一级的政区，但却不是一级地方行政区[2]；而张修桂、赖青寿先生所撰的《〈辽史·地理志〉平议》一文则彻底否定了辽朝五京道的存在，认为五京道只是一个地理概念，而非辽朝的一级地方行政区。[3] 笔者认为，虽然《辽史》本身存在着诸多粗疏遗漏之处，但它确为唯一一部比较全面系统地记载辽朝历史的正史著作。根据《辽史·地理志》将道作为辽朝的一级地方行政等级，可以清晰地呈现出辽朝统治范围内京、府、州、县城的层次、数量与规模，所以笔者仍将以《辽史》所载为基本史料，以五京道为地理划分来研究辽朝道、州、县三级城市行政体系。由于辽朝五京制度的存在与否尚未盖棺定论，笔者以传统观点为依据固然不具说服力，但本书所强调的辽朝城市的地方行政等级旨在呈现出五京道地区内各京、府、州、县的建置概况以及道、州、县三者间的层级关系，并不完全认同京府与所在道内的州县城市之间有直接的上下行政统属关系，笔者认为辽朝实行以京统道的道、州、县三级地方行政管理制度，将京作为各道治所，设官分职，分别统领全国的州县，实际上是京府代表中央政权对五道实施的行政管理。道、州、县三级地方行政体系的继续推行不仅是辽对秦汉之制的沿袭，还对以后少数民族入主中原（如元、清）后在统一政权下设立城市有借鉴意义。

辽朝三级地方行政体系在太宗时期已基本确立，到圣宗以后才逐步完备。其地方行政区划以五京都城为中心，将全境分为上京道、中京道、东京道、南京道与西京道五道，各道京府下辖众多州、县。据《辽史》载，五道共辖"京五，府六，州、军、城百五十有六，县二百有九，部族五十有二，属国六十"[4]，兹参考《辽史·地理志》的记载，以县为基准单位，将辽朝各道京府、州、县三级行政等级城

---

[1] 周振鹤：《中华文化通志》第四典《地方行政制度志》，上海人民出版社，1998年，第166页。
[2] 李逸友：《辽代城郭营建制度初探》，陈述：《辽金史论集》第三辑，书目文献出版社，1987年，第50—51页。
[3] 张修桂、赖青寿：《〈辽史·地理志〉平议》，《历史地理》第十五辑，上海人民出版社，1999年，第317—347页。
[4] 脱脱等：《辽史》卷三十七《地理志一》，中华书局，1974年，第438页。

市列表于下：

表1-1 辽朝五京道京府、州、县统计表

道别	所属京府、州、县		
上京道	京府	上京临潢府	统县10：临潢县、长泰县、定霸县、保和县、潞县、易俗县、迁辽县、渤海县、兴仁县、宣化县
^	节度使州	祖州	统县2：长霸县、咸宁县；城1：越王城
^	^	怀州	统县2：扶余县、显理县
^	^	庆州	统县3：玄德县、孝安县、富义县
^	^	泰州	统县2：乐康县、兴国县
^	^	长春州	统县1：长春县
^	^	仪坤州	统县1：广义县
^	^	龙化州	统县1：龙化县
^	^	饶州	统县3：长乐县、临河县、安民县
^	观察使州	永州	统县3：长宁县、义丰县、慈仁县
^	刺史州	乌州	统县1：爱民县
^	^	降圣州	统县1：永安县
^	头下州		徽州、成州、懿州、渭州、壕州、原州、福州、横州、凤州、遂州、丰州、顺州、闾州、松山州、豫州、宁州
^	边防州		静州、镇州、维州、防州、招州
^	边防城		河董城、静边城、皮被河城、塔懒主城
东京道	京府	东京辽阳府	统县9：辽阳县、仙乡县、鹤野县、析木县、紫蒙县、兴辽县、肃慎县、归仁县、顺化县
^	府	黄龙府	统州5：益州（统县1：静远县）、安远州、威州、清州、雍州 统县3：黄龙县、迁民县、永平县
^	^	率宾府、定理府、铁利府、安定府、长岭府	
^	^	镇海府	统县1：平南县

续表1-1

道别	所属京府、州、县			
东京道	节度使州	开州	统州3：盐州、穆州（统县1：会农县）、贺州	
^	^	^	统县1：开远县	
^	^	保州	统州1：宣州	
^	^	^	统县1：来远县	
^	^	^	统军1：怀化军	
^	^	辰州	统县1：建安县	
^	^	兴州		
^	^	海州	统州2：耀州（统县1：岩渊县）、嫔州	
^	^	^	统县1：临溟县	
^	^	渌州	统州4：桓州、丰州、正州（统县1：东那县）、慕州	
^	^	^	统县2：弘闻县、神乡县	
^	^	显州	统州3：嘉州、辽西州（统县1：长庆县）、康州（统县1：率宾县）	
^	^	^	统县3：奉先县、山东县、归义县	
^	^	乾州	统州1：海北州（统县1：开义县）	
^	^	^	统县4：奉陵县、延昌县、灵山县、司农县	
^	^	贵德州	统县2：贵德县、奉德县	
^	^	沈州	统州1：岩州（统县1：白岩县）	
^	^	^	统县2：乐郊县、灵源县	
^	^	辽州	统州1：祺州（统县1：庆云县）	
^	^	^	统县2：辽滨县、安定县	
^	^	通州	统县4：通远县、安远县、归仁县、渔谷县	
^	^	双州	统县1：双城县	
^	^	同州	统州1：未详	
^	^	^	统县2：东平县、永昌县	
^	^	咸州	统县1：咸平县	
^	^	信州	统州3：未详	
^	^	^	统县2：武昌县、定武县	
^	^	宾州		
^	^	懿州	统县2：宁昌县、顺安县	
^	^	苏州	统县2：来苏县、怀化县	
^	^	复州	统县2：永宁县、德胜县	
^	^	祥州	统县1：怀德县	
^	观察使州	宁州	统县1：新安县	
^	^	归州	统县1：归胜县	
^	^	宁江州	统县1：混同县	
^	防御使州	广州	统县1：昌义县	
^	^	冀州		
^	^	衍州	统县1：宜丰县	
^	刺史州	卢州	统县1：熊岳县	
^	^	铁州	统县1：汤池县	
^	^	崇州	统县1：崇信县	
^	^	宗州	统县1：熊山县	
^	^	集州	统县1：奉集县	
^	^	遂州	统县1：山河县	
^	^	韩州	统县1：柳河县	
^	^	银州	统县3：延津县、新兴县、永平县	
^	^	湖州	统县1：长庆县	
^	^	渤州	统县1：贡珍县	
^	^	郾州	统县1：延庆县	
^	^	铜州	统县1：析木县	
^	^	连州	统县1：安民县	
^	^	肃州	统县1：清安县	
^	^	涞州、吉州、麓州、荆州、媵州、安州、顺化城		

续表1-1

道别			所属京府、州、县
东京道	其他州城	定州	统县1：定东县
		汤州、东州、尚州、荣州、率州、荷州、源州、渤海州、河州、来远城
中京道	京府	中京大定府	统州10：恩州（统县1：恩化县）、惠州（统县1：惠和县）、高州（统县1：三韩县）、武安州（统县1：沃野县）、利州（统县1：阜俗县）、榆州（统县2：和众县、永和县）、泽州（统县2：神山县、滦河县）、北安州（统县1：兴化县）、潭州（统县1：龙山县）、松山州（统县1：松山县） 统县9：大定县、长兴县、富庶县、劝农县、文定县、升平县、归化县、神水县、金源县
	府	兴中府	统州2：安德州（统县1：安德县）、黔州（统县1：盛吉县） 统县4：兴中县、营丘县、象雷县、闾山县
	节度使州	成州	统县1：同昌县
		宜州	统县2：弘政县、闻义县
		锦州	统州1：岩州（统县1：兴城县） 统县2：永乐县、安昌县
		川州	统县3：弘理县、咸康县、宜民县
		建州	统县2：永霸县、永康县
		来州	统州2：隰州（统县1：海滨县）、迁州（统县1：迁民县） 统县1：来宾县
	刺史州	润州	统县1：海阳县
南京道	京府	南京析津府	统州6：顺州（统县1：怀柔县）、檀州（统县2：密云县、行唐县）、涿州（统县4：范阳县、固安县、新城县、归义县）、易州（统县3：易县、涞水县、容城县）、蓟州（统县3：渔阳县、三河县、玉田县）、景州 统县11：析津县、宛平县、昌平县、良乡县、潞县、安次县、永清县、武清县、香河县、玉河县、漷阴县
	节度使州	平州	统州2：滦州（统县3：义丰县、马城县、石城县）、营州（统县1：广宁县） 统县3：卢龙县、安喜县、望都县
西京道	京府	西京大同府	统州2：弘州（统县2：永宁县、顺圣县）、德州（统县1：宣德县） 统县7：大同县、云中县、天成县、长青县、奉义县、怀仁县、怀安县
	节度使州	丰州	统县2：富民县、振武县
		云内州	统县2：柔服县、宁人县
		奉圣州	统州3：归化州（统县1：文德县）、可汗州（统县1：怀来县）、儒州（统县1：缙山县） 统县4：永兴县、矾山县、龙门县、望云县
		蔚州	统县5：灵仙县、定安县、飞狐县、灵丘县、广陵县
		应州	统县3：金城县、浑源县、河阴县
		朔州	统州1：武州（统县1：神武县） 统县3：鄯阳县、宁远县、马邑县
	刺史州	宁边州	
		东胜州	统县2：榆林县、河滨县
	边防州	金肃州	
	军	天德军、河清军	

资料来源：脱脱等：《辽史·地理志》，中华书局，1974年，第438—515页。

《辽史》在二十四中最为粗疏，尤其是《地理志》中遗漏讹误甚多，从现有的考古成果所发掘的辽朝城址来看，其数量远远超过上表所列。冯永谦先生就《辽史·地理志》的缺失以辽朝考古资料和《宋史》《五代史》《金史》《契丹国志》《亡辽录》《武经总要》《读史方舆纪要》等历史文献记载为基础对五京道失载之州军进行了考补研究，由于城址建置的隶属关系有待进一步考证，笔者参考冯先生的探究将《辽史·地理志》失载之州军列表于下：

表1-2 《辽史·地理志》中五京道失载之州军

上京道	春州、懂州、灵安州、黑河州、瞿州、义州、唐州、通化州、镇北州、怀密州、莫州、奉州、禄州、全州、威武州、崇德州、会蕃州、新州、大林州、紫河州、驼州
中京道	南和州、和州、杭州、沂州、义州、招延州、穆州、棕州、兰州、灵州、彰义军
东京道	胜州、乌州、桂州、教州、朝州、怀北州、慎州、古州、毫州、神虎军城、常安县
南京道	平塞军
西京道	昌州、抚州、威塞州、威胜军
隶属不详之建置	楚州、延州、仁博州、果州、济州、金州、圣州、房州、副州、安肃州、文州、拱州、藤州、宋州、许州、襄州、富州、遂昌州、茂州、黑（里）州、威肃军、中正军、威武军、保义军

冯永谦：《辽史地理志考补——上京道、东京道失载之州军》，《社会科学战线》，1998年第4期；《辽史地理志考补——中京道、南京道、西京道失载之州军》，《北方文物》，1998年第3期。

由于史料记载的缺失，上述列表也并未囊括辽朝境内全部的县级以上城市。但根据以上两表的统计，我们基本上可以厘清辽朝三级地方行政体系的建置概况，以及辽朝主要都城和重要地方州县城的分布概况。虽然辽初的城市首先是从契丹族始祖的发祥地——西辽河流域一带兴起的，但辽朝城市的分布却并不集中于这一地区，辽朝的城市主要集中于辽朝疆域的东、南、中部，其中，东京道地区由于沿用了不少渤海国古城，县级以上城市在数量上为五京道之最，上京道与中京道地区的城市则多为契丹新建之城，至于南京道和西京道地区的城市则基本上维持了唐朝以来原有的状况。这样，基本上形成了辽朝以道为最高地方行政层级的道、州、县三级城市行政体系。

第三节 五京都城的建立与发展

五京都城作为辽朝城市体系的核心，其城市的发展最具典型性。从918年上京皇都的建成到1044年西京大同府的设立，辽五京之制历时126年最终形成，其中上京与中京真正起着都城的作用，而东、南、西三京则是在辽占领一地之后所置的陪都，是在原有城址上扩充而成，其建置以巩固契丹统治为主要目的，建城有着明显的战略意义。同时，五京都城除了是辽朝的首都和陪都外，也是其所辖地区的中心城市。

一、上京与南京的建立与发展

上京为契丹族所建,是辽朝的首都,作为契丹本土地区城市的典型代表,它在辽朝统治范围内有着广泛的影响力和极为重要的历史地位。幽州是辽朝的南京,作为辽朝三座陪都(南京、东京、西京)之一,它的地位和作用都是很显著的。

(一)上京的建立与发展

上京是契丹族建立的第一个都城,也是中国北方草原上的第一座大都市。神册三年(918),太祖耶律阿保机开始修建皇都,"以礼部尚书康默记充版筑使"[1],"人咸劝趋,百日而讫事"[2],契丹始有都城建置;天显元年(926)开始扩建皇都;会同元年(938)辽太宗耶律德光升幽州为南京时将其改为上京临潢府。从始有皇都到辽朝灭亡的二百余年内,上京一直是契丹政权政治、军事、经济和文化的中心城市,更是当时松漠草原地区的繁华胜地。

1. 自然地理环境

上京地处今大兴安岭东麓松辽平原一带,其时辽太祖认为天梯、蒙国、别鲁等三座大山的气势集中在一片芦苇甸,于是射去金龊箭作为标志,把这里叫作龙眉宫。[3] 上京地区群山环绕,地势在总体上由西北向东南倾斜,并有众多河流和湖泊分布其间,《辽史》中记载此地有淶流河、御河、沙河等13条河流,另有鸳鸯湖、兴国惠民湖、广济湖等湖泊。[4] 河湖密布、水草丰美、雨量充沛的自然地理环境,使得上京拥有宜牧宜农的优越条件,它既为契丹牧民提供了优良的放牧场所,又满足了汉族人口从事农耕生产的需要,"负山抱海,天险足以为固。地沃宜耕植,水草便畜牧"[5]。

2. 城市空间布局

据考古发掘,上京由北部的皇城和南部的汉城两部分组成,两城被淶流河分隔,城址平面大致呈"日"字形,城墙由黄土版筑而成,现存皇汉两城周长8838.63米。[6]

皇城,又称子城或内城,即辽太祖时所筑的皇都,是契丹贵族居住的区域,位于上京城北:"其北谓之皇城,高三丈,有楼橹。门,东曰安东,南曰大顺,西曰

---

[1] 脱脱等:《辽史》卷一《太祖纪上》,中华书局,1974年,第12页。
[2] 脱脱等:《辽史》卷七十四《康默记传》,中华书局,1974年,第1230页。
[3] 脱脱等:《辽史》卷三十七《地理志一》,中华书局,1974年,第438页。
[4] 脱脱等:《辽史》卷三十七《地理志一》,中华书局,1974年,第439页。其中按出河、曲江等为《辽史》误载的金上京附近的河流,御河和沙河为北宋大名府境内之河流。见葛华廷:《辽上京之御河、沙河质疑》,《北方文物》,1993年第2期。
[5] 脱脱等:《辽史》卷三十七《地理志一》,中华书局,1974年,第440页。
[6] 内蒙古文物考古研究所:《辽上京城址勘查报告》,《内蒙古文物考古文集》第一辑,中国大百科全书出版社,1994年,第510—536页。

乾德，北曰拱辰。中有大内。内南门曰承天，有楼阁；东门曰东华，西曰西华。此通内出入之所。正南街东，留守司衙，次盐铁司，次南门，龙寺街。南曰临潢府，其侧临潢县。县西南崇孝寺，承天皇后建。寺西长泰县，又西天长观。西南国子监，监北孔子庙，庙东节义寺。又西北安国寺，太宗所建。寺东齐天皇后故宅，宅东有元妃宅，即法天皇后所建也。其南贝圣尼寺，绫锦院、内省司、麹院、赡国、省司二仓，皆在大内西南，八作司与天雄寺对。"[1]

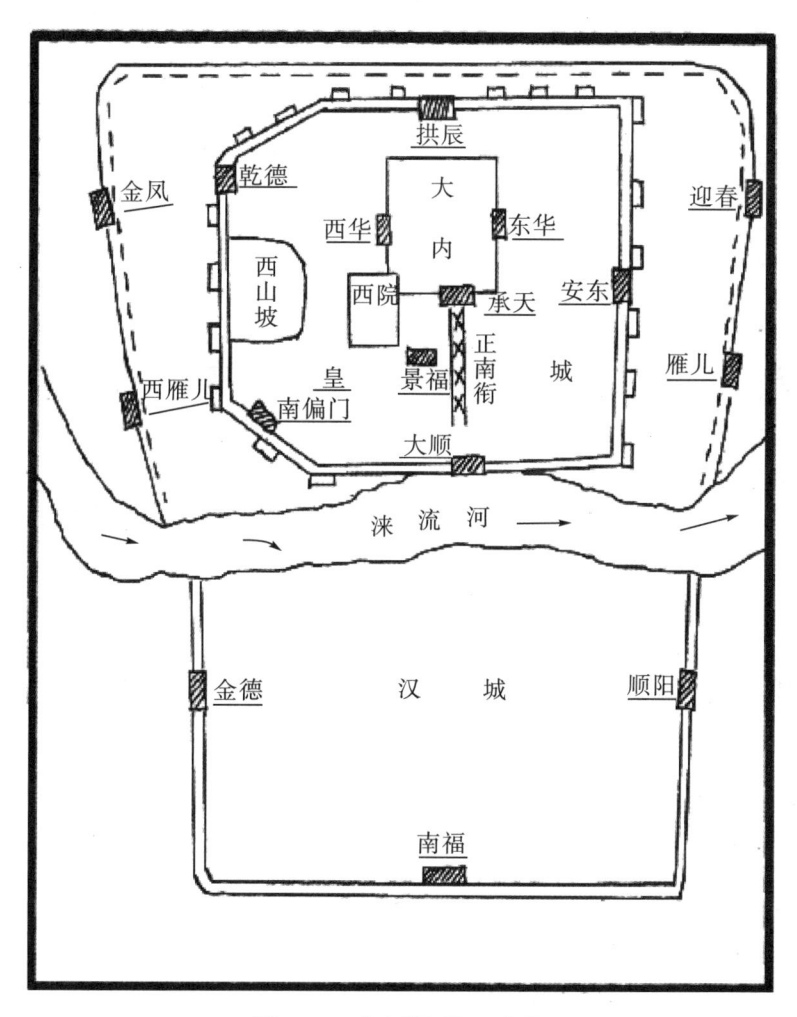

图 1-1 上京城平面示意图

张郁：《辽上京城址勘查刍议》，契丹考古学术会议材料，1983 年油印本。[2]

皇城为双重城结构，由内部的大内和外部的皇城构成。大内即宫城，位于皇城正中偏北处，平面呈长方形，南北长约 600 米，东西宽约 300 米，四周筑有夯土城墙。城中殿宇南北纵列、对称分布，且主殿有模仿唐朝都城长安城制式的痕迹，主

---

[1] 脱脱等：《辽史》卷三十七《地理志一》，中华书局，1974 年，第 441 页。
[2] 本节图片，为笔者根据资料改绘而成。

要建筑有开皇殿、安德殿与五鸾殿,另有部分楼阁建筑群。城墙南、东、西三面各开一门,南面的承天门为宫城正门。大内外的皇城是辽朝的官衙和寺院的所在地,由四座城门延伸出来的四条街道因四城门为两两错开的格局而成"风车状"①,其中自南门向北直通大内的通道是皇城的主要街道,为正南街,以该街为中轴线,皇城被分为东西对称二区,东设临潢县,西设长泰县。② 今城址内东、南一带建筑群遗迹颇多,有的还残存院墙痕迹,应为官署、府第、手工业作坊和庙宇。此外,皇城的北部、东部以及大内之间有较多的空旷地带,几乎没有建筑基址,推测是契丹为保持游牧生活方式而用以搭设毡帐的区域。

汉城又称外城,为上京扩建之时用以安置汉人、渤海人和回鹘商贩而加筑。该城环抱于皇城的南面,城址略呈方形,共有四座城门:东为顺阳门,西为金德门,南为南福门,北为与皇城共用的大顺门,今除西城门址尚存外,其余各城门址在地表上已无痕迹。城内有南北纵街和东西横街的痕迹,街头各修有作监视之用的看楼,内部建筑多为矮小的土屋和毡顶房。汉城既是上京的商业区,又是统治者接待北宋与西夏等各国使臣和商人的地方,商业较发达。在汉城的南面,面向横街各有楼阁相对峙立,楼下排列着民居店铺;汉城东门北面有潞县,东南有兴仁县,南门东面有回鹘营,此乃统治者因回鹘商贩留居在上京,于是设置此营让他们居住;回鹘营西南有同文驿,各国使者居住在这里;驿西南有临潢驿,用以接待西夏国的使者。③ 不同民族与不同职业的人们居住在汉城中,促进了上京商业的繁荣。

上京的总体设计既迎合了契丹族的传统游牧习俗,又融合了彰显新政权威望的中原都城的营建范式,这不仅标志着契丹社会经济的发展,还表明了新的契丹物质文明的诞生,成为辽朝初期契丹新式城市的典型代表。首先,上京城墙的总体设计蕴含了契丹和汉人分居的考量,将全城分为南北两城,这既是耶律德光"因俗而治"在筑城方面的体现,也是耶律阿保机"树城郭,分市里,以居汉人之降者"④政策的继续。皇城为契丹贵族聚居区,其中还包括投靠契丹贵族的官吏和直接为契丹贵族服务的奴仆、工匠等汉人,汉族与其他民族的居民则大多数居住在汉城内,皇城的规模比汉城的规模大。其次,上京皇城的四面城门内各有一条大街,其中只有城内的主要街道南街较宽且长,大街两侧布满了建筑物。这些建筑物和街巷的设置并没有采取东、西对称的布局,在大内中的建筑物也是随意分布,因而没有形成中轴线,这样的布局不同于隋唐都城整齐划一的布局,反映了契丹人游牧生活的习俗。最后,上京的城市规划虽"城郭邑屋廛市如幽州制度"⑤,但其建筑特点却不同于汉式都城的建筑特点。

---

① 郭黛姮:《中国古代建筑史》第三卷《宋、辽、金、西夏建筑》,中国建筑工业出版社,2003年,第60页。
② 叶骁军:《中国都城历史图录》(第三集),兰州大学出版社,1987年,第189页。
③ 脱脱等:《辽史》卷三十七《地理志一》,中华书局,1974年,第441页。
④ 脱脱等:《辽史》卷七十四《韩延徽传》,中华书局,1974年,第1231页。
⑤ 欧阳修:《新五代史》卷七十二《四夷附录第一》,中华书局,1974年,第886页。

第二篇 辽朝城市发展与社会变迁

上京这座多民族的城市，在契丹统治者二百余年的经略下，成为辽朝最具凝聚力、向心力和辐射力的大城市，也发展成为东北亚最著名的城市之一，在当时是相当繁荣的，故《辽史·地理志》云："金龊一箭，二百年之基，壮矣。"[①]

（二）南京的建立与发展

南京亦称燕京，辽时又称大都，是对唐代幽州古城的沿用。天显十三年（938），后晋石敬瑭割让燕云十六州于辽，于是辽太宗升幽州为幽都府，改称南京；开泰元年（1012），辽圣宗又将幽都府改为析津府。从938年升幽州为南京到1125年金人入燕，辽朝统治幽州的时间前后达一百八十多年。在这段时期内，虽然辽朝的首都是上京临潢府，但辽朝统治者将陪都南京作为与北宋都城汴京相持的中心城市，到辽天祚帝时，辽朝末期的政治经济中心实际上出现了向南京幽州逐步转移的情况。

1. 自然地理环境

幽州地处今华北大平原的北部，土壤肥沃，水源充足，北、东、西三面环山，南部为平坦的原野，可直通中原。三面环山的优越地理环境使幽州得以"通据天下之脊，控华夏之防，钜势强形，号称天府"[②]，易守难攻的天然环境使幽州历来都是中原政权北上与北方民族南下的战略要地："在中国内地汉族政权统一、强盛时，幽州地区是作为东北隅沟通内外的繁荣的军政重镇，起着民族联系的桥梁作用。在内地政权腐朽、统治集团分裂和内乱，统治机能削弱而东北边外少数族强盛时，幽州地区则成为他们侵入内地的通道。"[③] 因此，无论是对辽朝还是宋朝而言，幽州在政治、军事上都有着非常重要的战略意义。

2. 城市空间布局

幽州原为汉人所辖之地，是辽朝辖境内经济最为发达、物产最为丰富的地区，也是人口最为稠密之地，人口约30万。契丹得幽州之后对该城的城市与街道布局改动较小，基本维持了唐幽州城的原貌。

---

① 脱脱等：《辽史》卷三十七《地理志一》，中华书局，1974年，第440页。
② 顾祖禹：《读史方舆纪要》卷十一《直隶二》，清稿本。
③ 于杰、于光度：《金中都》，北京出版社，1989年，第2页。

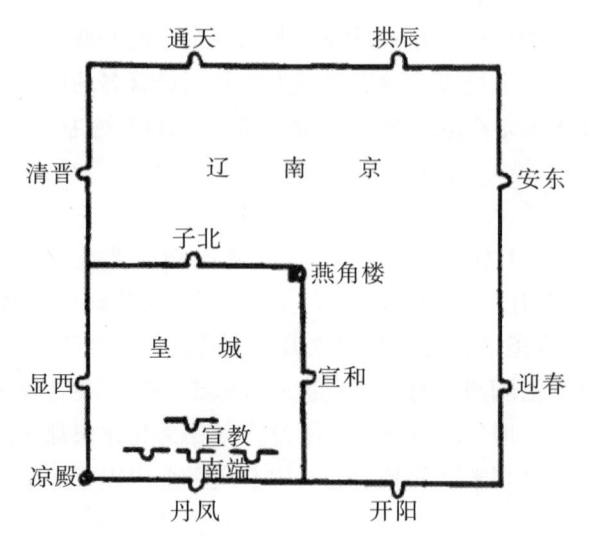

图 1-2 南京城平面示意图

于德源：《北京历代城坊·宫殿·苑囿》，首都师范大学出版社，1997年，第45页。

辽统治者在唐幽州城的基础上进行增建和补充，其城的位置和规模相较于唐代变化不大，契丹人主要是对城墙进行了重新加修，并在城内西南部修建了一座宫城，称为大内，城内其余宫殿大多沿用唐朝的建筑，没有进行大规模的城市建设。从上图中可以看出南京是一座双重城，由外城与皇城组成。《辽史·地理志》载外城："方三十六里，崇三丈，衡广一丈五尺。"[1]然而经过考古工作者的勘察，普遍认同南京城周长实际不过二十几里。[2] 外城城墙共有8门，东为安东门与迎春门，南为开阳门与丹凤门，西为显西门与清晋门，北为通天门与拱辰门，东西与南北门两两相对分布。城门上设有敌楼和战橹等军事设施，建筑壮观而雄伟。皇城又称大内、子城，位于城的西南隅，是南京城主要的宫殿区。皇城有外3门：南端门、左掖门（后改称万春门）与右掖门（后改称千秋门），宫内正门为宣教门（后改称元和门），西门为显西门，但设而不开，北门为子北门。皇城内宫殿壮丽，有景宗、圣宗、御容殿二，坊市、廨舍、寺观，盖不胜书；皇城南还有供皇帝和贵族们骑马射箭的球场；为了招待外国使臣，内城附近设有永平馆。[3]

南京城的道路呈"井"字形，共有四条宽阔的大街，为城内的主要交通干线，它们与城内其他大小不等的街道一起将南京城分割成一些方块，这些被街巷分割的一个个居民住宅区被称为"坊"。路振记载："城中凡二十六坊，坊有门楼，大署其额。"[4] 每个坊被十字街分成四个小区，在管理上沿袭了唐代坊市分开的模式，坊

---

[1] 脱脱等：《辽史》卷四十《地理志四》，中华书局，1974年，第494页。
[2] 中华人民共和国成立后考古工作者曾测定金中都城周为三十七里多。中都城是在辽南京城的基础上扩建而成的，在城东、西、南三面各扩充了三里，只有北墙未动。减去扩展的十几里，尽管宋尺比今尺略短，南京城周长也不过二十多里。《辽史·地理志》显然记载有误。
[3] 脱脱等：《辽史》卷四十《地理志四》，中华书局，1974年，第494页。
[4] 江少虞：《宋朝事实类苑》卷七十七《安边御寇·契丹》，上海古籍出版社，1981年，第1011页。

门日开夜闭。城北为商业区，储备的各种货物堆积如山①，商贸发展快速，市场中心还设有供人观看市场交易情况的看楼。如太平五年（1025），辽圣宗到南京城观市："是岁，燕民以年谷丰熟，车驾临幸，争以土物来献。上礼高年，惠鳏寡，赐酺饮。至夕，六街灯火如昼，士庶嬉游，上亦微行观之。"② 所谓"六街"，盖指都城的闹市。

在被辽朝统治之前，幽州主要作为一个以军事职能为主的边疆要塞城镇而存在，在古代中国的历朝历代都没有起到过政治、经济和文化上的重大作用。但自幽州并入辽朝后，辽将其作为五京之一，并使之成为辽帝国在整个南京道地区的行政中心，其城市地位和职能发生了根本性的改变。幽州作为辽南京道的行政中心，不仅在经济上是辽朝首屈一指的大城市，在文化上也是辽朝最先进的地区，在辽对其统治的一百八十余年内，幽州逐渐从最初的以军事防御功能为主的边疆城市转变为集政治、军事、经济、文化功能为一体的中心城市，政治地位的不断上升使得幽州在辽朝，特别是在元明清朝时的政治地位变得日益重要。

二、中京、东京与西京的建立与发展

除上京和南京外，辽朝的另三座都城——中京、东京与西京的发展也尤为显著，在辽朝的城市体系中亦占据着相当重要的位置。

（一）中京的建立与发展

中京是建于辽朝全盛时期的一座京城，也是契丹政权继上京之后在松漠草原地区建立的第二座都城。史载辽圣宗曾经从七金山下的土河之滨经过，他看见南边的云气中隐约有城郭楼台的形状，于是提议在这里建立都城。③ 统和二十二年（1004），辽朝开始在老哈河畔修筑其第四座都城——中京城。除《辽史》所载建都之缘由外，出于控制奚族、与宋进行外交的政治考虑，辽圣宗决定在辽统治疆域的中心地区建立一座规模宏大的新城以扼奚族、交宋朝；同时，随着景德元年（1004）十二月辽与北宋"澶渊之盟"的签订，两国结束了长达四十多年的敌对状况，开始进入总体上和平相处的新时期，为辽朝中期社会经济的高度发展创造了条件，而经济发展则为修建中京城提供了坚实的物质基础。于是圣宗"择良工于燕、蓟，董役二岁，郛郭、宫掖、楼阁、府库、市肆、廊庑，拟神都之制……实以汉户，号曰中京，府曰大定"④。主要工程于统和二十五年（1007）竣工，后又经过二十余年的增筑与扩建，中京大定府最终建成，并在辽朝中后期占据着越来越重要的政治地位。

---

① 脱脱等：《辽史》卷六十《食货志下》，中华书局，1974年，第929页。
② 脱脱等：《辽史》卷十七《圣宗纪八》，中华书局，1974年，第198页。
③ 脱脱等：《辽史》卷三十九《地理志三》，中华书局，1974年，第481页。
④ 脱脱等：《辽史》卷三十九《地理志三》，中华书局，1974年，第481-482页。

1. 自然地理环境

中京地处老哈河北岸平原一带，位置居辽上京、东京及南京三地间的中心，其地"幅员千里，多大山深谷，阻险足以自固"[1]，四面环山、河流环绕的地势使得中京拥有比上京更好的自然地理条件，这里不仅地域辽阔、地势平坦，而且水源充足、土地肥沃，是宜农宜牧的理想之地。特别是西京大同府建立后，中京既占据了辽五京间的咽喉地带，又处于辽河上游与燕山以北少数民族的杂居地带，在辽境内有着鲜明的过渡意义和桥梁作用，成为辽朝南北经济文化交流的形胜之地。

2. 城市空间布局

中京城比辽初所建的上京城更多地模仿了中原都城的建城范式[2]，其城市布局主要借鉴了北宋汴京三重城的布局。因而与上京南、北两城分隔不同，中京由外城、内城、皇城三重城组成。

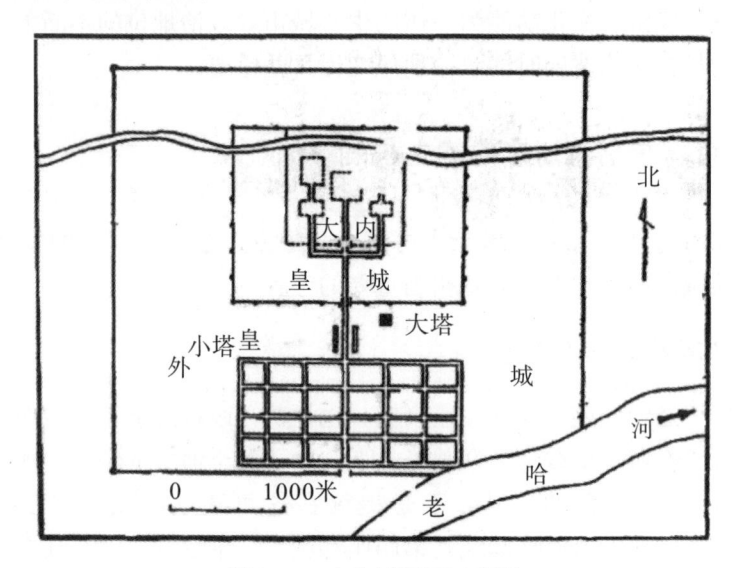

图1-3 中京城平面示意图

李逸友：《内蒙古历史名城》，内蒙古人民出版社，1993年，第96页。

中京外城大体呈方形，规模最大，共有3门，都分布在南墙，正门朱夏门位于南城墙正中，西为景昌门，东为长乐门，城东南方向有老哈河流过。由朱夏门延伸至内城南门的南北向大道是外城的主要干道，也是城市的中轴线，路面中央略有凸起，剖面呈弧形，以便于排水，路两侧还修有排水沟，沟上盖有石板或木板；在大街的两侧各有东西向横街3条和南北向纵街5条。城中共有8坊，汉人与渤海人居住其内，每坊门口有官兵把守，不许人们随便出入[3]，除住所外，还有许多官署、

---

[1] 脱脱等：《辽史》卷三十九《地理志三》，中华书局，1974年，第481页。
[2] 李逸友：《辽中京城址发掘的重要收获》，《文物》，1961年第9期；李作智：《论辽上京城的形制》，《中国考古学会第五次年会论文集1985》，文物出版社，1985年，第128-134页。
[3] 江少虞：《宋朝事实类苑》下册卷七十七《安边御寇·契丹》，上海古籍出版社，1981年，第1012页。

庙宇、驿馆等建筑分布其间。外城正中偏北部为内城，与外城在平面上构成一"回"字形，其南墙正中央有一门，为阳德门。内城中央干道两侧区域由于接近皇城宫殿区，街道东西并无居民，但有短墙以障空地耳。因外城、内城多居汉族人，所以又被统称为"汉城"。皇城亦称大内，位于内城正中偏北处，大体呈正方形，其与内城共用北墙，南墙中央设一正门，为闾阖门，在闾阖门的东西两侧各有一门，称为东、西掖门。城内建筑以宫殿为主，为契丹贵族的居所，建筑群富丽堂皇，主要宫殿有武功殿与文化殿。城内建有中央大道，为皇城内的主干道，其他街道多为南北向纵街和东西向横街。

中京城修建时正当辽朝鼎盛时期，"董役二岁"便初步建成，其城市形制仍是按照契丹社会的实际来设计的，是辽朝中期城市的典型代表。其一，中京没有沿袭上京的设计，不将皇城和汉城分立，而是将汉人居住区包围在外城之内，但契丹统治者仍与汉人分别而居，这是对辽初城市规划设计的新突破；其二，中京在规划建设上搬用了许多中原的都城形制，反映了辽朝中期的汉化进程。中京城因仿汴京城制，在规划上较为成熟，布局严整并力求对称，城中有明显的中轴线，城市内部结构已经不是纯粹的唐朝坊制城市的模式，表现出向街巷式城市的转化。城内主要街道集中于皇城宫殿区、内城及外城南部，是当时市肆、街坊的聚集区，街道宽敞，便于市民，并在平面上形成多重"井"字形。

中京城的修筑是辽朝国力强盛的需求和表现。辽圣宗时，由于契丹社会逐渐汉化，故在草原上兴建中京城时就比修建上京城时的经验更为丰富，受到中原都城形制的影响就更深，使得中京成为辽朝唯一一个"超级城市"[①]。中京作为辽朝境内规模最大的都城，存在了 116 年。与上京相比，中京的城市建筑排列更为规则有序，对中原都城的模仿表现得也更为明显，所保留的契丹文化相对较少，特别是其仿中原京师的形制，学界在研究中京历史地位时提出了辽朝中后期朝廷迁都中京的观点，因而其有"中都"之称。虽然"迁都中京"的观点至今仍存在很大争议，辽朝当时也没有以"诏宣中外"的形式正式宣布迁都中京，但辽朝中后期全国的政治经济重心确实有南移的倾向，中京至少在客观上已有辽中后期"首都"之势。

（二）东京与西京的建立与发展

东京与西京同南京一样，是辽朝的陪都，三地均为契丹统治者对中原王朝故城的沿用，并非辽朝新建之城。东京城是在辽阳故城的基础上增筑的，而西京城则是对幽云十六州之云州城的沿用。

[①] 项春松认为中京在辽朝中后期是辽之国都，因此统治者有意在设计时使其规模超过上京皇都，其城周达 30 华里以上，是为"超级城市"。参见项春松：《辽代历史与考古》，内蒙古人民出版社，1996 年，第 30 页。

1. 东京的建立与发展

东京辽阳府位于今辽宁省辽阳市老城,"群山环绕如重关叠锁,实为要塞,天然形胜,历代重视之"①,自古以来这一地区就为中原王朝抵御北方和东北少数民族入侵的军事重镇,直至清前期,它都是中国东北地区最重要的政治中心,所谓"地实要冲,东北一都会"②。神册四年(919),辽太祖征服渤海国后开始对辽阳故城进行大规模的重建,置防御州安置所掠的汉人和渤海人,后设为东平郡;天显十三年(938)辽太宗升东平郡为南京,并在得幽云之地后于会同元年(938)改称其为东京,定都辽阳府。至此,东京成为辽朝的一座陪都,是辽朝东京道的政治、经济、文化中心。

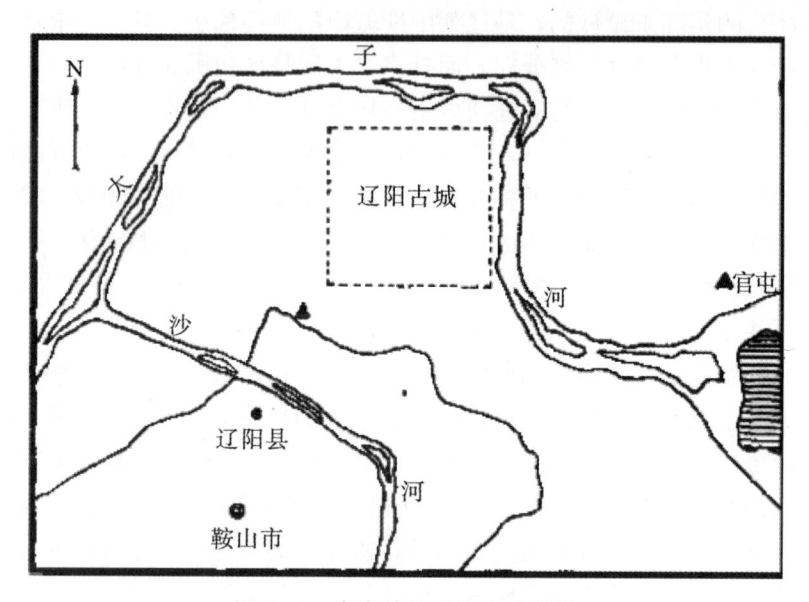

图 1—4 东京城地理位置示意图

项春松:《辽代历史与考古》,内蒙古人民出版社,1996年,第53页。

东京辽阳府城外有沙河与太子河环绕,城在平面上呈正方形,"高三丈,有楼橹,幅员三十里",共有迎阳、韶阳、大顺、大辽、龙原、显德、怀远、安远8门。③与上京一样,东京也为双重城结构,由宫城和外城两部分组成,外城又称汉城,是东京城的住宅区与商业区,城内有南北二市,分别于早晚两个时间段开放,"禺中交易市北,午漏下交易市南"④,说明东京城的商业相当繁荣,城内还有众多衙署;宫城位于汉城的东北隅,呈正方形,史载南面有3门,宫墙的北面建有一御容殿,城内建筑物非常少,大概是由于"不置宫嫔,唯以内省使副、判官守之"⑤

---

① 裴焕星等:《辽阳县志》首编,民国十七年铅印本。
② 李贤、彭时等:《明一统志》卷二十五《辽东都指挥司》,文渊阁《四库全书》本。
③ 脱脱等:《辽史》卷三十八《地理志二》,中华书局,1974年,第456页。
④ 脱脱等:《辽史》卷六十《食货志下》,中华书局,1974年,第929页。
⑤ 脱脱等:《辽史》卷三十八《地理志二》,中华书局,1974年,第456页。

的原因。东京辽阳府在被契丹政权统治的170多年里得到了新的发展，对于保证辽朝东部边疆的稳定以及沟通契丹腹地与疆域东北一带有极为重要的意义。

2. 西京的建立与发展

西京大同府，"东连上谷，南达并恒，西界黄河，北控沙漠，居边隅之要害，为京师之藩屏"[1]，有"北方锁钥"[2]之称。特殊的战略地位与优越的自然条件使得这里历来为兵家必争之地，同时它也是燕北地区著名的农耕区和城市集中区。自幽云十六州并入辽后，云州便成为辽朝控制西部各族的军事重镇。后来随着西夏国势力的大增，鉴于云州在军事上对西夏的遏制作用，重熙十三年（1044）十一月，辽兴宗升云州为西京，"用为重地，非亲王不得主之"[3]，府曰大同，为辽朝陪都之一，乃辽西京道的中心城市。

西京大同府"广袤二十里"[4]，在平面上大体呈长方形，其城基本上只在唐代云州城的基础之上做了很小的变动，对城中建筑物的改建和扩建也不多。可能是出于军事防御的需要，西京所筑城墙相较于其他四京都要高大坚固，每墙各有一门，"东曰迎春，南曰朝阳，西曰定西，北曰拱极"[5]。由于今大同市内中心地区已全为机关、民居等所占，辽时的建筑遗迹已不复存在，而史料中有关西京城布局的记载也很少见，因此我们今天对西京的城市布局所知甚少，只有《辽史》对城中情况有略微简单的记载：北门东侧为大同府，西侧是大同驿所在地，城中有天王寺、留守司衙，城的北面元魏宫城之双阙犹在。[6] 至于城中街道的分布情况，项春松认为："辽时大同府地也辟四门，其主要干街——东西横街与南北纵街在中心处交会，将城市分为四个平面形制相同、面积大体相等的市街区，各街区内又有纵、横街，构成'网格形'的街道格局，这与中、上京的街道布局有明显的区别。"[7]

西京最初是辽统治者出于统治异族、对抗西夏国的军事政治需要而建立的。在作为辽朝陪都的80余年里，它主要发挥了军事职能，是辽朝击败西夏、征服西部各族的军事保障，同时也促进了辽朝西南边疆地区的开发。

以上辽朝的五大都城虽号称"京"，但事实上并不具备与中原王朝的京城同等的政治中心地位。由于辽朝一直沿袭契丹民族善骑射渔猎的风俗，根据一年四季气候的变化，皇帝经常出京都到各地进行游牧渔猎活动，"四时各有行在之所，谓之'捺钵'"[8]。捺钵不仅是辽朝皇帝在游猎畋渔地区所设的居所，还是举行国政会议、处理国事的行宫，"每岁四时，周而复始"[9]。因此，辽朝全国的政治中心不在五京

---

[1] 顾祖禹：《读史方舆纪要》卷四十四《山西六》，清稿本。
[2] 大同市地方志编纂委员会：《大同市志》上，中华书局，2000年，第6页。
[3] 脱脱等：《辽史》卷四十一《地理志五》，中华书局，1974年，第506页。
[4] 脱脱等：《辽史》卷四十一《地理志五》，中华书局，1974年，第506页。
[5] 脱脱等：《辽史》卷四十一《地理志五》，中华书局，1974年，第506页。
[6] 脱脱等：《辽史》卷四十一《地理志五》，中华书局，1974年，第506页。
[7] 项春松：《辽代历史与考古》，内蒙古人民出版社，1996年版，第77页。
[8] 脱脱等：《辽史》卷三十二《营卫志中》，中华书局，1974年，第373页。
[9] 脱脱等：《辽史》卷三十二《营卫志中》，中华书局，1974年，第375页。

而在捺钵，京城的政治中心地位并不像北宋开封那样稳固。但是作为一个固定的政治中心，辽朝的都城不仅为皇室成员和政府机构的很大一部分人员提供了物资储备与固定场所，也于流动的捺钵体制之外为统一政权国家的政治体系提供了固定的行政中心，因此辽之五京具有移动行宫——捺钵所不可替代的凝聚作用。

此外，关于辽朝五大京都的地位差异，学界也一直存在着很大的争议。《辽史》载："上京为皇都，凡朝官、京官皆有之。"而其余四京则根据本地区的实际情况设官，建制不统一。① 因此大部分学者都持辽朝的五京之制应是一主四辅的观点，即上京临潢府为辽朝首都，其他四京为陪都，这反映了辽朝境内各地区政治、经济与文化发展的不平衡性，并且这种不平衡性使辽朝五京都为各自辖区的政治经济中心，此观点为大部分学者所接受。然而也有持辽朝中后期中京被升为首都的观点者，谭其骧先生就提出辽曾有事实上的迁都之举，即辽中期首都由上京临潢府迁至中京大定府，一主四辅之制如一。② 曹显征先生亦持此观点。③ 鉴于中京城从营建到增筑、续建和扩建前后花了二十多年的时间，其建筑规模宏伟、附郭楼阁完备，乃辽朝最大城市，笔者认为即便没有实际的迁都之举，中京也确为辽朝中后期的政治中心，其政治地位应至少处于东、西、南三京之上。

第四节　州县城的建立与发展

辽朝统治者在建立五京的过程中，沿袭了秦汉以来的郡县制度，除了对所占地区的由前代（主要指唐、五代、渤海）修建的州县城址进行沿用整修外，还在五京道各区域按照辽朝的具体国情，因地制宜地相继设立了一些新的州县，它们共同组成了以五京为中心的辽朝地方城市体系，在当时不仅对于加速辽朝政治、经济、交通、文化的发展起过重要的历史作用，而且对于推动东北与西北等边远地区的开发和促进北方各族的交往与融合也有十分重要的意义。

《辽史·地理志》中将辽朝的地方州城主要分为节度使州城、观察使州城、防御使州城、刺史州城、头下州城、边防城六类。其中节度使州城、观察使州城、防御使州城与刺史州城都是辽朝统治者仿效唐宋官制而置，"冠以节度，承以观察、防御、团练等使，分以刺史、县令"④。本节将以上采用唐制设置的州县城纳入一般州县城范畴，对最具契丹民族特色的头下州城和有着重要军事意义的边防城则分别做述略。

---

① 脱脱等：《辽史》卷四十八《百官志四》，中华书局，1974年，第801页。
② 谭其骧：《辽后期迁都中京考实》，历史研究编辑部：《辽金史论文集》，辽宁人民出版社，1985年，第284—296页。
③ 曹显征：《辽中期徙都中京原因管窥》，《昭乌达蒙族师专学报》，1989年第2期。
④ 脱脱等：《辽史》卷四十八《百官志四》，中华书局，1974年，第812页。

第二篇
辽朝城市发展与社会变迁

一、一般州县城的建立与发展

对于分布在辽幽云地区和原渤海地区的一般州县城，辽虽曾对这些城市有过改建或加筑，但城市的规划与建设基本沿袭旧城之制；分布在上京道和中京道地区的州县城则基本上为辽朝所新筑，但也有的是沿用旧城和改建而成的，这种被沿用的旧城，经过辽的改建，被赋予了新的城市功能，其城市的规划与布局也有别于燕云一带的旧城，饶州就是这类州城中具有代表性者。

饶州是辽太祖时设置的，沿用了唐代饶乐都督府古城，其城址在今林西县樱桃沟，位于林西县西南 60 公里处，为太祖太宗时为安置渤海俘户而置。城址平面呈长方形，由大小相连的二城组成，全城东西长 1400 米，南北宽 700 米。东城面积较大，东西长约 1055 米，四墙正中都设有城门，并加筑有方形瓮城，城墙上有马面，四角有角台。西城是后来扩筑的小城，其南北两墙为东城的南北两墙向西延伸而成，各长约 345 米，再筑有一面西墙，其南北两面都未设城门，只在西墙正中开设有方形瓮城的城门，与东城的西门正对着，城墙上也加筑有马面和角台。城址内所见街道布局整齐，一条东西向大街自东城的东门内横贯至西城的西门，宽约 10 米，街道两侧分布的建筑甚多。[①] 东城的南门和北门之间，为一条南北向大街，在城中心与东西向大街相交，呈"十"字形，由此将东城分割为四个街区。西城南北墙上无门，仅有东西大街，由是形成南北两个街区。城内建筑遗迹较为明显，在东城东门内的大街北侧有一处大型建筑基址，面阔十间并带有长廊，基址内见有排列整齐的石柱础，散布有大量包括莲瓣、连点、兽面纹瓦当等瓦件，推测为官署遗迹；在西城的南北大街北侧，也见一处有大量建筑材料的建筑基址，也当是一处官署遗迹。在东城的东门内大街北面发现一处地表堆积有很厚的炼铁渣的建筑基址，甚至地表土壤都呈黑色，应为一处规模很大的冶铁厂遗址，城内地下埋葬的文物较为丰富，历年都有完整器物出土。饶州城墙的东西两城应是按民族区分划出的居住区域，契丹人与渤海人分居其间，这与辽上京城分皇城和汉城两城有相同的意义，体现了辽初城市的规划建设特征。

而为辽所新筑的州城如西京道的丰州城，在城市规划与布局上与饶州这类型的州城则有着一些不同。丰州是耶律阿保机时期新筑的州城，城址在今呼和浩特市东郊白塔村西南方，地处大黑河北岸的冲积平原上，城墙全为土筑。全城平面大体呈方形，南北长约 1200 米，东西长约 1100 米，四面城墙上都筑有角楼和马面，东、南、西三面城墙正中设有城门，且各有一条大街直通城中央，并加筑有方形瓮城。[②] 城内共有四坊，区内分布有官署、手工业作坊、市肆和居民住所等建筑。此

[①] 冯永谦、姜念思：《辽代饶州调查记》，孙进己等：《中国考古集成·东北卷·辽（二）》，北京出版社，1997 年，第 1136—1138 页。

[②] 李逸友：《内蒙古历史名城》，内蒙古人民出版社，1993 年，第 119—120 页。

类城与双重城饶州有着明显的不同，为单一的方形城格局，并有明显的坊区分布，在城市规划上已受到传统中原城市的影响。

以上两城仅是辽朝一般州城中两种不同类型城市的典型代表，纵观辽朝新筑的一般州军县城城墙，大多在平面上呈正方形，小部分呈长方形，个别的由于四墙斜行而呈菱形，有的则墙垣扭曲；城墙大多为南北向，小部分为东南向。辽初期所筑的州城，东西两城相连为一城的较多，为分隔契丹族人与渤海、汉人而设。一般州县的城门设在城墙的中部，城内形成十字街，将全城划分为四个街区或坊区；规模较小的州县城只有两个城门，城内只有一条大街，也就是只有两个街区。城内的官署和市肆分布情况不明，个别被发现的官署有位于城内西北隅者，有的市肆分布在南门大街两侧。辽朝一般州县的城墙都筑有马面、角楼、瓮城与城壕等军事防御设施，只有一部分州城或县城没有或是缺少其中一项设施。由于辽朝版图辽阔，域内社会经济发展水平和民族与人口的分布状况存在着明显差异，因此各地区新筑的州县城在规划与建设上必然会有所不同。

二、头下州城的建立与发展

辽朝的头下州城始设于辽初，是太祖耶律阿保机时期的一种特殊城市，也是契丹奴隶主管理或控制的私城，"皆诸王、外戚、大臣及诸部从征俘掠，或置生口，各团集建州县以居之"[①]。除契丹横帐诸王、国舅、公主之外，其余的人不能私自建城。此类州城的设立主要有三种情况：其一为安置俘户而建，比例占辽朝头下州城的大多数；其二为以契丹皇族或后族居地而建；其三则为朝廷所赐媵臣户而置。这些头下州城主要集中分布于辽朝的上京道与东京道地区，其中上京道地区的头下州数量最多，这是由契丹民族自身发展的需要和当时的历史条件造成的。上京道是契丹族的发祥地，而东京道则是契丹民族势力壮大以后首先取得的文化发达、生产先进的地区，都是辽政权稳定北方的大后方。为了更好地管理和安置太祖、太宗南下中原时所俘掠的广大汉民，头下州城的城址当然应首选契丹族长期生活的地区和已经安定稳固的后方，即上京道和接近东京道农业经济区边缘的草原地带。在这里置城不仅可以安抚被俘来的汉人，使其各安生业，还能保持游牧民族的畜牧生活习俗，在当时是符合政权稳定和社会发展需要的。

由于头下州城主要建于辽朝中前期，故基本都只是单一的方形构造。如双州城，位于今沈阳市北70里处，城址为长方形，结构规整，东西城墙各长370米，南北城墙各长190米，城墙系夯土而筑，东墙中部辟一门，南门有瓮城，西墙接近南角处辟有一门，也筑有瓮城，北墙中段墙外有一高台，辟有一门与高台相通，城

[①] 脱脱等：《辽史》卷三十七《地理志一》，中华书局，1974年，第448页。

址四角有台址。城内建筑物不多,东北角有古井,西北角有佛塔。[1] 也有双重城结构的头下州城,如松山州城,平面呈方形,由内城与外城两重城构成,外城东西长485 米,南北宽 515 米,规模较大,四墙均设有城门,内城门位于南墙正中。[2] 由此可以看出辽朝的头下州城在规划建设上比普通州县城更加简单。

头下州城是中国古代城市发展史上的一种特殊类型,它的建立对于草原地区的开发、建设有着重要意义。但是,随着辽朝国家性质的转变与社会经济的转型,头下州城的奴隶制残余已经成为辽朝发展的障碍,因而,头下州城逐渐向普通州县城转型成为必然的趋势。[3]

三、边防城的建立与发展

辽朝除了建有头下州城外,还在边境地区兴筑了一批边防城,这些城市亦具有特殊的职能。

北亚草原地区与中原农耕区交错分布是辽朝统治范围内的一大地理特色,其境"东接高丽,南与梁、唐、晋、汉、周、宋六代为劲敌,北邻阻卜、术不姑,大国以十数;西制西夏、党项、吐浑、回鹘等,强国以百数。居四战之区,虎踞其间,莫敢与撄,制之有术故尔"[4]。因此,每当契丹兵锋南指的时候,还必须时时小心北方草原部族从背后乘虚而入。为防御北方部族的侵扰,辽朝沿着北部边境(自大兴安岭东西山麓、额尔古纳河、呼伦池、克鲁伦河直至蒙古草原额尔浑河上游)在广袤的草原上修建了一大批边防城堡。《辽史·地理志》中所载边防城,共有静州、镇州、维州、防州、招州、河董城、静边城、皮被河城、塔懒主城九处。[5] 但有研究者经过调查和研究后发现实际上有一批城市并未被载入《辽史》,如巨母古城、通化州城以及其他一些在草原地区"因屯戍而立"的城郭,因而他们将此类城郭纳入辽代边防城范畴中。[6] 辽朝的这些北方边防城以屯田戍守为要,或在原来就存在的古城基础上略加修葺,或新建城市,夯土版筑而成,城址多位于水源较丰的交通枢纽处,正所谓"务据形胜"[7]。屯戍边城之人除契丹部族劲骑外,还有部分渤海、女真和汉人配流之家。由于北方草原多西北风,边防城的建筑朝向并不严格遵守正南正北之制,而是按契丹人的习俗多向南偏东。这些边防城的选址和分布,往往相

---

① 李仲元:《辽双州遗址遗物考》,孙进己等:《中国考古集成·东北卷·辽(三)》,北京出版社,1997年,第 2180 页。
② 项春松:《辽代历史与考古》,内蒙古人民出版社,1996 年版,第 96—97 页。
③ 王玲:《辽代燕京与契丹社会的发展》,陈述:《辽金史论集》第一辑,上海古籍出版社,1987 年,第 160—163 页。
④ 脱脱等:《辽史》卷四十六《百官志二》,中华书局,1974 年,第 742 页。
⑤ 脱脱等:《辽史》卷三十七《地理志一》,中华书局,1974 年,第 451 页。
⑥ 米文平、冯永谦:《辽代边防城考》,陈述:《辽金史论集》第五辑,文津出版社,1991 年,第 165 页。
⑦ 脱脱等:《辽史》卷三十七《地理志一》,中华书局,1974 年,第 450 页。

沿成线，与辽朝在北方边境修筑的长城一起构成纵深防御体系。静州城与皮被河城是辽朝最有代表性的边防城。

（一）静州城的建立与发展

静州城位于今吉林省西部科右前旗乌兰哈达前公主岭屯，其地处群山环抱的小盆地之中，北通扎赉特，南通洮安，西北沿洮儿河谷通好田古城，西沿归流河通哈拉根台古城。静州由大、小二城组成，两城相距仅150米。大城平面呈长方形，包括内、外二重城，外城城墙为夯土版筑，四墙长分别为660米、225米、650米、258米。[1] 南北二墙中部对辟城门，四面墙上均筑有马面，四角有角楼，城外四周有护城河。内城在外城内之东北隅，平面呈长方形，规制卑小，每边长不过200米，城墙系夯土版筑，仅南墙辟一门。大城内建筑遗迹密集，布局井然有序，多为东西走向。内城中的"匚"形建筑台基上，散布着大量的辽代建筑材料，是内、外城中规模最大的建筑台基，当为静州官署所在地。小城破坏较严重，建筑遗迹已不清。两城周围有庙宇、墓葬群、小城子点将台、练兵场以及规模较小但筑有角楼与马面的戍堡等建筑遗迹。

作为边防城，静州城城池坚固，防御设施设置严密。小城内没有发现明显的马面与敌楼遗迹，表明其为静州管辖的直接为边防服务的手工业城邑。此外，在静州附近还分布着一些明显带有军事设施的戍楼、戍堡、兵场，构成了一个严密的军事防御体系。

（二）皮被河城的建立与发展

皮被河城位于今蒙古国肯特省会温都尔汗以西25公里，坐落于克鲁伦河与木伦河交汇的山脚下，其城"城墙夯土版筑，南墙长420米，西墙502、北墙510、东墙507米，周长约二千米合四华里。四墙各辟城门，宽11—15米，南门与东门有明显的护墙（应为瓮城），西门与北门外开凿护城池。城外壕堑宽达十余米，现存深一米余"[2]。其城墙保存较好，现存城墙高1.5~2米，四墙上现存望楼共28座，四角筑有高大坚实的角楼。皮被河城址内有宽阔的大街遗迹，分别由四门通往城中心，纵横相交，将全城分为四个城区，这是辽朝北方边防城城内布局的基本特点之一。城内建筑均建于1~1.5米高的夯土台基之上，中心处有一座规模最大的房址，应为中央瞭望塔。这里的住房多以炕取暖，冬夏均可使用，基本燃料是干牛粪，至于手工作坊则烧木柴，铁匠炉专烧木炭。手工作坊有制陶窑、铁匠铺、建筑材料作坊等几类，其中规模最大的行业是制陶业。在皮被河城以西两公里处，有一个专门的生产基地，其城址周长达3500余米，城墙沿线有大土堆，四角有瞭望台，城外有壕堑，其设置和构筑与静州城相似。考古材料表明，皮被河城曾经

---

[1] 项春松：《辽代历史与考古》，内蒙古人民出版社，1996年，第151—152页。
[2] 项春松：《辽代历史与考古》，内蒙古人民出版社，1996年，第153页。

第二篇 辽朝城市发展与社会变迁

有过比较繁盛的农业和畜牧业，城内曾发掘出大量的羊、马、牛、骆驼的骨骸，农业生产所用的手推磨、石碾、手米、铁犁等也多有发现，和农业有直接关系的灌渠在这里也有迹可寻。一条古老的水渠证明当时人可从克鲁伦河引水至城南半部。现存水渠宽 6~7 米，深 0.3~0.8 米[①]，充分显示了辽朝边防城"屯田戍守"的性质和特点，皮被河城也因其自身的构筑、设置与布局在保卫辽朝北部边疆中起过重要作用。

此外，迄今在蒙古国境内已发现的十余座辽代边防城遗址无论从构筑还是布局上看，已基本形成了一定的模式。其形制通常为正方形，周长以 2.5~4 里为多，四墙各有城门。城内大街以纵、横主街为习见，从东到西，从南到北，贯穿全城，交汇于城中心，将全城分为四个大体相等的城区，每个城区又有完整的街巷，将城区系统地分成小型的、不完全相等的若干小区或街区。这些城址就像蒙古包一样，有着完整的内部设计，并与居民的经济生活紧密联系，一般说来在城的东南隅多为普通居民居住区，西南角为工匠、士兵居住区，东北角为契丹上层和官署人员居住区，西北角为庙宇或祭祀场所。军民较多或地位重要的边防州，则往往在其州侧另筑城池，作为专门的生产基地。

辽朝的这些边防城市在作为北方边防军队驻扎地的同时，还开展着农业、手工业和商业，尤其是农业起过相当重要的作用，因而这些边防城无疑就成了西北部族的据点。我们不能简单地认为辽朝的边防城只单纯地具有军事防御功能，它们还可能与周围地区有过经济贸易，但关于辽朝边防城是否有市肆以及能否算完整意义上的城市，还需要更多的考古发现来验证。

辽朝的州县城，有部分沿用前代所建之城，但大部分为辽朝所新筑，开启了契丹历史发展的新篇章，促进了中国古代城市发展的多元化。大大小小的州县城出现在中国北方草原地区，契丹人与汉人以及各少数民族人民共在城市中生活，既改变了契丹民族的经济结构和社会形态，推动了草原地区的汉化和农业经济的发展，又加速了民族的大融合。

自耶律阿保机建立辽朝以来，其国力不断发展壮大，最终在中国北方地区形成了以契丹人为主导、汉人地位不断上升，以渤海等各少数民族为从属的多民族国家。通过各民族的共同努力，一座座大小不等、功能各异、特色鲜明的城市在北方地区相继建立，这不仅是契丹民族的伟大创举，也是民族融合背景下少数民族文化与中原汉族文化相互碰撞的结果。值得一提的是，自西周始有陪都开始，历代中原王朝无不模仿其两京制度而设陪都，虽然辽之前各朝代确有设置陪都以辅京师的惯例，但一般都依西周的两京之制，而辽前后共拥有五京，实为历史上的一大创举。此外，辽之五京并不设立于同一时期，而是随着辽朝版图的扩大而不断增置的，在设立时间上相差最远的辽上京与辽西京相距 126 年，达一个多世纪之长，这反映了契丹在涉足汉人之地或他族之地后，急于设城遏制对方势力的政治军事目的。同

[①] 项春松：《辽代历史与考古》，内蒙古人民出版社，1996 年，第 153 页。

时，辽所建之城不仅有仿汉城形制之举，以便更好地统治所掠汉人并适应其生产方式，还同时在不同程度上保持了契丹自身文化的特色，以使其民族文化能为汉人所普遍接受。

第二章 辽朝城市数量与规模和空间分布的演变

作为第一个在北方草原地区拥有巨大版图的统一政权，契丹领导下的辽朝城市不仅在数量与规模上比较可观，在空间分布上也非常广阔，极大地改变了中国古代北方地区城市分布的形态。由于在建城时对中原城市的借鉴，辽朝城市的内部建设又多与唐宋相仿。不过这种相仿只是形态上的相似，辽朝城市在结构和性质上与唐代的坊市制和宋代的厢坊制又有着一定区别。

第一节 城市数量与规模的变化

辽朝建立以后，城市建设有了飞速的发展，一座座新的城市在漠北草原上拔地而起，呈现出一派繁荣景象，使得草原地区的城市在数量与规模上都发生了质变。由于确认何种聚落为历史城市一直是长期困扰城市史、城市历史地理或相关方面研究者的问题，笔者仍以著名历史地理学家陈桥驿先生所认同的一种不得已的历史标准，即将县一级政权的治所作为历史城市[①]，以县为基数对辽朝的城市数量及规模进行考察。

一、城市数量的变化

辽朝城市的建立过程也是游牧文明与农耕文明相融合的过程。辽朝的开国之君耶律阿保机具有超凡的智慧、开阔的胸怀和长远的眼光。他在建国时确立了"因俗而治"的国策，即"以国制治契丹，以汉制待汉人"。在居民以汉人为主的农牧文明交错地区，通过修筑城市和设立多层级的地方行政建置来统辖汉人，成为辽朝的基本国策，并为耶律阿保机以后的历任统治者所沿袭。在辽朝，普遍建立城市，并不只是耶律阿保机个人的喜好，虽然他曾多次南下中原，为中原大都市的雄伟壮丽所震撼，先进的城市文明也刺激他产生了在契丹本土仿照汉制兴建城市的想法，但更重要的是他个人的想法实际上反映了契丹族社会转型的需要。随着辽朝统一国家的建立，"逐水草而居"的游牧生活方式已经不能满足管理地域广阔的国家的需要，

[①] 马正林：《中国城市历史地理》，山东教育出版社，1998年，陈桥驿《序》第10—11页。

建立多层级的地方行政管理体系成为必然选择，因而辽统治者在借鉴汉唐中原城市行政等级制度的基础上，建立了适应辽朝国情的以五京为中心，含道、府（州）、县等的地方行政等级制度。这不仅是巩固契丹政权的最佳方式，也是辽朝社会由游牧文明向农牧文明融合发展的必然结果。辽朝统治者在建国的过程中，正是按照"因俗而治"的政策，先后设置了五京和数百座大小不一的府州县城市，使辽朝城市进入快速发展的阶段，并呈现出一派繁荣景象，给中国北方草原和东北边远地区带来了前所未有的发展机遇。辽朝城市兴起与发展经历了辽太祖的开创时期、太宗的大规模建立时期，以及圣宗的调整时期，整个过程历时近百年，最终形成了比较完备的以五京为中心的五大区域城市体系。

辽朝三级地方行政管理体系在太宗时期已基本确立，到圣宗以后逐步完备。辽朝的地方行政区划以五京为中心，将全境分为上京道、中京道、东京道、南京道与西京道五道，道之下设有京、府、州、县等，《辽史》载：辽朝共辖"京五，府六，州、军、城百五十有六，县二百有九，部族五十有二，属国六十"[1]。《契丹国志》也记载：辽有五京，节镇33处，观察、防御、团练使8处，刺史州70余处，诸蕃臣投下州23处。[2] 但《契丹国志》所载缺少军、城和县，地方行政建置缺失较多。近年来，有研究者根据多种资料和考古发现，对辽朝的城市数量进行了深入研究，普遍认为《辽史》所载县级以上城市数量并不全。据项春松统计，分布在东北、西北、华北及蒙古地区的辽朝城市遗址数量竟达560余处，其中，幽、燕地区近20处，今辽宁省境内160余处，吉林省境内60余处，河北省境内100余处，黑龙江省境内150余处，内蒙古自治区东部地区50余处，内蒙古自治区西部及山西省境内20余处，蒙古国境内10余处，城市总数比《辽史》和《契丹国志》所载城市数量多三分之一。[3] 冯永谦认为："就从考古调查所发现的辽代城址来讲，其数量超过《地理志》所列州县军城何止一倍！仅笔者四十多年来从事考古工作所调查过的城址，即达二百多处，这仅是个人之力，远不是全部。"[4] 考古发现的城址与文献记载的行政建置有出入，原因可能是多方面的，一个最大的可能性就是地方行政建置一旦确立后变化相对不大，但是治所城市却可能因多种因素而发生变化。在辽代存在的200多年间，同一个府或州、军、城、县的治所会发生转移，同一行政区域内可能出现多个治所城市，因而城址数量可能会多于文献记载的地方行政建置数。另外，考古发现的古城遗址是否都是县及以上建置的城址，也需要进一步考察，可能其中有相当部分为一般的聚落或军事城堡，而非行政建置，特别是今黑龙江省境内的150余座遗址是否全是辽代城市遗址还需要进一步考证。辽时，黑龙江地区人口稀少，对内对外交通不便，因而是否建有150余处城市还要打问号，这需要对这些古城遗址进一步研究，要考察其规模、空间结构、功能等，才能判断是城市还是

---

[1] 脱脱等：《辽史》卷三十七《地理志一》，中华书局，1974年，第438页。
[2] 叶隆礼：《契丹国志》卷二十二《州县载记》，上海古籍出版社，1985年，第208—210页。
[3] 项春松：《辽代历史与考古》，内蒙古人民出版社，1996年，第27页。
[4] 冯永谦：《辽史地理志考补——上京道、东京道失载之州军》，《社会科学战线》，1998年第4期。

一般的聚落，是行政建置还是军事城堡。目前有关辽朝考古的工作还在推进，可以预测还会发现更多的辽朝古城遗址，但在未能有新的城市遗址被发现以前，我们只能就当前已有的文献资料和考古资料进行研究。

此前，不少研究者虽然对辽朝城市数量有不同看法，但却无人对其城市数量有一个准确的估计。尤其值得注意的是，不少研究者往往将地方行政建置数量与城市数量画等号，他们忽略了一个重要的问题，即辽朝城市与中原城市有一个共同之处：有若干城市实际上为府（州）县同城，因而城市的数量实际上是少于地方行政建置的数量，在计算城市数量时必须考虑不同层级建置的重叠性，即部分府（州）与县同城，或设置有附郭县，因而，只有将府（州）县同城的数量从总数中扣除，才能得出真实的城市数据。笔者以《辽史·地理志》为基础，再综合冯永谦等人相关研究成果，对辽朝的地方行政建置和县级及以上城市数量进行了简单的统计，虽然可能还是会有所遗漏，但基本上可以从中窥见辽代城市的大致情况。（见表2—1）

表2—1 辽朝五京道县级以上城市数量统计表

道别	京府	府	州	军	城	县	建置合计	附郭县	城市数量总计
上京道	1		53		5	30	89	14	75
中京道	1	1	32	1		42	77	27	50
东京道	1	7	91		3	79	182	52	130
南京道	1		9	1		32	43	11	32
西京道	1		18	3		34	56	15	41
隶属不详之建置			20	4			24		24
合计	5	8	223	10	8	217	471	119	352

本表以《辽史》为基础，参照今人的一些研究进行综合整理而成。脱脱等：《辽史·地理志》，中华书局，1974年，第438—515页；冯永谦：《辽史地理志考补——上京道、东京道失载之州军》，《社会科学战线》，1998年第4期；冯永谦：《辽史地理志考补——中京道、南京道、西京道失载之州军》，《北方文物》，1998年第3期。其中附郭县数量统计参考谭其骧主编，张修桂、赖青寿编著：《辽史地理志汇释》，安徽教育出版社，2001年，第10—216页；周振鹤主编，余蔚著：《中国行政区划通史·辽金卷》，复旦大学出版社，2012年，第141—385页。

从上表统计可见，辽五京道各道所设立的地方行政建置数量有较大差别，另外，每一京道都有数量不等的附郭县，即府（州）县同城，因而不能将行政建置数量与城市数量画等号。从上表可见，上京道共有各级地方行政建置89个，其中有14个府（州）县同城，因此上京道的城市数量只有75个。中京道共有各级地方行政建置77个，而府（州）县同城则达27个，因此中京道的城市数量只有50个。东京道的各级地方行政建置数量最多，达182个，但府（州）县同城的数量也最多，共有52个，因此东京道的城市数量实际上为130个，为上京道城市总数的1.73倍，为中京道的2.6倍。南京道共有各级地方行政建置43个，其中有11个为府（州）县同城，因此南京道的城市数量仅有 32 个，为城市数量最少的京道，其城市数仅为东京道城市总数的 24.6%，也不及上京道城市总数的一半。西京道共有各级地方行政建置 56 个，其中有 15 个府（州）县同城，因此西京道的城市数量只有 41 个，略多于南京道。另外，由于资料记载不详，还有 24 个州、军城市所隶属的京道不能确认，文献未记载这些州、军城市所属京道，但这些城市应为辽朝城市的一部分。总的说来，上表所载辽朝各级地方行政建置总数为 471 个，但由于有大量的附郭县存在，因而扣除府（州）县同城的数量后，各京道城市的总数只有 352 个。由于我们将辽朝城市规定为县级及以上政府所在地并具有相当的政治功能和经济功能，因而上表所反映出来的城市数量与目前考古发掘的辽朝古城遗址数量有一定差异是符合历史事实的。

从以上统计来看，上京道虽处北方草原地区，但城市数量并不少。辽朝建立以前该地区城市极少，但由于这里是辽朝的发祥地，因而辽朝建立后，辽统治者对该地区的发展高度重视，聚集人口，发展经济，修筑城市，特别是修筑了规模宏大的上京城，从而带动了其他城市的建设。有辽一代，上京道的城市数量达 75 个，在五京道中排名第二。中京道原来城市数量也较少，也是以新建城市为主，城市总数达 50 个，少于上京道，在五京道中排名第三。东京道原为渤海国所在地，渤海国地域广阔，"南比新罗，以泥河为境，东穷海，西契丹"[①]。渤海国在其建国的 200 余年间有很大发展，经济和文化都较为发达，并形成了五京制，下设 15 府、62 州、130 余县，城市数量甚多。契丹灭渤海国后，对其城市多有保留和沿用，故辽东京道的城市数量在五京道中最多，其地方行政建置达 182 个，扣除 52 个附郭县，实际的城市数量为 130 个，居辽五京道之首。南京道在五京道中面积相对较小，但大多数城市皆为辽以前所建，辽据该地区后也新建了少数城市，先后设立各级地方行政建置 43 个，其中有 11 个为府（州）县同城，故城市数量仅有 32 个，为各京道之末。西京道面积大于南京道，先后设有各级地方行政建置 56 个，其中有 15 个府（州）县同城，故而城市数量仅有 41 个，只比南京道的城市数量多 9 个。总体说来，辽朝建立后，不仅城市稀少的草原地区迅速出现城市化现象，城市数量剧增，而且原属渤海国的东京道和原属中原政权的南京道、西京道的城市数量都有所增加。辽朝正是在不断发展城市的过程中形成了五大区域城市行政等级体系。

统治范围内，不同的自然地理环境与社会经济发展程度的差异不仅对辽朝城市的建立和发展产生深刻影响，而且也在一定程度上影响着城市与人口的分布，因而按照不同区域进行管辖，建立区域城市行政等级体系成为辽朝统治者加强对地方管辖的一个重要考量。由于中原发达的农耕经济对契丹游牧经济的冲击程度和辐射范围不一，辽朝境内各地区经济的发展状态很不平衡，在辽全境内始终没有形成统一的经济基础，五京道的发展水平极不平衡。因此，辽朝城市的发展呈现出明显的不

---

① 欧阳修等：《新唐书》卷二百一十九《渤海传》，中华书局，1975 年，第 6179 页。

平衡性。正是由于辽朝内部区域发展的不平衡性，决定了辽统治者采用三级行政管理体制和五大行政区域相结合的办法，实行因俗而治、因地制宜的管理，不仅符合当时辽朝的基本国情，而且也更加有利于其统治的稳定和社会经济的发展，并对辽以后的地方行政管理产生了重要的影响。辽以前，中原王朝也曾多次建立三级地方行政管理体制，但是大区域的数量甚多，且不固定，而五京道的设立在辽朝相对稳定，并充分发挥了大区域层级行政管理体制的作用，因而五京道的设立对于区域政治中心和经济中心的形成产生了直接的影响。在某种程度上可以认为，辽朝五京道实际上就是元明时期行省的前身，五京则是省会的雏形。

从地域划分和城市分布来看，五京道主要呈现出两个特征：其一是以京道为空间范围的区域地方行政等级的形成，对城市的空间分布影响甚大，分别形成了以五京为中心的五大区域城市体系，五京作为政治中心城市在区域内具有不可替代的政治集聚力和经济、文化中心地位。其二是自然地理环境对区域城市空间分布的影响十分突出，如上京道的西部和北部边境，以及东京道的北部广大地区都是草原、荒漠和高山，没有发展农业生产的自然条件，人口非常稀少，因而城市数量少、规模小、非常分散，大多数城镇都是边防军城。另外，河流对辽朝城市空间分布的影响表现得极为明显。水是生命之源，邻河而居是城市选址的重要原则，也符合契丹游牧民族逐水草而居的习俗，因而上京道、中京道新建城市基本上都具有邻河而建的特点。

总体考察，辽五京道区域城市体系的建立具有合理性。一是有利于辽统治者因俗而治、因地制宜地对不同地区和不同民族进行管理，促进农、牧文明融合。二是分区域的层级管理有利于加强辽朝中央集权统治，各层级政府官员在分区域、分层级的管理过程中，也比较能够明确各自的职责、权力和利益，便于各司其职，各在其位，各负其责。三是有利于形成区域中心城市。五京设立后，各京城成为各京道内的中心城市，辽统治者通过权力和各种政策来聚集人口、经济要素和社会要素以及文化要素等，由此使各京城成为区域内得以优先发展的中心城市。

辽朝城市数量的变化主要受到契丹社会经济发展水平的影响。辽初太祖时期，契丹政权刚刚建立，国家基本国策仍偏向开疆扩土、巩固统治，虽破天荒地在草原地区开始修筑州城，但数量较少。到辽朝中期，随着疆域的开拓与巩固，在辽景宗、圣宗、兴宗等历代统治者的开明政策下，辽朝城市的发展进入繁盛阶段，尤其是圣宗时期辽与北宋"澶渊之盟"的签订，使得辽朝的社会经济进入快速发展的历史阶段，广土扩民，人丁众兴，一座座城市相继在辽境内拔地而起，城市数量激增，这在中京道与东京道地区表现得尤为突出。至辽朝道宗以后，州城设置基本上维持着辽朝中期的规模，在数量上基本无多大变化，"其最晚一个方州当为东京宁江州，建于道宗初清宁年间"[①]，在这以后则不见辽增设方州的记载。至于辽金战争期间辽朝在其边境所建立的许多城池，多为军事戍堡。辽朝城市数量的增长在其

---

① 项春松：《辽代历史与考古》，内蒙古人民出版社，1996年，第125页。

统治末期基本进入停滞阶段，原有城市数量还在一定程度上因战争的破坏和影响有所减少。

二、城市规模的变化

学界一般根据城市的人口数量、经济状况和用地规模进行城市规模的划分。然而辽朝城市人口数量的统计资料极为不全，并且在地域辽阔的辽境之内社会经济的发展状况与人口分布状况极不平衡，以其人口密度与经济发展水平为标准不能客观反映城市的规模，因此笔者主要依据城市的用地规模来考察辽朝的城市规模。何一民先生在研究清代城市规模时也认同，"虽然城垣周长对于判断城市实际发展水平的应证作用不如人口规模和经济规模更为准确，但作为一个比较重要的指标，在其它两方面的数据统计还比较缺乏时，仍有其突出的作用"[①]。

辽朝城市规模的大小与城市的行政等级有着直接的关系，当然也受到城市所在地区经济、人口、社会、文化与交通的影响。从总体上看，在同一道内，行政级别高的城市规模一般大于行政级别低的城市，因此可将辽朝的城市按行政级别高低分为都城、州城、县城三个层级，一般来说，京城的规模大于州城，州城的规模大于县城，虽然也有个别例外，但不能否定行政级别与城市规模的关系。

（一）都城规模的变化

五京作为辽朝最繁荣的五个城市，在建城规模上要大于州、县级城镇，同时因五京地位的差异，五京在规模上又有所差别。中京规模居全国之首，是契丹彻底控制奚族后在辽朝中后期营建的一座都城，其城墙周长达30.8里，是辽朝首屈一指的大城市，具有重大的政治、军事、经济和文化意义，它的建成反映了契丹族逐步汉化的过程。其次为辽上京，经过太祖、太宗两代人的营建与改造，其城墙周长约27里，是中国北方草原地区繁盛的国际性大都会，也是全国的政治、军事、经济、文化中心和中外经济、文化在我国北方草原地带的重要交融地。东京、南京与西京作为辽朝的陪都，规模次之，南京城周长约24里，东京与西京城墙周长都约20里。[②] 从都城的规模可以看出，政治中心城市可以通过强大的行政力量来聚集大量的资源和人口，从而易于形成城市的空间扩张，因此辽上京与中京在规模上要大于另外三座陪都。

[①] 何一民：《清代城市规模的静态与动态考察》，《西南民族大学学报》，2014年第11期。
[②] 项春松：《辽代历史与考古》，内蒙古人民出版社，1996年，第30、53、76、83页。

（二）州、县城规模的变化

辽朝的各级州、县城大部分是统治者为统治各族人而建，其功能首先表现在政治控制上。当然，也不乏因为经济文化发展、内外交流加强而建城的情况，另外也有为防御周边民族侵扰而建城的情况。州城的规模一般要大于县城，城墙平均周长在 3~10 里，也有个别州城周长达 10 里以上或在 3 里以下的，如东胜州城墙周长竟达 17 公里，而上京道的丰州城墙周长仅 3 里，但总体上没有出现超过都城规模的州城；县城平均周长在 2~3 里，个别县城规模还小于这个标准，如上京道临潢府所属的长泰县城垣周长约为 2 里，饶州所属的安民县周长仅 1.5 里。[①] 县城规模普遍小于州城规模。

辽朝城市规模与城市的行政等级有着密切的关系，呈现出层级分布的特点，一般来说，城市的规模与城市的行政等级正相关，这种特征与中原王朝统治下的城市规模层级特点是相同的。秦统一六国后，始皇帝为加强中央集权在全国首推郡县制，以后此项制度为历朝历代所沿袭，城市由此被纳入行政等级体系中，成为中央集权统治体系的重要组成部分。城市的政治功能被放大，而经济与文化功能则因行政中心的集聚力不断叠加。行政级别较高的城市作为区域性的政治、经济、文化中心，一般都建在自然地理优越、社会经济发达和人口稠密之处，加上行政力量的作用，其能够得到更好更快的发展，规模一般都较本行政区域内低级别的城市规模更大。辽朝历代统治者都采取了秦汉以来中原先进的郡县制对众多州县进行管理，其城市规模的特点也基本符合中原王朝"政治中心城市优先发展规律"[②]，城市的行政级别与政治功能成为影响城市规模的重要因素。李健才先生在研究辽金城市时也认同辽朝城市的规模与其行政等级有着一定的对应关系，然而他也提出"辽金城市的等级不是固定不变的，有可能上升也有可能下降，而绝大多数情况下城墙不会随之重筑，因此也会出现城市等级与规模脱节的现象"[③]。此外，相较于中原王朝所建之城，辽朝城市的总体规模并不大，这主要是因为在吸收中原先进制度的同时，辽朝统治者还保有不少契丹族的制度风俗，游牧风尚在历代契丹皇帝身上都有所表现，这在一定程度上影响了城市规模的扩大，这与契丹少数民族自身的局限性是分不开的。

[①] 项春松：《内蒙古赤峰地区辽代中小城镇的发现与研究》，《北方文物》，1994 年第 1 期；李逸友：《辽代城郭营建制度初探》，陈述：《辽金史论集》第三辑，书目文献出版社，1987 年，第 76 页。
[②] 何一民：《近代中国城市发展与社会变迁（1840~1949 年）》，科学出版社，2004 年，第 56 页。
[③] 李健才：《东北地区金代古城的调查研究》，孙进己等：《中国考古集成·东北卷·金（一）》，北京出版社，1997 年，第 1~2 页。

第二节　城市空间分布的演变

城市空间是城市存在的基本形式，它包括城市外部形态与规模以及内部结构与布局，"是人类活动与功能组织在城市地域上的空间投影，是城市经济、社会存在和发展的空间形式，表现了城市各种物质要素在空间范围内的分布特征和组合关系"[①]。基于所辖疆域甚广，辽朝城市的空间分布在自然地理环境和社会经济条件以及人口分布的影响下，具有民族和时代特征。

一、城市空间分布

辽朝版图地跨广大的漠北草原和古代中国东北中高纬度地区，自然地理环境成为城市发展的主要制约因素，进而影响城市空间的外部形态和分布状况，呈现出发展不平衡的特征。

首先，城市分布不均。受不同气候带的影响，辽朝境内形成了不同的自然区域，其中以传统农耕区为主的南京道与西京道虽然城市总体数量最少，但由于地域狭小，其城市密度和人口密度反而最大，究其原因，除了两地拥有较为良好的自然条件和经济条件外，已有的中原城市也为辽朝城市的发展打下了基础，其建筑风格仍保持着原有的中原汉式特征；同样地跨农耕区的中京道是辽朝城市空间密度变化最大的区域，在契丹还没将奚族领土纳入控制范围以前，该地仍为少数民族的游牧之地，城市分布少，辽中期以后，中京道成为契丹国力强盛后的开发重地，在政治功能的作用下，不仅地理环境优越，还占据着有利的交通位置，是辽朝境内草原地区城市分布的密集之地，由于其地处牧业区和农业区的交错分布地带，故建筑风格同时具有中原和契丹特色；以狩猎农耕区为主的东京道虽然城市数量最多，但由于地域广阔且北部气候寒冷，其城市密度不及以上地区，城市建筑也多沿用先前渤海国时期的构造；而以游牧区为主的上京道辖有辽阔的漠北草原，城市数量虽多，但城市密度最低，特别是上京道的西部和北部边境大多数地区都是草原和荒漠，没有发展农业生产的自然条件，城市和人口少，分布相对分散，大多数城镇都是边防军镇。

其次，新建城市多集中分布于北方草原地区。由于上京道和中京道是契丹族的发祥地和活动的主要区域，故重视历史文明的契丹人将面积广阔、城市分布较少的草原地区作为新建城市的重点区域。辽朝统治者将城市建于水草丰美的草原腹地，不仅满足了契丹人游牧渔猎的生活需要，而且还满足了农业人口的农耕需要，即使在契丹族强大以后，他们也没有放弃自己的故地而进入中原。

[①] 董伟：《大连城市空间结构演变趋势研究》，大连海事大学出版社，2006年，第9页。

二、五京道城市空间分布特征

辽朝五京道城市同样受不同的自然地理环境与社会因素的影响，其空间分布呈现出不同的特征。

（一）草原地区新置城市的空间分布

上京道地区的地域在五道中最为广阔，辽朝建立后契丹族在辽阔的草原上逐渐兴建了众多州、县城市，但这些城市大多数集中在降水充足、土壤肥沃的东南部低纬度带，而西部与北部的广大地区则由于在地形、气候、土壤等方面都不适宜农业生产，只零星分布了为防御他族入侵而设的边防城市，没有形成像东南部那样的大规模的城市群。首先，这些城市多沿河呈带状分布，上京道地区东南部的诸多府、州城，如上京临潢府、祖州城、永州城、庆州城及仪坤州等，多沿西拉木伦河的干支流分布，契丹牧民逐水草而居，充沛的水源不仅是辽朝统治者建立城市的重要依托，也为城市居民的日常生活提供了便利条件。其次，上京作为上京道地区的经济政治文化中心，腹地广阔，是整个上京道的中心城市，因而该道州、县城主要分布在上京城周围地区，它们逐渐成为上京的腹地城市群。上京以周围州、县城市为依托，逐渐发展成为当时东北亚地区最具影响力的大都市之一。作为中心城市的上京的发展反过来又刺激和带动了上京腹地城市群的发展。

辽中京道地区城市分布与地域格局的形成反映了城市由东部向中部西进的发展过程，形成了府、州、县城以大定府为中心呈放射状分布的特征，并且受河流分布的影响，大部分城市集中于中京道的中东部地区，西部城市则相对稀疏且分布较少。除了得天独厚的地理环境优势，中京道地区拥有比上京道更好的农耕条件，这成为圣宗耶律隆绪将大定府选为都城并在中京道广建城市的主要原因。同时，中京道地区城市的迅速兴起与发展更多地得益于社会因素的影响，尤其是辽宋双方"澶渊之盟"的签订为辽朝中期统治者提供了发展城市建设的外部条件。辽圣宗时期为中京道地区城市开发的繁盛时期，城市的数量与规模都大为增加。为了更好地发展社会经济，发展与北宋之间的交流与商贸，中京道地区还增设了许多交通城镇和商贸城镇，如松山县有商贾会冲之势①，海滨县则因盐业发达而置②，故而在一定程度上丰富了中京道地区的城市类型。

（二）改造和增筑旧城的空间分布

与上京道和中京道的新建城市不同，辽东京道、西京道与南京道的大多数城市是通过战争的方式从他族手中抢夺而来的，很多城市保留了旧有的形制，辽只是在

---

① 脱脱等：《辽史》卷三十九《地理志三》，中华书局，1974年，第485页。
② 脱脱等：《辽史》卷三十九《地理志三》，中华书局，1974年，第489页。

旧址的基础上对城市进行再建造,故其城市的空间分布具有自己的特点。

辽东京道是契丹政权通过对外战争抢占渤海之地而得,该道城市中既有沿用前代已有的城市,也有辽代自己新建的城市。经历太祖的开创时期、太宗的大规模建立时期以及圣宗的调整时期,辽朝耗近百年的时间,最后完成了城市的建置。另外,城市的空间分布受社会因素的影响较大。一方面,对原有旧城的沿用与再建有利于安抚被征服的渤海人,使他们更好地投入建设城市和发展社会经济中去;另一方面,新置的城市既有利于巩固辽对新占领区的统治,又在政治因素的带动下促进了当地经济、文化、交通的迅速发展。由于东京道地区河流众多,且有着绵长的海岸线,城市多沿江沿河分布,而整个北部地区则因纬度较高,气候与地形条件恶劣而几乎没有城市分布,城市大多集中于地形平坦、土壤肥沃的西南部地区,这个地区同样形成了众多府、州、县城以辽阳府为中心呈带状分布的城市分布特征。除了地理环境上的优势之外,东京道的西南部还由于靠近辽朝疆域的其他四京道,在政治、经济、文化上的交流更为便捷,成为城市密集分布地区。

虽然辽南、西、东三京道都是契丹人通过对外扩张的手段从他族手中抢占过来的,但与东京道对原有旧城的沿用有区别的是,南京道幽云地区原是中原王朝之地,这里的城镇已经经历了近千年的历史发展,拥有完备和成熟的行政建置,并且后晋高祖石敬瑭的主动献地之举又使得该地区少受战争之害,城镇保存较为完整,因此辽朝统治者在并入幽云之地后,在该地所置新城较少,其城市的空间分布格局在一定程度上既体现了中原文化的特色,又与东京道存在着一定的区别。南京道地区除了设析津府继续领有幽、蓟、瀛、莫、涿、檀、顺等七州外,还另新置了两州七县。从南京道的城市分布图来看,城市大多集中在该道的西部与东部,并处于兵家必争的交通要道之上,对析津府形成环护之势;西部城市则主要以析津府为中心沿河流呈条状分布。由于这里地势平坦,土壤肥沃,光照充足,又有多条河流流经其间,水资源极为丰富,离整个南京道的政治中心析津府距离较近,故成为城市密集分布的区域。此外,虽然南京道东南部地区也有着较长的海岸线,但是这些沿海地区在辽时却几乎没有城市,这是因为长期以来海岸线的多次变迁直接影响了这里的地形地貌,"黄河入海口的几次大变动造成今天津海岸线巨大变化。……这样的自然环境,显然对城镇发展不利"[①],因此与整个南京道的其他地区相比,东南沿海地区的发展要比周围地区落后了很多,城市分布也相对稀少。

与南京道城市建置相仿,妫、儒、新、武、云、应、朔、寰、蔚等九州之地为西京道,设西京大同府统之。辽除沿用原来已经有的中原城市外,也在该区域新置了一部分城市。由于西京道在地理位置上与西夏国毗邻,城市的军事战略地位极为重要,西京大同府不仅在战时作为军事重镇对辽朝西部边疆的稳定具有积极意义,同时也在和平时期作为漠北和中原联系的交通枢纽与咽喉要地,对发展辽朝经济、促进两地交流起着重要的作用。该道州、县城也大致围绕西京大同府呈放射状分

[①] 曹子西主编,王玲撰:《北京通史》(第三卷),北京燕山出版社,2012年,第36页。

布，西京道地区东南部的城市分布比较密集，西南部的城市则多分布于长城以外。这是因为长城以南的东南部城市基本都是在辽统治当地以前就已经存在，该地域不仅地形平坦、土壤肥沃、水热条件充足，还有长城和边防城的双重屏障，成为经济发展、人口迁入与州县建设的理想之地，因而西京道的东南部在辽时继续为重要的农耕区和城市分布区；而西南部的城市如丰州、云内州、宁边州、金肃州及东胜州等主要分布在长城以外则与它们的军事性质直接相关，这些城市集政治与军事功能为一体，在保护辽朝边疆稳定、促进边疆地区社会经济发展方面有着重要意义。

  从地域划分来看，辽朝每个地区城市的空间分布都有其自身的特点与规律，但从整体上讲，主要呈现出两个特征：其一为地方行政等级的形成对城市的空间分布有着广泛而普遍的影响，每个地区基本上都形成了府（中京道、东京道有府）、州、县城市围绕京府一级行政中心城市发展的规律，这与中心城市不可替代的政治集聚力和重要的经济文化中心地位是分不开的；其二为自然条件对城市空间分布的影响，尤其是河流的分布对城市空间分布的影响表现得极为明显，这既符合契丹游牧民逐水草而居的习俗，也是城市发展的必要资源保证。

第三节　城市内部结构的变化和城市规划与建设

  宋代坊市制度的解体是中国古代城市内部结构出现历史性转折的重要标志，它打破了城市内部的封闭性，形成了开放的城市内部结构。里坊制度起源于战国时期，为了有效地控制城市居民，统治者将城市划分成若干具有封闭性的小区，汉代将这种封闭的小区称为里，汉以后则称为坊。汉代的里四周都修有围墙，每面有门，里内修有几条纵横的街，居民的住宅沿街修筑；里坊内设有"弹室"，用于弹压平民，每街还设有亭长，负责管理本街的居民；里每天都定时开门闭门，居民的日常生活和活动受到严格的时间限制，里为居住区，内不能设手工业作坊和商店，由政府在里之外设专门的市场供居民进行经济活动和娱乐活动，并设有专职官吏对市实行严格的监督控制。[①] 到隋唐时期，坊市制度更加完善、规范，管理也更加严格。但是随着城市商品经济的发展，在唐代以后，一些工商业发达城市的坊市解体，尤其是在宋代，虽然统治阶级依照旧制设立了更为严苛的坊市管理制度，但是商品经济的迅速发展与人口的快速增长使得政府在社会经济发展大潮的冲击下不得不做出让步。逐渐地，城市已不再有坊市之间的严格区分，工商贸易也不受时间限制，封闭型的坊市制度被打破，新的开放型的厢坊式城市格局开始在全国范围内确立。这既是社会经济发展的结果，又反过来推动了社会经济的进一步发展。

---

① 何一民：《中国城市史》，武汉大学出版社，2012年，第290页。

一、城市内部结构的变化

北宋商品经济迅速发展的同时,辽朝城市体系也开始基本确立。那么与北宋处于同一历史时期的辽朝城市是否也打破了里坊制的限制呢?从笔者所能查阅到的现有资料来看,还没有涉及辽朝城市内部管理的成果。笔者在此主要以辽朝的几个都城为例,对辽朝城市的内部结构进行粗略的分析。

辽上京城的主要商业区——汉城因其遗址被人为开发并受沙里河的冲刷,保存情况不是很好,只有少数对其商业发展现象的记载,目前我们对其城市内部结构的发展状况所知甚少。相较于辽上京,中京城的内部格局结构则更为清晰。根据历史记载和考古发现可知,中京城外城的南部是居民的聚居区,街道整齐分布,将城区划分为坊、里,共有迁善坊、世恩坊、致用坊、虎臣坊、利通坊、货迁坊、贵德坊及丰实坊8坊,各坊坊门两两相对,四周筑有围墙。在中京城阳德门的南面发掘出供居民进行市易的市廊遗迹,并得知城中的坊是以汉人为主的居住区,市则为商业贸易区。[1] 并且根据路振对中京城内的坊市描述可以得知,居民的市易生活受到辽政府的严格控制和管理,坊内的居民不被允许随便出入,而是由官方指定出入时间。[2] 可知中京官府对居民的经济生活在时间上有严格的限制,城市内部结构仍以坊市分离为主。辽东京城与南京城也是如此,东京汉城的商业虽然非常繁荣,已有南北两市供市民展开各种交易活动,但仍对坊区有着严格的管理。南市为居民早晨的商贸场所,北市为居民晚上的交易之地,商业活动在时间上受到约束。辽南京城的坊市布局更是承袭唐代之制,几乎没有改变,城内共有26坊,坊的门楼上各有对应的名称,每坊有4门,周围筑墙,各坊之间有街巷相通,城北有"陆海百货,聚于其中"的市。[3] 这表明辽朝南京城依旧有坊有市,坊门昼开夜闭,便于政府对坊民进行管理,一直到金代,辽南京(即金中都)才开始由坊市制向相对开放的街巷制转化。

从上述材料可以看出,辽朝城市在内部结构上仍采用的是隋唐时期坊市分隔的形式。由于辽朝城市受晚唐时期城市建筑布局的影响较深,在城市格局和建筑风格上都具有非常明显的晚唐特点,城市的内部结构主要以晚唐时期城市的内部结构为范式进行规划与布局。一方面反映出中原传统城市对辽朝城市建设规划的影响在逐渐加深,另一方面也反映出契丹少数民族在中原先进文明的影响下逐步汉化的过程。虽然辽朝城市的内部结构在形态上有着明显的晚唐特点,但笔者认为这种坊市分隔的内部结构已经完全不同于隋唐时期的坊市结构。辽朝统治者在建城布局之时主要注重对晚唐城市形制上的借鉴与模仿,而未对晚唐时期的城市制度与管理进行

---

[1] 李逸友:《辽中京城址发掘的重要收获》,《文物》,1961年第9期。
[2] 江少虞:《宋朝事实类苑》下册卷七十七《安边御寇·契丹》,上海古籍出版社,1981年。第1012页。
[3] 叶隆礼:《契丹国志》卷二十二《四京本末》,上海古籍出版社,1985年,第217页。

引进，实际上当时中原地区的坊市制度已经解体，辽朝城市内部坊市的分隔是管理汉人的一种方法，是民族政策下的政治功能在起主导作用。

同时，辽朝城市的内部结构并没有像同一时期的北宋城市那样发生根本性的变化，这与其社会经济的发展程度息息相关。首先，虽然辽朝建立后受中原农耕文明的影响，其社会经济得到了飞速发展，打破了单一的畜牧经济模式，形成了农牧并举的新的产业格局。这种进步只是相对于契丹民族原有的单一的游牧生产而言，并且它也适应了辽朝胡汉分治、民族融合的社会形势，因此社会经济在大的历史背景下是进步的、发展的。但辽朝的社会经济发展程度远远不及同时期宋朝社会经济的发展程度，无论是在商品经济的多样性还是在城市人口的规模与增长率以及城市居民的消费需求等方面，辽朝都无法与北宋相提并论。辽朝流动性的畜牧业的发达在一定程度上也降低了具有城市流动性的商业在社会经济生活中所占的比例，特别是在占主导地位的游牧民的生产生活中，居民的商业贸易活动较少，可以说辽朝城市的商品经济还没发展到能够打破传统里坊制度的程度。其次，辽朝城市无论在空间布局还是在内部结构上都主要以汉城的模样为范，沿袭先进的汉制成为少数民族政权巩固统治基础的主要方式，因而辽朝统治者在城市建设规划时也将隋唐时期的里坊制度承袭和复制了下来。辽朝统治者为了有效地控制与管理汉人与渤海人等，在重要城市实行分隔离制度，如五京全都严格地划分了供契丹人居住的皇城和供汉人及其他少数民族居住的汉城，因而以农业生产为主且商业活动较为频繁的汉人所进行的商业活动范围就更为狭窄。可以说契丹人统治下的辽朝商品经济的发展不可能像北宋那样有着较为宽松的社会政治环境，契丹统治阶级不会也不可能向商品经济的发展妥协。归根结底，商品经济的欠发达是导致辽朝城市内部结构仍为坊、市分离的根本性原因。

二、城市规划与建设

辽朝在境内兴建的城市不仅继承了游牧民族的筑城风尚，以满足契丹民族和地区社会发展的需要，还借鉴了中原地区的城市建设与规划之制，以中原城市为范式，说明身处草原的契丹民族已经普遍接受了汉族的先进文化。但是，辽朝的城市在规划建设上与汉族和其他少数民族所建之城又有着很大的区别。

（一）城市建设风格逐渐效仿汉制

辽朝城市的规划与建设虽然没有完全套用中原王朝城市的设计，还保有契丹的民族特点，但或多或少还是会受到中原地区先进城市建筑技术的影响，对中原王朝的城市形制进行借鉴。这种借鉴在辽朝前期和后期具有明显的不同特点，前期的城镇一般更多保留了契丹本民族的特色，后期的城镇则有效仿中原城镇的倾向，反映了契丹政权和契丹文明的汉化过程。在辽朝建立之前，耶律阿保机为了吸引和控制汉人，仿照幽州形制，"为治城郭邑屋廛市"①。辽朝建立后，五京都城的建设，特别是始建于辽朝的上京城和中京城，在建设过程中对中原城市的建筑技术与布局的借鉴表现得尤为明显。辽上京与辽中京在营建过程中效仿汉制，不仅是由于负责"营都邑，建宫殿"②的城市设计者康默记与韩延徽等都为汉人，还因为新建城市需要汉族工人的劳动和熟练的造城技术，如中京城的兴建就主要"择良工于燕、蓟"③。除了京城的建设，辽朝的部分州城也往往因沿用旧城址而保存了旧的形制，对其的规划与建设改动较小，基本上保留了原来的城市布局和风格，这也是民族融合背景下中原先进文明影响奴隶制落后文明的一个表现。

（二）固定性与游动性交叉并存

辽朝的京府、府、州、县应农业定居生活而生，五京构成辽朝城市行政体系中的第一等级，城市具有很强的固定性。但是，第一行政等级的五京虽然分别作为辽朝五道的治所所在，是五个地区的政治经济文化中心城市，然而与中国古代中原各王朝的国都性质不同的是，五京并不是辽朝的政治中心，它们主要负责统辖各道、府、州、县，治理下辖范围内的汉人和渤海人等各族人民。由于契丹历代统治者都保持着外出游猎的习俗，"每岁四时，周而复始"④，辽朝的政治中心不在五京而在捺钵。捺钵不仅是辽朝皇帝在游猎狩渔地区所设的行宫，还是举行政务会议、处理国事的场所，这种供皇帝办事、住宿的行营主要为毡帐，通常还会加上适当的装饰，如冬捺钵："皇帝牙帐以枪为硬寨，用毛绳连系。每枪下黑毡伞一，以庇卫士风雪。枪外小毡帐一层，每帐五人，各执兵仗为禁围。南有省方殿，殿北约二里曰寿宁殿，皆木柱竹榱，以毡为盖，彩绘韬柱，锦为壁衣，加绯绣额。又以黄布绣龙为地障，窗、槅皆以毡为之，傅以黄油绢。基高尺余，两厢廊庑亦以毡盖，无门户。省方殿北有鹿皮帐，帐次北有八方公用殿。寿宁殿北有长春帐，卫以硬寨。宫用契丹兵四千人，每日轮番千人祗直。禁围外卓枪为寨，夜则拔枪移卓御寝帐。周围拒马，外设铺，传铃宿卫。"⑤

由此可见，皇帝捺钵时的行宫并不是固定的宫殿，而是具有一定游动性的暂时住所，可以随时迁移。除四时捺钵的皇室贵族的行营具有游动的特点之外，上京和中京地区的一些普通契丹居民的住所受游牧生活方式的影响也具有明显的游动性，如苏颂《契丹帐》中"行营到处即为家，一卓穹庐数乘车。千里山川无土著，四时畋猎是生涯"⑥的诗句就形象生动地描写了契丹普通游牧民居室的游动特点。具有游动性的毡帐行宫与固定的京府、府、州、县城市交叉并存，成为辽朝城市发展过

---

① 欧阳修：《新五代史》卷七十二《四夷附录第一》，中华书局，1974年，第886页。
② 脱脱等：《辽史》卷七十四《韩延徽传》，中华书局，1974年，第1232页。
③ 脱脱等：《辽史》卷三十九《地理志三》，中华书局，1974年，第481页。
④ 脱脱等：《辽史》卷三十二《营卫志中》，中华书局，1974年，第375页。
⑤ 脱脱等：《辽史》卷三十二《营卫志中》，中华书局，1974年，第375页。
⑥ 苏颂：《苏魏公文集》卷十三《契丹帐》，中华书局，1988年，第171页。

程中一道独特的风景线。

(三)"因俗而治",出现双城制或多城制

处于辽朝契丹贵族统治下的除了契丹平民以外,还有被俘掠、迁移来的汉人、奚人和渤海人。大概是为了防止这些异族人特别是汉人的反抗,辽朝统治者在建城时通常设立汉城以将不同民族的居民安置在城市的不同区域,出现了因俗而治、分族而居的情况,最具代表性的就是辽上京与中京。辽上京分为南北两城,北为皇城,是契丹统治者与贵族居所、衙署的所在地,南为汉城,主要居住着汉族百姓,皇城的规模远远大于汉城。辽中京与上京情况类似,皇城里居住的是契丹统治者及少数汉族官僚,而汉人则居住在被称为"汉城"的外城和内城里。此外,李逸友还推测辽上京道饶州西城主要居住着契丹贵族,汉人和渤海人则居住在东城。[①] 这种将本民族与汉族分置于城市不同区域的方式在辽以前还未有过,为契丹人首创,具有鲜明的民族特色。

受"因俗而治"政策的影响,辽朝城市在规划与建设上往往出现双城制。除为满足分而治之的需要以外,李孝聪还认为辽朝统治者出于拓展军事防御纵深的考虑,将许多地方城市特别是边境上的城市建成由一个大城和一个或者几个距离大城不远的小城组成的双城或多城城市群。[②] 如辽光明古城就是典型的双城制,周长800米,城东250米处有一周长228米的小城。[③] 总体上来说,辽朝城市的形制有单城型、双城型、多城型三类,其中单城型城市又分为长方形、方形、不规则形三种;双城型城市有两城相套呈"回"字形、两城相连呈"同"字形、两城并列型、两城相套且有一墙共用型;多城型城市则表现为三重城形状。这种双城制或多城制的城市外部形态在中原地区是少见的。

(四)城市建筑朝向由偏东向偏西南改变

契丹族崇尚太阳,有"东向拜日"的习俗,因此与中原传统城市坐北朝南的建筑风格截然不同,辽朝初期的宫殿建筑和普通居室多坐西朝东,或偏东向。如"阿保机于漠北作西楼邑,屋门皆东向"[④],"得燕人所教乃为城郭宫室之制于漠北……屋门皆东向,如车帐之法"[⑤];北宋使臣薛映出使辽朝至上京,见"昭德、宣政二殿与毡庐,皆东向"[⑥] 等。除宫殿等建筑风格多东向外,辽朝普通居民的住所、毡帐与辽代坟墓也多"开门东向杂边方"。契丹族的"东向"习俗固然与拜日活动有

[①] 李逸友:《辽代城市和民用建筑》,孙进己等:《中国考古集成·东北卷·辽(一)》,北京出版社,1997年,第55页。
[②] 李孝聪:《历史城市地理》,山东教育出版社,2007年,第296页。
[③] 吉林省文物考古研究所:《内蒙古科右前旗、突泉县辽金城址调查》,孙进己等:《中国考古集成·东北卷·辽(二)》,北京出版社,1997年,第834页。
[④] 李有棠:《辽史纪事本末》卷一《太祖肇兴》,中华书局,1983年,第39页。
[⑤] 薛居正等:《旧五代史》卷一百三十七《外国列传第一》,百衲本影印吴兴刘氏嘉业堂刻本。
[⑥] 脱脱等:《辽史》卷三十七《地理志一》,中华书局,1974年,第442页。

着直接关系，但也是因为受到了自然条件的影响。由于冬季蒙古高原地区受西伯利亚寒流所影响，气候寒冷，为了避开寒冷剧烈的西北风，背风的东面自然成为房屋朝向的首选。辽朝城市建筑的东向及城市布局的随意性，与同时期的北宋都城、西夏都城追求布局的对称性和严整性具有很大的差异，成为辽朝城市建筑的又一特征，对后来金代都城的发展产生了一定的影响。

到了太宗耶律德光时，这种在城市和建筑物规划上反映游牧生活习尚的情况逐渐有所变化。太宗在接受后晋奉献的幽云十六州的图籍后，宣布"依汉制，御开皇殿，辟承天门受礼"[1]，决定效仿中原王朝皇帝南面而坐，放弃了原来契丹族面东的传统。上京自扩筑汉城后，全城的坐向也改为西南向。从此以后，辽朝新筑的城市也基本改为南向。

辽朝城市的这些建筑特征，既有契丹民族自身的特色，又在很大程度上受到中原城市的影响，体现出极强的开放性和包容性，是辽从游牧经济向半农半牧经济转变、从游牧生活向城市定居生活转变、从奴隶制文明向先进文明过渡的表现之一，反映了以契丹游牧民族为主体的辽朝的城市化进程。

---

[1] 脱脱等：《辽史》第三十七《地理志》中华书局，1974年，第440页。

第三章 辽朝城市经济的发展

政权的统一给城市经济发展以极大的动力,同时,城市经济的进步又推动着城市的发展。辽朝的城市手工业和商业在辽初的社会经济基础之上又有所发展,在手工业方面出现了一些新兴产业,各手工业行业无论在生产技术上还是规模上都取得了很大的成就;而商业在辽朝内外市场形成与结构稳定的背景之下也有很大的发展,并推动了北方城市的进步和繁荣。

第一节 城市手工业的兴盛与分化

辽朝的手工业从畜牧业、渔猎业中分化出来后,各手工行业不再是只为畜牧和渔猎业服务,而是为了满足辽朝城乡居民生活需要而进行商品生产,除传统手工业在原来的基础之上继续发展外,还出现了一些新兴的产业。辽朝手工业技术的提高和发展,不仅推动了城市经济的进步,还丰富了境内各族人民特别是游牧民的社会生活。

一、传统手工业的发展

契丹手工业在辽朝建立前主要服务于畜牧、渔猎业生产,发展较为缓慢和落后。辽朝建立后,尤其是在耶律德光占领幽云之地后,随着农业生产的发展和农耕文明的扩张,契丹手工业慢慢从渔猎、畜牧业中分离出来,向城市聚集,冶铁、制马具、制陶等传统的手工业不再依附于畜牧业和渔猎业,成为独立的生产部门,这对于推动城市商品经济的发展有着重要意义。

契丹地区的金属冶炼业历史悠久,早在距今五六千年前的红山文化时期,其地就已进入了铜石并用的时代。后来,经夏、商、周、春秋及战国时期的发展,灿烂的草原青铜文化在西辽河流域地区得以发展,至宇文鲜卑时代,西辽河流域已经进入铁器时代。契丹初兴之际,西辽河地区一带的社会生产力发展水平曾因战乱而一度出现严重的倒退。唐天宝七年(748),室韦各部曾遣使向唐朝贡奉金银布帛[①],

---

① 王钦若等:《册府元龟》卷九百七十一《外臣部·朝贡第四》,凤凰出版社,2006年,第11244页。

与室韦有着同源关系的契丹也应同时拥有金属冶铸业。到遥辇汗国末期，"先代撒刺的为夷离堇，以土产多铜，始造钱币。太祖其子，袭而用之，遂致富强，以开帝业"①。尤其是随着辽朝统一政权的建立和统辖范围的日益扩大，经济的发展和频繁的军事活动对冶铸业产品产生了很大的需求，从而推动了传统的冶铸业迅速发展起来。太宗时"置五冶太师，以总四方钱铁"②。说明辽初的冶铸业已颇具规模。冶铸业的发展，是装备契丹军队、强化国防力量的物质基础，并为农业及其他手工业门类生产工具的改进和发展提供了决定性的物质条件，直接促进了契丹社会经济的发展与进步。

长于骑射的契丹族"转徙随时，车马为家"③，向来重视马具的制造，故其皮革加工技术也有较高的水平。在制造马具方面，契丹人拥有悠久的历史，其中马鞍制造之精，不仅在当时各游牧民族中负有盛名，还受到宋人的称赞，被誉为"天下第一"，"他处虽效之，终不及"④。因此，在辽朝馈赠北宋与高丽等的物品中每每都有鞍辔，其种类和样式繁多，有绿褐楮皮鞍勒、涂金银龙凤鞍勒及海豹皮鞭等，做工极为华丽，在当时堪称无与伦比。马具制造业的发展体现了契丹对相关制造业的重视，也促进了辽与宋等国间的经济交流。

制瓷业在辽朝建立后也得到了快速发展，不仅在制造工艺方面继承和吸收了唐宋两朝的先进技术，还在造型方面赋予其产品游牧民族的特点。从陆续发掘的大批辽墓和一些遗址来看，辽朝制瓷业分布地区广且相当发达，如上京瓷窑虽然规模不大但烧造产品质量很好，是专供契丹贵族的御窑。中京的松山州有一处规模庞大的窑场，陶瓷品种齐全，并以粗白瓷为主，大部分的器物为日常生活用品，除碗、杯、碟、盘、盆、盂、瓮、牛腿瓶外，还有玩具与骰子等，中京附近辽墓出土的瓷器，都是这里烧制的，其产量应当是很高的。辽三彩、鸡冠壶及仿定白瓷等皆为辽瓷器的代表。制瓷业的发达反映了契丹城市社会生活的多元化。

此外，游牧的契丹人长期居于气候寒冷的塞外，大风苦寒，人们为抵寒保暖，习于饮酒，从而推动了酿酒业在辽朝的发展。辽朝统治者在全国设有专门管理酒类生产和税收的机构，直到今日，辽朝上京及中京所在的赤峰地区的酿酒业仍然经久不衰，辽中京故地宁城县还享有"塞外茅台故乡"的美誉。

二、城市新兴产业的出现

辽朝建立后，北方地区的部分汉族人民处于契丹的统治之下，他们与以契丹族为主的少数民族人民的融合相处，给城市发展注入了新的活力。这些汉族人民将中原先进的生产技术带入契丹人的生活中，并且给城市新兴产业的出现提供了劳动

---

① 脱脱等：《辽史》卷六十《食货志下》，中华书局，1974年，第930—931页。
② 脱脱等：《辽史》卷六十《食货志下》，中华书局，1974年，第931页。
③ 脱脱等：《辽史》卷三十二《营卫志中》，中华书局，1974年，第373页。
④ 太平老人：《袖中锦》，中华书局，1985年，第1页。

力，纺织业、制盐业、造车造船业等原本契丹游牧民并不熟悉和擅长的产业在辽朝建立后都得了很好的发展。

契丹人长期逐水草而居，辽太祖耶律阿保机时，由于俘掠了大批汉人，引入了纺织技术，契丹始有纺织业。辽太宗耶律德光占领燕云之地以后，随着农业的发展，许多精于纺织技艺的人才纷纷流入契丹腹地，加强了纺织技术的传播，辽朝的纺织业也在唐、五代的基础上得到改进和发展，并且取得了很大成就。辽在五京地区都设有绫锦院专门生产丝绸：辽上京置有绩锦院和绞锦诸，后晋同州部阳县令胡峤曾言："交易无钱而用布。有绫锦诸工作……中国人，而并、汾、幽、蓟之人尤多。"① 这说明当时从事纺织业生产的主要为汉人织工，不仅生产有布匹，而且规模较大。上京道地区的祖州，其绫锦院共有织工300多人，既有汉人也有契丹与渤海人。中京的白川州，"地桑柘，民知织纴之利……多书白川州税户所输云"②，说明其丝织产品拥有很好的质量。东京道的灵州、显州、锦州与霸州也是丝绸的产地，其丝绸有"太后丝蚕户"③ 的美誉。至于南京道地区更是纺织业最发达的地区，所谓"锦绣组绮，精绝天下"，"水甘土厚，人多技艺"④，所生产的纺织品还受到北宋统治者的称赞与喜爱，可见南京道地区的纺织水平之高。

当然，京城的绫锦院都归宫廷所有，其纺织生产主要是为了满足宫廷、贵族和官僚们的生活需要，除此之外，其产品也被用于对外赠送或赐予，主要品种有朝霞锦、绮罗绞、云霞锦、细锦、匹锦等等，各邻国及各民族与辽在商业贸易上的往来又丰富和扩充了辽朝丝织品的种类。随着契丹织造水平的提高，与之发展相关的印染业也发展迅速，南京与中京等地均设有染院，还置有使提点院事管理印染等相关事务，辽人也已掌握了"夹缬"与"蜡缬"法，掌握了染出各种花纹的印染技术。辽朝的纺织业，当归功于引进了汉族的纺织技术，也是民族融合和文化交流的结果，虽然它在辽朝并不像在中原王朝那样普遍存在，但其产品的质量和工艺水平都达到了一定的高度。而不为契丹人所长的纺织技术，也开始在民间流行起来，极大地丰富了辽朝城市的社会生活，也使得人民的服饰穿着有所改善。

盐业也是辽朝建立后逐渐发展起来的一项新兴产业，并成为增加辽朝经济收入的国家支柱性产业，其重要地位可见一斑。丰富的盐业资源是盐业发展的基础，早在辽朝建立之前，契丹腹心地区的池盐储量极丰，人畜多食用之；到渤海与幽云地区都并入辽朝版图后，契丹政权开始获得河间煮海造盐的利益，在香河县设置榷盐院。其时辽朝的产盐地有镇城、渤海、海阳、阳洛城、丰州、广济湖等⑤，海盐的出现极大地丰富了辽朝的盐业资源。随着采盐业的发展，辽朝境内的食盐资源不仅足以供应域内，还经常被销往外邦。由于盐业的繁荣兴盛，辽朝政府对盐业的管理

---

① 欧阳修：《新五代史》卷七十三《四夷附录第二》，中华书局，1974年，第906页。
② 曾公亮等：《武经总要》卷十六下《戎秋旧地》，文渊阁《四库全书》本。
③ 江少虞：《宋朝事实类苑》卷七十七《安边御寇·契丹》，上海古籍出版社，1981年，第1013页。
④ 叶隆礼：《契丹国志》卷二十二《四京本末》，上海古籍出版社，1985年，第217页。
⑤ 脱脱等：《辽史》卷六十《食货志下》，中华书局，1974年，第930页。

极为重视，朝廷在地方设有五京计司等专门机构管理盐务，将盐务收归国有不仅是出于统治的需要，也是因其本身具有极大的经济利益。辽朝盐业的发展不仅使北方地区的池盐、海盐得到开发，满足了城市居民日常的生活所需，也增加了政府的财政收入。

在辽朝货币经济发展的刺激下，随着中原钱币的大量流入，仿中原而制钱的铸币业开始出现并成为辽朝的一大新兴产业。辽之铸币业应该是从太祖耶律阿保机时代开始的，我们今天所知的辽朝最古钱币即是辽太祖耶律阿保机时所铸的"天赞通宝"。辽太宗时开始设立专门机构来管理铁冶和铸币等工作，不过到这时为止，契丹的铸钱数量仍然很少，所铸钱币还没有在市场上普遍流通。随着采矿业的发展和契丹社会封建经济制度的确立，到圣宗时，辽朝铸币业有了新的发展，钱币至此才开始在市场上大量流通。辽朝历代都实行年号钱制，即在统治者即位或改元时铸造新货币，如辽道宗时期就有咸雍、大康、大安、寿隆四类货币，都因道宗改元而易名。辽朝的货币铸造由朝廷统一设官管理，铸币业全都由官营手工业掌握，严禁私铸货币和货币外流。太宗时"置五冶太师，以总四方钱铁"，景宗时"以旧钱不足于用，始铸乾亨新钱"[1]，并"置铸钱院，年额五百贯"[2]。此后，长春州、辽西、平州、蔚州等地都置有钱帛司，以都监或提点掌管司事。这说明辽朝已建立起货币经济体系，极大地推动了其商贸的繁荣。

大车是游牧民不可缺少的交通工具，辽朝建立之初，契丹人从善造车的属部黑车子室韦人那里学习造车技术，并随后设立车子院，且设监管理，其所造之大车、毡车一般被用来载物，小车被用以搭载妇女老幼，富贵人家的车还会加以修饰，访辽的宋朝使臣因年老或者有疾病不能乘骑者也可以乘车往返，可见辽朝造车的技术和规模已达到很高的水平。除造车业以外，辽朝的制船业也发展起来，韩绍孚、刘可度等曾以商税曲铁都监和权盐使的身份提点监造舟船，使辽朝造船技术水平有所提升。车船业等新兴产业的出现为市民生活和同友国交流提供了基本的交通工具，在促进国内外贸易往来和民族间经济文化交流方面具有重要意义。

第二节　城市商业的繁荣

在统一国家政权的推动下，辽朝城市的经济职能日益显现，随着手工业的发展壮大，城市商业出现兴盛景象，其内容主要包括国内贸易和对外贸易。国内外贸易的繁荣促进了辽朝城市货币经济体系的建立。

---

[1] 脱脱等：《辽史》卷六十《食货志下》，中华书局，1974年，第931页。
[2] 洪遵：《泉志》卷十一《外国品中》，中华书局，1985年，第54页。

一、国内贸易的繁荣与城市的发展

辽朝国内商业的繁荣首先表现在大量城镇的出现。由于大量人口的聚集，为了满足居民日常的生活与生产需要，城市中逐渐形成了大大小小的市镇，刺激了商品交换与贸易的出现和发展，因此城镇的出现是商业发展的基础和催化剂。随着辽朝统治地域内商品交换的频繁，到辽圣宗、兴宗时期形成了一个由各道京府、府、州、县城构成的全国商业网络。

五京是辽朝最为重要的商业都市，它们不仅是各道的经济腹心，也是连接各地区商业的贸易中心。上京城和中京城是北方草原上的重要商业城市，其商业的发展使我国北方草原经济出现了一次质的飞跃，同时也提高了游牧民的生活水平，上京汉城内回鹘营的设置，更是反映了上京商贸活动的繁盛；辽东京城内还分设有晨市和夕市（南北两市）；而南京析津府则在五京中尤为富庶繁华，市场上的商品应有尽有，百物聚于其中。除都城外，一些物产富饶的州县的商业贸易也呈现出繁荣景象，如上京的祖州"东南横街，四隅有楼对峙，下连市肆"[1]；东京的辰州"井邑骈列，最为冲会"[2]；中京的松山县"边松漠，商贾会冲"[3]；西京的奉圣州望云县有"井肆"[4]。在上京和中京的带动下，草原上的头下州城中也出现了一些商贸市镇，这些城市中，城市经济往往与畜牧经济并存，牧民生活因此得到了改善。出于军事考虑而建的辽朝边防城中，也有商品交换的需要，其城镇商贸的发展，极大地密切了辽朝边疆地区与五京之间的经济联系，将中原地区和北方草原地区连接起来，在契丹少数民族的统治之下形成了农牧文明相交叉的商业网。

商税的征收也是辽朝境内商业繁荣的表现之一。对商业管理的重视反映出辽朝统治阶级注意利用发展商业来增加国家税收的目的。辽在上京、中京和南京都设有商税院，并设都监、点检及判官等官职主持征收商税、进行市场管理。在东京和西京也设有转运使管理商贸事宜。各个州县根据不同情况亦设有商曲院、钱帛司、盐铁司等机构。开泰元年（1012）十二月，龙化、仪坤、贵德、双、辽、同、祖七州开始陆续征商税。此外，辽朝在重要关隘和路口也设有征商税机构，部分地方还驻有征商税的都监与知商税事。关于辽朝商税的数目，记载详细的有重熙年间"燕京出钱三百余万"[5]。除了设置管理商业贸易的官职外，辽朝统治者还对商业的发展进行调控，统和十九年（1001）辽圣宗就曾一度降低关市税率。[6]

辽朝城市商业的主要服务对象是官僚和贵族，其次为一般居民。同中原王朝传

---

[1] 脱脱等：《辽史》卷三十七《地理志一》，中华书局，1974年，第442页。
[2] 脱脱等：《辽史》卷三十八《地理志二》，中华书局，1974年，第460页。
[3] 脱脱等：《辽史》卷三十九《地理志三》，中华书局，1974年，第485页。
[4] 脱脱等：《辽史》卷四十一《地理志五》，中华书局，1974年，第510页。
[5] 江少虞：《宋朝事实类苑》卷七十七《安边御寇·契丹》，上海古籍出版社，1981年，第1014页。
[6] 脱脱等：《辽史》卷十四《圣宗纪五》，中华书局，1974年，第157页。

统的商业政策一样，辽政府渗入国家经济生活的方方面面，许多商业性的生产、运输和消费都直接由政府控制，而这种控制更倾向于对城市商业进行调控，政府并没有直接参与生产和贸易，这就使得"大量的粮食、牛和纺织品都通过税收或贡赋的渠道或又以俸禄、赠赐或赈济的形式不用进入国家贸易领域就可以从生产者手中进入消费者手中"①。因此，在以游牧为主的草原地区，辽朝境内的商业贸易是相对繁荣的，但它还没有脱离政府的管制而成为独立发展的行业，即使是在境内商品经济最为发达的燕云地区，商业的地位也次于农业与手工业，并且商人的社会地位比较低下，这点从辽朝官修史籍中很少记载经商之人便可以看出。辽朝政府不仅对那些商人进行监督，还于1105年颁布了禁止商人家族成员参加科举考试的法令。

二、对外贸易的发展

辽朝建立之初，契丹政权的对外贸易就相当广泛和活跃。相较于国内的商业贸易，辽朝大量的边境对外贸易则很少受到政府的干预。这些对外贸易使辽与五代十国、北宋、波斯、大食、高丽、日本及西夏等国保持着商贸往来。

辽朝建立之初与五代十国中的许多割据政权都维持着商业的往来，与后梁、后唐、后汉和后周等政权的商贸往来的基本形式之一为互通贡使，即双方通过互派使臣进行对外商贸活动，其中尤以同吴越与南唐政权间的贡使贸易最为频繁，在双方的互聘使团中通常都伴有规模浩大的商贸团体。与五代十国之间的经济交流促进了辽初境内外的互通有无。

同北宋的商贸往来是辽朝对外交流的主体。北宋初期，宋朝曾允许边境商民与辽朝市易，但并未设官职进行管理。太平兴国二年（977），辽与北宋开始在沿边各地设立榷场，北宋开设了镇、雄、沧、静戎军等多处榷场，并置常参官和内侍共同管理沿边榷场，以便与辽互通市易。后来受到两国政治关系不稳定的影响，榷场时开时禁。直到1004年"澶渊之盟"的签订，辽宋双方间的贸易往来才逐渐恢复正常，北宋还在所设榷场设官"平互市物价，稍优其直予之"②，交易规模不断扩大。辽向北宋输出的多为羊、驼、布及皮毛等畜牧产品，宋则以茶叶、瓷器、缯帛、漆器、书籍等物品进行交换。在互易的产品中，辽朝对中原地区的丝绸最为渴望，统治者甚至同意用皮毛和活羊去交换南方的丝织品。虽然辽宋双方都鼓励互市，但也会限制部分商品的出入，如北宋不允许铁、铜、矾、米、私茶和《九经》以外的刊印书籍出境，并严禁宋盐私自贩入河北地区；辽也不允许将马匹、牝羊和粮食输入北宋。然而两国沿边的民间走私贸易活动在榷场之外难以禁绝，民间私自开展的贸易逐渐普遍与频繁。对辽而言，北宋刊印的书籍与文人诗赋的不断流入大大推动了

---

① ［美］魏特夫、冯家升著，王波然译：《辽朝商业研究》，《辽宁师范大学学报》，2005年第28卷第2期。

② 嵇璜：《续通典》卷十六《食货·互市》，文渊阁《四库全书》本。

契丹民族的汉化与文明的进程；辽朝私盐的大量涌入则冲击了北宋河北地区的食盐专卖制度。无论如何，辽与北宋的边境榷场是辽开展对外贸易中的最主要的市场，它既满足了辽朝统治者对中原奢侈消费品的需求，又加强了辽与北宋之间的联系与沟通，并将辽宋双方的对外商贸经济联为密不可分的一体。

除了五代十国、宋等政权，辽朝还把对外贸易范围向西扩展到中亚的波斯和大食，两国通过丝绸之路到达辽境的商队大多为民间团体，以自发为主；与高丽、日本及新罗等国的贸易也是随着贡使关系的建立而出现的；至于与西夏的商贸往来，主要通过互市和朝贡两种形式进行，辽在振武军与宁江州等边地开设互市，西夏向辽主要输出马、驼、毛织品、珠、玉、犀、乳香、琥珀和药材等，辽则以弓箭、鞍马、丝织品等物进行交换，但是铜、铁等物品是严禁向西夏输出的。这些国家在当时都有着比较发达的政治、经济、文化，契丹与之通使交贸，其意义是十分重大的。

辽政权建立之前，契丹社会中的商品交换活动是将人们在日常生活中所共需的羊马、布帛视为一般等价物，它们所具有的这种特殊的使用价值是在生产力水平低下的契丹时期自然而然产生的。辽朝建立后，随着各地商品市场的出现和发展壮大，在契丹帝国的南部便出现了一个高度发展的货币经济区域，而来自中原的汉人源源不断地涌入契丹本土内，无意识地充当了契丹以物易物模式向中原货币经济体系模式过渡的媒介。金银和铜币作为商品交换中的一般等价物，普遍地被应用于当时的计价手段和支付手段，金银和铸币作为财富的象征也逐渐为契丹社会所接受。为了适应货币经济发展的需要，辽朝政府还自行铸币并发行年号钱。这些金属钱币与先前充当一般等价物的物品共同存在于城市商品交易之中，是辽朝城市货币经济体系确立的标志。辽朝城市的货币经济体系是羊马、布帛等实物货币与金属铸币两种货币并存的经济模式，并且随着契丹社会的封建化，金属铸币开始替代实物货币，逐渐成为契丹的货币主体，但是契丹部落内仍然普遍存在着以货易货的现象，羊马、布帛，特别是丝绸等实物货币仍然被作为一般等价物，是可以替代钱币的。

辽朝工商业的兴盛和繁荣是相对契丹本民族薄弱的工商业基础而言的，相对于中原王朝的工商业来说，其发展程度是远远不能企及的，但是宋辽之间的和平相处与来往贸易以及辽与其他周边国家间的商贸交流，确实起到了丰富辽朝境内城市商品、促进城市工商业发展的作用，可以说辽朝境内的城市经济生产内容在一定程度上是比较丰富的。

第三节　城市市场结构与体系的变化

辽朝时已出现"市场"一词，但多用"市"。所谓"市场"通常是指买卖双方进行商品交换的场所，市场结构与体系则是指区域内各类市场组成的有机联系的整体。辽朝境内的市场结构与体系在特殊的社会环境与历史时期的作用下，呈现出极为复杂的特征。由于辽朝境内畜牧区与农耕区相互交错,众多经济发展水平不一、从事不同生产的北方游牧民族和南方农耕民族在辽朝"因俗而治"的国策下共同生活,导致辽朝境内市场出现多种经济结构并存的局面,从而使从事商品交换的市场因不同民族呈现出复杂的多样性;同时,辽与处于对峙状态的北宋王朝长期保持着商贸交流,与高丽、西夏以及中亚地区之间又有贸易往来,边境市场也因不同的交换形式呈现出多样性的特征。在这样特殊的社会经济背景下,辽朝境内形成了由具有游牧部落性质的行市、城镇区域性市场与边境专门性市场组成的市场结构与体系。

一、具有游牧部落性质的行市

辽朝境内的行市是为了满足辽朝统治者和庞大官僚贵族群体的消费需求而存在的。尽管辽朝历代皇帝在中原汉族文明的影响下不断被汉化,在治国方面也采纳了许多中原制度,但辽朝的统治者依旧保持着契丹人传统的游牧生活习惯,他们并不像中原王朝的皇帝那样长期身居皇宫进行政治经济文化娱乐等活动,而是一年四季不定点的进行四时捺钵,以游动的捺钵为中心处理国家政务、从事游猎活动。捺钵即契丹皇帝临时的行营,而在行营附近形成的市场则被称为"行市"。行市主要包括以辽朝统治者和皇亲贵族为消费群体的行营市场和以南北宰相府官僚集团为消费群体的南北宰相府市场。皇帝行营的游动性决定了行市的游牧部落性质。

《辽史》中有多条关于行营市场情况的记载,如应历十八年(968)正月己亥,穆宗在市场上赏灯,用一百两银子买酒,并命令群臣也买酒,畅饮三天;[①] 统和初年,辽圣宗命令官府晓谕各个行宫,布帛短窄不合尺度的,不能在市场上出售;开泰八年(1019)秋七月庚午,圣宗观察市集情况,特别赦免了市中被拘禁的囚犯等。[②] 此外,北宋使臣沈括于宋神宗熙宁八年(1075)出使辽朝期间,对辽道宗耶律洪基在犊儿山夏捺钵时其地的行营市场进行了描述:"过犊儿北十余里,曰市场,小民之为市者,以车从之于山间。"[③] 根据以上记载,可以看出跟随辽朝皇帝进行一年四时捺钵的贵族群体极为庞大,除皇帝的后妃、皇子、公主以及保护皇帝生命安全的护卫军之外,契丹族大小内外臣僚、轮值供役人员及汉族宣徽院所管各机构都要跟随皇帝行营,以辅佐皇帝办理全国事务、商议国事。同时,陪伴皇帝从事游猎活动的四帐皇族、遥辇九帐族和大国舅司所管五国舅帐族及其妻属也在捺钵行营群体之中。为了满足外出捺钵时庞大群体的日常消费需求,辽朝统治者在行营附近设置了市场。当然,活动于此类市场中的人不仅有以上所提的皇亲贵族,还有自愿跟随皇帝捺钵从事商业贸易的普通百姓,他们是行营市场中的"卖方"主体。通常

[①] 脱脱等:《辽史》卷七《穆宗纪下》,中华书局,1974年,第85页。
[②] 脱脱等:《辽史》卷十六《圣宗纪七》,中华书局,1974年,第186页。
[③] 沈括:《〈熙宁使契丹图抄〉疏证稿》,转引自贾敬颜:《五代宋金元人边疆行记十三种疏证稿》,中华书局,2004年,第169页。

情况下，辽朝统治者并不亲自过问行营市场的情况，一般设官吏管理行营市场的相关事宜，置巡检使和巡检都监维护市场交易秩序。但皇帝偶尔会乘兴微服私访视察市场，如辽兴宗耶律宗真就数次微服进入行营市场中察看市场交易情况。因行营市场是为以辽朝皇帝为核心的贵族群体服务的，所以市场上的商品种类极为丰富，除布、帛、绢、米、酒等衣食物品外，还有生火御寒用的薪炭、治病疗伤的药品等。此外，由于皇帝捺钵的地点通常远离都城，故车成为市场中从事商贸活动的代步工具，这是辽朝行营市场的一大特色。同时，为了满足统治阶级精神文化娱乐的需要，辽朝统治者还会于上元节在行营市场中举办灯会，供行营人员游市赏灯，十分热闹。

行市的另一大构成部分则是南北宰相府市场。辽朝建立后，继续按契丹族原有的统治方法将游牧部落分为南北两翼，并分别由南北宰相府统领。南北宰相府共下辖44个游牧部落，作为中央官署，南北宰相府与契丹皇帝一起进行四时捺钵。为满足以南北宰相府为核心的官僚集团的消费需求，辽朝统治阶级在南北宰相府附近也设立了从事商品交易的场所，此类市场不仅丰富了南北宰相府捺钵时的日常生活，还加强了各游牧部族之间的互通有无与交流联系。但是，由于契丹皇权的不断强化，各个部族的政治势力逐渐削弱，经济势力也随之衰退，导致各部族对市场的需求和购买力也逐步减弱，因而与行营市场的热闹相比，南北宰相府市场则较冷清，甚至出现统治阶级利用行政手段繁荣市场的情况。如《辽史》中记载，辽圣宗统和初"诏以南、北府市场人少，宜率当部车百乘赴集"[①]，以鼓励商贸发展。

辽朝二百余年间，行营市场和南北宰相府市场都随契丹皇帝四时捺钵而一直存在，它们共同构成了具有典型游牧部落性质的行市，其游动的特性不仅有别于以五京为中心的城镇区域性市场，而且还丰富了辽朝的市场结构与体系，是中原王朝城市经济体系中所没有的内容。

二、城镇区域性市场的发展

辽朝建立后，统治者在北方草原上仿中原制度建立起了为数众多的大小城镇，随着幽云十六州的并入，其城镇数量增多，规模得以扩大。为了满足城镇居民日常的生产生活需要，辽朝统治者在这些城镇中开设了市场，此类城镇市场多依中原之制，相较于行市的游动性，它具有很强的固定性，是辽朝市场体系中数量最多、规模最大的市场。

由于"在农业时代，决定中国城市发展的首要因素是城市在封建政权中的政治地位……政治行政功能为城市的主要功能"[②]，是推动城市经济发展的主要动力，

---

① 脱脱等：《辽史》卷六十《食货志下》，中华书局，1974年，第929页。
② 何一民：《从政治中心优先发展到经济中心优先发展——农业时代到工业时代中国城市发展动力机制的转变》，《西南民族大学学报》，2004年第1期。

因此城镇中的市肆一般都设在城镇的行政机构所在地。虽然五京不是整个王朝的政治中心,但确为各京道地区的政治经济中心,其城镇和人口的规模在全国来说都处于最高水平,在区域政治中心功能的作用下逐渐形成了以五京为中心、周围附有众多府州县的城镇区域性市场。

辽初草原上最重要的区域性市场在上京城,上京不仅是辽朝前期对外贸易的中心,还是辽境内的商贸中心和物资集散地。上京城的商业区分布在汉城,城内市场的商贸十分繁荣,并有回鹘等外邦商人往来于市,但是市场上用布以物易物的现象表明辽朝初期城市商品经济的发展还处于较低水平。到辽朝中后期,随着中京城的最终建成,中京成为北方草原上又一重要的区域性市场。其城仿北宋开封而建,城内除有宫掖、郛郭、楼阁、府库等建筑物外,还有供人们进行商品贸易的市肆及廊庑,市内还有可观看市场交易的市楼。这样,辽上京与中京及其辐射范围内的府州县城镇共同构成了契丹北方草原腹心地区的区域性市场。东京城是辽朝又一重要区域性商品集散中心,其城"外城谓之汉城,分南北市,中为看楼;晨集南市,夕集北市"①,不仅有南北两个市集,还分早晚两个时间段开放,其中看楼是用来观看市场交易情况的场所,这说明东京区域市场的商业是相当繁荣的。南京析津府有着辽朝境内商品经济最发达的区域性市场,它本是唐朝的北方重镇幽州,自唐末五代以来已经成为中原政权设在北方的最重要的边镇城市。被并入辽朝版图后,都城地位的确立进一步强化了其甲于一方的区域经济中心地位和作用,成为辽朝南部地区的政治、经济、文化中心。其城有三十万户,市集位于城内北部,"陆海百货,聚于其中;……锦绣组绮,精绝天下"②,俨然一派商业大都会的气象,是典型的中原城镇市场。

在京都区域性市场的辐射和带动下,以都城为中心,辽朝的一般州县也设有市场,如上京道的祖州,内城东南是横街,四角有楼阁相峙,楼下与市场店铺相连③;西京道的奉圣州望云县城中也有井肆④;南京道的檀州市集"穷谷回看尽,孤城平望遥。市声衙日集,海盖午时消"⑤。这些州县的市场规模大小不等,大部分市场只在固定的时间开放,仍为初级形式,但作为普通百姓日常消费的场所,一般州县的市场在辽朝仍有一定程度的发展。辽朝境内的州县市场与五京市场共同构成辽朝市场体系中的城镇区域性市场。

三、边境专门性市场的建立

辽朝的边境专门性市场是随着其与北宋和周边属国部之间的经济贸易关系的建

---

① 脱脱等:《辽史》卷三十八《地理志二》,中华书局,1974年,第456页。
② 叶隆礼:《契丹国志》卷二十二《四京本末》,上海古籍出版社,1985年,第217页。
③ 脱脱等:《辽史》卷三十七《地理志一》,中华书局,1974年,第442页。
④ 脱脱等:《辽史》卷四十一《地理志五》,中华书局,1974年,第510页。
⑤ 刘敞:《公是集》(中)卷十九《五言律诗》,商务印书馆,1937年,第214页。

立而逐步形成的，是出于进行对外贸易的一种需要。在辽的在边境地带形成了进行专门交易的市场体系，主要包括与北宋进行边境贸易的榷场和与属国部进行交易的市场。

同北宋进行边境贸易的榷场的市场交易情况在前面有关对外贸易的论述中已有所涉及，此不赘述。无论是辽朝还是北宋所设榷场都受到政府的严格控制，并且地点固定，形成辽朝边境地区第一类专门性市场。这类市场对于改善契丹游牧民族单一的经济结构、丰富牧民生活、联系沟通中原地区起着重要作用。

辽朝边境地区的第二类专门性市场是辽与各属国部进行交易的市场，这类市场是随着朝贡贸易的往来而形成的。这种贸易活动通常定期在京城或辽朝边境地带进行，并以边境地区为主要交换场所。辽朝属国见于记载的有 59 个，没有固定的朝贡时间，大多数属国，如西夏、高丽、高昌等都与辽朝通过朝贡的形式进行贸易，以达到双方之间互通有无的目的，并维持稳定的朝贡关系。辽与属国进行的互市，一般都没有固定的地点，市场随朝贡的结束而消逝。但在辽朝的部分城市中也设有与属国商人进行贸易的固定场所，如上京城内就置有专门的回鹘营，为属国商人和信使提供经商和休息的馆舍，促进了辽与属国间的贸易往来。此外，辽朝还有乌古部、回跋部、隗古部等十属部，由于它们不能独立成国，故而附属于辽，各有按时向辽朝进贡的义务，辽便与这些属部产生了贸易往来。辽与各属部进行交易的市场，除例行的朝贡贸易之外，一般都在其与属部的交界地带定期设市，各属部通常以土特产与辽进行交易，以此加强与辽的交流和联系。此类具有朝贡性质的市场与榷场也是辽朝边境地区的专门性市场的组成部分。

辽朝处于中国历史上第二次大分裂的特殊时期，特殊的历史环境和兼跨农牧之地的自然地理环境赋予契丹以行国统权的特征。这种政权主导下的城市经济形式具有多元化的特征，其城市市场结构与体系也呈现出多样性的特征。无论是颇具游牧民族特点的行市，还是具有定居农耕民族特色的城镇集市，抑或是具有专门性的榷场和边境市集，它们的形成与建立都离不开政治的作用。这一点尤其在辽与北宋间的贸易市场中表现得非常明显，两者边境地带的榷场就是由政府控制的典型市场，其设置也随着双方政治关系的敌我变化而变化。因此可以说，不断汉化和城市化的契丹少数民族的政权仍然对城市经济起着主导作用。

第四章 辽朝城市人口与社会生活的变迁

在辽朝辽阔的疆域内，分布着契丹、汉、渤海、奚及女真等民族的人口。各区域间人口的分布极不平衡，以五京为中心的南部区域，集中了绝大部分人口，而其他区域则地广人稀。与其他中央专制集权王朝一样，辽朝也执行不平等的民族政策，不过，其对各民族因俗而治的政策则颇具创造性，这对于民族间的正常交往和融合是有利的。各族人民共同生活在城市中，他们之间的互动、交流与联系促进了辽朝城市物质生活与精神生活的丰富与发展。

第一节 人口变动与分布

关于辽朝人口的研究也是一大难题。由于辽朝留下的关于人口的文字记载相当有限，《辽史》中的户口记载又有很多缺失，正如陈述先生所说："二百多年，牧区农区，均无人口统计。地理志仅著户数，中京道除三韩县一县而外，户数也没有记载，所以大辽人口，只能估量不能计算。"[①] 并且在契丹政权统治下的一些处于游牧生活状态的部族本来就没有条件进行经常性的户口登记，这些都给辽朝人口问题的研究带来了巨大的挑战。从目前的研究现状来看，研究者主要运用蠡测和分析的方法对辽朝人口数量进行推测和考证，如魏特夫和冯家升根据《辽史·地理志》所记的五京户数，大致测定了各族人口的地理分布状况：按每户2丁及每户5口的标准推算，辽朝计有丁152万，户76万，口380万[②]；赵文林和谢淑君运用数学方法进行演算，认为在辽朝鼎盛时期共有530万人口[③]；葛剑雄先生综合了《辽史·地理志》与《金史·地理志》中的记载，并参考魏特夫和冯家升的考证数据，认为辽朝人口大约计为470万人[④]；吴松弟先生依据丁数，推测出天祚帝初期（12世纪

---

① 陈述：《契丹社会经济史稿》，生活·读书·新知三联书店，1963年，第54页。
② [美]魏特夫、冯家升：《中国辽代社会史（公元907—1125年）》，纽约麦克米伦出版公司，1949年，第58页。
③ 赵文林、谢淑君：《中国人口史》，人民出版社，1988年，第253页。
④ 葛剑雄：《中国人口发展史》，福建人民出版社，1991年，第194页。

初）为辽朝人口的鼎盛时期，其人口约计 140 万户、900 万人。[1] 这些研究结论的数据从近 400 万到近千万不等，相差甚大，反映出辽朝人口研究的复杂性和困难度，辽朝人口的总数量迄今仍是一个历史谜团。由于本章主要关注城市人口与辽朝城市和社会发展的关系问题，因此不对具体的人口数量做深入的探讨和推算，而重点探讨城市人口的变化与流动所引起的契丹社会的城市化和契丹文明的汉化。

一、辽初人口及其构成

辽朝建立之前契丹民族的人口增长并不迅速，见于记载的人口数字多为兵员或战争中的俘获之数，如北齐天保四年（553），北齐大举击契丹，"虏获十万余口"[2]；唐朝前期"其君大贺氏，有胜兵四万"[3]。大规模的武装冲突给契丹人口造成重大损失，战争无疑是抑制早期契丹人口增长的重要因素，大部分时期契丹人口数量徘徊在数万人至十多万人之间。直至唐朝后期，由于中原地区长期为战乱所困，契丹族获得了相对安定的发展机会，再加上"藩镇骄横，互相并吞邻藩，燕人军士多亡归契丹"[4]，不仅契丹的人口有所增长，其军事力量也得到加强。太祖耶律阿保机建立辽朝后，"尝以户口滋繁，纠辖疏远，分迭剌部为二部"[5]，尤其在开疆拓土的对外征服战争中，被征服民族的人口迅速被辽朝纳入其统治范围，使得契丹人口在建国初期始终处于稳定增长阶段。这种人口的增长主要表现为奴隶人口的迅速增加。虽然在贫富分化过程中，契丹内部的奴隶制度有所发展，但奴隶主和奴隶的数量却都比较有限，并不占人口中的多数，真正占多数的仍是部落的平民。耶律阿保机即皇位前后所进行的军事掠夺战争大大扩大了奴隶的基数，俘获异族人口成为战争的主要内容，这也使得辽朝初期人口数量得以增加。但这些被征服的民族和部族的人口并非全都沦为契丹族的奴隶。契丹统治者为了巩固统治基础，对他们中的上层人员采取了适当的拉拢联合手段，并尽量维护了他们原有的社会身份、地位，对奚、汉、渤海等人口众多的民族的主体部分也尽量保留了他们原有的社会制度，这都使得辽初人口的社会构成十分复杂。大体来说，辽初不仅有奴隶主、地主，还有奴隶、农奴甚至佃农，又有大量具有平民身份的农民和牧民。在辽朝政权政治势力所及的范围内，各阶级共同构成了辽朝人口发展的基础。

---

[1] 葛剑雄主编，吴松弟著：《中国人口史》第三卷《辽宋金元时期》，复旦大学出版社，2000 年，第 197 页。
[2] 李百药：《北齐书》卷四《文宣帝纪》，清乾隆武英殿刻本。
[3] 欧阳修等：《新唐书》卷二百一十九《契丹列传》，中华书局，1975 年，第 6167 页。
[4] 叶隆礼：《契丹国志》卷一《太祖大圣皇帝》，上海古籍出版社，1985 年，第 2 页。
[5] 脱脱等：《辽史》卷五十九《食货志上》，中华书局，1974 年，第 924 页。

二、人口的增长和流动

辽朝人口的发展呈现出明显的阶段性增长,在这一过程中,前期的机械增长较为明显,而中期以后则以自然增长为主。辽太宗和辽圣宗时期是辽朝人口增长的主要时期,其他时期人口则处在不太明显的变动状态。

太宗时期是辽朝人口增长的第一个高峰期,其人口增长的最明显特点是机械增长远远大于自然增长。这种机械增长也是契丹统治者开疆扩土巩固统治的必然结果,其主要原因为大规模的掠夺战争和幽云十六州的吞并。辽太宗时期是继辽太祖时期之后掠夺人口最盛的时期,不断的征战使俘获人口成为人口增长的一大来源,尤其是在大举进攻灭后晋的战役中,由于"不禁胡骑剽掠",导致汴洛各地"村落皆空",城邑丘墟,至北返之时,"发大梁,晋文武诸司从者数千人,诸军吏卒又数千人,宫女、宦官数百人,尽载府库之实以行,所留乐器仪仗而已"[1],所掠人口之多可想而知。其后随着对幽云地区的占有,幽云地区的原有居民也成为辽朝统治下的人口。关于幽云地区原有居民的具体数量,史无明载,据《辽史·地理志》统计,南京析津府所辖州县户口计 247000 户,西京大同府辖 161000 户,共计 408000 户;又《辽史·兵卫志》记载,南京道辖 566000 丁,西京道辖 322700 丁,总计 888700 丁。但这两组数据应都是辽晚期的户籍数,不能反映太宗时期幽云地区的人口数量。不过毫无疑问,幽云地区的并入使得辽朝人口基数激增,以汉人居民为主的幽云一带是辽朝统治范围内人口最为稠密的区域。

圣宗时期是辽朝人口增长的第二个高峰期,战事的减少为此一时期辽朝境内人口的增长提供了一个相对比较安定的社会环境。与太宗时期人口的机械增长不同,这一时期的人口增长主要表现为自然增长。尤其是通过"澶渊之盟"与宋讲和后,辽朝每年可从宋朝获得大量的岁币,国家财政收入的增加多多少少减轻了朝廷对人民的剥削,使得各地居民在一定程度和时间范围内能够安居乐业,繁衍后代。更为重要的是,圣宗时的社会改革和对生产关系的调整,特别是对辽朝部落组织的调整,为人口的增长提供了直接的动力。辽圣宗针对许多部族"户口蕃息"的现象,对部族进行了大规模调整,"以旧部族置者十六,增置十八"[2],将辽朝直接控制的部族整编为 34 部。在部族人口增长的同时,州县人口和宫卫、头下人口也同样获得了较快的增长。圣宗又采取增置州县的办法安置蕃息的人口,如统和二十五年(1007),辽圣宗在"故奚王牙帐地"的基础之上修建中京大定府,并"实以汉户"[3],"徙辽东豪右以实中京"[4],随后又置 12 州、18 县以安置外地移民。这不仅刺激了辽朝人口的增长,还促进了辽朝城市的建设和发展。

---

[1] 司马光:《资治通鉴》卷二百八十六《后汉纪一》,《四部丛刊》影宋刻本。
[2] 脱脱等:《辽史》卷三十三《营卫志下》,中华书局,1974 年,第 392 页。
[3] 脱脱等:《辽史》卷三十九《地理志三》,中华书局,1974 年,第 481—482 页。
[4] 脱脱等:《辽史》卷一百零五《大公鼎传》,中华书局,1974 年,第 1459 页。

上述人口的增长情况初步反映了辽朝人口的三个流动方向。其一为汉族人口向契丹本土地区的流动，主要体现为受战争所迫的自发性迁移和政府强制性的内聚迁移。辽初，受中原五代的战乱所驱迫，大量汉人流亡到契丹本土地区，其中尤以河北、河东的人口北迁草原地区者居多，同时还有很多汉人军士叛入契丹，耶律阿保机对这些北迁的汉人都施以安抚存恤政策。虽然这种北迁行为是为战争所迫，但的确是汉人自发的一次大规模向草原地区迁移的活动。政府主导下的强制性内聚迁移是辽朝对外军事扩张的结果，表现形式为通过战争掠夺人口并置州县安之，其被动、流动色彩明显。规模较大的强制性内聚迁移主要有三次，上文已提及辽太宗在南下灭晋与吞并幽云之地时俘掠汉人之况，另两次分别发生在太祖与圣宗时期。辽太祖耶律阿保机趁中原混战之际，曾多次对汉族地区发动征服战争；辽圣宗时凭借强大的国力，对北宋发起了多次主动的进攻，在南伐时俘获了众多汉人，如统和四年（986）七月"以宋归命者二百四十人分赐从臣"①。直至"澶渊之盟"签订后，辽宋两国才进入和平发展的时期。与汉人因战乱自发地北迁相比，辽政府的这种强制性内聚迁移情况居多，是汉人由中原地区向契丹本土地区流动的主要原因。

其二为北方少数民族的内徙与南迁，这种内徙与南迁主要是指长城以北的部分少数民族向长城以内的幽云地区流动。同辽政府对汉人的强制性内聚迁移一样，此类流动也主要是辽朝统治者为了更好地经略并监督幽云地区的发展，发挥国家政治权力将草原地区的部分契丹人、渤海人等少数民族百姓安置在这一区域，具有明显的政治、军事色彩。据韩光辉对南京道和西京道的非汉族移民的数量的研究，辽末在两道共设有37个宫卫提辖司（南京和平州共设20个提辖司，西京和奉圣州共驻17个提辖司），按每提辖司管宫卫1500户计，共有5.5万余户、27.5万余人，其中契丹户有2.2万户、11万人，约占五分之二，汉人和其他少数民族在内的蕃汉转户有3.3万户、16.5万人，占五分之三②，说明绝大多数都是从外地迁来的非契丹人口。北宋使臣路振就曾看到南京城内有不少不穿汉族服装的人，"盖杂契丹、渤海妇女耳"③。当然也不应排除被幽云地区的先进农耕文明和经济环境所吸引而迁至的自发性移民，不过这种流动不占主体地位。另外，在渤海国被契丹征服后，渤海人也有向南和向西的迁移。

其三为内地向边疆的开发性流动。此类流动主要出于辽朝边防尤其是西北边防的需要。在朝廷的鼓励下，有不少州县和部落的人口开始向辽边疆地区流动，从事边疆地区的开发性建设工作。当时沿边各置屯田戍兵，易田积谷以给军饷，边防城镇随之出现。虽然这种开发性的流动最初也是出自军事防御目的，但外来人口的迁入不仅促进了边疆地区经济的发展，还促进了边远地区城市的建设。虽由内地向边疆的流动规模一般都很小，但其意义不容忽视。

---

① 脱脱等：《辽史》卷十一《圣宗纪二》，中华书局，1974年，第123页。
② 韩光辉：《辽代中国北方人口的迁移及其社会影响》，《北方文物》，1989年第2期。
③ 路振：《乘轺录》，江少虞：《宋朝事实类苑》卷七十七《安边御寇·契丹》，上海古籍出版社，1981年，第1014页。

此外，也有辽朝境内人口外流的现象，关于引起这类迁移的主要原因，不是五代中原王朝与北宋的策反和军队的俘掠，就是辽朝境内发生了重大的自然灾害或者战乱，迫使人民南下避难。如太宗天显元年（926）十月，卢龙节度使卢文进率所部 10 万人离开平州迁往后唐；圣宗统和四年（986）寰、朔、云、应四州民 78000 余人被宋军迁入北宋境内；圣宗太平九年（1029）辽朝饥民大批流向北宋。以上都是较大的几次人口外流，不过相比而言，这种移民规模要小得多，数量也相对较少，对辽朝的人口数量并无多大影响。

总体上，就人口流动的数量来说，汉族人口向北流动的规模是最大的。经过境内各民族人口的流动迁移，辽朝形成了契丹人、汉人、渤海人等各族人民杂居共处的融合局面，这给辽朝境内人口的空间分布与社会经济文化的发展带来了深远的影响。首先，中原汉族人口的大规模北移和少数民族的部分南迁改变了古代北方地区各民族的空间分布和人口构成，使历史上主要生活着游牧民族的草原地区出现了大批以定居生活为主的汉族人口。大体上说，上京地区以契丹族人为主，多为辽 20 个部族所居；中京地区以移居汉民为主，契丹、奚人次之；西京、南京地区以汉人为主；东京地区则以女真族人为主。不同民族的人口在辽朝"以国制治契丹，以汉制待汉人"的民族政策下共同生活，杂居相处，促进了民族的大融合。其次，人口的迁移和民族的大融合促进了辽朝社会经济的发展和汉族文化的传播。汉民不仅将先进的生产技术带入草原地区，同时还提供了丰富的劳动力，从而促进了北方农业、手工业和商业的发展。在汉文化的冲击下，辽朝也出现了一批受儒家思想熏陶从而在天文、医学、音乐、美术、雕塑、文字、书法等方面取得很大成就的杰出人物。契丹人口素质发生了显著变化，加速了契丹社会形态由奴隶制向封建制的飞跃，表明了汉族作为一个历史悠久、政治经济文化相对先进的民族同化和融合相对落后的其他少数民族的强大能力。正如马克思和恩格斯所言："野蛮的征服者自己总是被那些受他们征服的民族的较高文明所征服，这是历史的永恒规律。"最为重要的是，人口的迁移促进了辽朝城市的形成、建设和扩大。辽朝是历史上我国北方草原地区城市大规模建设的重要时期，草原上的州县城池星罗棋布，其中中京大定府便是一座典型的移民城市，中京道的州县也大都是为了安置来自各地的移民而建置的。除了草原地区，燕云地区的城市规模也得到扩大。由于燕南是汉族人民进入辽境以后的第一站，许多人因而留居于此，如檀州的行唐县，平州的安喜县、望都县和广宁县都是由被从中原俘掠来的人民所建，除广宁县外其他各县均以移民者家乡的县名命名。[①] 城市的增置和建设加速了辽朝社会的城市化与契丹文明的汉化进程。

三、城市人口的分布

辽朝虽然土地广阔，但由于草原地区多为广袤的戈壁荒漠且气候寒冷，每平方

[①] 脱脱等：《辽史》卷四十《地理志四》，中华书局，1974 年，第 493—501 页。

公里的平均人口密度并不高，宋使臣描写奚人居住的某地情况曰："封域虽长编户少，隔山才见两三家。"①辽朝人口主要集中在城市和水草丰美之地，城镇中的人口密度相对较高，主要分布在以五京为中心的南部区域，即辽朝的南京道、西京道、中京道及上京道的东南部与东京道的南部地区。

关于五京地区城市人口的具体户数与丁口数的史料极为不全，由于《辽史》失载甚多，相关研究成果也呈现出很大的差异。如王孝俊博士通过对辽朝五京州县户口的研究，推断出南京道共有 247000 户，下辖 32 县，每县平均有 7718 户；西京道 30 多个有户数记载的县共 161000 户，平均每县 5032 户；上京道有户数的州、军、城、县有 42 个，户数为 89700，各地平均户数约为 2136；东京道户数总计有 102277 户；中京道三韩县有 5000 户，失载户数共有 151288 户。②而张国庆先生估算上京道府、州、军、城的总户数为 123975 户，东京道总户数为 301370.5 户，中京道总户数为 120000 户，南京道总户数为 247000 户，西京道总户数为 207000 户。③可见除了南京道的数据一致，其他的都有较大差异，但是这些数据都在一定程度上反映了辽朝城市人口的分布情况，其中南京道因有得天独厚的地理人文优势，其城市人口密度最大，辽朝人口多分布于此，西京道仅次于南京道；虽然中京道和东京道地区的人口漏计情况最多，但东京道因州县建置最多且原为渤海故地，而中京城及所在地区的州县大多为移民而置，其城市人口数量应该是很可观的；上京道由于受地理环境的限制，且地域广阔，人口相对较少。南京道和西京道的人口密度，从辽政府在这两个地区的政区设置上可窥一斑。辽朝在南京析津府增置漷阴、香河 2 县，于平州增置望都、安喜、广宁 3 县，占了辽末全部 32 个县的 15.6%，其中，平州的辽末县数的七分之三是辽代新设的；西京地区也新建了 5 州 1 军 12 县，大大改变了这一地区自唐后期由农变牧的情况。如果没有当地人口特别是汉族人口的稳定增长，州县的不断增加是不可能实现的。而上京和中京地区的人口大多都是从南京道、西京道和东京道的南部迁入的，当地原本的人口基数小，且地域广阔，尤其是上京道的北部还分布着大量的游牧人口，故城市人口自然较少。生活在城市中的人口除了契丹和汉族贵族、一般宫卫外，大部分居民主要从事着手工业和商业，还有部分寺院的僧尼等。

第二节　城市居民结构与社会关系

在辽朝社会中，居民的社会身份基本上是由其政治经济势力所决定的，居民结构也由此呈现出分明的阶级等级。与此同时，辽朝的民族构成也较为复杂，其中又

---

① 苏颂：《苏魏公文集》卷十三《过新馆罕见居人》，中华书局，1988 年，第 170 页。
② 王孝俊：《辽代人口研究》，郑州大学 2007 年博士学位论文，第 73—86 页。
③ 张国庆：《辽代社会史研究》，中国社会科学出版社，2006 年，第 75 页。

以契丹、汉、奚、渤海等民族为主,各民族在社会生活中所受待遇不平等。阶级等级与民族的不平等是辽朝城市居民结构与社会关系的主要特征。

一、城市居民的阶级构成与社会关系

按照阶级属性对辽朝城市居民结构进行纵向的剖析,可以将居民划分为由契丹贵族阶层,汉、渤海、奚等族上层,僧侣上层组成的统治阶级,与由士、工、商、僧、尼等中下层及奴隶等社会底层组成的被统治阶级。[①] 在城市社会关系中,上层统治集团处于主导地位,为统治阶级服务的中下层则处于从属地位。

(一) 城市社会上层

1. 契丹贵族阶层

以耶律姓的皇族和萧姓的后族为核心的契丹贵族是辽朝城市中最高层级的贵族居民。他们不仅把持着国家的最高领导权,掌握着国家的政治命脉,还占有着大量的物质财富,操纵着政府的经济命脉,至高无上的政治经济地位决定了他们在居民结构中处于最上层的绝对统治地位。

皇族在各方面都享有极大的特权。在政治上,皇族享有"世选"特权,"百官择人,必先宗姓"[②],在辽朝,从中央到地方的各级官僚机构中,许多重要职位大都由出身皇族的人担任。比如南宰相府诸官职,即多是由皇族四帐世预其选;皇族两院部官员、其他部族官员及五京留守等重要地方军政长官也大多由皇族成员担任。据漆侠先生统计,《辽史》列传里有传主305人,除去《宗室传》和《逆臣传》中的耶律重元之后,皇族成员仍达87人之多,占全部列传人数的28.53%,其中,孟父房18人,仲父房16人,季父房19人,两院系34人[③],由此证明了契丹皇族在辽朝政治生活中的优势。此外,契丹皇族在"八议""八纵"之法[④]的庇护下,于刑罚方面也有一定的豁免特权;在经济上,皇族拥有创制私城(即头下州城)及获得皇帝特殊物品赏赐乃至减免赋役等特权;其在军事上亦有创置私兵的特权;在文化教育方面有优先受教育的特权[⑤],等等。同时,辽朝后族的政治地位及经济特权等并不比皇族逊色多少,如在世选朝官方面,皇族四帐世预南宰相府诸职位之选,而国舅帐则世预北宰相府诸职位之选,两族地位对等,地方的后族部族官也同样在本族人员中产生。姚从吾先生曾对辽朝北府宰相一职的任职人员进行过统计分析,有辽一代,共计有北府宰相48人,而外戚萧氏占38人,"又查外戚三十八人中,明言是后族,而有世预北府宰相之选的特权的,得二十三人,约占四十八人中

[①] 张国庆:《辽代社会史研究》,中国社会科学出版社,2006年,第140页。
[②] 脱脱等:《辽史》卷四十五《百官志一》,中华书局,1974年,第695页。
[③] 漆侠、乔幼梅:《辽夏金经济史》,河北大学出版社,1998年,第185—186页。
[④] 脱脱等:《辽史》卷六十一《刑法志上》,中华书局,1974年,第936页。
[⑤] 王善军:《论辽代皇族》,《民族研究》,2003年第5期。

的半数"①。后族的此等政治特权,终辽之世而未衰,正所谓"耶律世保承祧之业,萧氏家传内助之风"②,"生居外戚之家,世处大臣之位"③,其言不虚也。

除了享有各方面的特权,以皇族和后族为核心的契丹贵族阶层所居住的环境也是最为优越的。仿中原形制的五京皇城是他们的主要居所,规模宏大,建筑雄伟;契丹历朝皇帝四时捺钵时所住的行宫也因季节的不同而有不同的式样,通常是在毡帐的基础之上加以适当的装饰,并设宿卫以守。

2. 汉、渤海、奚等族上层

汉、渤海、奚等族的世家大族是在辽朝统治集团中处于第二阶层的上层居民,其中汉族与渤海族人在数量上占多数。他们不仅与契丹贵族共同掌权主政,维持辽朝国家机器的正常运转,同时也世代享受着上层官僚世家大族所独有的各种特权。

汉族官僚世家大族以著名的籍贯为幽云地区的韩、刘、马、赵四大姓最具代表性,分别指安次的韩延徽家族、昌平的刘慎行家族、燕京的马直温家族与赵德钧家族,这四个汉族世家是代表契丹统治者在幽云地区的实际掌权者之一,终辽之世都为豪门望族,始终居于辽朝社会的上层。除了拥有一定的政治地位外,他们还有着强大的经济实力,尤其是刘氏家族,不仅显贵于辽,至金仍为豪门大族,前后繁盛近四百余年而不衰,实属罕见。除南部的幽云地区外,在辽朝的上京道南部两河(潢河与土河)流域、中京道及东京道地区,亦有不少汉人豪门贵族,如韩知古家族、耿延毅家族、姚景行家族、刘日泳家族、李知顺家族,等等。其中最具代表性的是韩知古家族,他们也是辽朝上层社会的重要组成部分,在政治经济和其他方面都享有着相当的特权。

除汉族豪门贵族之外,在辽的东京道地区还分布着一些处于社会上层的渤海族官贵世家,渤海大氏家族即其中之一。大氏本为原渤海国的王族,国虽破而家未亡,仍为辽东显族大户,出身渤海大氏贵族的大延琳在辽东地区还有自己的私城头下州。④ 辽东渤海大氏家族的另一位权贵是大公鼎,其于圣宗统和年间与其他渤海民户一同被迁徙到了中京大定府,可见其权威之重。再如渤海豪族高氏,其族的高模翰因有赫赫战功而为太祖和太宗两朝重臣,是当时辽东地区既有权势又具经济实力的上层豪族。

奚族原本也有王族,被辽征服后,其王族的地位亦很高。史料记载,有辽一代,奚王族一直"世与辽人为昏(婚),因附姓述律氏中"⑤。所以终辽之世,虽然所占比例较少,奚人的王族仍作为社会上层之大族始终存在着,与汉族贵族、渤海族贵族一起,构成了辽朝社会中除契丹贵族之外的上层贵族。

---

① 姚从吾:《东北史论丛》上,正中书局,1976年,第313页。
② 向南:《辽代石刻文编》太平九年《萧仅墓志》,河北教育出版社,1995年,第191页。
③ 向南:《辽代石刻文编》天庆二年《萧义墓志》,河北教育出版社,1995年,第622页。
④ 李锡厚:《辽朝汉族地主与契丹权贵的封建化》,《中国社会科学院历史研究所学刊》第三集,商务印书馆,2004年,第317页。
⑤ 脱脱等:《金史》卷六十七《奚王回离保传》,中华书局,1975年,第1587页。

3. 僧侣上层

辽朝崇佛，尤以某些皇帝为甚，所以在辽朝社会中便形成了僧侣阶层，其中僧侣上层是在辽朝统治集团中位于第三阶层的上层居民。辽朝僧侣上层人物主要有三大特色：一是政治上入仕，二是经济上富有，三是文化上博学。

辽朝入仕僧侣与当时其他阶层入仕者的入仕途径有所不同。契丹贵族子弟入仕为官走"世选"之路，荫庇世袭，父死子继；汉族的文人学士们则要通过科举考试的途径入仕；而入仕为官的高级僧侣们则完全取决于辽朝皇帝的恩赐。辽帝赐授高僧为专职僧务官员始自景宗时，圣宗执政之后，这种专职的僧务官员大大增加，这也是辽朝中后期辽地僧尼之数数倍于前的缘故。辽朝的专职僧官除都总管外，据载还有正副判录以及僧录、都僧录，等等。这些专职僧官的管理权限不一，有的管辖一个京道内的寺院，有的仅管理某一寺院或某一区域内的僧事。这些入仕为官的高僧所占整个辽朝僧尼总数的比例非常小，并且他们完全靠皇帝的恩赐，是一种被动型的入仕，其社会地位具有不稳定性。

辽朝高僧多在经济上很富有，这当然也与辽朝统治者推行的崇佛重教的国策有关。他们获得财富的途径主要有二：一为皇族及其他官僚贵族们常常向僧尼赐钱施物、献宅出地修建寺庙，二为许多信佛崇教的平民百姓亦经常联合自愿或不自愿地出钱资助寺僧。正是由于辽朝皇帝、官贵人士及平民百姓的慷慨解囊，才使辽朝的寺院经济得以蓬勃发展，不少上层僧侣都变成了寺院僧侣大地主，他们拥有大量的寺院财产，包括僧舍、蔬果园、农田、佃农及牲畜、钱帛、粮粟等，并且寺院高僧依靠剥削半依附于寺院的佃农使大量财富源源不断地流进寺院，这为僧侣上层积蓄了大量的社会财富，使他们成为辽朝城市社会中的富有阶层。

辽朝上层僧侣不仅仅入仕为官、经济富有，而且多才博学，这也是辽朝上层僧侣的一个显著特色。在辽朝成千上万的僧侣之中，不少人学富五车、才华横溢，他们主要通过著书立说、镂石刻经、设坛讲经、吟诗作文、驻寺办学等弘扬佛法点化信教民众，还兴办教育培养佛学人才。作为辽朝文化领域内的一个博学群体，他们对辽朝文化尤其是佛教文化的发展做出了贡献。

（二）城市平民阶层

辽朝城市居民的平民阶层包括以士为主的知识分子群、手工业劳动者和商人以及僧、尼、巫、道等平民阶层。

1. 以士为主的知识分子群

在古代，士指介于官员与庶民之间的一个阶层，辽朝之士也是指处于官员与庶民之间的各族知识分子。在他们中间，入仕者亦属低级官吏，在野者即为有文化、有知识之读书人，这其中又以汉族士人为最多。关于辽朝初期汉族士人之来源，笔者认同王德朋先生将其归纳为分阶段俘掠、收纳、截留中原汉族士人为己所用等类的观点。[1] 当然这一时期的辽朝士阶层还应包括一些文化素质较高的渤海族士人。到了辽朝中后期，辽朝的士人结构复杂起来，既包括前期中原汉族移民士人及渤海族士人的继承者，也包括受先进的中原汉族文化熏陶和影响后而出现的契丹族、奚族士人。到辽朝中后期，士之阶层得到迅速扩大，其中大部分仍为辽前期汉族与渤海族士人的后代，尤以长城以南的幽云汉民集聚地区的汉族士人增长速度最快，他们是新时期的辽朝士人，其中的一些佼佼者，如张正、杜防、虚仲文、左企弓等，大都进入官场，步入仕途，成为辽朝的官僚和上层新贵。辽朝其他地区的汉族士人人数也有较大幅度的增长。与此同时，由于受汉族文化的长期影响，辽朝中后期，在广大的契丹人群之中亦不可避免地出现了一批崇尚汉学的士人，他们与汉、渤海族士人一起，共同构成了辽朝中后期的士人阶层。

2. 手工业劳动者和商人

辽朝的手工业者以汉人为多。辽朝建立初期，随着大批中原汉人被俘掠，他们中的一些原在中原地区从事手工业生产的能工巧匠们被陆续安置在契丹地区，统治者让他们继续从事着其所擅长的各类手工业生产活动。与此同时，被灭国后的渤海族工匠也被西迁到了辽西两河流域的契丹故地，他们与汉族工匠一起经营各项手工业，奠定了辽朝手工业的基础。这些手工业者在城市生活中主要从事纺织、采矿冶炼、金属器具加工、采盐晒盐、制车造船、烧窑制瓷、制革印刷等手工行业，既为贵族阶级的奢靡生活服务，也为城市普通百姓提供日常的生活用品。

辽朝从事商品交易的商人遍布各地，尤以五京和南部辽宋边境地区为多。如在皇都上京城云集着国内外各民族商贩，《辽史》载上京城"南门之东回鹘营，回鹘商贩留居上京，置营居之"，"南城谓之汉城，南当横街，各有楼对峙，下列井肆"[2]，可见，上京南城中有市场，市场内必有各族商贩聚集交易。其他如东京城、中京城及南京城内，亦都有相类的市肆，吸引着各族商贩入市买卖商品。路振《乘轺录》亦记载了中京市肆中商贩云集、驼车塞路的热闹景象："自朱夏门入，街道阔百余步，东西有廊舍，约三百间，居民列廛肆庑下。街东西各三坊，坊门相对……又于坊聚车橐驼。"[3] 辽宋自订立"澶渊之盟"后，双方息兵和好，边境贸易十分红火。辽宋政府各在己方靠近边境的一些州县内设置了一些专供边贸使用的榷场，榷场内聚集了大量来自辽宋各地的各民族商贩。与此同时，由于边境地区民间走私贸易的兴盛，大量的边民或亦农亦商，或弃农从商，由农民或牧民变成了商人，大大增加了辽朝商人阶层的人数。

3. 僧、尼、巫、道等平民阶层

辽朝社会平民阶层的另一个重要组成部分就是除前面已述及的高僧名侣之外的其他专职宗教人员，包括寺庙中的僧尼、道观中的道士，以及契丹原始萨满教中的

---

[1] 王德朋：《辽代汉族士人心态探析》，《史学集刊》，2003年第2期。
[2] 脱脱等：《辽史》卷三十七《地理志一》，中华书局，1974年，第441页。
[3] 路振：《乘轺录》，江少虞：《宋朝事实类苑》卷七十七《安边御寇·契丹》，上海古籍出版社，1981年，第1012页。

神职人员——巫，等等。

  僧尼平民阶层在辽朝社会中分布广泛、人数众多，尤其是辽朝后期的道宗朝，由于皇帝崇佛，僧尼的社会地位相应地被抬升，僧尼的人数也不断增加，大批崇佛信教家庭中出现未婚青年男女剃度为僧尼的现象，一些受佛教影响较深的已婚年长者亦有此行为。道教在辽朝虽不如佛教那么兴盛，但也颇受一些上层统治者和下层民众的崇信，因而辽朝的道士阶层也有一定的规模。辽朝初年，道士多来自中原，到辽朝中后期，在契丹故地亦涌现出了很多本土道士。按辽朝风俗，每年的四月八日为佛诞日，各京、府、州、县都要游行庆贺，"放僧尼、道士、庶民行城一日为乐"①，说明契丹辽地各京、府、州、县普遍都有道士存在。到辽朝中后期，亦有不少道士因亲近皇帝的缘故，被擢升为官，一下子由平民阶层跃升至社会上层。

  萨满教是契丹人的本土宗教，萨满教中的专职人员被称为"巫"。辽朝的巫主要分为太巫、大巫、巫三等，他们各司其职，其中太巫人数较少，但地位较高，主要在皇帝祭神时为其服务；大巫地位稍低，人数应多于太巫，其职司即在"岁除仪"中"赞祝火神"②一事；巫的地位最低，人数也最多，在萨满宗教活动中的职司也较多。这些巫大多是契丹族人，但也有汉巫和西域来的胡巫，汉巫多从事占卜活动，胡巫亦善卜筮。

（三）城市社会底层

  在辽朝社会的最底层存在着大量相当于农奴、奴隶地位和身份的部曲、奴婢、著账户等人身自由受一定限制或完全没有自由的"贱民"下层。

  部曲一般指古代大官僚、军阀拥有的私人武装。辽朝的部曲大多集中于契丹贵族的门下，其身份介于奴隶与自由人之间，其来源部分为朝廷的赏赐，另一部分是被私下招纳或者主动投附的。当然，也有地方豪强仗势夺良民为部曲的，如《贾师训墓志》所记的河东"酋豪"一次就强行霸占500户良民为部曲。③除头下贵族之外，其他豪强大族之家以及斡鲁朵（宫卫）中亦都有类似于农奴的部曲，这些部曲人员以一家一户为单位，平时为主人做工、种地及放牧，"有事"则操刀持枪，侍卫御敌。有学者考证，辽朝的部曲身份是双重的，既属主人又属国家，这一点与纯粹的家庭奴婢不同。④部曲虽属贵族个人所有，但其身份必经上报朝廷而定，本主无权私改部曲的隶属及身份，部曲要改变身份，必由皇帝下诏准许才行。

  辽朝社会中的奴隶大多数集中在契丹贵族之家，以奴婢的身份为主人从事各种生产劳动。奴婢的地位低于部曲，完全是契丹贵族的私有财产，虽然朝廷不允许随意杀害奴婢，但在兴宗朝以前是允许遗赠和买卖奴婢的，汉人有钱者是可以花钱从契丹人处买得奴婢的。辽朝的奴婢处于社会的最底层，属于"贱民"，不像城市自

---

① 叶隆礼：《契丹国志》卷二十七《岁时杂记》，上海古籍出版社，1985年，第251页。
② 脱脱等：《辽史》卷四十九《礼志一》，中华书局，1974年，第838页。
③ 向南：《辽代石刻文编》寿昌三年《贾师训墓志》，河北教育出版社，1995年，第478页。
④ 陈述：《契丹社会经济史稿》，生活·读书·新知三联书店，1963年，第60页。

由平民那样享有各种社会权利。但辽朝的奴婢与先秦时期的奴隶已有了不同，其中最主要的一点就是奴婢的主人不能随意超范围惩罚奴婢，更不能无故杀害奴婢，其生命是受法律保护的。辽朝契丹贵族家庭中的奴婢数量多寡不一，多者成千上万，如景宗长女燕国大长公主（丈夫为北府宰相萧继先）被其母睿智皇后"赐奴婢万口"①。陈述先生认为这"万口"应是公主私城中的"媵户"数，即公主下嫁时的陪嫁奴婢，属"生产奴隶"②。

在辽朝的社会底层，还有一群身份比较特殊者，就是活动在斡鲁朵中的著账户。著账户主要由析宫户以及犯了罪被"籍没"的人组成，属于宫廷奴隶。著账户的主要职责是为宫廷中的皇室成员的日常生活服务，"凡承应小底、司藏、鹰坊、汤药、尚饮、盥漱、尚膳、尚衣、裁造等役，及宫中、亲王祗从、伶官之属，皆充之"③。著帐户的身份并非终生不变，原有的著帐户不断被赦免，新的罪犯又被不断没入，所以有辽一代二百余年，著帐户"释宥、没入，随时增损，无常额"④。

辽朝社会中的平民阶层与社会下层是辽朝城市居民的主要组成部分，他们在政治经济法律等方面几乎没有任何特权，但也是一些中层居民通过自身努力升为上层居民的特例。数量庞大的中下层居民除了维持自己的正常生活外，主要为上层统治集团服务，虽然他们在辽朝城市社会关系中处于从属地位，却是辽朝城市和维持整个契丹贵族统治的基础阶层。

二、民族构成与社会地位的不平等

辽朝是中国历史上北方民族融合的一个重要时期，各族人民杂居相处，市民阶层中虽然汉族人在数量上占多数，但是契丹人始终处于主体地位，奚人次之，渤海人最低。同中原王朝以汉人为主体的民族结构不同，辽朝平民中的契丹人在社会各方面的地位都较高，汉人的地位较低，各民族社会地位的不平等在市民阶层中也有所反映。

契丹族作为统治民族，社会地位最高。契丹人在政治上受到重用，一些有势力的家族享有世选某些重要官职的特权，其在政治上居于绝对的优势地位。"契丹之兴，当朝柄国，率其种人。"⑤ 在州县和部族长官的任职方面，契丹人既可以任任何州县长官，又可以任本民族的部族长官，也可以任外民族的部族长官。在法律方面，契丹人也有不少特权，辽朝各民族内部有不同的法律制度，但在民族之间的法律行为方面，显示出了契丹人的较高地位，如在契丹人与汉人之间，辽朝前期执行

---

① 脱脱等：《辽史》卷六十五《公主表》，中华书局，1974年，第1002页。
② 陈述：《契丹社会经济史稿》，生活·读书·新知三联书店，1963年，第63页。
③ 脱脱等：《辽史》卷三十一《营卫志上》，中华书局，1974年，第371页。
④ 脱脱等：《辽史》卷三十一《营卫志上》，中华书局，1974年，第371页。
⑤ 叶隆礼：《契丹国志》卷十六《论曰》，上海古籍出版社，1985年，第165页。

的是"北人杀汉人者罚，汉人杀北人者死"①的政策。

奚族由于与契丹族"异种同类"，又是最早被契丹族征服的民族，所以其在辽朝被统治民族中的社会地位最高。

辽朝汉族人口众多，来源复杂，社会地位既有阶级间的不同，也有时代的不同。被俘获的广大汉人多隶属于斡鲁朵或头下州，地位较为低下，主动投靠契丹的汉人以及某些被俘获的汉人则可能受到契丹统治者的重用，被吸纳到统治阶层中。幽云地区的汉人虽原有的社会身份地位基本得以保持，却是辽朝赋税剥削的主要对象，经济上受到残酷剥削，政治上也受到歧视。圣宗时期辽朝进行改革，汉人地位有所提高，其中最明显的是将蕃汉相殴杀的刑罚改为"一以汉法论"②，幽云地区沉重的经济负担也逐渐有所减轻，如统和十四年（996），"以南京道新定税法太重，减之"③。宋人田况曾称，自"澶渊之盟"订立以后，"河朔之民渐有生意矣"④。

渤海是契丹的"世仇"之族，其族人入辽后所受到的契丹统治者的防范最严、压迫最重，是辽朝社会地位最低的民族，即便是渤海上层仕宦人士也只能位居僚属。

辽朝虽然执行的是民族统治和民族压迫政策，却创造性地对各民族"因俗而治"，尽量维持了各民族的原有社会结构和生活习俗。这一政策的实行有利于各民族的正常交往和融合。因此，尽管辽朝各民族的地位并不平等，但民族敌视和民族压迫却并不突出。

第三节　城市社会生活变迁

"社会史学家界定，社会生活方式是指在一定社会条件下，社会成员价值观所导致的满足其生存和发展需要的全部生活动力的稳定形式。"⑤ 一般来说，人类社会生活方式主要分为两种：一种是物质生活方式，另一种是精神生活方式。辽朝的两种生活方式的内容在特殊的自然环境和社会政治、经济以及文化诸因素共同影响下不断丰富和扩充，城市人口、民族构成的复杂性与多样性有力地推动了辽朝城市社会生活的发展与变迁。

一、物质生活的变迁

契丹人长期生活在北方塞外草原上，在衣食住行方面都与中原汉人有着不同的

---

① 李焘：《续资治通鉴长编》卷一百五十六"庆历五年五月癸丑"条，文渊阁《四库全书》本。
② 王称：《东都事略》卷一百二十三《附录一》，文渊阁《四库全书》本。
③ 脱脱等：《辽史》卷十三《圣宗纪四》，中华书局，1974年，第148页。
④ 田况：《儒林公议》卷下《太宗乘锐压其境》，中华书局，2017年，第88页。
⑤ 张国庆：《辽代社会史研究》，中国社会科学出版社，2006年，第200页。

习惯和特点。随着辽朝民族的大融合，契丹人的物质生活逐渐有所变迁，主要表现为生活方式的汉化，同时，也伴有部分汉人胡化的现象。

（一）服饰生活的变迁

辽朝服饰的主要原材料有三大类：一是动物毛皮类，二是丝织布帛类，三是金属、玉石及骨木类。被用于制作辽人衣服及其他部位的佩饰原料除毛皮外，还有玉石、骨木及各类金属等。契丹族衣服种类比较齐全，最常见的有长袍、短袄、内衣、裙、裤等，秋冬天寒，多衣皮毛；春夏转暖，则改衣布帛。契丹贵族与平民的服饰有着很大的差别，官服是辽朝帝后、臣僚所着之服，又称"国服"，以区别于汉服；至于平民的衣服，男子的上衣多是窄袖圆领左衽长袍，衣服长度超过膝盖；女子上身外衣一般为立领左衽长袍，又称"团衫"，并在"团衫"内穿有贴身内衣，称"中单"，款式也是左衽交领，下装一般是裙子或裤子，夏天着布料而冬天加厚加棉。

冠帽与鞋靴的样式也繁多。冠式主要有金冠、纱冠、无饰毡冠三类。金冠一般为契丹皇帝和贵族臣僚佩戴，而上层的贵族以及富裕人士夏季所佩戴的凉帽被称为"纱冠"，无饰毡冠则为庶民所用，也是最普通和常用的冠式。辽人鞋靴款式虽不及冠帽多样，但温度差异、贫富差异及身份差异也造就了其种类繁多。通常皇亲贵族所穿的络缝乌靴做工精细，而普通百姓所穿的长筒皮靴做工则较为粗糙。筒靴是居民日常生活所穿的鞋靴，但其在夏季劳作时一般多穿普通草鞋。契丹男女不仅有髡发之习，同时又与鲜卑、乌桓人一样喜戴耳环饰品。发式上，有的人剃去头顶发，而使四周头发下垂向后披散；有的人头两侧留着长发结辫；还有的人的头发从耳朵旁下垂结辫梳之。

辽朝的穿着讲究具有明显的地域性。由于契丹人生活在中国北方较为寒冷的地区，在服饰上多衣皮毛与棉衣，穿戴较厚，并有戴帽子、手套的习惯，以防寒为主要目的。此外，契丹社会普遍存在着阶级差异，在服饰上的阶级、等级之别非常严格，贵族统治者一般着装华丽，普通百姓则较为朴素。

（二）饮食生活习惯的变迁

契丹人的饮食习惯受地理气候条件的影响，带有浓厚的游牧民族特色。辽朝居民多喜吃肉类和谷物类食物，以契丹人为甚，最常见的食法为煮鲜肉及火锅涮肉，并对各类肉食进行简单的加工。从生食到熟食、从简单宰杀到各种烹调的食肉方法的演变，反映了契丹人汉化和文明化的过程。随着辽朝粮谷食物制作技术的不断改进和提高，谷物类食物也成为辽人的一种主食，其多食稻、稗、麦、豌豆、黍、菽等，烹调方法也比较成熟，并渐渐地会制作馒头、米饭、糕点等食物，食品种类也大大丰富了起来。据文献，辽人食用的瓜果种类很多，桃、李、枣、瓜、葡萄、石榴等鲜果已屡见不鲜。他们食用的蔬菜既有自植的也有从山野间采摘的。后来受中原饮食文化的影响,他们学会了培育种植蔬菜,蔬菜成为其主要副食之一。[1] 并且,契丹人利用自然条件优势学会了制作各类易保存、携带的果脯等制品。此外,姜蒜、芹菜、菠菜等蔬菜也有种植。

辽朝酿酒技术成熟,农业的发展与粮食的盛产为酿酒业的发展奠定了基础,其有官酿及私酿之分,官酿一般指由契丹贵族在京都建设酒厂酿酒,私酿则指民间的小作坊酿酒。通常来说,储酒要有专用的器物,饮酒也要有专用的器皿,辽朝储酒器物和饮酒器皿样式都颇多。饮茶方面,辽地不产茶,因而辽人饮用的茶叶均通过馈礼、纳贡或商贸等方式而获得,名贵的茶饼只有皇亲贵族才能享用,普通百姓只能饮用散茶。除此以外,契丹人还用盐、乳、茶制作了特色乳茶,最终形成其独特的茶文化。

北方民族做饭的炊食具颇有自己的特色。王安石在《北客置酒》诗中说:"紫衣操鼎置客前,巾韝稻饭随粱饘。引刀取肉割啖客,银盘擘臑薧与鲜。"[2] 此处之鼎当为烹煮器,刀和银盘则为餐具。近年考古发掘出多种契丹人的饮食具,其中装水或装酒用的鸡冠壶等颇具特色。契丹治下的嗢热国,"饮食皆以木器"[3]。另外,在辽朝供生活和御寒的生活燃料中,煤占主要地位,在当时被称为"石炭",由于辽属今北京一带产煤,这使得日常生活中百姓对煤的使用愈来愈普遍。

(三) 居住生活方式的变迁

在辽朝建立之前,处于游牧或渔猎状态的契丹民众居无定所,通常居住在穹庐之中,穹庐即帐篷,也称"毡帐",为半圆顶型,由木架支撑。为了方便随时迁徙,契丹这种临时居所的构造通常很简单。就连辽朝统治者在四时捺钵时亦仍以行营的方式住在毡帐内,只不过供皇帝及契丹贵族居住的毡帐比平民的居所要华丽一些,随着一年四季不同的气候,毡帐的样式也有所不同,并且毡帐周围一般都有重兵把守。

习惯定居生活的汉人的到来,极大地改变了大部分契丹族等游牧民族人民的居住方式。部分人完全接受汉文化并和从事农耕生产的汉人一起生活在城市中,建造固定的居所。一般平民的居所构造非常简单,也比较简陋:先用木头或石块建立地基,再立梁增高并填土夯实,一层层覆盖,最后建成房屋;而供辽朝统治者和贵族官僚居住的皇宫的构造则极为复杂,通常由富有经验的汉人设计,仿中原之制,又由技术娴熟的汉人工匠及部分少数民族工匠建造而成。没有完全接受城市生活的契丹人虽然依旧习惯游牧的生活,但他们在牧闲时也会从事部分农业生产并居住在城市中,过着半农半牧的生活。

汉式房屋的大量出现改变了草原地区牧民的居住方式,也大大改善了他们的生

---

[1] 叶隆礼:《契丹国志》卷二十七《岁时杂记》,上海古籍出版社,1985年,第250—256页。
[2] 王安石:《临川先生文集》卷六《北客置酒》,《四部丛刊》影明嘉靖刻本。
[3] 叶隆礼:《契丹国志》卷二十六《诸蕃记》,上海古籍出版社,1985年,第247页。

活质量，契丹穹庐和汉式房屋并存，这是辽朝城市社会生活中最大的特点。

（四）交通出行工具和交通设施的变迁

受自然地理环境的影响，辽朝版图内的道路状况比较恶劣，许多地区通行艰难，只能行人而不能走马，甚至有部分地区因无道路分布而不能通行。在政权统一、经济发展的条件下，联系辽朝全国主要城市的道路交通网被建立起来。在交通工具方面，辽朝有陆路工具和水路工具两种。由于契丹人以放牧为生，多有马等牲畜，故首要的陆路交通工具当为马、牛和骆驼，其主要被用于骑乘、驮运和牵引车辆等。除常见的马外，最具辽朝特色的陆路交通工具是驼车，又叫奚车。"高屋宽箱虎豹裀""双驼借与两轮红"[①]便是苏辙出使辽朝看到此种交通工具时所作之诗。另外一种常见的陆路交通工具则为车。奚人擅造车，这项技术后来为契丹人所学，因而除部分从中原迁来的汉人所造的车辆外，供辽朝进行交通运输的车辆多由奚人、渤海人和契丹人制造。辽朝统治阶级和平民所用车的种类和用途是不同的，统治者和官僚们及一些富商大贾所乘车辆通常配有一定的装饰以彰显其地位，其车辆主要被用于出行或游玩；而平民百姓所用之车则相对粗陋，除载人以外，一般被用于运输货物或运载生活用品。另外，车还作为军事工具在战争中被利用。

水上交通工具则为船。舟船是辽人用于江河湖海上的交通工具，契丹人早期使用的船只为独木船，到辽代中后期，随着造船技术的大大提高，船的种类增多，通常分为民用船与军用船两种。民用船只比较常见，主要被用于平常载人或运送货物等。此外，舰船还被广泛用于辽朝的军事战争中，如辽兴宗重熙年间，契丹军队就大量制造和使用了特制的战舰以进攻西夏，这种战舰又称"楼船"，分上下两层，上层载将士，下层载战马及其他辎重，与一般的船有很大不同。

辽朝城市居民物质生活的变化是精神文化生活丰富的基础，衣食住行上的满足是辽朝城市居民享受娱乐生活和发展科技文化的前提。

二、精神文化生活的变迁

两宋时期是中国历史上文化高度繁荣和发展的时期，中原文明的引进，不仅改变了契丹游牧民的物质生活方式，其博大的文化内涵和先进的科学技术还给契丹市民的精神文明带来新的冲击，虽然辽朝城市整体的文化发展水平远不及北宋，但相对于以游牧风尚为主的契丹社会文明来说已经是一个巨大的进步。

（一）城市居民的精神生活

佛教与道教是辽朝城市居民主要信仰的宗教，因此辽朝社会的人口当中有一大

---

① 苏辙：《栾城集》卷十六《赵君偶以微恙乘驼车而行戏赠二绝句》，《四部丛刊》影明嘉靖蜀藩活字本。

部分都为僧尼。由于辽朝统治者大多信仰佛教，对佛法之事尤为重视，佛教在辽时极为盛行，在辽兴宗和道宗时期还出现过许多受到皇帝信任的得道高僧，这些高僧都享有着丰厚的待遇，并且有一部分还在民间开设僧寺，将佛教信仰普及于众，但也有部分僧寺"放债营利，侵夺小民，民甚苦之"[1]。道教在辽朝是仅次于佛教的宗教，开国之初辽太祖就建了大批道观以提倡道教，之后也得到历朝皇帝的重视。辽朝统治者对宗教的信仰反映出少数民族在与汉族交流的过程中，对汉族文明的吸收和对神佛的崇拜。

辽朝城市居民的文体娱乐活动颇为丰富，作为游牧民族，最具契丹特色的社会娱乐活动便是与射骑相关的射柳、角抵等。射柳活动，通俗来讲就是用横簇箭射柳枝，这项马上竞技活动不仅在民间盛行，也是辽朝统治者和契丹贵族的娱乐活动之一。射柳活动，通俗来讲就是用横簇箭击射柳枝，这项马上竞技活动不仅在民间盛行，也是辽朝统治者和契丹贵族的娱乐生活之一。《辽史》记载："若旱，择吉日行瑟瑟仪以祈雨。前期，置百柱天棚。及期，皇帝致奠于先帝御容，乃射柳。皇帝再射，亲王、宰执以次各一射。中柳者质志柳者冠服，不中者以冠服质之。不胜者进饮于胜者，然后各归其冠服。又翼日，植柳天棚之东南，巫以酒醴、黍稗荐植柳，祝之。皇帝、皇后祭东方毕，子弟射柳。"[2] 可见契丹射柳与祈雨有关。角抵即为摔跤，也是辽朝常见的一项娱乐活动，并且受到部分汉人的喜爱。摔跤双方以倒地之先后决出胜负者，实力相当者往往陷入持久抗衡中，辽朝统治者在宴会时也通常将此项活动作为观赏娱乐项目。除了以上具有游牧文化特色的娱乐活动外，在汉族文化的影响下，一些在汉人中流行的休闲娱乐活动也受到契丹等少数民族人民的喜爱，如双陆和围棋等棋类活动就受到辽人的追捧。双陆又称博戏，因局如棋盘，左右各六路而得名，"棋盘为长方形，在两个长边各雕出一个月牙形纹样和左右共十二个圆坑（左右各六，是谓双陆）……盘上堆放着三十粒椎形棋子，黑白各十五粒"[3]。其玩法为博戏双方左右对坐，盘上棋子分路布列，根据所投骰子点数行棋，白马自右归左，黑马自左归右，将马先出完者为胜者，并用筹码计算胜负。此项娱乐活动在辽朝中后期极为盛行，深得辽朝统治者和贵族的喜爱。围棋又称对弈，其棋子也分黑白两种，只是玩法与双陆有差异，考古工作者就曾在萧孝忠墓中发现了黑白两色的围棋子[4]，说明墓主人生前对围棋非常喜爱。可以说汉人娱乐休闲活动的传入极大地丰富了辽朝居民的精神生活，而契丹的特色文化娱乐活动也在一定程度上影响着汉人的城市生活。

（二）人文思想与艺术的发展

历史上的民族融合通常有两种方式："一种是采取政治强制手段使一个民族合

---

[1] 苏辙：《栾城集》卷四十一《二论北朝政事大略》，《四部丛刊》影明嘉靖蜀藩活字本。
[2] 脱脱等：《辽史》卷四十九《礼志一》，中华书局，1974年，第835页。
[3] 辽宁省博物馆发掘小组等：《法库叶茂台辽墓记略》，《文物》，1975年第12期。
[4] 雁羽：《锦西西孤山辽萧孝忠墓清理简报》，《考古》，1960年第2期。

于另一个民族；一种是通过经济文化的作用使一个民族经过自然渐进的过程合于另一民族。"① 通常前一种情况被称为同化，后一种情况被称作融合。从辽朝的情况看，主要是契丹等少数民族在汉文化的影响下融合在一起的，当然，一部分汉族人流入契丹少数民族地区，在经过一段时间后，融入少数民族。这种以汉文化为核心又带有游牧文化气息的综合文化，成为辽朝文化的一个特色。

1. 哲学思想的发展

辽朝没有产生著名的哲学家，其哲学思想多受汉文化影响。契丹人认为自己同汉人一样，都是炎黄后裔，是"中国"的一部分；辽朝史学家耶律俨提出，契丹民族系轩辕氏之后（轩辕氏就是黄帝）。这个提法在当时是个重大问题，如果没有契丹皇帝的同意，耶律俨是不敢将之写入实录并留传给子孙后代的。事实上，契丹人认为自己与汉人一样都是尧舜思想的继承者和发扬者。

龙是古代传说中一种神奇的动物，在封建社会中，龙被用来指代帝王或帝王用的东西，如帝王的面孔称"龙颜"，帝王睡的床称"龙床"，等等。与中原汉人对龙的尊敬、崇拜相仿，契丹人也有这种心理。这种观念首先体现在地名上，如祖州有黑龙殿，上京有座寺庙叫开龙寺，应州北有龙首山，契丹始祖奇首可汗居住之地被称为"龙庭"，后来被改为"龙化州"，等等。契丹人用这么多"龙"字来为各地命名，表明他们对龙有一种特殊的感情。其次体现在辽朝的古迹、文物上，今所见古迹、文物上多雕刻有龙的纹样，如庆州白塔门上有二龙戏珠浮雕，朝阳南双庙辽代石刻崖上雕有大型爬龙、飞龙等。契丹帝王也喜欢用"龙"字来抬高自己的身价，以示不同凡响，如称皇宫为"龙宫"，皇帝之衣称"龙衮"，皇帝之位称"龙位"等，这和中原汉族已毫无二致。甚至军队也有以"龙"字命名的，如龙虎军就是辽朝禁卫军的名称。

辽朝还形成了"汉契一体"的观念，这在当时是非常难能可贵的。辽朝的皇帝在许多场合都以中国人自居，辽兴宗就在诏书中称道："我朝之兴，世有明德，虽中外向化，然礼书未作，无以示后世。"② 这里"中外向化"的"中"，显然是指辽朝而非北宋，也就是说他认为辽朝即是中国。又如兴宗欲出兵攻打西夏，起兵前遣使赴宋，书信中有"元昊负中国，当诛"③ 一语，这里的"中国"也是指辽朝。给宋朝写信，辽朝却以中国自居，寓意是很深长的，这等于向宋朝表明，"中国"二字并非中原帝王的专属，契丹人既是黄帝后裔，自然也有资格使用"中国"二字。

2. 文学的发展

辽朝帝王、后妃及贵族中能够吟诗作赋者不在少数，可惜有作品流传至今者不多。究其原因，一是辽朝统治者多次颁布诏令，禁止民间刊印文字，"契丹书禁甚严，传入中国者法皆死"④。因此，辽之文学书籍流入汉地者极少。二是辽朝灭亡

---

① 翁独健：《中国民族关系史纲要·绪论》，中国社会科学出版社，1990年，第13页。
② 脱脱等：《辽史》卷一百零三《萧韩家奴传》，中华书局，1974年，第1450页。
③ 李焘：《续资治通鉴长编》卷一百五十一"庆历四年七月癸未"条，文渊阁《四库全书》本。
④ 沈括：《梦溪笔谈》卷十五《艺文二》，团结出版社，1996年，第178页。

时，大量档案典籍文献毁于战争之中，以至于元代修辽史时，脱脱发出了"国既丘墟，史亦芜茀"①的感叹。因为史料不足，辽史文学列传显得阙略粗疏。清代乾隆以降，有志于修补辽史的学者从笔记小说、稗史家乘、墓志碑刻中搜录出了一些辽人诗歌作品，加上近年考古发掘，可以知道从辽初东丹王父子到圣宗、兴宗、道宗乃至王公贵族，都能够搦笔擘笺，写出清新流畅的诗词。可见辽朝社会契丹上层教育非常普及，文化水平还是相当高的。

辽朝的文学家们重视吸收汉文化的精华，能够熟练地用汉、契丹文字写作。如辽太祖长子东丹王耶律倍博通古今，工辽、汉文章，知音律，善诗歌，精通绘画、医药，是一位才华出众的契丹诗人、画家。他因在王位继承问题上受到胞弟耶律德光的猜忌，忿而出走，投奔后唐。临行前，他写了一首《海上诗》："小山压大山，大山全无力。羞见故乡人，从此投外国。"② 这首五绝虽算不上上乘之作，但是其中流露出来的抑郁愤懑情绪，还是很值得同情的。投奔后唐后，他颇为推崇唐代大诗人白居易，并自称"乡贡士黄居难，字乐地"。此外辽朝统治者如圣宗、兴宗、道宗祖孙三代于政事之暇在文学上皆造诣颇深，在他们的倡导下，辽朝朝野都雅好诗词，城市普通居民所创作的谚语、歌谣等口头民间文学也具有一定的价值，使辽朝文学出现了一个新局面。

3. 绘画艺术的发展

契丹建国之初，因五代之乱而投辽的文人不少，这些文人参与了契丹的政治、经济和文化事业，从而加速了契丹族吸收汉族文化的过程，这在艺术方面得到了反映。有辽一代，在绘画与雕塑方面不仅出现了具有不小成就的艺术家，而且也流传下来不少艺术作品，为后世研究契丹文化发展提供了较为丰富的文献资料和实物。

卷轴画与壁画：辽王朝在中央翰林院设立了画院，设翰林画待诏，专门为宫廷作画，同时在辽朝皇帝、大臣中也有不少善画之人。辽太祖长子耶律倍是辽有名的画家，辽圣宗耶律隆绪和兴宗耶律宗真也善于绘画。另外，耶律题之、陈升、耶律仁先、萧严寿、胡瓌父子和陈先等人也是辽朝知名的画家。据《辽史》，这些人多以画鞍马和蕃部人物见长，说明他们大多是民族画家，他们的画多以当时北方草原游牧民族的生活为题材。壁画是辽朝绘画艺术的另一种形式，主要有墓室壁画，涉及衣食住行、文化娱乐、狩猎、放牧、出行、归来、四季景色、天文图像等内容，其篇幅之宏大，内容之丰富，目前被发现的数量之多，是中国古代任何一个朝代都难以相比的。

雕塑与乐舞：辽朝的雕塑作品也有不少被保存至今，是经过艺术家精心制作的立体艺术品，大多被保存在石窟、寺庙和古代建筑中。在辽朝石雕艺术作品中，时代较早又有纪年的是一尊佛像，于1956年在辽中京城址内出土。佛像为砂岩圆雕，高40厘米，身披袈裟，结跏趺坐。佛像目微下视，表情严肃而慈祥。在背光两侧

---

① 陆心源：《皕宋楼藏书志》卷十九，光绪万卷楼藏本。
② 叶隆礼：《契丹国志》卷十四《诸王传·东丹王》，上海古籍出版社，1985年，第151页。

刻有汉字：应历七年正月，功德主王进卿妻张氏全家供养。① 辽朝乐舞，形式多样，种类繁多，有国乐、雅乐、大乐、散乐、铙歌及横吹。其中雅乐是自辽太宗大同元年（947）入汴掠后晋太常乐谱、宫悬、乐架而发展起来的，多被用于皇帝继位、皇后册封及重大祭祀活动中。散乐是晋伶人刘昫带来并发展起来的。散乐与百戏、角觝、戏马等，多在宴庆等重大场合出现。不少辽朝石刻、绘画中的以乐舞为内容的作品表明辽朝乐舞已形成演奏的固定形式，并与中原地区的散乐类似，同受唐文化的影响。

4. 科学技术的发展

辽朝建立之前，契丹人长期过着逐水草而居的游牧生活。辽朝建立后，其与中原文明的交流不断加深，契丹政权统治下的汉人不仅给城市物质生活带来了生机，向契丹牧民传授了大量农耕与手工业技术，还带来了先进的科学技术，推动了契丹文明的发展。

在历法方面，辽朝采用中原历法。大同元年（947），"太宗皇帝自晋汴京收百司僚属伎术历象，迁于中京，辽始有历"②，此次传入辽的是乙未元历。后来在圣宗时，辽朝又引进了大明历。天文学方面，目前所见的资料仅有河北宣化辽墓中所绘制的星象图，宣化星图构图相当完善优美，它以中国二十八宿为主，吸收了巴比伦黄道十二宫。③ 这幅星象图是中外天文学史上的重要成果，从一个侧面反映了辽朝天文学的成就。医学方面，随着契丹人与汉族人民的广泛接触，汉族的医学也流传到了契丹地区，为契丹人民所广泛应用。契丹人耶律庶成和吐谷浑人直鲁古对推广汉族先进的医学曾做出了一定的贡献。耶律庶成颇精医学，察形色就能知道病原，虽不诊病，却有十全功，可见其医术是相当高超的。直鲁古也精通医学，曾撰脉诀针灸书行于世。

在国家政权稳定、社会经济向前发展、各民族人民融合交流等因素推动下，辽朝城市的社会生活不断丰富。辽朝社会文明的进步是不同文明之间相互碰撞和交流的必然结果，对中原文化的吸收使辽朝的物质生活与精神生活更加丰富。

---

① 任崇岳等：《中国文化通史·辽西夏金元卷》，北京师范大学出版社，2009年，第309页。
② 脱脱等：《辽史》卷四十二《历象志上》，中华书局，1974年，第517页。
③ 河北省文物管理处、河北省博物馆：《河北宣化辽壁画墓发掘简报》，《文物》，1975年第8期。

宋辽夏金卷

第三篇

西夏城市发展与社会变迁

由党项族建立的西夏王朝在中国的西北地区存在了近两个世纪。党项族作为中华民族的重要成员,在中国中古时期创造出灿烂的文明,促进了中华民族多元一体格局的形成,我们应重视对党项族历史文明进程的研究。西北地区一直是具有重要军事地位的区域,中原王朝大多在此设有城市,用以防御外敌入侵。党项族作为游牧民族的代表,长期生息繁衍在西北地区,并于隋唐时期发展壮大,成为一股不容忽视的势力。伴随着势力的进一步壮大,党项族内迁的进程不断推进,到唐贞观年间,居住在甘、川、藏交界的党项部落开始大范围内迁。在长期的迁徙、战争和部落之间的相互兼并中,党项拓跋氏逐渐强大。公元1038年,元昊建立西夏国,在中原农耕文明的影响下,西夏社会生产力不断发展,畜牧业、农业、手工业、商业经济进步,成为前期与北宋、辽抗衡,后期又与南宋、金呈鼎立之势的少数民族政权。然而元朝修宋、辽、金三史,却未能为西夏修一部专史,成为后人认识和研究西夏社会的重要缺憾。西夏作为少数民族政权,对中世纪西夏民众生产生活和区域发展是具有重要贡献的,研究西北城市发展史不能忽视此段历史时期的积淀,更不能淡忘这段历史。西夏国所辖地区大致包括今宁夏大部、甘肃西部、陕西北部和内蒙古、青海部分地区,是当今中国发展较为落后的西北地区,在区域发展不平衡成为时代特征的当今社会,如何充分认识落后地区的发展优势,利用资源创造后发契机,成为落后地区必须要重视的问题。中世纪的西夏社会,在先天不足的自然地理环境中,经过各族人民的共同创造,其社会经济取得了一定的发展,保障了西夏民众的基本生产生活,区域城市取得了进一步发展。西夏时期西北区域城市的发展,是历史上西北地区城市发展的重要阶段,为之后西北城市的发展奠定了历史基础,深入考察西夏时期的城市发展和社会变迁状况对于当今中国西北地区的城市发展具有重要的意义。

　　作为与辽、宋、金长期抗衡的政权,西夏创造了灿烂的民族文化,并最终融于中华文化圈中。党项族所建立的西夏国为西北地区城市经济的发展提供了政治保障,在游牧文明与农耕文明的不断交流、交汇、交融中,西夏的城市进一步发展,其城市社会生活变迁兼具党项族和汉族以及其他少数民族的多重文化特征。

　　西夏国的城市发展史不仅是中国西北城市发展史的重要阶段,也是中国城市发展史的重要组成部分。在五代十国以前,恶劣的自然环境和落后的社会经济条件使这个地区的城市发展水平较低。随着党项族的内迁和西夏国家疆域的不断扩大,西北地区的城市文明进入一个新的发展时期。党项族在充分吸收汉族建城的历史经验基础上，对所管辖的地区进行了大规模的开发，建立了数量众多的城市，并形成了城市行政等级体系。随着西夏政权的稳定，社会经济逐渐繁荣，城市工商业也不断发展，城市行政管理趋于规范，推动了西夏城市文明的历史进程。但受自然地理环境和经济发展水平等因素的影响，西夏城市的发展极不平衡。同其他游牧民族建立的国家一样，西夏的城市发展也深受中原城市文化的影响，体现出多民族融合的特征。西夏虽然为党项族所建，但在建国的过程中，西夏统治者十分重视吸收中原文化，并重用部分汉人。随着西夏疆域的扩大，越来越多的汉族人居住在西夏，并在西夏城市发展过程中打下了他们的烙印，从而使西夏城市呈现出多元文化的特征，可以说西夏城市的发展始终贯穿着游牧文明与农耕文明的不断交融。

第一章　西夏自然地理环境、社会经济环境与早期城市的发展

城市作为聚落的高级形态和地理空间，是人和自然的共同系统[①]，是各种自然因素和人类经济活动综合作用的结果。城市的兴起和发展需要具备一定的客观条件，需要遵循自然地理法则。本章主要考察影响西夏时期城市发展变迁的自然地理环境及社会经济环境，以及西夏国建立之前的早期城市的发展。

第一节　自然地理环境、社会经济环境的变化与城市的兴起

自然地理环境对城市的兴起与发展的影响十分重要，"当历史发展到一定阶段后，城址的选址受政治、经济、军事及自然等多种因素的综合影响，但在最初的时候，自然环境是起决定作用的首要因素"[②]，特别是对于古代城市，自然地理环境的影响更为重要。西夏城市的兴起与发展受自然地理环境的影响。除了自然地理环境外，社会经济的变化对于城市的影响也十分巨大。党项族长期的游牧生活制约了城市的建立，而长期的战争和军事活动也对城市产生了重要的影响。

一、自然地理环境对西夏城市的影响

元昊建立西夏国初期，其疆域"东据河，西至玉门，南临萧关，北控大漠，延袤万里"[③]，包括今宁夏大部、甘肃西部、陕西北部和内蒙古、青海省的部分地区。根据现代科学的测量，西夏国所在地理位置大致相当于东经93°～111°、北纬36°～43°，位于亚洲内陆东部边缘，是中国西北边疆的重要组成部分。该区域位于干旱半干旱地区，冬季受西北干寒季风影响，夏季是东南温湿季风所及的末端地区，是典型的大陆性气候，降水稀少，且集中在夏季，蒸发量很大，故西夏的水资源主要靠境内河流提供。黄河作为西北地区的母亲河，其干、支流贯穿西夏境内，为干燥

[①] 鲜肖威、张林源、艾南山、W. Wöblke：《自然地理、人文因素演变与城市聚落发展的关系——以兰州河谷盆地为例》，《地理科学》，1983年第4期。
[②] 田银生：《自然环境——中国古代城市选址的首重因素》，《城市规划汇刊》，1999年第4期。
[③] 顾祖禹：《读史方舆纪要》卷七《历代州域形势七》，中华书局，2005年，第320页。

的西北增添了大量可用水，滋润着西夏无数山地牧场和河谷平原民众的生活。同时，祁连山等高山积雪融水形成石羊河、疏勒河、黑河等河流，灌溉西夏境内大片绿洲，为居民提供发展畜牧业和农业的生态环境。水作为生命之源，供养着居民的生产生活，城市作为人口高度集中的聚落，其建城选址大多在具有良好水文条件的地区，西夏疆域内的城市也不例外，无论是城市的整体空间分布状况，还是单个城市的选址，都具有明显的沿黄河及其支流水系分布的特点。

西夏的地形地貌特征在一定程度上也对城市的选址产生了影响。西夏疆域内的地形以昆仑山系东端山脉及其余脉为骨架，在山脉间错落着大小不等的高原、峡谷、平原、盆地，共同构成西北地区起伏不定、变化多端的地表形态。青藏高原北麓的祁连山山脉是昆仑山系向东方的延续，在祁连山下，大片绿洲串联，绵延千里，形成著名的河西走廊。绿洲和冲积平原为西夏人口的繁殖和社会进步提供了一定的水资源和优越的地理条件。

西夏国境内以山地为主，在黄河及其支流的冲积下，形成了水土资源较好的冲积平原地带，为城市的选址提供了良好的水地条件，同时亦是城市的天然屏障，提供了保卫城市的便利，加强了城市的防御能力。在今内蒙古济纳旗和阿拉善旗境内，分布着大面积的沙漠和戈壁，植被稀疏。这些沙漠和戈壁中亦形成了部分绿洲和草滩，是较为重要的畜牧场所。可见，在以山地、荒漠为主的西夏国境内，一些水地条件较为优渥的绿洲、草滩、冲积平原等，成为民众进行农耕事业和生产生活的最佳选择，同时，也是西夏建立城市的最佳选择。

就气候条件而言，西夏处于地球上的荒漠气候带，不利于城市的发展。从欧亚大陆两岸登陆的海洋湿润气流，历经中国西北山脉的抬升和长途跋涉，空气含水量锐减，外加在山脉背风面持续增湿，气流下沉，长此以往，我国西北地区便形成了干燥少雨、气温差别大、风沙活动频繁的温带荒漠气候。在这种气候下，植被稀疏、生态脆弱是可想而知的。长期以来西夏的经济都是单一、落后的畜牧经济，这与其处于荒漠气候地带有很大的关系。气候的恶劣严重影响着西夏民众的生产生活，更是限制着西夏城市社会的发展。

总的来说，西夏由于地处西北地带，气候干旱，域内多山地荒漠，自然环境相对恶劣，不利于城市的发展。但黄河及其支流冲积形成的冲积平原和绿洲为西夏国城市的产生提供了选址条件，特别是西夏都城及地方重要城市的选址都是在水地条件相对较好的平原和绿洲地带。同时，由于西夏疆域辽阔，在不同的自然条件下形成不同的经济形式，经济形式的差异影响了西夏内部区域的发展程度，体现了自然地理环境对城市兴起和发展的影响。

古代社会，生产力水平低，物质紧缺，自然灾害频发，民众抵御灾害的能力很弱。频繁的自然灾害不仅制约社会经济的发展，而且还渗透到社会生活的各个层面，阻碍区域城市的发展。

西夏国所处的西北地区历来就自然灾害频发，见诸史书的自然灾害有干旱、风沙、地震、蝗虫、水涝、霜等，其中旱涝灾害最为频繁。频繁的自然灾害给西夏民众的生产生活造成巨大损失，导致饥荒经常发生。如公元1176年，"秋七月，旱。蝗大起，河西诸州食稼殆尽"[1]；旱灾年年有，二年遇中旱，三年有大旱，十年遭大难（指特大旱）。[2]

宁夏平原因有黄河流经，河渠众多，故较少受到旱灾的威胁，但也正因为黄河的流经，使该地成为河水泛滥的主要区域。据记载，公元1061年"七级渠泛滥，灵、夏间庐舍、居民漂没甚众"[3]，西夏贞观十一年（1111年）八月"夏州大水。大风雨，河水暴涨，汉源渠溢，陷长堤入城"[4]，可见宁夏平原地区的城市常受到水涝的严重威胁。受西北地区大陆性季风气候的影响，加之西北较多地区植被稀疏、土质疏松，一遇雨季，便易诱发水灾。如宋真宗大中祥符九年（1016），"七月，延州洎定平、安远、塞门、栲栳四砦山水泛滥，坏堤、城"[5]，类似的水灾记载还有很多。

西夏社会抵御自然灾害的能力极差，面对频发的灾害，往往缺乏有效的防范和抵御措施，反而是在饥荒面前，对资源进行过度的开发，破坏生态环境，形成恶性循环，这给西夏的民众带来深重的灾难，阻碍了社会经济的发展，影响了区域城市的发展进程。

就经济基础而言，西夏民众的社会生活基本仰仗于农业、牧业两大生产部门，因西夏王朝物质储备不足、交通运输手段落后，以及灾害发生时转移人口的能力差等，使西夏承受灾害的能力薄弱，频繁的自然灾害成为社会经济进一步发展的阻力。

总的来说，因多种自然灾害的频繁发生，外加与中原王朝和周边民族政权的冲突及战争的破坏，导致原本脆弱的西北生态环境和植被受到更加严重的破坏，使一些土壤较为肥沃的区域难以发挥其应有的优势，社会经济环境和城市发展进程受到极大限制。同时，因自然灾害引发的饥荒、人畜死亡、社会动荡等现象，又进一步影响了西北地区民众的生产生活，成为区域城市发展落后的历史原因。

二、社会经济环境与城市发展

城市是人类活动密集的聚落。西夏所处的西北地区，历史上一直都是发展相对落后的地区，游牧是其地人民主要的生活方式。唐代中后期，随着拓跋氏势力的增强，拓跋氏的领导者不断在上层领域进行系列改革，为西北区域的城市发展提供了必要的社会经济环境的保障，推动了西北地区城市社会环境的改善，为西夏城市的整体发展奠定了基础。

---

[1] 吴广成撰，龚世俊等校：《西夏书事校证》卷三十八，甘肃文化出版社，1995年，第443页。
[2] 横山县志编纂委员会：《横山县志》，陕西人民出版社，1993年，第104页。
[3] 吴广成撰，龚世俊等校：《西夏书事校证》卷二十，甘肃文化出版社，1995年，第235页。
[4] 吴广成撰，龚世俊等校：《西夏书事校证》卷三十二，甘肃文化出版社，1995年，第370页。
[5] 脱脱等：《宋史》卷六十一《五行志》，中华书局，1985年，第1325页。

(一) 游牧生活对城市的影响

西夏王朝的主要民族是党项族，《隋书》载："党项羌者，三苗之后也。其种有宕昌、白狼，皆自称猕猴种。"[1] 党项族作为我国古老的民族之一，长期生息、繁衍、活动于西部地区，《旧唐书》载："党项羌，在古析支之地，汉西羌之别种也。魏、晋之后，西羌微弱，或臣中国，或窜山野。自周氏灭宕昌、邓至之后，党项始强。"[2] 党项族是以游牧为主，而游牧为主的社会生活制约了城市的兴起与发展。

《旧唐书》关于早期党项族民众社会生活的记载为："其种每姓别自为部落，一姓之中复分为小部落，大者万余骑，小者数千骑，不相统一。有细封氏、费听氏、往利氏、颇超氏、野辞氏、房当氏、米擒氏、拓拔（跋）氏，而拓拔（跋）最为强族。俗皆土著，居有栋宇，其屋织牦牛尾及羊毛覆之，每年一易。俗尚武，无法令赋役。其人多寿，年一百五六十岁。不事产业，好为盗窃，互相凌劫。尤重复仇，若仇人未得，必蓬头垢面跣足蔬食，要斩仇人而后复常。男女并衣裘褐，仍披大毡。蓄牦牛、马、驴、羊，以供其食。不知稼穑，土无五谷。气候多风寒，五月草始生，八月霜雪降。求大麦于他界，醖以为酒。"[3]

可见，早期党项族人还处于原始社会氏族部落时期，其按照氏族分化出家族并结为部落，以家族姓氏为部落名称，且各部落不相统属。游牧是其主要生活状态，民众生活居无定所，房屋"每年一易"，其所居住的"栋宇"只是由牛、羊毛覆盖的简易毛毡屋，并没有开始定居生活。同时，早期党项族人由于生活于高寒地区，"不知稼穑，土无五谷"，农业生产条件先天不足，导致其农业很不发达，生产生活主要以畜牧业为主，这是游牧民族共有的特征。从"求大麦于他界，醖以为酒"的记载可以看出，早期党项族已经有对外贸易活动，主要表现为朝贡，如隋大业五年（609），隋炀帝西巡狄道（今甘肃临洮）时，党项前来进贡方物[4]；唐高祖武德二年（619），党项与吐谷浑并遣使朝贡[5]；武德九年（626）又遣使朝贡[6]。朝贡的目的除了表示外交上的臣服，最主要的还在于交换产品。西夏族畜牧业发达，但缺乏必要的其他生产生活用品，必须通过交换的方式来满足其对农业和手工业产品的需求。

交换的出现，说明党项族开始出现剩余产品，西夏逐步由氏族部落社会向有阶级的社会过渡。安史之乱后，唐王朝组织党项族内迁，主要迁往以银州、夏州、灵州和延、绥二州为主的地区，党项族的内迁为其在河西地区的统治奠定了基础。

---

[1] 魏徵等：《隋书》卷八十三《党项传》，中华书局，1973年，第1845页。
[2] 刘昫等：《旧唐书》卷一百九十八《党项羌》，中华书局，1975年，第5290页。
[3] 刘昫等：《旧唐书》卷一百九十八《党项羌》，中华书局，1975年，第5290—5291页。
[4] 魏徵等：《隋书》卷三《炀帝纪上》，中华书局，1973年，第73页。
[5] 王钦若等编纂，周勋初等校定：《册府元龟》卷九百七十《外臣部·朝贡三》，凤凰出版社，2006年，第11227页。
[6] 刘昫等：《旧唐书》卷二《太宗纪》，中华书局，1975年，第32页。

总的来说，早期党项族以游牧为生，定居和农耕生活出现较晚。内迁后的党项族虽生产生活水平部分得到提升，但相较于农耕经济发达的中原地区而言，其社会发展各方面仍很落后。李继迁祖孙三代占据河套平原和河西走廊后，在宋朝政府的扶持与帮助下，党项族农业得到大幅度的发展，大部分西夏人开始定居，转向农耕生活，随着定居现象的大量出现，西夏统治者逐渐将城市建设提上议程。

（二）畜牧业经济对城市的影响

经济的发展与城市的发展互为推动力。畜牧业作为党项族传统的生产业，是在西夏占据主要地位的经济形式，长期从事畜牧业的经验为西夏国建立之后的畜牧业的进一步发展奠定了基础。

西夏历来以畜牧立国，统治区域的扩大，使西夏新增了更多天然的牧场，对畜牧业的组织管理也受到统治者的重视。史载"夏之属土，广长几千里，皆流沙。属民皆杂虏，虏之多者曰党项，相聚为落于野曰部落。其所业无农桑，事畜马牛羊橐驼"[1]。西夏统属的大部分地区以畜牧业为主要经济支柱，其农桑之事受自然环境和生产经验的限制，出现时间相对较晚。

以河西走廊为中心的今敦煌、酒泉、张掖、武威等地区，自古就是著名的牧区。河西走廊东部的凉州，素有"畜牧甲天下"的称号。皇祐三年（1051），辽兴宗三路伐夏，"北路兵至西凉府，获羊百万，橐驼二十万，牛五百"[2]，可见凉州畜牧业兴旺发达之况；相关文献亦载"瓜、沙诸州素鲜耕稼，专以畜牧为生"[3]。河套地区也是畜牧业较为发达的区域。河套南部的银、夏、盐州一带，降水稀少，除大部分为沙地外，地面亦多生牧草，活跃在这些地区的内迁党项族长期以游牧为生，西夏国建立后亦是如此。成吉思汗"攻银州，克之，斩首数万级，获牲口马驼羊牛数十万"[4]，20世纪70年代发掘的西夏皇陵以及省嵬城遗址中大量马、羊、牛、骆驼等畜骨的出土，都进一步证实了西夏社会经济中畜牧业的重要地位。

夏州政权时期，西夏统治者虽占领银、夏、绥、宥等州，但除宥州农桑之事较为发达以外，其余地区均"地不产五谷"[5]，农业在西夏的社会经济中不占重要地位。李继迁占领灵州、兴州地区，其"地方千里，表里山河，水深土厚，草木茂盛"[6]。得益于优越的自然条件，被称为"塞上江南"的兴灵地区的农业获得了长足发展，居住在此的党项人开始了农耕生活。同时，部分党项人开始与汉人杂居，有了固定的活动区域，随着与汉人生产生活经验交流的加深，部分党项人逐渐学会了农耕技术，进入半农半牧的生活状态。

---

[1] 董诰等：《全唐文》卷七百三十七《沈亚之》，中华书局，1983年，第7613页。
[2] 李焘：《续资治通鉴长编》卷一百六十八"仁宗皇祐二年三月庚子"条，文渊阁《四库全书》本。
[3] 吴广成撰，龚世俊等点校：《西夏书事校证》卷三十二，甘肃文化出版社，1995年，第370页。
[4] 宋濂等：《元史》卷一百一十九《孛鲁传》，中华书局，1976年，第2936页。
[5] 脱脱等：《宋史》卷三百二十五《刘平传》，中华书局，1985年，第10502页。
[6] 李焘：《续资治通鉴长编》卷四十四"咸平二年六月戊午"条，文渊阁《四库全书》本。

从以上分析可知,西夏早期社会主要以畜牧业为主,农业不发达,但随着社会的进步,西夏农桑事业得到很大的发展,社会经济进步很大,形成了畜牧业与农业共同发展的社会经济形式。农业经济在西夏经济中所占比重的上升,不仅仅反映了经济结构的变化,也是社会进步的重要标志。

早期党项人住毡帐、衣裘褐,以制作毡毯和纺织毛褐为主的家庭手工业早在西夏建国前就很发达,但这时的手工业生产较原始,多为畜牧业的副业,并没有形成独立的生产部门,冶金、制砖瓦、印刷等手工业生产部门主要是在西夏建国以后才发展起来的。西夏牲畜皮毛原料丰富,利用其制作的生产生活用品是西夏家庭手工业产品的主要部分,如衣服、巾帽、毛毡等。除此之外,因战事的需要,西夏也很重视兵器制造业的发展,冶炼技术较为先进,其中箭、枪、剑、铠甲、斧、刀等装备是其冶炼业的主要产品,且质地良好。如田况在《兵策》中赞美西夏的铠甲曰:"今贼甲皆冷锻而成,坚滑光莹,非劲弩可入。"[1] 西夏宝剑亦闻名中原,宋人多以拥有西夏宝剑为荣,连宋钦宗亦曾"佩夏国宝剑"[2]。可见,西夏兵器制造业已具有一定的水平,所造产品质量好,实用性强。西夏民众从事手工业生产,但这些手工业生产大多是为了满足统治阶级对奢华生活的追求及战争的需要,涉及普通民众生产生活需要的并不多。

以畜牧业为主要经济形式的党项族迫切需要与中原宋王朝换取农副产品与手工业品,经济发展的不平衡性与畜牧经济的单一,使对外贸易成为必然,特别是对宋王朝贸易的需求尤为迫切。宋夏贸易主要有四种形式,即榷场贸易、和市贸易、贡使贸易、走私贸易。西夏输出的物品主要为牲畜、药物、皮毛制品、金银制品、青白盐、珠宝琥珀、玉石等;输入的物品主要有丝麻织品、茶叶、铜铁、粮食、瓷器、图书、衣物用品等。西夏输出的物品以原料为主,输入的以加工成品居多,这也从侧面反映了宋夏两国社会生活水平和生产力的发展状况。除了与中原宋王朝的对外贸易往来,西夏与周边的其他少数民族政权亦保持了一定的外交和经济来往。辽与西夏是政治上的盟友,除了战争期间,两国都保持了固定的贡使贸易。辽在西京西北的天德、云内、银瓮口等地设置了交易场所,以开展同西夏、鞑靼等的对外贸易,"契丹时亦置市场,唯铁禁甚严"[3]。同时,西夏与金的对外交往也以传统的贡使和榷场贸易为主。西夏与辽、金等少数民族政权的贸易,虽不及其与宋王朝的贸易频繁,但仍实现了部分商品的互通,实现了短暂的经济交流,促进了西夏城市社会的发展。

(三) 长期战争与军事活动对城市的影响

长期的军事战争不利于城市的发展。西夏所处的地区是游牧民族与农耕民族交

---

[1] 李焘:《续资治通鉴长编》卷一百三十二"庆历元年五月甲戌"条,文渊阁《四库全书》本。
[2] 脱脱等:《宋史》卷三百七十一《王伦传》,中华书局,1985年,第11522页。
[3] 宇文懋昭撰,崔文印校证:《大金国志校证》卷十三《海陵炀王上》,中华书局,1986年,第186页。

错分布的地带，自古便受到中原王朝的重视，历代定都于关中的中原王朝都致力于将其建设为保护中原的屏障。唐朝末年，拓跋思恭在镇压农民起义中发挥了很大的作用，唐王朝赐其国姓，并升任其为定难节度使，辖夏、银、绥、静、宥之地，自此，党项拓跋部成为名副其实的唐朝藩镇，割据一方。五代时期，拓跋思恭及其后嗣不断扩大自己的势力，且加入争夺西北控制权的战斗中，党项人内部纷争不断。

元昊建立西夏以后，西北地区长期陷于战争或战备状态，形势紧张。在元昊建国后的数年之间，宋夏展开了多次战役，以三川口、好水川和定川寨等战役最为著名，造成双方人民的大量伤亡，破坏了社会生产生活秩序，导致了周边城镇的凋敝。公元1044年的宋夏和议为两国带来了短暂的和平，随着双方关系的不断紧张，宋夏战争再次打响，边地陷入混战，特别是宋夏边境的横山地区，在长期战争的摧残下，城镇被毁，民生凋敝。

总的来说，党项族作为尚武的民族，其好战的民族特性以及渴望控制更大疆域的利益驱动，使西夏所处地区时常处于战争或备战状态，形势紧张。伴随着战争的进行，必定带来大量人力、物力和财力的消耗，且战争劫掠之地，必然是民不聊生、生产停滞，更不用说经济文化的发展，西夏时期长期频繁的军事活动严重阻碍了西北区域城市的发展。

第二节 早期城市的发展

早期党项族过着逐水草而居的游牧生活，社会结构以氏族部落为单位，内迁之前，主要在今甘、川、藏三省交界地带活动，没有出现统一的领导者。隋唐时期，在中原王朝的组织下，党项族不断内迁，并逐步占领原为汉族人、回鹘人等居住地的河南、河西地区。迁徙到黄河以南地区的党项人一般以部落为单位，他们迁入新居住地以后，唐朝政府在此设置羁縻府州对其加以管理。河西地区于北宋初年被党项族控制，对河西地区的控制加快了西夏国建立的步伐，为元昊立国奠定了疆域基础。本节主要考察党项族内迁以后对河南地区的管理，以及西夏立国之前河西地区的城镇发展。

一、党项族内迁对河南地区的管理

党项族是羌族的一支，早期居住在"东接临洮、西平，西距叶护，南北数千里，处山谷间"[①]的广大地区，即今天青海境内祁连山以南和甘肃西南部洮河上游、西边阿尔金山一带。[②]唐朝初年，党项族的势力有所扩展，逐步从今甘、川、

[①] 魏徵等：《隋书》卷八十三《党项传》，中华书局，1973年，第1845页。
[②] 汤开建：《隋唐时期党项部落迁徙考》，《暨南学报》，1994年第1期。

藏三省毗连的"山谷间"迁往贺兰山以东的黄河以南地区。其所迁入地区主要包括宁夏平原地区和黄土高原中部偏东的横山地区，该区域在古代社会一直是中原农耕民族与北方游牧民族居住区之间的交错地带，农牧皆宜的自然环境和多民族杂居的地缘特征，使该区域在整个古代社会中占有极为重要的政治和军事地位，历代统治者皆重视对其的控制和管理。

因北方的突厥、回鹘、党项等少数民族政权相继强盛，对中原王朝的政权造成威胁，唐朝统治者设置各级城镇以巩固自己对这一地区的统治。党项族内迁以后，唐朝统治者对其采取"招抚"的政策，在党项诸部居住地设置羁縻府州进行管理。设置羁縻府州是唐对内迁的党项族采取怀柔政策的具体措施，羁縻府州由节度使统领，在大体以部落为基础而设置的府州内，唐廷任命部落首领担任府州都督、刺史，且准其世袭。这种羁縻府州政策不同于内地的州郡管理，《新唐书·地理志》载："唐兴，初未暇于四夷，自太宗平突厥，西北诸蕃及蛮夷稍稍内属，即其部落列置州县。其大者为都督府，以其首领为都督、刺史，皆得世袭。虽贡赋版籍，多不上户部，然声教所暨，皆边州都督、都护所领，著于令式。"[1] 党项羁縻州府的情况大多为"界内虽立县名，无城郭居处"[2]，只有少数州县有版籍户口，但也不上报户部，绝大多数州县是无版籍户口的。

安史之乱以后，唐统治者开始在各地设置节度使辖区，其中的灵武节度使和夏绥银节度使主要负责管理内迁党项族所占领的陕北地区。党项族夏州割据政权以中原王朝节度使的身份占领并统治该地区，成为藩镇。节度使是夏州政权的最高长官，下辖州县官。元和八年（813）夏绥银节度使驻夏州，统夏州、绥州、银州、盐州等州城，且州城下辖县，其中夏州辖德静、宁朔两县，绥州辖延福、绥德、城平、大斌四县，银州辖真乡、开光、抚宁三县，城市体系完善。可见，唐朝时期内迁的党项部落在汉地城市的基础上，以地方行政管理者的身份对河南地区进行管理，促进了区域开发，并为西夏国统治该地区奠定了基础。

唐亡以后，中国进入分裂割据的五代十国时期，党项诸部分布地域分属于不同的割据政权，夏州拓跋氏是其中势力最大的一支，成为中原政权不可轻视的政治力量。从李继迁开始，党项族陆续修建城镇堡寨，史料记载"继迁招纳叛亡，建立州城"，以为"且耕且战之基"[3]。在李继迁等统治者的努力下，西夏的社会经济得到发展，军事实力增强，"国家累世经营，规模宏远"[4]，为元昊称帝奠定了坚实基础。但总的来说，夏州政权强大以后，由于中原内乱，河南地区的城市在党项部落统领下，发挥着单一的军事防御和交通枢纽的功能，并没有具备发展城市的综合能力。

---

[1] 欧阳修等：《新唐书》卷四十三《地理志七》，中华书局，1975年，第1119页。
[2] 李吉甫：《元和郡县图志》卷三十九《陇右道上》，中华书局，1983年，第1001页。
[3] 李焘：《续资治通鉴长编》卷五十"咸平四年十二月丁卯"条，文渊阁《四库全书》本。
[4] 吴广成撰，龚世俊等点校：《西夏书事校证》卷十一，甘肃文化出版社，1995年，第134页。

二、河西地区早期城镇的发展

宋初，党项族首领臣属于宋朝，到李继迁时期公开抗宋，其势力不断强大，并要求自立。宋真宗咸平六年（1003），党项族占领凉州；天禧四年（1020），李德明将统治中心移往贺兰山麓的怀远镇，改称兴州；天圣六年（1028）攻取甘州；公元1036年攻克肃、瓜、沙三州，完全占据河西走廊。至此，河西走廊地区进入被党项族完全统治并取得快速发展的两个世纪。

河西地区的城市发展具有悠久的历史，始于汉武帝开发西域时期。汉武帝时期，政府在河西设置郡县，"初置酒泉郡，后稍发徙民充实之，分置武威、张掖、敦煌，列四郡，据两关焉"[1]。同时，汉在河西地区进行营田，并设置使者校尉统领保护营田之事，此后河西地区成为中原王朝向西发展的重要通道。历代中原王朝都十分重视对河西地区的经营，正如《读史方舆纪要》中所言："欲保秦、陇，必固河西；欲固河西，必斥西域。"[2]

五代时期，凉州地区作为汉、吐蕃、党项等诸族杂居之地，其"东至故原州一千五百里，南至雪山、吐谷浑、兰州界三百五十里"[3]。可见，此时的凉州已是具有一定的人口规模和完整城市建置的城市。凉州以西的甘州，"东至黄河，西至雪山，有小郡数百，甲马甚精习"[4]，是回鹘的势力范围。这一支回鹘人被称为"甘州回鹘"。甘州以西，瓜、沙二州被原唐末河西节度使张议潮的后代所控制，唐宣宗大中二年（848），其"领河沙甘肃伊西等州观察、营田处置使"[5]。

可见，早在汉唐时期，河西地区就在中原王朝的统治下得到开发建设，地方行政建置完备。党项族内迁后，于宋朝初期渐渐占领河西地区，并将该地作为西夏立国的战略后方和重要基地。

总的来说，党项族作为具有悠久历史的民族，随着势力的扩展，其不断由早期活动的今川、甘、藏交界地带内迁到汉族统治下的河南、河西地区，以地方管理者的身份统治汉地城市，这些都为西夏发展经济、管理和建设城市奠定了基础。

---

[1] 班固：《汉书》卷九十六《西域传》，中华书局，1962年，第3873页。
[2] 顾祖禹：《读史方舆纪要》卷六十三《甘肃镇》，中华书局，2005年，第2972页。
[3] 李焘：《续资治通鉴长编》卷三十九"咸平元年十一月丙辰"条，文渊阁《四库全书》本。
[4] 脱脱等：《宋史》卷四百九十《回鹘传》，中华书局，1985年，第14115页。
[5] 脱脱等：《宋史》卷四百九十《沙州传》，中华书局，1985年，第14123页。

第二章 西夏城市的发展

公元1038年元昊称帝建西夏，成为当时能与宋、辽抗衡的势力。元昊建立西夏，是民族大冲突、大融合的结果。西夏立国后采取的一系列措施，促使境内少数民族与汉族杂居，并逐步实现了部分汉化，为历史上西北区域城市的发展提供了必要的条件。本章主要从西夏时期城市行政区划、城市数量变迁以及都城和地方重要城市的发展等着手，旨在剖析西夏国时期城市发展的整体概况。

第一节 城市行政体系的演变

政区是国家为行使权力和进行管理而划分的若干地域单位，具有较强的时代性和地域特征。"不同等级的地方行政区划与建置的治所，相对于本地区来说就是不同等级规模的城市。"[1] 政区的设置是城市建立的首要条件，也是城市发展的重要表现，考察西夏国时期城市的发展概况，需要先了解西夏时期地方行政区划制度。

一、地方行政区划与城市

按照距离都城的远近，从横向地理区划角度，可将西夏国所辖地区划分为京师、地边、地中三大区域。京师指京畿地区，范围包括中兴府、南北二县、五州各地县司。中兴府即西夏首都兴庆府，在今宁夏回族自治区银川市兴庆区；南北二县指的是治源县和华阳县，地理位置无从考证；五州各地县司指灵武郡、定远县、怀远县、临河县、保静县。西夏的边界地区被称为"地边"，京师和地边之间的广大区域为地中，地边和地中统称"边中"，与京师相对。西夏行政区划从纵向角度可分为府、州、郡、县、军、监军司、城、堡、寨。京师、地中、地边与州、郡、县、监军司等结合在一起构成了复杂的西夏行政区划。

根据《天盛改旧新定律令》卷十《司序行文门》所涉及西夏的府、州、郡、县、军、监军司、城、堡、寨等政区的情况，可见西夏的行政区划概貌。（见表2-1）

---

[1] 韩光辉、林玉军、王长松：《宋辽金元建制城市的出现与城市体系的形成》，《历史研究》，2007年第4期。

第三篇 西夏城市发展与社会变迁

表 2-1 《天盛改旧新定律令》所记载的西夏政区

府、州	郡、县	军	监军司	城、堡、寨
中兴府、大都督府、西凉府、府夷州、中府州、沙州、瓜州、夏州、宥州、龙州、绥州、银州、肃州、凉州、韦州	灵武郡、五原郡、华阳县、赤原县、定远县、怀远县、临河县、保静县、富清县、河西县、真武县	虎控军、威地军、大通军、宣威军、鸣沙军	石州、东院、西寿、韦州、卓罗、南院、西院、沙州、啰庞岭、官黑山、北院、年斜、肃州、瓜州、黑水、北地中、南地中	永昌城、开边城、寺庙山、永便、孤山、魅拒、末监、胜全、边净、信同、应建、争止、远摄、合乐、年晋城、定功城、卫边城、安持寨、绥远寨、西明寨、常威寨、镇羌寨、定羌寨、宣德堡、安远堡、讹泥寨

史金波、聂鸿音、白滨：《天盛改旧新定律令》卷十《司序行文门》，法律出版社，2000年，第362—379页。

由上表可知，天盛年间，西夏共有3府、12州、2郡、9县、5军、17监军司、26城堡寨。府、州是西夏的高级行政区划，其中中兴府是西夏都城，即今银川老城址。银川平原优越的地理环境和较为发达的农业基础和交通，是中兴府城得以兴起的基本条件。大都督府是元昊正式建立西夏之前的都城西平府，是在沿用唐代灵州大都督府的基础上发展而来的，位于今灵武县南部，是西夏国河东地区的经济、军事和交通中心。西凉府在今河西走廊东端的城市武威，该地的畜牧业闻名天下，物产丰富，是丝绸之路上的重镇，自古是河西要地。西夏时期的12州，除府夷州是位于今甘肃张掖的宣化府以及中府州是位于今内蒙古河套平原的高油房城址外，其他10州为西夏前期所据。《宋史·夏国传》记载西夏后期有22州，最多时可达30多个州，可见汉文文献与西夏文献的记载之间存在一定的出入，但可以肯定的是，西夏时期州制城市是存在的，且是其所辖地区内城市的重要类型。

郡在隋代之前一直是中国传统的地方行政区划，唐代将郡改为州，西夏仁孝时期保留了2郡。周振鹤认为：自唐乾元元年（758年）以后，郡作为某一级政区与地方行政组织的正式名称已经永远消失了，但作为雅称却一直保留下来。[①] 西夏设有灵武、五原2郡，其中灵武郡的地位与定远、怀远、临河、保静4县完全一致[②]，则此郡无特殊的意义，应该如周先生所言其名是一种雅称。灵武郡在河东，仁孝时期是京师的一部分，但赋税收入归大都督府转运司。[③] 有学者认为其大概是仁孝时期统治者为了铲除任得敬的分裂势力以及直接控制大都督府而将原不属于京师的灵武郡划归京畿。五原郡即西夏盐州，位于今陕西定边一带。县是古代中国社会最稳定的行政区划，唐五代时期，县隶属于州，大州之下一般有十几个县，小州亦有一二个县。唐代河西的凉、甘、肃、瓜、沙5州辖有15县，整个河套平原有

---

① 刘泽华主编，周振鹤撰：《中华文化通志·制度文化典·地方行政制度志》，上海人民出版社，1998年，第83页。
② 汪一鸣：《西夏京师政区的沿革地理讨论》，《宁夏大学学报》，2005年第3期。
③ 汪一鸣：《西夏京师政区的沿革地理讨论》，《宁夏大学学报》，2005年第3期。

10县，陕北、庆州、会州、原州等地也有不少县。到了天盛年间，西夏疆域内仅有9个县，可以看出西夏的政区划分是有其自身特点的。

军在唐代是驻兵之地，西夏时已成为地方行政区划。仁孝时期，西夏境内设17监军司。东院治大都督府；南院治西凉府，即右厢监军司；西院治府夷州，即甘肃监军司；北院治中府州，即黑山威福军司。监军司的治所许多是唐、五代州的治所。军、监军司是具有西夏特色的政区设置，其数目也随着西夏社会的发展而有所变化。

西夏文法典列举的城、堡、寨有26个之多，其中"守大城者，当使军士、正军、辅主、寨妇等众人依所定聚集而住"[①]，并且边界地区"检所"众多，有专门的主管，当敌人入侵，"来报堡城营垒军溜等时，州主、城守、通判、边检校、营垒主管、军溜、在上正、副溜等，当速告相邻城堡营垒军溜，及邻近家主、监军司等，当相聚"[②]，可见西夏时期的城、堡、寨有一定的辖区，并有固定的管辖制度，军事色彩浓厚，是依保卫边界的原则而建立的。

二、城市行政等级

《天盛改旧新定律令》还记载了西夏行政机构、地方州县的等级之别，规定了西夏官衙司署和州县的品第，记录全国官府分为上、次、中、下、末五品。（见表2—2）

表2—2 《天盛改旧新定律令》所记载的西夏地名

等级	西夏地名
上等司	无
次等司	中兴府、大都督府、西凉府、府夷州、中府州
中等司	鸣沙军、华阳县、赤原县、五原郡、虎控军、威地军、大通军、宣威军、边中监军司（石州、东院、西寿、韦州、卓罗、南院、西院、沙州、啰庞岭、官黑山、北院、年斜、肃州、瓜州、黑水、北地中、南地中）
下等司	定远县、怀远县、临河县、保静县、灵武郡、甘州、永昌城、开边城、寺庙山、真武县、西宁、孤山、魅拒、末监、胜全、边净、信同、应建、争止、龙州、远摄、银州、合乐、年晋城、定功城、卫边城、富清县、河西县、安持寨
末等司	绥远寨、西明寨、常威寨、镇羌寨、定羌寨、凉州、宣德堡、安远堡、讹泥寨、夏州、绥州
未列等级	宥州、永便

杨蕤：《〈天盛改旧新定律令·司序行文门〉所见西夏地名考略》，《历史地理》第二十二辑，上海人民出版社，2007年，第374页。

---

① 史金波、聂鸿音、白滨：《天盛改旧新定律令》卷四《弃守大城门》，法律出版社，2000年，第197页。

② 史金波、聂鸿音、白滨：《天盛改旧新定律令》卷十二《内宫待命等头项门》，法律出版社，2000年，第212页。

从上表可以看出西夏政区具有明显的等级，但并非严格的从属关系。这种等级关系我们根据杨蕤的观点，稍做调整后，大致概括为：三府两州—五军、十七监军司——般州县、边地城寨。三府两州居次等司；五军和十七监军司居中等司；一般州县、城、寨等居下等司和末等司。需要指出的是，这只是反映西夏政区等级的"大势"，并非是一一对应的关系。如同样是州、县、郡的区划，却分属于不同的等级。显然，西夏政区的层级关系并不是严格地按照府、州、县等级进行划分的，而是具有一定的灵活性。因此不能以中原政区中"郡—县"或"路—州—县"这样的行政层级逻辑来判断西夏政区的从属关系。可见，西夏政区的特点之一就是府、州、县等政区与军统政区（军、监军司等）杂糅在一起。因史籍乏载，要弄清楚西夏政区间的层级很不容易，只能根据《天盛改旧新定律令》做一些具体的分析和推断。① 总之，西夏的行政区划及行政等级属于上层建筑，是与境内的社会经济发展程度相适应的，同时还受多民族风俗习惯、文化水准等各方面因素的影响，其与中原王朝的建置有所不同。

总体而言，西夏时期的行政区划，横向上分为京师、地边、地中三大区域。区域内部的纵向行政区划，又分为府、州、军、县、监军司、城、寨、堡等，大致为在重要的城邑设府州；在自然条件相对较好的灌溉农业区设郡县；在军事要地和交通枢纽多设监军司；在边境地区多设城、堡、寨。府、州、郡县、监军司、城、堡、寨之间并非完全的从属关系，西夏城市行政建置层级并非严格按照中原地区府州、郡县之制而设，但深受其影响，具有明显的"府州县—监军司—城、堡、寨"三级结构。

第二节 城市的数量和规模变化

根据西夏的行政体系，可将西夏城市分为府、州、县、监军司、城、堡、寨聚落等，从这些类型城市可以看出，西夏时期的城市建置大多是根据当时的政治、军事以及经济环境的需要而确定的。根据对已有汉文和西夏文史料的解读，本节主要对西夏时期的城市数量和规模进行初步的探索。

一、州、县城市的数量和规模变化

元昊建立西夏之前，党项族已有夏、银、绥、静、宥、灵、盐、会、胜、甘、凉、瓜、沙、肃14州之地，出于政治上规制王畿、军事上增强防务的需要，西夏升一些重要的城镇为州，如洪、定、威、怀、龙皆由旧堡镇升为州。到公元1038年，西夏有22州，后因与周边政权的领土争夺，其疆域的变迁错综复杂，所统辖

---

① 杨蕤：《〈天盛律令·司序行文门〉与西夏政区刍议》，《中国史研究》，2007年第4期。

州城的数量也随之变化。我们根据周振鹤主编，李昌宪著《中国行政区划通史·宋西夏卷》整理为表2-3：

表2-3 西夏天授礼法延祚元年、贞观八年、人庆三年所辖州一览表

天授礼法延祚元年（1038）	贞观八年（1108）	人庆三年（1146）
兴州	兴州	兴州
静州	静州	静州
定州	定州	定州
顺州	顺州	顺州
怀州	怀州	怀州
永州	永州	永州
灵州	灵州	灵州
盐州	盐州	盐州
会州	会州（南部丧失）	西安州（原会州地，人庆三年得）
银州	银州（南部丧失）	银州
绥州	绥州（拱化五年失）	
夏州	夏州	夏州
宥州	宥州	宥州
洪州	洪州	洪州
龙州	龙州	龙州
威州	威州	威州
	石州（约于治平四年建）	石州
凉州	凉州	凉州
甘州	甘州	甘州
肃州	肃州	肃州
瓜州	瓜州	瓜州
沙州	沙州	沙州
	兰州（天授五六年得，大安七年失，未建州）	
		西宁州（正德五年至人庆四年间得，未建州）
		乐州（正德五年至人庆四年间得，未建州）
		廓州（正德五年至人庆四年间得，未建州）
		祁安城（正德五年后不久得）
胜州	胜州（天授六年，以后渐失）	胜州（元德八年始建复，未见建州
	丰州（天授四年得，未建州）	丰州（元德八年得，未见建州）

续表2-3

天授礼法延祚元年（1038）	贞观八年（1108）	人庆三年（1146）
		府州（大德八年得，未见建军）
天德军（正德元年后得，未见建军）		

周振鹤主编，李昌宪著：《中国行政区划通史·宋西夏卷》，复旦大学出版社，2007年，第705—706页。

从上表可知，随着疆域的变迁，西夏所辖州城的数量有所变化，但变化不大。州城由立国初的22个发展到贞观八年（1108）的25个，后因对河湟地区的占领以及部分州县的改置，发展为人庆三年（1146）的27个。虽然这只是对西夏部分年份的州城数量的统计，并且随着统治者的更替，州的建置有所变动①，但是从中仍可以窥见其州城数量变化幅度不大的情况。这也与西夏所处的地理位置有很大的关系。在自然环境相对恶劣的西北，西夏城市大多都是在原有城址的基础上简单发展，疆域的扩大是州城得以增加的最主要的原因。

天授礼法延祚元年（1038），西夏统辖22州，要考察州城的规模，可以从各州下辖政区情况入手。（见表2-4）

表2-4 天授礼法延祚元年西夏各州、县建置情况

州名	治所	领县
兴州	治怀远县（今宁夏银川市）	领1县：怀远
静州	治保静县（今宁夏永宁县东北黄河西）	领1县：保静
定州	治定远县（今宁夏平罗县姚伏镇）	领1县：定远
顺州	治灵武县（今宁夏永宁县西南）	领1县：灵武
怀州	治临河县（今宁夏银川市东南黄河西岸）	领1县：临河
永州	今宁夏永宁县	
灵州	治回乐（今宁夏灵武市西南）	领1县：回乐
盐州	治五原（今陕西定边县）	领1县：五原
会州	治会宁（今甘肃靖远县）	领1县：会宁
银州	治儒林（今陕西横山县东党岔镇附近大寨梁）	领1县：儒林
绥州	治今陕西绥德县	
夏州	治朔方（今陕西靖边县北白城子）	
宥州	治长泽（今内蒙古鄂克托前旗东南城川古城）	
静州	（今陕西米脂县北），无县	
洪州	治洪门镇（今陕西靖边县西南）	

---

① 根据学者鲁人勇在《西夏地理志》（宁夏人民教育出版社2012年出版）的统计，西夏从1038年立国到1227年灭亡，前后共设置或管辖过35个州，可考之州有33个。

续表2-4

州名	治所	领县
龙州	治石堡镇（今陕西靖边县东南龙州）	
威州	治今宁夏同心县东北韦州	
凉州	治姑臧（今甘肃武威市）	领1县：姑臧
甘州	治张掖（今甘肃张掖市）	领1县：删丹
肃州	治酒泉（今甘肃酒泉市）	领1县：酒泉
瓜州	治晋昌（今甘肃安西县东双塔堡附近）	领1县：晋昌
沙州	治敦煌（今甘肃敦煌市）	领1县：敦煌
胜州	治榆林（今内蒙古准格尔旗东北黄河南岸十二连城）	

周振鹤主编，李昌宪著：《中国行政区划通史·宋西夏卷》，复旦大学出版社，2007年，第693—697页。

由上表可见，西夏立国时州城大多仅统一县或不统县，其中14个州城为州县同治城市，8个州城不辖县，州县同治是西夏州城的重要特点。辖地小是西夏州城不可能辖多县的根本原因，如怀州、定州等州的辖地只有数百平方公里。州县同治体现了西夏地方行政管理的特色，但也从一个方面反映了西夏行政区划功能相对落后、城市规模不大、地方建置不完备的情况，这不仅受西北少数民族相对滞后的文化的影响，也是由区域发展落后的社会经济所决定的。

随着疆域的变化和地方经济的发展，西夏有的州、县因其地理、政治、军事等方面的原因升为府，府是西夏的最高一级行政区划。西夏建国前，李德明将灵州改为西平府，并建都于此；公元1028年元昊为加强对回鹘和吐蕃的控制，改镇夷郡，又立宣化府，同时夺取凉州，称"西凉府"；元昊建国后，定都兴州，并将兴州升为兴庆府，后曾改名中兴府。灵州西平府、甘州宣化府、凉州西凉府和兴州兴庆府都是在原有州城的基础上提升行政地位而设的府城，其城市腹地和规模都与原州城相同，只是行政级别有所提升。但行政级别的提升也是城市得到发展的表现之一，为城市建设提供了政治上的保障，特别是兴庆府作为西夏王朝近两百年的都城，其社会、经济、文化事业都随其政治中心地位的确立而得到进一步的发展，逐渐发展成为西夏最大的城市。

二、监军司城市的数量和规模变化

元昊建立西夏之前即"置十二监军司、委豪右分统其众"[1]。西夏的监军司，历朝都有改置或增置。监军司"诸军并设都统军、副统军、监军使一员，以贵戚豪右领其职，余指挥使，教练使，左、右侍禁官数十，不分蕃汉悉任之"[2]。西夏监

---

[1] 脱脱等：《宋史》卷四百八十五《夏国传》，中华书局，1985年，第13994页。
[2] 吴广成撰，龚世俊点校：《西夏书事校证》卷十二，甘肃文化出版社，1995年，第142页。

军司是西夏地方行政机构中最重要的组成部分之一，它既是地方行政机构，又是具有部族兵性质的军事组织。

西夏初期设置的"左右厢十二监军司：曰左厢神勇、曰石州祥祐、曰宥州嘉宁、曰韦州静塞、曰西寿保泰、曰卓啰和南、曰右厢朝顺、曰甘州甘肃、曰瓜州西平、曰黑水镇燕、曰白马强镇、曰黑山威福。诸军兵总计五十余万"[1]。西夏监军司仿宋朝之制，有军名，有驻地。西夏初期 12 监军司的名称和驻地如下：

左厢神勇，驻银州弥陀洞（今陕西横山县东南）；祥祐军司，驻石州（今陕西米脂西北）；嘉宁军司，驻宥州（今陕西靖边县西北）；静塞军司，驻韦州（今宁夏同心县韦州镇）；西寿保泰军司，驻柔狼山北（今甘肃定西城）；卓罗和南军司，驻兰州黄北北喀罗川东（今甘肃兰州红城子）；右厢朝顺军司，驻贺兰山克夷门（今宁夏石嘴山市东北）；甘州甘肃军司，驻甘州（今甘肃张掖市，一说删丹县）；瓜州西平军司，驻瓜州（今甘肃安西县）；黑水镇燕军司，驻黑水城（今内蒙古额济纳旗黑水城）；白马强镇军司，驻娄博贝（今内蒙古阿拉善左旗吉兰泰）；黑山威福军司，驻河套西北黑山（今宁夏河套地区）。[2]

可见，大多数监军司的驻地在州城的治所，亦有部分监军司的驻地不在州、县，而在新的城镇，如黑水城就是西夏典型的军事城市。监军司作为一种加强城市的军事功能的行政建置，其设置提升了城市的军事地位，为城市的发展提供了新的驱动力。

西夏历史中，监军司的数量变化随着统治者的政策、措施略有变化，但囿于史料的有限，我们只能了解其大体情况。《天盛改旧新定律令》卷十记载的西夏监军司有 17 个，即石州、东院、西寿、韦州、卓罗、南院、西院、沙州、啰庞岭、官黑山、北院、年斜、肃州、瓜州、黑水、北地中、南地中监军司。由于史料的缺乏，关于西夏监军司的驻地、设置时间和防区等信息都只能从蛛丝马迹中进行挖掘，还有一些信息无从考证。

20 世纪以来，借助考古发掘报告，学界对西夏时期的监军司城市有了更深的了解，特别是对黑水城的考古发掘使更多西夏遗迹得以发现，有助于对西夏城市发展情况做进一步的研究。

三、城、堡、寨的数量和规模变化

出于军事或经济上的需要，西夏在边境地区和交通要道上修建有城、堡、寨，并驻扎有军队，以守卫边疆，这些城、堡、寨功能较为单一，只是具有一定军事、经济功能的聚落。

---

[1] 脱脱等：《宋史》卷四百八十六《夏国传》，中华书局，1985 年，第 14029 页。
[2] 陈炳应：《西夏监军司的数量和驻地考》，《敦煌学研究》，1986 年第 5 期。

西夏设置军城、堡、寨始于李继迁时代，但这一时期大多是西夏在攫取宋边境地区后，为了适应长期的疆界之战而在边界修筑大量城、堡、寨。堡是为了保证沿边民众居住安全而修建的城垒，寨是专门驻扎军队的营垒，并管理若干堡。寨的规模相对较大，有的可驻扎四五千士兵，并设有数十名官员进行管理。战争的拉锯使这些边境城、堡、寨时常易主，时属西夏，有时又被宋攻占。除了军事上的防御目的，有的城、堡、寨是西夏统治者攻占该地后为了沿袭原有的建置而设置的，如李继迁夺取盐州和灵州后，在盐州设下虎寨、人头堡、赤柽堡、苦井堡；在灵州设清边寨、清远军威堡、青岗寨、白马寨；在麟州设浊轮、军马寨。李德明时期，党项族的筑城重点区域在河西走廊上，其间所筑的最著名之城为省嵬城。到元昊时期，西夏建置城、堡、寨进入高潮，相关史料也最多，有载元昊"始于汉界缘边山险之地三百余处修筑堡寨"[①]。西夏大部分城、堡、寨的具体设置，由于史料的缺乏，很难找到明确的佐证，人们欲知更多关于西夏边境城、堡、寨的情况，则有待进一步的发掘和考证。

西夏在边境之地设置城、堡、寨，对党项民族由游牧生活走向定居生活起到了巨大的推动作用，加快了西北地区农业文明的进程。西夏在边境地区设置城、堡、寨大多出于边界防御的目的。从规模上而言，一般是城最大，寨次之，堡又次之，但是除了府、州、县所在城以外，城、堡、寨并无严格的界限和名称的区分。党项人修建城、堡、寨主要是出于军事上的需要，在扩大边界、控扼要路的同时，阻绝宋朝和吐蕃间的交通。如省嵬城的修建抵御了蕃部的进攻；浊轮寨的修建确保了经济命脉榷场贸易能正常进行。可见，西夏的城、镇、堡寨不仅仅是纯粹军事性质的，有的已成为一个地区的政治、经济、文化中心，故我们将边界上以军事防御职能为主的城、堡、寨也列在西夏城市体系中，有助于更深入地了解西夏时期的城市发展整体情况。

综上所述，西夏时期城市大多是在原有城址的基础上改置而成，少见新筑的城。因此，其城市数量也仅随着疆域的变迁以及政策的施行发生变化。西夏时期的城市中，府、州城市相对较大，县、监司城次之，城、堡、寨一般都是很小规模的聚落，至于各级辖区的范围和规模，限于史料，大多不可考。

第三节 都城的发展

唐末五代时党项族主要活动在以夏州为中心的地区。宋初，其首领李继迁攻克灵州后，改灵州为西平府，因西平北控河朔，南引庆凉，据诸路上游，扼西陲要害，于是建都于此。自此，作为党项政权的发祥地，夏州因地处"偏隅"而政治地位衰落。李德明因"西平土俗淳厚，然地居四塞，我可以往，彼可以来。不若怀

---

① 李焘：《续资治通鉴长编》卷一百三十二"庆历元年五月甲戌"条，文渊阁《四库全书》本。

远，西北有贺兰之固，黄河绕其东南，西平为其障蔽，形势利便，洵万世之业也"[①]，便于公元 1023 年升怀远镇为兴州，并将都城迁往兴州，更名兴庆府，曾更名为中兴府。自此，到西夏灭亡两个多世纪时间里，都城再没有变迁。

一、兴庆府兴起的自然条件环境和社会经济环境

城市的兴起、发展需要一定的自然条件环境和社会经济环境。西夏定都兴庆府，为兴庆府从一座小县镇发展为塞北地区的政治、经济和文化中心奠定了基础。兴庆府作为西夏的都城，在西夏立国的近两个世纪中，城市各方面取得了进步，亦带动了西北区域经济的发展。

（一）自然条件环境对兴庆府城兴起的影响

城市的兴起与其所处区域的地理位置和周围的自然条件密切相关。《管子·乘马》言："凡立国都，非于大山之下，必于广川之上。高毋近旱而水用足，下毋近水而沟防省。因无林，就地利。"兴庆府所处的宁夏平原就是这样一个具备建都筑城条件的地方，故兴庆府在宁夏平原得以兴起。

宁夏平原南起青铜峡，北至石嘴山，东沿黄河与鄂尔多斯高原相接，西依贺兰山与腾格里沙漠相邻，南北长 165 公里，东西宽 10～50 公里，平均海拔 1100 米。广袤的地域为宁夏平原地区城市的兴起提供了地理条件。自古人们就在此开渠引水灌溉，黄河作为母亲河哺育着宁夏平原的人民，为历代生活在此的民众提供了资源保障。黄河水的滋养使宁夏平原成为西北地区少有的土壤肥沃且适宜农作物生长的农业灌溉区。西夏的历代统治者对黄河的开发和利用非常重视，开凿出密集的灌溉渠网，不仅便利了当地的农业生产，还为当地的经济文化交流提供了航运之便，吸引了更多人口在此聚集，也为定居在此的民众提供了物质保障。

贺兰山位于宁夏平原的西部，是兴庆府东边的天然屏障。其南起于马夫峡山，北到巴音敖包，大致呈南北偏东走向，共绵延 200 多公里，宽约 20～60 公里，其山峰高度多在海拔 2500 米以上。贺兰山山脉的走向和山峰海拔为位于宁夏平原中部的兴庆府城遮挡了来自西北戈壁的沙尘和寒流，为调节该地的气候、改善城内民众的生产生活提供了屏障。同时，贺兰山麓广阔的草原为以放牧为生的党项族人民提供了良好的天然牧场，推动了党项族畜牧业的发展。

综上，兴庆府作为宁夏平原中部的重要城市，优越的自然环境是其得以兴起的重要前提。特别是对于整体自然环境相对较差的西北地区而言，宁夏平原成为西北沙洲中的宝地，不论是对于中世纪的西夏国而言，还是对于现今的我们来说，宁夏平原都为发展西北重城提供了地域条件和自然环境保障。兴庆府城从汉唐的城堡发展到宋初的怀远镇，再到西夏统治者的国都，其城市发展得到历代统治者的重视。

---

① 吴广成撰，龚世俊点校：《西夏书事校证》卷七，甘肃文化出版社，1995 年，第 120 页。

兴庆府城在作为西夏国都的近两个世纪中，城市建设各方面都得到了很大的发展，这个时期是这个城市发展史上的重要阶段。

（二）社会经济环境对兴庆府城兴起的影响

兴庆府成为西夏国的都城，除了具备必要的自然条件以外，还得益于其良好的社会经济环境。首先，兴庆府城在历史上就是北方少数民族聚居和交往较为频繁的地区之一，位于西北地区很重要的水陆交通枢纽地带。道路辐辏、水陆交通便利，这些推动了兴庆府城市的进一步发展，使之成为更多人口的聚集地。在政权更替的时代，兴庆府城在贺兰山、黄河等天然屏障的保护下，具有易守难攻的军事战略地位，西夏政权凭借有利地势在此建都，是其与宋、辽、金政权抗衡近两百年之久的重要原因。

同时，都城的兴起和发展必定要有一定的农牧业经济基础作为保障。宁夏平原是西北地区宜农宜牧的一块宝地。中古时期之前，畜牧一直是西北少数民族主要的生产方式，即使先进的农耕技术渐从中原传入，其也是作为一种很不稳定的生产方式出现在游牧民族的生产生活中，当战争来临时，当地人记载最多的不是失掉了多少农产品，而是失掉了多少牛马。宁夏平原是一块"水深土厚，草木茂盛"[①]适合牧耕的好地方。兴庆府作为宁夏平原中部的城市，其畜牧业历来发达，这是由所处地域的自然条件和游牧民族逐水草而居的生活特性所决定的，畜牧业的发达为少数民族地区的城市兴起和发展提供了必要的物质基础，带动了区域经济的发展，改善了居民的生产生活状况。

历代统治者重视对宁夏平原的开发和利用，早在秦代，就有关于该地农业生产的记载，只是当时的记录只限于部分地区的水浇地和小块旱田。汉武帝"募民徙朔方十万口"，将他们迁到贺兰洪积扇地进行屯田，发展小规模的灌溉农业，并重视黄河灌溉工程的建设。自此，宁夏平原进入开渠垦田、大力发展灌溉农业的时期。到了唐代，统治者在该地区兴修水利，开发屯田，发展农田水利事业，使其农业经济得到很大的发展。宋朝以来，该地的农耕事业更是得到大力发展，党项族占领宁夏平原地区后，很重视对这块宝地的开发建设，从立国前的灵州，到之后的兴州，党项政权的统治中心一直都定在宁夏平原地区，可见其在巩固西夏政权上的重要性。良好的农业经济基础促进了兴庆府城在宁夏平原的兴起。

城市是人类文明进步的产物，生产力的发展是城市起源的重要助推力。农牧业经济发达的宁夏平原地区为城市的兴起提供了必要的物质基础，兴庆府在此地兴起成为必然。同时，农牧业的发展使一些区域出现了剩余产品，在满足更多人口需求的同时，也为商品交换等经济活动创造了条件，更多的城市在西北地区得以兴起，在党项政权稳定后，这些城市得到进一步的发展。兴庆府作为西夏国的都城，在立国近两百年的时间里，其城市建设、规模等各方面都得到很大的发展。

---

① 李焘：《续资治通鉴长编》卷四十四"咸平二年六月丁巳"条，文渊阁《四库全书》本。

二、兴庆府的发展

城市行政地位的提升是城市取得发展的重要前提和表现。西夏定都兴庆府以后，兴庆府的城市建设取得很大的发展。昔日地处西北边缘的怀远镇，在党项统治者的建设和管理之下，一跃成为带动河西乃至整个西北地区经济文化发展的中心城市。银川城的城市建设格局也由此基本形成，元明清乃至现在的银川城市的基本格局大多继承了西夏时期兴庆府的城市格局。

公元1020年，李德明筑兴州新城并迁居于此，兴庆府城由此初具规模。元昊定都以后进一步扩建城市，多次大兴土木，营建宫殿，扩展宫城。西夏王朝规定"民居皆立屋，有官爵者始得覆之以瓦"[①]，因此兴庆府城内一般居民的住房多为简陋的低矮土屋或覆土、覆毛布毡片的木板屋，形成西北边塞城市建筑的特色。部分街坊也有官僚贵族的砖木结构、屋顶覆瓦的宅第。根据唐长安城兴庆宫的建筑风格，元昊在兴庆府城西北部建造了雄伟的避暑宫。宫殿室内、地上、墙上有条砖、方砖、白瓷板砖、琉璃花砖等，房柱为雕刻精美的龙形石柱和莲花形石雕基础，屋顶覆盖着深蓝色和深绿色的琉璃瓦，并装饰有壮观华美的琉璃鸱吻、琉璃龙头和兽头脊饰等，建筑很是华丽。

作为西夏王朝的军事中心，有近十万军队驻扎于兴庆府城内外。大量军事人口的进驻带动了城市商业、手工业的发展，推动了城市经济的发展。同时，都城的发展随着政治的相对稳定不断推进，兴庆府城成为西夏的政治中心后，城市建设不断推进，社会经济文化事业得到发展，最盛时期城市人口达到20万左右。

兴庆府城内的兵器制造业、皮革制造业、毛织业等手工业取得较大的发展，西夏人制造的冷锻铠甲、夏人剑、神臂弓、旋风炮等在当时很出名，驼毛毡尤其是白骆驼毛制的白毡"为世界最良之毡"，"所制甚多，商人以之运售契丹及世界各地"[②]。此外，兴庆府城的商业亦十分繁荣，在当时是西北地区的重要商品集散地，也是西夏与中原和周边政权进行商品贸易交往的枢纽。龟兹、大食、回鹘、天竺等商人都常在此城停留，进一步促进了兴庆府城的商业发展。"兴庆府城也是西夏的文化中心，城内设有蕃学（教授西夏文化的机构）、汉学、小学、大汉太学、内学等文化教育机构，以及主管天文历法、史学编修、印刷、医疗等机构……西夏王朝在兴庆府城聚集了一批汉、党项、回鹘、吐蕃、契丹、女真等族的各类人才。"[③]

作为西夏都城，在西夏立国的近两个世纪里，兴庆府渐渐发展为西夏最大的城市，也是西北地区政治、经济、军事、文化的中心，在西夏国内处于十分重要的地

---

① 曾巩撰，王瑞来校证：《隆平集校证》卷二十《夷狄传》，中华书局，2012年，第603页。
② ［意］马可波罗著，［法］沙海昂注，冯承钧译：《马可波罗行纪》，商务印书馆，2017年，第150页。
③ 何一民：《中国城市史》，武汉大学出版社，2012年，第323页。

位。同时，兴庆府的发展也是银川城市发展史上前所未有的，其发展时期是银川城市发展史上的重要阶段。

第四节　地方重要城市的发展

西夏的地方性城市众多，大多都沿用前代的城址，如银州、凉州等；也有党项人构筑的新城，如黑水城、省嵬城、韦州城等。不论是在原有城址的基础上发展的城市，还是西夏构筑的新城，在党项政权时期，这些城市都得到一定的发展。尽管这些地方性城市的发展规模都很小，并且是以政治、军事防御功能为主，但其在军事地位提升的基础上，政治、经济、文化事业也得到逐步发展，城市基础功能和设施不断完善。蒙古族入侵以后，长期的战争对这些城市造成了严重的破坏，不少城池在战火中被毁。在充分利用史料的基础上，我们借助考古成果，对西夏地方性城市的发展建设情况进行简要的介绍。

一、凉州城的发展

凉州位于西北沙洲地区，因其相对优越的自然条件和重要的地理区位，成为历代统治者争夺之地。《读史方舆纪要》记载："卫山川险厄，土地沃饶，自汉开河西，姑臧尝为都会……张轨以后，恒以一隅之地，争逐于群雄间。"[1] 党项政权在西北崛起以后，一直觊觎这座重要的城市。李继迁、李德明、李元昊都加强了对凉州的进攻，并于公元1032年夺取凉州。凉州被党项人攻占以后，河西诸州失去屏障，公元1036年元昊又夺取了瓜、沙、肃3州，自此，西夏占领河西走廊，统一河西地区。从元昊夺取凉州到公元1226年蒙古人攻占西凉府，凉州地区被西夏控制了近两个世纪，凉州在党项人的统治下，作为西夏重要的地方政治、经济、军事和文化中心，城市各方面都取得了进一步的发展。

凉州位于河西走廊东端，自古有"河西走廊门户"的称号，是沟通中原与西域的交通枢纽。凉州受祁连山的恩惠，山上的积雪和冰川融水滋养土地，使凉州拥有西北少有的绿洲，土壤肥沃，水草丰盛，是宜农宜牧的宝地。党项人夺取凉州以后，高度重视凉州地区农牧业的发展，采取系列措施推动生产。其在兴修农田水利，充分利用祁连山冰川融水的同时，推进灌溉农业的发展，并制定水利法规来规范和管理农耕事业。同时，西夏统治者还役使戍边战士从事农业生产，保证农耕劳动力。畜牧业在凉州也有很大的发展。早在唐朝时期，凉州的养马业就较为发达，盛产良马。《新五代史》记载："当唐之盛时，河西、陇右三十三州，凉州最大，土

---

[1]　顾祖禹：《读史方舆纪要》卷六十三《陕西十二》，中华书局，2005年，第2991页。

沃物繁而人富乐。其地宜马，唐置八监，牧马三十万匹。"[1] 公元1050年，辽进攻西夏，"北路兵至西凉府，获羊百万，橐驼二十万，牛五百"[2]，可见凉州的畜牧业在社会经济中的重要地位。

西夏国时期，统治者重视推进凉州农业和畜牧业的发展，并逐步将凉州建成为西夏重要的粮食物资以及军需物品的供应基地。凉州作为西夏地方性城市，其农牧业不断发展，经济地位不断提高，城市建设得到推进。也正是因为凉州农牧业发达，较多的剩余产品促进了凉州商业贸易的发展。"武威当四冲地，车辙马迹，辐辏交会，日有千数"[3]，反映了凉州商旅云集、贸易繁荣的景象。

元昊夺取凉州后，将其升为西凉府，提高了城市的行政地位，正式对凉州进行系统的行政管理。同时，凉州还具有重要的军事战略地位。公元1073年，西夏统治者重修凉州城，"以中国城武胜，又复河州洮西地，恐兵从西蕃入，修凉州城及旁近诸寨为守计"[4]。重修凉州城，不仅加强了凉州的军事防御能力，也推进了凉州的城市建设。

西夏统治者对凉州的管理，为凉州的城市发展创造了一个稳定的社会环境，推动了其社会经济的发展，统治者还以凉州为据点，加强了对整个河西走廊地区的开发和利用，这一时期是西北地区发展的重要阶段。近两个世纪，凉州作为西夏地方重镇，城市各方面得到进一步发展。

二、黑水城的发展

黑水城位于今内蒙古自治区额济纳旗府南部20多公里处。20世纪初，以科兹洛夫、斯坦因为首的俄、英等国家的"探险队"对黑水城遗址进行了掠夺式的挖掘，使黑水城的历史得以重现。现今的黑水城遗址处在一片无际的沙漠中，周围几乎无人居住，但是根据史料和考古资料的印证，黑水城是西夏国时期区域统治的中心。黑水城是黑水镇燕军司所在地，是西夏境内东西交通线上的军事战略要地。作为西夏重要的监军司城市，在党项人的统治下，黑水城城市得到很大程度的发展。

根据考古发掘，黑水城遗址的保存相对完整，其城墙和城门基本上被保存了下来。现存城址呈长方形，东西长500米，南北宽365米，墙高11米，底宽11米，顶宽3米多。其东西各置有一城门，宽约4.5米，并设有瓮城；城墙外侧有夯筑的长方形马面，南北各6个，东西各4个，长7米，宽约1米，每个马面之间的间距约50米。马面主要起着加固城墙的作用。同时，城外3米左右还残存防沙墙数段，其作用是防止大量沙粒堆附于城墙边，以免敌人从沙堆上攻城。从黑水城的城市规划和建设上可以看出，黑水城以军事防御为主，与其作为监军司所在地的地位相

---

[1] 欧阳修：《新五代史》卷七十四《四夷附录第三》，中华书局，1974年，第913页。
[2] 李焘：《续资治通鉴长编》卷一百六十八"仁宗皇祐二年三月庚子"条，文渊阁《四库全书》本。
[3] 史金波：《中国风俗通史丛书·西夏风俗》，上海文艺出版社，2017年，第280页。
[4] 吴广成撰，龚世俊点校：《西夏书事校证》卷二十四，甘肃文化出版社，1995年，第272页。

匹配。

　　黑水城的城市面积在18万平方米以上，城市规模较大。同时，黑水城城市内部的功能分区相对明晰。城内大致可分为东西两部分。从城址遗迹上看，东部多为隆起的土堆，砖瓦极少，有数排木桩的残迹，可能是民兵居住区，住房为西夏人普遍居住的木结构的房屋。城的东南方有一座方形堡子，由夯土筑成。堡东的高土台边有两排房屋，有围墙将其分隔。黑水城城东门有一条大街可以直达城中心，方便居民间的经济往来。城市西部还有几座佛塔、寺庙以及部分房屋残迹，根据这些砖瓦、高台，可看出城西可能是宗教活动场所和军政机构。城外西北隅还存在部分佛塔群，其中包括南城外1座，城中心3座，城内其他地方的数座，城内外共有佛塔遗址约20处。黑水城的城市建设是具有一定规划性的，城市内部的功能分区相对明显，这是黑水城城市发展的重要表现。

　　西夏民众笃信佛教，这在黑水城的佛教遗迹上表现得尤为突出。西夏人崇信佛教，将佛塔建在城墙之上，在黑水城遗址的发掘中，可以显见。这种具有独特艺术特征的建筑形式在我国古代城市的建筑中较为罕见。同时，城中多高台，学者陈炳应认为，其可能是钟鼓楼等重要建筑。[1] 这也从侧面反映了黑水城民众对佛教的信仰程度，黑水城城市设施的相对完备，以及与地方民俗相协调统一的文化特征，这是黑水城作为地方宗教文化中心的表现之一。

　　西夏时期的黑水城，城市得到一定的发展。西夏为蒙古所灭以后，战乱中的黑水城虽受到严重的破坏，但仍未完全荒废，在以后的很长一段时间内，黑水城仍是这个地区的政治、经济、军事、宗教文化中心。后来战争的破坏以及河流改道和沙漠面积的扩大，导致黑水城水源渐渐枯竭，城市没有了水源，无法为居民提供必要的生产生活保障，黑水城渐渐被废弃。

三、高油房城的发展

　　高油房古城位于今巴彦淖尔市临河区，西南距临河区和杭锦后旗均各40公里，东距五原县60公里，北距乌加河和狼山口分别为10和15公里，在军事和交通上的地位颇为重要。根据考古资料显示，这座古城平面呈方形，每面城墙长990米左右，墙基7~8米。每面城墙的外侧各有马面7个，马面之间的平均距离为60米。南北有角楼基址，直径15米。城门开在每面城墙的正中，门外都有瓮城，东、西墙的瓮城门都向南，南、北墙的瓮城门都向东。城内东、西两部分的土地是完全不同的。东部以灰黑土为主，西部以灰黄土为主，东部现已碱化、荒芜，西部现仍有人居住。在城的东南部还有古代房屋遗址，其基础用大小不一的方砖和条砖垒砌而成。房屋遗址之间有2米宽的巷道，街道的两侧有排水沟和石磨覆盖的水井，为居民生产生活提供了一定的便利。

---

[1]　陈炳应：《西夏文物研究》，宁夏人民出版社，1985年，第85页。

城址内现住有居民，城墙大部分都已倒塌或被破坏。残城墙最高处有 5 米。古城址平面略呈方形，正南北坐向，每边约长 990 米，四墙于正中开城门，城墙外侧筑有马面，城墙四角筑有角台，除西南角台已毁外，其余三个角台基址仍可见。

高油房古城发掘中出土文物有西夏文印记、陶器片、瓷器片、金器、铁器、铜器等，还有面文为"乾祐通宝"的铁钱，这些从一个侧面反映了高油房古城的手工业和商业经济很发达，城市很繁荣，经济交流频繁。高油房城可能是西夏大的监军司或府、州或大都督府所在地。高油房城址比黑水城大很多，出土的金银文物规格较高，说明此城的地位非同寻常。王天顺在《西夏地理研究》中认为高油房是西夏中府州的治所。[①] 高油房古城作为西夏的重要地方城市，虽在史料中缺乏具体的记载，但借助考古资料，可以看出西夏时期的高油房城的发展曾取得很大的成果，城市也同时具备政治、经济等功能，城市规划、建设相对合理，是西夏重要的经济、文化交流中心。

四、省嵬城的发展

据文献，宋天圣二年（1024）"德明作省嵬城于定州"[②]，以抵御诸蕃部，屏蔽兴州。省嵬城遗址位于今宁夏回族自治区石嘴山市庙台乡。根据考古发掘，省嵬城现存城址略呈方形，城墙为夯土筑成，残高 2～4 米，基宽 13 米。北墙长 588 米，南墙长 587 米，东墙长 593 米，西墙长 590 米。目前发现南面城墙开一城门，每个城门只有一个门道，宽约 4 米，长 13 米。门洞两侧有铺开的长条石，加上 4 个圆形石柱础，以固定门道。门道中的石门槛是用较规整的条石制成的，高出地面 0.3 米。石门槛两侧还有可装门框的石门枕。目前对省嵬城的发掘处于试掘阶段，还有很大部分没有被发掘。根据已发掘出的货币、铁器、制陶器物等，可以看出省嵬城作为西夏的地方城市，其城市规模相对较小，城市功能相对单一。试掘中没有发现砖、瓦，可以推测西夏时期的省嵬城居民住房仍以土屋为主，城市建筑没有得到很大的发展。省嵬城是西夏建国前夕兴建的，对它的勘查和发掘，对于了解西夏城市的形制和西夏建筑的规模、技术是很有参考价值的。

"国家的统一和社会经济的发展给城市以极大的推动力。"[③] 党项族内迁后，采取了一系列措施推动了西北区域的经济、文化发展，特别是公元 1038 年元昊建立西夏，为西北地区城市发展提供了政治保障，使西北城市得到很大的发展。

以上，通过对西夏都城和地方重要城市的发展情况的概述，可以看出，西夏城市在外部形态上力求达到中原城市的对称性和方正性，大多数城市呈方形，建筑材料以泥和砖为主，大城的城墙多筑有马面。同时，西夏城市在党项统治者的管理

[①] 王天顺：《西夏地理研究》，甘肃文化出版社，2002 年，第 130—131 页。
[②] 吴广成撰，龚世俊等点校：《西夏书事校证》卷十，甘肃文化出版社，1995 年，第 122 页。
[③] 何一民：《中国城市史》，武汉大学出版社，2012 年，第 283 页。

下，城市规划、建设和经济都得到进一步发展，西夏时期是西北地区城市发展历程中的重要阶段。另外也可知西夏的城市除了都城兴庆府城有大规模的发展外，其他地方性城市也有很大的发展，但是各个区域的城市发展速度和程度不同。又因地理环境和军事地位的差异，各区域的发展内部驱动力也不同，这些都需要在接下来的研究中进一步分析和探究。

第三章　西夏城市空间分布和规划、建设

西夏的疆域面积虽然广大，但是城市数量并不多，其城市发展受到自然地理、生态环境、社会经济等多种因素的制约和影响，主要分布在鄂尔多斯及横山地区、宁夏平原及贺兰山地区、河西走廊及祁连山地区以及河湟地区，城市的分布呈现出沿河流和绿洲以及交通路线分布等特点。西夏城市的规划与建设受中原城市文明影响较大，充分体现了农耕文明与游牧文明交流、交融的特色，党项族在城市建设发展过程中也充分表现出积极融入中华文化一体化进程中的主动性。

第一节　城市空间分布

西夏的城市空间分布，受自然地理环境、政治、经济变迁和疆域变化等因素的影响，从党项族统治西北开始到西夏覆灭的几个世纪里，城市的分布发生过一定的变化。本节主要以公元1038年西夏立国初期的疆域和城市分布概况为分析对象，来考察西夏城市空间分布的特点。[①]

一、西夏的城市空间分布

考虑到西北地区自然地理环境和党项人占领并统治不同城市的时间，可以将西夏的城市分布地区在空间上分为鄂尔多斯及横山地区、宁夏平原及贺兰山地区、河西走廊及祁连山地区，外加公元1136年因疆域的扩展而占领的河湟地区这4个区域。

（一）鄂尔多斯及横山地区城市分布

鄂尔多斯及横山地区主要指今鄂尔多斯市以南以及横山以北的西夏境内地区，地理单位包括今天的鄂尔多斯市、毛乌素沙漠以及横山山脉以北的黄土丘陵地带，

[①] 西夏建国约两个世纪，随着与中原王朝及周边民族政权的博弈，其统治疆域有所变迁，所辖城市亦有变化，但城市的整体分布特点在西夏建国初期已初见端倪，故我们以1038年西夏城市分布概况为例，来考察西夏城市空间分布的特点。

西夏州城夏州、宥州、盐州、洪州、龙州、银州、胜州等位于这一地区。西夏时期，党项族部落频繁地活动于毛乌素沙漠一带，将湖泊、草滩等作为其重要的畜牧场所，进行游牧生活。横山山脉作为陕北高原大部分河流的发源地，其北麓主要河流是无定河及其支流。河流上源称为红柳河，流出横山后呈向东北流的趋势，经西夏洪州、宥州后，进入夏州南境，并流经银州，其诸支流不仅流经西夏诸州，灌溉土地，亦交汇冲积成无数河谷小平原，成为宋、夏争夺的可耕之田，也是历代统治者在西北建城市的重要选址地。

早在唐朝中期，党项部落就开始迁入鄂尔多斯及横山地区，这一地区是党项族人集中分布的区域之一，是西夏政权的摇篮。唐代时该地区部分州户籍的统计情况如表3-1：

表3-1 唐代鄂尔多斯高原地区部分州户口数及每县平均数

州名	县数	户数	人口数	每县平均户数	每户平均人口数
盐州	2	2929	16665	1464.50	5.69
夏州	3	9213	53014	3071.00	5.75
宥州	2	7083	32652	3541.50	4.61
胜州	2	4187	20952	2093.50	5.00
丰州	2	2813	9641	1406.50	3.43

王尚义：《历史时期鄂尔多斯高原农牧业的交替及其对自然环境的影响》，《历史地理》第五辑，上海人民出版社，1987年，第18页。

可见，在唐统治者的领导下，夏州、盐州、宥州、胜州城市的人口都在万人以上，其中夏州人口最多，宥州次之。同时，各州下辖2至3个县，行政级别明晰，建置相对完善。可见，鄂尔多斯及横山地区是历代统治者控制西北的基地，党项统治者又将这一地区作为早期政权的摇篮，使该地区的城市发展具有一定的基础。

党项族内迁是一个漫长的历史过程，鄂尔多斯及横山地区的城市在中原政权的领导下逐步发展的同时，又受内迁党项族的影响，到西夏建立以后，这一地区正式被党项族占领，接受西夏的统治，成为西夏城市分布的重要区域。

西夏建立以后，虽因政治、经济等各方面的因素，政权中心由横山地区迁往河套平原的灵兴地区，但统治者仍重视横山地区的发展。除了保留原有的银、夏、绥、宥4州外，还设置洪州、龙州等，州设州主、通判和都案等职，州以下有县、城、堡、寨等。早在元昊建国前夕，就有"汉界缘边山险之地三百余处修筑堡寨"①之事，范仲淹也曾谈道："横山蕃部散居岩谷，亦多设堡，控扼险处。"② 同时，寨设寨主，有太尉常驻守沿边军事重镇，如康定元年（1040），宋将任福破白豹城，烧伪太尉衙。

---

① 李焘：《续资治通鉴长编》卷一百三十二"庆历元年五月甲戌"条，文渊阁《四库全书》本。
② 李焘：《续资治通鉴长编》卷一百三十"庆历元年正月戊午"条，文渊阁《四库全书》本。

西夏时期政府为了加强对鄂尔多斯及横山地区的控制，除了沿用该地区已有的城址外，出于稳定边防、加强军事防御的目的，还在该地区设立了监军司，一个监军司管一至两个州的军事事务。因鄂尔多斯及横山地区军事战略地位重要，故西夏统治者在此设置了3个监军司，即驻夏州须陀洞的左厢神勇军司、驻石州的祥祐军司、驻宥州的嘉宁军司。该区域监军司的驻地亦是州的治所，监军司的设置没有建设新的城市，却加强了城市的军事防御能力，同时，因城市军事地位的提升，促进了城市人口的增加和城市经济功能的完善，从而促进了鄂尔多斯及横山地区城市的发展。

（二）宁夏平原及贺兰山地区城市分布

宁夏平原及贺兰山地区的城市主要分布在包括河套冲积平原、宁夏冲积平原以及凉州以东的沿黄区域，是西夏的京畿地区，兴州、灵州、静州、顺州、定州、怀州、永州、会州等州城分布于此。在此区域设立的监军司有黑山威福军司、白马强镇军司、中塞军司、静塞军司、西寿军司、卓罗和南军司、啰庞岭军司等。由于史料缺乏，监军司的治所大多不可考，故在此以州城为主，分析这一地区城市分布的特点。

宁夏平原作为历史上有名的引黄灌溉区，其南到陕口，北至省嵬城，南北长约150公里，东西宽约40公里。早在秦汉时期该地就已被开发利用为引黄灌溉农业区。灵州城从唐代开始政府就对其开发，使之成为宜农宜牧的重要城市，同时由于处于交通要地，它也是西北的军事重镇。

宁夏平原及贺兰山地区是西夏重要的统治区域，特别是作为京畿之地的宁夏平原地区，受母亲河黄河的馈赠，外加贺兰山的保护，该区域形成了西北少有的水土资源配合良好的灌溉农业区，是西夏城市分布最为密集的地区，且发展较快。历代王朝都将宁夏平原作为防御入侵、防止叛乱的军事战略要地，很少对其社会经济发展采取推动措施。但西夏建都于此，并将该区域作为京畿之地，对此地进行了大规模的开发和利用，推动了农田水利事业的发展，促进了区域社会的进步。

宁夏平原及贺兰山地区是西夏城市分布最集中和密集的地区，也是西夏城市群的辐射作用发挥得最好的地区。

（三）河西走廊及祁连山地区城市分布

河西走廊及祁连山地区是西夏的西部地区。元人记载西夏时期的河西水利时说："西夏濒河五州，皆有古渠，其在中兴州者，一名唐来，长袤四百里；一名汉延，长袤二百五十里……计溉田九万余顷。"[①] 可见，西夏时河西灌溉面积是相当大的。

祁连山位于今甘青两省交界处，属于昆仑山系向东方的延续。河西走廊的诸多

---

① 苏天爵：《元朝名臣事略》卷九，中华书局，1996年，第186页。

河流沿着祁连山而下，在流经地区形成绿洲地带，史载河西走廊"通西域，扼羌瞿，水草丰美，畜牧孳息"①。《辞海》将"绿洲"定义为"荒漠中有水可供灌溉，农牧业发达的地方"②。同时，《地理学辞典》解释"绿洲"为"荒漠中泉水常流，土壤肥沃的地方"③。所以说，绿洲是具备供人类居住、生活、生产的丰富水资源的地方，而河西走廊及祁连山地区城市的分布与绿洲的分布关系密切。

河西走廊及祁连山地区的西夏城市主要有凉州、甘州、肃州、瓜州、沙州，设置的监军司主要有右厢朝顺军司、甘肃军司、黑水镇燕军司、西平军司。公元1032年，西夏攻河西吐蕃，得凉州。凉州是西凉府所在地，素为河西重地，水草茂盛，位于丝绸之路东段，东西400里，南北830里，有祁连山雪水滋润，绿洲面积相对广阔。故西凉府成为整个河西地区的政治、经济、军事、交通中心。西夏在此区域设置的瓜州、沙州、肃州、甘州、西凉州，与河套地区构成西夏的左右臂。④

李孝聪先生认为：城市的空间分布是由多种因素共同制约的，特别是在中国古代社会，城市的分布既是来自经济发展的推动，更是出于控制局势的政治需要。但是一定区域内城市分布的密度和城市分布的等级往往是与经济发展的总体性相吻合。⑤ 结合以上分析，可知宁夏平原及贺兰山地区城市分布较为稠密，人口众多，经济发展水平较高。鄂尔多斯及横山地区有无定河、大里河、明堂川等河流可供灌溉，不仅是西夏的重要农业区，也是西夏与中原王朝的接壤地，具有重要的交通地位，监军司城市分布较多，军事政治地位明显。河西走廊及祁连山地区经过长期开发，特别是凉州地区，州城亦有部分集中分布的情况，但城市总体不多，经济发展较缓慢。可见，区域城市的空间分布在一定程度上是可以反映经济发展程度的。

（四）河湟地区城市分布

西夏立国约两个世纪，随着与中原王朝及周边少数民族政权的博弈，统治疆域有所变迁，所辖城市亦有变化，河湟谷地及黄河、湟水流域的西宁、乐、廓等州于公元1136年后被西夏控制。自唐以来，河湟地区就在吐蕃的势力范围内，后吐蕃渐衰，内部分裂；而西夏国则日益强盛，公元于1136年控制河湟地区。河湟地区生态环境良好，自古就是青海高原农业发达的地区。西宁州与乐州处于湟水河谷平原，地险但土沃，气候温润，农牧皆宜。廓州、积石州为黄河沿岸建制州，水资源丰富且交通便利，是西北少有的自然条件相对优渥的地区。

根据章巽先生《夏国诸州考》的分析，笔者整理成表3-2：

---

① 吴广成撰，龚世俊等点校：《西夏书事校证》卷十一，甘肃文化出版社，1995年，第126页。
② 《辞海》，上海辞书出版社，1979年，第2713页。
③ [英] W.G. 穆尔著：刘伉等译：《地理学辞典》，商务印书馆，1980年，第236页。
④ 《西夏书事》卷十一载："今德明得之（指河西），恃其形势，制驭西蕃，灵、夏之右臂成矣。"见吴广成撰，龚世俊等点校：《西夏书事校证》卷十一，甘肃文化出版社，1995年，第126页。
⑤ 李孝聪：《中国区域历史地理》，北京大学出版社，2004年，第114页。

表 3-2　西夏所辖各州情况

	河南之州	河西之州	熙秦河外之州
早期	夏、银、绥、宥、灵、盐、会、胜、洪、威（韦）、龙、×	兴、静、甘、凉、瓜、沙、肃、定、怀、×	×、×、×、×
后期	夏、银、×、宥、灵、盐、会、×、洪、南威、×、石	兴、×、甘、凉、瓜、沙、肃、定、怀、永	西宁、乐、廓、积石

章巽：《夏国诸州考》，《开封师院学报》，1963 年第 1 期。

由上表可知，在黄河主干流经地区，西夏的州城数量变化不明显，随着对熙秦河的占领，西夏州城得以增加，原属吐蕃的青唐城、邈川城、宁塞城、溪哥城 4 城被西夏占领，并分别被改置为西宁州、乐州、廓州、积石州，自此，西夏城市分布范围扩展到熙秦河流域。总的来说，《宋史·夏国传》所载西夏诸州共 26 个，根据章巽的分析，西夏还有并、代、麟、丰、兰、顺、口、荣、环、伊 10 州。

二、城市空间分布的特点

城市空间分布受自然和人文因素的共同影响。西夏城市的分布区域在空间上分为鄂尔多斯及横山地区、宁夏平原及贺兰山地区、河西走廊及祁连山地区，以及后来占领的河湟地区，其城市空间分布具有以下几个特点。

（一）城市分布受自然环境的影响极大

城市的选址须经过精心考量，所在区域的自然地理环境是首要考量因素。历史上，城市的选址大致都遵循在河流沿岸、绿洲及平原地区分布的规律，其中最主要的原因是为了解决城市民众的生产、生活、供水及交通问题。在河流沿岸、绿洲、平原建城为城市的发展提供了丰富的土地资源、水资源以及其他生活物资。党项族人由于长期活动于西北地区，其地理环境相对恶劣，水资源和土地资源缺乏，因此，在西北建城，更加需要考虑自然环境等因素，故西夏城市受自然环境的影响，在河流沿岸、绿洲、冲积平原分布的特点亦更加明显。

鄂尔多斯及横山地区作为西夏政权的摇篮，其城市大多建在原有城址的基础之上，根据下图能明显看出，该地区的城市受自然条件的限制，城市选址取决于自然地理因素。

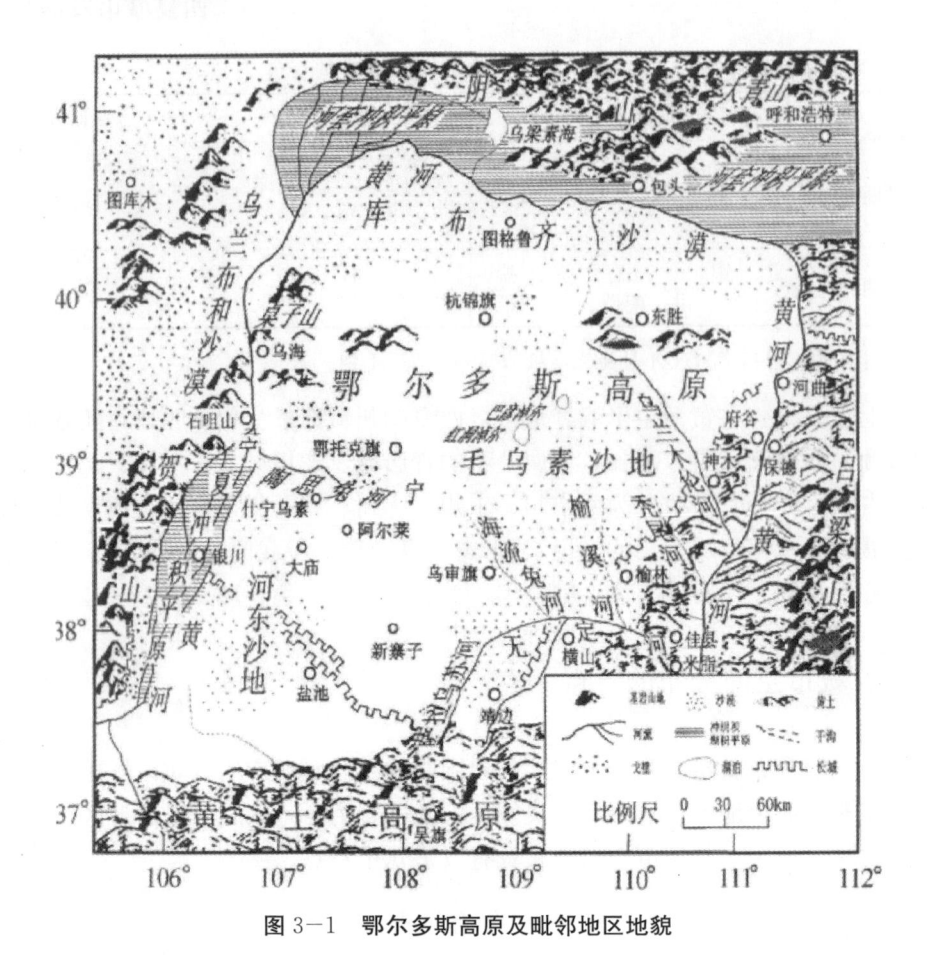

图3-1 鄂尔多斯高原及毗邻地区地貌

王涛：《中国沙漠与沙漠化》，河北科学技术出版社，2003年。

由上图可知，鄂尔多斯高原及毗邻地区多为山地、沙漠、戈壁等地貌，风沙覆盖率大，历代统治者根据自然环境建立城市，形成了沿河分布的城市格局。鄂尔多斯及横山地区的西夏州城有8个，即夏州、盐州、洪州、龙州、银州、宥州、绥州、胜州，其中胜州位于黄河主干道东段的南岸，其余7个州城都沿横山北麓的无定河及其支流分布。可见，沿河分布是鄂尔多斯及横山地区城市分布的主要原则，这主要是受该地区自然条件的影响。

宁夏平原及贺兰山地区的西夏城市亦是集中分布在宁夏冲积平原和沿黄河地带，河西走廊及祁连山地区的城市基本分布于沙地绿洲。对自然地貌复杂多样且环境恶劣的西北地区而言，河流对于城市选址具有重要的意义。

河湟地区的很多城市虽是在原有城址的基础上改置而来，但区域城市的选址亦是得益于其优渥的水资源条件，其地城市沿黄河以及湟水河谷平原分布，有明显的区位指向性。

整体上，西夏城市分布于沿黄河地带、冲积平原以及绿洲，就单个城市的选址而言，也充分考虑了河流所带来的影响。如都城兴庆府的选址就充分利用了河流给生产、生活带来的便利。

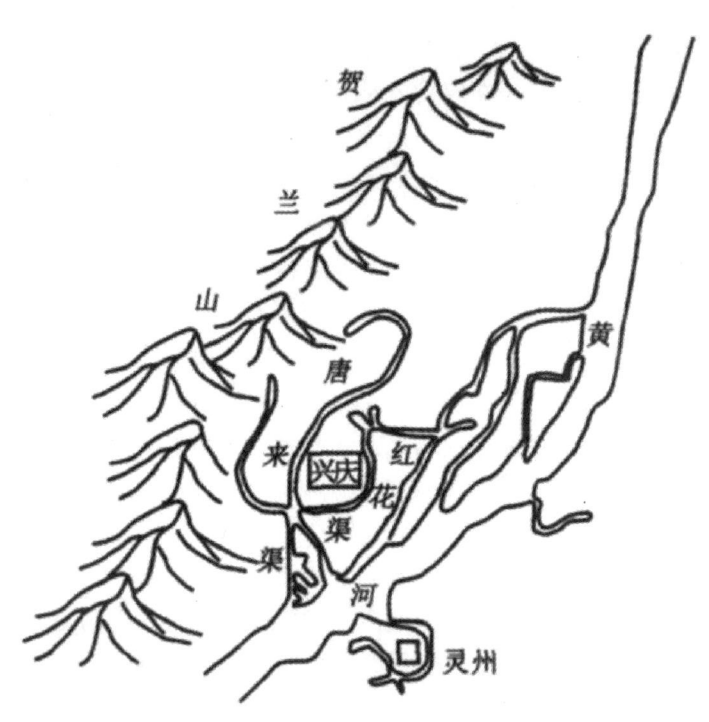

图 3-2　西夏兴庆府地形示意图

颜廷真等：《略论西夏兴庆府城规划布局对中原风水文化的继承和发展》，《地域研究与开发》，2009 年第 28 卷第 2 期。

从上图可见，兴庆府建在贺兰山和黄河之间，贺兰山和黄河作为西夏都城的天然屏障，使兴庆府的战略地位得到保障，同时也为生活在兴庆府的民众提供了丰富的动植物资源和水资源。从兴庆府所处城区的地形图来看，黄河的支流唐来渠及红花渠把兴庆府城围绕起来，整个城市只有西北一隅直接与外界在陆上相通，河渠的围绕使城市具备优秀的防守能力。同时，唐来渠和红花渠流经城市外围，是居民饮用水的来源。同时，兴庆府城所在位置地势较高，周围较低，在黄河的冲击和贺兰山的阻挡之下，形成土壤肥沃的冲积滩，为城市的农业发展提供了条件。

总的来说，西夏城市不论是单体城市的选址还是整体城市的空间分布规律，都深受自然地理环境的影响，沿河、沿绿洲以及在冲积平原地带分布的特点很明显。

（二）交通路线对城市分布也有重要影响

城址的选择依赖自然环境，因此，交通地位的重要性成为影响城市进一步发展的重要因素。

西夏城市大多是在已有城址的基础上发展而来的，新建的城市极少。西夏所处的地理位置在重要的中西交通要道上，即现今所称的丝绸之路的主线上。历代沿革下来的城市也都具有重要的交通地位，到西夏时期，城市分布仍深受交通路线的影响。西夏控制的河西走廊，早在西汉张骞通西域时就是中西交通主线的必经之地。唐末到宋初，陇右地区被吐蕃控制以后，即使丝绸之路的主线改为从长安出发向北过灵州，但仍会回到河西走廊，由凉州、甘州向西。在西夏控制的朔方地区及夏州、灵州以及河套地区，夏州在唐代就是通往天德军、贝加尔湖的大同云中道、参天可汗道的必经地；唐朝末年，宥州是经阿尔泰山南麓到达西域、回鹘的大站；灵州是唐宋年间中原通往西域交通主线上的重要驿站；河湟地区有唐代文成公主进藏的古道，还有北宋通往西域的青唐路，这些都是中原和外界交流的重要交通路线。西宁、乐、廓、积石等州都处于重要的交通路线上，交通地位重要。

由于立国形势和所处地理位置的关系，西夏对开辟和维护交通路线十分重视，尤其对唐五代及以前留下来的交通道路、宋夏之间的粮运路线、商贸往来路线等都很重视。西夏的交通路线必经平坦之地，在山区都沿河谷而行，城市分布也呈现出沿交通路线分布的特点，特别是丝绸之路和西夏与中原王朝往来的交通主干道。同时，也应该看到交通路线对城市发展的影响和城市发展对交通路线的影响是相互的，不能单就其一方面而言。

总的来说，西夏城市的选址受自然环境的影响，使区域城市呈现出一定的沿河、绿洲等分布的特点。同时，交通地位的重要程度对处于中西交通线上的西夏城市的发展也产生了重要影响。

第二节　城市规划与建设的特点

党项族长期活跃在西北地区，由于地处自然环境较为恶劣的草原谷地，他们一直以逐水草而居的游牧生活为主。随着不断内迁，党项族人与汉族人逐渐融合，其生产、生活水平不断提高，农耕事业所占生产比重也日益提升，部分党项族开始定居生活。元昊建立西夏以后，西夏统治者重视对汉文化的学习和继承，在城市规划和建设上，亦吸收了汉人建城的历史经验。西夏的城市规划与建设的特色主要表现在以下几个方面。

一、充分吸收和继承中原的建都思想

西夏城市的规划与建设在吸收汉人设计思想的基础上，具有一定的民族色彩。都城兴庆府的规划与建设可被作为这一时期城市规划与建设的代表。《周礼·考工记》言："匠人营国，方九里，旁三门，国中九经九纬，经涂九轨，左祖右社，面朝后市，市朝一夫。"这段话体现了汉族文化的城市设计思想，也概括了中国古代城市的方正性、等级性以及对称性等基本的建设特点。在西夏都城兴庆府的建设中，充分体现了党项族对汉人这一城市设计思想的继承与吸收。

兴庆府的建设是分阶段进行的，每一阶段都是按照一定的规划设计而修建的。兴庆府城受唐宋都城的影响较大，从城市的规划布局、建筑特色，以及城市的命名、城门和街坊的称呼等方面都可以看到唐长安和宋汴京的影子。兴庆府城有宫城

和外城两重。宫城位于兴庆府的西北部，规模较大，宫殿屋宇建筑宽敞宏大，陈设富丽豪华。宫城内除宫殿楼阁外，还有中央机关中书省、枢密院、三司等官署，以及部分官办手工业作坊。宫城四面各置城门，上有门楼，门曰"摄智门""广寒门""南怀门"和"北怀门"[1]。外城呈长方形，"周回一十八里，东西倍于南北"[2]。据明代方志，明宁夏府是在兴庆府旧城基础上修建而成的，故可依据明代方志有关宁夏府的记载了解兴庆府的轮廓和布局：宁夏府城南北各两门，东西各一门，每门上建门楼，"楼皆壮丽，其在四角者，尤雄伟工绝。池阔十丈，水四时不竭"[3]，城内还设有众多街坊巷市。城墙外有护城河，城内的道路系统为方格形十字交叉，纵横九条，街坊20余座。兴庆府城的内部结构"具有均衡、对称的特点。有明显的纵轴线和横轴线、城门、道路、河渠、宫殿、坊里、市集及各类建筑的布局，均呈左右对称"[4]。兴庆府城内设计规整、对称的特点，体现了西夏统治者对中原都城形制的模仿。

兴庆府城内还有避暑宫、戒坛寺、承天寺、军营、仓库、民舍、内学和太学等，加上各种政府机构，都城的职能十分齐备。兴庆府最突出的特点就是宫城位于外城的西北部，并非中原地区常见的宫殿位于城中心的形制。贺兰山东麓西夏陵区的帝王陵园布局亦如其都城。这种规划布局可能与西夏的社会习俗有关。据《梦溪笔谈》，西夏之俗"所居正寝常留中一间，以奉鬼神，不敢居之，谓之神明，主人乃坐其傍"[5]。兴庆府宫城和帝陵陵台偏离中轴线而居西北位，正体现了西夏这种传统的鬼神崇拜。

兴庆府因处于宁夏平原地区，其地河渠纵横、湖泊众多，城市外部形态难以按照传统标准呈四方形，但其仍被努力建成一个东西长、南北窄的方形，故从外部形态上兴庆府大体可被看作一个长方形，如果再加上城市内部附属宫殿等大型建筑的话，整体上可以认为兴庆府呈"人"字形。由于战争的破坏，兴庆府的具体形态已难于考证，但《宁夏府志》记载："宁夏府城，宋兴州城故址。景德间赵德明所筑，旧制周围一十八里，东西袤于南北，相传以为人形。"[6] 可见，兴庆府城市外部形态呈"人"字形的观点是有一定史料支撑的。

由此可见，兴庆府的城市规划与建设虽然受到自然条件的限制和制约，不能完全遵循汉文化中传统城市设计思想的方正性和对称性的原则，但其"人"字形的城市外部形态亦能体现西夏统治者建立都城追求对称性的理念，贯彻了汉人建城的规划和设计思想。

---

[1] 史金波、聂鸿音、白滨：《天盛改旧新定律令》卷二十《内宫待命等头项门》，法律出版社，2000年，第424—425页。
[2] 胡汝砺、管律重修，陈明猷校：《嘉靖宁夏新志》卷一，宁夏人民出版社，1982年，第9页。
[3] 胡汝砺、管律重修，陈明猷校：《嘉靖宁夏新志》卷一，宁夏人民出版社，1982年，第9页。
[4] 董鉴泓：《中国城市建设史》，中国建筑工业出版社，1989年，第143页。
[5] 沈括撰，金良年校：《梦溪笔谈》卷十八，中华书局，2015年，第176页。
[6] 杨浣雨：《宁夏府志》卷五《建置》，清嘉庆刊本。

二、城市建筑造型多源，注重建筑的群体组合性

西夏城市的建筑以皇室宫殿、离宫、民居、佛教寺庙等为主，其城市建筑造型多源，注重建筑的群体组合性。

宫殿是古代帝王生活居住和从事政务活动的大型建筑群。西夏文辞书《文海》解释"宫"为"宫殿也，内宫也，天子住处宫城之谓"①。宫殿是都城的心脏，也是王朝最宏大、最高级的建筑，它代表了当时建筑艺术的最高水平。西夏最初的宫殿建筑便充满了各种供人欣赏的精细美术作品，极力追求重轩镂槛、雕梁画栋。党项政权在夏州统治时期，就"修复寝庙，抚绥宗党"②，建馆舍曰"承恩""迎晖"③，以礼遇宋朝使臣。兴庆府的皇宫则修建得更为考究。元昊曾"广宫城，营殿宇，其名号悉仿中国故事"④，后又于城内"作避暑宫……逶迤数里，亭榭台池，并极其胜"⑤。

离宫也是西夏宫殿建筑的一种，大多建筑在自然环境较好的名山胜景之处。西夏历史上建有贺兰山东麓大水沟的离宫、镇木关口的避暑宫、天都山的南牟宫，以及未明详址的卫国殿和木栅行宫等。李德明时期"役民夫数万于鏊子山，大起宫室，绵亘二十余里，颇极壮丽"⑥。天都山的南牟宫，营建于元昊天授礼法延祚五年（1042），内建7殿，极壮丽，府库、官舍皆备，是西夏国主经常游幸之处。位于今银川市西北约90公里处的贺兰山大水沟口，有一处规模宏大的西夏离宫建筑遗址，绵延十余里，遗址中台基、垣石、踏步和台阶等遗迹尚存。主体建筑依山自下而上呈阶梯状，上下错落有致，高约50米，布局紧凑，格调天成。⑦《西夏书事校证》卷十八记载：元昊自夺太子宁令哥之妇为妃，居天都山，后又大役丁夫数万于贺兰山之东，"营离宫数十里，台阁高十余丈，日与诸妃游宴其中"⑧。离宫仅是西夏皇家居室建筑的一种。皇室的居住处所多被建成规模宏大的宫殿群落，从中不仅可以看出西夏统治者穷奢极欲的生活状况，也可窥见西夏建筑的水平和往往依山势建筑的风格。

西夏帝王给自己修建有豪华的宫室，大臣也争相效仿。仁宗时，晋王察哥"广起第宅"，有园宅数处。权臣任得敬企图分裂西夏，统民夫十万在灵州大兴建筑，以翔庆军监军为宫殿。当时的世禄之家，互相攀比，都以奢侈为能事。

除了王公贵族居住的宫殿和离宫外，城市中更多的建筑是民众生产生活的场

---

① 史金波、白滨、黄振华：《文海研究》，中国社会科学出版社，1983年，第504页。
② 吴广成撰，龚世俊等校：《西夏书事校证》卷七，甘肃文化出版社，1995年，第85页。
③ 吴广成撰，龚世俊等校：《西夏书事校证》卷九，甘肃文化出版社，1995年，第103页。
④ 吴广成撰，龚世俊等校：《西夏书事校证》卷十一，甘肃文化出版社，1995年，第133页。
⑤ 吴广成撰，龚世俊等校：《西夏书事校证》卷十八，甘肃文化出版社，1995年，第210页。
⑥ 吴广成撰，龚世俊等校：《西夏书事校证》卷九，甘肃文化出版社，1995年，第109页。
⑦ 牛达生等：《贺兰山文物古迹考察与研究》，宁夏人民出版社，1988年，第36—37页。
⑧ 吴广成撰，龚世俊等校：《西夏书事校证》卷十八，甘肃文化出版社，1995年，第213页。

所——民居。西夏城市建设的进一步发展，还体现在民居建筑的进步上。居室是人类生活中必不可少的设施，各民族的居室都经历过从简单到复杂、由粗劣到精致的过程。党项族人由游牧生活转向定居生活以后，其居室建筑技术得到不断提高，由初级的毛毡为屋发展到西夏时期多种多样的居室建筑，王公贵族居住在宫殿的"豪宅"内，普通民众定居于"栋宇"内，这些都是党项族居室进步的反映，同时也是西夏城市建筑技术提升的表现。

随着环境的变迁和社会经济的发展，尤其是随着与汉族的长期往来，党项族生活习惯发生了较大的变化。《文海》对"房屋"的解释为："屋也，家舍也，室屋也，帐也，庖也，住宿处是也。"可见，内迁后党项族的房屋有两种：一种为帐，一种为普通的房舍。大量仍以游牧生活为主的党项人照常以族帐为单位，世代居住在毛毡做的帐篷里。但在西夏境内的以农耕为主要生产方式的居民则是以定居为主要的生活形式，他们居住在土屋和瓦屋里，"民居皆立屋，有官爵者始得覆之以瓦"[1]。西夏城市内的民居形态可以从遗址中发掘的大量砖、瓦等得到印证。

除此之外，西夏的城市建筑还具有浓厚的佛教色彩。西夏佛寺建筑众多，这是由西夏社会深受佛教的影响以及统治者高度重视佛教而决定的。例如西夏以兴庆府为中心的腹心地区建有戒坛寺、高台寺、承天寺、海宝寺、大度民寺、贺兰山佛祖院、清凉寺、慈恩寺等，另外还有宁夏平罗的定州塔寺、同心县的康济寺、中宁县安庆寺、青铜峡口的一百零八塔寺等。同时，河西走廊地区建有以凉州为中心的护国寺、盛荣寺、崇圣寺，以甘州为中心的卧佛寺、崇庆寺、诱生寺、十字寺、禅定寺等，以及黑水城附近的寺庙群。这些寺庙大多修建在城市内部以及城市周边，方便民众进行朝拜以及学习佛教思想。

西夏城市内建筑造型多源，这是由特定的政治经济环境决定的。宫殿和离宫的建设是权力集中的象征，同时也反映了统治阶级的奢靡之风。而民居的修建取决于不断进步的社会经济，而农耕事业所占生产生活比重的增加，促进了定居生活的出现，也推动了居室条件的改善。城市内多佛教建筑，也符合西夏统治者重视佛教的社会背景。综上，西夏城市内部建筑的设计和规划与其所处的社会环境息息相关。

三、城市建筑技术进一步提高

西夏城市内一般居民住房多为简陋的低矮土屋或覆土、覆毛布毡片的木板屋，城内部分街坊也有官僚贵族的砖木结构、屋顶覆瓦的宅第，这是西北边塞城市建筑的特色，同时也展现了普通民众相对简单的居室形式。因此，要考察西夏城市建筑的装饰艺术，则主要应从宫殿、离宫等建筑的装饰来看。

元昊修建的避暑宫，其宫殿的室内、地上、墙上砌有条砖、方砖、白瓷板砖、琉璃花砖等；房柱为雕刻精美的龙形石柱，有莲花形石雕基础；屋顶覆盖着深蓝色

---

[1] 曾巩撰，王瑞来校证：《隆平集校证》卷二十《夷狄传》，中华书局，2012年，第603页。

和深绿色的琉璃瓦,并装饰有壮观华美的琉璃鸱吻、琉璃龙头和兽头脊饰等,建筑很是华丽。从西夏陵园发现的大型屋顶脊饰,特别是琉璃脊饰中,可以看出西夏皇家建筑的精美和豪华。西夏城市建筑物多种多样的脊饰,如琉璃鸽、琉璃魔羯、琉璃四足兽等,都在腹部伸出一个空心柱与脊瓦相连,通体施绿釉,色彩十分艳丽。这些动物脊饰被置于殿宇屋脊上,既有吉祥如意、消灾免祸之意,又达到明显的装饰效果,同时还可保护屋宇脊梁缝线,防止雨水冲灌。

砖瓦作为最普通的房屋建筑材料,除了有建筑作用外,还起着装饰作用。西夏的砖大多印有花纹,如有一种条形砖,青灰色,长35厘米,宽12.5厘米,厚6.7厘米,砖肋模印忍冬纹,二方连续,四周围凸陵纹;另一种砖长33厘米,宽34厘米,厚5.5厘米,呈正方形,陶胎,表面施绿色琉璃釉,四周有边框,中间布满石榴花蔓草卷叶纹,是一种罕见的建筑装饰材料。

同时,琉璃筒瓦、琉璃滴水是西夏城市建筑物装饰常用的材料,体现出很高的制作工艺水平。现已出土几种西夏的琉璃筒瓦和琉璃滴水,其中一种筒瓦为陶质,前有圆形瓦当,饰以兽面纹,瓦身长34厘米。琉璃滴水的面呈三角形,亦是陶质,中间饰莲花蔓枝卷叶纹。两者所施绿色彩釉,色泽均匀,晶莹光亮。另一种"薄白瓷板瓦十分引人注目……瓷质,呈长方形,长16.3厘米,宽12.1厘米,表层施白色釉,釉面光润,厚薄均匀,上有冰裂纹,自然美观"[①]。从这些建筑材料的精美程度可见西夏皇宫宫殿、离宫以及贵族豪宅装饰的豪华,同时,这也是西夏建筑装饰技术水平得到很大提升的表现。

---

① 史金波:《西夏社会》,上海人民出版社,2007年,第701页。

第四章　西夏城市管理

西夏的城市在政治局部稳定、社会经济环境得到发展的大背景中，取得一定的发展，其城市管理制度得到进一步完善，城市户籍管理、赋役管理、医疗卫生和治安管理都具有一定的特色。居民开始具备一定的公共意识，城市社会生活日渐丰富。

第一节　城市户籍管理

古代中国的城市大多是二元结构的，即城市是政治意义上的"城"和经济意义上的"市"的双重结合，且"市"的功能大多依附于"城"的功能而存在。[①] 西夏时期的城市亦是如此，其政治管理功能远大于经济交流功能。西夏社会中"城市"和"农村"的界限很模糊，考察西夏时期的城市户籍管理，只能从基层社会管理中窥见一二。传统中国统治者对国家人口的统计大多以行政区域为单位进行，具体表现为政府大多以州、县为单位进行人口统计。西夏作为西北少数民族建立的政权，社会经济由游牧经济转向农耕经济，在吸取中原先进文化以及各方面都取得长足发展的同时，城市户籍管理亦进一步完善。但是限于元代修史没有修西夏专史，很多史实无从证实。20世纪大批西夏文史料的发掘和解读，为考察西夏社会提供了新的论据，通过对有限史料的分析，可略见西夏户籍管理制度的概况。

一、基层社区组织及管理

西夏社会有多层组织，社区组织相对完善，从对西夏社区组织的记载可见其户籍编制制度。西夏文献《天盛改旧新定律令》中规定："各租户家主由管事者以就近结合，十户遣一小甲，五小甲遣一小监等胜任人，二小监遣一农迁溜，当于附近下臣、官吏、独诱、正军、辅主之胜任、空闲者中遣之。"[②] 可知，甲、小监、农

[①] 张海林：《苏州早期城市现代化研究》，南京大学出版社，1999年，第79页。
[②] 史金波、聂鸿音、白滨：《天盛改旧新定律令》卷十五《纳领谷派遣计量小监门》，法律出版社，2000年，第514页。

迁溜是西夏的基层组织单位，并且 10 户为 1 小甲，5 小甲即为 50 户，每 5 小甲便设有小监进行管理，2 小监所管农户共 100 户，为 1 农迁溜。

汉文资料对西夏社会基层军事组织的记录中记载"溜"为"各将种落之兵，为之一溜"[1]。可见，西夏时期基层社会组织"迁溜"在战时被称为"溜"。西夏的"迁溜"并非政府机构，而是从民间社区组织；其负责人亦不是政府官员，而是民间遴选的管理人员。

西夏基层社区组织和户籍编制制度是参照中原地区的乡里组织和北宋变法后的保甲制变通而来的。唐朝时期，基层"百户为里，五里为乡"[2]；宋朝初期实行乡里制，中后期实行保甲制，宋神宗时期保甲法规定 10 家为 1 保，50 户为 1 大保，500 户为 1 都保[3]，后改为 5 户 1 保，25 户 1 大保，250 户 1 都保，保各有其正、副保长。中原地区的保甲主要职责为掌握乡民实际户口数，编制户籍，以及督输税赋。

西夏迁溜的职能相对较宽，包含了对所辖住户户口、土地、牲畜及其他财产的登记，并将其编制为申报乡里的籍帐。同时，其亦负责催缴租税，组织开渠、修渠等。西夏迁溜还有一种职能，就是对基层军事组织的军抄进行登记和管理，这种不同于中原地区保甲职能的特殊职能与西夏的征兵制度有密切关系。

相对于农迁溜，西夏的牧区还有牧迁溜之类的组织。从《天盛改旧新定律令》中的相关记载可知，在牧人之上是小牧监，小牧监之上是牧首领。[4] 小牧监、牧首领应是管理牧区基层的负责人，相当于农区的小监、首领。但目前尚未见到西夏牧区有类似农区"小甲—小监—迁溜"的具体组织结构，这与牧区居住相对分散和居无定所的具体情况密不可分。

西夏是以游牧民族为主体的国家，其统治民族党项族迁徙到今陕甘宁一带的半农半牧地带后，在中原文化的影响下，其经济形式和社会生活出现一定的变化，在基层社区组织方面也学习汉地的管理方式。但需要指出的是，党项社会中的部落制度并没有因为地理环境和文化传统的变迁而消失，在西夏牧区，部落制度依然是基层社会管理的重要组成部分。

总的来说，记载西夏基层社区组织和户籍管理制度的史料相对较少，但这些仅有的资料为揭示西夏社会底层的面貌，以及后人更深入地了解西夏社会提供了珍贵的史料，其重要性不容忽视。后来研究者应该在借鉴已有史料的基础上，进一步发掘和剖析新的相关材料，为阐明西夏社会的户籍制度而努力。

---

[1] 李焘：《续资治通鉴长编》卷一百三十二"庆历元年甲戌"条，文渊阁《四库全书》本。
[2] 刘昫等：《旧唐书》卷四十三《职官二》，中华书局，1975 年，第 1825 页。
[3] 脱脱等：《宋史》卷一百九十二《兵制六》，中华书局，1985 年，第 4767 页。
[4] 史金波、聂鸿音、白滨：《天盛改旧新定律令》卷十九《校畜磨勘门》，法律出版社，2000 年，第 590 页。

二、西夏人口数

元朝史官在修史时未给西夏修专史，仅以简略的传记列于辽、金、宋史之内，未能留下关于西夏人口的记载。西夏实行全民皆兵的制度，规定"年六十以下，十五以上，皆自备介胄弓矢以行"①。西夏民众平时从事各项生产活动，遇有战事便上战场，且"人人能斗击，无复兵民之别，有事则举国皆来"②。因而我们可以从有关西夏军队人数的记载切入，以其作为参考值，用以推断西夏的总人口数量。

元昊建立西夏以后，将全国军队置"置十二监军司，委豪右分统其众。自河北至午腊蒻山七万人，以备契丹；河南洪州、白豹、安盐州、罗落、天都、惟精山等五万人，以备环、庆、镇戎、原州；左厢宥州路五万人，以备鄜、延、麟、府；右厢甘州路三万人，以备西蕃、回纥；贺兰驻兵五万、灵州五万人、兴州兴庆府七万人为镇守，总五十余万"③。同时，西夏的军队是带有氏族血缘色彩的部落军事组织，"其民一家号一帐，男年登十五为丁，率二丁取正军一人。每负赡一人为一抄。负赡者，随军杂役也。四丁为两抄，余号空丁。愿隶正军者，得射他丁为负赡，无则许射正军之疲弱者为之。故壮者皆习战斗，而得正军为多"④。可见，西夏正军15万，加上"抄"及"空丁"，总兵50余万。王育民认为，西夏的"总五十余万"大约相当于西夏建国时期全部适龄男丁的人数。如按辽朝平均以每户适龄男丁2人来计算，再加上"老丁""幼丁"及"女口"，则西夏全国人口约为25万户、150万人。元昊立国后，西夏的社会经济有所发展，外加僧侣、奴隶等人口数，推测西夏盛时人口数可能不少于一百六七十万。⑤

关于西夏的总人口，还可以从稀少的汉文典籍中的相关记载进行推算。天授礼法延祚七年（1044），崇政殿说书赵师民上疏宋仁宗，说西夏占据的土地，为陕西路"十分之二，校其人众，七八分之一，虽兼北边，亦不过五六分之一，穷塞之地，土产至薄，校其财力，二十分之一"⑥。此外，天赐礼盛国庆四年（1072），王安石说："今陕西一路即户口可敌一夏国，以四夏国之众当一夏国，又以天下财力助之，其势欲扫除亦宜甚易，然终不能使夏国畏服。"⑦ 其中，关于陕西路总人口的官方记载为：元丰年间（1078—1085）约为135.6万人⑧，那么1072年西夏人口为其四分之一，即约30万户。漆侠认为西夏30万户人口，如按古代人口统计的一

---

① 曾巩撰，王瑞来校证：《隆平集校证》卷二十《夷狄传》，中华书局，2012年，第603页。
② 李焘：《续资治通鉴长编》卷二百一十七"熙宁三月十一月已卯"条，文渊阁《四库全书》本。
③ 脱脱等：《宋史》卷四百八十五《夏国传》，中华书局，1985年，第13994—13995页。
④ 脱脱等：《宋史》卷四百八十六《夏国传》，中华书局，1985年，第14028页。
⑤ 王育民：《中国历史地理概论》下册，人民教育出版社，1988年，第126页。
⑥ 李焘：《续资治通鉴长编》卷一百四十六"庆历四年二月丙辰"条，文渊阁《四库全书》本。
⑦ 李焘：《续资治通鉴长编》卷二百三十二"熙宁五年四月丙寅"条，文渊阁《四库全书》本。
⑧ 杜建录：《西夏史论集》，上海古籍出版社，2016年，第14页。

般看法,按每户5人计算,该时期西夏人口大约为160万。① 可见,关于西夏社会总人口数量的推测,不论是从西夏相关兵制,抑或是从仅有的几条汉文典籍的记载可以看出,西夏总人口约160万的说法有一定的依据。

西夏的总人口数尚且需要通过少量的资料来推测,其各府、州、县等城市的人口记载则更是缺乏。但即使没有关于西夏各城市的人口户籍系统的记载,我们仍可从一些典籍中挖掘出相关信息。如宋人郑刚中《西征道里记》载:"夏国左厢监军司接麟府沿边地分,管户二万余;宥州监军司接庆州、保安军、延安府地分,管户四万余;灵州监军司接泾原、环庆地分,沿边管户一万余,兹其大略也。"② 可见,西夏某些州的人口数可以达到万余户。

《宋会要辑稿》方域二一之二载,淳化四年(993)府州折御卿上言:"银、夏州管内蕃汉户八千帐族悉来归附,录其马、牛、羊万计。"③ 可见,建国前的西夏银、夏州平均每州人口可达4000户(帐),立国后随着人口的繁衍,可能会超过此数。

《宋史》卷二百五十九《郭守文传》载,雍熙二年(985),"凡银、麟、夏三州归附者百二十五族、万六千余户"④,平均每州5000余户。《吐蕃传》曰:咸平元年(998),凉州吐蕃首领折逋游龙钵上言:"河西军即古凉州,东至故原州千五百里,南至雪山、吐谷浑、兰州界三百五十里,西至甘州同城界六百里,北至部落三百里。周回平川二千里,旧领姑臧、神乌、蕃禾、昌松、嘉麟五县,户二万五千六百九十三,口十二万八千一百九十三。今有汉民三百户。"⑤ 可见,古凉州的人口数亦已达到2万多户、12万多口,对于社会生产力相对低下的古代中国而言,这是人口较为繁盛的州城,特别对于位处西北地区的党项州城而言,凉州可以算是西夏国的人口繁盛之地。

除上述比较重要的州外,西夏还有许多小州,如"洪、定、威、龙皆即堡镇号州"⑥,兰州643户,保安军1041户,西夏小州的人口大致为一两千户或更少。

根据以上关于西夏各州的相关户口数的记载,漆侠认为可将西夏的州分为四等,一等为4万~5万户,二等为1万~2万户,三等为4000~5000户,四等为1000~2000户,若取中间数1万户多一点,西夏有20多州,则大致有30多万户。⑦

总的来说,西夏的总人口数大致可推测为150万左右,其各州城的人口数分布不平衡,有四五万户的州城,亦有千余户的小城镇,这与西夏的地理环境有关。当

---

① 漆侠:《辽宋西夏金代通史三·社会经济卷》下,人民出版社,2010年,第669页。
② 顾宏义、李文:《宋代日记丛编》第二册,上海书店出版社,2013年,第654—655页。
③ 徐松:《宋会要辑稿》方域二一,稿本。
④ 脱脱等:《宋史》卷二百五十九《郭守文传》,中华书局,1985年,第8999页。
⑤ 脱脱等:《宋史》卷四百九十二《吐蕃传》,中华书局,1985年,第14155页。
⑥ 脱脱等:《宋史》卷四百八十五《夏国传》,中华书局,1985年,第13994页。
⑦ 漆侠:《辽宋西夏金代通史三·社会经济卷》下,人民出版社,2010年,第669页。

然，不同的社会主体，其所处的外部环境不同，经济的发展程度各异，其人口的密度也不相同，这是符合社会发展规律的。就西夏而言，有关其户籍制度的史料相对缺少，我们只能根据已有的资料，通过分析西夏的基层社区组织和人口数，来分析西夏的户籍编制制度。

第二节 城市赋役管理

西夏位于农耕文明区和游牧文明区的交界处，特殊的地理位置决定了西夏社会半农半牧的经济形式，不同的经济基础大致将西夏分为农业区和畜牧区两大区域。经济形式影响赋役制度，故西夏的赋役亦表现出一定的地域性，大致为农业区按田亩缴纳农副产品，畜牧区按畜产缴纳牲畜以及副产品。同时，西夏的民众还要承担繁重的兵役、夫役等。西夏的赋税主要来源于田赋、牲畜税，以及对商业贸易和手工业生产征收的工商税等，其徭役以兵役、夫役和差役等为主。

一、城市赋税来源及其管理

西夏城市赋税来源具有一定的地域性，农业区主要缴纳农副产品，畜牧区主要靠缴纳牲畜及其副产品。同时，西夏社会中亦有相对繁荣的工商业，针对手工业和商业征收的税亦是西夏赋税的主要来源之一。

西夏统治者为了管理民众纳土地税事宜，采取了一定的措施，在民间建立了一定的纳税组织，纳税户以十户遣一小甲，五小甲遣一小监，二小监遣一农迁溜，并且"当于附近下臣、官吏、独诱、正军、辅主之胜任、空闲者中遣之"[1]。同时，还对应纳税土地进行登记造册，上书"租户家主各自种地多少，与耕牛几何记名，地租、冬草、条椽等何时纳之"[2] 等，并分别藏于中书、转运司、受纳司、皇城司、三司、农田司以及所在郡县，交由不同政府机构管理，保障赋税制度得以正常推行。

西夏土地根据肥瘠程度被分为五等，不同等级被征收不同田赋。每遇自然灾害，政府根据灾情考虑对农户的赋税予以一定的减免。《西夏书事》载公元1143年夏、兴州地震，仁宗下令"二州人民遭地震地陷死者，二人免租税三年，一人免租税二年，伤者免租税一年"[3]。

田赋征收的主要标准是土地占有者拥有土地的数量，而传统社会的土地所有权

---

[1] 史金波、聂鸿音、白滨：《天盛改旧新定律令》卷十五《纳领谷派遣计量小监门》，法律出版社，2000年，第514页。

[2] 史金波、聂鸿音、白滨：《天盛改旧新定律令》卷十五《纳领谷派遣计量小监门》，法律出版社，2000年，第514页。

[3] 吴广成撰，龚世俊等校：《西夏书事校证》卷三十五，甘肃文化出版社，1995年，第411页。

经常因买卖或其他原因发生变化，对此，西夏政府规定三年一通检。其具体程序为，先由农迁溜、小监、小甲等基层组织对自己所辖家主人所占有土地量进行统计，推寻其有无田地变卖情况，若存在土地变卖的情况，则家主人回避，由农迁溜、小监、小甲进行勘查、统计，并上报所属州县进行登记，以便来年征收田地税。

西夏缴纳田赋的时间是九、十月。西夏政府为了管理催税人员，保障征税工作的正常完成，对未能完成相关工作的人员会治罪处罚。

牲畜税是西夏社会赋税的另一来源，现已发现的史料对西夏征收牲畜税的记载不多。但牧民根据畜产的多少为西夏军队提供物资的事实是可知的。《天盛改旧新定律令》记载牧民必须提供披、甲、马等军事物资，"实有则当烙印一马。有百只羊、十条牛则当寻马一及披、甲之一种"①。牲畜税给西夏牧民造成了严重的负担。

针对西夏城市中兴起并繁荣的手工业生产和商业贸易，政府规定了繁重的工商税。西夏的工商税可分为禁榷课和商税。禁榷课主要针对西夏的榷盐和榷曲制度。政府对于盐池的管理实行榷盐制度，"池大则派二巡检，池小则派一巡检，与池税院局分人共监护之"②，池盐的生产和发售由巡检负责。盐课收入作为政府收入的重要组成部分，对西夏的经济具有重要的促进作用，"元昊数州之地，财用所出，并仰给于青盐"③。酿酒是党项人传统的手工业，因党项人爱好饮酒，故酒的产销量很大。政府对酒的生产、流通实行榷曲制度，设置专门机构如踏曲库与卖曲库、卖曲税院来控制管理酒曲的生产和销售，从中可攫取大量课利，以补充财政。相较于对盐业生产的管理，西夏对酒的生产管理要稍宽一些，在官酿征课的同时，西夏也允许私酿的存在。除对盐、酒贸易的管理和征税，政府亦设有树税院、木炭租院、木材租院，以专门对伐木、烧炭等行业征税。

西夏亦有商税，主要征收于在边境进行贸易的外商，其中又以对回鹘商人的征收为主，且较为繁重，如"十而指一，必得其最上品者，贾人苦之，后以物美恶杂贮毛连中，然所征亦不资。其来浸熟，始厚赂税吏，密识其中下品俾指之"④。在宋夏边境和市进行的商贸，亦"汉收汉税，番收番税""官中止量收汉人税钱，西界自收番客税利"⑤，可见政府对商税的征收亦形成一定的规范。

总的来说，西夏城市的赋税来源主要有田赋、牲畜税以及工商税等，为了保证政府税收收入，西夏统治者制定了一系列相关管理政策。

---

① 史金波、聂鸿音、白滨：《天盛改旧新定律令》卷五《季校门》，法律出版社，2000年，第237页。
② 史金波、聂鸿音、白滨：《天盛改旧新定律令》卷十七《库局分转派门》，法律出版社，2000年，第535页。
③ 包拯：《包孝肃奏议》卷九《论杨守素》，文渊阁《四库全书》本。
④ 洪皓：《松漠纪闻》卷上，明顾氏文房小说本。
⑤ 文彦博：《潞公集》卷十九《奏西夏誓诏事》，明嘉靖五年刻本。

二、徭役制及其管理

西夏的徭役主要有兵役、夫役和差役等。兵役是西夏最为广泛和普遍的徭役。西夏社会实行全民皆兵的政策，男子年15岁以上即为丁。为了保证兵源，西夏男子从10岁开始就要被登记注册，政府进行统一的户籍管理，并且对隐瞒不登记的行为规定了严格的惩罚措施，对年及十至十四不注册隐瞒的，隐一至三人徒三个月，三至五人徒六个月，六至九人徒一年，十人以上一律徒二年。[①] 若十五以上仍隐瞒不注册者，对隐瞒不报者的处罚更为严重。

西夏民众服兵役的同时也要承担杂役，戍守城边是劳动者的又一重负。元昊安置大批兵员到边境进行戍守，这些戍守兵，既要随时驻守边疆进行生产生活，又要随时整顿准备出征，负担很重。

夫役包括修筑河渠，修缮州城、皇宫、桥梁及版筑等，其内容繁多，且项目复杂。灌区农民负责修治河渠、桥道，修渠的人工根据其所占田多少来定。同时，版筑和修缮堡、寨、州、城也是西夏夫役的主要内容。为了控制边境以及维护与周边民族的商业贸易关系，西夏统治者在沿边修筑了大量的城、堡、寨。故而派遣民众赴边境修缮城、堡、寨，也成为西夏夫役的重要内容。除了边境的城、堡、寨外，在中心城市修建城墙，也给人民带来极重的负担。西夏几经迁都，皇宫、府衙的修建也相当频繁。在修建宫室的同时，西夏统治者还大建离宫。为了宣扬佛教，佛寺的修建亦构成民众的重要负担。

在官营的手工业机构中存在针对生产者的差役，主要为依附匠的劳动和应役。当手工业生产者籍为"匠户"后，须终生服役，且其子女不能脱籍，世代被束缚，这是一种具有剥削性质的劳役。采盐、制曲、金属冶炼等官营的行业，就主要靠对依附匠的征役完成生产。

总的来说，尽管西夏的赋役制度存在地域上的差异，但不论是承担田赋、工商税的农区民众，还是生产方式较为单一的牧民，都要承受繁重的兵役、夫役和差役。西夏社会人身依附关系较强，劳动者处于政府的严格管治之下。

第三节　城市医疗卫生和治安管理

西夏时期是古代中国西北地区发展史上的一段高潮期，农业经济的相对发展带动了西北商品经济的繁荣，城市管理制度相继形成，社会生活日益丰富。西夏时期城市医疗卫生管理和城市治安管理有了一定的发展。

[①]　史金波、聂鸿音、白滨：《天盛改旧新定律令》卷六《抄分合除籍门》，法律出版社，2000年，第262页。

一、城市医疗卫生管理

早期党项人过着游牧的生活，落后的生产技术难以保障其基本的生活需求，内迁以后，农耕事业的发展和生产技术的进步，使党项人开始了定居生活，民众开始有了固定的生产生活和娱乐的区域，医疗卫生的管理由此被提上日程。主要表现在以下几点：

首先，西夏人有一定的卫生保健常识。西夏人讲究卫生，有明显的干净和脏的观念。《文海》释"净"为："清净也，鲜洁也，无污秽之谓也。"[①] 而"脏"被解释为"染污垢，沾污粪，烟熏之谓"[②]，其"令臭、使不净"为"弄脏"。党项人有食肉的传统，到西夏建国以后，西夏人渐渐具备了一定的食品安全的常识，开始重视对食物的干净和新鲜的追求。《文海》将"烂"解释为："腐烂也，坏也，肉无津之谓。"[③] 可见，西夏人是有一定的卫生常识的。从文献的记载中，可以看出西夏人明显的喜洁净厌肮脏的卫生观念，同时其也具备基本的食品安全知识，这些都从一个方面表明西夏人对生活的热爱以及对生活品质的要求得到提高。

西夏人注重个人卫生，有洗涤沐浴的卫生习惯。《文海》中"濯"为"洗濯也，洗浴也，涤也，洗也，为除污垢之义是也"[④]。另外，西夏人也重视公共区域的卫生打扫。《文海》中"扫帚"为"帚也，扫除帚也，扫除治清洁也"[⑤]；释"扫除"为"清除也，除却也，使清尘埃之谓"[⑥]。西夏统治者重视牢狱等公共区域的卫生清洁，《天盛改旧新定律令》规定因牢狱不洁净而导致囚犯死亡的，负责官员要被判处徒刑。即使监狱，也要保持清洁，可见即使是生产生活水平低下，卫生条件较差，西夏人亦追求洁净的生活环境，具有良好的卫生习惯。

其次，西夏重视对社会医疗事业的管理和改善。元昊建立西夏前，党项人长期游牧于西北偏远地区，生产力水平低下，生活技能落后。疾病是人体能量消耗的过程中必然会出现的问题，特别在医疗技术、设备相对不完备的古代中国，疾病成为统治者进行政治统治、百姓正常生产生活的重大阻力。党项人在长期的游牧生活中，生病时不用医药，往往求佑于神明。《辽史》载"病者不用医药，召巫者送鬼，西夏语以巫为'厮'也。或迁他室，谓之'闪病'"[⑦]。

西夏建国后，随着社会生产力的发展，民众的生活水平得到很大的提高，西夏社会开始广泛学习和引进中原宋王朝的中医知识和医疗方法。夏谅祚曾向宋朝请赐

---

① 史金波、白滨、黄振华：《文海研究》，中国社会科学出版社，1983年，第459页。
② 史金波、白滨、黄振华：《文海研究》，中国社会科学出版社，1983年，第528页。
③ 史金波、白滨、黄振华：《文海研究》，中国社会科学出版社，1983年，第400页。
④ 史金波、白滨、黄振华：《文海研究》，中国社会科学出版社，1983年，第537页。
⑤ 史金波、白滨、黄振华：《文海研究》，中国社会科学出版社，1983年，第515页。
⑥ 史金波、白滨、黄振华：《文海研究》，中国社会科学出版社，1983年，第522页。
⑦ 脱脱等：《辽史》卷一百一十五《西夏外纪》，中华书局，1974年，第1524—1525页。

医书，宋朝将九经及其正义等儒家经典以及一些医书赐予西夏；20 世纪初，在黑水城出土了《治疗恶疮要论》等西夏文医学专著；1971 年在甘肃武威发现了治疗伤寒病的药方残片。① 可见，中原地区的医书、医疗技术已被运用于西夏民众的日常生活中。但西夏的医疗水平远不及宋、金等王朝，一些疑难杂症无法医治时，往往求助宋、金，如仁孝为给权臣任得敬治病就曾遣使至金"乞良医为得敬治疾，诏保全郎王师道佩银牌往焉"②。但总的来说，党项人的医疗技术有极大提高，统治者也十分重视对公共卫生和民众医疗卫生的管理。

西夏设有医人院，属中等司；又有制药司，属末等司。③ 这些机构的设置证明西夏的医疗事业受统治者的高度重视，并已被纳入政府的管理范畴。

西夏人还知道有些疾病会传染，《文海》有"（染）传"条释云："传染也，传病也，染恶疮等之谓。"④ 可见，西夏人对传染疾病已有认识，并具备一定的治疗手段和防传染技术。

20 世纪，黑水城遗址中出土的西夏文医书有《治热病法要论》《明堂灸经》。《明堂灸经》是中原地区针灸书的译本，记载了中国传统的针灸学。《文海》解释"扎针"为："病患处铁针穿刺使血出之谓。"⑤ 可见，西夏学习并运用了中原地区的针刺治病之法。

同时，黑水城遗址还出土了汉文医书《神仙方论》（多记载药的制法和服法），以及一些汉文医方残片，对如何用药，以及所治病症、药名等都有详细记载，从中可见西夏社会治疗疾病的一些情况。黑水城是西夏境内相对边远的城市，其地出土的西夏文和汉文医书、医方，证明西夏的医药技术已传播到西夏的边远地区，可见西夏社会对于中原传统医学的继承和学习程度之深。中原传统医学的传入，提高了党项人对疫病的防治能力，对于西夏社会的进步起了重要的推动作用，是西夏人物质生活水平得到提高的重要表现。

西夏社会的发展受制于自然环境，但是也正是因其所处的地理位置，西夏适合众多药材的生长。西夏境内历来盛产药材，药材被作为中世纪西夏与其他地区进行贸易往来的主要产品之一，以枸杞、大黄、麝脐、羚角、柴胡、苁蓉、红花等为代表。西夏政府重视对药材的管理，分门别类地规定了对药物的耗损限制，使用药有法可依，同时也保证了合格药品的供应。对于长期处于战争状态的西夏而言，药品不仅是保障民众生活的必需品，亦是战时疗伤治病的军用物品，因此，西夏对药品的管理非常严格。

---

① 陈炳应：《西夏文物研究》，宁夏人民出版社，1985 年，第 308 页。
② 脱脱等：《金史》卷一百三十四《西夏传》，中华书局，1975 年，第 2869 页。
③ 史金波、聂鸿音、白滨：《天盛改旧新定律令》卷十《司序行文门》，法律出版社，2000 年，第 372 页。
④ 史金波、白滨、黄振华：《文海研究》，中国社会科学出版社，1983 年，第 511 页。
⑤ 史金波、白滨、黄振华：《文海研究》，中国社会科学出版社，1983 年，第 522 页。

二、城市治安管理

西夏建国前，如有民事纠纷，则"诉于官，官择舌辩气直之人为和断官，听其屈直。杀人者，纳命价钱百二十千"①。元昊立国后，确立了西夏的典章制度，尚武重法，重视社会治安管理。

西夏统治者重视对私有财产的保护，《天盛改旧新定律令》对盗窃惩处甚严，对此有大量条文规定。这些规定对维护社会安定、镇压民众的反抗有重要作用。《天盛改旧新定律令》是1909年出土于黑水城的一部西夏文法典，共20卷2600多面（缺第16卷），是中世纪远东地区保留下来的最为详细的以少数民族语言书写的法典，不仅对于了解西夏时期的社会状况，甚至是对于了解整个中世纪的法典制作情况都有重要的参考意义。

《天盛改旧新定律令》成文于西夏仁宗天盛年间，是一部集刑事法、诉讼法、行政法、民法、经济法、军事法于一体的法典。该法典于西夏社会经济发展相对兴盛时期颁布，旨在维护帝制统治的特征明显，对于中世纪宗法制度和社会公共秩序的维护亦非常明显。不仅代表西夏法律的精华，亦是西夏政治、经济、文化的集中表现。

西夏统治者规定了盗贼的处罚，"诸人盗窃官私文物时，对和物属者及监护者等，若杀伤主、护人时，当以强盗论……同谋持武器而盗者，已谋未往，则造意徒三年，从犯徒二年。已往，物未入手，造意徒四年，从犯徒三年。物已入手，则四缗以下，造意徒五年，从犯徒四年"②，可知其处罚非常重。

《天盛改旧新定律令》对聚众谋反的行为也规定了严格的处罚措施；针对群盗行为设群盗罪，规定"五人以上同谋皆往盗窃，畜物已入手，则多寡不论，当为群盗。无论主从，不论有官、庶人，一律皆当以剑斩。自己妻子，同居子女当连坐，应入牧农主中"③。

同时，政府规定"全国内不允诸人藏武器。若违律持时，持者徒十二年，打者匠人徒十年"④，严惩私藏武器者，以维护统治。西夏对宫殿的保卫极为严密，设有帐门末宿、内宿、外卫、神策、内外侍等守卫，以守皇宫。对威胁皇宫安全的行为皆处以重罚，如"入官家住处宫广寒门及南北怀门内者，徒二年，持武器则徒三年。御前边上到来者徒十年，持武器则绞杀……诸人射于内宫，著于墙壁者徒二

---

① 脱脱等：《辽史》卷一百一十五《西夏外纪》，中华书局，1974年，第1524页。
② 史金波、聂鸿音、白滨：《天盛改旧新定律令》卷三《杂盗门》，法律出版社，2000年，第161—162页。
③ 史金波、聂鸿音、白滨：《天盛改旧新定律令》卷三《群盗门》，法律出版社，2000年，第169页。
④ 史金波、聂鸿音、白滨：《天盛改旧新定律令》卷七《敕禁门》，法律出版社，2000年，第281页。

年，著于殿墙则徒三年，穿越殿及内宫则徒四年，至于官家住处内则绞杀"①。

可见，西夏统治者为了维护社会的安定和巩固自身的统治，通过制定法律来规范民众行为，对扰乱治安和威胁统治的行为进行严厉惩处。

---

① 史金波、聂鸿音、白滨：《天盛改旧新定律令》卷十二《内宫等待命头项门》，法律出版社，2000年，第425—426页。

第五章　西夏经济贸易与城市发展

西夏是西北少数民族建立的国家，其社会经济和城市发展进程不及中原王朝，但在党项族统治西北的约两个世纪里，西北地区的政治、经济、文化事业都取得了长足的发展。在农牧事业发展的基础上，工商业经济不断发展，西夏境内的商业贸易活动主要集中在较大的州城、监军司城中。同时，占西夏经济贸易很大比重的境外贸易也活跃于边境的城、堡、寨。贸易经济的发展是西夏城市发展的重要表现，反过来又推动了西夏城市的进一步发展。

第一节　城市商业的兴盛与发展

隋唐时期的西北党项族，并没有固定的商品交换场所，只是在生活中进行简单的物物交换，没有广泛地使用货币进行商品贸易活动。党项族内迁以后，随着自身经济条件的改变，加之中原文化的影响，其生活条件得到逐步改善，社会经济取得一定进步，商品经济开始发展。西夏城市商业经济的发展是以取得飞跃式发展的农业和手工业为基础的。

一、城市商业的兴盛

随着生产力的发展和社会分工的进一步细化，党项族的社会经济生活日益丰富。西夏的建立为农耕事业的进步和发展提供了政治保障，农业和手工业的进一步发展为经济和城市发展提供了物质基础。

（一）农业的发展与定居生活的影响

"农业是整个古代世界的决定性生产部门。"[①] 传统社会中，农耕事业的繁荣是人口增长和文明进步的基础。就西夏而言，党项族从部落分立到内迁统一，从游牧走向定居，这是其进入农耕社会的重要标志，也是社会进步的重要标志。

---

① ［德］恩格斯：《家庭、私有制和国家的起源》，人民出版社，2003年，第145页。

第三篇 西夏城市发展与社会变迁

西夏党项族原本是以"牧养牦牛、羊、猪以供食，不知稼穑"①的以游牧业为主要生产部门的民族，内徙后唐王朝授之以闲田，外加汉地农业文明的影响，党项族逐步开始从事农业生产。到公元11世纪，党项族占领兴、灵、甘、凉等水地资源较好的地区，改变了之前囿于干旱山区和荒漠地带的区位，为党项族进一步发展农业提供了条件。西夏建国以后，农业渐渐发展为社会经济的重要部门。宋人记载"夏国赖以为生者，河南膏腴之地，东则横山，西则天都、马衔山一带，其余多不堪耕牧"②，印证了兴灵以及横山、天都山一带是西夏较为富庶的区域。

兴灵地区一直是农耕事业较为发达的地区，秦汉以来其地之民便主要从事农业生产。因有黄河水的灌溉，兴灵地区有着大片良田，为党项人进行农耕奠定了基础。党项人开渠疏浚，大力推动兴灵一带的农业生产，将其发展为西夏国内重要的产粮区，除了供应皇室、军队及居民的日常生活以外，还有余粮用于灾荒年间的救济。

除了兴灵地区，位于河西走廊上的甘、凉诸州，是西夏又一重要的粮食生产地。甘、凉诸州在祁连山冰川融水的供给下，土地肥沃，水源充足，自东汉以来便"民物富庶，与中州不殊"③。唐中宗嗣圣年间，仅甘州一地积谷就达四十余万斛。党项人攻破凉州城时，"其府库积聚，足以给军需，调民食"④，可见甘凉州地区农耕业的发达。

除京畿兴灵与河西甘、凉外，宋、夏沿边山界即东起横山，西至天都山、马衔山一带，山峦绵亘，水草丰茂，自古便是著名的半农半牧区，在李德明统治下，"塞垣之下，逾三十年，有耕无战。禾黍云合"⑤，呈现出一派欣欣向荣的景象。

农耕事业的发展不仅体现在粮食作物产量和品种的增加上，亦表现在农业生产工具和耕作技术的进步上。关于党项人所用的农具，据《番汉合时掌中珠》《文海》等书记载，有犁、铧、耙、锄、镰、锹、镢（镐）、子耧、石磙、碾、刻叉、簸箕、扫帚等。犁即"犁铧也，耕用农器之谓也"⑥。"犁"字西夏文从木，"铧"字从铁，故为铁铧、木犁。内蒙古黑城曾出土两个铧，它们都呈楔形，一个有圆形末端，另一个的尖端已经折断。铧的背面有塞套，用来插犁柄，犁则用木制。⑦瓜州榆林窟的壁画对党项人从事农业生产所用的犁、铧、耙、锹、镢等农具有所描绘，从中可见其与近代农具的形状颇有几分相似，可以反映出中古时期少数民族的农业耕作工具有一定的先进性。

---

① 魏徵等：《隋书》卷八十三《党项传》，中华书局，1973年，第1845页。
② 李焘：《续资治通鉴长编》卷四百六十六"元祐六年九月壬辰"条，文渊阁《四库全书》本。
③ 马端临：《文献通考》卷三百二十二《古雍州》，中华书局，2011年，第8839页。
④ 吴广成撰，龚世俊等校：《西夏书事校证》卷七，甘肃文化出版社，1995年，第89页。
⑤ 曾枣庄、刘琳点校：《全宋文》卷三百八十一，上海辞书出版社、安徽教育出版社，2006年，第300页。
⑥ 史金波、白滨、黄振华：《文海研究》，中国社会科学出版社，1983年，第479页。
⑦ 白滨：《从西夏文字典〈文海〉看西夏社会》，《西夏史论文集》，宁夏人民出版社，1984年，第166页。

西夏统治者重视对粮食的储备,《天盛改旧新定律令》有记:"地边、地中纳粮食者,监军司及诸司等局分处当计之。有木料处当为库房,务需置瓦,无木料处当于干地坚实处掘窖,以火烤之,使好好干。垛囤、垫草当为密厚,顶上当撒土三尺,不使官粮食损毁。"[1] 将剩余农产品进行储藏,也从另一个方面反映了西夏农业生产的进步。

同时,随着西夏统治者对大片宜于耕垦的土地与沙漠绿洲的占据,更多的党项族人的生产方式由传统的畜牧业转向农业,他们向当地和宋朝边境地区的汉族人民学习各种生产技能,使农作物的种类空前丰富。水稻、小麦、豌豆、荞麦、黑豆、糜粟、荜豆等是西夏境内民众食用的主要粮食作物,此外还有萝卜、芥菜、胡萝卜、蔓菁等蔬菜。西夏农业的发展为城市手工业和商业经济的繁荣奠定了物质基础,更为重要的是农业的发展促进了定居生活的形成与聚落的出现,从而为城市的形成与发展创造了条件。

(二)手工业的繁荣

西夏的大多数城市规模较小,政治、军事功能大于经济功能,随着农业的发展和生产力的提高,西夏手工业逐步发展。手工业生产技术的进步使西夏的城市渐成为一个不断扩大的消费市场,特别是城市中聚集着统治阶级和贵族上层,他们成为推动城市手工业进步的主要群体。统治者为了增强国力以及满足自己奢侈生活的需要,必须不断从中原引进先进的技艺,发展手工业,进行商品交流,开展商业贸易。

西夏经济发展总体水平落后于中原地区,但内迁以后,在农耕事业不断发展的基础上,其手工业进一步发展,并且渐与农业相分离。西夏时期手工业门类主要有金属冶炼、制盐、酿酒、皮毛加工、棉麻丝织、造纸、印刷、制瓷、制建材等,这些手工业大多集中在城市及其近郊,随着手工业的发展,手工业作坊的规模不断扩大。

西夏的手工业主要由官府掌握,其重要的部门和具有较高技艺的熟练工匠大多都在官府的控制之下。维护和满足统治者对奢侈生活的享受,是西夏手工业生产的主要目的。当然,手工业的发展也在一定程度上解决了民众的日常生活需求。为了管理手工业生产部门,西夏统治者还设置了专门的管理机构。如西夏政府设立盐务使、榷税使等官来管理池盐生产及征榷,以规范管理制盐业。西夏的酿酒业也主要是由官府控制,汉文版《杂字》载有曲务、酒务,《天盛改旧新定律令》又将曲务分为踏曲和卖曲。如京师及其大都督府、鸣沙军、官黑山、黑水等中心城镇设有踏曲库,卖曲库的设置则比较广泛。西夏时期手工业的生产大多在官府的监控下进行,独立的手工业作坊相对较少,这也是西夏手工业生产落后于中原的表现,但是

---

[1] 史金波、聂鸿音、白滨:《天盛改旧新定律令》卷十五《纳领谷派遣计量小监门》,法律出版社,2000年,第513页。

相较于内迁前的情况而言，西夏手工业生产技术已取得很的大进步。

随着手工业技术的进步，各行业内部的分工更加明细。在西夏，具备某种专业技术的手工业生产者被称作匠，《天盛改旧新定律令》卷五《军持兵器供给门》中将其统称为"各种匠"，汉文版《杂字》第七《诸匠部》以及《天盛改旧新定律令》卷十七《物离库门》均列有众多工匠名目。学者杜建录总结西夏的手工业工匠有"冶金方面的金匠、银匠、铁匠、销金匠、针匠；兵器制造方面的甲匠、弓匠、镞匠；马具生产方面的鞍匠、鞯䩞匠；建筑方面的石匠、木匠、泥匠、瓦匠、画匠、漆油匠、雕刻匠、塑匠、绯白匠、垩匠；造纸业方面的纸匠；文具生产方面的笔匠；生活用品生产方面的桶匠、索匠；丝织生产方面的结丝匠、缫丝匠、剉丝匠；毛纺织方面的毡匠、织毛绵匠、纺毛线匠、染匠。此外还有粮油加工业的碨户、梁户，酿酒业的酒户等等"①。可见，西夏手工业生产的门类比较全面，分工也较细致。

党项族作为长期活动在历史中的少数民族，独特的手工业技艺外加对中原文明的吸收、利用，使他们创造出很多优质的手工业产品。1977 年在银川市西郊西夏陵区 101 号墓甬道东侧出土的鎏金铜牛，长 1.2 米，宽 0.38 米，高 0.45 米，重 188 公斤，模制浇铸成型，内空心，外表通体鎏金，造型生动，线条流畅，比例匀称，形象逼真，反映了西夏铸造业的高超技艺；1991 年在对贺兰山拜寺沟西夏遗址的调查中，考古工作者发现了大量西夏筒瓦、板瓦、瓦当、滴水、花边砖、花卉砖、槽心瓦、琉璃筒瓦、琉璃板瓦、脊兽等建材，建材品种的丰富和做工的精细，从一个方面体现了西夏建筑工艺的进步，这也是城市建设得到发展的表现之一。

二、城市商业的发展

党项统治者在西北建立政权，特别是西夏正式建国后，随着农耕事业的发展以及牧业、手工业的长足进步，商业贸易成为西夏境内、境外的必然需求，各族人民需要通过商业贸易互通有无，政府也需要通过商业贸易来实现收入的增长。西夏的商业活动主要集中在州、府、监军司等城市，以及边境的城、堡、寨。

商业活动的繁荣建立在发达的交通之上。西夏人的出行方式有水陆两种，以都城兴庆府以及灵州、凉州、夏州等大中城市为中心的地区陆路交通很发达，交通工具主要是马、车，凉州"当四冲地，车辙马迹，辐辏交会，日有千数"②。荒漠中"马不能行，行者皆乘橐驼"[③]；黄河水路上，人们以木船、羊皮筏等为水上交通工具。西夏政权建立以后，境内的交通条件得到很大的改善，这也为其较为繁盛的商业活动提供了条件。

---

① 杜建录、吴毅：《西夏手工工匠考》，《宁夏大学学报》，2003 年第 4 期。
② 史金波：《西夏佛教史略》附录一《凉州护国寺塔碑铭》，宁夏人民出版社，1988 年，第 252 页。
③ 脱脱等：《宋史》卷二百四十九《高昌传》，中华书局，1985 年，第 14110 页。

《文海》有"商"字,解释为"买卖也,贸易也,贩卖也,买卖也,货也,等物交换之谓"①,等物交换可以被理解为钱币与物品的交换以及物物交换两者的结合。早期党项族人为了实现互通有无一直都保留着物物交换的交易形式,直到农耕事业以及手工业取得一定的发展,剩余产品大量出现,社会分工更加明确以后,以钱币为交换媒介的交易才在西夏社会盛行。总的来说,西夏时期作为商品交换媒介的一般等价物大致有马、牛、骆驼、羊、布帛、金银、钱币等多种,并且等物交换的形式长期存在。

西夏时期,在州、府城圈中,政府划定有一个专门地点作为商业交换的场所,可见西夏城市已有集中进行商业贸易的街巷。《文海》中对"巷"字的解释是:"此者市井也,买卖人过处之谓。"②对"市"字的解释与"巷"字相同。市、市井、巷都是西夏州、府等城市中专门进行商业贸易的交换场所。凉州、甘州、兴州、灵州等都是西夏商业贸易繁盛城市的代表。商业繁荣与城市发展互为推动力。城市商业提高了城市的经济地位,西夏的统治者将管理商业贸易的机构设在京师,各国的驿馆也设在兴庆府城内,说明兴庆府具有商业中心的地位。

西夏城市商业的繁荣还表现在度量衡制度的建立和货币的广泛使用上。度量衡的改革和货币的通行,既是商业贸易发展的产物,同时又促进了商贸发展。在市场上进行商品交易,计算物品的轻重、大小、长短的度量衡是必不可少的。西夏设有文思院专门负责制作尺、斛、斗等衡器,虽然由于文献的缺稀,度量衡的具体标准未能得到明确的证实,但从已有史料中仍能看出西夏时期服务于商业贸易的度量衡制度是相对发达的,并且普遍被使用于城市社会生活中。如《文海》中将"斛"释为:"十斗算一斛也。"③《天盛改旧新定律令》对度量衡器具斗、尺、秤有专门的规定。④ 可见,西夏的度量衡制度在充分吸收中原文化的基础上得到了发展,为商业贸易的发展提供了保障。

作为一般等价物的钱币在商业贸易中起着尤为重要的作用。西夏钱币的使用有较长的历史,但到西夏建国后其才被广泛应用于商贸市场。元昊立国后,宋朝关闭榷场,断绝和市,西夏境内物资紧缺,"一绢之直为钱二千五百"⑤,可见钱币作为一般等价物已被用于商业交易。《文海》中将"钱"解释为"此者钱也,卖种种买价值用是也"⑥;将"缗"释为"此者缗钱也,缗袋也"⑦;将"价"解释为"此者

---

① 史金波、白滨、黄振华:《文海研究》,中国社会科学出版社,1983年,第421页。
② 史金波、白滨、黄振华:《文海研究》,中国社会科学出版社,1983年,第483页。
③ 史金波、白滨、黄振华:《文海研究》,中国社会科学出版社,1983年,第540页。
④ 史金波、聂鸿音、白滨:《天盛改旧新定律令》卷十七《斗尺秤换卖门》,法律出版社,2000年,第523—524页。
⑤ 李焘:《续资治通鉴长编》卷一百三十八"庆历二年十二月"条,文渊阁《四库全书》本。
⑥ 史金波、白滨、黄振华:《文海研究》,中国社会科学出版社,1983年,第536页。
⑦ 史金波、白滨、黄振华:《文海研究》,中国社会科学出版社,1983年,第427页。

价也，卖价之谓"[①]；将"值"释为"此者价也，卖买之所交付也"[②]。这些都表明当时在商业交易中是使用货币进行计价的，也从一个方面反映了西夏商业贸易的发达。

第二节　城市新兴产业的出现

西夏时期，西北城市进一步发展，城市商业经济日渐繁盛，在原有的丝织、金属冶炼、制盐、酿酒、皮毛加工等传统产业得到发展的基础上，西夏城市社会生活中兴起了高利借贷、铸币等产业。这些新兴产业的发展是以西夏城市的整体发展为基础的，同时又反过来促进了城市社会经济的发展。以下笔者对西夏城市新兴的产业进行简单的介绍。

一、高利借贷业的兴起与发展

随着西夏国内商业经济的发展，高利借贷业活跃起来。高利借贷业在西夏经济生活中占有重要地位，境内农耕事业得到发展的城市和较落后的牧区都盛行高利贷。高利借贷成为西夏统治者保障税收的一项重要措施。

西夏的高利贷分为官营和私营两大类型。《天盛改旧新定律令》载："借官私所属债不能还，以人出力抵者，其日数，男女工价计量之法当与盗偿还工价相同……诸人于官私处借债，本人不在，文书中未有，不允有名为其处索债。"[③] 记载西夏高利借贷行业的资料保存至今的很少，故对官营高利贷的本钱来源、运作流程等情况难以进行详细的考察，但从有关记载"牙头吏史屈子者狡猾，为众贷谅祚息钱，累岁不能偿"[④] 可以看出西夏有以统治者的名义经营的高利贷。私营高利贷经营者主要是典当商人，官僚贵族和上层僧侣也参与其中。

西夏的高利借贷业十分兴盛，很多放贷者靠此致富，西夏社会有腰缠万贯、身着贵服，必靠放贷的说法[⑤]，这正是对西夏高利借贷产业繁荣情况的写照。无论是官营还是私营，西夏高利借贷行业受到来自统治阶级的保护，以法律条文的形式来规范高利借贷行业也反映了西夏高利借贷行业的兴盛。

西夏高利借贷行业常以谷典、钱贷的形式出现。在经济较为落后的边远牧区，因商品货币经济难以发展，谷典形式出现较多。如边陲的黑水城，因被沙漠戈壁围

[①] 史金波、白滨、黄振华：《文海研究》，中国社会科学出版社，1983年，第430页。
[②] 史金波、白滨、黄振华：《文海研究》，中国社会科学出版社，1983年，第443页。
[③] 史金波、聂鸿音、白滨：《天盛改旧新定律令》卷三《催索债利门》，法律出版社，2000年，第190页。
[④] 彭百川：《太平治迹统类》卷十五《神宗经制西夏》，文渊阁《四库全书》本。
[⑤] 霍升平等：《西夏箴言集锦》，《民族艺林》，1988年第1期。

绕，发展商业贸易不便，所以这一地区出土的典当文书内容全部为谷典。河西走廊地区的甘、瓜、沙等州城是各民族进行商业贸易的据点，也是丝绸之路的必经城市，货币经济较为发达。因此，这一地区出土的有关借贷的文书，既有典糜契约，也有欠款单等。

西夏的高利借贷业中贷方要求借方提供一定的物品作抵押，畜产品是牧区民众借款的主要抵押品。在天庆典当残契中发现有用马毯、旧皮毯、袄子裘、白账毡、旧皮裘、苦皮等作抵押物品的，其他地区还有以房舍、田地、牲畜以及"生口"为抵押物的。[①] 西夏人有一定的敬老观念，规定"诸人不许因官私债典父母"[②]。为了保障战备物资的齐备，政府规定配给军人的披、甲、马等装备，并"不许使诸人处典当，违律者当罚钱交官，披、甲、马当给领属者，使典当者有官罚马一，庶人十三杖，不知者不治罪"[③]。

西夏法典对借贷文书的规定较详细，"诸人买卖及借债，以及其他类似与别人有各种事牵连时，各自自愿，可立文据，上有相关语，于买价、钱量及语情等当计量，自相等数至全部所定为多少，官私交取者当令明白，记于文书上。以后有悔语者时，罚交于官有名则当交官，交私人有名则当交私人取"[④]。西夏法典对借贷业的规定是保障西夏社会经济秩序的重要规范。

20世纪对黑水城遗址的发掘，发现了大量汉文和西夏文的典当、借贷契约文书，是西夏高利借贷业盛行的又一史料佐证。西夏的高利借贷行业是在特定的社会经济环境中兴盛起来的，其本质是富人在统治者和官府的庇护下，通过压榨贫困的农牧民而获利的行业，从某种程度上讲是一种病态的经济行业。高利借贷使被迫成为借款人的小生产者负债累累，没有多余的资产投入新的生产活动中，只能重复简单的再生产，或者有的人连维持基本生计的资产都被夺走，变成被放贷者控制的债务奴隶。杜建录认为西夏的"典当借贷（高利贷）这一经济力量转化为超经济的强制力量，对西夏社会长期保留奴隶制残余起了重要的杠杆作用"[⑤]。

二、铸币业的发展与管理

商品经济的发展刺激了西夏人对货币的需求。党项族内迁以后长期处于物物交换的阶段，羊马、绢帛等充当着交换的一般等价物。元昊立国以后，开始自己铸造

---

① 史金波、聂鸿音、白滨：《天盛改旧新定律令》卷十一《出典工门》，法律出版社，2000年，第390页。

② 史金波、聂鸿音、白滨：《天盛改旧新定律令》卷十一《出典工门》，法律出版社，2000年，第390页。

③ 史金波、聂鸿音、白滨：《天盛改旧新定律令》卷六《宜披甲马门》，法律出版社，2000年，第249—250页。

④ 史金波、聂鸿音、白滨：《天盛改旧新定律令》卷三《催索债利门》，法律出版社，2000年，第189—190页。

⑤ 杜建录：《还原西夏》，宁夏人民出版社，2016年，第236页。

第三篇 西夏城市发展与社会变迁

钱币，西夏社会交易从物物交换渐发展为钱物交换。西夏市场上作为流通手段的货币大体有两类，一类是西夏国铸造的货币，另一类是从宋、金进口的货币。本国铸造的货币最早是元昊时期的天授通宝，最晚为神宗遵顼时的光定元宝，可见，西夏各统治者都很重视货币的铸造。据相关文献，"自茶山铁冶入于中国，国中乏铁，常以青白盐易陕西大铁钱为用。及金人据关右，置兰州等处榷场，若以中国钱贸易，价辄倍增，商人苦之。仁孝乃立通济监，命监察御史梁惟忠掌之，铸'天盛永宝'钱，与金'正隆元宝'钱并用。金主禁之，仁孝再表请，乃许通行"①。可知，仁孝时期出于社会发展的需要，统治者重视本国货币的铸造，并设有通济监来专门管理铸造货币事宜，以满足日益发展的商业流通的需求。

西夏政府对钱币管理甚严，铸币事宜完全由政府掌握，不许私自铸钱，私自铸钱者会受到法律的严惩。《天盛改旧新定律令》规定："诸人不允去敌界卖钱，及匠人铸钱、毁钱等。假若违律时，一百至三百钱徒三个月，五百钱以上至一缗徒六个月，二缗徒一年，三缗徒二年，四缗徒三年，五缗徒四年，六缗徒五年，七缗徒六年，八缗徒八年，九缗徒十年，十缗徒十二年，十缗以上一律绞杀，从犯依次当各减一等。"②

西夏境内铜、铁等资源稀缺，为了满足市场需求，维持金融秩序，党项人从宋、金进口大量的货币，在西夏遗址及墓葬中发现的大量宋、金货币即是佐证。西夏人还使用少量铁钱和银币。铁钱是不足值货币，西夏对其流通进行了严格限制，规定："诸人不允将南院黑铁钱运来京师，及京师铜钱运往南院等。若违律时，多寡一律徒二年，举告赏当按杂罪举告得赏。"③银币在西夏社会也被作为货币流通，1997年在现武威博物馆墓葬中出土的木板题记记有该墓地的大小、位置与购置墓地所花费的银两，可以印证银被作为货币使用于西夏社会。

社会经济发展的需要使西夏统治阶级重视货币的铸造，官府严格管理的铸币业工艺精细，产品做工精美。四种汉文乾祐钱都很精美，真书右旋读小平钱字体精妙，质地光明；行书右旋读小平钱与铜品铁母右旋读小平钱，轮廓规整，钱文深峻，书体流畅，品相极好。④

由此可见，西夏统治者重视对铸币业的管理和制作工艺，由于货币的铸造关系整个社会金融秩序的稳定，故受到官府的严格管理，但这并没有影响铸币业在西夏社会经济中的地位。

---

① 吴广成撰，龚世俊等校：《西夏书事校证》卷三十六，甘肃文化出版社，1995年，第423页。
② 史金波、聂鸿音、白滨：《天盛改旧新定律令》卷七《敕禁门》，法律出版社，2000年，第287页。
③ 史金波、聂鸿音、白滨：《天盛改旧新定律令》卷七《敕禁门》，法律出版社，2000年，第287页。
④ 牛达生：《西夏钱币考略》，《宁夏大学学报》，1988年第2期。

第三节　城市贸易的发展和特点

西夏作为中古时期西北少数民族建立的国家，由于自然地理环境、资源以及区域经济基础等原因，其城市社会经济发展、城市文明的进度都不能与中原王朝相比。随着文明的进步，民众对物质的需求增多，西夏国内的社会生产远不能满足民众日益增长的物质需求，因此，对外贸易作为商业贸易的重要形式一直存在于西夏社会的经济生活中。因此，西夏除了在境内州城、监军司城市等开展商业贸易以外，还与周边政权进行边境贸易。故此，西夏形成境内商业活动和境外商业贸易并举的贸易结构。西夏境内商业市场集中在交通便利的州城及监军司城市，而边境贸易主要发生在中边境的城、堡、寨聚落中。

一、城市贸易的发展

西夏产业结构发展不平衡，畜牧产品、食盐及某些土特产较为丰富，而粮食、绢帛等重要的生活用品很缺乏。由于物资种类较少，西夏政府和民众的日常生活都需要通过商业进行产品互换，以满足不断发展的经济和生活需求。西夏经济发展的不平衡性与畜牧经济的单一性，使人们迫切需要用畜牧产品换取农副产品与手工业品。诚如时人司马光所言，"西夏所居，氐、羌旧壤，所产者不过羊马、毡毯。其国中用之不尽，其势必推其余与他国贸易。其三面皆戎狄，鬻之不售，惟中国者，羊马、毡毯之所输，而茶彩、百货之所自来也。故其民如婴儿，而中国乳哺之矣"[1]。

西夏对外贸易的主要对象是宋王朝，同时与辽、金等其他少数民族政权也有一定的贸易往来，其对外贸易的主要形式有榷场、和市等。

榷场贸易主要在宋夏边境的城、堡、寨进行，其治安由所在地的巡检或都巡校负责。为了维护榷场的稳定，政府规定"沿边榷场巡守军健，并须用驻泊兵士，不得差本州军人"[2]。榷场所在地的官员不能在"场内博买物色"[3]，榷场勾当官与榷场指挥使负责榷场具体交易，同时还有牙人评定货色等级，兜揽承交。榷场的征税方式为"官中止量收汉人税钱，西界自收番客税利"[4]。

和市亦称民市，是为了满足边境民众生活所需而自然形成的次一级市场，其规模比榷场要小，但也有固定的交易地点，并经双方政府批准，是合法的市场。夏宋沿边地区的吴堡、银星、金汤、白豹、折姜等处都设有和市。此外，还有西夏统治

---

[1] 司马光著，李之亮笺注：《司马温公集编年笺注》，巴蜀书社，2009年，第234页。
[2] 徐松：《宋会要辑稿》食货三八，稿本。
[3] 徐松：《宋会要辑稿》食货三六，稿本。
[4] 文彦博：《潞公集》卷十九，明嘉靖五年刻本。

者单方面设立或羌汉人民私设的交易市场，得到宋朝的承认后，也属于合法的市场。宋人描述边境和市曰："自来番汉客旅博易往还之处，相度置立和市，须至两界首开置市场，差官监辖番汉客旅，除违禁物色外，令取便交相转易。"①

和市数量众多，在边境沿边密密排开，几乎所有汉人聚居地区都有和市，而且在西夏境内也广泛设有和市。如"鳞、府州民多赍轻货于夏州界，擅立榷场贸易"②。又如"今环州永和寨西北一百二十里有戬章会，庆州东北百五十里有金汤、白豹寨，皆'贼'界和市处也"③，"为蕃汉交易之市，奸商往来，物皆丛聚"④。西夏境和市是和平时期经宋朝同意或默许的，一旦两国交恶，宋朝关闭榷场，断绝宋朝境内的和市，西夏设置的和市地位就显得非常重要了。⑤ 西夏对和市非常重视，专设管勾和市，负责处理相关的事务。

榷场、和市等贸易形式对边境城市的发展起直接促进作用，频繁的商业活动不仅加大了边境城市聚落的人口流动量，加快了物品的流通速度，也促进了西夏边境城镇的发展。

二、城市贸易的特点

西夏城市贸易主要包括境内城市贸易和边境贸易。境内城市贸易市场主要集中在交通便利的州城，边境贸易集中在沿边城、堡、寨聚落。其国内的市场结构也形成以境内主要州城商贸为主和边境城、堡、寨聚落贸易为辅的结构体系。这是地处西北的西夏政权的商业贸易的特色，是由当时西夏所处的国内和周边环境所决定的。

西夏国内交换地主要集中在州、府及诸监军司所在地，这里是居民、军队、官府集中的地方，商业活动频繁，人口流动较快。但是由于西夏疆域内各地环境的不同，其境内城市贸易的发展具有一定的不平衡性，较大的城市商贸繁盛，而农村或者牧区仍限于自给自足的经济状况，商业活动较少，商贸不发达。

西夏的对外贸易促进了边境城、堡、寨的发展。在宋夏边境存在一批完全是为了定期的榷场、和市等形式的对外贸易往来而设立的城、堡、寨聚落，这些聚落几乎无人定居，只有在固定的时间才开放，作为两国间开展商贸的临时市场。尽管城、堡、寨聚落不完全具备城市的功能，但定期的贸易往来，亦对西夏的边境城市发展起到一定的促进作用。

除此之外，西夏边境的商贸活动还促进了民族的融合。社会经济文化的发展程度影响了各民族之间商品贸易的往来，且贸易往来对于不同政权都具有一定的正面

---

① 文彦博：《潞公集》卷十九，明嘉靖五年刻本。
② 李焘：《续资治通鉴长编》卷七十二"大中祥符二年十一月乙卯"条，文渊阁《四库全书》本。
③ 李焘：《续资治通鉴长编》卷一百三十四"庆历元年十月乙巳"条，文渊阁《四库全书》本。
④ 李焘：《续资治通鉴长编》卷一百三十五"庆历二年正月壬戌"条，文渊阁《四库全书》本。
⑤ 杜建录：《西夏沿边堡寨述论》，《宁夏社会科学》，1993年第5期。

意义。与周边民族政权进行贸易，除了有售出境内剩余产品、补充稀缺物资、满足生产生活必需等作用以外，还具有促进民族融合的深远意义。中华文明是各民族集体智慧的结晶，中华民族经济共同体的形成和发展是在几千年的民族融合中进行的。西夏作为党项族人建立的政权，其在榷场、和市、私市及贡使贸易中，与汉、回鹘、吐蕃等民族进行商品交换，促进了民族融合，推动了中华民族共同体的形成。

总的来说，西夏的城市贸易分为境内贸易和边境贸易两种。不论是境内贸易还是边境贸易，都对加快人口流动、增加经济贸易往来、推动城市发展起到了积极的作用；与此同时，城市的进一步发展也为商业经济的繁荣提供了保障。

第六章 西夏城市人口构成与社会演变

西夏作为中古时期的少数民族政权，其城市中居住着众多少数民族人民，各民族人民在城市社会生活中相互交流并不断融合，赋予了西夏城市浓厚的民族色彩。分析西夏城市发展状况，考察其城市人口的流动、民族分布、阶级构成以及阶层的变化十分重要。

第一节 城市人口的变迁与构成

西夏的城市大多沿用了前朝的州、县城镇，主要分布在鄂尔多斯及横山地区、宁夏平原及贺兰山地区、河西走廊及祁连山地区，其后随着疆域的扩展，又新增了河湟地区。西夏城市空间分布存在一定的变化，但是要考察西夏各城市人口及其流动状况，需通过分析党项族的内迁概况。

一、城市人口的变迁

党项族是典型的游牧民族，长期生息繁衍在今甘、川、藏交界之地，唐贞观以后，受吐蕃王朝的侵扰，党项族开始内迁，逐步从今甘、川、藏交界的高原草地迁往西北地区。党项族的内迁有一个漫长的历史过程，既有在唐朝政府的组织下进行的迁徙，亦有以部落为单位进行的自发迁徙，其中规模较大的是贞观以后党项拓跋诸部的内迁。《旧唐书》载"其后吐蕃强盛，拓跋氏渐为所逼，遂请内徙，始移其部落于庆州，置静边等州以处之"[①]。

唐太宗李世民对党项族实行羁縻政策，封拓跋赤辞为西戎州都督，同时赐姓为李，以达到扼制吐蕃势力的目的。"贞观以后，吐蕃浸盛，党项、拓跋诸部畏逼，请内徙，诏庆州置静边军州处之。又置芳池都督府于庆州怀安县界，管小州十，以处党项野利氏部落"[②]。唐末吐蕃势力扩张，"尽据羊同、党项及诸羌之地，东接

---

① 刘昫等：《旧唐书》卷一百九十八《党项羌》，中华书局，1975年，第5292页。
② 司马光编著，胡三省音注：《资治通鉴》卷二百二十《唐纪三十六》，中华书局，1956年，第7060页。

凉、松、茂、巂等州，南临天竺，西陷龟兹、疏勒等四镇，北抵突厥"[1]。为了保存实力，党项、拓跋等部完成了许多有组织或无组织的迁徙，"禄山之乱，河、陇陷吐蕃，乃徙党项州所存者于灵、庆、银、夏之境"[2]。《旧唐书》称："其在西北边者，天授三年内附，凡二十万口，分其地置朝、吴、浮、归等十州，仍散居灵、夏等界内。"[3] 可见，贞观以后内迁的党项族人口很多。

安史之乱之后，唐朝政府调河西戍边军入京师，吐蕃趁机攻占河西陇右数十州之地，进逼关中。为了防范吐蕃，平息边患，唐朝将散处在盐、庆州等地的党项族迁往他处，主要迁至横山地区和宁夏平原地区。

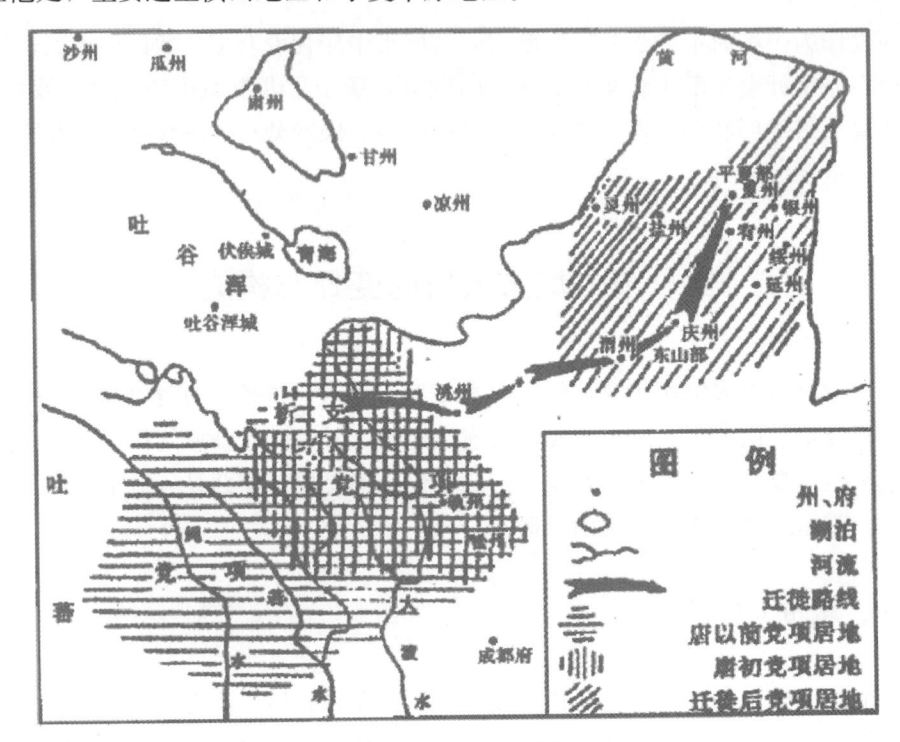

图 6-1　党项迁徙图

王志平：《西夏博物馆》，宁夏人民出版社，2006年，第46页。

从上图可见，安史之乱后内迁的党项族主要迁往原中原统治地区，《新唐书·党项传》记载："（郭）子仪以党项、吐谷浑部落散处盐、庆等州，其地与吐蕃滨近，易相胁，即表徙静边州都督、夏州、乐容等六府党项于银州之北、夏州之东，宁朔州吐谷浑住夏西，以离沮之。召静边州大首领左羽林大将军拓拔（跋）朝，光等五刺史入朝，厚赐赉，使还绥其部。"[4] 又有迁往灵州地区的"静边、芳池、相

---

[1] 司马光编著，胡三省音注：《资治通鉴》卷二百二十《唐纪三十六》，中华书局，1956年，第6396页。
[2] 欧阳修等：《新唐书》卷四十三《地理志》，中华书局，1975年，第1123页。
[3] 刘昫等《旧唐书》卷一百九十八《党项羌》，中华书局，1975年，第5292页。
[4] 欧阳修等：《新唐书》卷二百二十一《党项传》，中华书局，1975年，第6216—6217页。

兴王州都督、长史，永平、旭定、清宁、宁保、忠顺、静塞、万吉等七州都督府"①。同时，《新唐书·党项传》还记述了党项部落迁往绥、延州的情况，即"宜定州刺史折磨布落、芳池州野利部并徙绥、延州"②。

总的来说，党项族迁入的地区大多是中原王朝统治的州、县地区，其地本为汉民聚居区域，但党项族内迁后，不仅增加了地区总人口，亦改变了该地的居民结构。西夏建国后，党项不断内迁，迁入地人口规模不断扩大。迁入地区人口的增长是与迁出地区人口的减少同时发生的，横山地区和宁夏平原地区党项族人口增加，就意味着党项族原聚居地人口减少。

二、城市人口的构成

西夏是少数民族建立的国家，其所辖城市大多都是通过战争而占领的原中原王朝下辖的州、县。横山地区和宁夏地区的西夏城市在党项族内迁之前以汉民为主要居住人口，党项族内迁后其地形成蕃汉杂居的居民结构。河西走廊地区的西夏城市自古就是少数民族聚居之地，西夏国建立以后，此地仍保持了以少数民族人民为主的居民结构。以下我们主要考察西夏城市人口的民族构成和阶级结构。

（一）城市人口的民族构成

西夏所辖城市中居住着党项、汉、吐蕃、回鹘等多民族人民，各民族在城市社会生活中相互交流、不断融合。

西夏城市人口的主体是党项族。宋朝官员上书曰："党项界东自河西银、夏，西至灵、盐，南距鄜、延，北连丰、会。厥土多荒隙，是前汉呼韩邪所处河南之地，幅员千里。"③ 这反映出西夏建国初期党项人的大致分布区域。随着党项势力的扩张，河西地区的甘、凉、瓜、沙等城市亦迁入了大量党项人，迁入的党项人与汉、吐蕃、回鹘等族人杂居混处。

西夏国的统治阶级是党项族，在统治阶层中党项族的政治地位和社会地位高于其他民族，《天盛改旧新定律令》规定各级官员"名事同，位相当者，不论官高低，当以番人为大"④，以保障政权掌握在党项族手中。虽然西夏在法律层面强化了党项族作为统治民族的地位，但总体上，西夏国内的民族歧视和民族压迫还不算严重，境内各族人民关系比较融洽。

汉族是除了党项族外的西夏国内的重要民族。西夏所辖西北地区，历史上很早就有汉人或其他少数民族人民共同居住于此，该区域靠近中原，是汉人与其他民族

---

① 欧阳修等：《新唐书》卷二百二十一《党项传》，中华书局，1975年，第6217页。
② 欧阳修等：《新唐书》卷二百二十一《党项传》，中华书局，1975年，第6217页。
③ 脱脱等：《宋史》卷二百六十四《宋琪传》，中华书局，1985年，第9129页。
④ 史金波、聂鸿音、白滨：《天盛改旧新定律令》卷十《司序行文门》，法律出版社，2000年，第378页。

人民往来密切、交错杂居的重要地区。

汉族虽不是西夏的统治民族，在社会生活中却发挥着重要的作用。在经济上，西夏社会形成了畜牧业和农业并重的经济类型，境内的汉人将中原农耕技术传授给党项人，推动了西夏整体社会经济的发展。同时，在政治上，汉人为党项统治阶层所用，谏言纳策，维护政治安定，推动文明发展。如元昊称帝初期，用汉人杨守素为谋臣，后又任用多名汉人为主要文职官员，特别是在创立西夏文字时，这些汉臣发挥了很大作用。这体现了汉族人在西夏社会中得到任用的史实。但为了保证统治阶级的正统性，汉人并没有进入党项政权的上层。在文化上，西夏也重视对汉礼的传承和学习，境内蕃礼与汉礼并行，政府设立蕃、汉二字院，教授西夏文与汉文；蕃学之外又建汉学；翻译西夏文《大藏经》，也刻印汉文《大藏经》。

除了党项族人和汉族人，西夏城市中还生活着吐蕃、回鹘等民族人民。西夏文献《文海》曰："此者，戎羌也，藏也，（番）国人之谓也。"[1] 西夏境内的吐蕃人大致有三个来源：一是灵、夏等地原有的吐蕃人；二为党项人建国前征服的西凉吐蕃人；三是攻掠或招诱的河湟与宋朝边地吐蕃人。西夏境内的回鹘主要是指党项人立国前夕征服的甘州回鹘。和党项族人、汉族人相比，西夏境内的吐蕃、回鹘人数相对较少，且很少进入统治阶层。

另外，西夏先后与辽、金并立，长期的经济、文化交流与军事斗争，不仅使一些党项人流入辽、金，也使一些契丹、女真以及臣属于辽、金的蒙古诸部进入西夏。不过他们的人数很少，对西夏政治经济生活的影响也不大。

（二）城市人口的成员结构

1. 皇室成员

皇室成员主要包括皇帝和后妃等皇室成员。皇帝是国家的最高统治者，西夏在法律层面确认皇帝权威、确保皇室安全。《天盛改旧新定律令》规定："内宫中除因公奉旨带刀、剑、弓箭、枪、铁杖种种武器以外，不许诸人随意带武器来内宫。"[2] 同时，还规定皇室人员出行的代步工具须特制，不得毁坏、冒用，特别是外出所乘船及所坐御舟必须牢固，否则"御舟不固者，营造者工匠人员等当绞杀，头监、检校者等徒十二年"[3]，可见，在西夏社会中皇室成员有至高无上的地位。

皇室成员的衣食住行都由专门的部门来管理。其所用御膳制作精良，器皿管理详细，提供食材不足者，要接受处罚，政府规定"贡献中种种不足等徒二年。不依

---

[1] 史金波、白滨、黄振华：《文海研究》，中国社会科学出版社，1983年，第443页。
[2] 史金波、聂鸿音、白滨：《天盛改旧新定律令》卷十二《内宫待命等头项门》，法律出版社，2000年，第423页。
[3] 史金波、聂鸿音、白滨：《天盛改旧新定律令》卷十二《内宫待命等头项门》，法律出版社，2000年，第431页。

第三篇 西夏城市发展与社会变迁

时节贡奉、迟缓及是否美味所验不精等,一律徒一年"[①]。御用服饰上,政府规定有些颜色、图案只能由皇室人员使用,并对冒用和擅自使用御服的士庶官民予以惩处。若僧俗男女"穿戴鸟足黄、鸟足赤、杏黄、绣花、饰金、有日月,及原已纺织中有一色花身,有日月,及杂色等上有一团身龙,官民女人冠子上插以真金之凤凰龙样"[②]等,一律处以二年有期徒刑,举告者赏钱十缗。皇室人员的尊严和安全被维护得相当严密。

2. 王公贵族

王公贵族是土地和牧场的占有者,在西夏社会中地位很高,享有一定的特权。《天盛改旧新定律令》规定:"僧人、道士、诸大小臣僚等,因公索求农田司所属耕地及寺院中地、节亲主所属地等,诸人买时,自买日始一年之内当告转运司,于地册上注册,依法为租佣草事。"[③]

同时,贵族地主还拥有自己的武装。西夏贵族的主要阶层是"有官人",即有爵位者,他们因拥有官位而区别于庶民,并享有种种特权,除了犯十恶罪外,犯其他种种罪均可以用官品来抵偿。《天盛改旧新定律令》规定:"诸有官人及其人之子、兄弟,另僧人、道士中赐穿黄、黑、绯、紫等人犯罪时,除十恶及杂罪中不论官者以外,犯各种杂罪时与官品当,并按应减数减罪。"[④] 用官品来抵罪、抵劳役,体现了西夏社会对官僚地主特权的维护。

3. 庶人阶层

庶人阶层是有别于贵族的一个阶层。贵族世官世禄,庶人无官无禄;贵族衣紫衣绯,庶人衣青绿,以明贵贱。"官"是区分贵族与庶人的一个简单而又明显的标志,《文海》释"庶人"曰:"此者兵卒也,庶人,非是官之谓也。"[⑤] 庶人是党项社会阶级结构中一个较为重要的阶级,他们来自党项氏族时期的部落成员,是党项宗族这个实体中有自己独立财产和独立人格的人户,即所谓的自由民。[⑥]

相对依附民而言,自由民就是西夏文献中的"租户家"。租户家主既不同于贵族官僚地主、寺院地主,也不同于国有土地上的生产者,而是一般的土地占有者。租户家主是西夏社会中完粮纳税的主体,他们不仅要交地租、冬草等,还要按地亩交纳麦草、麦糠等,赋税负担很重。《天盛改旧新定律令》规定:"租户家主有种种地租佣草,催促中不速纳而住滞时,当捕种地者及门下人,依高低断以杖罪,当令

[①] 史金波、聂鸿音、白滨:《天盛改旧新定律令》卷十二《内宫待命等头项门》,法律出版社,2000年,第433页。

[②] 史金波、聂鸿音、白滨:《天盛改旧新定律令》卷七《敕禁门》,法律出版社,2000年,第282页。

[③] 史金波、聂鸿音、白滨:《天盛改旧新定律令》卷十五《租地门》,法律出版社,2000年,第496页。

[④] 史金波、聂鸿音、白滨:《天盛改旧新定律令》卷二《罪情与官品当门》,法律出版社,2000年,第138—139页。

[⑤] 史金波、白滨、黄振华:《文海研究》,中国社会科学出版社,1983年,第512页。

[⑥] 漆侠、乔幼梅:《中国古代经济史断代研究之六·辽夏金经济史》,河北大学出版社,1998年,第263页。

其速纳。"① 可见当西夏租户家主不按时交纳地租佣草时，种地者及其家人是要受到严惩的。

4. 各类依附民

在西夏城市社会中，还生活着一些依附民，以使军、奴仆、耕夫、苦役犯、奴婢等为主。使军、奴仆主要来源于战争的俘虏。使军是从事生产的奴隶，奴仆是私家奴隶，都从属于自家的主人，服务于主人，必须听从主人的使唤。《天盛改旧新定律令》规定："诸人所属使军、奴仆唤之不来，不肯为使者，徒一年。"② 可见使军、奴仆的社会地位极低，这也是西夏社会阶级性的体现。

西夏社会允许人口买卖，将人与畜、物、谷等相提并论，如："未参与同谋盗窃，他人畜、谷、物、人等买、抵偿、典当等，未知觉为盗窃物，则勿治罪。"③ 可被买卖的人主要是处于社会底层的各类依附民。

同时，西夏境内有因无食而行乞者。《文海》有"乞丐"条曰："穷者外乞，又诸方行求供寻食也。"因战争频仍，西夏城市中常出现为避难而来的逃民。乞丐、逃民是西夏城市社会中的特殊人群。

第二节　城市普通居民

随着西夏社会经济文化的发展，城市规模得到扩大，城市聚集人口的能力也日益增强，城市中士、农、工、商4类人口日益增加。城市除了具备政治、军事功能外，还具备了经济功能。西夏城市中除了统治者阶级外，还生活着众多普通居民，他们主要可分为手工业生产者和商人，以及僧道群体。

一、手工业生产者和商人

西夏的建立，为经济的发展建设提供了政治保障，其所辖地区的社会经济得到一定的发展。手工业渐渐成为西夏城市社会中的重要产业，由此产生的一批手工业生产者成为西夏城市社会生活中的重要群体。

西夏手工业主要由官府经营，手工业生产者被划分为依附匠和自由匠两大类。《天盛改旧新定律令》就列有名目繁多的西夏工匠，除了金匠、银匠、铜匠、铁匠、缲丝匠、织绢匠、染丝匠、纺丝线匠、纺毛线匠、染毛线匠、织毛锦匠、扣丝匠、

---

① 史金波、聂鸿音、白滨：《天盛改旧新定律令》卷十五《地水杂罪门》，法律出版社，2000年，第508页。
② 史金波、聂鸿音、白滨：《天盛改旧新定律令》卷二十《罪责不同门》，法律出版社，2000年，第606页。
③ 史金波、聂鸿音、白滨：《天盛改旧新定律令》卷三《分持盗畜物门》，法律出版社，2000年，第172页。

绳索匠、毡匠外，还有采盐、制曲、酿造、制陶瓷、制砖瓦等行业的工匠与生产者，以及建筑行业的木匠、石匠、泥水匠，等等。

工匠在西夏城市社会生活中扮演着重要的角色，使社会生活更加丰富多彩。西夏的工匠种类繁多，除《天盛改旧新定律令》涉及的工匠以外，还可分为以下几类：从事金属制作加工的金箔匠等；从事军用、马匹用品制作加工的鞋匠、甲匠等；从事建筑的泥匠、漆油匠等；从事日用品制作加工的针工、花匠、桶匠等。

西夏城市社会中，还有占卜者、驮御柴者、牵骆驼者、番汉乐人、马背戏人、厨师等自由职业者，都很有特色。

西夏城市经济的发展催生了商人阶层。西夏中后期，城市内有为数较多的商人，可分为官商和私商。官商是专门为官家、政府做买卖者，主要有以销售为主业的和以购入为主业的两种商人。他们经营政府控制的专卖行业，如盐、酒曲等即以销售为主，还为政府采购各种需要品，他们都有相应的官职。政府对这些官商有严格的要求，并规定不准投机倒把。"官家须用杂供给物种种，预先未供给而懈怠之，不许价低时以私买之，公用时高价求利而卖之，致官受损。"[①] 可见，这些为政府采购者，熟知行情，如果在市场上货贱时私人购进，待货价高时自己转手卖给官府，当然可从中渔利，故政府明文禁止此种行为。

在西夏，真正的商人还是民间的做买卖者，包括城镇街市的商人、店主，窜行于城乡之间的贩卖者，以及到边界榷场与他国人进行交易者。其中有"换得黄金铸马蹄"的巨商，但更多的是开小店小铺的普通商人以及四处奔忙的小商小贩。西夏城市中也出现了"买卖中间人"[②]，这些中间人给买卖双方牵线搭桥，说项成交，从中赚取佣金。

除商人外，随着服务业和娱乐行业的兴起，占卜者、医者、厨子、乐人、倡优、妓女等也在西夏城市中出现。

二、僧道群体

西夏社会民众长期尊佛崇佛，拥有庞大的僧侣群体。这些僧人不仅需要人供养，在法律上还享有特权，属于寄生阶层。西夏政府大力提倡佛教，出家成为僧人除了宗教信仰上有了依托外，还有种种实惠。僧尼基本上是不劳作、不纳税的阶层，这就使不少人踏入空门，成为僧人，僧人的数量因此庞大。

寺庙是佛教活动的中心，受到西夏统治者的重视。西夏大力发展佛教，兴修寺庙，不仅扩筑原有的佛教建筑设施，还新建了很多寺庙和佛塔。这些佛教建筑大多建在州城及其周边地区，形成颇具特色的寺庙建筑文化。寺庙和佛塔的繁多，从侧

---

① 史金波、聂鸿音、白滨：《天盛改旧新定律令》卷十七《急用不买门》，法律出版社，2000年，第542页。

② 史金波、聂鸿音、白滨：《天盛改旧新定律令》卷三《自告偿还解罪减半议合门》，法律出版社，2000年，第176页。

面印证了西夏社会僧人规模的庞大。

西夏统治者采取保护佛教、道教的政策，设立了专门管理佛教、道教的机构，即僧人功德司、道士功德司。与此同时，还赐予僧道特权，规定"诸有官人及其人之子、兄弟，另僧人、道士中赐穿黄、黑、绯、紫等人犯罪时，除十恶及杂罪中不论官者以外，犯各种杂罪时与官品当，并按应减数减罪"[①]。可见，西夏统治者不仅保护佛道教设施，还对僧道阶层从法律上予以保护。

西夏社会中的僧道都要按政府规定登记纳册。对僧道阶层管理的严密，也从一个方面反映了西夏社会生活中僧人、道士众多，佛、道教信徒广布的情况。

总的来说，西夏时期的城市中有着蕃汉杂居的居民结构，城市中居住着以党项人为主的多民族人口，各族人民在不断发展的社会经济环境中，不断交融，经济交流活动频繁。西夏作为游牧民族建立的国家，其阶层划分有自身的特色。随着社会的发展，西夏城市中手工业生产者和商人的人数不断增多；随着佛教在西夏的传播，僧道阶层亦扮演着特定的角色。

[①] 史金波、聂鸿音、白滨：《天盛改旧新定律令》卷二《罪情与官品当》，法律出版社，2000年，第138—139页。

第七章　西夏城市社会生活变迁

城市的发展带动社会生活的变迁。西夏作为中古时期少数民族建立的国家，其城市社会生活在经济得到发展的基础上不断变迁。了解城市社会生活各方面的变迁是全面认识西夏城市发展史的重要窗口。

第一节　物质生活的变迁

宋朝是中国古代社会的大变革时期，其城市社会生活水平得到很大的提高，西夏作为少数民族建立的国家，其城市社会生活水平虽不及中原王朝，但就其自身而言，西夏居民的物质生活在经济水平提高的基础上得到很大的改善，不仅上层贵族讲究物质享受，一般民众的衣食住行各方面都有所进步。

一、衣食住行的变迁

（一）服饰的变迁

早期的党项族游牧于山谷间、草原上，居住设施离不开牛羊毛等畜牧业产品，衣着亦为毛、皮之类。内迁后，从事畜牧业的牧民沿袭了穿着毛皮制品的传统。后逐渐受中原文明的影响，西夏城市中的居民开始穿着轻软华丽的锦绣服装。西夏统治阶级的服饰最先得到改善。宋朝的岁赐为西夏统治者进行着装改善提供了物质基础，宋朝每年都派专人"押时服赐夏国"，以满足西夏统治阶级对于丝织品的需求。除了岁赐，西夏民众还通过榷场、和市贸易等渠道与宋进行交易，获得更多的可用来加工成华丽服饰的锦、绮、绫罗等原料。丝织原料的供应为西夏生活在城市中的民众进行服饰上的改善提供了原料，是西夏城市居民物质生活进步的表现之一。

西夏社会阶级观念强烈，统治者对文武百官和百姓在服饰穿着上进行了区分，强调"以衣冠采色别士庶贵贱"[1]。同时，民间各族阶层的服饰亦有区别，男女老幼、不同行业、不同季节的服饰都有所区别。据《番汉合时掌中珠·人事下》记

---

[1] 陈邦瞻：《宋史纪事本末》卷三十《夏元昊拒命》，中华书局，2015年，第251页。

载,西夏除了有许多不同种类的毛皮服饰外,还有袄子、袜肚、汗衫、布衫、衬衣、裙、裤、祜、腰绳、背心、领襟、鞋、凉笠、暖帽、耳环、绵帽、耳坠、冠子、钗锦等等,西夏文版《杂字》记载了男服 26 种,女服 19 种。总的来说,西夏民众所着服饰多种多样,既受到汉族和周边少数民族服饰文化的影响,同时又保留了自身民族的特色,是西夏民族文化的重要体现,也是西夏居民物质生活进步的重要表现。

（二）饮食的种类和结构的变迁

西夏城市中居民的饮食结构也得到改善,不再是之前的仅以乳肉为主,食品种类得到丰富,饮食风尚趋向多元化。生产力水平的高低影响了西夏居民饮食结构的改善。西夏建国以后,农耕技术进一步提高,因而物产丰富。又因西夏地处多民族聚居区的接合部,加上党项族善于吸收和学习各民族之长,使得西夏的粮食生产具有多来源、多类型的特点。西夏粮食作物种类的多样化对于扩大人们的食物范围,在当时条件下满足人民的基本饮食需求起了一定的作用。西夏文献记载的五谷杂粮有麦、大麦、荞麦、糜、粟、粳米、糯米、朮米、豌豆、黑豆、荜豆等;蔬菜有香菜、芥菜、蔓菁、萝卜、茄子等;水果有杏、梨、葡萄、柿子、橘子、甘蔗等。可见西夏的粮食作物中既有夏粮,又有秋粮;既有旱地作物,又有水田作物;既有北方常见的麦、豆类,同时其民还有食用蔬菜和水果的习惯。

粮食作物的丰产为生活在农业区的西夏居民提供了食物保障。党项族食用乳肉的风俗仍没有改变,西夏的仓库有买羊库、买肉库。为了保证农业生产和满足军事对畜力的需求,西夏法律规定不允许宰杀大牲畜,特别是牛、骆驼和马,其次是骡、驴。羊作为不被禁杀的牲畜之一,成为西夏人的主要食用畜类。同时,羊肉味美,富有营养,性温热,在西北冬季漫长的地区是食用的佳品,其皮毛亦是牧民御寒衣物的主要原料,而羊的饲养和繁殖又较为容易,故而其民多牧羊。乳制品也是西夏居民重要的食品之一,乳畜有母牛、母羊和母骆驼。牧民食用乳类食品的同时,也向官家提供质量较好的乳酪和乳酥。

（三）居所的变迁

随着生产力的发展,党项人的居所有一定的变化。早期党项人的居室构造比较简单,建室的材料主要为牛毛和羊毛制作的毛毡,而且每隔一段时间就得更换。《旧唐书》载"俗皆土著,居有栋宇,其屋织犛牛尾及羊毛覆之,每年一易"[1],该段史料生动描述了早期处于游牧状态的党项族人的生活居所。内迁以后,党项人的居所有所变化。由于农耕事业的发展和进步,内迁后的党项人在汉文化的影响下,在局部地区开始了定居生活,其定居的居室被称为"栋宇",且"所居正寝常留中

---

[1] 刘昫等:《旧唐书》卷一百九十八《党项羌》,中华书局,1975 年,第 5290 页。

一间，以奉鬼神，不敢居之，谓之神明，主人乃坐其傍"①。可见党项人的栋宇之内，有3间屋并列，中间供神明，左右两间供人居住。西夏人的居室，除了毡帐以外，还有土屋和瓦屋形式的栋宇，其中土屋是西夏城市中常见的居民住所，瓦屋大多是"有官爵者始得覆之以瓦"②。在20世纪60年代省嵬城遗址的发掘中，其"除南城门址发现少量的砖、瓦等建筑材料外，遗址中未见砖、瓦"③，也进一步证实了西夏城内居民住房以土屋为主。

（四）交通环境的变迁

西夏的经济已达到相当水平，商业贸易发达，与周边的王朝贸易往来频繁，故需要较为方便的交通。西夏每年的税收粮草数量很多，皆需转运。再加上西夏军事行动很多，征调、行军也需要方便的交通，因此西夏的道路交通也很发达。西夏政府设置了都转运司来管理全国的运输。

西夏的陆上交通道路以首都兴庆府为中心，兴庆府位于银川平原中心，原为怀远镇。怀远升为兴庆府成为西夏首府之后，便逐渐成为西夏的交通中心，是北上南下大道上的交通枢纽。东去经定州、省嵬城至兀剌海城，再东行可至宋朝西京道；北上可到辽上京道；南经灵州、鸣沙可至宋朝的秦凤路的怀德军、镇戎军和渭州；东南行可经盐州、宥州、夏州、银州、绥州至宋朝的延州；西行可入河西走廊，经凉州、张掖、肃州、瓜州、沙州至回鹘的伊州。这些城市都是西夏时期重要的交通枢纽站，作为相对便利的城市而言，通过驿道的连接，西夏已形成重要的行旅道路网络。

西夏时期的陆路交通方式，除了步行以外，主要有乘马、乘骆驼、乘车、乘轿等，可见其交通工具主要有马、骆驼、车、轿等。党项是尚骑射的民族，盛产良马，除了作战马外，马也被用于日常骑乘。西夏的水上交通工具则以舟船和皮筏为主，且西夏人利用山势和黄河水建设了很多码头。

二、居民物质生活的特点

西夏城市中生活着士、农、工、商各个行业的民众，他们的物质生活都得到了改善，生活水平都得以提高。就西夏城市居民的物质生活状况而言，存在明显的等级性、地域性和民族性3个特点。

（一）等级性

西夏社会等级划分明显，社会财富相对集中于统治阶级手中，被他们大量消

---

① 沈括撰，金良年点校：《梦溪笔谈》卷十八，中华书局，2015年，第176页。
② 曾巩撰，王瑞来校证：《隆平集校证》卷二十《夷狄传》，中华书局，2012年，第603页。
③ 宁夏回族自治区展览馆：《宁夏石咀山市西夏城址试掘》，《考古》，1981年第1期。

耗，逐渐形成奢侈、享乐之风，体现在衣食住行各个方面。西夏的皇帝和皇妃享有绝对的权力，除了有权居住在精致的皇宫内，在服饰上也有专享的颜色和样式。西夏服饰等级划分严格，并在法律层面规定不许一般官员、僧道等穿戴具有象征皇室的徽记、颜色的服饰，更不用说平民百姓了。

当然，皇室人员除穿戴华丽、居室精致外，在饮食上也享有至高无上的特权。西夏统治阶级向往中原上层的饮食生活，后期西夏贵族也渐达到"富贵具足，取乐饮酒，教动乐……乐人打诨，准备食馔……设宴已毕"①的生活状态。同时，西夏皇帝的饮食由专门的庖师烹制，供给皇帝饮食不及时、不精者都要受到惩罚。西夏皇室已开始使用银钵、银碗、金莲花盘、金碗、金觥、玉斝等器物，以区别于普通民众的木制和陶制器皿，彰显了皇族的豪华生活。西夏设置有专门负责车辆制作和供应皇族车辆的出车院②，并对皇室用车的供给有严格的规定。元昊建国初期，便施行"车服仪卫悉如帝制"，"御车舆辇等已造完毕，未成实用，及因检验时未视虚假，谓无伤损，行用时不牢等，一律营造者匠人徒三年，小监、检校等徒二年。……其中车辆辇毁不牢时，每种应加二等"③。对供御车辆的严格管理，体现了统治阶级在日常生活中享有的特权，显示出西夏社会的明显等级性。

（二）地域性

西夏幅员辽阔，境内农牧区划分明显，自然环境的差异导致了区域经济形式的不同，故而城市居民物质生活呈现出一定的地域性，主要体现在饮食结构方面。

早期党项族长期游牧，食乳肉、饮茶酒是其民族习惯。但内迁进入农耕区后，从事农业生产的人增多，部分党项人开始以粮食为主要食品，饮食逐渐多样化。特别是在较为发达的城市，因引进了中原的先进文化，居民生活条件相对优越。随着生产力的发展和食品种类的增加，或者由于居住地点的改变、食品种类的变更、食品来源的扩大以及制作方式的丰富等，西夏的膳食结构发生了变化。

建国后的西夏社会，农业区和畜牧区划分明显，农业区出产农副产品，居民食物以植物性食料粮食为主，以蔬菜和肉类为辅；畜牧区居民食物以动物性食料乳肉类食品为主，以粮食等为辅，形成了多种类型的膳食结构。

农业区的粮食类食品多种多样，有的把粮食蒸熟或者煮熟后食用，也有人将谷物碾磨成面粉做成细面、汤面煮食，或蒸、炸、烙成各种食品，有的面食还有各种馅。细面、粥、油饼、胡饼、蒸饼、干饼、烧饼、花饼、油球、角子、馒头、酸馅、甜馅等是西夏文献中记载的食馔。除了面食，西夏的米类食品亦不少。西夏汉

---

① 骨勒茂才：《番汉合时掌中珠》，转引自史金波：《中国风俗通史丛书·西夏风俗》，上海文艺出版社，2017年，第58页。

② 史金波、聂鸿音、白滨：《天盛改旧新定律令》卷十《司序行文门》，法律出版社，2000年，第364页。

③ 史金波、聂鸿音、白滨：《天盛改旧新定律令》卷十二《内宫待命等头项门》，法律出版社，2000年，第432页。

文本《杂字》中"斛豆部第四"条有粳米和糯米，证明西夏的稻米类食品种类丰富。

畜牧区的西夏人沿袭了党项族善于畜牧、狩猎的传统，饮食结构中食肉的比重大大高于农业区。畜牧区的食用肉以小牲畜肉为主，羊肉最多，猪肉次之。西夏文《三才杂字》中有关于肉食加工的词汇的记载，除了剥皮、割剁、分食肉等大多都残失。《文海》中解释"肉馅"为"烂肉末也，肉肠烂碎斩斫为之谓"[①]，可见，畜牧区的西夏人是将肉食加工后食用的。

总之，西夏农业区和畜牧区不同的经济方式、不同的产品，导致居民的物质生活呈现出一定的地域性。

（三）民族性

西夏是多民族构成的国家，其生产力的发展和居住地点的改变，带动了居民物质生活的变迁，党项族、汉族、吐蕃等多民族相互渗透，使城市居民的物质生活具有明显的民族性。

汉族虽不是西夏国的统治民族，但其在西夏城市社会中的影响巨大。他们掌握着较为先进的生产技术，生活上相对优渥，成为境内其他民族学习的榜样。同时，因其与世代从事游牧的少数民族共同生活，在饮食、生活习俗上或多或少地受到少数民族的影响。汉族与少数民族的不断融合，使多民族的生活方式相互交融，但都各自保持了一定的本民族特色。如生活在城市的统治阶级，其在物质生活上争相模仿中原汉族，他们亦渐趋同于汉族贵族，但仍保留了少数民族大量食用乳肉的习惯。

西夏居民饮食离不开羊肉，将羊皮作为摆渡工具也是西夏人具有民族特色的举措，充分体现了居民生活的民族性。西夏军队中有名为"浑脱"的装备，即将羊皮完整地褪下，充气成囊，将数只或上百只囊固定在木排上，制成羊皮筏，用以渡河或进行长短途运输。宋人曾亲眼看见西夏人"以羊皮为囊，吹气实之浮于水，或以橐驼牵木筏而渡"[②]。羊皮筏子作为西北地区颇具民族特色的交通工具，长期服务于当地居民的生活，给西北人的物质生活带来便利，西北居民至今仍在使用。

第二节　精神文化生活的变迁

政治的局部统一为城市文化事业的发展提供了保障。西夏的建国，社会经济的发展，使更多的民众参与到城市社会生活中来。同时，物质生活的改善也推动了居民精神文化生活的丰富多彩，使居民更多地参与到城市文化娱乐生活中。西夏城市

---

① 史金波、白滨、黄振华：《文海研究》，中国社会科学出版社，1983年，第444页。
② 脱脱等：《宋史》卷四百九十《高昌传》，中华书局，1985年，第14110页。

居民的精神文化生活的变迁主要表现在居民宗教信仰的变迁和城市风俗和生活观念的变迁两个方面。

一、宗教信仰的变迁

宗教信仰的变迁是居民精神文化生活变迁的主要表现。西夏建国前，党项族有着传统的原始宗教信仰，他们崇拜天和自然，信仰鬼神，崇尚诅咒，迷信占卜。这种原始的风俗习惯一直延续到西夏建国以后。西夏建国以后，随着社会的进步和佛教的兴盛，西夏民众宗教信仰逐渐多元化，形成了原始崇拜、鬼神、巫术和佛道等信仰共存的局面。西夏居民的宗教信仰具有一个演变过程，其信仰的多元化亦是城市文化生活进步的表现。

（一）自然崇拜

党项族在未内迁之前大约处在原始社会末期。据《隋书》，古代党项族"三年一聚会，杀牛羊以祭天"[①]。至10世纪左右，尚未出现有关党项族信奉鬼神的记载，可见，内迁之前的党项族处于自然崇拜的阶段，还没有发展到信仰鬼神的阶段。

党项族早期自然崇拜向多神信仰发展是与社会文明的进步相适应的。在社会发展的初期，由于生产力低下，人们对于各种难以理解、难以抗拒的自然现象认识十分模糊。他们把这些现象统归于"天"的支配。隋时党项人"杀牛羊以祭天"正是这一阶段意识的反映。随着社会文明的进步，党项人在不能正确认识自然和社会现象，也不能摆脱自然界的羁绊的情况下，对自然的认识逐渐具体化，由盲目的对"天"的崇拜演变为对具体自然现象的崇拜，并将其人格化为各种善神和恶鬼，这反映了党项人社会认识方面的进步。

（二）鬼神信仰

随着社会的迅速发展，党项族内迁以后，宗教生活也发生了很大的变化，由自然崇拜发展到鬼神崇拜。元昊曾亲自到西凉府祠神。《宋史》也明确记载，西夏的党项人"笃信机鬼，尚诅祝"[②]。《辽史》也记载党项人有"送鬼"之俗："病者不用医药，召巫者送鬼，西夏语以巫为'厮'也；或迁他室，谓之'闪病'。"[③]

党项人的鬼神崇拜深入到日常生活，出兵作战要选单日，避晦日，对战死者要"杀鬼招魂"。西夏的鬼神信仰延续了很久，在西夏推崇佛教以后的很长一段时间内，仍信奉不替。直到西夏中期，多神信仰仍有不衰之势。

[①] 魏徵等：《隋书》卷八十三《党项传》，中华书局，1973年，第1845页。
[②] 脱脱等：《宋史》卷四百八十六《夏国传》，中华书局，1985年，第14029页。
[③] 脱脱等：《辽史》卷一百一十五《西夏外纪》，中华书局，1974年，第1523—1524页。

（三）佛教信仰

河西、陇右地区很早就盛行佛教，内迁到此的党项族深受其影响。周边民族的人民长期受佛教的熏染，多已成为佛教信徒，即使住在北面和东面的契丹族也早就信奉佛教。西部的回鹘是西域和内地之间佛教传播的中介，其佛教信仰有更长的历史。崇信佛教的吐蕃人与党项人或毗邻而住，或交错杂居。这样，处于汉、契丹、回鹘、吐蕃几个信仰佛教民族中间的党项族，很自然地接受了佛教信仰。

党项族为了加强统治，大力提倡儒学和佛教，儒学和佛教成为西夏社会思想的精神支柱。尽管西夏民众并不排斥其他宗教，但佛教的信徒仍是境内人口的主体，同时西夏王朝也在政策上大力提倡和推行佛教，这些措施都带有一定的导向作用。

西夏建国后，统治者便下令翻译了《大藏经》，共820部、3579卷。此后又翻译了其他藏传佛教经典，并校勘佛经。在朝廷的倡导下，西夏寺庙林立，佛教信徒广布。西夏后期也刻印了很多佛经。加上政府采取了一系列保护佛教和优容僧侣的政策，使佛教成为西夏民众的重要信仰。

（四）道教信仰

道教在西夏社会中传播较广，"《文海》解释'仙'为'山中求道者''山中求长寿者'"[1]。惠宗时期宋朝五路大军进攻西夏，当军队逼近灵州时，西夏人纷纷逃避，灵州城仅留"僧道数百人"[2]。同时，黑水城出土的西夏文献有晋人郭象注《庄子》残本以及多幅西夏时期的道教绘画等，说明道教在西夏的影响很大。

道教在西夏是合法、公开的宗教，佛教和道教徒都须按照政府规定登记纳册。即"僧人道士之居士、行童，若册上无名，或册上有名而落之，不许为免摊派杂事，还为变道之学子"[3]。

除此之外，党项人还崇尚诅咒和巫术。在生活中，如遇不利，他们企图借用巫术这种"超自然力"来解决问题。西夏建国以后，西夏人对原来的民族传统宗教信仰仍然予以保留，他们原始宗教的主持者是大大小小的巫。《文海》解释"巫"为"驱灾害鬼者是也"[4]。西夏设置有巫提点一职，应是专门管理佛道教以外的民间宗教信仰以及宗教仪式等的官员，西夏政府任命的巫师被称为"官巫"。

---

[1] 张迎胜主编，冯玉清等执笔：《西夏文化概论》，甘肃文化出版社，1995年，第156页。
[2] 李焘：《续资治通鉴长编》卷三百一十八"元丰四年十月庚午"条，文渊阁《四库全书》本。
[3] 史金波、聂鸿音、白滨：《天盛改旧新定律令》卷十一"为僧道修寺庙门"，法律出版社，2000年，第408页。
[4] 张迎胜主编，冯玉清等执笔：《西夏文化概论》，甘肃文化出版社，1995年，第160页。

二、社会风俗和生活观念的变迁

党项族是一个勇敢、剽悍、尚武的民族。党项人早期生活在青藏高原一带，那里地势险峻，气候变化无常，霜雪期较长，属于高寒地带。恶劣的自然地理环境使党项人习劳耐苦，"能寒暑饥渴，长于骑射"[1]，颇具战斗精神。内迁以后，由于西夏与周边政权的关系紧张，在争夺领土等问题上分歧不断，党项人长期处于战争和备战状态，从而形成了尚武的社会风气。

党项人自古就有饮酒之风，酒是其用餐时的主要饮料，党项人在原居住地生活时就已经开始酿造和饮用酒，往往"求大麦于他界，酝以为酒"[2]。同时，由于党项族历来以畜养牲畜为主要产业，食物以肉食为主，茶叶作为消食之饮品也成为其长期饮用的饮料。但是西夏所据地区不产茶叶，其所需茶叶皆靠中原提供，或贡赐或买卖，西夏设有专门管理和储存茶叶的茶钱库[3]，可见茶对于西夏民众生活的重要性。

除此之外，随着文明的演进，西夏人还形成了一定的生活观念与社会风俗。

第一，婚姻观。

早期党项人的婚姻习俗较为原始，相关文献有"妻其庶母及伯叔母、嫂、子弟之妇，淫秽烝亵，诸夷中最为甚，然不婚同姓"[4] 的记载。内迁后，在社会发展的基础上，党项人开始学习汉族的明媒正娶之制，且根据财力的大小，允许多妻。

西夏晚期，马可波罗游甘州时描述其婚姻习俗曰："其地之人娶妻致有三十。否则视其资力，娶妻之数惟意所欲。然第一妻之地位为最尊。诸妻有不善得出之，别娶一人。"[5]

第二，孝顺观、敬老观。

随着社会文明的进步，西夏人逐步形成了敬老的社会风俗。党项人提倡孝道，《圣立义海》的"子对父母孝顺名义"中有"子身为父母骨肉""父母恩功高如天""子于父母老时有喜忧""孝子侍父母""使父母不忧思""敬念父母""孝中最上"等很多条目，反映了党项人孝顺的观念。其中"冬夏侍孝"条曰："孝子侍父母，冬季为觅暖室，使居暖帐。夏季为觅凉爽，使居凉帐。父母夕歇，使卧安居。晨，孝子速起，问父母安也。孝子三种礼仪：父母在时，依礼尽孝，尽心勤侍，亡则依礼殡葬，其后时日，孝子勿忘供养。循此三种礼，则名孝子也。"[6]

---

[1] 曾巩撰，王瑞来校证：《隆平集校证》卷二十《夷狄传》，中华书局，2012年，第603页。
[2] 刘昫等：《旧唐书》卷一百九十八《党项羌》，中华书局，1975年，第5291页。
[3] 史金波、聂鸿音、白滨：《天盛改旧新定律令》卷十七《库局分转派门》，法律出版社，2000年，第532页。
[4] 刘昫等：《旧唐书》卷一百九十八《党项羌》，中华书局，1975年，第5291页。
[5] [意]马可波罗著，[法]沙海昂注，冯承钧译：《马克波罗行纪》，商务印书馆，2017年，第119页。
[6] 克恰诺夫、李范文、罗矛昆：《圣立义海研究》，宁夏人民出版社，1995年，第75页。

第三篇 西夏城市发展与社会变迁

"父母患病时"条目说父母患病则孝子忧戚，父母患病时，孝子不梳头发，不穿新衣，不为嬉唱，不饮酒，不出行，不大笑，不大怒，依病合药。父母饮时，孝子亲手喂父母。父母未痊愈时，孝子如自身有病忧戚也。[①] 西夏谚语也记载了公众对不孝顺父母之人的谴责：不孝父母恼祸多，不敬先生福智薄。从这些记载可以看出西夏社会重视对老人的尊敬和对父母的孝顺。

西夏对老人的照顾还体现在有关老人犯罪的减罪条例。《天盛改旧新定律令》规定老年至九十以上，除谋逆罪外，犯其他各种罪，一律不治罪。七十至八十岁，造意减一等，从犯减二等。八十至九十岁，造意减二等，从犯减三等。[②]

总的来说，西夏人对于老年人和父母的尊重已经形成社会风尚和道德规范，是西夏社会进步的表现。

第三，丧葬风俗。

丧葬受到传统中国社会的重视。伴随着对死亡既无知又恐惧的观念，西夏社会的丧葬形式受到中原丧葬形式的影响。西夏建国后，改变其原"死则焚尸"[③] 或"凿石为穴，既葬，引水其上，后人莫知其处"的葬法，实行土葬。

西夏的丧葬风俗具有时代的烙印，在继承党项民族的古老丧葬习俗的基础上，也受到其他民族的影响。西夏接受了中原地区的政治制度和儒学，同时也接受了汉族的丧葬礼仪和制度。西夏大力提倡佛教，佛教的丧葬习俗也影响着西夏的丧葬习俗。西夏各民族都重视丧葬，从最高统治者到平民百姓，都视丧葬为风俗的大端，并以政府的名义，保护西夏帝王陵墓的神圣不可侵犯，视破坏皇家祖坟的行为为谋逆，对之会判以重刑。

当然对于那些违反丧葬习俗和制度、不遵守孝道的人，政府会给予处罚。西夏社会具有完整的丧服制度，且用法律来规范服丧礼仪。

第四，节日风俗。

每一个民族都有自己传统的节日。西夏在学习和吸收儒学文化的同时，也渐渐引用了中原王朝的历法制度，包括一些中原社会的传统节日。西夏的节日包括季节性节日、节令性节日和宗教节日。

西夏的新年称为正旦节，即每年的大年初一，以庆祝新一年的开始，是对汉制的学习。西夏在正月要开设宴会以示庆祝，《月月乐诗》记载："正月中黑头、赤面年初安稳设国宴。"

党项人还以每一季的第一个月的朔日（初一）为"圣节"，让官民礼佛，礼佛圣节一年4次。这种节日自元昊时期规定始行，体现了其用行政命令扶植佛教的做法。同时，每年四月三日的祭祀节、七月十五的中元节、九月九日的登高节、腊月三十的除夕等都是西夏重要的节日。九月十五日是西夏具有民族特色的重要节日，

[①] 克恰诺夫、李范文、罗矛昆：《圣立义海研究》，宁夏人民出版社，1995年，第75页。
[②] 史金波、聂鸿音、白滨：《天盛改旧新定律令》卷二《老幼重病减罪门》，法律出版社，2000年，第150页。
[③] 刘昫等：《旧唐书》卷一百九十八《党项羌》，中华书局，1975年，第5291页。

《圣立义海》"九月之名义""善月中宣"条曰:"九月十五贤圣聚日,禅僧兴日,君德民孝,敬爱皇王。"① 民俗节日的庆祝为城市生活带来新的气象,每至节日,西夏的城市就变得分外热闹,也带动了商业经济和文化娱乐活动的进行。

总的来说,党项族是一个尚武的少数民族,在社会生活中形成了饮酒、饮茶的风俗。西夏作为以党项族为主体的多民族国家,随着社会经济的发展,在党项族统治者的领导下,其社会风俗和居民生活观念不断变迁,形成了具有一定民族特色的婚姻观、敬老观、丧葬风俗、节日风俗等。

三、城市文化的进步

城市是文化产生和发展的载体。西夏时期的城市在社会经济发展的前提下,得到新的发展,城市文化也有所进步。

（一）发展儒学与教育业

在西夏建国之前,党项族统治者就注重对中原儒学的学习。李继迁叛宋自立后,招抚受过儒学教育的汉人知识分子为其所用。李德明时期,沿用李继迁崇儒用儒的政策,并对其有所发展。西夏建国以后,经过几代统治者的推行和提倡,到仁宗仁孝年间,儒学日渐兴盛,政府在中央和地方城市大建学校,发展科举制度,培养各类人才,改善了西夏的人才机构,使城市文化得到进一步发展。

为了进一步推进儒学在西夏社会的传播,谅祚时期,还以朝贡的方式用马换取宋朝的儒学经典,史载:"且进马五十匹,求九经、唐史、《册府元龟》及宋正至朝贺仪,诏赐九经,还所献马。"② 九经即指《易》《书》《礼记》《春秋》《孝经》《论语》《孟子》《周礼》等儒家经典之作。这些经典传入西夏各地,促进了民众对儒学的进一步学习,推动了西夏文化事业的繁荣发展。

（二）城市娱乐活动的丰富多彩

城市娱乐活动的丰富多彩是西夏城市文化进步的表现之一。文献中对西夏体育活动的记载不多,但党项族作为一个尚武的民族,娱乐身心、锻炼身体的各项体育活动是其生活中必不可少的部分。汉文版《杂字》"音乐部第九"记载了有关"相扑"的信息,相扑即古代社会里的摔跤。摔跤是中国各民族自古就喜爱的体育活动,对于尚武的党项族来说更是不可或缺。

弈棋是古代中国社会重要的娱乐方式。西夏人也用弈棋来丰富生活、调节身心。《文海》解释"棋"字为:"戏棋也,棋子也,要用是也。"③ 将"弈"释为:

---

① 转引自史金波:《中国风俗通史丛书·西夏风俗》,上海文艺出版社,2017年,第402页。
② 脱脱等:《宋史》卷四百八十五《夏国传》,中华书局,1985年,第14002页。
③ 史金波、白滨、黄振华:《文海研究》,中国社会科学出版社,1983年,第498页。

"下棋也，博弈也，布棋可移也。"① 考古工作者在宁夏灵武瓷窑堡西夏窑址中发现的许多精巧的围棋棋子，以及在西夏陵园6号陵发掘的随葬棋子②，都进一步证实了西夏人弈棋这一史实。

（三）西夏文字的创制

西夏建国以后，创制了自己民族的文字——西夏文，并以法律的形式予以公布，在全国推行。元昊将西夏字"尊为国字"，并下令"凡国中艺文诰牒，尽易蕃书"③，即一律使用西夏文字。在统治者的大力推行之下，西夏文字在西夏国迅速推广流行开来，上至官方文书，下到民间日常生活的记事，都将西夏文字作为书写工具。同时，政府还将各种汉文、藏文、回鹘文的佛教经典翻译为西夏文，在西夏社会大力推广。20世纪由于史料和遗址的进一步发掘，用西夏文编纂的各类字典如《文海》《音同》《番汉合时掌中珠》《圣立义海》等得以再现，各国学者通过研究分析，为世人揭示了西夏文字的部分造字原则和规律。西夏文字的创制是党项族智慧的结晶，对西夏国的政治和文化发展产生过深远的影响。同时，西夏文字在民众日常社会生活中的大量运用，亦是城市文化取得进步的体现。

除此之外，西夏统治者重视对文化的继承和学习，民众文学水平得到很大的提高，城市中生活着一批文学水平很高的文人，统治者在遴选官员时，重视对精通文学的知识分子的选拔。同时，能歌善舞是少数民族的特征，以党项族为统治民族的西夏，其文艺事业很发达。《番汉合时掌中珠·人事下》记载西夏有三弦、六弦、琵琶、琴、箜篌、管、笛、箫、笙、筚篥、七星、大鼓、丈鼓、拍板等乐器，可见西夏人所用乐器已经相当齐全，且音乐亦盛行于民众日常生活中，作为文化交流的重要内容，广泛流传，丰富了民众的日常生活。

总的来说，西夏城市社会生活在中原文化的影响下，不论是在居民物质生活上，还是在精神文化生活上，都得到不断丰富。从中可以看出，中原农耕文明对党项游牧文明的影响是全方位的。党项族的民族个性在自己与汉地民众的不断融合中，逐渐弱化，但并没有完全消失，自身的民族性仍部分被保留。这也可以被看作西夏城市社会生活变迁的重要特点。

---

① 史金波、白滨、黄振华：《文海研究》，中国社会科学出版社，1983年，第513页。
② 宁夏文物考古研究所等：《西夏陵：中国考古田野报告》，东方出版社，1995年，第101页。
③ 吴广成撰，龚世俊等校：《西夏书事校证》卷十二，甘肃文化出版社，1995年，第146页。

宋辽夏金卷

第四篇

金国城市发展与社会变迁

金国是女真族建立的国家。女真族在10世纪以前长期生活在黑龙江地区，其生产以畜牧业为主，过着散居的游牧生活。10世纪中叶，女真人才开始从事农业，始有定居生活，并建立了早期的城市聚落。公元1114年，女真族起兵反辽，建立金国，随后又发动了对宋战争，将统治范围扩大到原辽朝和北宋的部分地区，从而为金国城市的发展提供了辽阔的空间基础。

中华民族命运共同体的形成经历了漫长的历史发展演变过程，女真族和金国在中华民族命运共同体的形成过程中发挥了重要的作用。在金国建立的过程中，女真人融合多民族的文化，逐渐形成了路府、州、县三级城市行政区划体系，推动了中国北方地区城市的发展。与辽朝契丹族相比，女真民族的文化根基较为薄弱，但金承宋制，对宋文化加以广泛吸收，从而出现了女真汉化的趋向。宋代是中国城市发展的重要时期，拆除坊墙，沟通街巷，市坊融合，沿街开设店铺，可以说是古代城市的"革命"时期。城市空间的开放带来了一系列的变化，改变了城市的空间布局，也使城市生活方式精彩多样，推动了城市的发展。金国建立后，女真统治者让"城市革命"的成果得以保存，厢坊制得以继续实行并有所发展，并在金国城市进一步确立了开放式格局，居住的封闭式管理模式也被彻底打破，城市的开放性得到较好的发展。在城市管理方面，金国统治者在厢坊中设立了负有统计人口、劝课农商等职责的"坊正"，完善了对厢坊的管理；在城市建筑方面，金国主要继承了宋朝娇小柔美的建筑风格，同样注重对汉文化的吸收。随着城市经济的繁荣和民族的融合，金国城市文化、娱乐活动也得到相应丰富，形成了游牧文明与中原文明相得益彰的多元文化体系。

女真建立金国，控制了北方中原地区，游牧民族与农耕民族、少数民族文明与汉族文明在其统治的城市中交流、交汇、交融，使这一时期金国城市发展与社会变迁留下了深深的时代痕迹：第一，金承辽制，实行多京制，使金国形成多个经济区域；第二，金国龙兴之地东北地区的城市有了很大的发展，在一定程度上改变了金国城市分布不平衡的格局；第三，在城市管理方面，统治者设立了专职管理城市的官职；第四，因商业的发展，兴起了一批专门性工商城市，商业活动频繁的城镇发展相对迅速。另外，女真统治者虽然未能经营好辽朝在北方草原地区所建立的草原城市，使得北方草原地区又逐渐恢复为放牧之地，但其对中原地区城市的经略和对北方地区城市的发展是游牧民族统治中原城市的一次有效尝试，有着不可磨灭的功绩。因此，对金国时期城市发展与社会变迁的研究是宋、辽、夏、金时期城市发展史研究中一个不可或缺的部分。

第一章　金国自然地理环境、人文社会环境与城市的发展

直到 12 世纪初，女真族长期生活的黑龙江、松花江流域都还没有城市，只有规模不大、功能单一的聚落。"城市是一个复杂的综合体，它的形成和发展受到许多条件的制约。"[1] 在这些条件中又有很多必备条件，比如平原广阔、经济发达、水陆交通便利，等等。所以我国早期城市很多兴起在平原和水陆交通要道之上，平原是早期城市的摇篮，水陆交通要道是早期城市兴起和发展的杠杆。[2] 由此可以看出，自然条件与人文条件对早期城市的出现有很大的制约作用。本章主要探讨黑龙江、松花江流域的自然地理环境、人文社会环境与其早期文明、早期城市的关系。

第一节　自然地理环境与早期城市的形成

黑龙江地区是女真族长期活动的范围。该地区三面环山，西北面有大兴安岭山脉，北面有小兴安岭山脉，东南面有张广才岭、老爷岭、太平岭、完达山山脉。河流纵横，有由西北向东南流的黑龙江，有由北向南流的嫩江。湖泊众多，有兴凯湖、镜泊湖等。地形复杂，主要由山地、台地、平原构成，地域内形成了松嫩、三江两大平原。10 世纪以后，女真族开始定居于松花江南岸支流阿什河流域，从魏晋到唐代这段时期该河称"安车骨水"，金时则称"按出虎水"。这就是所谓的金国肇兴之地，其中最强大的完颜部就居住在按出虎水流域，也就是东阿什河流域。金初所谓的"金源""内地"就是此处。

一、自然生态环境对城市形成的影响

关于我国古代城市的选址，吴庆洲先生总结为择中说、象天说和地利说。其中地利说，就是在选择城址时考虑地理因素、自然环境，在利于生产、生活、生存的

---

[1] 郭天祥：《地理环境与中国早期城市》，《陕西师范大学学报》，2003 年 7 月第 32 卷第 4 期。
[2] 郭天祥：《地理环境与中国早期城市》，《陕西师范大学学报》，2003 年 7 月第 32 卷第 4 期。

地理条件之地建城。① 所以自然环境的优越与否对中国早期城市的选址来说具有普遍意义。"自然环境的优越主要表现在气候温和、雨量充沛、平原开阔、土壤肥沃、河流湖泊众多，为人类的生存和发展提供了一切必要的条件。"② 然而，黑龙江地区的自然生态环境非常脆弱，不利于城市的形成，具体来讲，主要表现在以下3方面。

（一）森林与沼泽相间，建立城市缺乏相应的自然地理条件

《管子·乘马》讲："凡立国都，非于大山之下，必于广川之上。"虽然《管子》是就选择国都之址而言，但这也适用于一般城市的选址。平坦的地势有利于早期城市的形成，东北地区虽然有平原，但是这里森林与沼泽相间，在古代生产力不发达的情况下，很难开发而形成广川。这也就制约了东北早期城市的形成。

黑龙江、松花江地区的山地植被以森林为主。《全辽志·山川志》记载：辽境内，以医巫闾为灵秀之最，而千山次之，最东则为东山，层峦叠嶂，盘亘七八百里，材木铁冶。羽毛皮革之利，不可胜穷。《全辽志·方物志》记载：山之东南者宜材木。此"山之东南者"是指今辽宁东部山地。《全辽志·外志》记载抚顺东100里直至长白山地区为女真人居住地区，为一片"深山稠林"；由开原东180里向东的黑水靺鞨居住地区，也为一片山林。

从上文可知，女真人居住地实为大片森林，这样的环境在当时的技术条件下开发起来非常有难度。除森林植被外，东北地区还曾有面积广大的沼泽，并与森林相间。

《魏书·勿吉国》载："国有大水，名速末水。其地下湿。"《魏书·豆莫娄国》载："在勿吉国北千里……在失韦之东，东至于海，方二千里……多山陵广泽。"③ 清朝的曹廷杰也指出："今辽地遇水则多淖，盖天设之险矣。"《黑龙江外纪》记："窝集④，山中林木蓊蔚，水泽沮洳之区，号窝集。"（光绪）《吉林通志》曰："自混同江至宁古塔窝稽凡二，曰那木窝稽，曰色出窝稽。那木窝稽四十里，色出窝稽六十里，各有岭界。其中万木参天，排比联络，间不容尺。近有好事者，伐山通道，乃漏天一线，而树根盘错，乱石坑呀，秋冬冰雪凝结，不受马蹄；春夏，高处泥淖数尺，低处汇为波涛。"

历史上辽河下游、嫩江下游和三江平原等地区都曾有过大面积的沼泽湿地，生长着水生和湿生植物。从上述材料中可知，牡丹江及黑龙江流域有面积巨大的树木茂密的"窝集"，低处在春夏为一片泥泞沼泽，即使面积广大的被称为"窝集"的

---

① 吴庆洲：《中国古城选址与建设的历史经验与借鉴（上）》，《城市规划》，2002年第9期。
② 郭天祥：《地理环境与中国早期城市》，《陕西师范大学学报》，2003年7月第32卷第4期。
③ 魏收：《魏书》列传第八十八《豆莫娄国》，中华书局，1974年，第2222页。
④ 吉林东部和黑龙江的森林，历史上又被称为"窝集"，此为满语的汉语译音。例如《全辽备考》上卷"平地有树木者曰林，山间多树木者曰窝稽，亦曰阿机"，《盛京制》作'窝集'，《实录》作'兀集'……如那木窝稽、色出窝稽、溯尔贺绰窝稽之类。"

山地森林，也是森林与沼泽相间分布。有人曾试图开发此地，也只是徒劳。人在广袤的沼泽上连行走都不可能，更遑论在上面生产、生活。况且森林与沼泽相间处本身就有很多危险，这更增加了开发这一地区的难度，这样的环境不适合人类活动和种植业的发展，严重阻碍了早期城市的形成。

（二）草原广布，以游牧经济为主，导致女真人居无定所

黑龙江地区除了森林与沼泽外，还有广袤的草原、肥沃的土地、种类丰富的动植物和多样的矿产。

"契丹东北隅，土多林木，田宜麻谷，以耕凿为业，不事蚕桑。土产名马、生金、大珠、人参及蜜蜡、细布、松实、白附子，禽有鹰、鹩、海东青，兽多牛、羊、麋鹿、野狗、白兔、青鼠、貂鼠，花果有白芍药、西瓜，海多大鱼、螃蟹。"[①]

由以上这段话我们可以看出，当时的黑龙江地区动植物种类是非常丰富的。这样的地方是天然的狩猎、畜牧的好场所，也非常适宜开展大规模的游牧。所以直到10世纪中期，女真人还过着一种游牧、狩猎生活，游牧经济、采集经济在其经济中还占有一定的比重。这种适合游牧生活的地理环境使得女真人很难有稳定的定居生活，没有定居，人群便难以聚集，没有聚集就很难形成城市。

（三）气候寒冷与自然灾害频发，使人类生存十分困难

黑龙江地区纬度高、气候寒冷，年平均气温多在 $-4℃\sim5℃$ 之间。冬季漫长寒冷，夏季短促，春秋干燥凉爽，年降水量 $400\sim650$ 毫米，无霜期不到100天。女真族长期活动的地区大致在东经 $125°$、北纬 $46°$，当地属典型的温带大陆性气候。冬季寒冷漫长，地苦寒，夏季雨热同季，全年气温都较低，年降水量在500毫米左右。"冬极寒，多衣皮，皆以厚毛为衣，非入屋不彻，稍薄则堕指裂肤；盛夏如中国十月……其人则耐寒忍饥，不惮辛苦，食生物。"[②] 同时，竺可桢先生在《中国近五千年来气候变迁的初步研究》中指出，公元1000—1200年属于4个温暖期和4个寒冷期中的第三个寒冷期，由此可知这一时期黑龙江地区的气候比今日更加寒冷。

寒冷的气候给早期人类的发展带来了巨大的挑战。从早期文明起源地角度看，黄河流域、两河流域、印度河流域以及尼罗河流域都处在气候条件比较好的地区。温暖的气候适宜人类的活动、种植业的发展和动植物的生长，寒冷的气候阻碍了黑龙江地区早期城市的形成。

因为气候、地形因素，黑龙江、松花江流域极易发生洪涝灾害。东北地区有两大河流——黑龙江、松花江。松花江是由南向北流的河流，春季，河流解冻，上游的冰比下游的冰早化，这样极容易引起洪涝。而且松花江支流众多，加之三江平原地

[①] 徐梦莘：《三朝北盟会编》卷三《政宣上帙三》，清许涵度校刻本。
[②] 徐梦莘：《三朝北盟会编》卷三《政宣上帙三》，清许涵度校刻本。

势低洼，容易造成河流排水不畅，加剧洪涝。水是人类的生命之源，人类的生活离不开水，但人类也不能聚居在易发生洪涝的地区，这也是城市选址的一个重要原则。

10世纪中期以后，部分女真人定居于松嫩平原。松嫩平原是由松花江和嫩江冲积而成的平原，海拔150~200米，土壤肥沃，适于植物生长。作为女真人的生命之源，阿什河发源于大青山南麓，自东向西流，在今哈尔滨市东郊注入松花江。全长257公里。中下游丰水期水面宽238~360米，水深4~4.7米；枯水期水面宽10~23.5米，水深0.2~0.25米。流域总面积3545平方公里。每年11月中旬至次年4月上旬为结冰期。但阿什河上游地势高、坡度大，如遇大面积暴雨或集中降雨时，易泛滥成灾。

温带大陆性气候还有一个特点，由于其长年受大陆气团控制，降雨少，气候干燥，易发生旱灾，所以东北地区洪涝、干旱两种自然灾害频发。生产力不发达，自然灾害频发，导致女真人大多数情况下只得忙于生计、应对灾难，这也严重影响了社会经济的发展以及早期城市的形成。

总的说来，黑龙江地区森林与沼泽广布，冬季寒冷漫长，春夏又极易发生洪涝、干旱灾害，自然地理条件非常恶劣，加之广袤的草原适宜发展大规模的畜牧生产，这些都严重制约了早期城市的形成。直到12世纪，女真人崛起，在此地投入大量人力、物力，这里才开始出现城市。

二、自然地理环境对城市分布的影响

前文已述，黑龙江地区脆弱的自然环境制约了该地早期城市的形成。但东北辽河流域城市起源较早，自战国起，该地区的辽阳城就成为东北的政治、经济、文化和军事的中心。公元698年至926年间，靺鞨族崛起，建立起以东北地区为主的国家。在此期间，东北地区的城市有了大规模的发展。有研究者认为："渤海国以五京为中心，如雨后春笋般地兴建起一百余座大、小城镇，从而形成了比较完善的城市体系，创造了灿烂的物质文明。在我国东北地区城市发展史上，这是一个比较辉煌的时期。"[1] 这段话似乎对当时渤海国的城市发展水平有所夸大，但是，也说明了渤海国建立后政治、经济、社会确有较大发展，相继建立了含五京、十五府、六十二州、一百三十余县的较为完整的城市行政等级体系，说明了这一时期渤海国统治区域内的城市确实有相当大的发展。

（一）地理环境对城市分布的影响

东北地区高山、盆地、丘陵、平原相间分布，该地区城市主要分布在地势平坦、开阔的平原或盆地中，如渤海国五京中的上京、中京和东京，这样的地理环境适于城市的建设和扩筑。周围群山环抱，构成了天然的屏障，有利于军事防御。降

---

[1] 杨雨舒：《简论唐代渤海国五京》，《东北史地》，2009年第3期。

水丰富，小气候条件较好。该区域的土地比较肥沃、水资源比较丰富，特别是东辽河流域，所以当地人自古以从事农业为主。加之东部拥有漫长的海岸线，既可以发展渔业，也有便利的海上交通，如渤海国的南京就是通往日本的一个重要港口。

（二）河流对城市分布的影响

古代生产力水平较低，打井、灌溉技术不发达，而水是人类生命之源，人类衣食住行都离不开水，尤其是农业生产主要依靠地表水，河流是最容易获得的地表水资源，故为了生活取水和农业灌溉，聚落特别是人口密度比较大的城市的选址都倾向于距离河流较近的位置。根据延边大学王新伟在《渤海国遗址空间分布比较研究》中计算所得，渤海国各类遗址距离河流的平均距离是326.1米。距河流较近，体现了河流对渤海居民选址的重要性。聚落址、平原城址、墓葬址均在200~400米缓冲区达到最大值。随着距离河流的距离逐渐减少，山城址分布最多的缓冲区为600~800米，并由此向两端递减，在超过1200米时，渤海国山城址数量减少到零。①

河流对城市、聚落的分布有着重要的影响，在生产力较落后的时期，河流显得更为重要。在渤海国时期，生产力水平低，水井还不多见，所以人们的日常生活和农业生产用水主要依靠河流，河流深刻影响着渤海国城市的选址。

（三）水路交通对城市分布的影响

东北区域高山、河流相间，所以渤海国在开辟交通线时尽量避免崇山峻岭，主要沿着河流、山谷或山间盆地等地势比较平坦之处开道，故而多数城镇都是沿当时的交通线分布的。五京几乎都位于水路交通要冲：上京是鸭渌—朝贡道或长岭—营州道与黑水靺鞨道之间的枢纽，是渤海国的交通中心；中京地理位置较为优越，正好处在渤海国的中心，成为渤海国五京之间交往的必经之地；南京面临大海，也是渤海国与日本友好往来的中转站；鸭渌—朝贡道是渤海国与唐朝友好往来的一条主要交通线路。

第二节　人文社会环境变迁与早期城市的形成和发展

城市是社会政治、经济、文化活动的中心，在社会生活中占主导地位。"城市不是从来就有，而是在人类历史发展的一定阶段产生的。"② 在旧石器时代，黑龙江地区就开始有人类活动，但直到10世纪中期，该区域的人民仍然过着采集、渔猎的原始生活，社会经济没有发展到能促使城市形成的水平。

---

① 王新伟：《渤海国遗址空间分布比较研究》，延边大学硕士学位论文，2014年。
② 李先登：《试论中国城市之起源》，《天津师范大学学报》，1986年第5期。

一、原始社会时期的早期聚落

人类的生存和发展需要自然环境提供物质基础，人类社会的产生也是自然界长期影响的结果。自然环境影响着一个区域的经济生活形式，它通过组合不同的自然要素影响着人类的生产方式，产生了山地宜林、平原宜农、草地宜牧三种生产模式。中国地域广阔，东西经度、南北纬度差异甚大，加之面朝太平洋，背靠亚欧大陆，使得中国自然环境的差异特别显著。在进入农业社会后，这种差异使中国地域内产生了两种不同的生产模式：农耕和游牧。

长期以来，女真人主要以从事畜牧业为主，过着游牧的生活。"多猪无羊……善射猎，弓长三尺，箭长尺二寸，以石为镞。"[1] "太和初，又贡马五百匹"[2]，"其蓄多猪。嚼米为酒，饮之亦醉。妇人服布，男子衣猪狗皮……人皆射猎为业，角弓长三尺，箭长尺有二寸。常以七八月造毒药，傅矢以射禽兽，中者立死"[3]，"其蓄宜猪，富人至数百口，食其肉而衣其皮。死者穿地埋之，以身衬土，无棺敛之具，是杀所乘马于尸前设祭"[4]。在七部中，粟末部最先进，黑水等部以射猎为业。

从上面的记载可以看出，东北地区的女真人以狩猎为生，畜牧业发达，善养猪，善骑射，多穿猪狗皮制的衣服。与畜牧业相适应，女真人的生活方式主要是散居，这种生活方式直到10世纪以前都未曾改变。

东北女真人长期以畜牧业为经济基础，采取游牧散居的生活方式，同时其生产力较为落后，发展缓慢。汉、魏、晋时期的挹娄，还基本上处于"格矢石砮"的石器时代。曹魏景元三年（262），肃慎向明帝贡石砮和皮骨杂铁。这样的经济方式与生产力水平不具备城市形成的基础，也不利于城市的形成。

除经济水平低下外，10世纪中期以前的女真人社会组织也是相当落后的。有人曾定义早期的城市："不同社会成员所组成的一种相对较大，密集的永久性居址。其中'不同社会成员'的含义应指阶级差异而非民族身份不同。"[5]

女真人在献祖绥可以前还基本上处于部落时期，部落、邑落是最其基本的社会组织，首领称"君长""大人"。财产共有，维护公共财产是其族人共同遵守的最高准则，"相盗窃，无多少皆杀之"[6]。其组织形态是"邑落公社"，"无室庐"，"迁徙无常"，各氏族部落没有固定"分地"，没有纲纪，"无约束，不可检制"[7]。后来，这些氏族部落才逐步通过亲近部落联盟的形式，由部落制发展为部族制。氏族部落

---

[1] 魏收：《魏书》卷一百《勿吉传》，中华书局，1974年，第2220页。
[2] 李延寿：《北史》卷九十四《勿吉传》，中华书局，1974年，第3125页。
[3] 魏徵等：《隋书》卷八十一《靺鞨传》，中华书局，1973年，第1821—1822页。
[4] 刘昫：《旧唐书》卷一百九十九下《北狄》，中华书局，1975年，第4358页。
[5] 陈淳：《城市起源之研究》，《文物季刊》，1998年第2期。
[6] 房玄龄：《晋书》卷九十七《肃慎氏传》，中华书局，1974年，第2535页。
[7] 脱脱等：《金史》卷一《世纪》，中华书局，1975年，第3页。

与部族有区别,由原始的氏族部落到部族制的产生和发展,反映了女真人原始社会内部的深刻变化。部族是由部落混合而成的,它是比部落更进步的一种社会形态。部族是氏族部落发展的继续,它是没有形成统一的全民族以前的部落混合体,它是比部落更高一级的组织。① 所以处于部族制状态下的女真人还不具备城市社会成员的特征,这样的社会环境也不具备城市形成的条件。

10 世纪中期至 12 世纪 20 年代是女真族从原始公社制转变为奴隶制的重要转折时期。这一时期,财产私有观念萌芽,私有制产生。财产关系的变化,反映了女真内部所有制关系的急剧变化,贫富区别出现,奴隶制得以产生、发展。社会经济有了明显的发展,女真人适应自然的能力增强,使得该地区具备了一些早期城市形成的社会经济条件。

(一) 生产力发展,女真人开始定居

在这一时期,女真社会生产力有了巨大的发展,铁器从邻近部落传入,女真人学会了冶铁和制造铁器。"生女直旧无铁,邻国有以甲胄来鬻者,倾资厚贾以与贸易,亦令昆弟族人皆售之。得铁既多,因之以修弓矢,备器械,兵势稍振。"② "教人烧炭炼铁,刳木为器,制造舟车,种植五谷,建造房宇。"③

冶铁业的发展,大大增强了女真人改变自然的能力,同时也使得农业成为女真社会生产中的重要组成部分。松花江附近肥沃的黑土带是女真人长期耕种的地区,农业的发展使定居成为可能。绥可时女真人迁徙居于海枯水,"耕垦树艺",并建立了"纳葛里"④,即居室制度。定居以后,在饮食上,女真人食肉时为生食或对之进行简单烧烤,即"或燔或烹,或生脔"⑤。受汉、辽饮食文化的影响,女真人开始将生肉制作成肉干、肉酱、肉汁等。他们在祭祀时,将牺牲制成醢或醯,即肉酱或肉汁;将鱼制成鱼肃,即鱼干;将鹿制成脯,即肉干。⑥ 这是他们已学会加工、保存肉类技术的证明。在居住方面,女真人开始盖一些简单的房子,这些房屋主要由木板筑成,以树皮为屋顶,屋内用炕取暖,室内没什么装饰。在服饰方面,东北地区气候寒冷,其多采用兽皮制作衣物,如貂鼠、青鼠、狐貉、羔、獐、鹿、麋、牛、马、猪、羊、猫、犬皮等,且喜用白色。总的说来,女真人的服饰偏重实用性,很少有装饰,主要被用来挡风寒。

农业发展后,女真人开始在河谷等地定居,生活上出现了一系列的变化。这种变化有利于增强女真人的体质,为形成较大规模的聚居区提供了条件,也为城市的萌芽准备了一定的人口和地域基础。

---

① 张博泉:《金史简编》,辽宁人民出版社,1984 年,第 26 页。
② 脱脱等:《金史》卷一《世纪》,中华书局,1975 年,第 5—6 页。
③ 徐梦莘:《三朝北盟会编》卷十八《政宣上帙》,清许涵度校刻本。
④ 脱脱等:《金史》卷一《世纪》,中华书局,1975 年,第 3 页。
⑤ 徐梦莘:《三朝北盟会编》卷四《政宣上帙四》,清许涵度校刻本。
⑥ 脱脱等:《金史》卷二十八《礼志一》,中华书局,1975 年,第 700 页。

（二）村寨形成

村寨组织是一种地域性共同体，它是由不同的宗族和家族通过迁徙、调动、杂居等形式而形成的一种新的社会组织。在这个组织内，氏族血缘、宗族已经不再起重要作用。村寨组织吸纳了相互间没有血缘关系的人，所以这些村寨组织成员的性质也发生了变化。这也就意味着，村寨不再是某一个宗族、家族的组织，村寨人口结构开始有了多样性。在10世纪中期以后，女真社会普遍出现了城棚与村寨，村寨有不同的称呼，如村、寨、铺、屯等。

在村寨内主要有两种土地：第一种为家族占有的土地，第二种就是村寨公有土地。当时在女真社会中还存在个人土地私有制，村寨、部族首领拥有土地的最高所有权，建国后，土地所有权就集中在皇帝的手中。

在不同的村寨，土地分配也有一定差别。在主要发展农业的村寨中，耕地主要被分配给各家族，剩余土地归公。在主要发展牧业和狩猎经济的村寨中，就没有把牧地和猎地分配给各家族的必要了，但其劳动产品如家畜、狩猎所得主要归各族和集体所有。也就是说，一部分村寨土地为公有，一部分土地为家族私有。

在女真村寨中，家族公社还是主要的家庭组织形式，存在着大家族与小家族并存的情况。女真各部族都建有村寨，各部皆有部长，称"勃堇"，各村寨也都有村寨长。

在女真建国前期，女真的村寨有所发展，数量和规模有所增加与扩大。《高丽史》卷九《文宗世家》载："乙未东路兵马使奏，东蕃大齐者古河舍等十二村蕃长昆豆、魁拔等一千九百七十余户，请依霜昆例内附。"[1] 村蕃长即村寨长，12村有1970户，平均每村为164户多。又《高丽史》卷九《文宗世家》载："同发文逻等驰报，骨面等村都领，各将兵到三山阿方浦，探候贼穴凡三所，一为由战村，一为海边山头，一为罗竭村，贼一百五十户。"[2] 3所计150户，平均每所为50户。公元1125年，宋使许亢宗出使金国到达上京时这样描述女真村落："一望平原旷野，间有民居千余家，星罗棋布。更无城郭，里巷率皆背阴向阳。"[3]

这几则史料说明这些村落在短短50年中得到了发展，村寨的数量和规模都有了明显的发展，多者户数可达千，但村落布局不规则。

二、奴隶社会时期早期城市的形成

所有的城市都不是一日而成的，都要经历从无到有、从小到大的过程。随着东北地区社会经济的发展，人们开始习惯聚居，当这种聚居达到一定程度后，就形成

---

[1] ［朝鲜］郑麟趾：《高丽史》卷九，明景泰二年朝鲜活字本。
[2] ［朝鲜］郑麟趾：《高丽史》卷九，明景泰二年朝鲜活字本。
[3] 许亢宗：《许奉使行程录》，宇文懋昭撰，崔文印校证：《大金国志校证》卷四十，中华书局，1986年，第569页。

第四篇 金国城市发展与社会变迁

了早期的村寨聚落,早期村寨聚落的形成又为早期城市的形成提供了基础和条件。

"城市起源一般来说是指人类社会栖居方式的变化而使一处聚居点成为与政治、经济、生产、贸易、宗教或军事活动相关的中心。"[1] 女真人的官属与女真的部族差不多同时产生。官属建立后,政治因素使聚集人口增多,早期城市萌芽。《金史》载:"金自景祖始建官属,统诸部以专征伐,巍然自为一国。"[2] 这时的官属性质与后来宫殿还是有很大的区别的,它还需要经历社会改革和官属性质改变,才能成为真正的统治工具。此后,以官属为核心,金国发展出很多具有城市功能的早期城市。

女真人城市的萌芽以皇帝寨的建立为标志。公元1115年,阿骨打宣布即任皇帝位,《金史》载:"收国元年春正月壬申朔,诸路官民耆老毕会,议创新仪,奉上即皇帝位。阿离合懑、宗翰乃陈耕具九,祝以辟土养民之意。复以良马九队,队九匹,别为色,并介胄弓矢矛剑奉上,国号大金,建元收国。"[3]

从对阿骨打的即位仪式的描述中我们可以看到,仪式上主要陈列了一些耕具、马匹以及兵器,这表明女真人社会生活中最重要的事情是耕战,而领导者的任务就是带领大家从事这两件事。这是氏族社会观念的产物,同时也反映了当时女真社会的现状,即社会生产力落后。即使到了阿骨打即位时,女真人还没建立起完整的城郭宫室制度,其居住地也只能曰"皇帝寨",此外还有"国相[4]寨""太子庄"[5]。

虽然皇帝居住的地方都只能称为"寨",但这些所谓的"寨"具备了人口聚居、政治中心等功能,有了早期城市萌芽的痕迹,具体表现在以下几个方面:

第一,聚居程度高。11世纪初,完颜部开始在按出虎水流域定居,以农业和手工业为主。此后,这些村寨聚居程度越来越高,多者上千户。"又,居涞沫江之北,宁江州之东,地方千余里,户十余万,族帐散居山谷,无国名,自推豪杰为长。小者千户,大者数千户,盖七十二部落之一也。"[6]

女真在南北朝时称勿吉。今人在今黑龙江省绥滨县就曾发现关于勿吉的文化遗址,根据遗迹,当时的人主要居住在半地穴式的房屋里,房屋面积很小,只有30平方米左右,床主要由木板充当。[7] 隋唐时,女真人"地卑湿,筑土如堤,凿穴以居"[8]。可知此时女真人主要居住在洞穴里,居住条件极为恶劣。然而10世纪以后,定居于河谷草原的女真人的房屋已"联木为栅,屋高数尺,无瓦,覆以木板,或以桦皮,或以草绸缪之,墙垣篱壁,率皆以木,门皆东向。环屋为土床,炽火其

---

[1] 陈淳:《城市起源之研究》,《文物季刊》,1998年第2期。
[2] 脱脱等:《金史》卷五十五《百官志》,中华书局,1975年,第1215页。
[3] 脱脱等:《金史》卷三十六《礼志》,中华书局,1975年,第831页。
[4] 国相,是军事部落联盟首领的辅佐之臣,地位仅次于勃极烈。
[5] 宇文懋昭撰,崔文印校证:《大金国志校证》卷二《太祖本纪》,中华书局,1986年,第28页。
[6] 阿桂等:《满洲源流考》卷七,文渊阁《四库全书》本。
[7] 张博泉:《金史简编》,辽宁人民出版社,1984年,第21页。
[8] 魏徵等:《隋书》八十一卷《靺鞨传》,中华书局,1973年,第1821页。

下，而寝食起居其上，谓之'炕'，以取其暖"①。说明女真人建造房屋的技术已有了很大的进步，居住条件有了很大改善，也证明此时的女真人已经开始大规模定居。

第二，修筑城郭。此时的女真还没有完备的城郭宫室之制，但翻阅史料可发现其筑城历史很悠久。在东北北部，居住在松嫩平原地域的古夫余就开始了筑城的实践。② 在《新唐书》中也有关于女真筑城郭的记载："渤海，本粟末靺鞨附高丽者，姓大氏。高丽灭，率众保挹娄之东牟山……筑城郭以居，高丽逋残稍归之。"③ 由此可以看出，女真先人早已有筑城郭的习惯。

第三，具备政治功能。完颜部统一各部族后，女真形成强大的军事部落联盟，完颜部成为女真首领并世袭。石鲁创立新"条教"，官僚制的完善，使得完颜部更好地控制了各部，并对它们发号施令。辽授"生女直部族节度使"官，"既为节度使，有官属，纪纲建立矣"④。景祖时始建官府。"皇帝寨""国相寨"是女真首领和相国居住的地方，这时的首领和相国拥有相当大的权力，其他各寨还有类似村长的管理者，所以这些寨都具备了一定的政治功能。

第四，宗教中心的建立。女真人相信天命，以为人的吉凶和事之成败无不出于天意。阿骨打起兵前就曾问过天地："今将问罪于辽，天地其鉴佑之。"⑤ 受辽宗教文化影响，女真人信仰萨满教。在《三朝北盟会编》中有关于萨满教的记载："兀室（完颜希尹）奸猾而有才。……国人号为珊蛮。珊蛮者，女真语巫妪也，以其通变如神。"萨满教认为萨满是人神之间的中介，女真人认为"巫者能道神语"⑥。女真人要做重大决定时，一般都会询问萨满。在女真人家庭中有家庭萨满，由女性担任，组织家庭跳神活动。整个部落、村或屯的萨满教的首领一般是职业萨满，负责组织全族跳神活动，所以村落聚集地也是萨满教的中心。

10世纪中期，女真人聚居以后，有了剩余产品，对外交流开始频繁起来，但主要是跟辽有很多经济文化的交流。"女直以金、帛、布、蜜、蜡诸药材及铁离、靺鞨、于厥等部以蛤珠、青鼠、貂鼠、胶鱼之皮、牛羊驼马、麂麑等物，来易于辽者，道路襁属。"⑦ 其时宁江州还曾设有互市市场以供双方交易，而且每年春猎后女真人会向辽献物，"女真率来献方物，若貂鼠之属，各以所产量轻重而打博，后多强取，女直始怨"⑧。这两段文字，除了能说明女真与辽的交易商品品种多，辽多有掠夺女真之嫌外，还充分反映了当时女真的经济状况。女真是传统的游牧民

---

① 徐梦莘：《三朝北盟会编》卷三《政宣上帙》，清许涵度校刻本。
② 中国社会科学院考古研究所：《大甸子——夏家店下层文化遗址与墓地发掘报告》，科学出版社，1996年。
③ 欧阳修等：《新唐书》卷二百一十九《北狄》，中华书局，1975年，第6179页。
④ 脱脱等：《金史》卷一《世纪》，中华书局，1975年，第5页。
⑤ 脱脱等：《金史》卷二《太祖纪》，中华书局，1975年，第24页。
⑥ 脱脱等：《金史》卷六十五《始祖以下诸子传》，中华书局，1975年，第1541页。
⑦ 脱脱等：《辽史》卷六十《食货志》，中华书局，1974年，第929页。
⑧ 厉鹗：《辽史拾遗》卷十五，文渊阁《四库全书》本。

族，所生产的产品也大多是游牧业的农副产品。但女真人还经常以帛、布与辽人交易，说明当时女真人已经能够纺织布匹了。而药材的交易不仅说明女真医学的发展，也说明当时女真的生活状况已有所改善。

与辽的经济文化交流，一方面体现了女真人的发展；另一方面，在与辽的交流过程中，女真人得以进步。双方经济、文化的交流点和联络点则成为商品的集散中心，对人和物都有很强的吸引力，这对女真城市的形成、发展有很大的促进作用。

第二章　金国城市的发展

在中国古代，王朝的更替总是伴随着大规模的战争，故而许多城市毁于战火，城市与国家的命运息息相关。就金国而言，其城市发展大致经历了初期的衰败、中后期的恢复和发展，以及末期的战乱破坏三个阶段。

第一节　城市的破坏与发展

公元 11 世纪，女真向辽称臣，辽对女真实行残酷的统治。因不满辽的统治，天庆四年（1114），阿骨打率军进攻宁江州，女真对辽的战争正式开始。金辽战争以及金宋战争历经数十年，这一时期中原的城市被大规模破坏，破坏成为这一时期城市发展的主题。

一、战争对城市的破坏

从公元 1114 年开始，东北、华北大部分地区陷入战火，各个城市成为辽、金、宋争夺的主要对象，经过战争的浩劫，这些地区的城市都不同程度受到影响。以开封为例，1127 年金攻陷开封以后，在开封城内大肆烧杀抢掠。"是日京城戒严，城门昼闭，令百姓上城守御，京城男妇老幼相携，出东水门沿河而走者数万，遇金人杀掳者几半，金人从城外放火烧屋宇，光焰烛天连夜不止，城中人皆怀恐惧。"[1] "及午，城陷。敌下令纵火屠城。何桌率都民巷战，闻者皆奋。敌由是不敢下，复伪倡和议。"[2] 众所周知，中国古代建筑的原料以木材为主，而这种纵火屠城的方式对于中国古代城市来说简直就是灭顶之灾。

为加快上京的发展，金统治者对辽与宋的城市进行了大规模的洗劫。"太祖每收城邑，往往徙其民以实京师。"[3] 另外，太祖还下诏将中京"所得礼乐仪仗，图书文籍，并先次津发赴阙"。宋使许亢宗在金上京见到的"乐部二百人"，就是辽的

---

[1] 徐梦莘：《三朝北盟会编》卷二十八《靖康中帙三》，清许涵度校刻本。
[2] 李心传：《建炎以来系年要录》卷一，中华书局，1988 年，第 20 页。
[3] 脱脱等：《金史》卷一百三十三《张觉传》，中华书局，1975 年，第 2844 页。

"教坊四部"。天辅六年（1122），金军占领辽中京后，令"耶律慎思领诸部入内地"；天辅七年（1123），金攻克燕京后，将"燕京豪族工匠，由松亭关徙之内地"①，这里的内地指的是上京及周围地区。太宗时，金军攻克汴京，"车辂、卤簿、冠服、礼器、法物、大乐、教坊乐器、祭器、八宝、九鼎、圭璧、浑天仪、铜人、刻漏、古器、景灵宫供器，太清楼秘阁三馆书、天下州府图"以及"技艺、工匠"都被金人掠走。②说明金人不仅将财富、人口劫掠到上京，而且还将文化生活及礼仪活动所需的器物、典籍运往京师，以充实、丰富京师的物质、精神文化。

金统治者这种掠夺所占领城市人口、财富等来充实上京的政策，在一定程度上有助于上京的发展，但同时我们也要看到，这更多的是阻碍了被占领城市的恢复和发展。

这种大规模的掠夺被占领城市的现象并不少见，少数民族政权为之尤甚。这可能是因为少数民族建立的政权最开始往往偏安一隅，在经济、文化等方面相对落后，他们往往急于改变这一状况，故而采取一些急功近利的措施。金在建国初期，同样面临着这样的情况。

二、城市的恢复和发展

经过数十年的金辽战争、金宋战争以及西夏与金的战争，熙宗皇统二年（1142）以后，除西北界逐渐退缩外，金国其他地方大多较为稳定。其疆域大致为"东极吉里迷兀的改诸野人之境，北自蒲与路之北三千余里，火鲁火疃谋克地为边，右旋入泰州婆卢火所浚界壕而西，经临潢、金山，跨庆、桓、抚、昌、净州之北，出天山外，包东胜，接西夏，逾黄河，复西历葭州及米脂寨，出临洮府、会州、积石之外，与生羌地相错。复自积石诸山之南左折而东，逾洮州，越盐川堡，循渭至大散关北，并山入京兆，络商州，南以唐邓西南皆四十里，取淮之中流为界，而与宋为表里"③。金之疆域，继承于辽宋，城市也大部分是辽宋旧城。在城市发展方面，金主要的贡献是构建了古代城市体系④和促进了城镇的兴起。

女真立国的过程伴随着大规模的屠掳和杀掠，因此，城郭破坏的记载常见于史籍。金国初定，一些地区官员开始率众重建旧城。例如，天会九年（1131）襄垣令尹韩公率众复建城墙，新城"周环六里三十步，其墉高二丈，厚二寻之半。其壑深三仞，其上坱埅具焉。辟以四门，层楼上起，壮丽可观"。大定以后，金国社会进一步稳定，经济进一步发展，统治阶层更关注修葺之事。《鄠县修城碑》记载，"皇帝即位十有六年，遍敕城邑，令修完之"，说明世宗曾经颁布复建旧有城墙的诏令。

---

① 脱脱等：《金史》卷二《太祖纪》，中华书局，1975年，第41页。
② 脱脱等：《宋史》卷二十三《钦宗纪》，中华书局，1985年，第436页。
③ 脱脱等：《金史》卷二十四《地理志》，中华书局，1975年，第549页。
④ 关于古代城市体系，韩光辉的《宋辽金元建制城市研究》一书和多篇论文有很全面的论述。对此，笔者进行了学习和参考。

在政府的推动下，复建城镇颇具规模，鄢县县城城墙"高二丈五尺，周二千步"。长子县城重修后，"其围计二千一百六十步，其高二丈三尺，底亦称是，面广一丈二尺"。这些被重新修缮的城镇极大地方便了人民群众的生活，"故仓廪府库可得而长保也，神祠佛堂可得而致饰也，庠序可得而开设也，市井可得而陈设也，居民可得而安定也"。城镇的恢复为人民提供了稳定的生活环境，也为商业经济的发展提供了有利条件。

三、城市行政等级体系的初步形成

关于金国的城市等级，韩光辉等认为金国在不同行政等级城市中分别设立了警巡院、录事司、司候司来管理城市，将古代建制城市进一步深入发展。建制城市出现后，在一定区域空间或国家形成不同等级规模和职能分工、联系紧密、分布有序的城市群体，这就是城市体系。[①] 韩光辉等充分肯定了建制城市的进步，但是在这个城市体系中，忽略了县作为城市细胞的重要作用。中国古代城市是区域经济开发及地方行政区划与建置的产物。不同等级的地方行政区划与建置的治所，相对于本地区来说就是不同等级规模的城市。[②] 金国的城市行政等级体系分为四级，与此同时也应充分肯定金国在城市管理方面的贡献。

经过数十年的努力，金国的城市逐渐恢复，行政区划逐渐完善。天眷元年（1138）八月初一日，熙宗"颁行官制"[③]，史称"天眷改革"。金熙宗统一官制，金国行政区划由此得以确立。金国主要实行京城、府、州、县四级制，相应形成了不同的行政等级城市。

（一）第一层级城市：京城

金袭辽制，建五京，后海陵王迁都燕京，号中都，削上京之号。大定十三年（1173），复上京号。至此，金国的行政区划为立中都，建六京，"置十四总管府，是为十九路"。京城毫无疑问属金城市行政等级体系的第一级，其规模、人口都在其他城市之上，在经济、社会中也起到了区域中心的作用。在城市管理方面，京城与其他行政等级城市最大的区别之一在于设有警巡院。据《金史·百官志》，金国的六京置留守司，留守司下均设立了专门管理城市的行政机构——警巡院。"诸京警巡院，使一员，正六品，掌平理狱讼，警察别部，总判院事。副一员，从七品，掌警巡之事。判官二员，正九品，掌检稽失，签判院事。"[④] "京师号贾区，奇货善

[①] 韩光辉、林玉军、王长松：《宋辽金元建制城市的出现与城市体系的形成》，《历史研究》，2007年第4期。

[②] 韩光辉、林玉军、王长松：《宋辽金元建制城市的出现与城市体系的形成》，《历史研究》，2007年第4期。

[③] 脱脱等：《金史》卷四《熙宗纪》，中华书局，1975年，第73页。

[④] 脱脱等：《金史》卷五十七《百官志三》，中华书局，1975年，第1313页。

物可立致"①，警巡院又是"亲民正厅"，"领在城事"，由此可以看出警巡院在城市管理中的重要作用。

中都、上京、东京、南京、西京和北京这6个京城都设有专门的行政机构警巡院，其中中都作为金国中央政府所在地，人口最多，占地规模最大，是全国的经济文化中心，属金国首位城市，所以中都城中置有左、右两个警巡院，而其他五京作为相应行政区域的中心城市，属次首位城市，各设有一个警巡院。

（二）第二层级城市：府级城市

据《金史·地理志》，除诸京以外，金国还有14总管府、9散府及36节镇。府、节镇属城市行政等级体系的第二级，在城市体系中起着承上启下的重要作用，因此金政府专门设立了城市录事司来管理城市事务。总管府、散府和各节镇设有总管管理行政事务，其机构之下设置了城市录事司专门管理城市事务。城市录事司，金始置，其后也未被沿袭，为金国独有之制度。《金史·百官志》载："录事一员，正八品。判官一员，正九品。"② 其主要"掌城中户民之事"。另外府与节镇还设置了兵马司、都指挥使，"巡捕盗贼，提控禁夜，纠察诸博徒、屠宰牛马，总判司事"。各府镇置都军司，设都指挥使，"掌军率差役、巡捕盗贼，总判军事，仍与录事同管城隍"③。

由此可见，在各府、节镇之下除了设有传统的附郭县和县管理乡镇外，金政府还在城市设有录事司和兵马司或都军司，共同管理府、镇城市，前者管民事，后者掌军事、巡捕。城市录事司、附郭县和县平行隶属于府、镇。府级城市，作为金国诸府、节镇行政区划的治所，在区域中起着重要作用，是区域政治、经济、文化、教育的中心，在金国属于中等级城市，又是府、镇行政区域的中心城市。由此可见，府级城市在金代具有非常重要的地位。

（三）第三层级城市：州级城市

据《金史·地理志》，除前述京城、各府、节镇之外，金国还有州级城市。金章宗泰和之后，先后共置防刺州112个。作为城市行政等级的第三级，金专门设立司候司来管理城市事务，诸州下置设司候司。作为金代官制，诸防刺州司候司，置"司候一员，正九品。司判一员，从九品"，此外，诸防刺州，置"军辖一员，掌同都军，兼巡捕，仍与司候同管城壁"。说明在诸防刺州以下同时设置了司候司与军辖，分别管理城市民事和军事。

诸防刺州下除设传统的附郭县和县外，还设立管理城市民事的司候司，与属县和附郭县平行地隶属于防刺州。

---

① 袁桷：《清容居士集》卷二十八《奉训大夫昌平等处屯田总管赠亚中大夫永平路总管轻车都尉宣宁郡侯刘公墓志铭》，《四部丛刊》影元本。
② 脱脱等：《金史》卷五十七《百官志三》，中华书局，1975年，第1314页。
③ 脱脱等：《金史》卷五十七《百官志三》，中华书局，1975年，第1324页。

（四）第四层级城市：县级城市

县级城市在金国城市行政等级体系中属于第四层级，为最低层级，其主要官员有县令、县丞、县尉等。县级城市的规模不大，但数量较多，是州级城市和路府、节镇城市乃至京城的重要支撑。

金代在各京府仿辽制置警巡院。在地方城市，据其等级及类型的差异，分别置有独立的专门城市行政机构——录事司和司候司，将城市行政建置推向地方城市。金代警巡院、录事司、司候司是等级、规模不同且独立于京县、附郭县及诸县的专门管理城市的行政机构，与县平行地隶属于京府和诸府、节镇与防刺州。所以金在城市行政等级制度上做出的重要贡献是其第一次设置了较完善的不同等级的城市行政机构。"这在中国古代乃至当时世界无疑都是新事物。"[①]

四、新建城市和镇的兴起

在金国辖地内，除辽、宋旧城外，金还新建了一些地方城市。为加强中央对地方的管理，金廷构建了以金中都为核心的北通蒙古高原，西至辽河流域，东北到上京，南通开封的陆上交通体系。另外还有以中都为北部端点的联系中原地区的水路交通体系。陆路、水路构成了庞大的交通网。在这些交通网上形成了若干节点，在这些节点上陆续出现了一些经济、文化发达的地方城市和市镇。

（一）新城市的建立

金初，统治者要求各州县推行招徕流民、劝课农桑的安抚政策，这一政策取得了良好成效，推动了社会经济的发展。金熙宗时，经济较金初有所改观。"熙宗时，内外皆得人，风雨时，年谷丰，盗贼息，百姓安，此其大概也。"[②] 在社会经济普遍恢复的大背景下，金建立了一部分新城市。这些新兴城市基本上是以六京为中心建设的。以中都为例，公元1152年，海陵王迁都燕京，改燕京路为中都路。为满足中都大兴府的城市建设和漕运的需要，海陵王置通州和领潞、三河二县。"从此，中都便确立了其作为封建王朝都城的地位，城市性质发生了重大变化，这对中都地区城市群的发展和演变产生了重大影响。"[③]

中都地区社会经济的繁荣和人口数量的增加，促进了一批新城市的出现。如大定六年（1166），范阳县黄村升格为定兴县；大定十二年（1172），新仓镇升为宝坻县；大定十六年（1176），金廷更堡寨为清苑县；大定二十七年（1187），永济务升

---

① 韩光辉、林玉军、王长松：《宋辽金元建制城市的出现与城市体系的形成》，《历史研究》，2007年第4期。
② 脱脱等：《金史》卷七十《完颜思敬传》，中华书局，1975年，第1626页。
③ 陈喜波、韩光辉：《试析金代中都路城市群的发展演变及其空间分布特征》，《中国历史地理丛论》，2008年第1辑。

格为永济县,渔阳县大王镇升格为平峪县;大定二十八年(1188),清苑县塔城村升格为满城县,金廷又因安州徙治葛城,故升葛城为县;大定二十九年(1189),升新安镇为抚宁县;大定二十九年(1189),金廷在霸州创置益津县,分良乡西境新置万宁县,"章宗在位,泰和间将玉田县之永济务置丰润县";明昌二年(1191),奉山陵被改为奉先县;泰和四年(1204),金廷改混泥城为握城县;金大定末,分石城县地置乐亭县。大定、承安年间,中都路增置的县达十余个。

经济繁荣、市镇发展和人口增长是促成这些县级城市出现的主要原因。较能说明这个问题的要数中都大兴府宝坻县的创建。宝坻原名新仓,以产盐闻名,后唐在此设立榷盐院,又开渠以运漕盐,商贾往来贸易于瀛莫之间,一时间"上下资其利,逐致饶衍,赡于一方"。后晋割燕云十六州于辽之后,此地为辽所有,并继续发挥盐业优势,"广榷盐以补用度"。到海陵王天德年间,其地盐业兴旺,加之水上交通便利,带动其他商业贸易日益繁荣,稻、粱、黍、稷不可胜食,山林材木不可尽用,"居人市易,井肆连络,阗阗杂沓","河渠运漕,通于海峤,篙师舟子,鼓揖扬帆。懋迁有无。泛历海岱青兖之间,虽数百千里之远,徼之便风,亦不浃旬日而可至","其富商大贾,货置丛繁,既迁既引,隐隐展展然,鳞萃鸟集,鬻者兼赢,求者不匮,大率资鱼盐之利"。如此繁荣的商业景象,"虽名县,不是过也"。于是,金世宗"谓盐乃国之宝,取'如坻如京'之义,命之曰宝坻,列为上县",当地人口增至1.5万户。该县"岁入课利。通计一百三十余(万)贯"①。除宝坻外,"源源百货积,井井三壤赋"②的河东上谷,是各路商品出入山西的集散之地。

(二) 市镇的兴起

"金代城市发展的一个重要现象是介于县城和乡村之间联系纽带——镇的蓬勃发展。"③ 早在隋代,中都地区就开始出现了镇,最初这些镇主要位于具有很强军事职能的军事戍守之地。辽代开始,镇的设置变得广泛,至金代,镇已经是很普遍的设置。《金史·地理志》就记载金国有"城寨堡关百二十二,镇四百八十八"④。金国的镇的居民大多为两三百户,不如南宋大镇。如韩城镇,"镇有居民可四百家,并无城"⑤。但金国的镇并不是都没有城墙的,很多由县降为镇的镇大多有城墙,如北京路兴中府宜民县的咸康镇,河东南路辽州辽山县的平城镇,京兆府路商州上洛县商洛、丰阳二镇等,"城镇院务监当官虽本管百里内者,掌本镇贼盗并城门锁钥,百里外者兼烟火、词讼"⑥。监当官掌管城门钥匙,说明当时的这些镇应该有

---

① 张金吾:《金文最》卷三十五《创建宝坻县碑》,中华书局,1990年,第1003页。
② 元好问:《中州集》丙集卷三《上谷》,华东师范大学出版社,2014年,第145页。
③ 陈喜波、韩光辉:《试析金代中都路城市群的发展演变及其空间分布特征》,《中国历史地理丛论》,2008年第23卷第1辑。
④ 脱脱等:《金史》卷二十四《地理志上》,中华书局,1975年,第550页。
⑤ 宇文懋昭撰,崔文印校证:《大金国志校证》卷四十,中华书局,1986年,第561页。
⑥ 宇文懋昭撰,崔文印校证:《大金国志校证》卷三十五,中华书局,1986年,第505页。

城墙。虽然大部分镇最初主要负军事职能,但由于这些镇大多处于交通要冲,也是商旅常常经过之地,其逐渐发展为商业贸易的节点,经济职能不断强化。不少的镇由于经济繁荣、人口增多而升为县即反映了这一点。

五、金后期中原城市的破坏与衰落

金初以来,其北方不断受到蒙古族的侵扰。天会十三年(1135),"是冬,金主亶以蒙古叛,遣领三省事宋国王宗磐提兵破之"①。特别到了章宗末年,蒙古(鞑靼)军开始了大规模的滋扰入侵,到宣宗时,金已经痛失了黄河以北的广大土地。泰和八年(宋嘉定元年,1208),"鞑靼国兵长驱而南。金自宣宗时,凡大河以北,东至于山东,西至于关陕,不一二年,陷没殆尽。金人并力守河,保潼关。自黄河洛阳、三门、析津,东至邳州之源雀镇,东西长二千余里,差四行院分地界守御,精兵不下二十万,民兵不在其数。如是者十有五年。金人不胜其扰"②。

到贞祐二年(1214)春,蒙古军已攻破金九十余郡,并直抵中都城下。此时的中都,被蒙古军围困,已然成为一座孤城,人口锐减,粮饷缺乏,外无救援。金宣宗不惜委曲求全,积极谋求与蒙古人议和,随后蒙古军从中都城下撤走,但大批蒙古军队仍然占领了山东、河北多数州县,且此时河东的许多州县因遭受战争破坏而早已残破不堪。元人记载:"我太祖始加兵中原,围燕不攻,而坑中山,蹂山东,河北诸名城皆碎。"③仅仅几年时间,燕赵、齐魏之地已无完城,"人民杀戮几尽,金帛、子女、牛羊、马畜皆席卷而去。屋庐焚毁,城郭丘墟矣"④。

在蒙古猛烈的军事打击之下,中都地区的城市遭到重创,随后金宣宗决定南迁汴京。"千群铁骑绕燕都,玉辇仓皇下殿走。孤城弹丸当畿甸,饮血等陴日酣战。"⑤当时中都官僚、士庶皆以为不应南迁。"霍王从彝者谏曰:'祖宗山陵,宗庙社稷,百司庶府,皆在燕京,岂宜弃之而去。'珣曰:'燕京乏粮,不能应办朝廷百官诸军。'"⑥从这段对话中可知:由于战争,中都被围,粮食缺乏足以成为一个政权迁都的重要原因。可以想见当时中都城内社会经济的衰败和人口的流失。

金宣宗南迁不仅仅是放弃中都,还导致了很多城市的衰败。蒙古大军袭来,河北残破,军民已无法安定生活了。泽州的情况正代表了遍见于河北各地的悲惨景象,"金国自大安之变。敌骑之入中原,北风所向。无不摧灭者。贞祐甲戌二月初一日丙申,郡城失守。虐熻燎空。雉堞毁圮。室庐扫地。市井成墟。千里萧条"⑦。

---

① 李心传:《建炎以来系年要录》卷九十六,中华书局,1988年,第1594页。
② 佚名撰,王瑞来笺证:《宋季三朝政要笺证》卷一,中华书局,2010年,第35—36页。
③ 姚燧:《牧庵集》卷二十一,清武英殿聚珍版丛书本。
④ 李心传:《建炎以来朝野杂记》乙集卷十九,中华书局,1988年,第850页。
⑤ 郝经:《陵川集》卷十一《金源十节士歌·王子明》,文渊阁《四库全书》本。
⑥ 李心传:《建炎以来朝野杂记》乙集卷十九,中华书局,1988年,第844页。
⑦ 张金吾:《金文最》卷二十九《泽州图记》,中华书局,1990年,第409页。

原从塞外迁来的大批女真屯田军户大都被安置在河北各地,他们是金政权依靠的重要力量。贞祐三年(1215)五月,金打算首先将河北军户家属迁徙到河南,让军人暂时坚守。"河北军户徙居河南者几百万口。"① 大批军户南迁不仅造成迁出地人口急剧减少,还造成迁入地人满为患,出现了严重的社会问题。贞祐四年(1216)七月,陈规奏称:"比者徙河北军户百万余口于河南,虽革去冗滥而所存犹四十二万有奇,岁支粟三百八十余万斛,致竭一路终岁之敛,不能赡此不耕不战之人。"② 在军户南迁的过程中,各级官僚也纷纷南逃。许古就指出:"河北诸路以都城既失,军户尽迁,将谓国家举而弃之,州县官往往逃奔河南。"③ 在这种情况下,大批人民也纷纷南逃。"在处侨居,各无本业,易至动摇。"④ 所以,蒙古军南下迫使宣宗南迁导致了大批中原城市的衰败和破坏。

公元1124年,由于被蒙古军切断了与外界的交通,汴京城内一升米的售价高达白银二两。"百姓粮尽,殍者相望,缙绅士女多行乞于市,至有自食其妻子者。"⑤ 随后,蒙古军与金军决战于三峰山,金军大败,京畿附近,所至残毁。三月,中京(洛阳)陷落,各地难民涌入汴京,瘟疫流行。《金史·哀宗记》载,至五月间,在50天的时间里,经各城门运出的死尸竟多达90多万具。时有"白骨更比青城多,遗民独向王孙泣"⑥ 之叹。其惨状难以想象。蒙古占领汴京后,城内百姓为了能够活下来,不惜冒死冒充工匠前往北方。"(崔)立出降时,有诏命公集诸匠,一日应募者数千,适岁饥,人相食,公出已财粮以食之,脱死者不可记。率诸匠北来至太原,较其伎艺,率多畏死冒充而实不能者。公亦不之罪,谕以温语,示以程法,积以日月,后皆为良工。"⑦

战争对城市的破坏是直接而迅速的。在蒙古与金的战争中,大批中原城市被直接破坏,蒙古人对城市的野蛮政策,使城市衰败得更严重。

第二节 重要城市——六京

金国最重要的城市要数六京。多京制或者陪都制在中国历史上并不鲜见,最早出现在殷商。⑧ 金国的六京是在传承辽朝五京制的基础上形成的。作为京城,在政治中心优先发展规律的作用下可利用的资源较多,所以其发展特别引人注目,成为金国发展最快、规模最大的早期的城市。

---

① 脱脱等:《金史》卷四十七《食货志二》,中华书局,1975年,第1052页。
② 脱脱等:《金史》卷一百零九《陈规传》,中华书局,1975年,第2406页。
③ 脱脱等:《金史》卷一百零九《许古传》,中华书局,1975年,第2413页。
④ 脱脱等:《金史》卷一百零二《田琢传》,中华书局,1975年,第2378页。
⑤ 脱脱等:《金史》卷一百一十五《完颜奴申传》,中华书局,1975年,第2524页。
⑥ 郝经:《陵川集》卷十一《青城行》,文渊阁《四库全书》本。
⑦ 胡紫山:《紫山大全集》卷十六,文渊阁《四库全书》本。
⑧ 丁海斌:《论中国古代陪都现象》,《社会科学战线》,2011年第1期。

一、六京的设立及影响

金国统治者出身于游牧民族，长期逐水草而居，惯于四处迁移。当他们要统治一个领土广袤、行政区域稳定、经济形态多样的国家时，会明显感觉自己经验不足。为了应对这样的局势，金广泛借鉴辽的制度和统治方式，辽设五京，金袭辽制，亦设五京。金初，将国家大致划分为五大区域，分设五京，作为区域行政中心。在划分这五大区域时，主要的依据是其地理单元、经济状况、民族情况以及历史发展基础。

女真族人崛起于长白山、黑龙江流域，该地区位于作为中国传统统治中心的北方。女真人逐步占领中原后，为了加强对中原的管理，多次迁都，这也使得陪都变更频繁。我们按迁都先后将其陪都变化情况分为3个时期：

第一个时期，金太祖至金熙宗时期，以上京会宁府为都城，将辽上京临潢府改称北京，辽代的中京大定府、东京辽阳府、南京析津府、西京大同府不变。其中金国统治者在东京辽阳府、西京大同府建有皇帝的寝殿、宗庙、御容殿，说明其具有陪都性质。

第二个时期，金贞元元年（1153），海陵王迁都燕京，并改称中都，将辽析津府改称大兴府，撤销上京，改为中京，为北京大定府，升汴京（今河南省开封市）为南京开封府，西京大同府（今山西省大同市）和东京辽阳府（今辽宁省辽阳市）保持不变，总为五京。金世宗大定十三年（1173），恢复上京会宁府。此后相当长的一段时期内，金以中都为首都，其他五京为陪都，共六京。

第三个时期，迁都汴京。金国后期，蒙古族入侵，公元1214年，金宣宗迁都汴京，"兴定元年八月，将洛阳升为中京，改河南府为金昌府"[1]，史书未明确记载洛阳是金国末期的陪都，多数学者根据"金中京保卫战"及金哀宗在洛阳城基础上营建新城等事实依据，认为洛阳是金后期的陪都，历时16年。[2]

辽、金虽然都设五京，但是辽的统治区域大部分在北方，五京也主要在北方，而金统治了传统的中原地区，其五京包括开封、洛阳等传统的中原政治中心城市，所以金的五京制有其独特的特点和意义。

第一，辽设五京，金袭之。辽、金作为北方的少数民族政权，其创造的五京（六京）制带有浓郁的民族特色，也反映出少数民族的巨大创造力。五京（六京）的设立在带动区域经济发展方面起了重要作用，而且有利于解决城市发展不平衡的问题。五京（六京）的设立，推动了城市经济的整体发展和中华民族的大融合。

第二，契丹和女真都是游牧民族，这使得五京（六京）的设立带有游牧民族的特点。辽朝的统治方式很特别，其中央政府不是固定在某一个地方，而是跟随皇帝

---

[1] 刘典立：《洛阳大典》，黄河出版社，2008年，第54页。
[2] 丁海斌：《中国古代边疆地区的陪都》，《东北史地》，2012年第7期。

迁移而不断改变，这个游动的政治中心就是斡鲁朵。① 这种制度的形成与契丹民族游牧迁徙的风俗是分不开的。金国的多京制主要借鉴了辽朝旧制，有利于巩固其在中原地区的统治地位。总的说来，辽、金统治者同属北方的游牧民族，统治疆域不断扩大，统治人口不断增多，然而统治经验不足，为了实现有效的统治而设立了五京（六京），所以辽、金两朝的多京制是游牧民族政权的重要特有制度。

第三，辽、金时期的多京制有利于在巩固后方的同时达到对外扩张的目的。契丹族的捺钵文化②及游牧民族的特点使得他们在征战统治范围不断扩大的同时增设了陪都，这种做法既有利于保证领土安全，又有利于实现区别管理，增强了中央集权与核心凝聚力。金国沿袭辽之旧制，建立多京制，这样可以使金有一个稳固的后方。在领土不断扩大后，迁都、增设陪都就成了历史的必然。

第四，辽、金时期的多京制有助于少数民族政权完成由游牧经济向农牧经济、由奴隶制向封建制的转化。契丹和女真都是北方游牧民族，畜牧业是其主要产业，游牧散居是其生活习惯，在他们不断占领汉族地区后，面对人数众多的农耕民族，如何有效地对之实行统治是两个政权共同面临的难题。辽朝主要采取分而治之策略，以设立五京的方式解决，在这方面取得了相当的成就。金国沿袭辽朝旧制，设立各京，同时吸取辽亡的教训，积极促进经济方式的融合转化。为防止农耕民族造反，金国在游牧地区及农耕地区分别设京，将农耕民族统领于下。

二、六京的发展

金国设立了中都大兴府和上京会宁府③、东京辽阳府、南京开封府、西京大同府、北京大定府，其中辽阳府、大定府、大同府都是辽时旧都，有一定经济社会基础。西京大同府是金初东西两朝廷的西朝廷所在④，有较好的发展基础。东京辽阳府是一座传统汉城，有很好的农业基础。辽中京大定府（今内蒙古自治区宁城县大明城）是辽时修建的一座城市，也是辽的重要都城，辽朝统治者接见外宾就多在此处。后来，金将辽中京发展的重点转移到北京大定府，北京大定府逐渐成为金在北方的重要城市，该城市不仅规模宏大，而且经济文化发达。

---

① 斡鲁朵，辽宫帐名。《辽史·营卫志上》谓："宫曰斡鲁朵。"契丹是游牧民族，其君长习于帐居野处，车马为家，转徙随时，无城郭沟池宫室之固。故其宫帐之组成、管理、警卫与供给都有与之适应的特有制度。
② "捺钵"为契丹语，也译作纳拔、纳钵、纳宝、剌钵等，与汉语中表示皇帝出行所居之处的"行在"或"行幸顿宿之所"意义相近。元人纂修的《辽史·营卫志》指出："辽国尽有大漠，浸包长城之境，因宜为治。秋冬违寒，春夏避暑，随水草就畋渔，岁以为常。四时各有行在之所，谓之'捺钵'。"
③ 自海陵王迁都燕京后，上京只称会宁府，燕京则改称中都大兴府。1173 年，恢复上京之号。
④ 金初，分别在燕京和西京大同府建枢密院，号称"东朝廷""西朝廷"，可以说是进一步发展了辽以来五京各成政治中心的传统，后金中都最终成为全国的政治中心。

(一) 中都大兴府

中都大兴府原为辽五京之南京,是辽朝境内社会经济最发达的地区,亦是辽朝财政收入的最主要来源地。《辽史·地理志》记载:辽南京"城方三十六里",全城共有8道城门,城内道路从相对的城门引伸直交成"井"字形,因此主要街道为两纵、两横道。

金中都大兴府的城池为三重城:大城(外郭城)、皇城和宫城。大城呈方形,除保留了辽南京的北墙外,东、西、南三面都向外扩展,所以规模比辽南京要大得多。"据文物考古工作者推算,周长应在十六点五至十八点五公里之间。"[1] 中都城的城墙由夯土筑成,共12道城门,四面各开3门,每面1正门2偏门,正门不常开,一般只供车驾出入。12道门各有其名,"东曰宣耀,曰施仁,曰阳春;西曰灏华,曰丽泽,曰新义;南曰丰宜,曰景风,曰端礼;北曰通元,曰会城,曰崇智。内城门左掖、右掖,宣阳又在外焉。外门榜即墨书粉地,内则金书朱地,皆故礼部尚书王兢书"[2]。大城内主要是普通市民的居住区。中都城内居住人口最多时达22.9万户[3],城内有62坊。《元一统志》记载:旧城四隅62坊,皆为金原中部各坊之名。城内市场繁荣,交易频繁,其中有著名的城北三市,市场上商品丰富,是商贩集中之地,也是中都的商业中心。人们对市场的依赖性也很大。"日粜五升米,未有旦夕忧"[4],这句诗反映了中都的普通居民可以在市场上买米。米是人们的主食,从居民需要在市场购买大量的主食这一点可以看出人们很依赖市场。

皇城位于大城中部偏西偏南的位置,皇城四面各开一门,正南门为宣阳门,门有重楼,开有3个门洞,中供皇帝出入。皇城主要为官署区和贵族居住区。

宫城主要是皇帝居住的地方,宫殿极为壮丽,范成大《揽辔录》记载:"遥望前后殿屋,崛起处甚多。制度不轻,工巧无遗力,所谓穷奢极侈者。"[5] 其宫城之豪华可见一斑。宫城在皇城中,呈长方形。宫城内的宫殿建筑基本上仿北宋汴京宫殿式样,"内有殿九重,楼三十六,门阁倍之"。宫城前为大安殿,后为仁政殿,乃常朝之所。再后为寝宫,建有太和、神龙诸殿以及嫔妃居住的诸宫。宫城玉华门西为御苑同乐园,大安殿东北为东宫。正门为应天门,楼高8丈,四角有楼,皆琉璃瓦,金钉朱户。宫城正南门应天门、皇城南门宣阳门和外郭城正南门丰宜门在同一条轴线上。宫城应天门向南至宣阳门沿中轴建有千步廊,廊以东建有太庙(衍庆宫),廊以西置三省六部。宫城西部是皇家花园,"西出玉华门,为同乐园、瑶池、

---

[1] 阎文儒:《金中都》,《文物》,1959年第9期。
[2] 宇文懋昭撰,崔文印校证:《大金国志校证》附录二,中华书局,1986年,第594页。
[3] 白寿彝总主编,陈振主编:《中国通史》第七卷《五代辽宋夏金时期》上册,上海人民出版社,1999年,第712页。
[4] 阎凤梧、康金声:《全辽金诗·全金诗·赵秉文·拟东坡谪居三适·夜卧炕暖》,山西古籍出版社,1999年,第1304—1305页。
[5] 范成大:《揽辔录》,中华书局,2002年,第16页。

蓬瀛、杏林，尽在是"①。为了保障宫苑用水，扩建后的金中都将城外西北隅西湖（今莲花池）下游河道圈入城中，使支分导流入皇城同乐园，灌注于宫内西华潭（鱼藻池），主流绕过皇城，经南门外龙津桥，折南从水关（今北京右安门外辽金博物馆）流出城外。②

金中都的宫城布局在汴京形制的基础上有新的突破：其一，金人在宫城外街的千步廊南端两侧，增建了东西对峙的文武两楼，另宫城外的东西横街与南北向广场形成"T"字形新格局，这为元大都宫廷广场的设计所借鉴。其二，金首创离宫。金人在中都城的东北方向的琼华岛（今北京北海公园）上，集中营建了一片离宫、别院、亭台水榭，以供皇帝游幸。大定十九年（1179），金世宗在此正式修建了第一座离宫大宁宫。修建离宫的同时，还令人把原有的湖泊（今北海的前身）加以疏掘，建成太液池，将挖湖所余的泥土堆成湖中的一个小岛，名琼花岛（今北海公园里的白塔山），岛上建有一座广寒殿。

（二）上京会宁府

金国大部分城市都是在辽、宋原有城市基础上发展起来的，新建的城市较少，但上京会宁府属于新建城市。关于金上京的考古发现较为丰富，为今人更好地了解上京的规划和建设提供了考古资料。

虽然金辽、金宋战争摧毁了中原地区大部分城市，但是在这一时期，金大力发展了上京会宁府，使上京从一个村寨发展成一个真正意义上的都城。

金太祖时，对辽战争重要性压倒一切，故根本没有对上京进行多少建设，甚至连首都名号都没有，此时的上京经济实力薄弱，还不足以成为金的经济、文化中心，顶多就是政治、军事指挥中心，算不上一个功能齐备的城市。

金统治者很早就意识到上京的落后，所以建国后就努力发展和充实上京的经济和文物典籍。他们每到一处城市就大肆劫掠人、物到上京。这种"实内地"的政策一直延续到太宗时，虽然对其他城市造成了破坏，却有利于上京的发展，增加了上京及周围地区的劳动力与技术力量，推动了上京地区的农业、手工业生产的发展。金初，对辽、宋的战争不断扩大，金人为缓解阿什河的漕运压力而开凿了运粮河（俗称"金兀术运粮河"），金国都城上京城开凿运粮河西通松花江，长96.5公里，为金代都城漕运河道。③ 在连续对辽、宋发动战争的情况下，金还能开凿运河，足以证明此时金国国力正在逐渐强盛，而且其势力范围已经覆盖到了整个松辽平原。

上京作为金国的龙兴之地，没有遭受战乱。金国建立后，金统治者对上京大加建设和发展。宣和七年（金天会三年，1125）宋使许亢宗使金之时，金太宗所居"皇帝寨"已改会宁府，"又三里，命去伞，近阙。北百步，有阜宿围绕三数顷，并

---

① 李有棠：《金史记事本末》卷二十三，清光绪二十九年李杨鄂楼刻本。
② 李孝聪：《历史城市地理》，山东教育出版社，2007年，第286页。
③ 杨锡春、林永刚、杨泽伟：《黑龙江省满语地名》，牡丹江新闻传媒印务有限公司，2008年，第268页。

高丈余，云皇城也"①。许亢宗所看见的上京："山棚之左曰桃源洞，右曰紫薇洞，中作大牌，曰翠微宫，高五七丈，建殿七栋，甚壮，榜额曰乾元殿，阶高四尺。阶前土墠，方阔数丈，名曰龙墀。殿内，以兵数人分两壁立。四面兴筑，架屋数千百间。金主御座前施朱漆、银装，金几案。果楪酒器皆金玉，酒味食品皆珍美。乐部二百人，乃契丹教坊四部也。"②从这段描述中，我们可以看到金宫殿的雄伟壮观，较阿骨打时期已经有了很大发展，上京已成为一个区域的政治、经济、文化中心。

金初，上京会宁府城市还极为简陋，金太宗时开始了大规模的城市建设。首先建乾元等宫殿，同时"四面兴筑，架屋数千百间"③。金熙宗命少府监卢彦伦主持营建宫室，使宫殿建筑渐臻完备，并正式命名首都为上京，府曰会宁。时上京"城郭宫室，政教号令，一切不异于中国（中原）"④。

根据考古发掘，上京城址在今黑龙江省哈尔滨市阿城区的南郊2公里处，位于松嫩平原东部，与张广才岭西部山脉相连。阿什河流经上京城东侧，由南向北流约30公里后注入松花江。上京会宁府城主要由南北两城构成，两城皆是长方形，北城竖筑，南城横修，城址呈"L"形。北城东西宽1553米、南北长1828米；南城南北宽1523米、东西长2148米。皇城位于南城偏西处，呈长方形，东西宽500米，南北长645米，城墙基厚6.4米。城墙为夯土筑板，城墙外面筑有马面，全城马面分布情况如下：北墙11个、东墙28个、南墙16个、西墙29个，加之南北2城的5个外突角均筑有马面（其上曾修有角），现存马面共89个。全城有城门9座，东墙2门（北、南城东墙各1门），南城东门在墙中间，北城东门稍偏北；南墙2门，中门略偏西，西门大体背对皇城南门（南墙中门以东的墙段约占南墙全长1/2，似应有1门，尚待考证）；西墙2门，北城西门偏南，南城西门在北端，大致与皇城北墙东西相对；北墙1门，大致开在墙中间部位；中城墙（腰垣）开门2处，中门居南城之中，其东辟1门，中门以西是皇城，未辟门道。上京9座城门之中有8座附筑瓮城（亦称月城），直径30~40米。中城墙（腰垣）中门之瓮城筑于门南侧（南城内），东向辟门，其东1门没有瓮城。北城北门瓮城向东开门，北城东西两门瓮城向南开门。南城南墙2门皆有瓮城，向东开门。⑤

宫城南门为正门，左右建有阙门，主要宫殿呈"工"字形，依次排列在皇城南北中轴线上，宫殿布局仿北宋汴梁城之布局，"规模曾仿汴京，然十之二三而已"。"宫殿屋顶所盖的是黄绿釉琉璃瓦及瓦当，十分豪华壮观，但总体布局散乱，无规

---

① 许亢宗：《许奉使行程录》，宇文懋昭撰，崔文印校证：《大金国志校证》卷四十，中华书局，1986年，第569页。
② 许亢宗：《许奉使行程录》，宇文懋昭撰，崔文印校证：《大金国志校证》卷四十，中华书局，1986年，第569—570页。
③ 许亢宗：《许奉使行程录》，宇文懋昭撰，崔文印校证：《大金国志校证》卷四十，中华书局，1986年，第570页。
④ 脱脱等：《宋史》卷四百三十六《列传·儒林》，中华书局，1985年，第12932页。
⑤ 王禹浪、刘冠缨：《黑龙江地区金代古城分布述略》，《哈尔滨学院学报》，2009年第30卷10期。

划。"① 南城除皇城外，还有女真贵族居所、衙门和官私营手工业作坊。北城主要是工商业区，是居民居住的地方，佛教寺庙等建筑较多。

女真族崛起后，上京作为都城得到了很好的发展。首先，都城对人口聚集起了强大作用，集中了王公贵族、文武百官以及他们的家属和大量普通百姓，使都城人口大量增加，会宁府户达3.1万多，成为当时女真内地兴起的一大都市。② 这么多的人口聚居上京，每天都需要供应大量的粮食和生活用品。上京周围地区本就有一定农业基础，加之金人占领泰州、宁江州等地后，在这些地方发展屯田，为上京发展提供了粮食保障。为了有效控制被占领区域并加强与各地方的联系，金廷大力发展交通。天会二年（1124），"始自京师至南京每五十里置驿"③，建立上京与南京间的驿道，随后又打通了上京与其他地方间的通道。这一时期上京的手工业也有了发展。首先，金统治者掠夺了大批"技艺、工匠"到上京，人口和财富的增加，促进了手工业的发展。其次，近几十年来，在上京城址及其附近发现的冶铁遗址和大量铁制生产、生活用具，以及镌有"上京造"的铜印、铜镜等，说明上京手工业确实有了很大发展。随着上京人口的增加和手工业的发展，商业开始活跃起来。经太宗、熙宗30多年的努力，上京及周围地区的经济有了较大发展。

公元1149年，海陵王完颜亮发动宫廷政变，夺取皇位，为了表示与旧势力的决裂，海陵王决定迁都。公元1150年，海陵王削上京之号，命毁会宁府旧宫殿、诸大族宅第及储庆寺。天德三年（1151）十二月，海陵王下诏迁都，上京顿时失去了金国政治中心的地位，这对上京以及东北地区的发展有重要的影响。大批皇室贵族、官员、从属人员、家属、军队南迁，使得上京人口损失严重。迁都中使上京失去首都之位，这对上京乃至东北无疑都是一次巨大打击。迁都后，为了巩固统治并发动对宋的战争，海陵王将大批猛安谋克户南迁至中原，使得上京人口的损失进一步加剧。海陵王逝世后，留守东京的完颜雍即位，又带走大批军队和居民，这对东北经济、文化的发展有一定影响。金世宗完颜雍后来恢复上京之号，也重建了一些宫殿，但上京已不同往日，它只能作为上京路的中心，已没有昔日的风光。

（三）东京辽阳府

辽阳府原为辽之东京。辽阳地区很早之前就有汉族居住，辽建东京以后，大批渤海人迁移至此，辽又在此安置了许多自河朔流亡而来的汉人，因此，东京完全成为一座被汉化的城市。不同于一般居民，东京汉城内居住的河朔亡命之徒，入辽朝兵籍，在此戍守。金仍以辽阳府为东京，设留守司。太宗天会十年（1132）"改南京路平州军帅司为东南路都统司之时，尝治于此，以镇高丽。后置兵马都部署司，天德二年，改为本路都总管府，后更置留守司"。"户四万六百四。县四、镇一。"④

---

① 何一民：《中国城市史》，武汉大学出版社，2012年，第326页。
② 何一民：《中国城市史》，武汉大学出版社，2012年，第325页。
③ 脱脱等：《金史》卷三《太宗本纪》，中华书局，1975年，第49页。
④ 脱脱等：《金史》卷二十四《地理志上》，中华书局，1975年，第555页。

（四）南京开封府

在建立金国的过程中，女真人除了占领辽境之外，还占领了北宋的北方地区。这一地区是传统的中原地区，经济、文化发展水平远在辽、金故地之上，城市发展水平更高，城市密度更大，其中以开封为典型。开封在五代时先后为后梁、后晋、后汉、后周的都城，北宋建立后，也定都于此，成为当时富丽甲天下的城市。金国灭北宋后，开封遭到较大破坏。金贞元元年（1153），金国皇帝完颜亮以开封府为南京，成为金陪都。完颜亮曾在这里营建宫室，其宫殿的装饰与规制，也仍尽壮丽之至，遍饰黄金，然后间以五彩，一殿之费以亿万计算。开封府人户达23.5万多户。贞元元年（1153）正式更号南京。世宗时，相国寺每逢三、八日开寺，商贩聚此贸易。章宗泰和间，人户已增至74万多户。贞祐二年（1214）七月，宣宗南渡，南京开封府正式成为金的都城。金宣宗在海陵王修建开封的基础上对原内城进行了扩筑，也就是史书上说的"再筑内城"。皇城就更豪华了，"至于丹楹刻桷，雕墙峻宇，壁泥以金，柱石以玉，华丽之极，不可胜计"[1]。南京宫室可称得上是"金碧辉映，不可胜言"[2]。

南京开封府城自外向内有外城、子城（内城）、皇城、宫城四重城。整个外城呈南北长、东西短的长方形，实测周长为29120米。子城是在北宋东京城内城的基础上修筑而成的。

辽上京仿唐长安，在建设中又提出"拟神都之制"[3]，就是仿洛阳的意思，而在建设的过程中，又更多地仿北宋东京。金在建设宫殿、都城时更是严格遵循古代都市建设规则。《周礼·考工记》中就写道："匠人营国，方九里，旁三门。国中九经九纬……面朝后市。"[4] 就是说宫殿形制应该是前朝后市，有一条严格的中轴线。金统治者在重建开封城的时候，为了追求这条中轴线，不惜移动宫殿的位置。南宋人楼钥在《北行日录》中就记载了完颜亮修建南京开封皇宫的情况："大内以遗火殆尽，新造一如旧制。而基址并州桥稍移向东。大约宣德楼下有五门，两傍朵楼尤奇，御廊不知几间，二楼特起。"这段话的意思是大庆殿的位置不在开封城的中轴线上，而是略偏西，为了使大庆殿、州桥和御街在中轴线上，完颜亮不惜将原宋皇宫内大庆殿的位置向东移动，以达到大庆殿与州桥、宣德门同一轴线的效果，改变了皇宫内最主要的大殿大庆殿不在全城的中轴线上的尴尬局面。《大金国志》中记载金代的大庆殿："入此门望见大庆殿，殿前有两楼对峙：东曰'嘉福'，西曰'嘉瑞'。大庆殿屋十一间，龙墀三级，傍垛殿各三间，峻廊后与两庑相接。"可见金代的大庆殿的基址被稍向东移动，规模也较宋代有所扩大，由原来的面阔9间增为面

---

[1] 徐梦莘：《三朝北盟会编》卷二百四十二《炎兴下帙》，清许涵度校刻本。
[2] 宇文懋昭撰，崔文印校证：《大金国志校证》卷三十三《汴京制度》，中华书局，1986年，第473页。
[3] 脱脱等：《辽史》卷三十九《地理志》，中华书局，1974年，第481页。
[4] 孙诒让：《周礼正义·冬官考工记》，中华书局，2013年，第3423—3428页。

阔 11 间。由此我们可以看出，金统治者在修建宫殿时严格遵循了古代都市的建设规则。完颜亮命张浩、敬嗣晖营建南京宫室，二人在规划时，结合中都燕京的布局，对原北宋皇宫进行了一些新的规划和设计。首先，将原宋皇城作为其宫城，然后在原宋宫城外筑了一座城作为其皇城，皇城在五代、北宋皇宫"周回五里"的基础上扩至"九里三十步"。这样，在金南京皇宫中筑有皇城和宫城两道城垣，南京完成了皇城与宫城的正式分离，使宫室制度更趋于完善和合理。①

（五）西京大同府

西京大同府原为辽西京大同府，在唐为云州大同军，是代北地区的军事、行政中心。辽重熙十三年（1044）被升为西京，府曰大同。云州是北魏迁洛以前的都城，辽在城内又增建了寺庙、官衙。西京城"广袤二十里。门，东曰迎春，南曰朝阳，西曰定西，北曰拱极。元魏宫垣占城之北面，双阙尚在"。"清宁八年建华严寺，奉安诸帝石像、铜像。又有天王寺、留守司衙，南曰西省。北门之东曰大同府，北门之西曰大同驿。"② 女真统治者占领该地之后，仍旧以大同府为西京。"皇统元年，以燕京路隶尚书省，西京及山后诸部族隶元帅府。旧置兵马都部署司，天德二年，改置本路都总管府，后更置留守司。置转运司及中都西京路提刑司。"③ 其城户口达 98414，下辖 7 县 3 镇。

（六）北京大定府

北京大定府④原为辽中京大定府。在辽的建设下，中京宫殿建筑群已具有相当的规模。路振《乘轺录》中称中京为"契丹国"，说明辽中期以后，中京确为辽之都城。金初仍以大定府为中京，至海陵贞元元年（1153）才改称北京，同时置相应机构：留守司、都转运司、警巡院。

---

① 刘春迎：《金汴京（开封）皇宫考略》，《文物》，2005 年第 9 期。
② 脱脱等：《辽史》卷四十一《地理志》，中华书局，1974 年，第 506 页。
③ 脱脱等：《金史》卷二十四《地理志上》，中华书局，1975 年，第 564 页。
④ 元代又改称大宁路，明初设大宁卫，靖难之役中这座塞外名城被焚毁。

第三章　金国城市数量、规模与结构的变化

金国之疆域，主体部分得自辽、宋，城市也大部分是辽、宋之旧城，金国在此基础上构建了具有一定地域特色的城市体系。金国对原宋、辽疆域内的城市加以继承并发展，因而这些地区的城市数量和分布与之前相比变化不大。但是金国在东北地区构建了以上京为中心的区域城市体系，对于中国城市的发展产生了重要的影响。虽然金国城市规模总体不如北宋时期的大，没有出现百万人口以上的特大城市，但是部分城市的发展还是很突出。

第一节　城市数量与空间分布的变化

金国自建国以来，统治范围不断扩大，城市数量不断增加，公元1142年以后，大部分统治范围趋于稳定，又因其大部分城市承自辽、宋，所以城市在数量上与之前相比差距不大，主要的变化是东北地区兴起了一些城市，也兴起了一些镇。金国的城市总的说来规模不如北宋的大，没有百万人口的城市，但金的城镇还是有突出的发展。

一、城市数量的变化

自辽天庆四年（1114）阿骨打进军宁江州，到太祖天辅七年（1123），金人已基本取下辽地。在领土不断扩大的过程中，金的城市数量逐渐增加，但在战争中，许多城市遭到严重破坏，最后被废置。

辽朝末年，全国共有府、州、军、城可考者56个，据天庆三年（1113）的记载，包括辽阳、黄龙、率宾府，咸、信、苏、复、辰、海、统、银、通、韩、乌、遂、开、宾、祺、益、双、祥、宁江、辽、岩、广、沈、衍、集、卢、铁、铜、贵德、兴、宁、肃、茂、安、耀、嫔、归、威、胜、荣、绿、保、宜、乾、定、显、海北、懿、卫州、怀化军，来远、顺化城，等等。上述56个府、州、军、城，至皇统二年（1142）仅余34个。其中率宾府，通、乌、遂、显、开、宾、祥、益、宁、铁、威、胜、归、吉、绿、卫州，顺化城等在辽天庆四年（1114）至天会初的辽金战争中被废罢，另保、定、宣州与怀化军，因在鸭绿江以东，故被划予高丽。

第四篇 金国城市发展与社会变迁

天会四年（1126），金军克北宋都城东京开封府，改东京为汴京。至天会七年（1129）十月，北宋淮河以北地区大多为金所据。宋金两军在该地区进行了反复的争夺战。次年九月，金军取得富平之战的胜利，旋即占领陕西六路。然而过淮河渡江追击高宗的金军无果而返，又立伪齐与宋对峙，越七年而废之，还河南、陕西地与宋，逾年又夺还，并由此与宋相争几年有余，直至宋金和议签订。

金之西境与西夏接壤，为争夺领土，双方多次发生冲突。夏人养成"不予自取的习惯"，所以即使在金的全盛时期，其亦不惮于兴兵侵边，使金之西境不得安宁，且不乏失地之事。

金自建国以来，不断占领辽、宋之地，其所辖城市数量不断增加，但较之辽、宋末年，区域内城市数量有所减少。加之边境常常不得安宁，所以数量上偶有增减。

公元1141年，宋金和议。公元1142年，金南界确定，其疆域基本确定。《金史·地理志》载：金"袭辽制，建五京，置十四总管府，是为十九路。其间散府九，节镇三十六，防御郡二十二，刺史郡七十三，军十有六，县六百三十二。后复尽升军为州，或升城堡寨镇为县，是以金之京府州凡百七十九，县加于旧五十一，城寨堡关百二十二，镇四百八十八"①。由于金国的行政区划具有不稳定性，所以这一记载过于笼统，但也可从中窥见金国城市数量甚是可观。

表3-1 金国各级城市数量比较表（单位：个）

路名	统县政区数			县数		
	皇统三年	大定二十九年	泰和八年	皇统三年	大定二十九年	泰和八年
上京路	4	2	2	4	5	4
济（隆）州路	2	2	2	2	2	2
蒲裕路	0	0	0	0	0	0
胡里改路	0	0	0	0	0	0
曷懒路	0	0	0	0	0	0
耶懒（速频）路	0	0	0	0	0	0
婆速路	2	2	2	0	0	0
东京路	6	3	6	19	11	17
曷苏馆路	3	3	-	7	7	-
咸平路	-	2	2	-	9	10
中京（北京）路	10	9	11	31	32	35

---

① 脱脱等：《金史》卷二十四《地理志上》，中华书局，1975年，第549—550页。《金史》所记载的金"建五京，置十四总管府，是为十九路"之语引起后世诸多争议。而《大金国志》《金房图经》中的记载就具体、准确得多，两书载金有5京、15总督府，共20路。

续表3-1

路名	统县政区数			县数		
	皇统三年	大定二十九年	泰和八年	皇统三年	大定二十九年	泰和八年
北京（临潢府）路	2	2	2	4	4	6
泰州（东北）路	1	1	1	0	0	2
西南路	4	5	5	5	6	6
西北路	1	1	2	0	0	5
燕京（中都）路	8	14	13	28	48	49
河北东路	14	9	9	25	29	30
河北西路	11	11	12	53	54	58
大名府路	7	5	4	47	22	20
西京路	8	8	9	27	28	29
河东北路	14	13	13	35	38	38
河东南路	12	12	12	66	65	65
汴（南）京路	19	21	22	104	109	105
山东东路	13	13	13	45	51	52
山东西路	11	9	10	36	35	38
京兆府路	9	7	7	53	37	37
鄜延路	6	6	6	14	16	16
庆原路	7	6	6	20	19	19
熙秦（临洮府）路	12	7	7	11	13	15
凤翔路	-	6	6	-	32	33

周振鹤主编，余蔚著：《中国行政区划通史·辽金卷》，复旦大学出版社，2012年，940—941页。

通过对不同时期金国统县政区及县的数量的统计，可以发现，从皇统三年（1143）到泰和八年（1208）的65年间，金境内的路、州、县之数变动并不大。路、州数量的变化几乎可以忽略。而通过县的数量缓慢、平稳增长，可以看出金国境内人口和生产力发展的迹象。从上表可以得出结论：金的城市数量比较稳定。毕竟，绝大多数政区是承辽、宋之旧。在这期间其境内无剧烈动荡，故而城市数量也较稳定。

金国建制城市数量虽然变化不大，但是镇及军城数量却有较大变化。

随着京、路、府、州、县城的恢复，分布在各城之间的乡镇也陆续恢复、发展起来。周峰根据《金史·地理志》统计认为：金代共有建制镇518个，分布在全国19个路中的18路，咸平路无镇。金代镇的分布极为不平衡，按镇从多到少，路的排序为：南京路96个，山东东路83个，山东西路48个，河东北路40个，京兆府路39个，河北东路38个，河北西路32个，河东南路30个，庆原路24个，大名府路23个，凤翔路16个，北京路14个，西京路9个，中都路7个，鄜延路、临洮路为6个，东京路5个，上京路2个。① 除此之外，金还建立了一些军城——军事堡寨、山城。

军事堡寨历朝历代都有，但因其历史特殊性，金自建国以来，就一直面临着来自南北方的严重军事威胁，所以金制定了在边远要地设立防御州的政策。除此之外，金常常在交通要冲设立军事屯田性质的军镇与堡寨。在东北上京路及临潢府路等区域就存在典型的军镇城市，如位于今黑龙江与松花江汇合口西侧绥滨县东的中兴古城。古城仅城西有一道西南走向的外墙，其他三面环水，与江河相连。该城防御设施完备，利用江河作为天然屏障，城周加筑有卫堡，又因其位于胡里改路之东北部，故应是金代北方的一座军事重镇。"西北路者置于应州，西南路者置于桓州，以重臣知兵者为使，列城堡濠墙，戍守为永制。"② 由于军事堡寨的特殊性，其数量到底有多少则不可考。

山城是金代军城中较为特殊的类型，其主要分布在黑龙江地区的边远区域，有时也在依山傍水的易于防守的地方修筑。山城择地而建，一般建在山岗顶部较平坦而开阔的地方。一面（或两面以上）紧临江河，河水与高岗的落差较大，形成天然的防御障塞。如双城子山城城址刚好在绥芬河转弯处，形成抱月之势。宁安县城子后山城，其形状像一个大半圆形，甚是特殊。牡丹江依山城转折呈半环状，形成该城的天然屏障。山城有"城坚如铁"的特点。③ 金国山城的具体数量也不可考，但依据王禹浪等对黑龙江地区金代古城分布的考察，周长0.4~0.75公里的边堡及戍守一级的军城，其数量有57个。④ 由此看来，金国这样的山城还是有很多的。

二、城市空间分布

金的大部分城市继承于辽、宋，所以其空间分布与传统城市空间分布大致一致。其城市空间分布呈如下几个特点。

（一）城市多沿水系分布

水既是人们日常生活的必需之物，又为交通的发展提供了必要条件，所以中国百姓的定居点及聚落大多沿水系分布。从地理分布上来看，金国城市表现出主要沿河流分布的特点。

从城市的分布状况来看，金代中都路、北京路、河北东路、河北西路、大名府路、咸平路、东京路主要沿辽河、海河流域分布。辽河、海河流域支流众多，又可

---

① 周峰：《简说金代的市镇》，《黑龙江农垦师专学报》，2001年第4期。
② 脱脱等：《金史》卷四十四《兵》，中华书局，1975年，第1003页。
③ 王禹浪、刘冠缨：《黑龙江地区金代古城分布述略》，《哈尔滨学院学报》，2009年第10期。
④ 王禹浪、刘冠缨：《黑龙江地区金代古城分布述略》，《哈尔滨学院学报》，2009年第10期。

分成8个城市群组：第一个是以燕京为中心，包括蓟州、通州、顺州的潞水、卢沟河流域城市群组；第二个是包括滦州、平州的滦河下游城市群组；第三个是包括易州、涿州的易涿水流域城市群组；第四个是包括安州、保州、霸州、雄州、遂州和安肃州的南易水流域城市群组；第五个是以北京大定府为中心，包括三韩、惠和、长宁的东辽河流域城市组群；第六个是以辽阳和沈阳为中心的辽河流域城市组群；第七个是以东平府、济南府为主，包括东阿、平阴、长清、章丘的大清河、小清河流域城市组群；第八个是以瑞安为主，包括海阳、海滨、兴城、安昌、永乐的沿渤海分布的城市群组。这8个城市群组相对集中地分布在各河流流域内，各条交通大道又紧密地将这8个地区内的城市群组联系在一起。

（二）城市多沿交通线路分布

金国领土主要由中原地区、东北地区和蒙古高原三大地理单元组成，为了加强其统治，必须加强3个地理单元间的联系，而要加强联系，就必须要有发达的交通。金国的交通体系是以金中都为中心的放射状陆路交通网，城市沿各交通大道的节点分布。

1. 以金中都为陆路交通枢纽的城市群组

金国的城市多沿主要交通线路分布。从金中都出发向东走，经过蓟州，穿过滦河谷地，再通过松亭关，最终可到达西辽河流域，沿路分布着潞县、三河、蓟州、景州等城市，再向东主要有传统的燕山南麓大道，通过此大道可以通往渝关再进入东北，在这条路上分布着三河、渔阳、玉田、石城、滦州、平州、抚宁以及营州等城市；沿太行山东麓大道向南，该道上分布着范阳、良乡、涿州、定兴、新城、容城、安肃、易州等城市；向西北出发，沿古老的居庸关大道，可以通往蒙古高原，在这条古老的路上分布着昌平、可汗州和奉圣州等城市；向北走有传统的古北口大道，这条路可以通往坝上草原，沿线分布着顺州、密云、檀州等城市。此外，在章宗泰和年间，金代通漕中都，联系中原地区与中都的水路交通快速发展，从中都可运粮到北京。所以在此区域内，沿运河兴起了通州、宝坻等水路交通枢纽城市。

2. 以黄河为核心的沿水陆、陆路分布的城市群组

渭河是黄河的最大支流，且沿渭河还有一条陆路，所以沿渭河地区有密集的城市群；以临洮府为核心，包括康乐、当州等的洮水流域城市群；以平凉府和庆阳府为核心，包括化平、宁州等的泾水流域城市群；以凤翔府为核心，包括岐山、陵州的汧水流域城市群。

金国城市空间的分布与北宋相比，特征基本相同，主要表现为以下几方面：

一是中原地区城市分布较为密集。从金国建制城市空间分布看，中原地区城市密度明显高于其他地区，特别是中都路、南京路、河北东路、河北西路、大名府路等传统城市带。楼钥在《北行日录》中记载，他自宋乾道六年（1170，金大定十年）八月戊午日渡淮，丙戌日至中都，全程自泗州至燕山，先后经过较大规模的城市48处，经核算，它们之间的平均距离约为43里。从文献中可以看到，上述48

第四篇 金国城市发展与社会变迁

处城市基本属于州、县城,而分布在这些州、县城之间的小城镇楼钥并没有记载。如果把这些小城镇计算在内,那么,自泗州至中都的城镇间的平均距离肯定会小于43里,由此可以看出,自金国东南部至中都一线的城镇密度很大。

二是东北地区城市分布的密度增大。金建国之前,东北地区城市密度较小,建国后有所改变。近年来,考古学者对黑龙江地区的金代古城遗址进行了科学发掘。104处古城遗址的地理位置相距为10~15华里不等,拉林河右岸的17座古城间距在10~20华里,呼兰河沿岸的12座古城间距在20~30华里。[①] 王德朋认为这些古城中有相当部分只是一些居民点,不能算作城镇,所以专家对城市之间的距离估算可能过短,黑龙江地区古代城镇间的实际距离可能要长一些。但与金建国前的情况相比,城镇的密度明显有所增大,以前地广人稀的情况有所改变。东北地区城市密度虽有所增大,但金境内城市分布仍不平衡。金对东北的开发有利于缓解这种不平衡,有利于每个区域城市的平衡发展。但是我们仍然要认识到这种不平衡现象还是很突出的。

金对城市空间分布最大的影响是对东北的开发。金建国前,世居山谷,"地方千余里,户口十余万",真可谓地广人稀。金国建立后,统治者实施了很多有利于东北地区发展的政策。在这个过程中,东北地区兴建了多个城市。据考古发掘,在今东北特别是黑龙江地区发现有大量金代古城遗址。

金上京作为金前期的都城,乃五京之一,得到了很好的发展。以金上京为中心向四周扩散形成了多个政治、经济、文化、军事的卫星城镇。王禹浪在《黑龙江地区金代古城分布述略》中认为,以金上京城为中心,周围兴起了宾县、阿城、呼兰、双城、五常、方正、肇源、肇东、兰西、通河、巴彦、木兰、尚志、依兰等城镇,同时这一地区也是今黑龙江地区金代古城分布最为集中的地区。这些古城星罗棋布,均以上京城为中心向四周扩散。今牡丹江地区、黑河地区、佳木斯地区、大庆地区、齐齐哈尔地区、绥化地区、泰来地区、鸡西地区则形成了金代古城的外环。

除了以上京为中心发展起来的城镇外,在东北还有很多城镇沿江河而有秩序排列,构成发达的交通网络,这也是金代古城分布的重要特征之一。例如,沿着阿什河(金称按出虎水)就分布有十几座金代古城,间距在5~7.5公里。拉林河(金称涞流水)右岸有11座古城,间距在5~10公里之间。呼兰河(金称忽剌浑水)沿河有12座古城,间距在10~15公里之间。沿松花江两岸共分布着60余座大小不等的金代古城,沿着牡丹江流域则分布着10余座金代古城,而嫩江流域则分布着大小20余座金代古城。此外,在蚂蚁河、倭肯河、巴兰河、汤旺河、屯河、洮儿河、乌苏里江、七星河、运粮河、木兰河等众多的较小河流的两岸也分布着一些金代古城。由此可以看出,金代黑龙江地区是以水路和沿江的陆路为主要交通干线来沟通平原与山区以及建立路、府、州、县与村镇之间的贸易往来和军事联系,

---

① 王永祥等:《金代黑龙江古城略述》,《辽海文物学刊》,1988年第2期。

并形成了以大江大河为主干线的交通网络。

为了对付敌人的偷袭，金人还会在重要的山川隘口修筑山城和城堡。女真人之所以在山口险要之处修筑这些古城，主要是为了应对军事上的突然变化，做到有备无患。例如，分布在大兴安岭东部与松嫩平原相接壤的金界壕边堡及今依兰县的土城子、五常市的冲河南、木兰县的蒙古山城、林口县的三道通古城、拉林河沿岸的边堡、镜泊湖北湖头的山城等。

第二节 城市规模、内部结构、形制与建筑的变化

一、城市规模的变化

城市规模是衡量城市大小的数量概念，主要包括城市的人口规模和城市的地域规模，由于城市地域规模往往从属于城市的人口规模，所以城市规模常专指城市人口规模。①

金国初期，战乱不断，人口基数变小，加之经济中心南移这一不可逆转的潮流所带来的大量人口南迁，这一时期除上京的其他城市的城市规模都有所缩小。

太祖初年到太宗天会八年（1130），经过灭辽攻宋的战争，金国人口数量急剧下降。同时，战争的瘟疫和饥饿也导致人口的减少。

1127年，金攻陷开封，"是日京城戒严，城门昼闭，令百姓上城守御，京城男妇老幼相携，出东水门沿河而走者数万，遇金人杀掳者几半，金人从城外放火烧屋宇，光焰烛天连夜不止，城中人皆怀恐惧"②。金军攻破张觉所守的营州（今辽宁省朝阳市），"是州之民屠戮殆尽，存者贫民十数家"③。因此，一些地方在战争结束后不久便出现城镇残破、人口严重减少的现象。例如，析津府良乡县"经兵火之后，屋舍居民靡有孑遗"；清州（今河北省唐山市东北）"以兵火之后，居民百余家"。此外，在宋金争夺燕云地区诸州时发生了严重灾荒，以致"父母食其子，至有病死尸插纸标于市，人售之，以为食"④，更加剧了人口的损失度。这一时期还不断发生自然灾害，造成人口大减。金军入陕西时，"陕西大旱，饥死者十七八"⑤。同时，金统治者在初期对城市实行了毁灭性打击，驱赶、活埋了大量人口。

---

① 中国大百科全书总编辑委员会：《中国大百科全书·地理书》，中国大百科全书出版社，2011年，第36页。
② 徐梦莘：《三朝北盟会编》卷二十八《靖康中帙三》，清许涵度校刻本。
③ 许亢宗：《许奉使行程录》，宇文懋昭撰，崔文印校证：《大金国志校证》卷四十，中华书局，1986年，第563页。
④ 徐梦莘：《三朝北盟会编》卷二十《政宣上帙二十》，清许涵度校刻本。
⑤ 脱脱等：《金史》卷一百二十八《傅慎微传》，中华书局，1975年，第2763页。

第四篇 金国城市发展与社会变迁

金都统完颜宗翰在云中（今山西省大同市）一次就"驱三千余人坑之城外"[1]。

金军发动的攻宋战争，战火烧遍了秦岭—淮河以北的整个中原地区，给北方人民带来了巨大的灾难。天会五年（1127）金军灭北宋，"敌纵兵四掠，东及沂、密，西至曹、濮、兖、郓。南至陈、蔡、汝、颖。北至河朔、皆被其害。杀人如刈麻，臭闻数百里。淮、泗之间。亦荡然矣"[2]。

导致金初城市规模缩小的另一个原因是大量北方人口向南迁移。为了躲避战乱，中原人民纷纷开始向比较安全的南方地区迁移，从而掀起了我国自秦汉以来北方人民的第三次南迁浪潮。金军攻入东京后，在京士族、百姓夺门南奔者数万，流徙于江淮之间。天会八年（1130）之前，这一迁移浪潮达到最高潮，在绍兴和议签订前估计有500万左右的北方移民迁入并定居南方。所以金初中原地区的境况大抵是田野荒芜，民不聊生。《金史·食货志》记载："大定初，天下户才三百万。"《中国人口史》作者通过考证研究认为宋金之际中原人口约减少300万户，占北宋末和辽末人口合计数的十分之四左右。[3]

金中期以后，金国城市规模出现了新的变化，城市人口逐渐增多，城市规模开始有所扩大。推动金国城市人口增加的原因是多方面的。

其时，北方战争减少，南迁人口也减少，而北迁人口增加。天会八年（1130）以后，金开始有效控制华北。此后，除了接近南宋之地的沿边和沿海地区的人民有机会南迁，其余地区的人民南迁已有一定的困难。同时金统治者采取了一系列有利于社会稳定和经济发展的措施来巩固统治。人口锐减的趋势得到遏制，城市人口逐渐增多，城市规模逐渐扩大。

在金统治时期出现过大规模的人口迁徙，迁徙者有由北迁到南的女真人，也有由南迁到北的汉人。在灭辽、灭宋的过程中，金人大量俘掠汉人工匠到上京等地。除此之外，金军南下灭宋时，为补充劳动力，迫使很多汉人北迁。天辅年间，"既定山西诸州，以上京为内地，则移其民而实之"。"及（天辅）七年取燕京路，二月，尽徙六州氏族富强工技之民于内地"。同年四月，又将"燕京豪族工匠，由松亭关徙之内地"[4]。天会元年（1123），"徙迁、润、来、服四州之民于沈州"。天会五年（1127），金兵从汴京北撤，"华人男女，驱而北者，无虑十余万"。天会六年（1128），"迁洛阳、襄阳、颖昌、汝、郑、均、房、唐、邓、陈、蔡之民于河北"[5]。

在汉人北徙的过程中，女真等少数民族也相继进入中原。为加强对中原人民的统治，金廷更是有计划地把猛安谋克迁至中原。

---

① 李心传：《建炎以来系年要录》卷四十，中华书局，1988年，第744页。
② 李心传：《建炎以来系年要录》卷四，中华书局，1988年，第87页。
③ 葛剑雄主编，吴松弟著：《中国人口史》第三卷《辽宋金元卷》，复旦大学出版社，2000年，第374页。
④ 脱脱等：《金史》卷二《太祖纪》，中华书局，1975年，第41页。
⑤ 脱脱等：《金史》卷三《太宗纪》，中华书局，1975年，第58页。

349

女真族规模较大的移民，始于天辅五年（1121）二月向泰州移民。"分诸路猛安谋克之民万户屯泰州"，由完颜婆卢火为都统，赐耕牛五十。完颜婆卢火"旧居按出虎水，自是徙居泰州，而遗拾得、查端、阿里徒欢、奚挞罕等俱徙焉"①。共"徙万余家屯田泰州"②。移民虽是从诸路猛安谋克户中选择出来的，但大抵都属于同一宗族，亦即合族迁移，这是女真奴隶社会的一个特点。女真贵族集团利用移民的形式扩大其对土地的占有，亦即扩大女真国有土地。泰州位于女真统治腹心上京会宁府以西偏南的地区，随着女真统治集团军事上的不断胜利，屯田制便向西、向南推进。他们采取步步为营、稳扎稳打的策略，逐步吞并了原辽、宋统治区。

天会十一年（1133）秋，"女真国土人散居汉地"，"棋布星列，散居四方。令下之日，比屋连村，屯结而起"。宋金和议达成后，"始创屯田军。及女真、奚、契丹之人，皆自本部徙居中州。与百姓杂处……凡屯田之所。自燕之南、淮、陇之北。俱有之。多至五六万人。皆筑垒于村落间"③。

海陵王完颜亮迁都燕京，"恐上京宗室起而图之，故不问疏近，并徙之南"④。这次迁移规模很大，连完颜氏宗亲贵族也一起南下。如完颜宗雄第二子完颜按答海就是在这次迁移中南下的。其宗族"自上京徙河间，土瘠。诏按答海一族二十五家，从便迁居近地，乃徙平州。诏给平州官田三百顷，屋三百间，宗州官田一百顷"⑤。

从天会十一年（1133）至海陵王迁都燕京，这 20 年间金统治者组织了 3 次大规模的移民，将大量的猛安谋克户从东北迁至中原地区。关于这 3 次大规模南迁的人数虽无完整记载，但据金末大名府、河北诸路共有猛安 130 余个的数量估计，全部 202 个猛安中约有 64% 迁到中原。三次迁徙的猛安谋克户不少于 39 万户，3969000 口。猛安谋克户南迁自然带上了他们的大量汉人战俘和奴隶。特别是海陵王完颜亮将国都从上京会宁府迁到燕京，使政治重心南移，人口大量向燕京集中，导致东北地区人口更为稀少。有研究者估计，金代从太宗到海陵王时迁入中原的猛安谋克户，约占金国猛安谋克人口 1/2 强。⑥ 除了这 3 次大规模有组织的南迁之外，金世宗大定二十三年（1183）又"遣刑部尚书移剌忆迁山东东路八谋克处之河间"。

由于金国将大批汉人北徙，又将猛安谋克南迁，使得淮河以北人口骤增，户数也较辽宋时期骤增。（见表 3—2）

---

① 脱脱等：《金史》卷七十一《完颜婆卢火传》，中华书局，1975 年，第 1638 页。
② 脱脱等：《金史》卷七十三《完颜宗雄传》，中华书局，1975 年，第 1679 页。
③ 毕沅：《续资治通鉴》卷一百二十三，中华书局，1957 年，第 3269 页。
④ 脱脱等：《金史》卷八《世宗纪》，中华书局，1975 年，第 185 页。
⑤ 脱脱等：《金史》卷七十三《完颜按答海传》，中华书局，1975 年，第 1683—1684 页。
⑥ 张博泉、武玉环：《金代的人口与户籍》，《学习与探索》，1989 年第 2 期。

表 3-2　辽宋金人口比较表

时期 道路	辽宋 户数	金 户数	增加情况 增加户数	增加倍数
上京道	47200	115769	+68569	1.45
东京道	46104	88570	+42466	0.9
南京道	238000	631182	+393182	1.65
西京道	199300	1240057	+709453	3.56
河北东路	667013	1134547	+467534	0.7
河北西路	526604	994793	+468189	0.9

张博泉、武玉环：《金代的人口与户籍》，《学习与探索》，1989 年第 2 期。（西京道原表数据有误，今照录）

　　金中后期城市人口的增加，也与人口的自然增长有直接的关系。通过《金史·食货志》的记载，可以看出金国人口变化趋势。大定初年，全国大概有 300 余万户，大定二十七年（1187），"天下户六百七十八万九千四百四十九，口四千四百七十万五千八十六"。到金章宗泰和间，户数增至 980 多万户，人口增至约 6350 多万。由此我们可以推断，金国人口增长较多较快。除了自然增长和机械增长外，也不可排除户籍制度完善使人口统计数增加的情况。

　　随着总人口的增加，城市人口也相应增加，但金国城市人口的增加具有明显的不平衡性。东北地区虽是金起源之地，在金初人口增加明显，但是随着统治中心的南移，大规模的人口迁徙，加之东北地区气候条件恶劣，使得东北地区人口增加有限。西北地区是经济比较发达的汉族居住区，但原为北宋与西夏交界地区，战争频繁，社会不稳定。金军南下之时，大肆烧杀抢掠，致其地人口流失。加之自然条件不佳，时有灾害。皇统二年（1142），"陕西大旱，饥死者十七八"[1]，西北州县为之一空。人口增加最多的是中原地区的城市。其地土地面积约占金统治区的 1/4，而户数达 6778147 户，相当于金代总户口的 4/5 以上。[2] 中都、河北、河东、山东等地都是人稠地窄。

　　经过不懈的努力，到金世宗、金章宗时期，金国政治经济文化进入全盛时期，城市规模逐渐扩大。考察金章宗时期的城市人口数量，可以看出金国城市规模的发展变化。

　　首先，根据《金史·百官志》中"惟验户口置司吏"，"户万以上设六人，以下为率减之"的记载，以及诸京城司吏的人数[3]，可大致推断出章宗时期中都、上京、东京、北京、西京、南京的城市人口。（见表 3-3）

---

[1] 脱脱等：《金史》卷一百二十八《傅慎微传》，中华书局，1975 年，第 2763 页。
[2] 漆侠：《辽宋西夏金代通史·社会经济卷》，人民出版社，2011 年，721 页。
[3] 脱脱等：《金史》卷五十七《百官志》，中华书局，1975 年，第 1314-1315 页。

表 3-3　金章宗时期诸京城城市人口规模统计表

规模＼诸京	中都	上京	东京	北京	西京	南京
司吏（人）	36	6	8	6	10	10
户数（万户）	6	1	1.6	1	1.8	1.8
人数（万户）	40	6.5	10	6.5	12	12
方圆（里）	37	22	30	30.8	20	50

韩光辉、林玉军、王长松：《宋辽金元建制城市的出现与城市体系的形成》，《历史研究》，2007年第4期。

除中都与五京外，根据《金史·百官志》的记载，也可大致判断出诸府、节镇人口数量。"凡府镇二千户以上则依此置，以下则止设录事一员，不及百户者并省。"[①] 府、镇治所城市，有两千户及以上的城市设录事司，置录事一员、判官一员、司吏六名。如不满二千户，则只置录事一员，不置判官，司吏亦相应减少。不及百户，则不设立这些官职（不及百户在此可能是不及千户）。金代西京路桓州，本设有节镇使和录事司。明昌四年（1193），取消了录事司，明昌七年（1196），设刺史。官吏设置的变化就是因为人口的变化，桓州此时的人口应该不满千户。以此作为依据，我们可以判断金代诸府、节镇城市户口数应多在两千以上，有的可能多达万户。金国诸府、节镇城市，是行政等级体系中的第二级别城市，对于金国而言属于中等城市，是府、镇区域政治、经济、文化、教育的中心，是府、镇行政区域的中心城市，在金国城市体系中起着承上启下的作用。

此外，考察州县城市人口规模，也可以通过官吏的设置进行判断。金国州级城市户口至少在千户以上，"验户口置"的司吏、公使应该为7人。《元史·地理志》中记载：天德二年（1150），金代济州是刺史州，治任城，置司候司，到"至元二年，以户不及千数，并隶任城"，即济州任城因为城市人口不及千户，撤司候司，并入倚郭县任城。由此可见，金元时期州级城市户口也不会少于一千户。

从以上相关记载来看，可以说金中期北方城市的规模都有较大发展，虽不如唐宋，但是我们也要看到，在金国初年人口损失严重的基础上，到金章宗时期城市人口规模还是得到了恢复和发展。

地域规模也是判断城市规模的重要指标。在政治中心城市的虹吸作用下，都城是最先得到发展的城市，其地域规模的扩大也优先于其他城市。北宋大中祥符元年（1008），路振任贺契丹国主生辰使，经过幽州时看到，"幽州幅员二十五里"，"内城幅员五里"，"城中凡二十六坊"。宣和七年（1125，金太宗天会三年）许亢宗任使入金时，看到燕京已经面貌大变，"城周围二十七里，楼壁共四十丈，楼计九百一十座，地堑三重，城开八门"，其规模与辽朝时相比已经大为扩张，不过，这只是金国初年的情况。海陵王完颜亮在位期间，更是动员了大量人力、物力来营建燕

[①] 脱脱等：《金史》卷五十七《百官志》，中华书局，1975年，第1314页。

京新都，新都建成之后，城池规模大幅度扩张，城门扩展到13道之多，中都城的城墙高耸，"周围五千三百二十八丈"①，约17.8公里，毫无疑问是当时金国占地最大的城市。②此外，我们应看到北宋开封经神宗元丰元年（1078）扩建后，文献记载外城"周回五十里一百六十五步"，考古得出的结论是四墙总长达28120米，按正方形计算，面积27.37平方千米，两者大致吻合。两城相比较，我们可以明显发现金中都城的占地面积只有北宋开封城的2/3。所以金国城市在整体规模水平上是没有达到北宋水平的。

金国建立后，强化君主专制中央集权，各级大中小城市的建设也重点体现了君主专制中央集权，其城市的行政等级与城市的规模有着密切的关系，都城、陪都以及路府、州县的层级关系一目了然。在城市建设上，其面积与相关的城墙规格等都有明确的规定。大部分学者都认同辽金城市的规模与等级存在对应关系。李健才认为"辽金州县可分大、中、小三种类型。辽金的京城较大……一般府和属于节镇的州城，其城址的周长除个别外，一般均在8到10里之间……辽代的观察州和金代的防御州，是仅次于节镇的州城，其周长一般为4~6里"③。王永祥、王宏北认为，金国京城以上的古城，周长在15华里以上；8~10华里古城，为路所在地的州城或府城一级的城；5~7华里古城，为路所在地的州城或府城一级的城；5~7华里古城，为观察一级的州城，或府城一级的城；3.5~5华里古城，为县级或猛安一级的城；2~3.5华里古城，为谋克一级的城；0.8~1.5华里古城，为边堡及戍守一级的古城。④依据黑龙江地区金代古城的考古资料来看，金国上京地区城市的空间占地规模可分为以下几个层次：（1）上京城的周长为10公里；（2）路所在地的府州级城市的周长为4~5公里；（3）观察州府级城市的周长为2.5~3.5公里；（4）县级或猛安一级城市的周长为1.75~2.5公里；（5）女真人谋克一级城市的周长为1~1.75公里；（6）边堡及戍守级的城镇周长为0.4~0.75公里。⑤

二、城市内部结构的变化

在古代中国，城市或"城"都被高耸的城墙所包围，城墙一般呈四边形或矩形。从这样的城市形态衍生出来的是城市内部格局多呈棋盘状或"井"字状，城市居民区（坊、胡同）很自然地也呈四边形或矩形分布。城墙和四周的战壕、城门、城楼、街道、各个坊的布局、主要建筑物以及宗教设施都呈现出四边形的特征，可

---

① 林福临、王廷柱、邢丛罗：《北京市宣武区志》，北京出版社，2004年，第26页。
② 韩光辉、林玉军、王长松：《宋辽金元建制城市的出现与城市体系的形成》，《历史研究》，2007年第4期。
③ 李健才：《东北地区金代古城的调查研究》，孙进己等：《中国考古集成·东北卷·金（一）》，北京出版社，1997年，第1—2页。
④ 王永祥、王宏北：《黑龙江金代古城述略》，孙进己等：《中国考古集成·东北卷·金（二）》，北京出版社，1997年，第866页。
⑤ 王禹浪：《黑龙江地区金代古城分布述略》，《哈尔滨学院学报》，2009年第10期。

谓是中国式城市（都市）的特征。金虽是少数民族政权，但这种中国式城市建造思想也影响着其统治者。加之金国城市大部分继承于辽、宋，自己兴建的城市少，即使有也多模仿北宋城市。所以金国城市的总体设计思想还是面朝后市、左祖右社，街道呈棋盘状或"井"字状，外观呈四边形或矩形，内部结构变化较少，但其内部结构仍然展现出不少金的民族特色。

（一）空间结构的变化

古代中国城市居民除统治者外，大体上分为士、农、工、商。阶层的划分对城市空间结构也产生了直接影响。在城市内部结构中，依据古代都市典型结构的设计，官绅区与工商区并存，官绅区往往处于城市的中心。

金中都大城中部略偏西为皇城，皇城为官署区和贵族居住区。城北是中都的传统商业区，在唐朝时就已形成，被称为"幽州市"。这个市场约以檀州街为中心，到辽代南京时期，城北仍旧是规模很大的市场，这里集中了来自各地的水陆百货。

贞元元年（1153）完颜亮迁都中都，并下令"以都城隙地赐随朝大小职官及护驾军"，并"各征钱有差"[①]。即在都城空地大小官员都可以设市征税，说明此时中都城内的市场已经不是固定在城北一处，而是到处都可以设，市场受到的限制小，数量和规模得以扩大。

金中都内新辟的市场之一，位于城内东南部的东开阳坊之东天宝宫处，"三灵侯庙在南城天宝宫近西街南大巷……南旧市之南"[②]。但中都最大的市场是中都城内北部的大悲阁，大悲阁在檀州街西部之北约1里之处，其地在太极宫之南。檀州街自唐、辽时即为城内市场所在地，横贯于城北，为东西向之大街，其西部之北1里处仍为"旧市"（指辽金时的市场），可见中都城北部之市的范围很广。

金世宗完颜雍在位时重视民生，注意发展经济。大定二十一年二月，"以元妃李氏之丧，致祭兴德宫。过市肆不闻乐声，谓宰臣曰：'岂以妃故禁之耶。细民日作而食，若禁之是废其生计也，其勿禁。朕前将诣兴德宫，有司请由蓟门，朕恐妨市民生业，特从他道。顾见街衢门肆，或有毁撤，障以帘箔，何必尔也，自今勿复撤毁。'"[③] 兴德宫在崇智门内，施仁、彰义门间的东西向大街之北。金世宗如从宫城去兴德宫，就必须经过这条大街。世宗经过街市时，"不闻乐声"，是"以妃故禁"，我们可以推测该街市原来充满乐声，可能是剧曲演出的场合。说明这条街虽然在宫城旁边，但仍然是工商业区和集市，此外还有歌舞演唱等表演。说明中都商业十分繁荣，同时商业区与官绅区已经没有严格的限制了。

---

① 脱脱等：《金史》卷四十六《食货志》，中华书局，1975年，第1109页。
② 熊梦祥：《析津志辑佚》，北京古籍出版社，1983年，第58页。
③ 脱脱等：《金史》卷八《世宗本纪》，中华书局，1975年，第180页。

（二）厢坊制的发展

从西周到唐代，统治者将城市住宅区（坊）和商业区（市）严格分开。坊和市都有围墙和坊门或市门，门由专人管理，按时启闭。各种商品交易只能在市内进行，市场店铺依次排列，官府安排专人管理，对交易的商品有限制。但随着商品经济的发展，唐中期，一些城市的坊市开始发生变化，封闭式的坊逐渐向开放式的坊演变。宋朝建立后，坊市制彻底解体，居民区与商业区交错混置，已是普遍现象。经过宋代的"城市革命"，其城市厢坊制的管理制度与唐代的城市管理制度已经截然不同，城市内部结构发生了很大的变化。中国古代城市虽然通常以宫城、衙署为核心，唐末五代至宋代，随着商品经济的发展，封闭的坊市制逐渐解体，城市经济、文化功能也在逐渐增强，坊市制转变为厢坊制是经济发展的结果，具有不可抗拒性。金虽然是少数民族政权，但在城市的功能分区上还是很大程度继承了以前城市的格局。所以金国城市内部结构延续了厢坊制，并对其不断完善。

以中都为例，中都城营建时，承辽旧址，保留了原来的坊墙和坊市格局。海陵王完颜亮迁都后，打破坊市格局，新城不建坊墙，主要以街巷相隔，形成民宅与坐商相间的格局，但新城仍称"坊"。[①]《元统一志》载：中都有62坊，城内坊里划分整齐，东有20坊，西有40坊。见于文献记载的有富义坊、奉仙坊等。此外如归义寺在今广安门北，当属和时坊，天王寺即今天宁寺，当属延庆坊；菜市口曾掘得石函，为仙露坊；西便门大街为昊天寺址，为棠荫坊；笔管胡同旧有竹林寺，为显忠坊；紫金寺故址为北开远坊，白云观为会仙坊；今南横街东为玉田坊。但此时的坊不再是封闭式的，而是开放式，街道成为重要的公共空间。中都之街，干线以城门之名命名，如彰义门街、清怡门街、光泰门街、丰宜门北街等。有个别街以自身与古迹、建筑物的相对位置命名，如蓟门北街、披云楼东街。坊的周围及坊内也有街和巷，如"严胜寺在南城金台坊西街北"，故名为金台坊西街。另外，中都主干道上也有巷。

由此可知，中都的城市内部仍然行厢坊制，共62坊。中都城内除各城门内的大道之外，还有以建筑物命名的街，即街已不局限于坊间或坊内；有的巷直通主干道，也不限于在某坊内。这些都说明中都有的坊界已消失，当然有的还存在。

金国城市的宗教文化功能较前代有所变化。女真人多信佛，故城市中所建佛寺甚多。"都城之内，招提兰若如棋布星列，无虑数百，其大者三十有六焉"[②]。北城为皇城，多建衙署，而作为生活区的南城，则多建佛教寺庙，其中储庆寺、光林寺最为著名。皇城与庙城的功能加在一起，使金国京城的政教功能十分突出。

[①] 秦大树先生的《宋元明考古》和于杰、于光度先生的《金中都》都有对这种格局的描述。秦大树：《宋元明考古》，文物出版社，2004年；于杰、于光度：《金中都》，北京出版社，1989年。

[②] 于杰：《北京史资料长编·辽金部分》，北京燕山出版社，1986年，第78—79页。

三、城市形制与景观的变化

金国初期，由于各种制度多承辽制，对辽朝的城址和各类基础设施也继续沿用，在城市的形制、墓葬的结构、寺院的布局和一些日常器物等很多方面几乎与辽晚期一样。海陵王完颜亮南迁中都以后，金国把统治中心移往中原地区，女真人出现较大的汉化趋向，其城市形制和景观在很多方面则与北宋中晚期相似。

（一）城市形制的变化

金国所在地区在唐代有不少为唐朝的管辖之地，因而这些地方的城市外部形态与中原传统城市类似，多为正方形和长方形，个别为圆形。在一些地区，受到地形的影响，也出现了不规则的城市外部形态。这类古城因受地形影响较大，属于因地貌特征而修筑的城市。一般来说，这类城市都修建在丘陵地区。如沿着不规则的地势修筑城市的城墙，就容易形成不圆不方起伏不定的无规则的城市外部形态。金国城市的形制也存在有类似于中原子城、罗城关系的内外重城者，但数量较少。如金代的伊哈拉古城，内城的东、南两城城墙与外城的东南两城的城墙大部分重合。[①] 这种城市往往因沿用原唐代城址而保存了旧的形制。另外还有梯形古城。此类古城一般都在江河湖畔或丘陵地区的大斜坡上。另有带腰垣的古城，这类古城并不多见，仅有金上京城和今哈尔滨市呼兰区孟家镇团山子古城。这类古城的正中往往复设一道城墙，将古城一分为二，所以其被称为带腰垣的城市。另外还有并蒂莲城，考古工作者在今黑龙江省双城县跃进乡就发现有两座古城，周长1000米，呈正方形，间距有20米，如同并蒂莲状。

金代较为典型的城市形制是双城制或多城制，这与辽国城市形制有关系。辽金时期的地方城市特别是在边境上的城很多都由一个大城和一个或者几个距离大城不远的小城构成，成拱卫之势，这种城市外部形态在中原地区是少见的，其修建可能主要是出于军事防御的考虑。诸如辽金时期的光明古城，大城居东，周长800米，城东250米处有一周长228米的小城。[②] 金代的吐列毛杜古城，由东西两座城构成，西城较大，东城较小。中兴古城，东、西、南三面原各有一小城，鼎足环列。[③] 金山县址是由相距150米的双城构成的。[④]

[①] 李孝聪：《历史城市地理》，山东教育出版社，2007年，第296页。
[②] 吉林省文物考古研究所：《内蒙古科右前旗、突泉县辽金城址调查》，孙进己等：《中国考古集成·东北卷·辽（二）》，北京出版社，1997年，第834页。
[③] 马汉英、王成彦：《绥滨县奥里米古城、中兴古城、同仁原始社会遗址调查简报》，孙进己等：《中国考古集成·东北卷·金》，北京出版社，1997年，第1202页。
[④] 吉林省文物考古研究所：《内蒙古科右前旗、突泉县辽金城址调查》，孙进己等：《中国考古集成·东北卷·辽（二）》，北京出版社，1997年，第832页。

（二）街道、民居、园林、桥梁等城市景观的变化

从秦汉至宋，中国北方城市的街道形制多为棋盘状或"井"字状。金国城市的街道布局也沿用辽宋时期的形制，如金国统治下的开封城的街道形制与前朝基本相同。《金史·地理志》注文中记载："南外门（外城南）曰南薰，南薰北新城门曰丰宜，桥曰龙津桥，北门曰丹凤，其门三。丹凤北曰舟（州）桥，桥少北曰文武楼，遵御路而北横街也。"① 以上记载的是从外城南面的南薰门出发，向北走经过子城南门的丰宜门，再过蔡河上的龙津桥，最后穿过内城南墙的丹凤门（宋朱雀门）和舟桥（州桥）的道，这是一条通往金国皇宫南门承天门的南北向大道。这条大道曾是北宋东京城的御街，金国占据开封后，对该街道进行了重建，此道仍然是城中最主要的道路，也就成为城市的中轴线。除这条南北通衢外，金开封城内还有几条主要的道路，如通往郑门、宋门、曹门、封丘门等门的道路，这几条道路也是北宋开封城中的几条主要道路的延续。另外，中都大城内的道路呈方格"井"字形，有东西、南北横纵的大街6条，其中南北中轴线上的大街称御街，笔直宽阔。

宋以后，坊市制解体，因而金国建立厢坊制已是大势所趋。金代的城市民居也普遍在临街的位置开辟店铺，或自己做生意，或把铺面租出去，商品交易活动已不局限于市场。

金国建筑至今保存较为完整的是净土寺，关于金国城市建筑的形制或许我们可以通过净土寺窥见一二。山西北部的净土寺是金国兴建的一处规模比较大的寺院，位于今山西省应县城东北隅，俗称"北寺"，建于金天会二年（1124）。该寺建筑规模宏大、极具金时特色，然而1969年其绝大部分建筑被拆除，现仅存大雄宝殿为金国原建筑。大雄宝殿为全寺主殿，平面略呈方形，长15米，宽12米，深、广各3间，单檐歇山顶，殿顶用筒、板瓦覆盖，檐头镶有绿色琉璃。檐下斗拱四铺作，出琴面昂，角柱有显著的侧脚升起。大殿天花、藻井及天宫楼阁的混金作法，是金国建筑特有的装饰手法。整个天花、藻井的构图繁复，反映了金室内装饰绚丽多彩的时代特点。

金中都城内流行建设园林，除皇家园林外，还有贵族、官僚、地主等的私家园林。如赵秉文所作《遂初园》描写的是他游遂初园的情景，此外其还作有《南园》，"堑水垣城断往来，青林路转欵幽关。百年树腹通人过，四月花枝对酒闲。逸马风牛春雨草，荒天老地夕阳山。金丸逐胜非吾事，心在归鸿天地间"②。从诗中可知南园邻城墙，北抵皇城，截断了城中通道。

桥梁也是金国城市中可经常看到的建筑。金国在桥梁建筑方面取得了卓越的成就，其中现在保存较完好、堪称桥梁中的佳作的有辽宁省天盛号石拱桥和北京卢沟桥，两座均为石拱桥，可作研究金国桥梁的实物资料。

---

① 脱脱等：《金史》卷二十五《地理志六》，中华书局，1975年，第587页。
② 阎凤梧、康金声：《全辽金诗·全金诗·赵秉文·南园》，山西古籍出版社，1999年，第1362页。

位于今辽宁省凌源市天盛号村的辽宁天盛号石拱桥，是1977年当地人在平整土地时发现的。天盛号石拱桥横跨古河床，因此此桥应为当时交通路线上的实用桥。此桥是上下都呈拱形的单孔石拱桥，为中国北方少有，其结构为五柱头、四栏板，桥孔正中嵌有一块建桥志石："维大定十年岁次庚寅五月辛亥为朔已卯日，龙山县西五十里地狗河川孙家庄刘百通亲笔记。非百通独立而成，赖二刘同心而建。二刘者刘五刘海。"[①] 由此可知，该桥建于大定十年（1170），由刘百通、刘五、刘海3人合作完成，属民间所建之桥。

卢沟桥位于今北京市西南13公里宛平县城西门外，始建于金大定二十九（1189），成于明昌三年（1192）。桥全长212.2米，是华北最长的古代联拱石桥，为我国桥梁建筑史上不可多得的杰作。全桥有11孔，桥型优美，桥全身为石料铺砌，桥面两侧的石栏头上刻有石狮，雕饰工巧，姿态各异，或蹲，或伏，或大扶小，或小抱大，头数众多，民间有"卢沟桥的狮子——数不清"的歇后语。石桥建成后，不仅便利了交通，而且成为京城的一大景观，自金国起，"卢沟晓月"就成为一大名胜，清代被乾隆列为"燕京八景"之一。赵秉文的《卢沟》诗曰："落日卢沟桥上柳。"

金国的建桥技术较前代有较大进步，桥梁形式多样，在我国桥梁史上具有重要意义。金国桥梁众多，在不少城市中与以上两例类似的石桥随处可见，其只是当时桥梁的代表。

[①] 于德、聂斌程、于艳天：《凌水龙源》，辽宁人民出版社，2013年，第71页。

第四章 金国城市管理

与辽朝相比，金国城市的行政和市政管理有其特殊性。金国在不同等级的城市设置有不同的城市管理机构及官员，初步形成了自身的城市管理体系。但由于金国是少数民族政权，在市政管理中又始终运行着两套系统，这也成为金国城市管理的重要特征。

第一节 城市户籍和赋役管理

金国由于是一个由相对落后的少数民族贵族集团统治以汉民族为主体的国家，其户籍制度明显带有保护少数民族贵族的特点，其赋役制度也反映出两个特点：一是由于在相当长的时间内同时存在着封建土地所有制和奴隶主土地占有制，金国出现了两种并行的田赋制；二是以汉族为主的被统治的各族人民负担着沉重的赋役。金统治者曾明确宣布："凡户隶县者与隶猛安谋克，其输纳高下，又各不同。"猛安谋克户因自身为统治民族，享有特权且赋轻，而户隶州县的大多数被统治的汉人则负担较重。

一、城市户籍管理

金国极为重视户籍的归属和户籍的管理。《金史·食货志》对人口和户籍的记载也较为丰富。《金史·食货志》中概括金代的户口类别曰："其为户有数等，有课役户、不课役户、本户、杂户、正户、监户、官户、奴婢户、二税户。"[1] 但是这种划分不方便讨论城市户口，为了方便讨论城市户口，笔者根据金户口管理制度和现有的统计资料，将金代城市户口划分为京府州县户口、猛安谋克户口、宗室将军户口、监户与官户。

（一）京府州县户口

按金制，京师、府、州、县城市中以坊为基本管理单位，"京府州县郭下置坊

---

[1] 脱脱等：《金史》卷四十六《食货志一》，中华书局，1975年，第1025页。

正。村社则随户众寡为乡置里正,以按比户口,催督赋役,劝课农桑"①。"凡户口计帐,三年一籍。"乡村设里正管理户口,城市设坊正管理户口,3年一次检括。里正、坊正将人口统计数据呈报县、州,再报上司(府),最终到部呈省。② 在城市中由此形成了"坊正——县——州——上司——户部——尚书省"一整套人口统计系统。说明金国加强了城市户口的管理,城市职能完善。同时,金廷在不同等级城市中还设有警巡院、录事司、司候司,它们除了管理城市治安外,还肩负着管理城市户口的责任。比如中都城的城市户口就由警巡院下的司吏管理和统计。京官必须占籍京城,与庶民一样为国家户口统计的对象。

(二)猛安谋克户口

猛安谋克户口是一种军事户口。猛安谋克是金国以女真人为主的军事行政组织,是对女真人进行军事编制和户口管理的基本单位。进入中原之后,金统治者将大量的猛安谋克军户迁移到中原汉地,猛安谋克户是金国城市户口中重要的组成部分。而且这些女真人拥有大量奴婢,根据金"通检推排"③制,这些奴婢户口也为猛安谋克户口的一部分,猛安谋克对之负有管理编审责任。大定二十三年(1183),通检推排的结果:"猛安二百二,谋克千八百七十八,户六十一万五千六百二十四,口六百一十五万八千六百三十六(内正口四百八十一万二千六百六十九,奴婢口一百三十四万五千九百六十七)。"④ 说明猛安谋克户口中有大批奴婢户口,奴婢户口不属于独立户口。

(三)宗室将军户口

女真贵族是城市人口重要的组成部分,宗室将军户口是女真贵族户口,其不属州县,也不属于猛安谋克,被作为单独的户籍来管理,属于大宗正府。⑤ 金世宗即位初,其户百二十。而至大定二十三年(1183),"在都宗室将军司,户一百七十,口二万八千七百九十(内正口九百八十二,奴婢口二万七千八百八)"⑥。

(四)监户与官户

《金史·食货志》载:"凡没入官良人,隶宫籍监为监户,没入官奴婢,隶太府监为官户。"宫籍监设有提点官,主要"掌内外监户,及地土钱帛小大差发"⑦,是

---

① 脱脱等:《金史》卷四十六《食货志一》,中华书局,1975 年,第 1031 页。
② 脱脱等:《金史》卷四十六《食货志一》,中华书局,1975 年,第 1032 页。
③ "通检推排"是金代清查人户的人口、驱奴、土地、车马、资财,核定其财产总额的制度。政府据以征收物力钱(财产税),并排定户等,征发差役。这一制度的实行,虽不免有官吏苛增物力,做为害百姓的事,但对均平赋役有一定的积极作用。
④ 脱脱等:《金史》卷四十六《食货志一》,中华书局,1975 年,第 1034 页。
⑤ 脱脱等:《金史》卷五十五《百官志一》,中华书局,1975 年,第 1240 页。
⑥ 脱脱等:《金史》卷四十六《食货志一》,中华书局,1975 年,第 1034 页。
⑦ 脱脱等:《金史》卷五十六《百官志二》,中华书局,1975 年,第 1254 页。

直接为金国皇帝服务的机构,监户也就是皇帝的奴婢户。大定十七年(1177),金世宗就下诏曰:"海陵时,大臣无辜被戮家属籍没者,并释为良。"① 这说明监户还可被释放为良。又据《金史·百官志》,掌出纳邦国财用钱谷之事的太府监,所属有典给署,设署令,"掌宫中所用薪炭冰烛,并管官户"。由此可以看出,官户也是为金代皇帝直接服务的奴婢。按《金史·曹望之传》,大定初,运河淤塞,"尚书省奏当用夫役数万人",世宗曰:"方春耕作,不可劳民。以宫籍监户及摘东宫、诸王人从充役,若不足即以五百里内军夫补之。"② 在一定的情况下,监户还要参与治理运河的工程,从这也可以看出当时监户户口不少。总的说来,监户与官户主要服务于皇帝,这些人为皇宫的正常运行而劳作着,有时也会有其他的任务,其户口数不少,应该是城市户口的重要组成部分。

二、城市赋役管理

女真族是一个经济和社会相对落后的民族,保留了大量奴隶制残余,其赋役制度在相当长的时间里保留了封建土地所有制和奴隶主土地所有制两种所有制下的赋役制度。同时,以汉族为主的被统治者的赋役负担明显比猛安谋克户沉重。金国的赋役可细分为牛头税、两税、地租等;③ 除牛头税、两税、地租之外,城里人和乡村人都要承担的赋役有物力钱、课税杂役等。

(一) 物力钱

物力钱是金国征收最广泛的税种,是每一个人都需要承担的,也是城市人口负担的主要税种之一。其特点表现在以下3方面:第一,物力钱即资产税,就是对所有固定资产征税。"计民田园、邸舍、车乘、牧畜、种植之资、藏镪之数,征钱有差,谓之物力钱。"④ 以上资料表明物力钱征收的范围广泛,商人在城市中经商所用"邸舍"即旅舍等也在征税范围内,但"凡民之物力,所居之宅不预",即居民的自用住宅不在物力钱征税范围之内。此外,"猛安谋克户、监户、管户所居","除官所拨赐之外,余凡置到百姓有税田宅,皆在通检之数"⑤。上述3种人户的田宅,除官府赐者,其余自行购置的田宅都在物力钱征税范围之内。墓田、学田的物力钱则全免。第二,按资产多少来收税。"遇差科,必按版籍,先及富者,势均则以丁多寡定甲乙。有横科,则视物力,循大至小均科。其或不可分摘者,率以次户

---

① 脱脱等:《金史》卷七《世宗纪》,中华书局,1975年,第166页。
② 脱脱等:《金史》卷九十二《曹望之传》,中华书局,1975年,第2036—2037页。
③ 牛头税,即牛头税,猛安谋克部女真户所输之税。两税,金国中原地区汉、契丹等族的地主、自耕农向国家所纳之地税,以土地私有制为基础。地租,金制为"官地输租",即民种官田而向国家交纳的地租。
④ 脱脱等:《金史》卷四十七《食货志二》,中华书局,1975年,第1056页。
⑤ 脱脱等:《金史》卷四十七《食货志二》,中华书局,1975年,第1037页。

济之。"① 说明金国按贫富征收物力钱，而奴婢是衡量贫富及户等的重要标准，所以奴婢也被纳入征课项目；金国还以人丁多寡、富贵轻重来定物力钱多少。第三，征税的对象涉及各个阶层，"物力之征，上自公卿大夫，下逮民庶，无苟免者"②，征课对象非常广泛，上到公卿大夫，下至百姓庶民，都无一豁免。可以说除了皇室之外，全国上下各类居民皆为其征收对象。

（二）商税

商税即政府对商人贩卖商品所征的税。建国前，金就开始了商税的征收。金太祖天辅四年（1120），在渤海、辽阳等地"置榷管库"，开始对往来商旅征收商税。天会十年（1132），金政府在黄龙府设立钱帛司征税。

金国征收商税的机构称院务。明昌元年（1190）正月，"敕尚书省，定院务课商税额"。"明昌五年，陈言者乞复旧置坊场，上不许，惟许增置院务，诏尚书省参酌定制，遂拟辽东、北京依旧许人分辨，中都等十一路差官按视，量添设院务与二十三处，自今岁九月一日立界，制可。"③ 说明金在经济发达、交易频繁的地方都置有院务征商税，院务设置范围广反映出了金经济的恢复与发展。

盐是金商业交易中的大宗商品，也是金税收的主要来源，所以金为"掌干盐利以佐国用"而在全国产盐区设了7个盐使司。另外，还设立了征收酒税的机构，为"掌监知人户酝造曲蘖，办课以佐国用"，在中都设都曲使司，在其他各路设酒使司；为检查偷税漏税，"从实办课"，"巡察匿税"，设有中都都商税务司；为"掌关房地基，征收官钱"，设置了中都店宅务、南京店宅务，等等。

随着商业的发展和繁荣，商税成为金国财政收入的重要来源。金世宗于大定二年（1162）制定了"院务创亏及攻酬格"，按税课的增亏来决定相关官吏的升迁和奖惩。为鼓励商人、方便通商，金廷又采取了一些宽松政策和减免税收的措施。大定二年（1162），"罢诸路关税，止令讥察"。大定三年（1163），减免山东西路"坊场河渡"所欠的税额。大定二十九年（1189），"户部言天下河泊已许与民同利，其七处设官可罢之，委所属禁豪强毋得擅其利"，减轻了行商的纳税负担，以利于商品流通。为防止地方豪强与官府勾结侵夺国家税利，明昌二年（1191），皇帝"谕提刑司，禁势力家不得固山泽之利"。金世宗、章宗也几次下诏减免南京等城市商人租赁"官房及地基钱"。金章宗初年，又定"院务课商税额"，"比旧减九十四万一千余贯"，这里的"旧"指何时已不可考，但国家减征了大量商税则是肯定的。轻税、开放政策和正确的货币政策，推动了商业的发展，活跃了城镇市场，国家税收非但没有减少，反而有所增加。以中都为例，"大定间，中都税使司岁获十六万四千四百四十余贯，承安元年，岁获二十一万四千五百七十九贯"。十几年间，中

---

① 脱脱等：《金史》卷四十七《食货志二》，中华书局，1975年，第1056页。
② 脱脱等：《金史》卷四十七《食货志二》，中华书局，1975年，第1028页。
③ 脱脱等：《金史》卷四十九《食货志四》，中华书局，1975年，第1110页。

都的商税增加了5万余贯。

根据地点的不同，金商税又可分为普通商税和榷货之税。金与南宋交界之地的榷场贸易繁荣，加之有辽宋官榷制度的前例，故金也实施了官榷制度。

除此之外，金还有各种商税、城郭出赁房税、地基税、金银之税等。

（三）役

金之役法，从广义角度来说，包括职役、兵役、力役3项。这3项役是城市人口和乡村人口都需要承担的役。

1. 职役

职役主要是担任坊正、里正、主首之役。城市中主要置坊正，乡村主要置里正，他们是城市、乡村最基层的小吏，其主要职责都是"按比户口，催督赋役，劝课农桑"[1]。"二年一更代"。坊正、里正、主首、寨使、壮丁均属职役。"富户均出雇钱"，"募强干有抵保者充"。所谓"强干有抵保者"，并非一贫如洗，而是指有一定资产且在籍的身强力壮者，富户只出雇钱，并不直接应役。在猛安谋克部的村寨，50户以上设寨使一人，职责与主首相同。此外，"令百姓五家为保"，相互监督。

2. 兵役

金国的兵役，称为签军。按金户籍制度，男子"十七为丁"[2]，比唐宋之制提早了三四岁，男子未成年即被签军，这是一种黩武精神的体现。"金人民兵之法有二：一曰家户军，以家产高下定之。二曰人丁军，以丁数多寡定之。"[3] 就是说金国有按人户资产和人丁两种标准而定的签军，这一制度实际上是把有物力负担的课役户和无物力负担的不课役户都纳入"民兵"之列，他们还要自备衣粮。这种兵役增强了金军的战斗能力。

女真族建立政权初期，一直实行全民兵役制。这也就意味着不管是城里人还农村人只要年满17，皆要服兵役。"金之初年，诸部之民无它徭役，壮者皆兵，平居则听以佃渔射猎习为劳事，有警则下令部内，及遣使诣诸孛堇征兵，凡步骑之仗糗皆取备焉。"[4]

女真人乃特权阶级，承担主要兵役，充当金军主力的骑兵，而汉族等被统治民族的人民也要承担兵役。特别是在金国前期，汉族等男丁被强制剃头辫发，主要充当步兵，是金军中的低等群体。

3. 力役

金代的力役相当繁重，如以牛递运的牛夫役，防堵黄河决口之塞河劳役，每年数次为皇帝出猎服务的各种杂役，为诸王府兴建宫殿庭园之役等等，不一而足。大

---

[1] 脱脱等：《金史》卷四十六《食货志一》，中华书局，1975年，第1031页。
[2] 脱脱等：《金史》卷四十六《食货志一》，中华书局，1975年，第1031页。
[3] 李心传：《建炎以来系年要录》卷九，中华书局，1988年，第212—213页。
[4] 脱脱等：《金史》卷四十四《兵制》，中华书局，1975年，第992页。

的力役项目使用的人夫有多至千、万乃至几十万人者。大体来看，金初、金末力役较重，世宗、章宗两朝稍轻。

（四）通检推排

"通检，即周礼大司徒三年一大比，各登其乡之众寡、六畜、车辇，辨物行征之制也。"① 可知通检是调查民户资产，核定其总额，据以征收物力钱及征发差役的制度。"金自国初占籍之后，至大定四年，承正隆师旅之余，民之贫富变更，赋役不均。"金世宗下诏："粤自国初，有司常行大比，于今四十年矣。正隆时，兵役并兴，调发无度，富者今贫不能自存，版籍所无者今为富室而犹幸免。"②

从金熙宗朝到海陵王时期，女真统治阶级内部斗争激烈。奴隶主贵族家族有的衰败，但他们还拥有大量的奴隶，根据旧例无须纳税，新兴的女真贵族大肆兼并土地，侵渔民利，或经商营运，成为社会上新的富有者，但由于他们未登版籍，也无须纳税。这些新强旧贵绝不会主动地履行其纳税义务，故而金世宗要求将奴隶计入征税依据时，皇戚重臣坚决反对，最后金世宗下令以中都路为范，经行通检推排。这一政策迫使不少奴隶主为规避缴纳物力钱而出卖奴婢或准许赎奴为良，在客观上加速了奴隶制的解体和向封建制的转化。金世宗大力推行通检推排，其主观上是为"均赋税""革前弊"，但结果却是加重了统治阶级对人民的掠夺。

第二节　城市消防与医疗卫生

我国古代城市空间和管理的巨大转折完成于宋代。那时，在城市中行市与街市相结合的结构逐步代替了原来封闭的"市"，商业区和居住区相分离的传统结构逐渐改变。商业区和居住区交错存在，连成一片，居民比较多的小巷可以直通大街，形成大街通小巷的交通网络，旧有的封闭式坊里结构彻底解体。但是，大街小巷的畅通结构也为城市消防和医疗卫生管理带来了考验。

一、城市消防

古代中国城市的建筑材料主要是木材，而木材最怕火，所以防火是古代中国城市管理的重要内容。依据现有史料，金代的城市消防还是以提高人们的防火意识为主，具体的救火措施较少，且比较落后。

关于失火，最早的记载见于《金史·世祖纪》。"景祖时，斡勒部人盃乃来属，

---

① 脱脱等：《金史》卷四十六《食货志一》，中华书局，1975年，第1037页。
② 脱脱等：《金史》卷四十六《食货志一》，中华书局，1975年，第1037页。

及是，有他志。会其家失火，因以纵火诬欢都，世祖征偿如约。"① 说明金在建国前，就有对故意纵火者实施惩罚的制度。

金国建立后，采取了一些措施来防止城市火灾的发生，并逐渐形成了城市消防体制。首先，制定了相关法律。兴定二年（1218），制定了京师失火法。②《泰和律》中也规定了对纵火者的严厉处罚：烧官府廨舍与私家之宅舍或财务者，以强盗法计赃论罪。如其结果涉及人身者，以故意杀伤法论。③ 世宗时，有宫女称心于大定二年在宫中放火，延烧太和、神龙殿。世宗命近臣迹火之所发，后称心等参与者咸伏诛。④

其次，行政长官负有防火的责任。贞元三年（1155），南京宫殿失火，海陵王就火灾事故责任做出明确指示："留守冯长宁、都转运使左瀛各杖一百，除名。（郭）安国及留守判官大良顺各杖八十，削三官。火起处勾当官南京兵马都指挥使吴濬杖一百五十，除名。失火位押宿兵吏十三人并斩。"其还下旨："朕非以宫阙壮丽也。自即位以来，欲巡省河南，汝等不知防慎，致外方奸细，烧延殆尽。本欲处尔等死罪，特以旧人宽贷之。押宿人兵法当处死，疑此辈容隐奸细，故皆斩也。"⑤ 在金代，有不少官员因不慎致失火或防火不力而受到责罚。皇统年间，南京路转运使程辉，因宫殿失火被降为磁州刺史。⑥ 贞祐年间，知武宁军节度使纥石烈鹤寿，外出狩猎，不下心点燃了火，致火灾蔓延，被杖一百，降为同知河平军节度使事。⑦ 如果文书档案库及仓库等重要地点着火，金政府甚至会追究有关部门的负责人。皇统年间，"少监刘景前为监丞时，太府监失火，案牍尽焚毁，数月方取诸司簿帐补之，监吏坐是稽缓，当得罪。景为吏，倒署年月"⑧。后事发，涉案人等或被诛杀，或被决杖，由此可看出金政府对纵火者与责任人的追究力度很大。

最后，关于金代的救火措施。从金代的史料看，很难发现金的具体救火措施。大安二年，"京师民周修武宅前渠内火出，高二尺，焚其板桥。又旬日，大悲阁幡竿下石隙中火出，高二三尺，人近之即灭，凡十余日。自是都城连夜燔爇二三十处……三月戊午，大悲阁灾，延烧万余家，火五日不绝"⑨。此处都城应是中都，中都是金最发达的城市，然而火灾竟可连烧5日，导致损失巨大，祸延万家。中都的消防措施尚且如此，更不必说其他地方了。与之相比，北宋开封就已建立了一定的消防措施。比如成立警卫站，在城中设有若干水塔，还备有一些简单的消防器材

---

① 脱脱等：《金史》卷一《世祖纪》，中华书局，1975年，第9页。
② 脱脱等：《金史》卷十五《宣宗纪中》，中华书局，1975年，第341页。
③ 叶潜昭：《金律之研究》，台湾商务印书馆，1972年，第188页。
④ 脱脱等：《金史》卷八十四《耨盌温敦思忠传》，中华书局，1975年，第1884页。
⑤ 脱脱等：《金史》卷八十二《郭药师传》，中华书局，1975年，1834—1835页。
⑥ 脱脱等：《金史》卷九十五《程辉传》，中华书局，1975年，第2110页。
⑦ 脱脱等：《金史》卷一百二十二《纥石烈鹤寿传》，中华书局，1975年，第2668页。
⑧ 脱脱等：《金史》卷七十六《完颜宗本传》，中华书局，1975年，第1733—1734页。
⑨ 脱脱等：《金史》卷二十三《五行志》，中华书局，1975年，第541页。

（刀斧、水桶等等）。① 金对这些措施可能多少都会继承一点。

总的来说，金代消防体制不够完善，虽然火灾后的相关惩罚力度很大，但消防措施很少。金人对火灾有很浓厚的迷信思想，把火灾看作上天的惩罚，所以火灾常常被记录在《五行志》中。

二、城市医疗卫生

金代是一个特殊的时代，战乱不断，瘟疫盛行。正如《金史·哀宗纪》所载，金末哀宗正大九年（1232）三月，中京陷落。各地难民涌入汴京，致暴发瘟疫。"都人不受病者万无一二，既而死者继踵不绝。"至五月间，在50天的时间里，经各城门运出的死尸竟多达90多万具。时人写道："白骨更比青城多，遗民独向王孙泣。"②

从这段资料可见瘟疫在当时多么可怕，不费吹灰之力，随时可以毁灭一座城市，这也凸显了一个城市中医疗卫生的重要性。因此金国较为重视对医生的培养和对药物的管理，设有专职药政机构尚药局，掌进汤药茶果；设有惠民司，"草修合发卖汤药"；另外还有太医院，掌诸医药，总判院事；有御药院，掌进御汤药。政府在地方设有专门的医学学校，学校设有医学几十科，每月都会对学生进行考核，然后根据其表现优劣加以惩劝。金廷3年考核太医一次。

唐宋以来，方士多以长生、房中之术惑众，所以用药不外丹砂、硫黄、阳起之类。当时一些士大夫为穷其私欲，不惜朝夕服饵，驯致金石煤烈之品，久而化热，呆滞于中，虽虚寒之体也成实热之症。加上世俗庸医，专尚麻、桂、巴豆等辛热之流，遗毒尤甚。金国官方药局为纠正这种错误，提倡和发展主凉泻之法。此外，官方药局还会印行标准药方，官医请医检方，严格按方用药。为了抑制药价上涨，金廷大力宣传古方不能治今病，要另创方剂。张元素（1151—1234）就在《洁古珍珠囊》中提出"古方今病，不相能也"的著名口号。而且当时还存在不容易找到药物或病患者买不起药的情况，故而金廷大力提倡针灸，针灸既可以节省药物，还能立见功效，并培养出了像安汉卿这样的有成就的针灸学家。

金代医学在中国医学史上占据着极其重要的地位，这是一个名家辈出的时代。有成就、有影响的如马丹阳、刘完素、成无己、张子和、李杲、安汉卿、张元素等。其中刘完素、张子和、李杲及元代名医朱震亨，世称"金元四大家"。

另外，"金上京城内还出土了大批用来铺砌下水道的长条花岗石"③。中国古代人很早就开始注意生活用水的卫生问题，金上京是金人建立的新的城市，也铺设了下水道，说明其不但注意生活用水的卫生问题，而且接受了汉族的城市规划建设方

---

① 孟元老：《东京梦华录》，中国商业出版社，1982年，第24页。
② 郝经：《陵川集》卷十一《青城行》，文渊阁《四库全书》本。
③ 王宏北、崔广彬：《金代黑龙江地区城镇化的初步研究》，《大连大学学报》，2003年10月第24卷第5期。

式。金在五京总管府地设街道司,掌洒扫街道、修治沟渠。① 这也是对城市卫生和城市环境的管理。除此之外,《辽史》中记载当时的人们已有刷牙等卫生习惯,金人可能也会继承这些习惯。

第三节　城市治安管理

北宋城市由坊市制发展为厢坊制,形成"街市结合"的城建体制。开放式的格局使城市治安问题变得越来越严重,所以在城市规划、建设、管理上,城市管理的作用也越发凸显。金国建立后,同样面临着各种治安问题。

一、城市治安问题

金国社会环境复杂,"街市结合"的城市格局,复杂的民族结构,使金国城市治安问题多样化、复杂化。一是盗贼甚多,横行各地,相关资料对此多有记载。"平阳多盗,临汾男子夜掠人妇,浩捕得,榜杀之,盗遂衰息。"② 正隆年间,"盗贼蜂起,大者连城邑,小者保山泽"③。"剧盗刘奇久为民患,一日捕获,方讯鞫,闻赦将至",于是地方官员石抹元"亟命杖杀之,阖郡称快"④。盗贼与当时的战乱频仍不无关系,人们流离失所,生活潦倒,不得不行苟且之事,一时之间,城市乡村盗窃事件频发。二是宽松的城市管理,使酗酒、赌博之事在城市中成为常态。金国饮酒之风尤其盛行,个人酗酒、聚众酗酒之事在城市中经常发生。这些人在酗酒之后又常常无故滋事,严重扰乱社会治安。在民族融合的过程中,女真人纷纷"效仿汉人之陋习",以至于"不知耕稼。群饮赌博。习已成风"。⑤ 城市赌博成风也严重地扰乱了社会公共秩序。三是社会风气多受战乱影响,各种案件时有发生。除此之外,有时还会发生杀人等重大恶性事件,"尚书省奏,益都民范德年七十六,为刘祐殴杀。祐法当死"⑥。

二、城市治安管理

为了营造良好的社会风气,维持有序的社会秩序,金统治者采取了一系列措施来管理城市。

---

① 脱脱等:《金史》卷五十六《百官志二》,中华书局,1975年,第1277页。
② 脱脱等:《金史》卷八十三《张浩传》,中华书局,1975年,第1862页。
③ 脱脱等:《金史》卷一百二十七《李通传》,中华书局,1975年,第2785页。
④ 脱脱等:《金史》卷一百二十八《石抹元传》,中华书局,1975年,2769—2730页。
⑤ 张金吾:《金文最》《条陈八事疏》,中华书局,1990年,第222页。
⑥ 脱脱等:《金史》卷四十五《刑志》,中华书局,1975年,第1019页。

(一) 注重百姓的礼仪教化

金国政府，特别是世宗、章宗时，很注重对百姓的礼仪教化，同时礼仪也成为他们用人的标准之一。世宗就曾说过："凡士民之孝弟姻睦者举而用之，其不顾廉耻无行之人则教戒之，不悛者则加惩罚。"[1] 章宗谕尚书省："官吏有能务行德化者，擢而用之，则教化可行，孝弟可兴矣。"[2] 另外，金国在科举考试中还要考《论语》《孟子》，以示其对礼仪教化的重视。在一些实际的案件中，官吏们会在有可能的情况下劝导民众。"西京人李安兄弟争财，府县不能决，按察司移郑留平理，月余不问。会释奠孔子庙，郑留乃引安兄弟与诸生叙齿，列坐会酒，陈说古之友悌数事，安兄弟感悟，谢曰：'节使父母也，誓不复争。'乃相让而归"。[3] 郑留此时乃顺义军节度使，为防止兄弟争财产而对其进行开导劝解，终平息此事，使兄弟二人感激涕零。"有兄弟讼田者，天宠谕以理义，委曲周至，皆感泣而去。"[4] 说明当时官员用礼仪教化劝导民众的情况很多，也反映出金国社会倡导礼仪教化，礼仪教化对维护社会治安也确实能发挥一定的积极作用。

(二) 设立专门管理城市的机构和官吏

在治安管理上，金实施路、府（州）、县制和猛安谋克制两套并行的制度。

天眷改革后，金确立了路、府（州）、县三级行政机构体制，各级最高长官都负有对治所城市进行管理的责任。路的最高长官是兵马都总管，负有本路的卫戍和治安责任。州分节度、防御、刺史三级。县是最基础的行政单位，是行政单位的重要细胞。在州县之下就主要设里正及主首，以及壮丁二人、典狱二人，其职责主要有"防守狱囚门禁启闭之事"。

金在城市中首置警巡院，"警巡院是中国古代首次使用与'警察'相关的名词命名的治安机关，它是一个行政与司法管理相结合的机构"。警巡院设有警巡使、副使、判官等职，他们着特定制服，掌"平理狱讼，警察别（所）部"，并及警巡、检稽失之事，承担着繁重的城市社会治安管理任务。其余各府和节镇、州以录事司主管警巡之事，防御州和刺史州置司候司行使其责。

除此之外，猛安谋克组织也负有地方治安管理的责任。太宗、熙宗年间，大量猛安谋克户迁入中原地区，其户口不隶属于州县，自成体系，居于州县之间，不与汉民混居，从而在地方上形成了别具特色的两重体系并行的政治制度。

(三) 制定法律和法规

金主要制定了《泰和律》《皇统新制》《泰和律义》等律法。这些法律对百姓的

---

[1] 脱脱等：《金史》卷八《世宗纪下》，中华书局，1975年，第187页。
[2] 脱脱等：《金史》卷十《章宗纪二》，中华书局，1975年，第227—228页。
[3] 脱脱等：《金史》卷一百二十八《蒲察郑留传》，中华书局，1975年，第2768页。
[4] 脱脱等：《金史》卷一百零五《任天宠传》，中华书局，1975年，第2323页。

行为有严格的约束，对盗窃、抢劫的治理极为严厉。"金国治盗甚严，每捕获，论罪外，皆七倍责偿。"①《皇统新制》中规定：无论得财不得财，立处死。《泰和律义》规定："强盗者（以武力劫取其财），一贯徒二年，三贯徒四年，十贯及伤人者绞，杀人者斩。"② 金代法律对于淫乱也有明确的规定，《泰和律》规定："诸奸者，徒一年半。有夫者，徒二年……妇人与同罪。强奸有夫妇者，绞。无夫者，减一等。"③ 通奸者，则男女同罪。④ 妻妾与人奸通而致奸夫杀害亲夫的，即使该妻妾不知情，也要以合谋杀人之罪论斩。⑤

为了防止民众因饮酒闹事，金政府曾多次颁布禁酒令。海陵王完颜亮严格限制官吏饮酒，曾下令："禁朝官饮酒，犯者死。"⑥ 翌年，又规定扈从人员不得饮酒，"犯者罪皆死"⑦，而莫有从者。世宗还要求女真人"虽闲月亦不许痛饮，犯者抵罪"⑧。大定二十一年（1181），"仍禁其农时饮酒"⑨。虽然海陵王、世宗都颁布了严格的禁酒令，但还是有人违反禁酒令。金政府虽屡颁禁酒令，但饮酒之风仍然盛行。

为了防止民众赌博滋事，金王朝也颁布了禁赌律令。大定八年（1168），"制品官犯赌博法，赃不满五十贯者其法杖，听赎。再犯者杖之"⑩。品官赌博法的制定，表明金统治者对赌博的态度，而且他们希望通过限制官员赌博来引导社会禁赌，以遏制社会上赌博之风气。但当时赌博之风猖獗，已不是抑制官员赌博就可以有效遏制的，即使加以刑杖也无济于事，最后禁赌律令变成一纸空文。但金品官赌博法是中国历史上首次颁布的禁止官吏赌博的法律，对后世相关法律的制订有借鉴作用。

---

① 洪皓：《松漠纪闻》卷上，明顾氏文房小说本。
② 叶潜昭：《金律之研究》，台湾商务印书馆，1972年，第126页。
③ 叶潜昭：《金律之研究》，台湾商务印书馆，1972年，第183页。
④ 叶潜昭：《金律之研究》，台湾商务印书馆，1972年，第187页。
⑤ 叶潜昭：《金律之研究》，台湾商务印书馆，1972年，第112页。
⑥ 沈家本：《历代刑法考·律令·禁酒》，中华书局，1985年，第1049页。
⑦ 沈家本：《历代刑法考·律令·禁酒》，中华书局，1985年，第1049页。
⑧ 脱脱等：《金史》卷七《世宗中》，中华书局，1975年，第161页。
⑨ 脱脱等：《金史》卷四十七《食货志二》，中华书局，1975年，第1046页。
⑩ 脱脱等：《金史》，卷四十五《刑》，中华书局，1975年，第1016页。

第五章　金国城市经济与城市发展

金崛起初期，城市商品经济比较落后。金国中期，世宗、章宗在位期间，励精图治、偃武修文，休养生息半个多世纪，使社会经济得到了恢复和发展。经济的繁荣促进了城市的发展。

第一节　城市手工业的发展变化

城市是一个地区政治、经济和文化的中心，是一个地区经济、文化发展的火车头。由于它的辐射和带动作用，成为一个地区经济、文化快速发展的主要动力之一。自古以来，城市的兴起和发展就是人类社会文明的标志，是人类社会经济、文化发展的集中体现。[①] 所以城市的一个重要特征就是具有经济职能。古代城市没有现代的工业，但是有丰富的手工业。金国的手工业在前朝的基础上得到恢复、发展，取得一定成绩。

一、传统制造业与能源业的发展

（一）冶炼业的发展

冶炼业是中国城市的传统产业，女真族在建国前也盛行炼铁，建国后东北地区的冶铁业继续发展，并催生了黑龙江地区冶铁业的黄金期。1961年至1962年，考古工作者在黑龙江省阿城县五道岭发现金中期铁矿井10余处、炼铁遗址50余处，矿井最深达40余米，有采矿、选矿等不同作业区。根据开采规模估计，古人从这些矿井中已采出四五十万吨铁矿石。这说明炼铁业是金代东北地区重要的产业，而且冶铁技术有了很大的进步。在东北蒲与路古城内，出土了一些铁制工具和兵器，如铁镞、甲片、铁锅、三角形铁器、铁铧尖、铁合页、铁削、铁锁、铁刀、铁钻子、铁马镫、铁鞍饰等，充分说明冶铁业是古城的重要手工业部门，由冶铁业派生出了相当数量的其他行业手工作坊，比如制作兵器、生活用具等。中原地区的冶铁

[①] 郭天祥：《地理环境与中国早期城市》，《陕西师范大学学报》，2003年7月第32卷第4期。

业恢复较晚，自正隆二年（1157）"始议鼓铸"①，中原的冶炼业才逐步恢复、发展，中原地区的真定府、云内州、宝丰、汝州鲁山、邓州、南阳等城市因产铁而出名，但总的说来金时中原的冶炼业未恢复到北宋时的水平。

（二）制瓷业的发展

宋代的制瓷业非常发达，是我国古代制瓷业的高峰，有著名的五大名窑。金有良好的制瓷业基础，大定年间，制瓷业在很多城市都逐渐恢复、发展。在东北地区，辽宁抚顺有大官屯窑，辽阳有江官屯窑，后人在上京会宁府也发现有陶窑遗址，但东北的陶瓷造型简单，颜色单一。在中原地区，在原有基础上形成规模化生产的有河北曲阳县定窑、邯郸观台窑、河南禹州钧窑和陕西铜川耀州窑。这些瓷窑均在宋代的基础上有所发展并形成了自己的风格。

金代瓷器造型多承宋代，双系、三系、四系瓶和系耳罐等为其日用器皿中较有特色者。较之宋代，金代瓷器的装饰纹样趋于简单化，瓷器题材以花卉、折枝、缠枝等植物景观为主。金瓷在工艺技法上也具有特色，比如定窑的划花、刻花、剔花、印花技法独步一时，对同时期其他窑场产生了重要的影响。笔绘艺术当以磁州窑为最，其笔画简单，线条明快。磁州窑中的白釉黑花是金代瓷器艺术的精品，其运用中国画技中的图案构图方式创造性地在器物的最显著部位绘图。在女真族统治的金国，北方的磁州窑系继续进行瓷器生产，其造型和装饰基本沿自宋代。比如《中华国宝大辞典》中记载的一梅瓶即为金代磁州窑系的作品。此梅瓶器形为小口、反唇，短颈，丰肩，长腹，小平底。器身饰五层纹饰，颈下部绘云纹一周，肩部和上腹部是缠枝莲花，其下为一周牡丹纹和一周莲瓣纹。工匠采用墨笔绘画和墨笔双勾两种方法绘制其纹饰，在单一的色彩中求变化。纹饰笔触洒脱，线条活泼流畅，且富浓厚的民间色彩。②

（三）煤炭业的发展

世界上最早生产和利用煤炭的是中国，古称石炭，以区别于木炭。但直到北宋时才有较多的关于生产和利用石炭的文献记载。由于煤炭的储藏和生产地主要在华北，金自然而然取代辽和北宋，成为当时世界上主要的煤炭生产国。金国时期东北地区也开始开采煤矿，发展煤炭业。在开封，民间以煤炭为主要燃料。"因及京城小民，中纳石炭，既给其价，御史劾以过请官钱，并系之狱，有论至极刑者。"③可见煤炭已在民间被广泛使用。加之金人冬季普遍用炕取暖，煤成为烧炕的最好原料。金人赵秉文曾有诗云："京师苦寒岁，桂玉不易求。斗粟换束薪，掉臂不肯酬。

---

① 脱脱等：《金史》卷四十八《食货志三》，中华书局，1975年，第1069页。
② 珠海博物馆编，范世民、李荆林主编：《中华国宝大辞典》，辽宁教育出版社，1997年，第910页。
③ 脱脱等：《金史》卷十五《宣宗纪中》，中华书局，1975年，第338页。

日籴五升米，未有旦夕忧。近山富黑黟，百金不难谋。地炕规玲珑，火穴通幽深。"[1] 诗中讲述了富人不惜花费千金买煤取暖的事情，而且还反映出中都民众已普遍用煤取暖。金前期，宋使朱弁被拘押在云中一带，他赋诗描写女真人的炕："西山石为薪，黝色惊射目。方炽绝可迩，将尽还自续。飞飞涌玄云，炎炎积红玉。"[2] 由此可看出煤炭已成为当时重要的燃料，需求量大，从而也促进了金国煤炭业的发展。

二、盐业与酿酒业的发展

（一）盐业的发展

金国所产的盐主要是池盐和海盐。池盐产地主要在解州，东北地区有肇州、大盐泺、乌古里石垒部几处盐场。海盐产地主要在山东、北京、西京、莒州、宝坻。

大定二十九年（1189）"七盐司旧课岁入六百二十二万六千六百三十六贯五百六十六文"，"有每斤四十一文者，四十三文者"，由此可知金国的盐年产量还是很大的。

盐关系着国计民生，也是金官榷的首要物品，受到严格的管制。金主要采取国家监督、官给盐本、灶户纳税、商人运销的经营管理方式。

私盐贩运在这一时期也很常见，还出现过批准贩卖私盐的特例，也就是将解盐走私南宋。光化军、均州、房州等地居民在北宋时一向吃解盐。北宋亡后，他们是南宋的臣民，而解盐产地则属金人管辖，以上诸地百姓则仍然按老习惯只吃解盐，不吃淮盐。金国盐商抓住机会，压低解盐价格，向这一带倾销解盐，官盐、私盐一齐涌入，满载南宋铜钱而归。为了从南宋获盐利，金章宗泰和八年（1208）下诏："诏沿淮诸榷场，听官民以盐市易。"[3] 解盐的贸易更加频繁。

（二）酿酒业的发展

辽金时期，燕京一带所产的粮食酒非常出名，人称"燕酒名高四海传"[4]。文献上记载的原产北方的名酒差不多有一两百种，如酉灵醱、琼酥、瑶池、兰芷、重酝、清醇、玉液、酥酿香、羊羔、金浆醪、香桂、琼浆、流霞、仙醪、金波、蓬花、杏仁，等等。入金后，这些名酒中除后妃家酒外，应有相当数量保留了下来。周辉《北辕录》中记载，他在相州看到翠楼、秦楼均"卖酒其上"，还有"十洲春色"的招牌。"十洲春色"可能也是当时的酒名。这些为数众多的酒名反映了宋金

---

[1] 阎凤梧、康金声：《全辽金诗·全金诗·赵秉文·拟东坡谪居三适·夜卧炕暖》，山西古籍出版社，1999年，第1304—1305页。

[2] 元好问：《中州集》癸集第十《炕寝三十韵》，华东师范大学出版社，2014年，第652页。

[3] 脱脱等：《金史》卷四十九《食货志四》，中华书局，1975年，第1104页。

[4] 元好问：《中州集》辛集第八《王右辖许送名酒久而不到以诗戏之》，华东师范大学出版社，2014年，第503页。

时期酿酒业的兴盛和酒文化的发达。而且金政府设置了专门负责造酒的官属,称"中都都曲使司",设使、副使、督监等官,监督酒户造酒,并负责税收工作。

三、雕版印刷业、图书出版业的发展

宋代毕昇创造了活字印刷术,雕版印刷术亦出现突飞猛进的发展,技术也臻于完善。金国的雕版印刷业在北宋的基础上也逐渐恢复并发展,至世宗、章宗时期,已形成了中都、南京、平阳和宁晋四大刊刻中心。

中都刊刻业主要在国子监,其所刊之本称监本。国子监所刻书主要有藏经、医书、文集、字典、诗文、戏文。"赵城藏经原有 7182 卷,从皇统八年(1148)至大定十三年(1173),共雕刻了 25 年始成。"[①] 国子监还大量刻印经史,作为教材,供各地学校学生习读。

平阳是金国雕版印刷恢复最早且最为发达的地区,平阳盛产枣木和梨木,这两种木材木质坚细,不易受气候干湿影响,是最为理想的雕刻木料。平阳还生产一种质地较好的以麻为原料的棉纸,薄软而富有韧性,用其印刷时极易吸墨而不破损,是金国闻名遐迩的上品。此外,太原有造墨场,供印刷之用。有此三者,平阳的雕版印刷业便迅速发展起来,出现了许多私家书坊和书铺,也涌现出许多著名的刻印商人,如李子文、张存惠等,前者刻印了王朋寿《增广类林》等书,后者刻有《丹渊集》《通鉴节要》《滏水文集》等书。当地的绅商地主、官僚们则"家置书楼,人蓄文库",蔚然成风。平阳刻书,雕刻精致,"铸印极精",是金刊刻水平最高者。金继承辽、北宋已有的出版成果,加之本身雕版印刷业发达,印行了很多书。

除此之外,金国的雕版印刷业机构还承担了印刷纸币——交钞的任务。

第二节　城市商业的发展

北宋的城市工商业繁荣,是中国城市工商业的又一高峰。在传世名作《清明上河图》中,我们可以充分领略其风采。金国在占领华北的过程中,使当地经济一度倒退。战乱过后,社会秩序逐步恢复,加之女真统治者也需要商业为自己服务,所以这些地方的城市商业逐步恢复。

一、城市商业的繁荣

金国城市商业贸易的繁荣首先表现为市场增多与专营市场出现。世宗、章宗时期,随着社会经济的恢复,各地原有市场开始恢复,并且出现了一些小型市集和专

---

① 漆侠、乔幼梅:《中国经济通史·辽夏金》,经济日报出版社,2007 年,第 327 页。

门市场。金中都城商业十分发达,北三市是商业的中心,水陆交通发达,规模大并且商品齐全。"城北有市,陆海百货萃于其中……蔬、瓜、果实、稻粮之类,靡不毕出,桑、柘、麦、羊、豕、雉、兔,不问可知。"① 可见当时市场商品多样,交易频繁。《析津志》记载,城内其他区域或坊之内,存在小型市集或专门销售某种商品的专门市场。"三灵侯庙:在南城天宝宫近西,街南大巷,前燕金胡,无碑。南旧市之南……而今之马市之平,皆人人善相善驭……莫不以平为心。而虽有卖欲贵买欲贱者,皆取于一二言之定矣。不如是,以二百廿余人,家计口算不为少矣。皆不耕不蚕,而取给乎衣食于是,非神默祐,焉能得摇唇鼓舌各取给欤!"② 这一段资料反映了三灵侯庙已经发展为贩马的专业市场,其规模不小,从业者达200余人。此外,《房山石经》记载,金中都还有白米行、屠行、生铁行、布行等,这些记载说明当时专门市场已不是少数,已形成了一定规模,并建立了行业组织,表明当时商品交易数量较大。

随着商业贸易的发展,金国的金融业出现了新变化。其时,商人替政府向边境运输粮草,边关收到后给予其"公据",商人凭"公据"到榷货务领取运输粮草的凭证——钞或引,商人再持钞、引到指定盐场取盐。作为证券,钞、引在当时硬通货较为短缺的环境中,发挥了一些信用货币的功能。在汾阳金代王氏家族墓中,有一幅壁画很引人注目。壁画中,在一个类似柜台的栅栏内外各站一人,里面是一个妇女,手里拿着一贯钱,外面是一个男子,手里拿着一张纸币,可以看出纸币上面写着字,但字很小,看不清楚。宋代出现了一种专门经营金属货币兑换纸币业务的商人,称"铺贾"。从壁画上分析,王氏家族可能就是做这种兑换业务的,这可能是最早的钱庄,也是那时金融业发展的表现。

随着商业贸易的发展,金国开始出现一些专门化的商业市镇。金国统治初定时,一些地方就开始了旧城重建工作。海陵王执政后,大力修复和新建燕京、汴京等辽宋著名都会,并积极营建各路、府、州治所,使它们成为政治、商业、文化中心。随着各中心城市的恢复,以贸易交换为经济支柱的城镇、墟市也陆续恢复起来。正隆六年(1161),海陵王"诏汝州百五十里内州县,量遣商贾赴温汤置市"③。温汤不过是汝州梁县境内的一个小村,地处原北宋最为发达的北方市场区域之内,此举即是召集州内商贾来此开辟一个新市场。除此之外,金还形成了具有鲜明商业特色的新兴城镇。某些商业活动的繁荣促成了城镇的兴起,从而令城镇的商业活动向专业化方向发展,宝坻就是这类城镇的典型代表。宝坻,历代以产盐闻名。有金一代,像宝坻这样因某一行业的发展而带动整个城镇兴起的并非个别现象。肇州的盐业、五国城的捕鱼业、上京的手工业、河东上谷的商品集散业都为当地城镇的经济繁荣做出了重要贡献。

---

① 许亢宗:《许奉使行程录》,宇文懋昭撰,崔文印校证:《大金国志校证》卷四十,中华书局,1986年,第560页。
② 熊梦祥:《析津志辑佚》,北京古籍出版社,1983年,第57—58页。
③ 脱脱等:《金史》卷五《海陵本纪》,中华书局,1975年,第113页。

二、榷场贸易的繁荣

自绍兴和议后，金国经济开始恢复，虽未达到北宋的水平，但商品交换有了明显的发展。宋金双方的贸易也开始频繁起来，榷场贸易成为其主要形式。其时因榷场贸易而形成了一些集镇。金主要是在泗州、寿州、颍州、蔡州、唐州、邓州、凤翔府、秦州、巩州、洮州以及密州胶西县等处置场，以泗州为中心榷场。宋以盱眙为中心榷场。即使在战争最激烈的时候，泗州、盱眙榷场都未关闭，说明南北交流的渠道始终是畅通的。

金国的榷场制度与宋大致相同，榷场有专门的官员管理。榷场贸易分为商人贸易和官营贸易。金国"榷货之目有十，曰酒、曲、茶、醋、香、矾、丹、锡、铁，而盐为称首"[1]。金国榷场贸易岁入量相当可观，如"泗州场，大定间，岁获五万三千四百六十七贯，承安元年（1196），增为十万七千八百九十三贯六百五十三文"[2]。

金向南宋输出的主要商品有解盐、马匹、药材和少量的粮食、猪、羊及兵器，其中马和兵器属于走私货物。[3] 南宋向金输出的商品有茶、米、牛、麻、虔布、生姜、木棉、兵器、书籍、陈皮，甚至还有人口。其中最多的是茶和米、麦，牛、兵器、书籍则大多属于走私货物。这种交换不仅有利于人们的生产、生活，还促进了城镇发展，其主流影响是值得肯定的。

第三节 城市市场结构与体系

观察一个城市经济是否能够健康、持续发展，主要看其市场结构与体系是否良好与完善。金国的城市市场结构在管理上虽然有所进步，但还是存在一些明显缺陷。金中后期，城市市场繁荣，商品多样，但也存在资金不足、权贵欺行霸市的现象。

一、商品市场的繁荣

北宋时期，中原地区的商品经济已高度发达，形成了以东京为中心，以各级城市、市镇以及墟市为辅的多层次、网状的市场体系。但在宋金几十年的战争中，这些地区的商品经济一度倒退。当女真人占领这些地区时，女真贵族为这些地方生产

---

[1] 脱脱等：《金史》卷四十六《食货志四》，中华书局，1975年，第1093页。
[2] 脱脱等：《金史》卷五十《食货志五》，中华书局，1975年，第1114页。
[3] 杜建录：《西夏史论集》，上海古籍出版社，2016年，第401页。

的各种手工业产品和创造的财富所吸引，所以他们尽管来自物物交换的社会，但还是迅速接受了商品经济，不排斥商品生产，不排斥商品交易。女真统治者若想不断推进商品经济的发展，就必须努力适应这些地区的经济生活，这是金国在统治辽宋故地后，当地商品经济得以较快恢复的主观原因。金中后期，社会经济逐步恢复和发展，市场也逐渐繁荣，市场上销售的商品多种多样。

（一）生活必需品较为丰富

市场交易中最频繁、最常见的要数人们日常生活不可或缺的粮食、盐、布帛等商品。粮食交易自古有之，陕西、河北等地又是产粮地区，所以在这些地区交易粮食很平常，异地贩卖也是常事，"时陕西岁运粮以助关东"[1]。明昌四年（1193），董师中在给章宗的上疏中提到西北二京、临潢诸路岁不登，粮食匮乏，"旧藉北京等路商贩给之"[2]，说明灾荒年时粮食交易更盛。盐是人们每顿都不可少的，贩盐大有利可图。贞祐三年（1215）十二月，"绛、解民多业贩盐，由大阳关以易陕、虢之粟"[3]。纺织品贸易方面，山东、河北等地的布帛交易也非常频繁，楼钥出使金国，在相州看见有绢、丝售卖，"好绢每匹二贯五百文，丝每两百五十文"[4]。大定十年（1170）范成大出使金国，路过定兴县，该县初为新县，"井邑未成"，人口稀少，但这里仍然有着商品交易。他还看见有不少商人在此贩卖布帛丝绸，"亦有染人来卖缬，淡红深碧挂长竿"[5]。一个新兴的县城尚有商人贩卖绢帛，其他地区的布帛贸易之盛可想而知。

（二）牲畜交易兴盛

女真本是游牧民族，生产以畜牧业为主，大批猛安谋克户进入中原以后，还将种植业地区改为畜牧业地区，使畜牧业得到发展，为商品交易提供了大量的商品来源。马、牛、羊等牲畜是人们生产、生活的重要资料，需求量巨大，这促进了畜牧业市场的繁荣。马是古代最重要的交通工具和战略物资，故人们对其需求量很大。政府对马匹交易的管理是很严格的，但民间马匹交易仍然很频繁。在中都天宝宫附近设有马市，马市商人是职业贩马人。牛是重要的生产工具，所以牛的交易在当时的牲畜交易中也很频繁，曾有不少关于官府大量买牛的记录。海陵王执政期间，"诏买牛万头给按出虎八猛安徙居南京者"[6]；承安二年（1197）九月，章宗"分遣官于东、西、北京，河北等路，中都二节镇，买牛五万头"[7]。在民间还出现了专

---

[1] 脱脱等：《金史》卷一百零八《把胡鲁传》，中华书局，1975年，第2390页。
[2] 脱脱等：《金史》卷九十五《董师中传》，中华书局，1975年，第2114页。
[3] 脱脱等：《金史》卷四十九《食货志四》，中华书局，1975年，第1104页。
[4] 楼钥：《攻媿集》，清武英殿聚珍版丛书本。
[5] 范成大：《石湖诗集》卷十二《定兴》，《四部丛刊》影清爱汝堂本。
[6] 脱脱等：《金史》卷九十二《曹望之传》，中华书局，1975年，第2035页。
[7] 脱脱等：《金史》卷十《章宗纪二》，中华书局，1975年，第243页。

以贩牛为业的商人，"穰县孙庄农民阎大，正大中，与相里刘进往商洛买牛"①。说明当时内迁猛安谋克户为适应种植业地区的农业生产，大批购牛，这也促进了牛的交易与牛市的发展。羊是畜牧业的主要产品之一，羊肉也是人们食用的主要肉类之一，所以羊在市场上的交易也很频繁。南宋周辉在《清波杂志》中记载了使金过淮后，"见市肆所售羊匹甚大，小者亦度重五六十斤，盖河北羊之胡头，有及百斤者"②。金代史料特别是关于高丽的史料中多有金向高丽赐羊的记载，而且动辄千百只，估计这些羊很大一部分应该是金政府从民间市场上购买的。

（三）餐饮业较为发达

随着社会经济的逐步恢复，金代城市的餐饮业逐步发展，尤其是燕京、相州等地最为发达，宋人文集对此多有记载。洪皓出使金国，对燕京等地的变化和情况颇为熟悉，他在《松漠纪闻》中写道："燕京茶肆设双陆局，或五或六，多至十。博者蹴局，如南人茶肆中置棋具也。"③ 看来燕京的茶肆除了卖茶外还开展双陆等娱乐活动。楼钥、范成大出使金国，对相州的餐饮业记载颇多。楼钥在相州看到"有食店挂一灯，上为胡羊，中横一瓠，下为经一卷，盖河朔人语音以'羹'为'经'也"④。范成大在相州看到有秦楼、翠楼、康乐楼、月白清风楼。⑤ 山西繁峙岩上寺的一幅壁画描绘了"一座酒楼，楼外酒旗高挑，上书'野火攒地出，村酒透瓶香'，楼内宾客满堂，饮酒品茶说唱卖艺者充盈其间，一派热闹景象"⑥。这幅画生动直观地表现了金国城市中餐饮业的发达情况。

（四）书籍成为重要的商品

女真人文化基础薄弱，但这丝毫不影响他们对书籍的热爱。在史料中，我们发现金人喜好藏书的程度不输任何民族，金人藏书数量大、种类多。宿州人宁明甫"家积书万卷"⑦，崇庆二年（1213）词赋进士商平叔"藏书数千卷，古今金石遗文，人所不能致者，往往有之"⑧。另还有女子喜好藏书，同知西京留守萧公建的妻子耶律氏"藏书万卷，部居分别，各有伦次"⑨。这些私人藏书来源各异，但从市场购书肯定是其中一个重要途径。元好问所藏宋校本《笠泽丛书》就是其"元光

---

① 元好问：《续夷坚志》卷二《阎大凭妇语》，中华书局，2006年，第37页。
② 周辉撰，刘永翔校注：《清波杂志校注》卷九，中华书局，1994年，第404页。
③ 洪皓：《松漠纪闻》卷下，明顾氏文房小说本。
④ 楼钥：《攻媿集》卷一百一十二，清武英殿聚珍版丛书本。
⑤ 范成大：《揽辔录》，中华书局，2002年，第13页。
⑥ 潘絜兹：《灵岩彩壁动心魄——岩上寺金代壁画小记》，《文物》，1979年第2期。
⑦ 刘祁：《归潜志》卷三，中华书局，1983年，第29页。
⑧ 元好问著，狄宝心校注：《元好问编年校注》卷三《平叔墓铭》，中华书局，2012年，第239页。
⑨ 王新英辑校：《全金石刻文辑校》，《漆水郡夫人耶律氏墓志铭》，吉林文史出版社，2012年，第32页。

间应辞科时,买于相国寺贩肆中"①。北宋时,东京相国寺一直都是百货荟萃之地。入金后,相国寺仍然是重要的商品交易市场,从元好问的记载来看,书籍是相国寺交易的商品之一。随着文化的繁荣,金代一些士人不惜节衣缩食以购买书籍,应奉翰林文字张邦直"束脩惟以市书"②。孟泽民"母罄囊金,聚经史以成其志"③,路伯达的母亲为购书,"搏衣节食,累年而后致"④。可见世人对书籍的渴望推动了图书市场的繁荣。随着社会经济的发展,个别文化发达地区的有志之士还在个人藏书的基础上建设了带有公益性质的藏书楼,如洪洞县的藏书楼。洪洞藏书楼所藏之书系"邑中豪杰"捐资从市场上购买而来,其时"经之书""史之书""诸子之书""类书字学"皆可购而得之,可见图书市场上的图书种类已相当丰富。

二、城市市场管理的发展

金国市场中有如此多的货物,其原因除了社会经济的恢复发展外,还有城市市场内部有效管理的作用。金国城市的市场管理主要是通过政府管理和商业行会内部管理来完成。

金代形成了从中央到地方的较完善的商业管理网络,中央有户部统筹全国的商业管理。海陵王南迁后,形成以中都为重点,在各地方设有管理机构的体系。中都设都转运使,"掌税赋钱谷、仓库出纳,权衡度量之制";设市令司,"掌平物价,察度量衡之违式,百货之估直";设都税务司,"掌签署文簿,巡察匿税";设买物司,"掌收买宫中所用诸物"。其他诸路主要设有转运使,专门管理地方财政;各重点商业城镇设有专门管理商业的机构。据统计,章宗明昌元年(1190)正月,各地有"诸路使司院务千六百一十六处",明昌五年(1194)又"量添设院务于二十三处"⑤。

除政府管理机构外,金国的各行业内部仍然有行会⑥这种商业组织。虽然金代行会组织的资料有限,但还是能找到一些蛛丝马迹的证据。其一,在周辉的《北辕录》和楼钥的《北行日录》中都提到在处理私觌物品时与行户、行人打交道,这里的"行户""行人"应该是某种行会组织的成员。其二,一些专营性市场的出现也说明在一些地方出现了行会这样的管理组织。这些证据充分说明金国境内一些工商

---

① 元好问著,狄宝心校注:《元好问编年校注》卷四《校笠泽丛书后记》,中华书局,2012年,第327页。
② 刘祁:《归潜志》卷五,中华书局,1983年,第43页。
③ 李俊民:《庄靖集》卷八《孟氏家传》,山西古籍出版社,2006年,第426页。
④ 元好问:《中州集》辛集第八《路冀州仲显》,华东师范大学出版社,2014年,第512页。
⑤ 脱脱等:《金史》卷四十七《食货志四》,中华书局,1975年,第1110页。
⑥ 行会制度起源于何时,目前尚无定论。但《东京梦华录》记载东京有"果子行""姜行""纱行""车行""马行"等,可见东京人已按贩卖物品分类而组成了不同的行会。虽然经过靖康年间的战火,东京的繁华一落千丈,但是东京作为当时最重要的商业城市,其长期以来形成的包括行会组织在内的商业组织不会彻底消失。这也是笔者推断金代行会继续发展的依据。

业比较发达的地区存在行会组织，而且具备相当的组织性。其三，一些考古发掘也可以证明金代存在行会组织。1964年秋，内蒙古文物工作队在巴林左旗征集到银铤5件，2号铤錾刻"行人郑公甫修祥五十两五钱"，3号铤錾刻"行人刘禄"，4号铤錾刻"行人丁顺"。① 说明银铤的铸造者是白银铸造行会组织的成员。历年发现的金代银铤上大多都刻有"行人某某"款识，也说明当时白银铸造行业的行会组织在各地普遍存在。

金国商人沿袭北宋行会组织制度，同一商行的领头人称"行头"或"引领"，往往由大商人担任，加入行会的商人一般自称"行人"。

三、城市市场存在的问题

金国的商业经济得以恢复，并且在有些方面有一定的发展，但市场还是存在很多问题。

（一）市场的空间分布严重失衡

市场是城市的重要组成部分，其空间分布与城市密度有着密切的联系。从前文我们可知，金国各地城市分布不平衡，中原地区密集，东北地区稀疏。这样的城市密度差异也反映出金国各地经济的发展状况。终金之世，相对于广大的国土来说，大部分地区的经济是落后的，只有小部分地区的经济较为发达。经济相对落后的上京路，加上北京路的部分地区，以及庆原路、临洮路、鄜延路、咸平路、凤翔路，其面积大概是金代国土面积的一半，然而其户口数大概仅占金户口总数的8%。所以我们可以看出，其国土面积一半的地区地广人稀，市场不发达。这样的局面不利于形成全国性的统一市场。城市密度的不平衡也令金国市场空间分布严重失衡。

同时，我们还要看到金国城市的聚集作用还没有充分发挥。城市以外的广大农村地区的人们过着自给自足的生活，很少来往于市场。正如赵秉文诗中歌咏一位"山耕叟"不知"朝市情"的情况："步逐麋鹿迹，讵知朝市情。负薪南涧曲，荆棘雨中行。呼儿问牛饱，又向山田耕。"② 这是对当时金国农民经济生活的真实写照。

（二）官营手工业占据主导地位

官营手工业古已有之，是相对于民间手工业而言的。金国的官营手工业由政府主导，其商品主要是供应宫廷和官府的，参与实际流通的商品很少。金代官营手工业很发达，相关记载也较翔实。《金史·食货志》记载，金代设有专门的官营手工业生产管理部门，"政府在宫廷中设立文绣署、裁造署、织染署等部门既从事纺织工作，又是政府的纺织管理部门，有些部门的规模相当庞大，像文绣署就拥有工匠

---

① 孙进己等：《中国考古集成·东北卷·金（一）》，北京出版社，1997年，第284页。
② 阎凤梧、康金声：《全辽金诗·全金诗·赵秉文·山耕叟》，山西古籍出版社，1999年，第1319页。

500人左右"①。如此庞大的手工业者队伍虽然生产了很多产品,但这些产品很少参加流通,所以官营手工业还不能算严格意义上的商业经济的组成部分。而且金政府对盐、茶、酒、醋等重要商品的交易控制严格,带有浓厚的官营商业色彩,其市场化程度不高。官营商业占主导地位的模式压缩了民营商业的市场,故而不利于民间商业资本的积累,也影响商品经济的发展。

(三) 缺乏全国性的中心城市

金国的五京在前代已有良好的商业基础,入金后商业繁荣的局面得以继续发展。中都是原辽五京之一,当时该地区已经民居棋布,巷端直,列肆者百室,是华北地区的经济贸易中心。入金以后,金统治者"户口安顿,人物繁庶,大康广陌皆有条理"。贞元元年(1153),海陵王迁都后,中都人口增加,富豪贵族云集,社会经济恢复、发展,市场繁荣,出现了专门的市场。以中都为中心,周边兴起了多个工商业城市,形成了以中都为中心的城市群组。但是金中都的市场聚集力和辐射力都相对有限,未能对全国各地经济产生推动作用。

(四) 钱荒问题突出

有金一代,国家始终都处于钱荒的境况。按货币制度,金代大概可分为两个阶段。

1. 以钱为主,钱钞并用阶段(1154—1189)

金统治者在战争中掠夺了大量的金银铜币,这些币支持了金国初期的商品流通。但随着经济恢复,商品量增加,交易区域扩大,货币的需求量随之增加。金国转运商业特别是长途贩运相当繁荣,这种商业获利丰,但投入大、周期长,需要大量的货币。于是货币流通需要量大,但当时货币短绌,造成"钱荒"。

为解决钱荒问题,金国除沿用宋代的短陌之法外,还主要采取了印行交钞②、铸造铜钱、大力获取南宋铜钱3种措施。金国形成了以铜钱为主、钱钞并行的货币政策,这一政策较好地适应了商品经济发展的要求。

2. 币制混乱和崩溃阶段(1190—1234)

到了后期,金的货币制度陷入混乱状态。原因有三:其一,由于铜源奇缺,铸造铜币成本较高,政府消极铸钱。其二,铜钱减少,政府发行银币。其三,为缓解缺钱状况,政府大量发行交钞,使得通货膨胀,货币混乱。

钱荒是金国经济发展的一个重要阻碍,虽然金廷极力调整货币制度,希望改变这一状况,可总是力不从心。在宋金贸易过程中,铜钱作为特殊商品,一直是双方争夺的重要目标。由此,双方在贸易领域展开了一场关于铜钱的争夺战。其基本趋

---

① 王德朋:《金代商业经济研究》,社会科学文献出版社,2011年,114页。
② 金代是中国古代货币史上唯一一个先发行纸币然后再铸造铜钱的朝代。金海陵王贞元二年(1154)第一次发行交钞,分大钞和小钞两种,今人所称钞票即起源于金。金国政府在交钞发行3年后,于正隆三年(1157)开始铸造铜钱。

势是，公元1214年以前，南宋铜钱大量北流；公元1214年以后，铜钱又倒流向南宋。

金廷通过发行交钞，以短陌钱、压低物价等方式套购宋钱。如金政府在河南使用交钞以套取铜钱。"许人纳钱给钞，河南路官私作见钱流转。若赴库支取，即时给付，每贯输工墨钱一十五文。"[1] 宋以77、75文为省陌。金在大定十年（1170）以70文为短陌，到大定二十年（1180）官定80文为短陌。但在与南宋的贸易中，以60文为短陌还是太高，往往"一二十数当陌者"。因此，宋钱一贯省陌到金统治地区至少可作两三贯使用，这对于南宋商人来说有不小的吸引力。

从金国的货币政策以及金宋贸易我们可看出，金国始终处于缺钱的境况，一直到后期货币制度崩溃时，金也没有很好解决这个问题。

（五）高利贷盛行给社会带来危害

高利贷是一种古老的信贷形式，主要有以谷物为主的实物借贷、货币借贷和典当借贷等形式。金代前期，很多平民因无法偿还高利贷而沦为债务奴隶，债务奴隶是金代前期高利贷的一个主要特点。虽然太祖、太宗多次采取措施制止债务奴隶的发展，但是这种情况一直在不断恶化，在灾荒年更甚。大定四年（1164），"平、蓟二州近复蝗旱，百姓艰食，父母兄弟不能相保，多冒鬻为奴"[2]。说明在灾荒之年，人民生活艰难，很多人因债务沦为奴隶。当时在华北地区，债务奴隶很普遍。金中后期，大批猛安谋克户迁到华北地区括地、占地之后，大批女真奴隶主逐渐向封建地主转化，大多数平民因无法偿还高利贷而只能用土地抵押，这推动了土地的兼并和高度集中。私人高利贷转向经营土地和住宅是金代中后期高利贷的主要特点。

高利贷在金代特别盛行，参与高利贷的不仅有民间资本，还有官府资本，甚至连寺观僧道中也有放贷者。一些权贵和官吏是民间高利贷的主要放贷人，高利贷成为他们巧取豪夺的重要途径，同时也使得商业缺少健康发展的保障。"从臾奴隶，侵渔细民，名为和市，其实胁取。诸所不法，不可一二数。"[3] 这些权贵和官吏中不乏王公贵族和世袭猛安。"时辽东路多世袭猛安谋克居焉，其人皆女真功臣子，骜亢奢纵不法。""会郡民负一世袭猛安者钱，贫不能偿，猛安者大怒，率家僮辈强入其家，牵其牛以去。"[4] 明昌元年（1190）八月，金廷曾下令"禁止托亲王、公主奴隶占纲船、侵商旅及妄征钱债"[5]，由此可以看出亲王贵族妄征钱债之事经常发生。

金代官府高利贷独具特色者是流泉务。其时民间高利贷利息高达50%~70%，还利滚利，百姓苦之，有的甚至被逼上绝路。为了避免这种情况，加之当时官吏俸

---

[1] 马端临：《文献通考》卷九《钱币考二》，中华书局，2011年，第248页。
[2] 脱脱等：《金史》卷六《世宗纪上》，中华书局，1975年，第134—135页。
[3] 元好问著，狄宝心校注：《元好问编年校注》卷一《御史程君墓表》，中华书局，2012年，第70页。
[4] 刘祁：《归潜志》卷八，中华书局，1983年，第82页。
[5] 脱脱等：《金史》卷九《章宗纪一》，中华书局，1975年，第215页。

给不足，政府急需增加财源。大定十三年（1173），金政府在中都、南京、东平、真定等处设置质典库，称"流泉务"。到大定二十八年（1188），政府在28个节度州设立了流泉务。即由政府来放贷，以遏制民间借贷。政府设立的高利贷机构分布如此之广，发展如此之快，为历朝少见。《金史·百官志》记载，流泉务发放的高利贷利率为30％，最高不得超过本金的1倍。[1] 流泉务的设立使官府获得高额收益，缓解了财政窘况，又遏制了民间高利贷的恶性发展，使百姓所受高利贷之苦有所减轻。

---

[1] 脱脱等：《金史》卷五十七《百官志三》，中华书局，1975年，第1320页。

第六章　金国城市人口结构与社会生活变迁

金朝是一个由少数民族建立的政权，其辖域城市人口构成与传统的汉族政权辖域有所不同，大量少数民族人口进入城市，成为新的城市居民。在社会关系中，如何处理好各民族的关系，成为金政府一个重要的议题。在这一时期，少数民族与汉族居民不断摩擦碰撞，他们的生活方式在交流、交汇之中逐渐相互融合。

第一节　城市人口结构与社会关系

金代是一个民族大融合的时期，汉族、契丹族、渤海族为城市居民注入了新的血液，大量的猛安谋克户南迁，居民民族多元化成了金国城市人口结构的一个重要特征。

一、多民族的社会结构

（一）猛安谋克户是城市社会的重要组成部分

作为金国的统治民族，女真族经过三次重要迁移，由女真统治的腹地地区上京会宁府一带迁到北方的猛安谋克户约占全部猛安谋克户的64%[1]，他们成为中原城市居民的重要组成部分。猛安谋克是女真族的重要政治军事组织。在猛安谋克户内部也存在阶级性，有女真贵族，也有身份低微的富有者，而绝大多数是平民。猛安谋克户作为一个特权阶级，在南迁后，都获得了统治者赏赐的很多土地，他们依靠剥削汉人佃户为生，而且也开始疏于对骑射的练习，成为社会上不士、不农、不工、不商的一个奇怪阶层。原来氏族社会的氏族成员多转化为猛安谋克平民，他们虽获得了土地，但不善耕种，地位很不稳定，可能沦为奴隶，也有可能升为统治者或奴隶主。

猛安谋克户进入中原后，逐渐汉化，到金国中期，穿汉服、习汉话成为部分女

---

[1] 乔幼梅：《猛安谋克在中原的土地占有制与红袄军起义》，《中国农民战争史研究》第四辑，上海人民出版社，1985年，第95页。

真人的常态。他们"舍戎狄鞍马之长，而从事中州浮靡之习"①。这使得金世宗不得不告诫儿子们："汝辈自幼惟习汉人风俗，不知女直纯实之风，至于语言文字，或不通晓，是忘本也。"②

（二）多民族居民的杂居与不平等待遇

1. 汉族人口占城市人口的主体

汉族人口数量众多，是金国人口的重要组成部分。在宋金战争中，许多汉人家庭失去了家园，妻离子散。金统治中原后赋税极重，加之自然灾害，使不少汉人被迫沦为奴隶，成千上万的汉人将子女卖为奴隶。据统计，当时猛安谋克户大概拥有134万奴婢，其中大部分是汉人。

为了缓和阶级矛盾，从天会元年（1123）开始，金统治者就颁布了一系列诏令，允许汉人奴婢赎身。但没有官府或者其他外力的主动帮助，这些奴婢中的大部分人是付不起赎金的。金人统治期间上百万乃至几百万的汉人可能几代人都是奴隶。虽然有上百万的汉人被迫迁徙到他地或沦为奴隶，但汉族人口有巨大的基数，所以汉人仍是金国城市居民的主体部分。

2. 契丹族受到歧视

女真统治者与契丹人本有不共戴天之仇，但为了稳定统治，金政府采取了招抚为主、征略为辅的政策。一些契丹贵族苟延残喘地活着，但是受到高度的防范。耶律余睹原为辽宗室子，降金后，在灭辽中起了作用，后又被委以军职。但金太祖亲自下令"余睹家属，善监护之"③，并将其妾、子扣为人质。而后余睹策动燕云地区降金的契丹族反金，事情败露，"诸路大乱，月余方止"。"契丹附大金者，由此一乱，几成灰烬。"④ 契丹贵族尚且如此，普通平民更要受到严重的压迫。明昌六年（1195）二月，金章宗就对宰臣说："今如分别户民，则女直言本户，汉户及契丹，余谓之杂户。"⑤ 这种按照民族区分户等，本户和杂户之间的不平等反映的是民族的不平等，但这3类人户都是自由人，都属于"良"，而非"贱"。

契丹人虽然受到金国统治者的压迫、打击，但他们中的一部分人仍是当时的自由民，还有一些人成为金国的高官。奚族作为契丹人统治时期的一个显贵部族，在辽朝时受到"拟于国族"的待遇，但金国建立后，女真统治者对奚族的政策却极为野蛮，这些昔日的"国族"失去了往昔的荣光，成为被奴役之民。

---

① 陈亮：《陈亮集》卷二《中兴论》，中华书局，1987年，第22页。
② 脱脱等：《金史》卷七《世宗纪》，中华书局，1975年，第159页。
③ 脱脱等：《金史》卷一百三十三《耶律余睹》，中华书局，1975年，第2848页。
④ 宇文懋昭撰，崔文印校证：《大金国志校证》卷七《太宗文烈皇帝五》，中华书局，1986年，第117页。
⑤ 脱脱等：《金史》卷四十六《食货志一》，中华书局，1975年，第1036页。

第四篇 金国城市发展与社会变迁

二、社会居民结构

金国城市的居民结构是多层次的，概要之，可简单分为统治者、商人手工业者、奴婢等下层民众，以及其他城市居民。

（一）统治者

金国最高的统治者为皇帝，其次为女真贵族。皇帝既是金国行政组织的最高统治者，又是头号贵族。另外，女真贵族也是金国统治者的重要组成部分，他们之中有相当部分是女真的强宗大族族人，也有一些功臣名将。这些人在城市和地方有着相当的势力和影响力。其中的部分贵族并无官衔，却能身蒙浩荡皇恩，或与其他高官贵族有着血缘或次血缘关系，成为统治者的组成部分。贵族们通常享受着很丰厚的俸禄，另外，他们还通过其田产等获得大量的收入，此外也有人从事商业贸易、高利贷等，由此获利。贵族是金国的特殊阶层，有凌驾于其他各阶层的特权。"时辽东路多世袭猛安、谋克居焉，其人皆女直功臣子，骜亢奢纵不法。""会郡民负一世袭猛安者钱，贫不能偿，猛安者大怒，率家僮辈强入其家，牵其牛以去。"[1] 这些贵族们过着奢华的生活，同时还能享受一些法律规定的特权。《金史》卷四十七《食货志》记载："在都宗室将军司，产一百七十，口二万八千七百十（内正口九百八十二，奴婢口二万七千八百八）。"其生活奢华可想而知。但是有些贵族不满足于这些，往往还依势横行乡里，鱼肉百姓。"郡中豪民横恣甚，莫可制，民受其害，伯仁穷竟渠党，四境帖然。"[2] 此处的"伯仁"指大名少尹杨伯仁。大定六年（1166），"朔州西境多盗，而猾吏大姓蠹狱讼，瞀乱赋役，永元刬其宿奸，百姓安之"[3]。这些地方豪强横行乡里，常常惹怒地方官，逼得地方官奏请皇帝让他们举族迁移，"有宗室居河间，侵削居民，鼎寿奏徙其族于平州，郡内大治"[4]。有时朝廷为避免地方官吏与地方豪杰相互勾结、为祸百姓，不得不出台相应规定。大定二十九年（1189），"制强族大姓不得与所属官吏交往，违者有罪"[5]。

在统治阶层中，官员占有相当大的比例。中国古代完善的官吏体制历来为西方人所惊叹，金国虽是少数民族政权，但经过两次官制改革后，也形成了完善的官吏体制。金将全国划分为19路，下面有若干州、县。为了维持这样一个庞大的管理系统，需要庞大的官僚系统。金代政府官僚由女真人、汉人及其他民族的官僚组成。《金史》记载："明昌四年……见在官万一千四百九十九，内女直四千七百五员，汉人六千七百九十四员。至泰和七年，在仕官四万七千余，四季部拟授者千七

---

[1] 刘祁：《归潜志》卷八，中华书局，1983年，第82页。
[2] 脱脱等：《金史》卷一百二十五《杨伯仁传》，中华书局，1975年，第2724页。
[3] 脱脱等：《金史》卷七十六《完颜永元传》，中华书局，1975年，第1745页。
[4] 脱脱等：《金史》卷一百二十《蒲察鼎寿传》，中华书局，1975年，第2621页。
[5] 脱脱等：《金史》卷九《章宗纪一》中华书局，1975年，第211页。

385

百，监管到部者九千二百余，则三倍世宗之时矣。"其中女真官员占总数的40%，汉人官员占总数的60%。大定二十八年（1188），在仕官员共计19700员。泰和七年（1207），在仕官员共计42000余人。① 这些官员大部分是通过考试选举而被提拔上来的，也有部分人凭借军功和裙带关系进入这个群体。基本上每个少数民族政权都会因保护本民族的利益而排斥其他族人做官，所以金国的汉族官员最初并不受欢迎。"汉人三品以上官常少得人，如张亨近令补外，颇为众议所归。"② 从金国皇帝到各级贵族都对汉人有偏见。金世宗也曾说："南人旷直敢为，汉人性奸，临事多避难。异时（按：指金初）南人不习词赋，故中第者少。近年河南、山东中第者多，殆胜汉人为官。"③

作为统治阶层的重要组成部分，金政府官吏中的大部分人的仕宦生涯都还算相当稳定。派系倾轧和政治斗争主要发生在行政系统的上层，所以总的说来，一个人步入宦途之后，各方面的特权也就增多了，生活质量也会有所提升。

军人集团也是统治阶层的重要组成部分。作为游牧民族，女真以武立国，所以金国州以上官员大部分与军人集团有关系，或兼管军政。猛安谋克制是女真的基本制度，其户平时为民、战时为兵，具有军政合一、兵民合一的特点。皇帝是军队的最高统帅，金初设统军专管军事，统军使与诸路兵马都总管都是正三品。虽然说金国军人的地位很高，但是金统治者为了加强对军队的控制，多次制定法令、法规，对军人集团加以限制，太宗、海陵王、世宗3朝尤为突出。同时，一旦战事结束，政府就会解散部分军队，以免相关将领拥兵自重。金世宗攻宋时，"前后签军50余万人。世宗与宋战争后，大部分议军被遣还乡参加生产，屯戍军士尚有289900余人。这就是说当时在金代总人口中，有从事军职的有28万多人"④。金国军人中有一部分从农，有相当部分属于城市的守卫军，他们是城市人口的重要组成部分。

（二）商人手工业者

商人是城市人口的重要组成部分，也是城市中最活跃的社会要素。金统治者为了鼓励发展商业，也采取了一些措施。如大定二年（1162），"罢诸路关税，止令讥察"。大定三年（1163），减免山东西路"坊场河渡"所欠的税额。金国建立后，由于多种政策的作用，城市商业得到逐渐恢复和发展，从城镇到乡村，到处都有商人活动。蔡珪《燕山道中》云："独轮车重汗如浆，蒲秸芒鞋亦贩商。"⑤ 朱自牧《清河道中暮归》云："川平佛塔层层见，浪稳商舟尾尾行。"⑥ 以上诗句反映出市镇乡间商业活动的频繁。州县富商大贾的生意更是兴隆，"货置从繁"，"鬻者兼赢。求

---

① 脱脱等：《金史》卷五十一《选官制一》，中华书局，1975年，第1216页。
② 脱脱等：《金史》卷九十七《张亨传》，中华书局，1975年，第2148页。
③ 脱脱等：《金史》卷九十七《贺扬庭传》，中华书局，1975年，第2151页。
④ 张博泉、武玉环：《金代的人口与户籍》，《学习与探索》，1989年第2期。
⑤ 元好问：《中州集》甲集第一《燕山道中三首》，华东师范大学出版社，2014年，第48页。
⑥ 元好问：《中州集》乙集第二《清河道中暮归》，华东师范大学出版社，2014年，第90页。

者不匮"①。甚至榷场周围有许多居民弃农从商。有一首诗写道:"迄今井邑犹荒凉,居民生资惟榷场。马军步军自来往,南客北客相经商……里闾风俗乐过从,学得南人煮茶吃。"②描写了榷场周围居民的生活方式和经商活动。

1990年5月,考古队在汾阳高级护理学校发现金代砖室墓8座。其中M5北壁"雕出一案……案后坐一人,头戴圆形帽,身着交领服,笼手置于案上。面前置一打开的本子,旁置砚台。身后浮雕成串的铜钱"③。这一雕塑作品描绘了一个商人正在理财的情形,这也是金代商人开店做生意的日常情景,据此我们可以想象当时繁忙的市井生活。

金国手工业的恢复发展与手工业者的辛勤劳动是分不开的。手工业者扮演了重要的经济角色,他们广泛分布于各个行业,大体上分为官营手工业者、民营手工业者和家庭手工业者3种类型。官营手工业的规模较大,手工业者人数较多,特别是在军事活动频繁的年代,在军器监制造兵器的工匠人数尤多,为皇室服务的少府监也拥有大量的工匠。此外,绫锦院的织工、国子监的雕字工匠、文绣署的绣工、裁造署的裁造匠、织染局的染工的人数也较多。另外,冶炼业有大量的"冶夫匠",从事盐业的灶户也人数众多,还有官府专人管理。金中期,部分城市的造纸、印刷、造船、采伐业都有一定发展,有大量工人从事这些行业。"汴京织毛褐工三百余户,皆分隶弘州。"④金代手工业者人数很多,他们是城市居民的重要组成部分,也为城市的正常运行提供了丰富的产品。

(三) 奴婢等下层民众

女真人进入中原以后,仍然盛行奴隶制,贵族家中的奴婢众多。奴婢是家族人口的重要组成部分,一般男性为奴,女性为婢。世宗大定二十三年(1183),女真猛安谋克共有615624户,6158636口,内正口4812669,奴婢口1345967。⑤由此可知奴婢人数占女真猛安谋克总人数的21%。一般富有的贵族家族中奴婢较多。奴婢地位极低,对主人有很强的依附性。金国法律规定奴婢辱骂主人,要被处以绞刑。⑥女真贵族对奴婢有生杀权力,正隆年间,贵族郑建充"性刚暴,常畜猘犬十数,奴仆有罪既笞,已复嗾犬啮之,骨肉都尽"⑦。一个贵族因小过杀死一个奴隶后,霸占其妻,并不断地鞭笞、奴役其子,最终也并不需要承担法律责任。后受汉法的影响,这种随意残害奴婢的情况才被禁止。此外,奴婢还可被皇帝作赏物赏赐他人:"明昌元年,谕旨有司曰:'丰、郓、瀛、沂四王府各赐奴婢七百人。'"⑧

---

① 张金吾:《金文最》卷三十五《创建宝坻县碑》,中华书局,1990年,第1002页。
② 元好问:《中州集》丙集第三《淮安行》,华东师范大学出版社,2014年,第136页。
③ 山西省考古研究所、汾阳县博物馆:《山西汾阳金墓发掘简报》,《文物》,1991年12期。
④ 宋濂:《元史》卷一百二十《镇海传》,中华书局,1976年,第2964页。
⑤ 脱脱等:《金史》卷四十七《食货志二》,中华书局,1975年,1064页。
⑥ 叶潜昭:《金律之研究》,台湾商务印书馆,1972年,第151页。
⑦ 脱脱等:《金史》卷八十二《郑建充传》,中华书局,1975年,第1846页。
⑧ 脱脱等:《金史》卷九十三《显宗诸子传》,中华书局,1975年,第2057页。

（四）其他城市居民

金国城市的人口构成较为复杂，除官吏和贵族外，士农工商是重要的居民，另外城市中还有各色人物，除了一般的手工业者外，各种服务行业的劳作者也较多，如厨娘就是当时常见的一种服务性职业。其时城市中的大小酒肆都流行雇用厨娘，有钱人家也以雇用厨娘为荣，所以不少平民家庭将女儿培养成厨娘，有时还有人"男扮女装"做厨娘的情况。考古工作者在金代汾阳王氏家族墓中的砖雕和壁画中就发现有厨娘这类人。[①]

除此之外，由于娱乐之风的盛行，城市中还有不少艺人。考古工作者在金国遗址的砖雕上还发现了刻绘的歌姬。歌姬在当时是很常见的职业，人们饮酒时都会叫歌姬前来助兴。除了歌姬外，还有妓女。周辉使金到谷熟县时就提到"数妓来"。当时还普遍流行"说话"、杂剧等艺术表演，因而也出现了为数不少的职业表演艺人。"说传奇小说，杂以俳优诙谐语为业。海陵引之左右，以资戏笑"[②]。该史料表明金中都已经有了以"说话"表演为业的职业艺人。

同时，在每个城市的底层还有很多的小人物，如普通手艺人、小贩等，他们很少被记录，但是他们确确实实存在于城市之中，每天为了生计而勤奋地劳作并精打细算过着日子。山西繁峙岩上寺的一幅壁画可以被看作金国城市生活的缩影，画中有一处楼阁，楼内座客满堂，有品茶饮酒的，有说唱卖艺的。楼外有叫卖饮食的小贩，或手提，或挑担，或摆摊，或推车，还有算卦盲人、游方和尚，等等。[③] 该壁画生动地再现了金国城市中忙碌的人群和热闹的街市，观之使人仿佛听见了叫卖声、嬉笑声。这幅描绘了金国城市普通市民生活的壁画很容易让人联想到《清明上河图》。

金国是一个包括女真、汉、契丹、奚等族的多民族国家，城市成为各民族聚居的地方。金国虽然没有明确的民族等级划分，但是在建国初期民族的区别还是较为突出。金国统治者为了更加有效地治理国家，稳固统治，其民族政策逐渐宽松，主动推进民族融合。在多民族的融合过程中，女真人的汉化和汉人的女真化都是当时的普遍现象。

---

① 2008年，山西省考古研究所发现了汾阳东龙观宋金墓群，其中汾阳金代王氏之墓中精美的砖雕和壁画呈现出800年前山西人的市井生活景象，画中就有厨娘。详见新华网：http://www.sx.xinhuanet.com/dfzx/2009-08/06/content_17324894.htm，2009年8月。
② 脱脱等：《金史》卷一百二十九《佞幸传》，中华书局，1975年，第2780页。
③ 参见张亚平、赵晋樟《山西繁峙岩上寺的金代壁画》及潘絜兹《灵岩彩壁动心魄——岩上寺金代壁画小记》，均载《文物》1979年第2期。

三、社会关系的特点

（一）民族等级划分明显

在一个多民族的国度建立政权，统治者往往都会以本民族的人民作为基本依托，同时给予本民族人民最大的优惠政策，这容易导致民族间的不平等。金是女真族建立的少数民族政权，女真人基数小、占比小，要统治人数庞大的其他民族，显得较为吃力。为克服这一困难，金国实施了保护女真族、打压汉族及其他民族的政策。对于金国的民族等级关系，前人总结为"有兵权、钱谷，先用金人，次渤海，次契丹，次汉儿。虽刘彦宗、郭药师亦无兵权"[1]。战利品分配原则："其数虽同，其物不等，金人得锦，渤海得绫，契丹得绢纻之类，而九州（汉人，笔者注）所得者杂色而已。"[2] 基于这两条材料，我们可以看出在金国社会等级体系中有很明显的民族等级差别。在此，我们试着来分析各个时期金国官员的民族结构。（见表6-1）

表6-1 金代三品以上官员民族结构统计表[3]（单位：个）

时代 族别	熙宗朝	海陵朝	世宗朝	章宗朝	章宗以后	合计
女真	61	53	79	47	104	344
汉	24	35	54	48	59	220
渤海	5	6	9	2	1	23
契丹	3	8	6	3	8	28
奚	1	6			1	8
其他		1			3	4

张希清、毛佩琦、李世愉主编，武玉环、高福顺、都兴智、吴志坚著：《中国科举制度通史·辽金元卷》，上海人民出版社，2015年，第300页。

根据上表和散见于《金史》中的相关材料，我们发现在金廷中女真官吏基数最大而且多数在三品以上，地方重要府、镇官员和宫廷内重要职权部门的官员大部分是女真人。而人口基数最大的汉人却多担任副职，即使担任正职者也多是任非军政要职，如翰林和御使等。

---

[1] 徐梦莘：《三朝北盟会编》卷九十八《靖康中帙》，清许涵度校刻本。
[2] 邓肃：《栟榈集》卷十二《辞免除左正言札子》，明正德刻本。
[3] 关于对金国廷中任三品以上官员的民族结构的考察，张博泉、董玉瑛早有研究；后来，范树梁、贾祥恩又申其说；1996年，刘浦江发表《金朝的民族政策与民族歧视》一文，论之更详。

（二）阶级等级划分明显

金国开国之初，女真社会中大致有 3 等人：一是"奴婢、部曲"，二是"庶人"，三是"有官者"。这反映出女真社会无疑是奴隶社会，阶级等级分明。在占领广大的华北地区后，金国的社会阶级结构发生了很大的变化，出现了地主或奴隶主兼地主，但此时金国的奴隶制还有很强的生命力。

金国统治者主要通过两种方式来发展奴隶制：一是战争掠夺。女真奴隶主统治集团在公元 1114 年至 1127 年的长达 13 年的灭辽攻宋战争以及此后对南宋的战争中，掠夺了大量的财富和人口。金国的前三代皇帝统治时期，特别是金太宗时，因驱掠人口特别是汉族人口，女真的奴隶数量迅速增多。到金后期，仍有女真将军剽掠奴隶的事情发生。"以大将而为剽掠之事，今日得生口三百，明日得牛羊一二千，而士卒以喘死者不复计。国家所积，必为是家破除尽去矣。"[①] 这说明女真人特别是女真贵族通过战争掠夺的方式来增加自己的财富，同时俘获大批奴隶，在其占领的区域推行奴隶制，这种情况贯穿于女真人扩张的全过程。二是猛安谋克户的南迁。女真贵族在发动战争、驱掠人口的同时，又利用屯田等土地占有方式，即政治和经济手段，将猛安谋克户大量南迁到新占领区域，并通过不同的剥削方式，使不少汉人沦为奴隶。两种手段相辅相成，使得奴隶制在金国有了很大的发展，也使得其阶级等级划分更明显。

第二节　物质生活变迁

女真人世居东北，善于渔猎，逐水草而居，形成了自己独特的生活方式。金国建立后，大量女真人内迁，他们的生活方式与汉人的生活方式相互影响、相互融合，使得当时的城市社会生活出现了新的变化。

一、居所与装饰

中国古代传统建筑外形庄严肃穆，建筑材料以木材为主，建筑形状以正方形、长方形为主。宋代的建筑风格在我国建筑史上独树一帜。与唐朝相比，宋代建筑在体量上开始变小，精致且富于变化，给人以细致柔丽的感觉。从建筑结构上看，宋代的斗拱更多的是起装饰作用，拱高与柱高的比例也是越来越小。另外还出现了殿、台、楼、阁等结构复杂的建筑。宋代建筑在唐代的基础上进一步标准化、规范

[①] 元好问著，狄宝心校注：《元好问编年校注》卷三，中华书局，2012 年，第 287 页。

化。在此期间出现了记载房屋建筑方法的《木经》和《营造法式》。① 公元916年，契丹人建立了辽朝，在建筑方面大量吸收汉人建筑文化的精华，所以辽代建筑主要保持了五代及唐的风格。辽的建筑物显得庄严而稳重，这可能受唐末北方藩镇割据城市建筑以及契丹人豪放的游牧民族文化的影响。辽代有些殿宇为东向，这与契丹族信鬼拜日、以东为上的宗教信仰和居住习俗有关。金国建立以前，女真人的传统建筑文化较弱，其建筑技术也较落后。女真人占领中原以后，金国的重要建筑主要继承了宋辽风格，但相较于辽朝，金国受传统建筑文化规则的束缚较少，因而其建筑的汉化程度更深，加之建筑工匠多是汉人，所以其建筑风格更接近宋朝建筑的柔丽，现存于世的金代建筑物就体现了这一特点。

金国统治者修建宫殿建筑往往不遗余力，经常调集成千上万的民夫来参与宫殿的修建。"四面兴筑"②，"遂役五路工匠，撤而新之"③。金国宫殿建筑大部分都仿开封的宫殿建筑样式，但在一些细节上又体现出女真文化特色，其中最具女真文化特色的宫殿位于上京会宁府。"木建殿七间，甚壮。未结盖，以瓦仰铺及泥补之。以木为鸱吻及屋脊。用墨下铺帷幕，榜额曰乾元殿。阶高四尺许，阶土坛方阔数丈，名曰龙墀。"④ 这说明当时的人们开始注重建筑的装饰。除此之外，金代还出现了具有较强装饰性的砖瓦如脚印砖、兽面瓦当、卷云龙纹长方砖、手印砖、牡丹花纹砖、龙纹瓦等，以及龙纹勾滴、绿釉琉璃瓦、凤头等。今黑龙江省博物馆藏有金代龙头建筑饰件，这些建筑饰件反映出女真人注重房屋装饰的观念，同时也反映出女真人建筑技术水平的提高。

除了皇族以外，女真族的普通百姓原本的居住条件较为艰苦，当他们南下进入原辽、宋的城市后，迅速地接受了中原人的居住方式，使自己的居住条件有了改善。海陵王迁都后，在中都设立了中都店宅务，该机构的主要职责就是维修民宅。⑤ 在专门机构管理下修建的民间住宅具有一定的规范性，并体现了汉式建筑的风格。"馆唯茅舍三十余间，墙壁全密，堂室如鸾幕，寝榻皆土床，铺厚毡褥及锦绣貂鼠皮大枕头等。"⑥ 当时在普通民居中还出现了一些新的装饰物，比如当时流行一种"妇人启门"的装饰，即富贵人家在家中的大门上雕刻一个美丽的妇人，象征美女代为开门。这种门庭装饰起源于唐，南宋、金时最盛，并传至川、贵、晋、冀等地，但金以后逐渐消失。在汾阳金代王氏家族墓葬遗址中，有一组很漂亮的砖雕展示了"妇人启门"。

---

① 《营造法式》是我国古代最科学、最全面的建筑学著作，也是世界上最早、最完备的建筑学著作，在宋代相当于建筑业的"国标"。
② 许亢宗：《许奉使行程录》，宇文懋昭撰，崔文印校证：《大金国志校证》卷四十，中华书局，1986年，第570页。
③ 宇文懋昭撰，崔文印校证：《大金国志校证》卷十二《熙宗孝成皇帝四》，中华书局，1986年，第174页。
④ 徐梦莘：《三朝北盟会编》卷二十《政宣上帙二十》，清许涵度校刻本。
⑤ 脱脱等：《金史》卷五十七《百官志三》，中华书局，1975年，第1321页。
⑥ 徐梦莘：《三朝北盟会编》卷二十《政宣上帙二十》，清许涵度校刻本。

另外，北方民居内出现了新的设施——火炕。火炕最初出现在东北，是那里的人民抵御严寒的重要设施。辽金时期，女真人"穿土为床，煴火其下，而饮食起居其上"[①]。随着女真人大量向南迁徙，他们也将火炕带到了中原各地，由于火炕的保温效果较好，是取暖的好设施，因此火炕开始在金国城市中普遍流行起来，在一定程度上改变了人们冬天的生活习惯。火炕一般会占据室内大部分空间，炕面一般都比较宽大，所以人们吃饭、玩耍、睡觉都可在炕上进行；家里来客人，主人也会将其请到炕上坐，炕头的位置比较尊贵，是家中长辈或客人的位置。火炕成为当时诗人们诗句中常常描写的事物。

二、服饰的演变

生活在黑龙江地区的女真人的服装多为白色，这与当地的地理环境和人们的生活方式是分不开的。女真人以游牧为主要生产方式，黑龙江地区气候寒冷，身穿白色服装，便于与周围的冰雪银树融为一体，从而起到保护自己、迷惑猎物的作用。女真人的春装以杂花卉、鹘捕鹅为纹饰，秋装以鹿、熊、山林等带黄色的动、植物为纹饰，这些装饰最初都与保护自身安全有关。

自从女真人进入中原之后，开始注重衣着打扮，妇女所穿服饰也开始出现变化，衣服款式多为直领。男子的服饰以袍为主，左衽、圆领、小窄袖，不论贵贱皆穿尖头靴。当时，女真人的服饰等级不分明，没有严格的规定，服饰简单而朴实。后来进入黄河流域以后，汉族华美的服饰吸引着女真人的眼球，他们的服饰不仅仅是保暖或遮蔽身体之物，更是一种社会等级和社会地位的象征，同时也体现了一种对美的追求，所以女真人大多改穿汉服。金熙宗曾表示要"雅歌儒服"，海陵王也说过："见江南衣冠文物，朝仪位著而慕之。"这些都反映了当时女真人衣着的汉化已经不可逆转。

虽然女真人在衣食住行等方面逐渐汉化是一种大趋势，但金代北方汉人的衣着和发式也出现效仿女真人的趋势。其实在契丹统治的时候，燕地等地区的汉人就开始穿着胡服了。"左衽今已半"[②]就描写了汉人穿着胡服的情景。金初，"番、汉杂处"[③]，女真"散居汉地"[④]，金国统治者为了避免女真人汉化，强制推行汉人女真化政策，所以在汉人中也开始流行女真的衣着和发式。"民亦久习胡俗，态度嗜好与之俱化……最甚者，衣装之类，其制尽为胡矣。自过淮已北皆然，而京师尤甚。

[①] 宇文懋昭撰，崔文印校证：《大金国志校证》卷三十九《初兴风土》，中华书局，1986年，第551页。

[②] 苏辙：《苏辙集》卷十六，中华书局，1990年，第319页。

[③] 宇文懋昭撰，崔文印校证：《大金国志校证》卷二《太祖武元皇帝下》，中华书局，1986年，第31页。

[④] 宇文懋昭撰，崔文印校证：《大金国志校证》卷八《太宗文烈皇帝六》，中华书局，1986年，第126页。

惟妇女之服不甚改，而戴冠者绝少，多绾髻，贵人家即用珠珑璁冒之，谓之方髻。"① 一时间，女真人的衣冠在南京开封成为时髦货，在当时的相国寺就能买到。"闻说今朝恰开寺，羊裘狼帽趁时新。"而且寺中杂货"皆胡俗所需"。可见当时在金国城市的市场中可以随意购买到女真等少数民族的衣冠及日常生活用品，这也是民族大融合的表现。

金国妇女喜欢上半身穿大袄子，下半身穿锦裙，"裳曰锦裙，裙去左右各阙二尺许，以铁条为圈，裹以绣帛，上以单裙笼之"②。锦裙有点类似于中世纪欧洲贵妇的裙子，裙摆用铁条圈架支撑，使之向四面蓬起，但两者圈架的位置稍有不同。在河南焦作金墓壁画中就绘有一女子外穿大袄子，上衬左衽衫，衫内穿下摆膨胀的多褶裙。这幅壁画展现了金国女子华美的服装，这种服装样式是以前没有的，是金人独创的一种服装样式，因而在当时非常流行，女真族女性和汉族女性都争相穿着这种特殊的服饰，这在中国古代服饰发展史上显得十分独特。

金国服饰文化还出现了一个独特的新现象，即无论男女皆流行头上戴花，不仅女子多在发髻上戴花，男子也多在帽子旁边配花，如汾阳金代王氏家族墓中的一块砖雕上就绘有一男子戴着黑色帽子，帽子旁插着簪花。另据记载，每逢节日，人们都喜欢在帽子旁边插一朵簪花，"惟栾枝甚异，或四或二，长二尺许。花为杂色，状如锦带，翘起幞头四角，后垂柳四枝"③。这种打扮在当时可谓一种时尚。

女真人进入中原后，一度将自己的服饰文化强加给被占领地的人们，由此引发了一些冲突。如女真族男女都要辫发，男子辫发需将额部的头发全部剃光（像后来的清朝人一样，名为削发），然后将后面的头发辫发垂肩，女子辫大盘髻。金兵入宋以后，武力强迫宋朝臣民依照金人习俗削发垂辫，不遵者处死。直到公元1156年以后，金的削发令才有所放宽，汉人才得以恢复蓄发的自由。

三、多样化的饮食生活

（一）菜肴品种趋于多样化

人们对美食的追求总是无止境的。对于进入中原的女真人而言，粮食占据了越来越重要的地位。他们通常是将粮食做成粥食用。世祖令士卒"以水沃面，调麨（粥）饮之"④。在《金史》中还多次出现有关"粥"的记载。进入中原后，女真人强慕华风，其中也包括对汉族食品的喜爱。在与汉人的接触中，女真人的食品也开始变得丰富多样。辽金之际，辽东地区的女真人制造的糕点变得精细起来。当时人

---

① 范成大：《揽辔录》，中华书局，2002年，第12页。
② 宇文懋昭撰，崔文印校证：《大金国志校证》卷三十九《男女冠服》，中华书局，1986年，第553页。
③ 楼钥：《攻媿集》卷一百十二，清武英殿聚珍版丛书本。
④ 脱脱等：《金史》卷一《世纪》，中华书局，1975年，第8页。

们喜爱吃蜜糕，赵秉文《松糕》中写道："巧谋一饱地，麨粉不我逃。腹中十八公，笑汝真老饕。"① 这里的"松糕"就是蜜糕，在当时深受人们的喜爱。周辉在使金的路上，也见到了"枣糕"，可能是一种类似的食物。女真人与汉人饮食文化相互融合，馒头、汤饼、烧饼、煎饼等面食也成为女真人的主食。当时的人们钟爱包子，在金代汾阳王氏家族墓中就有一幅热气腾腾的包子图。"包"谐音"宝"，代表家中的福气。当时包子还有各种名字，如薄皮春茧包子、王楼梅花包子、虾肉包子等。

"及至中原入金之后，北宋汴京一带的各种食品，无疑大都保留下来，成为金代饮食的一部分。"② 至于中原汉族地区的菜肴，在北宋时已相当丰富，其饮食文化也延续了下来。大定间，周辉使金，在泗州释馆看到各种菜名，如"荡羊饼子""血羹""罗肚羹""肉齑羹""索面""骨头盘子"等，丰富多样。南京开封一带，其繁荣程度虽同北宋时比相差甚远，但其饮食仍然是十分丰富的。大定间，楼钥路经开封时，那里的菜品相当丰盛，一餐中，"数十品，源源而来"，有"鱼咸豉""羊头""爆肉""羊头假鳖"等。

金国菜馔也并非都不合汉人口味，许亢宗一行在第十九程滨海的红花务获金人赠鱼数十条，"烹作羹，味极珍"③。金代调味品主要有油、酱、醋、蜜、葱、姜、芥、蒜等。

（二）酒文化兴盛

金国时期，不管是汉人还是女真人都喜饮酒，饮酒之风盛行，人皆豪饮。金人在许多场合都离不开酒，男女婚嫁、将士出征、皇帝恩赐、祭祀天神祖宗、朝廷大典，这些场合都要饮酒。许亢宗《许奉使行程录》记载，其每到一处，当地官员喜摆宴设酒，"酒三行""酒五行""酒九行"等词随处可见，这也印证了当时的饮酒之风盛行。

金国的城市、乡村到处都有酒楼和酒肆。酒楼一般位于城市中最繁华的地方，有仅两三间房的小酒楼，也有共三两层的豪华大酒楼，人们在这里可以吃饭喝酒。酒楼里还有表演杂剧等，这里的顾客可以是达官贵人，也可以是平民百姓。人们在这里交流谈论，出门后各不相干。金章宗朝宰相胥持国就常常去酒楼买酒，其死后，章宗问平章政事张万公："持国今已死，其为人竟如何？"万公说："持国素行不纯谨，如货酒平乐楼一事，可知矣。"章宗说："此亦非好利。如马琪位参政，私鬻省酝，乃为好利也。"说明位及宰相的高官也喜欢饮酒，在当时不是个例，其被同僚批评，应与当时官员饮酒之风盛行及朝廷屡次禁酒不无关系。相州治所安阳，社会经济发达，酒楼也很繁盛，周辉在《北辕录》中记载其路过相州，看见相州酒

---

① 赵秉文：《滏水集》卷三，四部丛刊影明钞本。
② 徐海荣：《中国饮食史》卷四，华夏出版社，1999年，第486页。
③ 许亢宗：《许奉行程录》，宇文懋昭撰，崔文印校证：《大金国志校证》卷四十，中华书局，1986年，第564页。

楼"阛阓繁盛,观者如堵","二楼曰康乐,曰月白风清,又二楼曰翠楼,曰秦楼","时方卖酒",并悬挂"十洲春色"招牌以招揽客人。范成大在使金路上经过相州,描写翠楼:"连衽成帷迓汉官,翠楼沽酒满城欢。白头翁媪相扶拜,垂老从今几度看。"作者注翠楼"在秦楼之北,楼上下皆饮酒者",说明相州酒楼多,饮酒之风盛行,已成为城市生活的重要内容。

山西繁峙岩上寺有一幅描绘金代酒楼的壁画,楼内宾客满堂,台上有说唱卖艺的,台下有饮酒品茶的。酒楼外还高展着"野火攒地出,村酒透瓶香"[1] 的酒旗,十分醒目。这也是对当时酒业繁荣、饮酒之风盛行的写照。

在城镇、道路旁和乡间开设的小酒馆、小食店称酒肆。楼钥出使金国路过河北,看到境内"道旁数处卖酒……一瓶贮酒,苕帚为望,石炭数块,以备暖汤"[2],说明这种小酒馆随处可见。"酒旗风外鸟关关","别墅酒旗依古柳","一竿斜日酒旗闲","青旗知是派家酒",这些诗句也都是描写酒肆的。

从上可见金国酒文化的兴盛和饮酒之风的盛行。饮酒既是人们的一项生活需求,也是情趣所在,成为一种生活方式,故而当时不管是在重要的场合还是平时,人们都喜饮酒。

(三) 茶文化逐渐普及

唐宋以来的饮茶之风也影响着金人的生活。在进入中原后,金人觉得饮茶能展现出儒雅的样子,故饮茶成为当时的一种时尚。"比岁上下竞啜,农民尤甚,市井茶肆相属"[3],上自皇帝下至平民,饮茶之风开始在各阶层中流行。《金房节要》中载熙宗"分茶焚香","失女真之本态"。文人更加推崇品茶,如蔡松年《石州慢词序》云:"毛泽民尝九日以微疾不饮酒。唯煎小团。荐以菊叶。作侑茶乐府。卒章有一杯菊叶小云团、满眼萧萧松竹晚之句。"[4] 刘铎《渑池驿舍用苑极之郎中韵》云:"永夜如何得消遣,新诗吟罢自煎茶。"[5] 由于金国本不产茶,所需茶叶来自宋人岁贡和贸易与宋之榷场,然饮茶之风风靡社会,茶叶也就显得弥足珍贵了。有女真人在婚嫁时,酒宴过后,"富者瀹建茗,留上客数人啜之,或以粗者煮乳酪"[6]。说明在婚嫁这么重要的时刻,大家庆贺时所有宾客都能饮酒,但茶太珍贵了,只能"留上客数人啜之",由此可看出当时茶的贵重。因此金廷还颁布过禁茶令,规定了可以喝茶的人群。

斗茶是北宋兴起的一种饮茶方式,金国也受其影响,出现斗茶。顾名思义,斗

---

[1] 参见张亚乎、赵晋樟:《山西繁峙岩上寺的金代壁画》,《文物》,1979年第2期;潘絜兹:《灵岩彩壁动心魄——岩上寺金代壁画小记》,《文物》,1979年第2期。
[2] 楼钥:《攻媿集》卷一百十一,清武英殿聚珍版丛书本。
[3] 脱脱等:《金史》卷四十九《食货志四》,中华书局,1975年,第1108页。
[4] 张金吾:《金文最》卷三十七《石州慢词序》,中华书局,1990年,第540页。
[5] 元好问:《中州集》庚集第七《渑池驿舍用苑极之郎中韵》,华东师范大学出版社,2014年,第444页。
[6] 洪皓:《松漠纪闻》卷上,明顾氏文房小说本。

茶就是看谁的茶好。要使煎出来的茶好，就必须有好的茶具、煎水及条饼。斗茶时，首先将茶末放在茶盏，然后煎水，把煎好的水注入茶盏，又称"点茶""分茶"。宋代诗人杨万里曾云："分茶何似煎茶好，煎茶不似分茶巧。"说明斗茶非常讲究。在金代汾阳王氏家族墓中，就有一幅描绘两个人正在品茶的壁画。壁画中，两名男子分别坐在桌子两侧，靠右边的这位似乎正在品茶，他一手端碗，另一手拿着一个刷子。那时人们的喝茶方式与现在的方式不太一样，他们喝茶时会连茶叶一起喝掉。所以当时泡茶有一道工序叫点茶，就是将茶叶碾碎成粉末，加上淀粉类的东西，再用开水冲泡。故而当时的茶叶是糊状、膏状，与今芝麻糊差不多。正因如此，他们需要用一个小刷子将茶水搅拌均匀再喝。现在中国的饮茶工具中已经没有这种小刷子了，但在日本茶道中还保留着。金代汾阳王氏家族墓中还出土了珍贵的耀州窑茶盏，说明当时社会上流行饮茶。

四、物质生活的特点

在金国城市中，贵族、平民、富人、穷人在衣食住行等方面本已有很大差距，由于阶级划分明显，使得居民生活的差距被拉得更大。贵族过着奢侈生活，大量奴隶过得十分艰苦。这些奴隶没有自由，没有自己的生产资料，只能为主人执炊牧马。

除贵族与奴隶生活品质差距大外，贵族与平民生活品质的差距也变得明显。金建国之初，君臣与平民居室并无多大差别，星散而居。金太宗天会三年（1125）始建乾元殿，殿很简陋，殿外仅栽柳行以作禁围。到海陵王时期，大兴营建之事，中都大兴府光城门就有12个，而普通百姓居住的仍是简单的房屋。

女真族内部不同等级的人之间的生活差距也被拉大。在服饰上，这种差距已经变成一种等级制。早期女真人的服饰都是兽皮，没有什么严格限制和要求。"女真之初，尚无城郭，星散而居。国主晟（太宗）尝浴于河，牧于野，屋舍、车马、衣服、饮食之类与其下无异。"[①] 说明在金国初期，女真人的服饰并没有严格的等级差别，即使有些许差别也只是因其所拥有的社会财富不同而出现服饰衣着的不同。进入中原后，这种情况逐渐改变，金国开始制定区分等级的服饰制度。

《金史·舆服志》记载金政府对每个人的服饰都有严格的规定。这种规定不仅限于皇亲、贵族、官僚，而且对士庶、三教九流、兵卒、奴婢等都有具体规定。这种规定相当细致和明确，对不同场合穿着的服装也有详细规定，尤其是对官服的色彩和花纹有严格的规定。如规定："文资五品以上官服紫。三师、三公、亲王、宰相一品官服大独科花罗，径不过五寸，执政官服小独科花罗，径不过三寸。二品、三品服散搭花罗，谓无枝叶者，径不过寸半。四品、五品服小杂花罗，谓花头碎小

---

① 宇文懋昭撰，崔文印校证：《大金国志校证》卷十《熙宗孝成皇帝二》，中华书局，1986年，第151页。

者，径不过一寸。六品、七品服绯芝麻罗。八品、九品服绿无纹罗。"① 金国用不同颜色和不同品种的花卉图案来区别官员等级，反映了官服的等级化。对不同的普通民众，也有不同的服饰着装规定。《金史·舆服志》记载：大定十三年（1173），"太常寺拟士人及僧尼道女冠有师号、并良闲官八品以上，许服花纱绫罗丝绸"②。而庶人则"止许服䌷绸、绢布、毛褐、花纱、无纹素罗、丝绵，其头巾、系腰、领帕许用芝麻罗、绦用绒织成者，不得以金玉犀象珠宝玛瑙玻璃之类为器皿及装饰刀把鞘、并银装钉床榻之类"③。"兵卒许服无纹压罗、䌷绸、绢布、毛褐。"④ "奴婢止许服䌷绸、绢布、毛褐。"⑤ "倡优遇迎接、公筵承应，许暂服绘画之服，其私服与庶人同。"⑥ 金国女真统治者对于士庶、三教九流、兵卒、奴婢的着装的不同规定，反映出其服饰具有明显的等级差别。

进入黄河流域以后，女真人迅速出现汉化的趋向，不仅对汉文化的先进内容加以吸收，对汉文化的糟粕部分也照单接收，这加快了女真统治阶级的腐化，在冠服方面表现得也较为突出。女真人进入中原后迅速采纳宋代汉人冠服制度，一改过去朴实的作风，衣着开始变得华贵光鲜，并逐渐在重大朝会典礼时也习惯穿汉族服饰；百官的常服常常用金丝在肩、袖口等处纹绣图案，显得华丽无比。舒适的生活使大部分猛安谋克户过着不士、不农、不工、不商的寄生生活，战斗力逐渐退化。

女真人进入中原后，受辽宋生活文化的影响，其生活观念和生活习惯逐渐与汉人相互融合，一改过去比较单调的的物质生活和精神生活，而汉族人也受到女真文化的影响，其生活习惯也发生了一些变化。"民亦久习胡俗，态度嗜好与之俱化。"⑦ 说明金国境内出现了民族文化的融合，生活观念和生活习惯及生活方式在相互磨合中出现融合，从而形成了新的生活习俗和生活方式。

第三节　精神文化生活变迁

　　精神生活与物质生活是不能完全分开的，某些物质生活的载体既是生活必需品，也能给人带来精神享受，像茶、酒等物既是生活的必需品，同时也会给人带来精神上的愉悦。金国城市的社会经济繁荣程度整体上虽然不及北宋，但是城市居民的精神文化生活还是较为丰富的。北宋时期在城市中盛行的勾栏瓦舍在金代被保留了下来，是金人和其他民族居民经常娱乐的地方。同时，女真人还将北方民族的音

---

① 脱脱等：《金史》卷四十三《舆服志》，中华书局，1975年，第982页。
② 脱脱等：《金史》卷四十三《舆服志》，中华书局，1975年，第986页。
③ 脱脱等：《金史》卷四十三《舆服志》，中华书局，1975年，第986页。
④ 脱脱等：《金史》卷四十三《舆服志》，中华书局，1975年，第986页。
⑤ 脱脱等：《金史》卷四十三《舆服志》，中华书局，1975年，第986页。
⑥ 脱脱等：《金史》卷四十三《舆服志》，中华书局，1975年，第987页。
⑦ 范成大：《揽辔录》，中华书局，2002年，第12页。

乐舞蹈和体育项目带到了中原城市，丰富了城市精神文化生活。

一、音乐与舞蹈

音乐与舞蹈和人们的日常生活息息相关，游牧民族对之更是喜爱，将之融入劳动和生活之中，每当有重大事件时都会奏乐歌舞。女真人也是一个能歌善舞的民族，女真女子出嫁时还会边走边唱巫歌。女真的传统舞蹈流传下来的很少，但颇具特色，其中有一种舞蹈："舞者六七十人，但如常服，出手袖外，回旋折，莫知起止，殊不可观。"女真人的民族乐器较少，民族歌曲也较单调。"其乐惟鼓笛，其歌惟鹧鸪曲，第高下长短如鹧鸪声而已。"但女真人很乐于接受外来歌舞，如《臻蓬蓬歌》[①] 本是契丹族的民歌，但在辽金时期《臻蓬蓬歌》都很流行。《宣政杂录》载："宣和初，收复燕山，以归朝辽民来居京师。其俗有《臻蓬蓬歌》，每扣鼓和臻蓬蓬之音为节而舞，人无不喜闻其声而效之者。"《臻蓬蓬歌》舞与后来流行于清朝满族中的"太平鼓"应是一脉相承。

公元1125年，许亢宗出使金国，他在《许奉使行程录》中记录了咸州州守为他接风设宴，席间演奏乐曲，使用的乐器有"腰鼓、芦管、笛、琵琶、方响、筝、笙、篥、大鼓、拍板，曲调与南朝一同"，但"腰鼓下手太阔，声遂下；而管笛声高，韵多不合"。说明其演奏技巧不太熟练。当他到达会宁府时，金太宗举行盛宴款待他，也是歌舞并起，"乐部二百人。契丹教坊四部也"。由此可以看出，女真人大量沿用了辽宋的歌舞乐器，在宴会上会常常伴以歌舞，而且歌舞形式已很丰富。

在与辽、宋的战争期间，金统治者也比较注重音乐歌舞等艺术的发展。天会五年（1127），金攻取汴京时，从城中搜刮了许多乐手、乐书、乐章还有歌舞宫女以及乐器，随后宋朝的舞蹈也传到女真内部。金从此"始有金石之乐"。建国后，金统治者建立起宫廷礼乐制度，到大定、明昌之际，"日修月葺，粲然备"。大定十年（1170），南宋诗人范成大出使金国，在真定看到当年被从汴京掳来的乐工在表演宋舞《高平曲破》。"虏乐悉变中华，惟真定有京师旧乐工，尚舞高平曲破。"诗云："紫袖当棚雪鬓绸，曾随广乐奏《云》《韶》。老来未忍耆婆舞，犹倚黄钟衮《六幺》。"[②] 说明当时宋朝的舞蹈为金统治者所接受，并且在金国很流行。在很多诗中，我们还可以看到当时其他的一些舞蹈，比如踏锥舞，王恽《西苑怀古和刘怀州韵》云："彩凤箫声彻晓闻，宫墙烟柳接龙津。月边横吹非清夜，镜里琼华总好春。行殿基存蕉作土，《踏锥》舞歇草留茵。野花岂解兴亡恨，犹学宫妆一色匀。"诗人在诗末注云："《踏锥》，舞名。见景元所录金人遗事。"

近年来在山西新绛县北苏村的金墓中出土了一组十分精美的乐舞砖雕。乐舞人

[①] 《臻蓬蓬歌》歌词大意："臻蓬蓬，外头花花里头空，但看明年正二月，满城不见主人翁。"同时《臻蓬蓬歌》又是舞曲。

[②] 《宋诗钞·宋诗钞初集·古湖诗钞·真定舞》，中华书局，1986年，第1741页。

头梳高髻，戴花和发带，裸上半身，身材健壮丰满，颈饰项圈，手臂带环钏，身披巾帛，绕肩搭背，纹饰洒脱飘逸。所持乐器有筚篥、琵琶、大鼓等，演奏生动，神态专注。①该砖雕描绘了两位身材健硕、装饰华美的女真乐手手持中原乐器正在演奏的场景，说明当时女真人弹奏中原乐器已是常有之事。

女真人除了在宴会等场合会唱歌跳舞外，在一些宗教场合也会跳舞。女真人信仰萨满教，跳大神时，一般五六个妇女，脸上涂红色粉末，穿着艳丽的衣服，手上各持两面镜子，"高下其手，镜光闪烁，如祠庙所画电母"。这种舞蹈也是女真人中较为流行的舞蹈，叫镜舞。随着金宋议和，双方交往密切，女真人的音乐、舞蹈也开始向南宋传播。甚至南宋朝廷认为因女真等音乐流行而"声音乱雅"，故多次颁布诏令予以禁止。当然，这种文化交流的大势绝不是靠行政命令就能阻止的。

二、戏曲与诗词

金保留了流行于北宋的勾栏瓦舍，勾栏瓦舍是人们欣赏歌舞娱乐的天堂。

当时在城市中，人们喜闻乐见的艺术形式是杂剧，《东京梦华录》中提到了杂剧、小杂剧、哑杂剧、般杂剧、勾杂剧等。《辽史·乐志》中记载，皇帝庆生或宴请宋国使臣等的宴会中都会上演杂剧。

金国建立后，辽宋杂剧被继承、发展。许亢宗记载了金初北方演出"百戏"的场面，其中有角抵、杂剧等，说明金人将杂剧列入百戏之内。金人在每占领一个宋朝的城市后都会俘获大批艺人包括杂剧艺人到金境。如天会五年（1127）正月二十五日，金人令"杂剧、说话、弄影戏、小说、嘌唱、弄傀儡、打筋斗……一百五十余家……押赴军前"②，后解往金国。几天后，又索杂戏150人。大批北宋杂剧艺人进入金国的管辖范围，对于金国的戏剧文化发展起了重要的推动作用，促进了民族文化的融合。

金杂剧承袭自宋杂剧，但在宋杂剧的基础上又有发展和变化：一是主要以说为主，唱的比重变小，而且少用大曲；二是丰富了艳段的节目形式，增加了"院么"等。"1963年，河南焦作金墓出土的陶杂剧俑中的一件吹哨俑颇有戏剧性，头戴软翅巾，翅脚已失，身着圆领窄袖长袍，腰束带，足蹬靴。左手持节板，右手作吹哨状，面部表情诙谐。"③ 杂剧是金国上自皇帝下至普通百姓都喜欢的一种艺术形式，成为金国宫廷典礼和接待外国使者的宴会中不可缺少的节目。天会五年（1127）上元节，宗翰、宗望在刘家寺设筵，邀请宋钦宗观灯，席间"悉呈百戏，露台弟子祗应倡优杂剧罗列于庭"④。

金代末期杂剧又称院本。明朱权《太和正音谱》解释说，院本者，"行院之本

---

① 姜宏宇：《金代雕塑之社会生活考》，《哈尔滨学院学报》，2006年第27卷第7期。
② 徐梦莘：《三朝北盟会编》卷七十七《靖康中帙》，清许涵度校刻本。
③ 姜宏宇：《金代雕塑之社会生活考》，《哈尔滨学院学报》，2006年第27卷第7期。
④ 徐梦莘：《三朝北盟会编》卷七十四《靖康中帙》，清许涵度校刻本。

也",也就是行院所演的杂剧。

"说话"最早是流行于唐宋的艺术形式。到了金代,"说话"受到上自帝王下至市民的喜爱,在城市之中成为一种流行的艺术形式。《金史》卷一百二十九《佞幸传》记载:有个名叫张仲轲的"说话"艺人在当时影响很大,他主要"说传奇小说,杂以俳优诙谐语为业。海陵引之左右,以资戏笑"。这段史料表明金中都已经有了以"说话"为业的职业"说话"艺人。"说话"既然已成为一种职业,那么以此为业者必非张仲轲一人,说的场所也不会局限于宫廷,"说话"是金国城市中各阶层人士喜闻乐见的艺术表演形式。

金国还流行一种说唱艺术——诸宫调,其首创于北宋孔三传,是一种以唱为主、以说为辅的表演艺术,流行于宋、金、元时期。诸宫调是一种大型说唱艺术,有专门的班子在北京城内说唱,深得市民喜爱。董解元的《西厢记诸宫调》是流传下来的一部完整的金代诸宫调本子。金代诸宫调对后来的元杂剧有非常大的影响。

连厢词也是当时人们喜爱的艺术形式,主要是一种说唱表演。连厢词是多人表演的,主要由一人歌唱,三人伴奏,伴奏者分别吹笛、弹筝、弹琵琶。另外还有人根据唱词内容和角色不同,跟随歌曲表演相应的动作。连厢词表演不能算是一种独立的形式,它是主要受戏剧影响而产生的一种说唱表演形式。表演的人各有明确分工,唱的人不表演,表演的人不唱。[①]

杂剧、说话、诸宫调、连厢词都是勾栏瓦舍中人们喜闻乐见的艺术形式,它们相互交融,为元杂剧的兴起奠定了基础。金杂剧在我国艺术史上有重要地位,它不仅推动了散曲和元杂剧的出现与发展,而且为我国民间剧种多样化做出了贡献。

金国统治者对诗词教育高度重视,故而诗歌文化在金国城市也十分盛行,丰富了城市居民的精神生活。文人群体是金国文化生活中最活跃的人群,他们常常饮酒赋诗,抒发感情。其中一些诗歌广为流传,产生了较大的影响。许多诗句为时人所称颂,如宇文虚中之"强忍玄猿泪,聊浮绿蚁杯","应分干斛酒,来说百年忧"。高士谈之"旧日屠苏饮最先,而今追想尚依然。故人对酒且千里,春色惊心又一年"。许多有代表性的女真诗词作者还出自皇室,金熙宗、完颜亮、完颜允恭及其妻徒单氏、金章宗等都是著名的诗词作者,其中完颜畴被元好问誉为"百年以来宗氏中第一流人也"[②]。

三、体育文化

在中国古代北方少数民族中长期流行着摔跤、骑射等传统体育项目,这些项目既可使人习武强身,又具有很强的娱乐性。"射柳、击球之戏,亦辽俗也,金因尚

[①] 杨荫浏:《中国古代音乐史稿》上册,人民音乐出版社,1981年,第327页。
[②] 元好问:《中州集》戊集第五,华东师范大学出版社,2014年,第343页。

之。"① 这些体育项目在金前期都相当流行，颇受欢迎。

女真人也是善骑射的游牧民族，骑射不仅是其一项生存技能，也是他们展示自己实力的一种方式。所以即使在和平年代，他们也会常常举行秋狩等活动，以锻炼本族人的骑射能力。在宋金的交往中，席间经常会举行射箭等活动。"复有贵臣就赐食，并伴射于馆内。庭下设乐。酒三行，伴射贵臣、馆伴使副、国信使副离席就射，三矢，弓弩从便用之，胜负各有差，就赐袭衣、鞍马。"② 射箭既可以为宴饮助兴，也是外交实力较量的平台。金前期，宋金较量射箭，金常取胜，到了金后期，女真人的射箭技术有所退步，也经常出现输败的情况。

摔跤是女真人非常喜欢的一项运动，也是女真族选拔人才的一种方式。摔跤也称作"角抵"或"角力"，摔跤手被称为"拔里速"，故而摔跤被称为"拔里速戏"。海陵王曾专门举办角力竞技，贞元三年（1155），"六月丙戌，登宝昌门观角抵，百姓纵观"。正隆元年（1156）正月，"乙丑，观角抵戏"③。当时民间也流行角力，但引发了不少的纠纷和冲突，金章宗才不得不明令禁止这项活动。明昌四年（1193）三月，"制定民习角抵、枪棒罪"④。角力在金国是一项娱乐活动，但也反映了女真人尚武的精神，因而即使有规定禁止，民间的相关活动仍然会举行。

射柳是金国的一项重要寓武于体育的活动，特别是在"重五"这天，金"因辽旧俗，以重五、中元、重九日行拜天之礼"⑤。重五拜天在鞠场举行，这就为射柳提供了场地。所以在举行完盛大的拜天仪式之后，都会举行射柳、击球这两项活动。射柳的具体形式："凡重五日拜天礼毕，插柳球场为两行，当射者以尊卑序，各以帕识其枝，去地约数寸，削其皮而白之。先以一人驰马前导，后驰马以无羽横镞箭射之，既断柳，又以手接而驰去者，为上。断而不能接去者，次之。或断其青处，及中而不能断，与不能中者，为负。每射，必伐鼓以助其气。"⑥ 射柳之后是击球："已而击球，各乘所常习马，持鞠杖。杖长数尺，其端如偃月。分其众为两队，共争击一球。先于球场南立双桓，置板，下开一孔为门，而加网为囊，能夺得鞠击入网囊者为胜。或曰：'两端对立二门，互相排击，各以出门为胜。'球状小如拳，以轻韧木枵其中而朱之。皆所以习跷捷也。"⑦

射柳、击球等在金国是非常普遍的体育活动，上自皇帝下至地方州府官员，对此都非常重视。金太祖开国第一年（1115）就举行了拜天射柳的活动。"甲戌，拜天射柳。故事，五月五日、七月十五日、九月九日拜天射柳，岁以为常。"⑧ 此后，

---

① 脱脱等：《金史》卷三十五《礼八》，中华书局，1975年，第826页。
② 许亢宗：《许奉使行程录》，宇文懋昭撰，崔文印校证：《大金国志校证》卷四十，中华书局，1986年，第570页。
③ 脱脱等：《金史》卷五《海陵》，中华书局，1975年，第106页。
④ 脱脱等：《金史》卷十《章宗二》，中华书局，1975年，第228页。
⑤ 脱脱等：《金史》卷三十五《礼八》，中华书局，1975年，第826页。
⑥ 脱脱等：《金史》卷三十五《礼八》，中华书局，1975年，第826—827页。
⑦ 脱脱等：《金史》卷三十五《礼八》，中华书局，1975年，第827页。
⑧ 脱脱等：《金史》卷二《太祖本纪》，中华书局，1975年，第27页。

历代金国皇帝都经常举行拜天射柳活动。大定三年（1163）五月，金世宗"以重五，幸广乐园射柳，命皇太子、亲王、百官皆射，胜者赐物有差。上复御常武殿，赐宴击球。自是岁以为常"①。明昌元年（1190）五月，金章宗"戊午，拜天于西苑。射柳、击球，纵百姓观"②。章宗承安三年（1198）"壬寅，射柳、击球，纵百姓观之"③。女真人对于射柳、击球活动所用的球场、马匹、鞠仗、箭镞等场地、用具之类也十分看重，并有特殊的规定和比较高的专业要求。④ 射柳、击球活动在金官方的提倡下逐渐成为大众体育文化活动。

骑射、摔跤、射柳等体育项目反映出金国建立后女真人尚武精神的延续，但是金中后期，随着女真人尚武精神的逐渐弱化，骑射、摔跤、射柳等逐渐淡出女真人的娱乐生活，"被具有汉族传统的围棋、双陆、象棋等比较文雅的智力娱乐所代替"⑤。

四、重要的岁时节日

《大金集礼》载，元旦、上元、中和、立春、春分、上巳、寒食、清明、立夏、四月八日（佛诞日）、端午、三伏、立秋、七夕、中元、中秋、重阳、下元、立冬、冬至、除夕等是金国明文规定的节日，每逢节日，各级官员有一至三日的假期。说明汉族长期以来的传统节日被金人继承，这些节日风俗成为金代各族人民生活中共有的部分。

（一）除夕、元旦

金国建立后，继承了汉族的节日文化，以春节为一年中最重要的节日。除夕是农历辞旧迎新的日子，为了避邪，历来人们都有饮屠苏酒、燃放爆竹、饰桃木人⑥等习俗，是每年最热闹的日子。在金人的一些诗词中，可以听到烟花爆竹的声音，感受到节日的热闹。如姚孝锡《岁晚怀二弟》云："爆竹又惊新荐岁，屠苏空忆旧传觞。"⑦ 王寂《踏莎行》（元旦）云："爆竹庭前，树桃门右，香汤浴罢五更后，高烧银烛，瑞烟喷金兽，萱堂次第了，相为寿。改岁宜新，应时纳祐，从今诸事，愿胜如旧，人生强健，喜一年入手，休辞最后饮，酴酥酒。"⑧ 除夕这一天成为人们祈求来年顺利、幸福的吉祥日子。在这一天，人们放爆竹、饮酒，好不热闹。

---

① 脱脱等：《金史》卷六《世宗本纪上》，中华书局，1975年，第131页。
② 脱脱等：《金史》卷九《章宗一》，中华书局，1975年，第214页。
③ 脱脱等：《金史》卷十一《章宗三》，中华书局，1975年，第248页。
④ 王可宾：《女真国俗》，吉林大学出版社，1988年，第288—289页。
⑤ 王久宇：《论金代体育》，《体育文化导刊》，2009年第5期。
⑥ 即用桃木刻神荼、郁垒二人，放于门口。后来贴门神、对联之俗即由此演化而来。见应劭《风俗通义》卷八"桃梗、苇茭、画虎"条。
⑦ 元好问：《中州集》癸集第十，华东师范大学出版社，2014年，第640页。
⑧ 王寂：《拙轩集》卷四，文渊阁《四库全书》本。

元旦又叫正元、元日，作为新年的起始，在这一天人们会举行各种活动以示欢庆，主要有"花宴""赐分食""赐果酒""射弓宴"等活动。"花宴"一般在元月二日或元月三日举行，这一天有各种各样的活动，百姓可以根据自己的喜好游乐，每个人都能找到自己喜欢的项目。宣和年间，许亢宗受邀参与"花宴"，只见"酒三行，乐作，鸣钲击鼓，百戏出场"①。乾道年间，宋使到金国，看到无论金国国主还是百官百姓皆"簪花剪彩为之"。带簪花是一种喜庆的象征。元月四日举行的"射弓宴"是以射箭为主题的娱乐项目，是主要体现北方民族狩猎习俗的一种活动。关于"射弓宴"，《攻媿集》中有较为详细的记载，参加"射弓宴"的射手基本上由官方选拔，"手有雕青细字"。射手首先饮酒，数行后，"各分位，换窄衫束带将出射"②。射手所着窄衫束带是典型的北方民族骑射之服，在射手做准备的同时要将绘制有"火珠""小飞鹤""角花"等图案的靶子置好，"以承射帖"。在这个活动中，还安排了专人服务，他们端箭、唱靶："射每中，则面厅伛立，撒手报复。乐使喝'打着'，即乐作。否则以抬捺后手见晓。"据射手射中的图案，会有不同档次的奖励。

（二）上元

正月十五日上元，又称元宵节、灯节。这天晚上，每个城市都会举行盛大的灯会，男女老少都会出来赏灯，这促成了很多佳话，所以张灯成为上元的主要活动。上元张灯之俗最晚在唐朝时已渐流行开来。《唐会要》卷四十九载，玄宗先天二年（713）二月，"有僧婆陁请夜开城门，燃灯百千炬，三日三夜，皇帝御延喜门，观灯纵乐，凡三日夜"。开元二十八年（740），"以正月望日，御勤政楼，宴群臣，连夜燃灯，会大雪而罢……今常以二月望日夜为之"。"天宝三载十一月敕，每载依旧正月十四日、十五日、十六日开坊市燃灯，永为常式。"由此，上元张灯之俗历代相沿不改，上元张灯也成金国必备的娱乐活动。大定二十七年（1187），"正月，元夕张灯，琉璃珠缨，翠羽飞仙之类不一，至有一灯金珠为饰者。都人男女盛饰观玩，至十八日而罢"③。元好问在《京都元夕》一诗中描写了灯节盛况："袨服华妆着处逢，六街灯火闹儿童。长衫我亦为何者，也在游人笑语中。"④

（三）重五（端阳）

重五即五月初五，又称端阳、重午。汉族人在重五这一天历来有饮黄酒、吃粽子、浴兰汤、插艾叶、系彩丝、悬菖蒲、赠扇子、划龙舟等风俗。金国建立后，不

---

① 许亢宗：《许奉使行程录》，宇文懋昭撰，崔文印校证：《大金国志校证》，中华书局，1986年，第570页。
② 楼钥：《攻媿集》卷一百十二，清武英殿聚珍版丛书本。
③ 宇文懋昭撰，崔文印校证：《大金国志校证》卷十八《世宗圣明皇帝下》，中华书局，1986年，第250页。
④ 元好问著，狄宝心校注：《元好问诗编年校注》卷二，中华书局，2011年，第274页。

仅原宋朝管辖下的以汉族为主的城市延续了传统的端阳风俗，而且新建的城市也有了传统的端午节风俗。时人党怀英《端午日照道中》云："几年客舍逢端午，今日东行复海隅。三岁已无平老艾，一杯聊作辟愁符。"① 滕茂实《五日》云："节物惊心动远思，薰风又见浴兰时。空寻好句书纨扇，无复佳人系彩丝。酒注菖蒲唯欲醉，筒包菰黍不胜悲。"② 这两首金国诗人所写的诗大体记述了金国城市中的端午节风俗。重五作为金国重要的节日，受到最高统治者的重视，金国皇帝一般都要在这一天拜天，之后举行盛大的射柳、击球等活动，百姓可前往观看。

五、宗教的多元化

宗教作为一个古老的社会现象和文化现象，广泛存在于人们的生产、生活中，并融入城市之中。女真人在建国前，社会经济相对落后，以鬼神崇拜等为主的原始宗教成为很多人的精神寄托。金国建立后，女真人的宗教信仰迅速与中原地区的佛教、道教相融合，形成多元化宗教信仰。

（一）女真人的鬼神崇拜与萨满教

女真人长期保持着原始宗教信仰，如自然崇拜、灵魂不死、信仰灵魂和祖先崇拜等。对自然的崇拜包括对日月星辰、山川风雨、动物植物等自然物质和现象的崇拜。女真人与契丹人一样崇信萨满教，相信萨满能够化灾解难、治病救人，人可以通过萨满与神沟通。在祭祀祖宗、社稷、皇帝即位、受尊号等奏告祖宗天地的活动中，都有萨满参加，或由他们司仪。

（二）佛教的发展

女真人建立金国后，其上层统治者普遍转而信仰佛教，"奉佛尤谨，帝、后见像设皆梵拜……大者三十有六，然皆律院"③。统治阶级一方面利用佛教作为其统治工具，同时又采取诸多措施限制佛教僧侣势力的膨胀。金人对辽朝和宋朝留下来的佛教寺院也是极力保护，对之进行维修和续建。如辽宜州奉国寺，本欲在佛殿前东西相对之两庑凿洞，内置120尊彩色涂金之圣贤像。30余年后，金天眷三年（1140），沙门义擢集资，续装两洞贤圣，完成之前未能完工的42尊圣像。奉国寺建筑规模宏大，"宝殿穹临，高望双峙，隆楼杰阁，金碧辉焕，潭潭大厦，楹以千计，非独甲于东营，视它郡亦为甲"。正隆三年（1158），金国政府在五台山北麓修建岩上寺。

金国佛教盛行，除了统治者的支持以外，还与佛教的寺庙和道教的道观享受一

---

① 元好问：《中州集》丙集第三，华东师范大学出版社，2014年，第164页。
② 元好问：《中州集》癸集第十，华东师范大学出版社，2014年，第634页。
③ 洪皓：《松漠记闻》卷上，明顾氏文房小说本。

定的免除课税劳役等特权有关。不少百姓为了躲避课役纷纷舍身佛门或道观，使当时社会上为僧道者不少，从而造成政府所征赋税等减少，引起统治者的警觉。金大定二十五年（1185），皇帝下诏禁止农民因避课役而为僧道。明昌元年（1190）又下令，禁止自行剃度为僧道。

（三）道教的盛行

北宋是一个崇道之风大盛的朝代，"四方矫伪之徒，乘间因人以进者相继，皆假古神仙为言，公卿从而和之，信而不疑"[①]。女真人占领辽朝故地和部分北宋领土后，也不可能拒绝在这片土地上生长繁荣的道教。另外，面对金人的暴政，汉人或者集结于山寨草泽之间，与金兵为敌；或者默默忍受压迫，退隐山林，向宗教寻求寄托，把道教作为安身立命的精神支柱。加之金国统治者希望利用道教来缓和民族矛盾，也刻意扶植道教，从而使道教在金代出现繁荣发展的局面。

[①] 叶梦得：《避暑录话》卷上，明《津逮秘书》本。

宋辽夏金卷

结语

公元 10 世纪至 13 世纪，是中国古代历史发展演变的一个重要转折期。一是 10 世纪初，长达近 300 年的唐朝大一统结束了，随之而来的则是以分裂割据为特征的五代十国时期。二是公元 960 年宋王朝建立，开启了一个新的统一国家的发展进程，宋朝继承了唐朝的物质文化和精神文化遗产，其商品经济、文学艺术和科学技术都达到一个新的发展高度，城市也出现新的发展和繁荣。三是与宋朝先后并立的还有辽、夏、金三个少数民族政权，契丹人建立了辽朝，党项人建立了西夏，女真人建立金国，这三个以游牧民族为主而建立的政权，在与宋朝并立的同时，相互之间既有冲突也有交汇、交融。辽、夏、金三国，在融合了以汉族为主的农耕文明以后，在原有城市的基础上建立了若干城市，这些城市在中国城市史上都有特殊的地位和特色。

一、宋朝城市的发展与特点

宋朝是中国古代城市发展史上的一个重要时期，宋朝城市的发展表现在以下几方面。

（一）不同类型城市发展迅速

首先，新的特大城市形成是城市发展的重要标志之一。宋代先后出现了两个特大城市：北宋的都城东京（开封、汴京）和南宋的都城临安（杭州）。

开封之所以能够成为北宋都城和特大城市，并非偶然，这与其自然地理位置、交通条件、经济发展水平和历史基础有着密切的关系。开封位于中原的核心地带，水网密布，交通便捷，在历史上就是重要的城市。战国时，开封为魏国都城。秦以后，开封成为区域的政治中心，工商业也较为繁盛。隋朝修凿大运河，改变了开封在全国的交通区位，使开封成为北方漕运的枢纽，从而为开封在唐代发展为中原地区的工商业中心和水陆交通中心创造了条件。唐中后期，开封在北方成为仅次于长安、洛阳的第三大城市。五代时期，开封的优越地位又让它成为后梁、后晋、后汉、后周的都城。北宋建立后，唐长安已经十分衰落，洛阳也因受到战争的影响和过度开发而出现衰落，不能承担政治中心的重任，正处于上升期的开封自然成为北宋的国都。从军事战略的角度来看，开封有其弱点，即其城位于平原之上，无山川之险可守。因而北宋王朝建都开封后，为了加强军事防御能力，确保统治者的安全，除在开封驻守10万人以上的禁军外，还不断加大对开封城市的城墙等多种设施的营建，由此推动了开封城市的大发展。由于开封成为全国的政治中心，工商业也受其影响发展起来，变得非常繁荣，城市人口急遽增加。开封发展为继长安、洛阳、建康之后中国历史上第四个百万人口的特大城市。

杭州在北宋时已成为全国重要的工商业城市之一，也是对外贸易主要港口，其经济、文化相当繁盛。南宋王朝迁都临安后，其在汹涌的南迁人口大潮的推动下，迅速成为新的特大城市，成为中国历史上第五个百万人口的特大城市。

其次，宋代大城市数量较唐代有所增加，城市规模普遍有所扩大。

除以上两大政治中心城市外，宋代其他区域的大城市发展也很快。北方的部分大城市仍然保持了一定的发展态势，如太原、秦州、真定、密州、京兆、大名、晋州等城市在宋代都有较大发展，长安、洛阳等唐代的政治中心城市虽然在五代以后在全国的地位有所下降，处于衰落状态，但仍然保持了区域政治中心的地位。宋代南方城市发展较快，尤其是大城市数量较前有所增加，除扬州、江宁、成都等唐代著名大城市继续保持发展态势以外，东南地区的苏州、庐州、真州、楚州也相继兴起，而西南地区的梓州、遂州、绵州、汉州、兴元、利州等也成为重要的城市，今福建、广东地区的泉州、福州、广州等城市因海外贸易的发展成为重要的港口城市。这些城市不仅行政地位较高，多为府州级行政区划的治所，而且也因经济功能的叠加而成为工商业较繁荣、人口规模较大的大城市。

最后，东南沿海城市的崛起成为城市发展的新特征。

由于宋代经济重心进一步南移，南方经济蓬勃发展，远远超过北方，南方人口也快速增加，特别是海外贸易的兴盛，改变了中国与外部世界的联系程度，南北城市的地位也相应地发生了变化。汉唐时代，中国与外部世界的经济交流的主渠道是丝绸之路，因而北方地区的长安、洛阳及其他一些城市成为对外贸易的中心和中外主要接触区，而南部和东部沿海地区多是偏远的不引人注目的蛮夷之地。北宋建立以后，南方地区因经济开发和人口增加得到较大发展。南宋时期，"海上丝绸之路"取代了"陆上丝绸之路"成为中国对外贸易的主渠道，东南海港成为中国新的对外门户。由于丝绸之路衰落，北方地区城市的重要性开始下降，从中国的门户城市逐渐演变为边远城市；而东南沿海地区城市则从边远城市变为中国的对外门户，经济日益发展，人口不断增加。其时，全球还未进入海洋时代，但宋代经济的高度繁荣已经开始吸引了东亚、南亚、西亚以及非洲许多国家的商人来中国购买所需的产品。据不完全统计，宋代外贸最兴盛时与其有贸易往来的国家达50多个，宋与不少国家往来十分频繁。宋代进口商品种类较多，最多时达300余种，但以奢侈品为主；出口的商品以丝织品和瓷器为主，受到世界各地的欢迎，甚至在遥远的非洲坦桑尼亚的桑给巴尔都发现了宋瓷。宋代南方的沿海港口在对外经济交流中获得快速的发展，长江下游的杭州、扬州、苏州和东南沿海的泉州、廉州、明州、钦州、密州、秀州、温州、广州等城市均成为重要的外贸港口城市，尤其是泉州发展得很快，宋后期泉州的外贸地位渐渐超过广州，成为中国第一大港。

（二）开放与包容并蓄的城市经济发展到一个高峰

宋代社会经济的发展，超过以往任何一个时代，是中国古代历史上的又一个发展高峰。这为宋代城市的发展与文化繁荣提供了物质基础。

首先，农业的发展，为宋代社会经济的发展与城市繁荣提供了重要的前提与基础。宋代土地政策的改革，生产工具的改进，水利的普遍兴修，耕地面积的扩大，粮食物种的改进，推动了粮食单位产量和总产量的提高，而粮食产量的提高意味着可以养活更多的人口。宋朝的国土面积小于唐朝，但全国总人口远多于唐朝。农业发展和人口增多，对于城市的发展也起了重要的促进作用，城市人口也因农业剩余产品的大增而增加，城镇化进程也由此加快。由于农村剩余农产品增多，农产品的商品化程度大幅度提高，促进了城乡之间经济的交流，也为手工业与商业的发展提供了原材料，与农业生产相关的手工业得到较大的发展，如宋代的酿酒业、制茶业、粮食加工业等手工业的发展超过了以往任何时代。

其次，商品经济的发展推动了城市空间出现革命性变化，由此也推动了商业革命的出现。坊市制的解体改变了城市经济的地位，将手工业和商业从专制集权的束缚中解放出来，使城市私有经济出现大发展，这成为宋代城市经济发展的重要特点。无论是私营手工业，还是私营商业，都得到了极大的发展，私营手工业甚至在生产规模上超过官营手工业。宋代官营与私营手工业出现同步发展的现象，表明宋朝政府有着较为宽松的经济管理政策。手工业和商业的发展，成为城市发展的重要推动力，而城市的发展又促进了手工业和商业的发展，两者互为因果，相互推动。

最后，市镇快速发展是宋代城镇发展的又一特征。宋代，由于人口的增长与商品经济的繁盛，促进了市镇经济的崛起。市镇数量普遍增多，发挥着都市、县城与乡村之间的中间市场作用，个别市镇的经济功能甚至超过了一些县城。市镇经济的兴起与发展活跃了城乡市场，并构建了城乡市场体系。

（三）多层次的城市空间与丰富多彩的城市社会生活

宋代商品经济的发展，推动了城市空间由封闭走向开放，"城市空间革命"释放了城市发展的活力，宋代城市生活也出现丰富多彩的景象。通过对宋代城市人口、城市社会阶层、城市居民物质与精神生活的考察，我们可以了解到，宋代城市经济、文化和空间结构较唐代发生了巨大的变革，呈现出一幅人口众多、商业活动繁盛、物质生活极为丰富、居民精神生活丰富多彩的图景，《清明上河图》就较为客观地展现了北宋都市的繁荣兴盛。在感知宋代城市繁华的同时，我们也应认识到这幅图景所反映的制度、文化的变迁过程。

一是国家的统一和社会的稳定是城市经济发展和文化繁荣的前提，这一规律适用于任何朝代，但在宋代体现得更为明显。五代十国时期，中国大多数城市因战争动乱与政治割据而出现发展停滞。宋朝建立统一的国家后，加强了区域经济、文化的交流，采取了若干政治、经济和文化改革措施，由此推动了城市与经济的发展。另外，也可以看到，正是由于北宋中后期辽、金等国长期对北宋发动大规模的侵略战争，导致了北方城市走向衰败；南宋建立后，百余年间的稳定，促进了南方城市的长足发展，足见政治稳定对城市发展的重要性。

二是宋代城市的繁盛与宋代城市管理制度的变迁有着直接关系，坊市制度的解体是推动宋代城市经济繁荣与文化生活丰富多样的直接因素。宋以前的城市空间在坊市制度下虽然规整但缺乏活力，宋代城市经济则因坊市制度解体而充满活力。坊市制度的解体不仅在城市空间结构和经济发展上有着重要意义，而且对于推动北宋城市文化艺术的繁荣和城市居民的生活方式及思想观念的改变也有着重要的作用。

三是尽管宋代各阶层的社会流动较为频繁，但是等级制度在城市居民的日常生活当中依然存在，且较为明显，服饰制度、居住制度都有着等级的印记，社会成员的上下流动也受到君主专制和等级制度的制约。

四是宋代城市虽然出现了空间变革和商业大发展，但是商人从来就不是一个独立的阶层，他们不能如同一时期欧洲的城市商人一样发展成为可以与封建领主对抗的市民群体，中国的城市也不可能摆脱君主专制中央集权的控制，发展成为欧洲城市那样的自治城市，宋代城市始终在中央集权的牢牢控制之下，成为其行政等级体系中的节点，因而宋代城市虽然出现了空间革命和商业革命，却不可能成为资本主义萌芽的温床。

二、辽朝城市的发展与特点

契丹作为少数民族入主中原而一度成为统治北方地区的民族，其政权的建立并不是中华民族之外的异族入侵和取代，更不是对中华民族文化传统的中断和破坏，而是中华民族内部关系格局的一次重大调整。辽朝城市在中华民族命运共同体的形成发展过程发挥了重要的作用。

首先，辽朝对北方的局部统一和因俗而治政策的创立具有推动作用，一方面结束了北方政权林立的战乱分裂，另一方面契丹等少数民族的内聚力也得到进一步增强，汉族的主体地位也进一步发展。其次，辽朝的局部统一改变了长城对塞内塞外的分割局面，将以农耕经济为主和以游牧经济为主的不同区域纳入同一个政治实体之中，在政治上、经济上实现了南北的沟通与联结，为北方多民族的凝聚与发展奠定了重要基础。再次，辽朝的建立及长期稳定的发展，部分地改变了汉族知识精英对北方少数民族政权的看法，使得汉族以更平等、更尊重、更自觉的意识来对待北方的少数民族人民，同时又增强了少数民族的主体意识，从而使中华民族多元一体关系在此一时期得以巩固和发展，中华民族实体得以进一步发展壮大。故而契丹的历史在中华民族发展史上有着重要的地位。

中国北方草原地区历来都为游牧之地，虽然在辽以前也出现过一些城市，但数量极少。然而自契丹族兴起后，尤其是辽朝建立北方统一的国家政权后，大量的城市迅速出现在北方草原之上，经过辽太宗、辽圣宗时期对城市的增设，辽朝城市基本上形成了完整的道—州—县三级行政等级城市体系。虽然辽朝不是第一个在中国北方草原地区营建城市的政权，但此时却是继匈奴、鲜卑和回鹘等游牧民族之后在北方草原地区大规模建城和开发经济的又一重要历史时期。契丹作为一个游牧民族，有着兼容并包的文化精神，辽朝统治者对各民族文化特别是对中原汉族文化有着很强的包容性，但这种包容性并不是盲目地吸收中原农耕地区的先进文化，而是在很大程度上既保留了契丹本民族特有的文化性质，又有选择地、因地制宜地吸取汉文化的精华，因而使辽朝城市的发展既继承了中原农耕地区传统城市的优点，又在一定程度上体现了契丹游牧文化的民族特性。

城市作为一种社会形态，其发展具有孕育、产生、发展和衰落的周期性。辽朝的城市特别是北方草原地区的城市也有着这样的周期性。在契丹兴盛和崛起的初期，政权充满朝气和活力，随着统一国家的建立、社会经济转型和社会文明的进步，契丹城市文明得以产生并进入到快速发展阶段。然而，在辽朝后期，随着统治集团的腐败和社会矛盾、民族矛盾的尖锐化，辽金战争爆发，辽朝城市的发展逐步停滞。辽朝灭亡后，北方草原地区的城市迅速衰退，特别是金国占领上京道地区后，辽朝大多数州县城市被废弃，只留下了1府、2州、7县。这些城市迅速被边缘化，成为流放罪人的偏远地方。金国对中京道地区的城市虽然保留较多，但对城市发展的重视程度远远不及辽朝。金国为元朝所灭后，崇尚游牧的蒙古人将原辽朝的草原城市重新又变为放牧之地，城市数量急剧减少，逐渐回复到辽朝建立以前的草原状态，直到清末大量汉人进入该地区，草原地区的城市文明才又开始发展起来。

辽朝是中国北方草原地区城市发展的黄金时期，这一时期北方草原城市数量大增，城市类型多样，极大地促进了草原文明的发展和进步，契丹对草原地区的开发程度是辽朝之前的其他任何政权都无法比拟的。作为一个以游牧经济为主的少数民族，契丹在中国北方地区实现了局部统一，建立了"因俗而治"的政治、经济体制，修筑了五大都城和大批州县城市，无疑是契丹社会进步的一种表现，也是北方游牧文明与中原农耕文明交流、交汇、交融的结果，是契丹少数民族为中国古代城市发展所做出的杰出贡献，也是中华民族命运共同体构建的重要内容。

三、西夏城市的发展与特点

党项族建立的西夏王朝，在中国古代历史上先后与辽、宋、金、元政权并立约两个世纪，西夏城市经济和社会生活随着西夏国土的不断扩大而得到发展。前文对西夏时期城市发展与社会变迁概况进行了较为系统的梳理，大体可见西夏时期城市发展和社会变迁历史进程中呈现出的一定的特点，此处主要从经济发展和文化变迁这两个角度进行归纳。

首先，从经济发展角度来看，西夏时期的城市发展与社会变迁具有如下特点：

第一，城市经济发展不平衡。

城市发展的核心是经济发展，经济发展受自然环境的影响，尤其在生产力相对落后的古代社会，自然环境对生产力发展的影响极为显著。早期党项族所占领的地区较为分散，元昊建立西夏后，统治范围扩大，其经济腹地逐渐变得广阔。但是，西夏所统辖的疆域自然环境差异较大，大多数地区被河流、山脉等自然屏障分割，党项族人多生活在自然条件差异较大的地域中；外加中原文化对不同区域的党项人影响程度不同，导致社会经济发展和城市营建进程存在较大差异。西夏大致存在三种经济形态，一是有相当数量的汉族人集中居住的地区，如西夏的都城和州、县治所及其附近地区，这些城市所在地区原为唐朝管辖的地方，大量汉族人在唐末五代时期就在此定居，故而这些地区的经济、文化发展水平相对较高，农业较为发达，手工业和商业也有较好的基础，因而这些地区成为城市密集区；二是靠近宋夏边界的农牧地带，该地党项人的经济活动以畜牧业为主、农业为辅，随着与宋朝联系的加强，不少人逐渐由游牧生活向农耕生活转变，如西夏东面的横山地区农业较发达，"有盐铁之利，夏人恃以为生"[①]；三是边缘山区和沙漠地区，其土地贫瘠，自然环境较差，资源贫乏，因而人烟稀少，这些地区难于改变游牧民族主要靠从事游牧业和狩猎来维持生活的状态，社会经济发展缓慢，城市数量少，仅有的少数城市规模也很小，是西夏最落后的地区。正是西夏各区域自然条件和经济状况的差异，导致西夏城市发展的差异。发展极不平衡，成为西夏城市的一个重要特点。

第二，城市发展对外部的依赖性较强，内生发展动力缺乏。

由于西夏所管辖的地区自然条件普遍较差，早在西夏建国之前，党项人所在的夏州地方政权就在经济上对中原王朝有着严重的依赖性。西夏建国以后，这种经济上的依赖性仍然存在，西夏需要中原王朝提供大量的粮食和手工业品。宋朝的"岁赐"与"和市"对西夏有很大的影响。宋朝一旦绝岁赐、禁和市，西夏就会出现严重的危机，国中穷困。西夏除了在经济上严重依赖宋朝外，也对金国有一定的依赖性，以获得必要的生活用品。西夏在经济上对邻国的依赖性，是由其本身工农业生产发展较弱的状况所决定的，这种不独立的经济状态成为制约西夏城市发展的重要因素之一。

西夏社会经济存在内部发展不平衡，外部又存在严重依赖性。这种既不平衡又有依赖性的经济状况，长期影响着西夏政治、经济和城市的发展。

其次，从文化变迁角度分析，西夏时期的城市发展与社会变迁具有以下特点：

第一，城市社会发展深受汉文化的影响。

西夏所辖地区，大多深受农耕文明侵染，有深厚的汉文化基础。作为游牧民族，党项族在内迁的过程中，深受汉文化的影响。西夏王朝在政治制度、经济形态、城市建设、文化礼仪、服饰习俗等方面都主动地进行了一系列改革，形成与汉

[①] （元）脱脱等：《宋史》卷三百三十五《种谔传》，中华书局，1985年，第10747页。

地居民不断靠近或者趋同的文化形态和生产生活方式。但需强调的是，西夏的地区发展不平衡，牧区的党项居民保留了传统的游牧生活，但农耕区的党项人则发生了巨大的变化，充分体现了多民族的融合发展。

第二，社会文化变迁多元化。

西夏王朝受传统文化、地理区域环境等因素的影响，城市社会发展具有双重性的特点。主要表现在，因地理位置位于北方草原区向中原农耕区的过渡地带，其在经济形式上形成半农半牧经济格局；同时，受多民族杂居的人口结构影响，西夏在政治和社会文化上兼具汉族和少数民族特征的双重性。其时西夏境内外民族林立，党项、汉、吐蕃、契丹、回鹘、女真等各民族文化在历史的进程中相互渗透，交流、交汇和交融成为时代的主流，党项文化在多民族文化冲击和影响下，走向趋同，文化发展呈现多元化。西夏党项文化与周边文化的影响是双向的、互动的。西夏地处辽、宋、吐蕃等多个国家之间，其对外来文化的包容性很强，特别是其对中原文化的兼收并包是全方位的，这或许也是中世纪西夏政权能够长期立足的一个重要原因。

1227年蒙古灭西夏，其后元朝建立，统一中国，结束了中国境内多个政权割据纷争的局面，中国历史上的又一次民族大融合开始，西夏王朝及其具有党项文化特色的城市行政建置和社会风俗渐退出历史舞台。西夏城市和建筑也因受到战争严重破坏大部分逐渐消失。

总的来说，党项族统治西北地区的两个世纪，是西北城市史上重要的发展阶段，对推动区域城市的发展起到了积极的作用。西夏时期的城市发展对后来西北城市的发展产生了重要的影响。

四、金国城市的发展与特点

金国立国百年，其国运经历了崛起、发展、衰落三个阶段。金国城市发展与国运一致，也经历恢复、发展、衰落三个阶段。

金国崛起，先灭辽，并占据了原北宋的中原地区，以游牧为主的金文化与辽文化、汉文化迅速融合，形成了新的多元文化。金国城市大多数继承于辽、宋，而辽朝城市又多继承于宋朝，所以金国城市在很多方面保留了宋朝城市的特点。但金国作为一个新兴政权和一个崛起于东北的少数民族政权，其对金国统治范围内的城市建设进行了很多改革，也取得了很大的发展。

其一，在城市空间上，金国城市延续了北宋以来的厢坊制，其城市内部空间延续了开放式格局，从而使北宋兴起的城市革命成果得以在金国城市保存和发展。

其二，金国的北方部分区域出现了一些特色工商业城镇。在此期间，北方部分区域形成了特色化和专门化的工商业活动，由此推动了部分工商业城镇的兴起，城镇的工商业活动向专门化方向发展，宝坻就是这类城镇的典型代表。

其三，以六京为中心的区域城市群形成。金国实行多京制，因而分别形成了以上京会宁府、中都大兴府、东京辽阳府、南京开封府、西京大同府、北京大定府为中心的六大区域城市群,六京通过快捷的陆路交通相互连接在一起,构成了金代城镇体系的主干。

其四,在城市管理上,金国根据不同城市等级分别设立了专门的城市行政管理机构,如警巡院、录事司、司候司等,形成了不同等级的建制城市,从而初步构建了金国的城市行政等级体系。

其五,东北地区的城市在此一时期有很大发展,以上京会宁府为中心,圈层式地兴起了多个城镇,增大了东北城市密度,有利于东北地区的整体发展。

其六,金国建立了大量的城、寨、堡、关等以军事职能为主的城市,这些城市在发展过程中不断叠加行政、经济和文化功能,并一直保留到明清时期,成为北方城市的重要组成部分。

金国的城市在辽、宋城市发展的基础上,虽然取得了长足的进步,但是也存在很大的局限。一是金国的统治范围仅局限于中原地区和东北地区,并且长期受到来自周边的战争威胁,所以金国统治者疲于应对战争和外来威胁,对于发展城市往往是心有余而力不足。二是金国作为少数民族政权,对被占领地的汉族城市实行了若干野蛮政策,对汉族等其他民族也是以打压为主,因而对于发展居民以汉族人为主体的城市缺乏主动性。三是金后期金统治集团腐化日趋严重,政治的腐败导致社会的动乱和经济发展的停滞,城市的发展受到严重影响。

此外,对于金国城市还可从以下几方面来看:第一,金国虽然承袭了北宋和辽朝的城市遗产,但金国城市的发展始终未能超越北宋时期的发展水平,也没有形成像唐长安、北宋开封这样的百万人口特大城市,开封在金国的占领下长期破败不堪。第二,金国除了没有形成特大城市外,其他城市的整体发展也没有达到唐宋时期的水平。这与辽金战争、辽宋战争造成城市的破坏和人口大量死亡,以及人口大量南迁有着重要的关系。第三,金国的城市手工业和商业在其兴盛时期虽有一定程度的发展,但无论是金国所据中原城市,还是北方游牧地区的城市,其手工业和商业都未恢复到北宋的水平,与南宋城市的发展相比也有一定的差距。

建立金国的女真人入主中原后,要统治以农耕文明为主的中原地区,管理数量庞大的各级城市,面临巨大的挑战,因而存在经验不足、力不从心的情况,故而大多数城市发展缓慢,城市管理弊病甚多,但也并非一无是处。金国对东北地区城市的建设和经济的开发,其作用影响也十分巨大,使东北城市和经济发展出现了一次全面超越。另外,金国统治者也尽力对其管辖范围内的城市进行了若干建设,其积累的经验教训对于以后元朝在城市管理、建设方面有诸多借鉴。